DU POLITIQUE
CHEZ THOMAS D'AQUIN

DU MÊME AUTEUR
À LA MÊME LIBRAIRIE

Théologie du dessein divin chez saint Thomas d'Aquin, Finis omnium Ecclesia, Préface du Cardinal Christoph Schönborn, « Bibliothèque thomiste LIV », 2003.

BIBLIOTHÈQUE THOMISTE
Directeur : A. OLIVA, O. P.
LXIV

DU POLITIQUE CHEZ THOMAS D'AQUIN

par

François DAGUET

Préface du Cardinal Georges COTTIER

Ouvrage publié avec l'aide de la Fondation Scholarship

PARIS
LIBRAIRIE PHILOSOPHIQUE J. VRIN
6, Place de la Sorbonne, Ve
2017

Imprimé en France
ISSN 0770-4747
ISBN 978-2-7116-2597-0
www.vrin.fr

PRÉFACE

L'ouvrage de P. François Daguet, que j'ai le plaisir de présenter, constitue une contribution de première grandeur à la redécouverte d'un aspect de la pensée de Thomas d'Aquin tombé en oubli.

Existe-t-il chez le Docteur Angélique une pensée du politique? Et, si tel est le cas, fournit-elle un principe déterminant de la conception thomasienne? Ces deux questions et leurs réponses, résultant d'une enquête méthodique, commandent la structure de l'ouvrage.

Sur ce thème nous ne disposons pas d'un traité, mais Thomas a commenté l'*Ethique à Nicomaque* ainsi que la *Politique* (jusqu'au livre III), qui dans l'intention d'Aristote représentent les parties d'un seul et même ouvrage. Ces commentaires appartiennent au genre littéraire de la *sentencia* dont le but premier est d'exposer fidèlement la pensée de l'auteur étudié. D'où le caractère littéral, qui cependant n'empêche pas saint Thomas, quand il le juge opportun, d'exprimer sa propre position. La nature de ces écrits justifie l'enquête du P. Daguet, qui propose une exégèse judicieuse des textes qui se rattachent plus ou moins directement à notre thème.

L'*Ethique à Nicomaque* et la *Politique* reçoivent leur unité de la fin qui les oriente et qui est le *bien commun* de la cité, laquelle a raison de tout, qui ne peut être réduit à la simple addition des parties. L'individu est partie de ce tout dont la fin – le bien commun – a ainsi pour lui valeur de fin dernière, à laquelle est subordonnée sa fin singulière. Ce bien commun, immanent au tout politique, est de nature éthique. Il consiste dans le *bien-vivre*. Cela fonde l'importance reconnue à la justice générale ou justice légale, dont aujourd'hui la considération est généralement négligée.

Il est significatif que les commentaires dont nous parlons soient contemporains de la rédaction de la seconde partie de la *Somme de théologie*, qui est consacrée à la morale. C'est là un indice fort qu'au principe de son organisation se trouve la conception du bien commun comme fin de l'activité éthique. On comprend aussi pourquoi le Docteur Angélique n'a pas jugé nécessaire de rédiger un traité particulier sur ce thème, son intégration allant pour ainsi dire de soi. Cette ligne ne sera pas suivie par les courants théologiques qui viendront après saint Thomas. Avec eux s'annonce déjà l'individualisme moderne, dont l'influence est perceptible jusque chez certains commentateurs de la *Secunda pars*.

Cependant, et ceci est tout aussi décisif, ce n'est pas sans la soumettre à une profonde refonte que Thomas fait sienne la conception aristotélicienne. Cette refonte obéit à une exigence de la révélation du mystère de la grâce et de notre élévation à la vision béatifique. On distinguera ainsi ce qui ressortit à l'ordre de la nature et ce qui ressortit à l'ordre de la grâce. Cette dualité, loin d'être conflictuelle, requiert de soi union et harmonie, selon un principe, rappelle le P. Daguet, énoncé dès la première question de la *Somme de théologie: gratia non tollit naturam, sed perficit*.

Le bien commun de la cité est d'ordre naturel. En le comparant à celui de l'individu, Aristote le qualifie de « divin », ce qui évidemment, chez lui, ne comporte aucune connotation au surnaturel. Ce bien commun, dès lors qu'il est intégré dans l'économie de la grâce, perd son statut de fin dernière. Il est relativisé de par sa subordination à la vision béatifique, qui est la fin ultime. Il ne perd pas pour autant sa qualité de fin pour devenir un simple moyen. Il a rang de fin intermédiaire ou infravalente. Or la vision béatifique est fin ultime directement d'abord de la personne individuelle. Certes, dans l'état définitif de la Patrie, il existe une société des bienheureux, qui est fondée sur la parfaite communication de charité. Cette vie sociale est une conséquence, un fruit, de la vision des élus.

C'est en fonction du caractère de personne de l'individu humain que Thomas opère avec une maîtrise souveraine la refonte et l'intégration de la pensée d'Aristote sur la relation de l'individu au tout qu'est la société politique. Il l'exprime par des formules sans ambiguïté : « tout homme a rapport à la communauté entière comme la partie au tout », avec cette précision décisive : « l'homme n'est pas ordonné à la communauté politique selon lui-même tout entier et selon tout ce qui est en lui ».

Il est vrai que chaque fois que saint Thomas se réfère à ce thème, il ne juge pas nécessaire d'en rappeler toutes les coordonnées. Sur ce point, l'étude du Père Daguet est particulièrement éclairante. Elle met en garde contre la lecture unilatérale des textes, qui est à l'origine de graves gauchissements (Voir l'étude annexe, sur la querelle du personnalisme).

*

« Tout ce qui est humain, écrit le P. Daguet, engage le politique, et en même temps le politique n'épuise pas l'humain ». La consistance propre du politique qui est d'ordre naturel est reconnue, mais sa fin – fin immanente – est subordonnée à une fin ultime transcendante surnaturelle qui est Dieu lui-même. Ici se pose la question de l'articulation de la nature et de la grâce dans l'ordre pratique de l'agir politique, et ceci plus particulièrement en ce qui concerne l'exercice du pouvoir de la cité temporelle et celui de la société surnaturelle qu'est l'Église.

Le principe d'un double pouvoir n'est pas remis en cause, mais les vues divergent quant au mode d'exercice et quant aux domaines de compétence. La réflexion théologique sur le thème est largement dépendante des défis que l'histoire ne cesse de lancer à l'Église. Les analyses que propose l'auteur sur la base d'une solide information historique sont d'une grande pertinence. Longtemps les options de l'autorité ecclésiale ont été inspirées par l'augustinisme politique. Alors qu'au temps de l'Empire de Byzance, la papauté avait dû combattre le césaro-papisme qui tenait que l'autorité ecclésiastique doit être soumise à celle du Prince, au Moyen Âge, à partir de la réforme grégorienne prévaut l'idée que le pouvoir civil est purement et simplement subordonné au pouvoir du Souverain Pontife, à qui appartient la *plenitudo potestatis.* La ferme distinction que saint Thomas établit entre l'ordre de la nature et celui de la grâce permet de dégager des précisions décisives relatives notamment au champ de compétence spécifique de chaque autorité. Ainsi la *ratio superioritatis* du Pape et des évêques s'exerce là où est en cause le salut des âmes. Ici le Prince leur est soumis, ce qui ne doit pas s'entendre d'une autorité immédiate exercée par l'Église sur le temporel lui-même. Thomas retrouve ainsi la ligne qui fut celle du Pape Gélase (494) dans sa lutte contre l'Empire.

Les siècles postérieurs à celui de saint Thomas verront se multiplier les querelles entre l'Église et les princes temporels. Le développement du pouvoir de ces derniers et la naissance des États modernes d'un côté, et, de l'autre, l'existence des États pontificaux obligeant le Pape à jouer le rôle d'un souverain politique représenteront autant de facteurs propres à engendrer des conflits.

Aujourd'hui les problèmes sont autres. C'est ainsi que d'aucuns voient dans la séparation d'avec l'Église et d'avec la religion en général une condition de l'autonomie de l'État; celui-ci tendra à étendre sa compétence sur l'ensemble du domaine public, refoulant la religion dans la sphère du privé. Mais, comme le note l'auteur, « Pour Thomas, le refus de la confusion n'implique pas la nécessité de la séparation ».

Saint Thomas traite de ces questions en divers lieux de son œuvre, dans des écrits dictés par la circonstance comme le *De Regno* ou à propos de problèmes particuliers. Dans de tels cas, sa réponse porte davantage la marque du milieu de chrétienté qui est le sien qu'elle ne découle directement des prémisses qu'il a établies. L'interprétation du P. Daguet opère ici des discernements judicieux entre jugements de circonstances et énoncé de principes, dont il montre toute la fécondité.

Ces principes inspirent un certain nombre d'Actes du Magistère récent, comme la Constitution pastorale *Gaudium et spes* du second Concile du Vatican.

*

En précisant que tout individu de l'espèce humaine est appelé à une destinée transcendante, saint Thomas ouvre à une compréhension renouvelée de l'anthropologie et fondamentalement de la portée de la définition de l'homme animal raisonnable et de son complément l'homme animal social (ou politique). Un lien intrinsèque unit les deux formules. L'oubli de ce lien dans le contexte de l'idéologie individualiste dominante explique la faiblesse de certaines expressions intellectuelles du personnalisme. L'authentique personnalisme implique l'exigence communautaire.

En effet si la sociabilité n'appartenait pas à la nature humaine, la société se présenterait comme le résultat d'une convention conclue entre individus déjà comme tels intégralement constitués en humanité. Les théories du contrat reflètent une anthropologie individualiste. Dans leur cadre se pose la question du motif de l'entrée en société des individus: intérêt propre ou parade contre les conséquences ruineuses d'un état de nature d'essence conflictuelle? La mise en évidence par l'ouvrage du P. Daguet de la notion de bien commun ayant raison de fin apporte la vraie réponse aux théories qui reposent sur la priorité ontologique du conflit dont les conséquences sur l'activité politique sont délétères.

Dans la conception aristotélicienne assumée et approfondie par saint Thomas, les réalités sociales et politiques sont positives, parce qu'elles appartiennent à la nature humaine, au sens philosophique du terme. Sur ce point encore, les distinctions proposées par le P. Daguet sont fort précieuses. Comme il le montre, il y a chez saint Thomas une théologie et une philosophie du politique ainsi que des éléments qui appartiennent à la science politique, telle qu'on l'entend aujourd'hui.

Il montre du même coup qu'une approche empirique et descriptive des questions est insuffisante. Elle est incapable, en l'absence de références théologiques et philosophiques, de discerner ce qui dans les activités et comportements socio-politiques procède des exigences de la nature ou de ses déficiences, en d'autres termes du péché. Car dans les choses humaines grande est la part du mal et de la violence. Si ici le discernement dont nous parlons fait défaut on sera enclin à attribuer à l'essence de l'homme, à son humanité, ce qui est de l'ordre du péché, lequel est une infidélité aux exigences profondes de notre nature, sa négation. Le pessimisme latent de plus d'une théorie anthropologique et politique ouvre la voie au nihilisme culturel.

*

Dans une série de chapitres, l'auteur examine les implications de cette dimension politique de la nature humaine. Ces chapitres sont d'une grande richesse. Je ne fais que les mentionner dans un bref survol.

L'unité de la société est une unité d'ordre. Saint Thomas en traite à la lumière de la doctrine fondamentale de la Providence et du gouvernement divin de l'univers, pour lequel Dieu fait participer les créatures – et éminemment les créatures spirituelles – à la dignité de cause. Essentielle ici est la distinction entre cause instrumentale et cause seconde. Dans cette perspective, le pouvoir se définit comme un service en vue du bien commun, qui est le bien de tous, dont chacun, à sa mesure, partage la responsabilité. Les divers types de constitution sont évalués en fonction du mode de participation qu'ils favorisent.

Un chapitre, de portée théologique et philosophique, traite des vertus requises par la vie sociale, qui est de nature éthique, chez les responsables du pouvoir comme chez les membres du corps politique : justice, prudence, charité. Corrélativement, sont analysés les vices qui leurs sont opposés. Par là se trouvent aussi critiqués les courants de pensée qui, se réclamant de Machiavel, tiennent que la politique est un art dont la pratique est soustraite à la régulation éthique.

Un beau chapitre traite avec toute l'ampleur voulue des problèmes de la loi et du droit. Il est d'abord question de l'histoire de la Loi et de ses étapes, Loi de nature, Loi ancienne, Loi nouvelle, que nous connaissons par la Révélation. La loi naturelle tient une place centrale dans la pensée de saint Thomas. Cette doctrine essentielle demande à être réhabilitée, car elle a souffert d'un long discrédit dont la responsabilité est imputable à la présentation qu'en ont donné les théories de type rationaliste. La spécificité de la conception thomasienne ainsi que sa fécondité et sa capacité de répondre aux problèmes actuels sont mises en évidence, grâce à des analyses précises et documentées. (Notons qu'en dépit de toutes les péripéties, la doctrine sociale de l'Église n'a jamais cessé de se référer à la loi naturelle).

Un dernier chapitre ouvre une piste de recherche en ecclésiologie; il montre comment les principes du politique s'appliquent analogiquement à la société surnaturelle qu'est l'Église.

Ces quelques notations, je l'espère, permettront de mesurer l'ampleur du champ que couvre la doctrine thomasienne du politique.

*

Le Père François Daguet nous fait découvrir l'importance dans la pensée de saint Thomas et la fécondité du thème de la relation politique de l'individu au bien commun de la société. Il faut souhaiter que son beau livre rencontre toute l'attention qu'il mérite. On appréciera particulièrement la rigueur de la méthode, la sûreté de l'information, la pertinence de l'analyse des problèmes actuels.

Georges, Cardinal Cottier, O.P.

SIGLES ET ABRÉVIATIONS

AHDLMA : Archives d'histoire doctrinale et littéraire du Moyen Âge, Paris, 1926*sq*.
BA : Bibliothèque augustinienne, Etudes augustiniennes, 1933*sq*.
CEC : *Catéchisme de l'Église catholique.*
Denz : *Symboles et définitions de la foi catholique*, Ed. Denzinger – Hünermann, Paris, Cerf, 1977.
NEL : Nouvelles éditions latines.
PL : Patrologia Latina : J. P. Migne, *Patrologiae cursus completus, Patres Latini*, 221 vol., Parisiis, 1844-1864.
RHPR : Revue d'histoire et de philosophie religieuses, Strasbourg, 1921*sq*.
RSPT : Revue des sciences philosophiques et théologiques, Paris e.a., 1907*sq*.
RT : Revue Thomiste, Toulouse, 1899*sq*.

INTRODUCTION

Il est depuis longtemps convenu que la philosophie politique moderne émerge à la fin du Moyen Âge, en opposition à la pensée scolastique[1]. Si cette opinion demeure largement partagée, les études médiévales récentes ont cependant montré que la transformation de la pensée politique qui prélude au renouvellement inauguré au XVIe siècle prend sa source plus tôt, au XIVe et au XVe siècle. André de Muralt a dévoilé tout ce que la pensée politique moderne doit aux conceptions philosophiques, et notamment métaphysiques, de Jean Duns Scot et Guillaume d'Occam[2]. Or, cette évolution profonde de la pensée philosophique au XIVe siècle se situe elle-même en réaction aux conceptions dominantes au siècle précédent, au premier chef celles de Thomas d'Aquin. Cela vaut généralement pour de nombreux pans de la philosophie et de la théologie, mais très spécialement pour la pensée politique[3], que l'on dénomme ici le politique ou la politique. On emploie volontiers, ici, le terme au masculin, le féminin désignant davantage, dans le langage courant, la pratique de la vie de la cité. Quel que soit le genre utilisé dans cet ouvrage, il s'agit de la science politique, au sens d'Aristote et de Thomas d'Aquin, qui voient en elle une partie de la philosophie, plus qu'au sens des sciences sociales contemporaines, qui visent davantage à décrire et à analyser les phénomènes de la vie de la cité.

A s'en tenir à l'époque contemporaine, les aspects politiques des œuvres de Thomas d'Aquin n'ont, en général, guère retenu l'attention, tant chez ses disciples que chez les médiévistes. Dans certains cas, ces aspects sont totalement absents. Ainsi présente-t-on souvent la conception thomasienne de la personne sans même évoquer sa dimension communautaire. Dans d'autres cas, ces aspects sont présents, mais parcellaires. Certains domaines font

1. *Cf.* P. MESNARD, *L'essor de la philosophie politique au XVIe siècle*, Paris, Vrin, ³1969.

2. *Cf.* A. de MURALT, *L'unité de la pensée politique, de Scot, Occam et Suarez au libéralisme contemporain*, Paris, Vrin, 2002.

3. On s'en tient ici au monde humain, sans traiter du monde angélique, qui forme lui aussi une société. Sur ce point, voir notre étude *Théologie du dessein divin chez saint Thomas d'Aquin, Finis omnium Ecclesia*, « Bibliothèque thomiste, 54 », Paris, Vrin, 2003, et S.-Th. BONINO, *Les anges et les démons*, Paris, Parole et Silence, 2007.

l'objet d'études particulières, notamment ce qui se rapporte à l'ordre des communautés politiques et à leur organisation juridique: ce qui a trait à la justice, à la loi et au droit[1]. Au XXe siècle, dans un contexte politique marqué, la question du meilleur régime a connu un certain renouveau, et celle de la relation entre les deux pouvoirs revient, à échéances variables, sur la scène. Bref, on rencontre tel aspect particulier mais presque aucune approche d'ensemble[2]. Il n'est pas excessif de parler d'un véritable oubli de la politique thomasienne.

Sans doute les raisons à l'origine d'un tel oubli sont-elles nombreuses. On peut en avancer deux, pour l'instant, de natures fort différentes. La première tient à une orientation ancienne du labeur théologique et de son instrument philosophique. Indiscutablement, ce que l'on nomme volontiers le « tournant anthropologique » de la théologie à partir du bas Moyen Âge, qui doit beaucoup à l'avènement du nominalisme, fut un tournant individualiste. Insensiblement la dimension communautaire de l'anthropologie, si présente jusqu'au XIIIe siècle, s'estompe jusqu'à disparaître. Si la réalité du temps de chrétienté a longtemps masqué cette transformation de la pensée, le fait apparaît avec plus de clarté à l'époque contemporaine. Les limites, voire les impasses, de la modernité politique, aujourd'hui plus manifestes, forcent à en scruter les fondements les plus originels, jusqu'au tournant du XIVe siècle, et à discerner alors une ligne individualiste qui va marquer durablement la théologie chrétienne.

La seconde raison de l'oubli est d'un autre ordre et tient à saint Thomas lui-même: les aspects politiques de ses œuvres, si présents soient-ils, ne sont

1. Les œuvres de Michel VILLEY, par leur profondeur et leur ampleur, doivent être signalées, en particulier: *La Formation de la pensée juridique moderne*, Paris, P.U.F., 2003, et: *Questions de saint Thomas sur le droit et la politique ou le bon usage des dialogues*, « Questions », Paris, P.U.F., 1987. Dans la même ligne, *cf.* M. BASTIT, *Naissance de la loi moderne*, La pensée de la loi de saint Thomas à Suarez, « Léviathan », Paris, P.U.F., 1990.

2. Voir cependant L. LACHANCE, *L'humanisme politique de S. Thomas d'Aquin*, Paris, Sirey, [2]1965, et Y. CATTIN, *L'Anthropologie politique de Thomas d'Aquin*, « Ouverture philosophique », Paris, L'Harmattan, 2001, qui se risque à une approche d'ensemble, mais en recourant à des problématiques modernes qui ne sont pas celles de saint Thomas. Le cardinal Journet, qui est au XXe siècle, avec Jacques Maritain, l'un des seuls théologiens thomistes à avoir saisi la présence d'une pensée politique chez saint Thomas, et à s'en être nourri, a proposé une brève synthèse en 1937, qui mérite d'être approfondie: Ch. JOURNET, « La doctrine de la cité selon saint Thomas d'Aquin », in *Exigences chrétiennes en politique*, O.C. IX, Saint-Augustin, 2007, p. 451-465. On trouvera également nombre d'éléments dans le manuel d'A. UTZ: *Éthique sociale*, t. I. Les principes de la doctrine sociale, Fribourg, Éditions universitaires, 1960. De multiples citations de Thomas d'Aquin sont recueillies, sans analyse, dans THOMAS D'AQUIN, *Petite somme politique*, Anthologie de textes politiques, traduits et présentés par Denis SUREAU, Paris, Téqui, 1997. L'une des études les plus éclairantes, qui n'a pas fait l'objet d'une publication, est celle de J.-Y. JOLIF, *Les idées politiques de saint Thomas*, cours polycopié, faculté de théologie de Lyon, 1970. Enfin, il faut noter, de J.-M. GARRIGUES, *La politique du meilleur possible*, Paris, Mame, 1994, qui a le mérite de rapporter les principes thomasiens à la politique moderne et contemporaine, et qui a incité à entreprendre la présente étude. On consultera avec grand profit le recueil de textes de saint Thomas en cours de publication: M. NODÉ-LANGLOIS, *Thomas d'Aquin, penseur du politique*, Textes, Dalloz.

presque nulle part présentés de façon synthétique. Les domaines où apparaissent des enseignements homogènes à travers un traité ou des questions particulières : la loi, les vertus de justice et de prudence, sont précisément ceux que retiendront le plus les commentateurs. Mais en dehors de ces domaines particuliers assez aisément individualisables, les propos de saint Thomas en matière politique sont dispersés, apparaissent dans toutes ses œuvres, au détour d'une question ou d'un article, parfois là où on ne s'attend guère à les y rencontrer. Ce simple fait rend la chose difficilement identifiable. Certains en déduiront que cela témoigne de conceptions partielles, non pleinement formées. Or, on estime ici qu'il n'en est rien. L'objet du présent ouvrage est pérécisément de montrer qu'il y a chez Thomas d'Aquin une pensée à la fois élaborée et cohérente du politique en général, essentielle à la compréhension de l'agir humain, à la fois singulier et communautaire, et qu'il s'agit de mettre en lumière.

On ne prétend pas, dans cette étude, embrasser de façon exhaustive tous les aspects se rapportant au politique chez saint Thomas, mais plutôt en discerner les éléments les plus fondamentaux, en dégageant les principales composantes de sa pensée sur l'homme, en tant que membre d'une assemblée humaine, et sur les communautés elles-mêmes. Car traiter du politique conduit toujours à porter un double regard : d'une part, sur l'homme dans sa dimension communautaire, et, d'autre part, sur la communauté politique, en elle-même et dans son rapport avec chacun de ceux qui la composent. La science politique bien comprise est à la fois une anthropologie politique et une politologie, comme on le verra au chapitre III. Cette dualité du politique, bien présente chez saint Thomas, est assurément une cause de l'inconfort des études politiques et de la science à laquelle elles tendent : elles ont un double objet, qui ne peut être réduit à l'unité.

Cet écartèlement entre le singulier et le commun explique aussi que la compréhension de l'homme en communauté oscille souvent entre deux positions extrêmes et contraires entre elles : d'un côté, celle qui regarde la personne comme ayant sa plénitude en elle-même, la communauté n'étant qu'un cadre qui lui est ontologiquement extérieur. Et, de l'autre, celle pour qui la personne est substantiellement dépendante de la communauté dans laquelle elle vit[1]. On va voir que saint Thomas invite à autrement plus de finesse. Pour lui, la personne est certes une réalité substantielle autonome, et par là souveraine, mais elle a par nature une dimension communautaire qui ne lui est pas accidentelle. Pour exprimer la même chose du point de vue de la communauté,

1. Les mots eux-mêmes risquent, dans leur usage contemporain courant, d'induire une conception faussée. On serait tenté d'opposer le personnel au communautaire mais, en toute rigueur de termes, la personne a, chez Thomas, une dimension communautaire. C'est pourquoi on lui sera plus fidèle en recourant à sa propre terminologie et en distinguant le singulier – la personne considérée indépendamment de ses semblables – du communautaire. *Cf.*, sur ce point, chap. I.

on dira que l'on ne peut ni réduire la communauté politique à un simple accident au regard de la personne, ni résorber la personne dans la communauté. Cette incontournable dualité contribue à l'inconfort déjà évoqué, et mieux vaut en avoir clairement conscience en commençant.

Ces quelques remarques orientent le projet qui a présidé à cette étude et la façon de l'honorer. Elle est centrée délibérément sur les propos de saint Thomas, afin de dégager les lignes de force de son anthropologie politique et de sa politologie. Au risque d'abuser des références, il s'agit de justifier que ces conceptions sont nettement identifiables, et que leur récurrence atteste de la valeur qu'il leur reconnaît comme structure de sa pensée du politique. S'il en est ainsi, c'est alors l'ensemble de la pensée pratique de saint Thomas, autrement dit son étude de l'agir humain, qui est engagé.

Le contexte historique et doctrinal dans lequel s'inscrit Thomas d'Aquin a toute son importance pour apprécier la nouveauté de sa pensée politique[1]. L'historiographie médiévale a depuis longtemps montré combien le siècle de Thomas, le XIIIe, est, à la suite du précédent, une période de transformations sociales qui appellent des transformations juridiques et politiques. L'évolution interne des sociétés médiévales, marquée notamment par l'essor des villes, le développement des échanges et celui des relations de tous ordres qu'ils induisent, appellent un renouveau de l'instrument juridique qui organise ces sociétés : la justice chrétienne ne peut suffire à tout. Le renouveau du droit, à l'école du droit romain, commence au milieu du XIIe siècle, alors que le *Décret* contemporain de Gratien demeure empreint de la primauté d'un droit découlant de l'Écriture Sainte. Même si le *Décret* se réfère d'emblée au droit naturel, il le voit « contenu dans les Écritures »[2].

L'un des traits marquants de la période des XIIe-XIIIe siècles est que cette renaissance du droit, dont le centre est l'école de Bologne, est contemporaine d'un renouveau de la philosophie, au sein des facultés de théologie, et des sciences profanes, au sein des facultés des Arts. Les méthodes elles-mêmes se renouvellent puisqu'à la lecture des grands auteurs, éclairée par celle des glossateurs, s'ajoute la pratique de la *quaestio*, qui donne toute sa place à la raison. Ce que l'on nomme parfois la "révolution scolastique" est le fruit de ces multiples transformations, qui témoignent de l'extraordinaire vitalité de l'esprit médiéval, et dont l'un des fruits les plus fameux sont les *Sommes*, dont celle de saint Thomas, en théologie, est la plus célèbre.

Au cœur de ces évolutions appelées par la transformation des sociétés humaines, se situe, dans le monde latin, la redécouverte de la philosophie d'Aristote, qui est déterminante dans la pensée de Thomas d'Aquin, en

1. Sur ce contexte, on se réfère aux ouvrages classiques : M.-D. CHENU, *La théologie comme science au XIIIe siècle*, Paris, Vrin, [3]1969; Ét. GILSON, *La philosophie au Moyen Âge*, Paris, Payot, 1962. Voir aussi, A. BOUREAU, « Droit et théologie au XIIIe siècle », *Annales ESC*, nov.-déc. 1992, volume 47, n° 6, p. 1113-1125.

2. *Cf.* M. VILLEY, *La formation de la pensée juridique moderne*, *op. cit.*, p. 139-142.

particulier sa pensée politique dont il est ici question. Pour le résumer d'un mot emprunté à Michel Villey, le mouvement qu'elle suscite exprime et manifeste « un renouveau de confiance dans le pouvoir de la connaissance naturelle »[1]. La théologie qui en résulte, qui donne toute sa place à la raison humaine, se distingue de celle, dominante avant saint Thomas, marquée par la prévalence de la pensée augustinienne. La chose est d'autant plus manifeste dans l'ordre politique, et elle a conduit Mgr. Arquillière à forger le concept d'« augustinisme politique » pour caractériser la ligne dominante au moment où saint Thomas déploie sa propre pensée[2]. Dans son ouvrage, publié pour la première fois en 1933 et qui a connu de multiples éditions, H.-X. Arquillière s'attache à étudier les conceptions du pape Grégoire VII quant aux relations entre le pape et les princes, au premier chef l'empereur.

A s'en tenir à une phénoménologie du politique, l'expression la plus manifeste de l'augustinisme politique est en effet cette conception grégorienne selon laquelle l'autorité temporelle est subordonnée à l'autorité religieuse, en l'espèce ecclésiale. La déposition et l'excommunication d'Henri IV par Grégoire VII, à la fin du XIe siècle, annoncent celles de Frédéric II par Grégoire IX et Innocent IV, au XIIIe, et la querelle entre Philippe le Bel et Boniface VIII, au XIVe. Une première lecture, qui a toute sa valeur, conduit à voir dans de tels conflits une opposition sur la primauté des pouvoirs. Mgr. Arquillière a montré que, loin d'être une question personnelle, cette conception de la primauté pontificale chez Grégoire VII reposait sur la conviction qu'un principe d'unité transcendant « dominait à la fois la juridiction pontificale et le pouvoir royal : l'Église »[3]. Cette prérogative pontificale, qui va jusqu'au pouvoir de déposition des souverains, doit être affirmée, « parce qu'à ses yeux les rois et les empereurs sont dans l'Église, font partie intégrante de l'Église – et qu'au-dessus des nations diverses qui forment la chrétienté, il n'aperçoit que l'Église, dont il est le chef »[4]. La chrétienté latine au Moyen Âge ne se situe pas face aux pouvoirs politiques comme au temps où la solidité de l'Empire byzantin s'imposait au pape Gélase. Entre ces deux époques, une longue transformation s'est produite qui se cristallise, en quelque sorte, à l'époque grégorienne : « l'idée romaine de l'État s'était lentement effritée sous l'érosion de l'augustinisme politique »[5].

Mais, à y regarder de plus près, il y a des causes plus profondes, d'ordre philosophique et théologique, à un tel phénomène d'opposition, dont les conséquences en termes politiques seront considérables dans toutes la chrétienté latine. Mgr. Arquillière l'a bien exprimé : « l'Église semble remplir

1. *Ibid.*, p. 143.

2. H.-X. Arquillière, *L'augustinisme politique, essai sur la formation des théories politiques du Moyen Âge*, Paris, Vrin, 1972.

3. *Ibid.*, p. 31.

4. *Ibid.*, p. 32.

5. *Ibid.*

tout l'horizon et les puissances séculières n'existent légitimement que dans et par l'Église. Le droit naturel de l'État paraît bien s'être éclipsé dans la pensée pontificale »[1]. La théocratie pontificale, ou le grégorianisme politique, que l'on retrouvera au chapitre IV, repose en fait sur des fondements philosophiques qui ne reconnaissent pas la constitution naturelle de l'ordre politique, et de l'État qui en est la figure et la forme, quelle que soit sa dénomination. L'étude de théologie historique de H.-X. Arquillière montre comment on s'est éloigné insensiblement, siècle après siècle, des conceptions pauliniennes sur les pouvoirs constitués pour aboutir aux affirmations grégoriennes.

La question de savoir s'il est légitime d'imputer à saint Augustin une telle ligne doctrinale et, plus encore, de savoir si la notion d'« augustinisme politique » est pertinente, a été âprement discutée, notamment par le P. Henri de Lubac[2]. On n'entrera pas ici dans ce débat, qui méritera peut-être d'être repris à nouveaux frais. Au terme de son étude, sans doute pour tempérer certaines de ses affirmations précédentes et en réponse à ses détracteurs, Mgr. Arquillière reconnaît d'ailleurs qu'« il est faux d'attribuer à saint Augustin lui-même une méconnaissance du droit naturel de l'État »[3]. Quoi qu'il en soit du débat sur ses origines et ses acteurs, il reste qu'un ample courant, progressivement dominant, s'établit dans la chrétienté latine et culmine au Moyen Âge, qui résorbe largement l'ordre naturel dans l'ordre surnaturel. C'est ce courant qui, en matière politique, « constitue l'essence »[4] de ce que Mgr. Arquillière a dénommé « augustinisme politique ». Face à lui, l'apport de saint Thomas consiste à reconnaître la consistance naturelle de l'ordre politique, sa réalité profane, et à renouveler alors la compréhension de la relation entre les deux pouvoirs.

Sans doute, tel n'était pas le projet immédiat de Thomas d'Aquin dans ses écrits politiques, mais il apparaît bien que tel en fut le résultat[5]. Thomas donne toute sa place à l'œuvre de la raison naturelle. *Lex est aliquid rationis*[6], la loi relève de la raison, et *regere et gubernare proprie rationis est*[7] : ces quelques mots ouvrent la voie à une élaboration rationnelle de l'ordre politique, même si l'établissement d'un tel ordre rationnel est loin d'être immédiat.

Ces éléments contextuels sont nécessaires pour apprécier la nouveauté de la politique thomasienne. Il convient maintenant de préciser les sources

1. *L'augustinisme politique*, *op. cit.*, p. 35.

2. H. de LUBAC, « Augustinisme politique? », in *Théologies d'occasion*, DDB, Paris, 1984, p. 255-308. Cette étude, publiée la première fois dans les années 30, en réponse aux écrits de Mgr. Arquillière, a été complétée à plusieurs reprises.

3. *L'augustinisme politique*, *op. cit.*, p. 199, qui se réfère à saint AUGUSTIN, *La Cité de Dieu* (*De Civ. Dei*) XIX, 24.

4. *Ibid.*, p. 39.

5. La bibliographie indique les éditions et traductions de Thomas d'Aquin et d'Aristote auxquelles on a eu recours.

6. I II, q. 90, art. 1, c.

7. II II q. 47, a. 12, c.

principales auxquelles il faut recourir pour la saisir. La connaissance par saint Thomas des traités aristotéliciens sur l'éthique et la politique est déterminante pour la compréhension de sa pensée politique. L'*Ethique à Nicomaque* et la *Politique* d'Aristote ont chacun fait l'objet d'un commentaire de la part de Thomas. Tous deux se rapportent à la période du second enseignement parisien, soit entre 1269 et 1272[1]. Le commentaire de l'*Ethique*, qui est un commentaire assez littéral de l'œuvre, peut être situé plus précisément vers 1271-1272, contemporain de la rédaction de la II^{a} *Pars*, qui porte la marque de sa connaissance, de même que le commentaire de la *Politique*, qui est du même genre littéraire[2]. Ce dernier, cependant, est inachevé, puisqu'il s'arrête au Livre III, 6 (Bekker 1280 a 6); les éditions imprimées ajoutent le plus souvent le complément au commentaire de Thomas rédigé par Pierre d'Auvergne[3]. Si le genre littéraire du commentaire vise à illustrer la pensée de l'auteur de référence, son caractère littéral n'empêche pas saint Thomas de manifester à l'occasion sa propre pensée, qui s'éloigne parfois de celle d'Aristote. Le bref préambule qui ouvre son commentaire de la *Politique*, où il exprime ses propres façons de voir, est éclairant à cet égard.

La *Politique* d'Aristote est une découverte récente lorsque Thomas s'en saisit pour y puiser la structure de sa pensée du politique. Elle a été traduite en latin, à deux reprises, par le dominicain Guillaume de Moerbeke, d'abord de façon incomplète entre 1260 et 1264, puis, de façon complète, en 1265. Ses deux premiers commentateurs sont Albert le Grand[4], peut-être entre 1263 et 1267, et Thomas d'Aquin quelques années plus tard. Les études menées jusqu'à présent ne permettent pas de dire avec certitude si Thomas a connu le commentaire de son ancien maître Albert (qu'il a quitté à Cologne, en 1251 ou 1252, pour venir enseigner à Paris), et si celui-ci l'a influencé dans sa propre lecture du traité d'Aristote.

L'influence de la connaissance des deux grands traités aristotéliciens est manifeste dans toute la II^{a} *Pars* de la *Somme de théologie*. Elle éclaire la compréhension des quelques traités à teneur politique que l'on a indiqués:

1. Voir J.-P. TORRELL, *Initiation à saint Thomas d'Aquin, sa personne et son œuvre*, Fribourg - Paris, Éditions universitaires - Cerf, ^{2}2002. Pour les questions de datation, celui-ci s'en remet aux appréciations des auteurs de l'édition Léonine, que l'on suit ici sans réserve.

2. Les références, explicites ou implicites, à l'*Ethique* et à la *Politique* sont nombreuses dès la I^{a} II^{ae}, et il est clair que les principes structurants de la politique aristotélicienne, comme la relation des parties au tout, sont totalement assimilés par saint Thomas lorsqu'il commence la rédaction de la seconde partie de la *Somme*.

3. Les raisons de l'inachèvement du commentaire sont inconnues, mais on doit constater que l'interruption se produit lorsqu'Aristote commence à entreprendre l'étude des différents types de constitution. Cela signifie-t-il que Thomas a tenu à assimiler les principes fondamentaux étudiés jusqu'à ce point de la *Politique*, sans attacher une importance équivalente à l'examen des constitutions? Il serait peut-être excessif de l'affirmer, car on verra que Thomas rejoint Aristote dans la préférence d'un régime de constitution mixte. Pour autant, il est clair que la valeur attachée par Aristote à la constitution comme détermination formelle de la cité n'est pas appréciée dans les mêmes termes au Moyen Âge.

4. ALBERT LE GRAND, *Commentarium in octos libros Politicorum Aristotelis*.

celui de la loi (I II, q. 90-108), de la prudence (II II, q. 47-56, spécialement q. 47, a. 10 à 12) et de la justice (II II, q. 57-80). On verra toute l'importance de ces développements, qui font l'objet des chapitres V et VI du présent ouvrage.

En plus de ces traités, aisément repérables, une œuvre se rapporte directement à la matière politique. Il s'agit, dans la nomenclature des œuvres de saint Thomas, d'un opuscule inachevé, le *De Regimine principum*, ou *De regno ad regem Cypri*, ordinairement appelé *De Regno*, destiné à un souverain de Chypre, probablement Hugues II de Lusignan, et rédigé vers 1267[1]. Au terme des études conduites par la Commission Léonine, on peut tenir que le texte est authentique jusqu'au chapitre II, 8 (II, 4 dans les anciennes éditions). Comme l'ont souligné des lecteurs aussi autorisés que le P. Chenu et le P. Dondaine, l'usage de ce texte requiert quelque prudence dans l'interprétation, et il serait assurément excessif de prétendre y lire les conceptions entières de saint Thomas sur le meilleur régime politique[2]. Les circonstances de la rédaction du texte invitent son auteur à raisonner dans le cadre donné d'une monarchie. Ses propos sur ce sujet demandent à être complétés, ainsi qu'on le verra au chapitre VII, ce qui conduit à un exposé nuancé de la préférence thomasienne.

Au-delà de ces commentaires, traités et ouvrages, il faut se résoudre à recourir à tous les lieux épars où la pensée propre de saint Thomas se manifeste; ils sont, à la vérité, fort nombreux. A partir du moment où Thomas a pris connaissance des textes aristotéliciens, on ne discerne aucune évolution significative dans sa pensée, ce qui témoigne d'une assimilation exceptionnelle du corpus aristotélicien.

Puisqu'il s'agit de montrer qu'il y a chez saint Thomas une pensée politique d'ensemble, cette étude s'attache principalement à ses écrits. Pour cette raison, les rapprochements avec ses contemporains ou ses successeurs demeurent limités, et surtout destinés à mettre en valeur les conceptions de Thomas. On entend ainsi prouver qu'il existe un ordre politique spécifique, qui répond à des principes propres, et qui donc relève d'une véritable science politique, au sens médiéval du mot science, c'est-à-dire une sphère de connaissance qui procède de causes immuables qui lui sont propres et qu'il s'agit de mettre en évidence. Bien des questions surgissent d'une telle mise en lumière, dont la

1. 1267 est l'année de la mort, à 14 ans, du souverain, ce qui peut expliquer l'inachèvement de l'opuscule. L'ouvrage a été complété par Ptolémée de Lucques. J. CANING, dans *Histoire de la pensée politique médiévale (300-1450)*, Fribourg-Paris 2003, suggère sans se justifier que le destinataire pourrait être Hugues III d'Antioche-Lusignan, ce qui conduirait à une rédaction plus tardive, vers 1271-1273. Sur ces points, voir J.-P. TORRELL, *Initiation à saint Thomas d'Aquin*, *op. cit.*, p. 247-248. On se réfère ici à l'édition Léonine et à la traduction de M.-M. COTTIER, SAINT THOMAS D'AQUIN, *Du royaume (De Regno)*, Paris, Egloff, 1946.

2. *Cf.* J.-P. TORRELL, *Initiation à saint Thomas d'Aquin*, *op. cit.*, p. 248-249, qui cite le P. Chenu: « Le *De Regno* est un traité pédagogique et moral à l'usage d'un prince, non une œuvre organique de théorie politique », et le P. Dondaine: « cet opuscule se présente dans des conditions un peu difficiles; elles imposent prudence et discrétion dans le recours à son texte comme expression de la pensée de l'auteur ».

moindre n'est pas de savoir si cette science relève de la philosophie ou de la théologie, ou de l'une et de l'autre: il appartient à cette étude d'y répondre, chemin faisant. Mais dans l'immédiat, il faut souligner que Thomas d'Aquin invite son lecteur à se défaire de la prémisse moderne largement partagée qui veut que la politique relève non de la philosophie (ou de la théologie), mais de la seule science politique, au sens moderne d'une connaissance empirique qui vise à proposer des normes pour une action pratique efficace. Sous ce rapport, l'héritage de Machiavel conditionne la compréhension contemporaine et rend difficile l'accès à la ligne de pensée que l'on peut dire classique, qui vient de Platon et d'Aristote, qui reconnaît à la philosophie politique une place essentielle, au même titre que la métaphysique et la morale. Pour ceux-ci on ne saurait, en un mot, parler de l'homme sans prendre en compte son existence sociale, comme celle des cités humaines, et cette dimension communautaire de l'humain connaît des principes que la philosophie tend à dégager. Or, c'est dans cette ligne classique que s'inscrit Thomas d'Aquin, ainsi qu'on va le montrer. Pour celui-ci, donc, la politique est une sphère qui a sa consistance propre, elle est un domaine du savoir à part entière, et le propos de cette étude est de présenter la physionomie de ce domaine, tel qu'il ressort du corpus thomasien dans son ensemble.

L'objet de ce domaine du politique, on l'a déjà dit, est nécessairement double. Le politique porte en effet, indissociablement, sur l'homme et sur les communautés humaines, non sur tout l'homme, ni sur toutes les communautés humaines. Le politique porte d'abord sur l'homme sous un certain rapport, en tant qu'il vit dans des communautés humaines, en tant qu'il est en relation avec des semblables au sein de certaines communautés comme les cités. Ce n'est donc pas l'homme dans son individualité qui est regardé en premier, mais dans sa dimension communautaire, sans que l'on sépare, et encore moins oppose, ces deux ordres légitimes. Le politique porte aussi sur certaines communautés humaines, celles, on le verra, que Thomas d'Aquin regarde comme naturelles: pour simplifier, la famille et la cité. C'est dire que nombre de communautés seront laissées de côté, qui relèvent, selon l'approche d'Aristote, de la convention et non de la nature. Elles ne sont pas à négliger pour autant, mais ne relèvent pas du politique en ce qu'il a de plus élevé et enraciné dans la nature même de l'homme. Les alliances commerciales ou militaires font partie de la vie de la cité, elles constituent certaines associations humaines, mais elles ne sont pas la vie de la cité, elles ne forment pas une cité. Or, c'est celle-ci qu'il s'agit d'éclairer. Au total, des pans entiers de la vie humaine, l'art, l'économie, l'amitié, se rapportent au politique mais n'en font pas directement partie. Celui-ci n'épuise donc pas le champ des relations humaines, mais il les fédère, comme on le verra au chapitre I.

Après avoir précisé le statut de la politique au sein de la classification thomasienne des sciences (chapitre I), il sera d'abord question des principes fondateurs de la science politique: la fin qu'elle poursuit (chapitre II), la structure relationnelle de la partie et du tout (chapitre III), et la relation entre les deux autorités responsables, dans l'ordre naturel et dans l'ordre surnaturel (chapitre IV). Ensuite, il convient d'étudier les principes d'organisation de la cité politique : son ordre interne (chapitre V), sa loi (chapitre VI) et son régime d'organisation institutionnelle (chapitre VII). Enfin, il sera possible, au vu des enseignements recueillis, d'apprécier la conception thomasienne de la société ecclésiale et des relations entre les deux cités (chap. VIII). Une annexe présente une synthèse d'une querelle importante qui a animé les disciples de saint Thomas au XXe siècle, celle du personnalisme, parce qu'elle invite à approfondir la conception thomasienne du bien politique.

CHAPITRE PREMIER

LE STATUT DU POLITIQUE

Pour Thomas d'Aquin comme pour Aristote, le propre du sage est d'ordonner[1]. Traiter du politique dans toute son ampleur demande ainsi, dans une démarche épistémologique, de le situer à l'intérieur de l'ensemble du savoir humain. Les grands auteurs médiévaux, après leurs prédécesseurs grecs et romains, s'y sont employés en aboutissant à des classifications et répartitions diverses. Pour saint Thomas, il ne s'agit pas seulement d'ordonner le savoir humain de la façon la plus adéquate possible, il s'agit plus encore de mettre en lumière le sens de la vie en commun et de découvrir comment elle prend place à l'intérieur du dessein de Dieu. S'agissant du politique, il faut constater que l'émergence d'une science politique propre, au XIIIe siècle, est concomitante à celle de la théologie comme science. La découverte de la pensée politique d'Aristote est l'une des causes de cette simultanéité, dans la mesure où elle apporte une structure de pensée qui faisait défaut jusqu'alors dans la doctrine chrétienne.

C'est l'approche thomasienne qui fait l'objet de cette étude, et il est utile de relever à ce stade trois axes caractéristiques, qui sont rapidement exposés en ce premier chapitre parce que les suivants les compléteront progressivement. Traiter de la politique thomasienne demande de la situer à l'intérieur du savoir humain, au sein du dessein de Dieu et dans l'ensemble de l'agir pratique. Il s'agit, en fin de compte, de situer la politique dans l'ensemble de la *Doctrina sacra* au sens où saint Thomas la conçoit.

D'abord saint Thomas, à la suite de ses devanciers, cherche à situer la politique dans la classification des différentes sciences[2]. Il le fait en recourant aux grandes répartitions des philosophes, mais aussi en théologien chrétien, ce qui apporte d'emblée un double regard sur cette unique matière. Ensuite, la politique s'inscrit au sein de l'ample conception qu'il a du dessein de Dieu sur

1. *Met.* A, 2, 982 a 18.

2. *Cf.* G. DAHAN, « Théologie et politique aux XIIe et XIIIe siècles », RHPR 2011, tome 91 n° 4, p. 507-523, et l'ouvrage classique de M.-D. CHENU, *La théologie comme science au XIIIe siècle*, *op. cit.*

le monde créé. En fait, il s'agit de répondre à la question du sens du genre humain et de sa destinée au sein d'un monde qui, pour le théologien, procède de Dieu et retourne à lui. Enfin, pour traiter de la science politique dans la pensée de saint Thomas, il faut la situer convenablement au sein de la science pratique dans son ensemble, c'est-à-dire son étude des actes humains. Sur ce point, il faut relever l'unité qui, chez lui, caractérise l'ensemble de la vie humaine pratique. C'est une chose qui a perdu son évidence depuis l'émergence de la modernité politique : pour Thomas, on ne saurait dissocier la morale de la politique, bien plus, elles forment à elles deux et dans leur unité l'essentiel de la science pratique.

Ces trois axes permettent de situer les développements qui suivent dans la présente étude.

SECTION I – SITUATION DE LA SCIENCE POLITIQUE

Il convient donc de situer pour commencer la science politique à l'intérieur de l'ensemble du savoir humain. La sagesse ordonnatrice, qui perfectionne la raison, tend à situer les différentes sphères de ce savoir les unes par rapport aux autres. Aux XIIe et XIIIe siècles, le classement systématique des sciences, pratique déjà ancienne, connaît un renouveau par la remise en cause du schéma antique reposant sur les sept arts libéraux. S'agissant de la politique, le prologue rédigé par saint Thomas à son commentaire de la *Politique* d'Aristote est particulièrement précieux pour connaître l'organisation qu'il retient car, dans ce bref texte, il parle en son nom propre, et non en tant que commentateur du traité d'Aristote.

A – *Science pratique et science théorique*

Le schéma bipartite de classification des sciences, qui doit beaucoup à Aristote, distingue d'abord les sciences théoriques (ou théorétiques) des sciences pratiques. Il repose sur les deux grands types d'œuvre de la raison humaine. Le premier consiste à connaître, en les découvrant, la réalité et l'ordre interne des réalités naturelles. Ce labeur aboutit à élaborer une science physique, celle des réalités naturelles, et aussi la science métaphysique qui, au-delà de celle-ci, cherche à saisir l'être en tant qu'être, la substance première, jusqu'à l'être premier, dont procède tout être dans les réalités existantes. Cette connaissance spéculative est, pour Aristote comme pour Thomas d'Aquin, la plus haute qui soit dans l'ordre naturel. Elle est sagesse au plus haut degré et, par là, elle a un caractère divin. Elle est ainsi nommée par saint Thomas théologie ou science divine.

Le second type d'œuvre de la raison humaine consiste non pas à découvrir l'ordre interne aux choses, mais à produire un ordre dans différents domaines possibles. Trois registres sont couramment avancés. Le premier est celui du discours rationnel lui-même. L'interaction des concepts, des prémisses et des conclusions est le champ de la science logique. Le deuxième est celui de la production et de la transformation des biens, qui illustre la capacité de l'homme à réaliser des artefacts par son activité artistique. C'est le champ de la τέχνη, ou science technique. Le troisième champ est celui de l'agir moral des créatures spirituelles, qui demande à la raison d'ordonner les activités humaines émanant de la volonté en vue du bien poursuivi. C'est le champ général de la science morale ou de l'agir humain qui, au-delà de la capacité productive de l'homme, couvre le domaine pratique, distingué du domaine spéculatif. C'est dans ce troisième champ qu'il convient de situer la science politique.

A ce stade très premier du classement des sciences, une première question surgit dans la pensée du sage : celle de la relation entre science morale et science métaphysique, entre science pratique et science spéculative. La première découle-t-elle de la seconde, quel type de relation les unit, si relation il y a? L'agir de l'homme se déduit-il des principes constitutifs de la réalité en tant qu'elle est? Le prologue du commentaire de la *Politique* apporte une précieuse remarque sur la question. Assez curieusement, Thomas se réfère à l'adage célèbre tiré de la philosophie de la nature : *ars imitatur naturam*, l'art imite la nature[1], ce qui ne signifie pas que l'activité pratique imite purement la nature, mais son mode d'opération. Le lien entre les deux ordres tient, non à ce que l'un découle de l'autre, mais à ce que l'intellect humain, principe de l'agir, dérive de l'intellect divin, également cause des réalités naturelles. Le mode de l'opération humaine reflète en quelque façon l'opération divine causant les réalités naturelles. L'analogie entre les deux sciences, pratique et spéculative, porte sur les modes de procéder des intellects, humain et divin. Ce qui conduit saint Thomas à conclure : « les sciences humaines qui portent sur les choses de la nature sont spéculatives, mais celles qui portent sur les choses produites par l'homme sont pratiques ou opératives dans leur imitation de la nature »[2]. Pour cette étude, il s'agit de situer la politique au sein de la science pratique

En limitant l'ordre pratique à celui de l'agir, les différents domaines de la science pratique ont eux aussi fait l'objet de classifications diverses selon les époques. Un schéma tripartite retenu depuis le XIIe siècle distingue, au sein de la science pratique opérative, la morale singulière, qui vaut pour l'individu, la morale privée ou domestique, qui vaut pour le chef de famille, et enfin la morale civile ou politique, qui s'adresse aux gouvernants des cités. On trouve ce schéma chez saint Thomas dans son étude de la vertu de prudence, qui connaît trois parties, chacune afférente à l'un de ces domaines (II II, q. 50).

Au XIIIe siècle, la redécouverte d'Aristote, et spécialement de la *Politique*, conforte la situation de la politique au sein de la science pratique[3]. Saint Albert

1. *Super Phys.*, II, 4, n° 5, p. 65.

2. *Super Pol.*, *Prol*, 32-36.

3. Redécouverte, dans le texte grec, vers 1240-1250, traduite en latin à deux reprises par Guillaume de Moerbeke, entre 1260 et 1265, la *Politique* est commentée par saint Thomas

le Grand est probablement celui qui, le premier, consacre le statut de la politique comme science au sein du savoir philosophique en lui conférant la première place[1]. Thomas d'Aquin, avec lui, la tient pour revêtue d'une dignité unique dans cet ordre pratique : la politique apporte à l'ordre pratique sa perfection. L'un et l'autre, le maître et le disciple, sans que l'on puisse préciser si le premier a influencé le second, sont en ce sens fidèles disciples d'Aristote.

Mais qui dit primauté dit aussi unité, et il faut dès maintenant souligner l'unité de la science pratique (opérative) chez saint Thomas, qui suit, encore une fois, Aristote. Malgré la séparation opérée par les éditeurs, Aristote conçoit à l'évidence l'*Ethique à Nicomaque* et la *Politique* comme les deux tomes d'une même œuvre, qui englobe l'ensemble de l'agir humain. Il suffit de se référer au premier Livre de l'*Ethique* pour s'en convaincre, puisqu'il apparaît bien comme une introduction à l'ensemble de la philosophie de l'agir humain. Le chapitre premier du Livre I montre que c'est le bien, objet de la science politique, qu'Aristote a en vue, « car le bien est assurément aimable même pour un seul, mais il est plus beau et plus divin appliqué à un peuple ou à des cités »[2]. Il s'agit donc, au préalable, de saisir en quoi consiste ce bien, autrement dit le bonheur, et c'est l'objet de la suite du Livre I que de découvrir qu'il consiste, considéré individuellement, en une vie selon la vertu[3]. Tout le reste de l'*Ethique à Nicomaque* étudie l'activité de l'âme selon la vertu, qui va se déployer, notamment, dans l'amitié et la contemplation. Au terme (X, 10), Aristote retrouve l'interrogation politique qu'il n'avait pas délaissée, mais qu'il avait suspendue pour faire le nécessaire détour par l'analyse du bonheur singulier. Il peut alors poursuivre sa philosophie de la communauté dans la *Politique*. La compréhension de l'unité de l'éthique et de la politique et, simultanément, de l'ordre qui les lie, conduit à reconnaître le caractère fédérateur de la science politique au regard de tout l'agir humain. C'est ce qu'Aristote nomme le caractère architectonique de la politique, formule que Thomas d'Aquin reprend après lui.

La chose est si présente dans la pensée d'Aristote qu'il en fait comme l'introït de l'*Ethique à Nicomaque*, qui définit son projet et éclaire toute l'œuvre qui va suivre, c'est-à-dire l'*Ethique* et la *Politique*. Il n'est pas inutile de reprendre ici les principales articulations de son analyse, qui fait l'objet du 1er chapitre du Livre I :

> Tout art et toute investigation, et pareillement toute action et tout choix tendent vers quelque bien, à ce qu'il semble. Aussi a-t-on déclaré avec raison que le bien

(jusqu'au Livre III, 6) probablement au cours de son second enseignement parisien, entre 1269 et 1272. C'est durant la même période qu'il commente l'*Ethique à Nicomaque*.

1. Sur le rôle d'Albert le Grand dans l'établissement du statut de la philosophie politique, voir R. Imbach, « *Naturaliter homo homini amicus est.* Quelques observations sur la réception de la Politique au XIIIe siècle », contribution non publiée au colloque « Saint Thomas et la Politique », tenu à Toulouse les 28 et 29 janvier 2013.

2. *Eth. Nic.* I, 1, 1094 b 9-10.

3. *Ibid.*, I, 6, 1098 a 15-20 ; I, 10, 1099 b 25-30.

est ce à quoi toutes choses tendent. [...] Comme il y a multiplicité d'actions, d'arts et de sciences, leurs fins aussi sont multiples : ainsi l'art médical a pour fin la santé, l'art de construire les vaisseaux le navire, l'art stratégique la victoire, et l'art économique la richesse. Mais dans tous les arts de ce genre qui relèvent d'une même potentialité [...] les fins des arts architectoniques doivent être préférées à toutes celles des arts subordonnés, puisque c'est en vue des premières fins qu'on poursuit les autres. [...] Si donc il y a, dans nos activités, quelque fin que nous souhaitons pour elle-même, et les autres seulement à cause d'elle [...] il est clair que cette fin-là ne saurait être que le bien, le souverain bien. N'est-il pas vrai dès lors que, pour la conduite de la vie, la connaissance de ce bien est d'un grand poids [...] S'il en est ainsi, nous devons essayer d'embrasser, tout au moins dans ses grandes lignes, la nature du souverain bien, et de dire de quelle science particulière ou de quelle potentialité il relève. On sera d'avis qu'il dépend de la science suprême et architectonique par excellence. Or une telle science est manifestement la politique, car c'est elle qui dispose quelles sont parmi les sciences celles qui sont nécessaires dans les cités [...] et nous voyons encore que même les potentialités les plus appréciées sont subordonnées à la politique : par exemple la stratégie, l'économique, la rhétorique. Et puisque la politique se sert des autres sciences pratiques, et qu'en outre elle légifère sur ce qu'il faut faire et sur ce dont il faut s'abstenir, la fin de cette science englobera les fins des autres sciences, d'où il résulte que la fin de la politique sera le bien proprement humain. Même si, en effet, il y a identité entre le bien de l'individu et celui de la cité, de toute façon c'est une tâche manifestement plus importante et plus parfaite d'appréhender et de sauvegarder le bien de la cité : car le bien est assurément aimable pour un individu isolé, mais il est plus beau et plus divin appliqué à une nation ou à des cités. Voilà donc les buts de notre enquête, qui constitue une forme de politique[1].

Le propos aristotélicien sur l'ordre pratique est bien, ultimement, politique. La politique comme science fédère toutes les sciences de l'agir pratique parce qu'elle ordonne leurs fins respectives à la fin de la cité, à son bien, qui est pour Aristote le « souverain bien ».

Thomas d'Aquin fait manifestement sienne cette conception d'Aristote sur la primauté de la politique au sein de la science pratique, et s'y réfère à maintes reprises dans ses œuvres. Ainsi lorsqu'il commente le passage d'Aristote qui vient d'être cité :

Il faut ainsi que la fin ultime appartienne à la science la plus haute (*principalissimam*) en tant qu'elle vise la fin la plus haute (*de principalissimo fine*), et la plus architectonique, pour autant qu'elle prescrit aux autres ce qu'il [leur] faut faire. Or la science civile (*scientia civilis*) est manifestement telle, à savoir la plus haute et la plus architectonique (*principalissima et maxime*

1. *Eth. Nic.* I, 1, 1094 a 1- b 11. En affirmant que la politique est la plus haute des sciences, Aristote sous-entend qu'il se cantonne à l'ordre pratique. En effet, en *Met.* A, 2, 982 b 4-6, il soutient : « La science maîtresse, et qui est supérieure à toute science subordonnée, est celle qui connaît en vue de quelle fin chaque chose doit être faite, fin qui est, dans chaque être, son bien, et d'une manière générale, le souverain bien dans l'ensemble de la nature ». Il s'agit ici de l'ordre théorétique (ou théorique) pour lequel c'est la métaphysique qui est la science suprême.

architectonica). Donc c'est à elle qu'il appartient de considérer la fin la meilleure[1].

Son prologue au commentaire de la *Politique*, qui affirme la nécessité de la science politique « pour la perfection de la sagesse humaine que l'on nomme philosophie »[2], va dans le même sens :

> Si la science la plus principale porte sur ce qui est le plus noble et le plus parfait, il est nécessaire que la politique soit la plus haute (*principaliorem*) des sciences pratiques et qu'elle soit architectonique de toutes les autres, étant donné qu'elle considère dans les choses humaines (*in rebus humanis*) le bien ultime et parfait. C'est pourquoi le Philosophe dit à la fin du Livre X de l'*Ethique* qu'avec la science politique la philosophie atteint sa perfection (*perficitur*), elle qui concerne les choses humaines (*circa res humanas*)[3].

La formule selon laquelle la science politique apporte à la philosophie sa perfection ne doit pas être minorée mais peut étonner de la part d'un auteur, théologien au surplus, qui affirme par ailleurs la supériorité ultime de la métaphysique. C'est que saint Thomas tient fermement la distinction entre sciences pratiques et sciences théoriques. La métaphysique relève de ces dernières, et si la politique apporte la perfection à la philosophie, c'est qu'elle traite des « choses humaines », alors que la métaphysique porte ultimement sur les réalités divines, au point qu'on peut l'appeler « science divine ou théologie (*scientia divina vel theologia*) »[4]. Il reste que, à s'en tenir à l'ordre pratique, c'est la politique qui est suprême et il faudra éclairer ce statut que Thomas lui reconnaît, à la suite et à l'école d'Aristote.

B – *Philosophie et théologie du politique*

S'il revient à saint Thomas, sans conteste, d'avoir réhabilité la politique comme science philosophique, il demeure en toutes ses œuvres un théologien, c'est-à-dire un penseur qui traite des choses humaines non seulement à la lumière de la raison naturelle, mais encore à la lumière de la Révélation chrétienne. A cet égard, il faut dire de la politique ce qui vaut pour toutes les sciences philosophiques au regard de la Révélation. Dans la première question de la *Somme de théologie*, saint Thomas justifie, au-delà de la science philo-

1. Le commentaire de Thomas sur les passages cités est linéaire : « *oportet quod ultimus finis pertineat ad scientiam principalissimam, tamquam de principalissimo fine existentem, et "maxime architectonicae", tamquam praecipienti aliis quid oporteat facere; sed civilis scientia videtur esse talis, scilicet principalissima et maxime architectonica; ergo ad eam pertinet considerare optimum finem* », *Super Eth.*, I, 2, 105-112.

2. *Super Pol.*, *Prol.*, 68-69.

3. *Super Pol.*, *Prol.*, 100-108 : « *Si igitur principalior scientia est que est de nobiliori et perfectiori, necesse est politicam inter omnes scientias practicas esse principaliorem et architectonicam omnium aliarum, utpote considerans ultimum et perfectum bonum in rebus humanis. Et propter hoc Philosophus dicit in fine X Ethicorum quod ad politicam perficitur philosophia, que est circa res humanas* ».

4. *Super Met.*, I, 1, Ma 2.

sophique, l'existence d'une *doctrina sacra*, autrement appelée théologie, dont la source est la Révélation. Il avance deux raisons principales à l'appui de la nécessité d'une science théologique. D'une part, « l'homme est destiné par Dieu à atteindre une fin qui dépasse la compréhension de son esprit » et, d'autre part, du fait de l'indigence de la raison humaine dans son exercice, « il était nécessaire, si l'on voulait que le salut fût procuré aux hommes d'une façon plus ordinaire et plus certaine, que ceux-ci fussent instruits par une révélation divine ». Si bien que « pour toutes ces raisons, il était nécessaire qu'il y eût, en plus des disciplines philosophiques, œuvres de la raison, une doctrine sacrée, acquise par révélation »[1]. Saint Thomas, qui entend traiter des choses humaines dans toute leur extension, ne se contente pas d'étudier le politique dans un seul regard de sagesse philosophique, mais il complète celui-ci par un regard de sagesse théologique, fondé sur la Révélation.

Dans ces premières questions de la *Somme*, essentielles pour comprendre l'approche épistémologique de saint Thomas, celui-ci ne manque pas de souligner la supériorité de la science sacrée au regard des autres sciences, fondées sur la raison. Cette supériorité vaut au regard de la politique, sommet des sciences pratiques, comme on l'a vu :

> Parmi les sciences pratiques, on doit dire supérieure celle qui ne vise pas, au-delà d'elle-même, une autre fin, telle la politique pour l'art militaire... Or, la fin de notre doctrine selon qu'elle est pratique, est la béatitude éternelle, but auquel se réfèrent, comme à la fin suprême, toutes les autres sciences pratiques. De toute façon la science sacrée est donc prééminente[2].

Le propos thomasien d'élaborer une *doctrina sacra* ne disqualifie pas l'approche philosophique, mais s'en sert et la dépasse. S'agissant du politique, cela conduit à en traiter selon ces deux regards.

Selon chacun de ces regards, l'apport de la Révélation en matière politique est considérable ou, au contraire, assez restreint. Il est considérable en tant que le christianisme exprime et réalise un dessein de Dieu sur le monde humain qui donne toute sa place à l'assemblée des hommes, au genre humain. La vie chrétienne est une réalité à la fois singulière et collective. Ce caractère collectif se lit dès la première alliance et la création d'Israël comme peuple de Dieu, nation au milieu des nations, mais dotée d'un statut unique de par son identité divine. Ce caractère se retrouve dans la nouvelle alliance dans le Christ, qui se réalise à travers une communauté politique d'un genre nouveau, l'Église, qui ne se substitue pas aux communautés naturelles que sont les cités, quelle que soit leur dénomination, mais qui existe en leur sein. La vie commune, dans son

1. I, q. 1, a. 1, c.

2. « *Practicarum vero scientiarum illa dignior est, quae ad ulteriorem finem ordinatur, sicut civilis militari... Finis autem huius doctrinae inquantum est practica, est beatitudo aeterna, ad quam sicut ad ultimum finem ordinantur omnes alii fines scientiarum practicarum. Unde manifestum est, secundum omnem modum, eam digniorem esse aliis* », *Ibid.*, a. 5, c.

expression chrétienne, tient une place majeure dans la théologie catholique, et celle-ci ne cesse d'en approfondir le sens.

D'un autre côté, à s'en tenir à la nouvelle alliance, l'enseignement de la Révélation sur l'ordre politique naturel est relativement limité. Deux enseignements, à titre principal, peuvent être retenus du Nouveau Testament, dont la compatibilité n'est pas immédiatement évidente. D'une part, l'enseignement du Christ sur le respect dû à César (Mt 22) et, d'autre part, l'affirmation paulinienne de l'origine divine de tout pouvoir (Rm 8). Cela ne constitue pas un donné révélé très ample pour élaborer ou nourrir une théologie du politique dans l'ordre naturel.

Ce simple constat explique que, dans la tradition chrétienne, le politique ait surtout fait l'objet d'une étude théologique, en ne retenant que l'ordre surnaturel des choses; en un mot l'aspect ecclésial de la vie chrétienne. Alors qu'une étude exhaustive requiert d'étudier l'ordre politique selon une double approche et à son double niveau, selon une approche à la fois philosophique et théologique. Les communautés humaines naturelles peuvent et doivent être saisies selon les principes de l'analyse philosophique et selon ceux de la théologie chrétienne. Il est utile de préciser, dès maintenant, qu'il ne s'agit pas d'élaborer une "théologie politique", comme si les principes d'organisation de la vie commune pouvaient être déduits de la Révélation, mais une "théologie du politique", qui apprécie la réalité communautaire de la vie humaine à la lumière du donné révélé.

Ces multiples chemins d'analyse sont présents chez saint Thomas, sans qu'il précise toujours celui qu'il emprunte dans tel développement. Il conviendra donc, au long de cette étude, de préciser le champ du discours thomasien et d'en discerner, selon les lieux, la nature philosophique ou théologique. Il conviendra également d'apprécier l'essence de cette société surnaturelle qu'est l'Église, et son rapport aux sociétés fondées en nature.

SECTION II – L'ORDRE PRATIQUE SELON THOMAS D'AQUIN

Selon la distinction qui vient d'Aristote, on l'a dit, l'ordre de la vie humaine pratique concerne principalement, d'une part, l'activité créatrice et transformatrice de l'homme – la *τέχνη* – et, d'autre part, son agir libre en vue d'un bien. Il est principalement question, dans cette étude, de l'agir libre, la part créatrice attachée à la politique étant seconde et subordonnée à celui-ci. On ne saurait, pour autant, oublier que la politique tend à édifier une communauté. La politique est une science pratique, au sens où elle ne vise pas seulement à décrire par la raison ce qu'elle étudie, mais encore qu'elle tend à la réalisation de ce qu'elle étudie: «la cité est un certain tout, qui se rapporte à la raison humaine non seulement en tant qu'elle connaît, mais encore en tant qu'elle opère »[1].

Cette édification de l'ordre politique n'est pas, pour saint Thomas, la simple exécution de préceptes divins, ou même l'application de principes divinement révélés. Elle est d'abord le fruit de la raison humaine, qui caractérise justement les êtres humains par leur capacité à ordonner le monde qui est le leur. Mais pour ordonner ce monde humain par la raison, encore faut-il en connaître le principe et la fin et, à cet égard, la Révélation chrétienne éclaire et guide le théologien qu'est Thomas d'Aquin. Si bien qu'il faut rappeler, dans un premier temps, la conception générale qui est la sienne du mouvement des créatures selon le dessein de Dieu, avant d'apprécier, dans un second temps, comment s'inscrit l'œuvre rationnelle à l'intérieur de ce dessein.

Pour traiter de la science politique dans la pensée de saint Thomas, il faut la situer convenablement au sein de la science pratique dans son ensemble, c'est-à-dire son étude des actes humains. Sans prétendre à une présentation exhaustive de l'analyse des actes humains, on s'en tient ici aux éléments les plus généraux afin d'en éclairer les aspects politiques.

A – *La créature et sa fin : l'*ordo creaturae ad finem

Le plan de la *Somme de théologie* exprime par lui-même la conception d'ensemble de la pensée thomasienne. Après avoir traité de Dieu en lui-même, Thomas étudie la création et le gouvernement de Dieu sur le monde créé (I^a^ *Pars*). Puis il traite des créatures intellectuelles, de leur fin ultime, qui est la béatitude, et de leur mouvement vers elle. C'est la partie que l'on nomme morale de la *Somme* (II^a^ *Pars*). Enfin, il traite spécifiquement du monde de la rédemption, c'est-à-dire du Christ et des moyens de sanctification que sont les sacrements (III^a^ *Pars*; la *Somme*, inachevée, ne traite pas des fins dernières). S'agissant du monde créé, une telle approche met en valeur le mouvement d'*exitus-reditus*, de sortie du créateur et de retour à lui, selon un schéma que les Pères de l'Église avaient déjà relevé. Cette approche est fidèle à la Révélation judéo-chrétienne – Dieu est à la fois le principe et la fin de tout le monde créé – et est structurée chez Thomas par des principes métaphysiques qu'il emprunte à Aristote[2]. Deux d'entre eux sont essentiels, qui se rapportent à l'être des réalités créées. D'une part, toute réalité reçoit du créateur une détermination, appelée substance, qui est sa forme et son principe d'être. D'autre part, toute réalité en puissance est ordonnée à devenir réalité en acte. La combinaison de ces deux principes aboutit à ceci qu'une réalité advient au monde avec sa forme substantielle, mais destinée à s'achever, à se perfectionner dans la quête de sa fin. Le monde créé est imparfait, et il tend vers sa perfection qui consiste à

1. *Super Pol., Prol.*, 79-81 : « *cum ciuitas sit quiddam totum cujus humana ratio non solum est cognoscitiua, sed etiam operatiua* ».

2. Sur cette structure d'ensemble, on se rapportera à notre étude *Théologie du dessein divin chez saint Thomas d'Aquin*, *op. cit.*

atteindre sa fin, qui est le principe originel dont il a jailli : Dieu lui-même – le premier moteur d'Aristote –, ainsi présent à tout instant au monde qui émane de lui et qu'il meut vers lui. En somme, une créature, en se perfectionnant dans la poursuite de sa fin, devient davantage ce qu'elle est. Tel est le fondement ontologique du mouvement vers le bien qui caractérise la science pratique de Thomas d'Aquin. Si celui-ci recourt à la métaphysique d'Aristote, c'est qu'il voit en elle une explicitation rationnelle d'une donnée présente dans la Révélation. Le monde est un ensemble ordonné de créatures de tous ordres, qui se meuvent, chacune et toutes ensemble, vers leur fin.

Au cœur et au sommet du monde créé, Thomas situe les créatures spirituelles, celles qui sont dotées d'un intellect et d'une volonté, qui parcourent leur mouvement vers leur fin selon le mode qui leur est propre, par le jeu combiné de ces deux puissances spirituelles. L'intellect fait connaître le bien qui suscite l'attraction de la volonté, celle-ci incitant l'intellect à découvrir le bien véritable qui convient à la créature. Le fruit de cette coopération est l'acte libre et volontaire de la créature intellectuelle, qui tend à l'acquisition de sa fin. Le propre de la créature rationnelle, ange ou homme, est ainsi de cheminer librement vers sa fin, qui est un bien et qui lui apporte sa perfection : c'est ce que l'on nomme communément son bonheur. Le mouvement des créatures spirituelles, s'il s'inscrit dans une cosmologie, n'est pas pour autant déterminé par elle, car il demeure soumis à leur volonté libre. Ces simples considérations débouchent sur les deux questions que toute créature intellectuelle rencontre nécessairement : celle de la fin poursuivie – en quoi consiste-t-elle ? – et celle des actes à poser pour l'atteindre – qui relèvent de la vertu de prudence. Tel est, dans la *Somme de théologie*, l'objet de la deuxième partie, souvent qualifiée de partie morale – même si on verra ce que cette qualification peut avoir de trompeuse ou d'équivoque : « Il convient de considérer en premier lieu la fin ultime de la vie humaine, et ensuite ce par quoi l'homme peut parvenir à cette fin ou s'en écarter; la fin, en effet, fournit les raisons de ce qui lui est ordonné »[1].

Pour le théologien qu'est Thomas d'Aquin, la Révélation chrétienne enseigne que la fin ultime des créatures spirituelles réside dans la vision de Dieu face à face, qui suscite l'union plénière dans l'amour, de Dieu et de sa créature : c'est ce en quoi consiste la béatitude surnaturelle. Comme on le verra bientôt, une lecture attentive des différents textes de saint Thomas conduit à dire que si la béatitude est un bien singulier pour l'âme qui y accède, elle est aussi un bien partagé. Si donc, dans l'ordre surnaturel, la fin ultime est la béatitude de chacun et de tous ensemble, cela manifeste que le caractère communautaire de la vie humaine lui est attaché de façon inamissible. De fait, pour Thomas d'Aquin, l'acheminement de la créature intellectuelle vers sa fin engage chacun et la communauté humaine tout entière.

1. I II, q. 1, *Prol.*

Le chapitre III de cette étude expose comment saint Thomas conçoit cet aspect communautaire de son anthropologie. Mais il faut ici se rappeler la complexité de celle-ci. Traiter de la vie humaine, de sa fin et des moyens de l'atteindre, c'est traiter indissociablement de chacun et de tous. De chacun d'abord, parce que c'est la créature intellectuelle qui pose des actes libres et volontaires: il n'existe pas d'acte collectif, sauf dans un sens analogique et diminué. De tous aussi, parce qu'il est dans la nature de cette créature d'être un «animal politique»: Thomas d'Aquin ne cesse de le répéter après Aristote. Etudier la pensée pratique de saint Thomas exige donc de traiter à la fois de ses aspects singuliers et communautaires, en maintenant la primauté attachée au singulier – ce que la pensée moderne exprime par le concept de sujet – mais sans oublier l'aspect collectif qui lui est naturellement attaché. L'histoire de la pensée occidentale montre qu'une telle exigence n'a pas toujours été honorée. L'anthropologie a pris un tour individualiste à partir de l'époque moderne, inflexion dont les prodromes sont discernables dès le XIVe siècle. La théologie chrétienne n'a pas échappé à cette évolution, qui aboutit souvent à une conception de la personne atrophiée de sa dimension communautaire, ou qui réduit celle-ci, dans la plupart des cas, à un conditionnement d'intérêt secondaire[1]. Cette étude n'est pas le lieu pour discuter de ce phénomène, de ses causes comme de ses conséquences. Il s'agit ici d'étudier les conceptions de Thomas d'Aquin pour elles-mêmes, qui imposent de traiter des deux aspects, singuliers et collectifs, de tout homme. Celui-ci, pour Thomas, a une dimension communautaire: c'est un donné qu'il ne convient pas de discuter. C'est pourquoi on préfère, dans cette étude, parler de l'individu, lorsqu'on traite de l'homme dans sa singularité, entendant par là qu'il n'en est pas de purement individuel, séparée de toute communauté humaine[2].

L'homme, singulièrement et collectivement, tend vers sa fin par ses actes. Ceux-ci émanent de ses puissances spirituelles, l'intelligence et la volonté perfectionnées, selon l'analyse classique, par les vertus, intellectuelles et morales. Une bonne part de la II[a] *Pars* de la *Somme* est consacrée à l'étude des vertus, qui manifestent la capacité de l'homme à se perfectionner dans son agir en vue de sa fin. Par son intelligence et sa volonté, et spécialement par les vertus qu'il a acquises ou reçues de façon infuse, l'homme a bien en lui, selon la formule de Thomas, «le principe intérieur» de ses actes. Les actes humains ordonnés à sa fin ont aussi un principe extérieur, que le théologien Thomas

1. On ne dira pas non plus que le politique est une médiation nécessaire à l'homme pour atteindre son bonheur personnel, ce qui serait le réduire à une fonction instrumentale qui n'honore pas pleinement le caractère naturel, donc attaché à l'essence de la personne, que Thomas lui reconnaît. (*Cf.* M. BASTIT, art. «Thomas d'Aquin», in *Dictionnaire de philosophie politique*, Paris, P.U.F., 2006, p. 685-691).

2. A cet égard, le recours à la définition de la personne empruntée par saint Thomas à Boèce peut être insuffisant: «substance individuelle de nature rationnelle» (par exemple en I, q. 29, a. 1, c.). Elle exprime la personne comprise dans sa singularité, mais il faut lui adjoindre les innombrables mentions de la «nature politique» à laquelle Thomas se réfère par ailleurs.

situe en Dieu, « qui instruit par sa loi et soutient par sa grâce » [1]. C'est l'agir humain en toutes ses composantes que Thomas d'Aquin entend embrasser, afin de rendre compte de la façon dont les créatures spirituelles peuvent atteindre ce bien en lequel réside leur fin. Dans cette analyse si ample, les aspects politiques tiennent une place significative, que cette étude entend mettre en lumière.

Toute la science pratique de saint Thomas s'inscrit donc dans l'explicitation de l'*ordo* ou *ordinatio ad finem* qui caractérise à la fois le mouvement de l'univers et, en son sein, celui des créatures spirituelles se mouvant vers le bien qui leur apporte leur perfection [2]. Considéré en Dieu, cet *ordo* exprime la providence divine qui est la *ratio ordinandorum in finem* [3]. Considéré dans les créatures, il se traduit par le principe de finalité qui relie à sa fin toutes les activités de l'homme : tout agent agit en vue de sa fin (*omne agens agit propter finem* [4]) qui est un bien, puisque le bien a raison de fin. La nature même des créatures est porteuse de cet ordre : « chacun est incliné naturellement à l'activité qui convient à sa forme » [5], et cela s'exprime, pour saint Thomas, par les inclinations naturelles qui l'incitent à rechercher le bien qui lui convient : « parce que le bien a raison de fin [...], il s'ensuit que l'esprit humain saisit comme des biens, et par suite comme dignes d'être réalisées, toutes les choses auxquelles l'homme se sent porté naturellement » [6]. Pour Thomas d'Aquin, la forme de la créature qu'est sa nature est porteuse de son ordre au bien qui est sa fin. Ce naturalisme de saint Thomas doit être soigneusement distingué de celui de la pensée moderne à partir de Descartes, qui réduit la nature humaine à sa composante corporelle ou animale, alors qu'elle est surtout, selon Thomas, l'expression de sa dimension la plus élevée, volontaire et rationnelle [7]. Le fait d'être doté d'une nature qui l'ordonne à sa fin ne prive nullement l'homme de sa capacité à agir librement et rationnellement en vue de l'atteindre. Le naturalisme de saint Thomas s'oppose autant au déterminisme de la nature animale qu'à l'empirisme pour lequel l'homme est purement créateur de son bien. C'est précisément son caractère rationnel qui le tient à l'écart de ces deux déviations.

1. I II, q. 90, Prol.

2. Sur l'*ordo* chez saint Thomas, voir A. de SILVA-TAROUCA, « L'idée d'ordre dans la philosophie de saint Thomas », *Revue néoscolastique de philosophie*, n° 40, 1937, p. 341-384.

3. I, q. 22, a. 1, c.

4. I, q. 44, a. 4, c.

5. I II, q. 94, a. 3, c.

6. *Ibid.*, a. 2, c.

7. Ces divergences entre anciens et modernes sur la nature se cristallisent notamment sur la notion connexe de loi naturelle, qui sera étudiée au chapitre VI. Si l'on ne voit dans la nature qu'un déterminisme imposé à l'homme, la loi naturelle ne peut plus être comprise, comme Thomas d'Aquin y invite, comme une sorte de providence intérieure, une capacité qu'a l'homme de s'ordonner à sa fin par son agir rationnel. Pour Thomas, la nature et ses inclinations procèdent ultimement de Dieu créateur, tout comme les inclinations naturelles participent de la providence divine, mais elle est un principe immanent qui laisse à l'homme son entière dignité de cause.

B – *La rationalité de l'agir pratique*

Il appartient aux créatures de tendre vers leur fin, et leur nature leur apporte donc ce dont elles ont besoin pour l'atteindre. Cela vaut au premier chef et très parfaitement pour les créatures que Thomas d'Aquin nomment rationnelles. D'une part, on l'a dit, elles possèdent des inclinations naturelles aux biens qui leur correspondent[1]. Ces inclinations sont pour la créature comme l'ordination naturelle à agir en vue de son bien. D'autre part, ces créatures possèdent la raison, qui est comme la règle de leur agir, et qui leur permet de connaître le bien auquel ordonner cet agir et les moyens pour l'atteindre. C'est ce qui justifie le qualificatif privilégié par Thomas pour les dénommer : ce sont des « créatures rationnelles ». Ce que saint Thomas dit à l'orée du traité de la loi vaut pour toute sa science pratique : « il revient à la raison d'ordonner à la fin (*rationis est ordinare ad finem*) »[2]. Ce qui caractérise l'homme (et l'ange avant lui) est la capacité qu'il a de connaître par lui-même sa fin et de choisir les moyens en vue de l'acquisition de celle-ci : « notre activité vertueuse est dirigée par la raison humaine, que nous avons décrite comme une règle de l'agir humain »[3].

Aucun théologien, probablement, n'a autant mis en valeur la capacité des créatures spirituelles à connaître par la raison naturelle leur fin et à choisir les voies pour l'atteindre. C'est leur caractéristique, au milieu de toutes les autres créatures, et c'est aussi leur grandeur. Thomas ne cesse de rappeler que c'est la raison qui fait connaître à la volonté le bien à aimer : « L'objet de la volonté lui est présenté par la raison. Le bien saisi par la raison est en effet l'objet proportionné à la volonté »[4]. Si ce n'est pas la raison qui éclaire ainsi directement la volonté, il revient à une lumière qui relève de la raison, mais qui a une autre source, de le faire : c'est l'objet de la loi, qui relève de la raison, et qui peut être d'origine divine ou humaine[5]. C'est le dessein créateur de Dieu qui fait ainsi de l'homme une créature rationnelle, capable de se diriger lui-même : « La loi de l'homme, qu'il reçoit de l'ordonnance divine, adaptée à la condition qui lui est propre, est qu'il agisse selon la raison »[6]. En somme, agir selon la raison est ce qui fait qu'un acte est véritablement humain[7]. Toute la morale, individuelle et communautaire, de Thomas d'Aquin, consiste à ce que les hommes tendent

1. I II, q. 94, a. 2, c. *Cf.* I II, q. 91, a. 6, c. : « Sous le gouvernement de Dieu législateur, les diverses créatures ont diverses inclinations naturelles ».
2. I II, q. 90, a. 1, c.
3. I II, q. 108, a. 2, ad 1.
4. I II, q. 19, a. 3, c.
5. *Ibid.*, a. 5, c. Dans le même sens, I II, q. 63, a. 2, c.
6. I II, q. 91, a. 6, c.
7. Cela fait dire au P. Tonneau, se référant au traité des actes humains de la *Somme* : « La règle distinctive du bien moral ou humain est la raison, parce que la raison est le trait spécifique qui distingue la créature rationnelle. Un acte humain est bon, parfait, dès qu'il possède sa dose d'humanité, c'est-à-dire sa mesure de raison », J. TONNEAU, *Notes et appendices au traité de la loi nouvelle* de la *Somme théologique de saint Thomas d'Aquin*, « Editions de la Revue des jeunes », I-II, q. 106-108, Paris, Cerf, 1981, ici p. 241.

vers le bien qui les finalise par leur agir rationnel. L'homme est dit bon, et les communautés humaines sont dites bonnes, lorsqu'ils tendent à instaurer en eux l'ordre de la raison, dans leur agir et en vue de leur fin.

Cette primauté générale du rationnel dans l'ordre de l'agir humain vaut en particulier pour les aspects politiques de la science pratique thomasienne. Cette emprise de la raison sur l'ordre politique apparaît en de nombreux lieux, qu'il s'agit ici de réunir et d'ordonner. Notons en premier lieu que la raison pratique, pour saint Thomas comme pour Aristote avant lui, est nécessairement politique. Cela ressort clairement de ses propos sur les inclinations naturelles de l'homme, lorsqu'il affirme que l'inclination à vivre en société, comme l'inclination à connaître la vérité sur Dieu, relève de ce qui est propre à l'homme, à savoir qu'il est doté d'une nature rationnelle[1]. L'homme diffère en cela des animaux pour qui l'inclination à vivre au sein de leur espèce ne relève pas de la raison[2]. En somme, le politique est rationnel parce qu'il émane de la nature rationnelle de l'homme.

La comparaison de la vie humaine communautaire et de la vie animale est un lieu commun de la philosophie politique depuis Socrate : l'animal satisfait plus aisément par lui-même à ses propres besoins que les hommes qui y pourvoiront mieux par la mise en commun des talents singuliers[3]. Ce qui caractérise l'homme par rapport à l'animal, au-delà des aptitudes physiques générales qui sont plutôt en faveur de celui-ci, c'est de pouvoir connaître par la raison ce dont il a besoin pour sa vie humaine : « Des choses qui sont nécessaires à sa vie, l'homme a une connaissance naturelle qui n'est que générale, étant capable, par la raison, de parvenir, en partant des principes universels, à la connaissance des choses particulières qui sont nécessaires à la vie humaine »[4]. De cette rationalité, le langage est à la fois le signe et la conséquence. En effet, un homme isolé ne peut à lui seul connaître par la raison tout ce qu'il a besoin de connaître pour vivre. Le langage, qui fonde et nourrit la vie en commun, permet aux hommes de communiquer en raison : « le propre de l'homme est de se servir de la parole, par laquelle chaque homme peut exprimer aux autres la totalité de sa pensée »[5]. Le langage, en ce sens premier, est éminemment politique.

En second lieu, le politique relève de la raison parce qu'il est finalisé par un bien, qu'on appelle avec saint Thomas et par commodité, le bien commun. Ordonner au bien commun l'ensemble des activités humaines relevant de la vie en société, fédérer en quelque sorte ces activités en les rapportant ultimement au bien commun, ne peut se faire que par l'intervention d'une raison ordonnatrice. Cet ordre est ce que cherche et réalise la raison pratique exercée dans la sphère politique : « L'ordre n'est pas une forme vide, c'est un arrangement

1. I II, q. 94, a. 2, c.
2. *Super Pol.* I, 1/b, 112-154.
3. Cf. *Rep.*, II, 369 b-c.
4. *De Regno*, I, 1, 44-49.
5. *Ibid.*, 56-64.

donné aux choses, en fonction d'un principe, en vue d'une fin »[1]. L'emprise du politique sur les différents aspects de l'activité humaine dans la cité ne peut s'opérer que par l'intervention de la raison ordonnatrice. Cette raison ordonnatrice du politique s'exprime, selon les analyses de Thomas d'Aquin, en quelques lieux centraux, que l'on résume dans ce qui suit.

La raison, source de la forme politique de la cité

Cette raison politique, ordonnatrice au bien commun, a une figure : ce sont les institutions de la cité; Aristote dit : sa constitution, les modernes diront : l'État. Le chapitre VII présente les conceptions de Thomas sur l'organisation institutionnelle de la cité. Relevons seulement ici que, pour lui comme pour Aristote avant lui, la constitution est comme la forme de la cité, dont la matière est l'assemblée des individus qui la composent. Il y a bien chez eux un hylémorphisme politique, même s'il n'est pas explicitement formulé. C'est en tant qu'une assemblée humaine reçoit sa forme de sa constitution que ses membre deviennent – forment – une cité. C'est pourquoi telle constitution façonne telle cité. Mais cette information de la cité par sa constitution, pour donnée qu'elle soit par tel édifice institutionnel, demeure dans un ordre dynamique au bien commun. Le pouvoir des institutions est ainsi l'expression de la raison ordonnatrice qui ordonne au bien commun la vie de tous et de chacun, selon une rationalité particulière. La rationalité politique est donc une rationalité finalisée, et finalisée par un bien moral, le bien commun. Et cette finalité devient le critère de légitimité de tout agir politique. Une constitution qui n'a pas en vue le bien commun est une constitution déviée, on le sait depuis Platon[2]. Une loi qui ne poursuit pas le bien commun perd sa *ratio legis*, sa raison de loi. On verra que c'est ce qui limite, de l'intérieur, le pouvoir des institutions et des gouvernants.

Si l'appétit rationnel du bien qui est propre à l'homme l'ouvre au bien universel, il demande cependant de se porter par choix sur un bien déterminé : il ne se réalise qu'en se particularisant. Ainsi, l'inclination générale à vivre en société demande d'être déterminée dans le choix de telle organisation de

1. Th. DELOS : « La fin propre de la politique : le bien temporel », *Semaines sociales de France*, 1933, p. 215-235, ici p. 223. Notons ici que cela ne signifie pas que saint Thomas ignore les exigences et les lois de l'activité privée, comme le commerce. Mais justement, le cas de l'économie est lui-même significatif. Pour Thomas, il serait inconcevable que les lois propres au commerce régissent totalement l'échange des biens et leur distribution. Au-delà du légitime intérêt privé, l'échange doit encore satisfaire à l'exigence du bien commun et cette satisfaction n'est pas spontanée : elle ne peut résulter que de l'intervention, ou au moins du contrôle, des gouvernants de la cité. En un mot, Thomas d'Aquin est le tenant d'une économie qui doit toujours être politique, c'est-à-dire ordonnée ultimement au bien commun. Certes, on objectera que les formes économiques que Thomas a connues ont peu à voir avec celles des époques modernes ou contemporaines. Si le fait est certain, il n'empêche que Thomas, qui ne vise aucunement à élaborer un régime économique d'ensemble, soulève ici un point qui sera central dans l'appréciation portée sur le libéralisme économique. En ce sens, voir Ét. GILSON, *Le Thomisme*, Paris, Vrin, [6]1972, p. 396-397, qui se réfère sur ce point à II II, q. 77, a. 4.

2. *Rep.*, V, 449 a.

société. Si bien que l'affirmation par Aristote, reprise par Thomas, du caractère naturel de la vie en société n'exclut aucunement, et bien plutôt appelle, l'expression d'un vouloir concret, sous une forme ou une autre, portant sur tel type de société. C'est ce que la philosophie politique moderne appellera le pacte politique et, en ce sens, la conception thomiste n'est pas si éloignée des conceptions modernes. Mais elle en diffère cependant sur deux points essentiels: d'une part, elle repose sur un appétit naturel qui la précède et dont elle est en quelque sorte l'actualisation, ce qui exclut toute forme exclusivement volontariste, et, d'autre part, elle est finalisée par un bien commun, qui est un bien moral, ce qui exclut toute vue purement utilitariste.

L'appétit naturel et général de vie en société ne se réalise et n'est vécu que dans la particularité de telle société, qui s'édifie et trouve sa forme propre dans sa constitution (ses institutions au sens large). En ce sens, la communauté à laquelle il appartient limite, en la circonscrivant, l'inclination de l'homme au commun, et introduit une certaine extériorité: la communauté à laquelle il appartient ne sera jamais pleinement adéquate à son aspiration universelle. De là découle la dissociation possible entre la cité dans sa forme institutionnelle (le moderne dira l'État) et l'assemblée des citoyens (le moderne dira la nation, ou la société civile). Ni Aristote, ni Thomas d'Aquin n'évoque directement ce hiatus possible, car pour eux, la constitution étant comme la forme de la matière qu'est l'assemblée des citoyens, on ne saurait dissocier l'une de l'autre. Mais cet écart possible et les tensions qu'il induit découlent du fait que la forme institutionnelle est toujours construite par la raison – s'exprimant dans la délibération commune – et par là n'est jamais pleinement adéquate à l'appétit universel qui habite et meut chacun des citoyens.

La raison constructrice de l'être politique

La constitution apporte donc une forme à l'assemblée qu'elle ordonne. Une cité, dit Thomas, est «une multitude rassemblée dans l'unité (*multitudo adunata*)»[1]. Cette unité n'est pas donnée d'emblée, elle se construit, elle se conquiert, et ce rassemblement d'un ensemble dispersé est précisément l'œuvre d'une raison pratique ordonnatrice qui relève de l'agir politique. On l'a déjà mentionné: «la cité est un certain tout, qui se rapporte à la raison humaine non seulement en tant qu'elle connaît, mais encore en tant qu'elle opère»[2]. Si le politique est naturel, cela ne signifie pas qu'il soit spontanément rationnel, mais qu'il est par nature destiné à une tâche de rationalisation. Cette œuvre de la raison vaut à la fois pour chacun des individus et pour la multitude qu'ils forment tous ensemble: la raison politique fait progressivement de l'individu un citoyen et de la multitude inorganisée une cité. La raison ordonnatrice fait advenir le citoyen à partir de l'individu et la cité à partir de la multitude des

1. II II, q. 48, a. un., c.

2. «*Cum ciuitas sit quoddam totum, cujus humana ratio non solum est cognoscitiua, sed etiam operatiua*», *Super Pol.*, *Prol*, 79-81.

individus, avec tout ce dont ils disposent, en donnant forme à la matière qu'ils représentent.

Encore faut-il préciser comment cet ordonnancement s'opère, dès lors qu'il s'applique à une matière humaine. La politique relève de la raison pratique, puisqu'il s'agit d'édifier une cité, mais elle n'est pas purement créatrice comme l'art, sans quoi elle ne différerait pas de lui. Elle édifie à partir d'une donnée humaine qui est régie par des principes et des lois qui relèvent de sa nature. Le politique se déploie donc dans une constante relation entre rationalité et naturalité. La raison organisatrice intervient sur une matière existante, qui la précède, à laquelle elle tend à donner forme :

> Une cause qui ne produit pas l'homme purement et simplement, mais qui le fait seulement tel ou tel, n'a pas à créer les propriétés de l'homme mais à les utiliser. Or le politique (*politicus*) constitue l'homme comme citoyen, mais ce n'est pas lui qui l'a rendu capable d'une discipline rationnelle : il ne fait qu'user de cette propriété pour faire de l'homme un citoyen [1].

La raison pratique ordonnatrice s'appuie donc sur la rationalité humaine, mais n'en est pas la source. C'est dire que la politique n'est ni rationaliste, au sens où la raison pratique façonnerait entièrement l'ordre communautaire, ni naturaliste, au sens où tout serait déjà contenu en puissance dans la nature dont elle traite. Position que le P. Schwalm résume ainsi :

> Saint Thomas reste à égale distance des deux théories extrêmes : la théorie naturaliste, pour qui la société politique est un organisme naturel que la raison exécute passivement, mais ne fait point ; la théorie rationaliste ou contractuelle, qui prétend former de toutes pièces la société politique, par un contrat dont la seule raison stipule les causes [2].

L'harmonie à laquelle tend toute entreprise politique n'est pas spontanément donnée par la nature sur laquelle elle œuvre, mais elle n'est pas non plus l'application d'une forme conceptuelle idéale à une matière quelconque. A cet égard, saint Thomas, disciple d'Aristote, se sépare nettement de la conception platonicienne qui prétend, au moins dans un premier temps, déduire de la contemplation des formes idéales l'ordre de la cité [3]. L'harmonie à laquelle tend le politique n'est ni donnée d'emblée, ni déduite spéculativement d'un univers idéal. Elle se construit par la raison pratique qui œuvre sur le fondement naturel des hommes et des communautés humaines, en vue d'un bien qu'il faut identifier. L'émergence de cet ordre ne va pas sans une certaine violence, qui résulte de la contrainte que la raison ordonnatrice impose à une matière au départ indéterminée. Même si cette violence attachée à l'œuvre

1. « *Si autem aliqua causa non faciat hominem simpliciter sed hominem talem, eius non erit constituere ea quae sunt per se accidentia hominis, sed solum uti eis. Politicus enim facit hominem civilem; non tamen facit eum mentis disciplinae susceptibilem, sed hac eius proprietate utitur ad hoc quod homo fiat civilis* », *Super Met.*, VI, 3, Ma 1219.

2. M.-B. SCHWALM, *La société et l'État*, Paris, Flammarion, 1937, p. 133.

3. Cf. *Rep.*, V, 473 d.

ordonnatrice n'est pas explicitement développée par saint Thomas, elle résulte nécessairement de sa conception de l'édification progressive de l'ordre politique. Cela apparaît notamment dans ses analyses de la loi et du régime politique, qui sont deux voies par lesquelles la violence inhérente à l'ordre politique doit être soumise à la raison.

La soumission de la violence à la raison

Alors que la politique moderne, à partir de Machiavel, accorde une grande place au mal et à la violence dans la sphère publique, on pourrait reprocher à Thomas d'Aquin d'élaborer un ordre politique qui les néglige. Sa conception du politique serait un ensemble harmonieux, où la quête du bien serait poursuivie par la communauté entière, sous la conduite de dirigeants éclairés et prudents. A bien y regarder, il apparaît en fait que la conception thomasienne du politique exprime plutôt une domestication de la violence par la raison, et cette domestication se manifeste dans deux domaines, qui seront étudiés pour eux-mêmes aux chapitres VI et VII, et dont on ne retient ici que ce qui se rapporte aux présents propos sur la violence. D'une part, il est une contrainte nécessaire imposée dans la société pour faire prévaloir l'ordre au bien commun : c'est le but de la loi de la cité que d'y pourvoir. D'autre part, le déploiement de la délibération politique impose la maîtrise des passions politiques : c'est le propre du régime constitutionnel que de l'assurer.

La loi de la cité, en ordonnant au bien commun l'activité humaine, incite et parfois contraint les citoyens à dépasser leur intérêt singulier pour l'élever au niveau de celui de la communauté, donc à dépasser un bien privé pour poursuivre un bien plus universel. C'est le sens de la vertu de prudence, vertu du gouvernant par excellence, que de montrer jusqu'où la prévalence du bien commun peut être imposée, que de trouver la juste mesure que la loi va exprimer. Il appartient à la prudence politique, comme on le verra au chapitre V, de déterminer « comment et par quelles voies l'homme qui agit peut atteindre la mesure rationnelle »[1]. La loi de la cité, expression de son gouvernement prudentiel, et son ordre au bien commun opèrent ainsi une régulation des passions de chacun, qui risquent toujours, laissées à leur libre jeu, de ne servir que le bien singulier ou celui d'un petit nombre au détriment du bien commun.

Le régime politique, dès lors qu'il se saisit et tente d'harmoniser toutes les composantes de la cité, participe également de cette subordination de la violence au bien commun. On verra au chapitre VII que la préférence de saint Thomas pour un régime mixte tient en particulier à ce qu'en lui toutes les composantes de la cité sont associées à son gouvernement, diminuant par là les risques de sédition provenant d'une fraction donnée des citoyens. L'un des principes qu'il convient d'observer pour un bon gouvernement est que « tout le monde participe plus ou moins au gouvernement, car il y a là, selon le

1. II II, q. 47, a. 7, c.

deuxième livre de la *Politique*, une garantie de paix civile, et tous chérissent et soutiennent un tel état des choses »[1]. Tant la tradition philosophique issue d'Aristote que l'expérience observable ne cessent d'en attester. C'est reconnaître, de fait, la légitimité du combat politique et de ce qu'on nomme à l'époque contemporaine le pluralisme des opinions. Thomas reconnaît d'ailleurs que la discorde qui naît des dissensions d'opinion ne sont pas, sauf obstination coupable, peccamineuses : « Lorsqu'on est plusieurs à vouloir intentionnellement un bien se rapportant à l'honneur de Dieu ou à l'utilité du prochain, mais que l'un l'estime être ici, alors que l'autre a une opinion contraire, la discorde ne contrarie que par accident le bien divin ou le bien du prochain »[2]. Il revient à la vertu de prudence politique, exercée par ceux qui, à un titre ou à un autre sont chargés du gouvernement de la cité, d'assumer ces inévitables confrontations : la vie de la cité, pour saint Thomas, même unifiée par la quête du bien commun, n'est pas l'expression d'un unanimisme irénique, parce que le politique est aux prises avec les contingences[3].

En définitive, la conception thomasienne de la rationalité politique, qui doit beaucoup à Aristote, conduit à découvrir l'interaction constante entre l'homme et la cité. D'un côté, la quête du commun permet à l'homme de devenir rationnel : il ne l'est pas immédiatement et en totalité, parce que tout en lui n'est pas spontanément ordonné au bien commun. Mais, en même temps, cette œuvre de la cité n'est pas une pure altérité ou extériorité pour l'homme, car la cité est aussi le fruit de sa raison constructrice. Dans la cité, l'homme se retrouve lui-même, et en quelque sorte plus lui-même[4].

La cité, pour sa part, n'accède à l'ordre politique qu'en se dotant d'une constitution : la multitude, informe au départ, acquiert une détermination qui fait d'elle un peuple en une cité – on dira à l'époque moderne : une nation. La constitution exprime le peuple *sub ratione unitatis* et *sub ratione ordinis ad*

1. I II, q. 105, a. 1, c. Dans le même sens, à propos de la loi, I II, q. 95, a. 4, c.

2. II II, q. 37, a. 1, c. Dans le même sens, il affirme que « la discorde au sujet de ce qui n'est pas manifestement un bien peut exister sans péché », II II, q. 42, a2, ad 2. On notera que saint Thomas distingue la paix de la concorde et que, parfois, guerres et dissensions visent à remédier à des paix défectueuses : II II, q. 29 a, 1, c., et a. 2, ad 2.

3. La conception thomasienne de la cité est directement contraire aux approches contemporaines issues de la pensée hégélienne, pour laquelle la relation d'un individu à un autre ne peut être pensée qu'en termes de dialectique d'opposition. C'est alors dans l'opposition à l'autre que l'homme devient ce qu'il est, et l'altérité inhérente à tout ordre politique n'est surmontée que par sa négation. Ainsi, la pensée politique de Carl Schmitt se fonde sur la polarité ami/ennemi, et la politique est pour lui le lieu où cette polarité atteint son sommet (*cf. La notion de politique – Théorie du partisan*, Paris, Flammarion, 2009, spécialement le chapitre 2). Pour saint Thomas, si le conflit n'est pas exclu du terrain politique, la confrontation à l'autre se résout dans un dépassement qui est un achèvement pour les parties en cause. Dans sa perspective, le bien commun n'est pas une négation du bien des parties qui forment la cité, il en est une composante. C'est précisément parce que le bien commun est le bien « de tous en commun et de chacun en particulier », qu'une véritable communauté est possible. Dans la réalisation commune du bien de la communauté, chaque partie devient citoyen, se dépasse elle-même en devenant plus elle-même, elle dépasse l'altérité qui menace de l'opposer à une autre en s'unissant à elle dans la poursuite du bien partagé.

4. Les théories de la représentation expriment cela, chacune à sa façon.

bonum commune. Ce travail ordonnateur n'est pas lui-même donné du seul fait que les institutions sont établies. Toute la science politique ne cesse de montrer qu'une constitution n'est pas seulement un texte, mais encore un esprit et une pratique continue.

Ce processus interactif donne toute sa valeur au devenir historique. L'individu ne devient citoyen que si la cité est déjà donnée, formée, mais la pratique du régime suppose la rationalité politique des citoyens[1]. C'est le mouvement historique de la rationalité qui permet d'échapper à cette impasse qui suppose le terme atteint au commencement. Concrètement, il y a un mouvement progressif d'édification rationnelle du politique, une genèse de la rationalité politique, sans doute jamais achevée, qui fait de l'homme un citoyen et d'une assemblée humaine un peuple, par la médiation d'une forme politique (constitution, gouvernement, régime…) elle-même en édification continue. Dans l'ordre politique aussi, il y a un passage permanent de la puissance à l'acte. En ce sens, la rationalité politique n'est jamais parfaite et toujours à construire[2].

SECTION III – L'UNITÉ DE L'ÉTHIQUE ET DE LA POLITIQUE

La conception thomasienne du retour à Dieu du monde des créatures spirituelles fait sans cesse apparaître qu'il concerne à la fois chacune et toutes ensemble. Non que Thomas ne distingue pas l'ordre singulier de l'ordre communautaire, le chemin individuel du chemin collectif. Mais la compréhension de la relation qui les unit demande de corriger une acception, presque universellement répandue, qui dissocie spontanément l'individuel du collectif. Au départ, les exigences de l'analyse scientifique en sont la cause, autant que les commodités éditoriales. En effet, pour comprendre l'ordre collectif, saint Thomas, après Aristote, étudie d'abord l'ordre individuel, et cela conduit presque toujours à une séparation des traités qui les exposent : ce que l'on nomme la morale d'abord, et la politique ensuite. Une telle dichotomie peut être lourde de conséquences dans la mesure où elle risque d'induire que la morale est affaire individuelle, et que la politique est seconde par rapport à elle. De fait, sans y prendre garde, la pensée chrétienne a progressivement réduit la

1. En termes plus modernes, on dirait que le pouvoir politique – incarné par l'État – suppose la nation, mais que celle-ci n'existe pas sans pouvoir.

2. J.-Y. Jolif, dans *Les idées politiques de Saint Thomas*, *op. cit.*, évoque ainsi « l'ambiguïté de la rationalité politique », « le politique est tension vers la raison, et pourtant il n'est jamais pleinement rationnel; en lui l'homme s'accomplit, et pourtant il n'y peut exister de façon vraiment humaine » (p. 86). J.-Y. Jolif fait aussi remarquer que, si l'étude historique décrit le processus d'édification de la rationalité politique, elle n'en donne pas l'essence profonde. Pourquoi telle assemblée devient tel peuple en se dotant de telle forme politique est une question qui demeure sans réponse, pourquoi telle actualisation plutôt que telle autre ? : autant de réalités qui gardent leur mystère. C'est ce à quoi certains mythes religieux tendent à répondre. C'est aussi une voie par laquelle un certain providentialisme peut s'introduire en politique. (*ibid.*, p. 77-87).

morale à la vie chrétienne individuelle, et relégué la politique à une disposition naturelle à la “vraie vie”, qui est théologale. A l’aube de l’époque moderne, il n’est pas excessif d’affirmer que le politique a disparu du champ théologique[1].

Le phénomène est d’autant plus surprenant que, depuis la fin du XIIIe siècle, les conflits entre autorités ecclésiales et civiles ne cessent de croître, ce qui aurait dû conduire à articuler une théologie du politique qui éclairât les problèmes pratiques rencontrés. Il n’en fut rien, car le terrain des oppositions, celui du pouvoir – de la *potestas* – focalisait l’attention sur un domaine qui, pour important qu’il fût, n’en était pas moins secondaire au regard d’une véritable théologie du politique. Si bien qu’au début de l’époque moderne, ces conflits de pouvoirs, doublés par les querelles religieuses violentes à l’intérieur de la chrétienté latine, susciteront d’eux-mêmes une dissociation des ordres politique et religieux. Tous les penseurs du politique à l’époque moderne, qui vont façonner la pensée occidentale et bientôt l’organisation des États modernes, séparent de fait les sphères, morale et religieuse d’un côté, politique de l’autre[2]. Cette séparation des ordres politique et éthique, du public et du privé, est tellement présente dans les esprits qu’elle occulte la cohésion première qu’elle est venue détruire, un peu comme la faute originelle avec ses conséquences masque l’union harmonieuse de la nature et de la grâce qui prévalait avant elle. Or la théologie catholique, *de facto* sinon *de jure*, va s’accommoder d’une telle évolution, qui laisse chaque partie souveraine en son domaine. C’est consacrer la résorption de la morale dans la sphère individuelle, et se rendre impuissant à porter un regard théologique sur le politique. La longue incapacité des autorités ecclésiales à réagir, dans des termes satisfaisants, à la Révolution française et à ses suites, tient largement à cette incapacité à penser le politique autrement que comme une simple disposition naturelle à la vie surnaturelle.

L’approche de Thomas d’Aquin est toute autre, et invite le lecteur à délaisser le prisme des séparations modernes pour retrouver l’unité profonde qui, chez lui en tout cas, relie les ordres individuel et collectif. A cet égard, bien que raisonnant d’abord en théologien, saint Thomas suit largement les traces d’Aristote, et c’est pourquoi il n’est pas inutile de rappeler les vues de celui-ci avant d’examiner l’usage qu’en fait celui-là.

A – *L’approche unifiée d’Aristote et de saint Thomas*

On a déjà dit l’unité, chez Aristote, de l’éthique et de la politique au sein de la science pratique. Pour lui, la fin de la communauté, en l’espèce la cité, est un bien[3] qu’il appelle, on le verra au chapitre suivant, le bien vivre. Ce bien est à

1. Sauf à reconnaître que le politique est traité dans le cadre ecclésial, mais cela-même est un aveu d’incapacité à traiter du politique au sens naturel de la vie de la cité.

2. Sur cette séparation moderne, voir P. MANENT, *Cours familier de philosophie politique*, Fayard, Paris, 2001, chap. 2. Voir aussi J.-Cl. ESLIN, *Dieu et le pouvoir*, Seuil, Paris, 1999.

3. *Pol.*, I, 1, 1252 a 1-7.

comprendre de façon analogique, comme prenant de multiples aspects. Mais, en ce qu'il a d'ultime, c'est radicalement un bien d'ordre éthique, c'est-à-dire qui se rapporte au bien des membres de la communauté. A la différence de Platon, ce n'est pas la communauté qui, comme telle, procure le bonheur à ses membres, mais il y a une part du bonheur de chacun qui passe par la communauté : il n'y a pas de bonheur strictement individuel. Ou, pour le dire autrement, le bonheur personnel honore la dimension communautaire de la personne[1].

On ne saurait donc dissocier, chez Aristote, le bien du tout et celui des parties, le bien de tous en commun et celui de chacun en particulier : « il est impossible que [la cité] soit heureuse tout entière si la plupart, sinon toutes, ou même quelques unes de ses parties ne possèdent pas le bonheur »[2]. Le bien de la cité est le bien de chacune de ses parties et le bien de tous ensemble. Cette profonde cohésion, plus encore cette intime imbrication du bien de tous et du bien de chacun, est possible parce que « le bonheur est le même pour chaque homme pris individuellement et pour une cité »[3]. Le politique est ce qui regarde en même temps le « tous ensemble » et le « chacun séparément »[4]. Pour Platon, l'ordre singulier se fond dans l'ordre politique : c'est la cité qui pourvoit au bonheur des citoyens. Pour beaucoup après Aristote, le bonheur ne se comprend qu'individuellement, et l'ordre communautaire est un simple conditionnement à son acquisition. Aristote, pour sa part, écartant ces deux conceptions également erronées, a une vision plus haute d'une symbiose de l'individuel et du communautaire, de la partie et du tout, sans confusion ni séparation entre les deux[5].

Il va de soi que cette conception de la fin ultime ne supprime en rien la spécificité de la politique par rapport à l'éthique. C'est l'objet de la *Politique* que d'étudier ce qui est propre à l'ordre communautaire. Dans la recherche du bien de la cité et des citoyens, le gouvernant poursuit une fin propre à la cité comprise comme collectivité, le bien vivre, qui lui apporte son autarcie (αὐταρκεια). Le souverain bien est donc, chez Aristote, un bien éthique. Toute sa philosophie pratique est une recherche éthique, celle d'une sagesse de l'agir, pour chacun et pour tous, finalisée par le bien qui procure le bonheur. Cette recherche exige de saisir ce bonheur d'abord dans son aspect individuel, puis, celui-ci étant précisé, dans son aspect collectif, puisqu'une conception juste du bonheur exige de l'honorer dans ces deux dimensions. Il y a bien un ordre,

1. L'anthropologie aristotélicienne est parfaitement cohérente : au caractère naturel de la vie en communauté (fondement) répond la dimension communautaire du bonheur personnel (fin).

2. *Pol.*, II, 5, 1264 b 17-19.

3. *Pol.*, VII, 2, 1324 a 5-6.

4. *Pol.*, III, 6, 1278 b 23.

5. On est ici dans un ordre d'analyse spéculative. Aristote sait mieux que quiconque toute la part de devenir qu'appelle l'ordre politique des choses. C'est là que se situe toute la pédagogie de la cité à l'égard des citoyens et, en particulier, le rôle de guide du gouvernant à l'égard des gouvernés : cf. *Pol.*, I, 13, 1260 a 17-18 : « c'est pourquoi celui qui commande doit posséder la vertu éthique achevée ».

dans l'analyse comme dans la pratique: le singulier est premier, mais une approche exhaustive demande d'aller jusqu'au communautaire. Pour Aristote, c'est l'ordre communautaire qui apporte la plénitude dans l'ordre pratique, non qu'il résorbe en son sein le singulier, comme chez Platon, mais en tant qu'il lui apporte un plérôme qu'il ne peut avoir à soi seul. Aristote aide à comprendre que, si rien n'est plus singulier que le bonheur, on ne peut être heureux seul, et que l'on ne sera jamais autant heureux que lorsqu'on le sera tous ensemble: la fin de la vie politique, c'est un certain bonheur, vécu en commun.

Thomas d'Aquin assimile ces conceptions d'Aristote et les reprend à son compte, ainsi qu'on le verra bientôt. Certes, la finalité naturelle est dépassée, dans une approche chrétienne, par une fin surnaturelle, mais il demeure que la fin d'un ordre communautaire naturel est un bien de nature éthique. Pour Thomas, donc, comme pour Aristote avant lui, le bien d'une communauté humaine dans son ensemble assume le bien de chacun de ses membres et une communauté politique donnée ne peut être saisie sans référence au bien éthique qui la finalise. Cela s'exprime par excellence dans l'œuvre législative de la cité, comme l'explicitera le chapitre VI. Les lois d'une communauté doivent regarder la fin éthique poursuivie: « La vertu et le vice, voilà ce sur quoi ceux qui se soucient de bonne législation ont les yeux fixés »[1], écrit Aristote, et Thomas reprend de son côté: « le propre de la loi est d'amener ses sujets à ce qui constitue leur vertu propre »[2]. La conception thomasienne du politique a un caractère résolument éthique. Les lois ont pour but de rendre l'agir humain toujours plus rationnel, et par là les hommes toujours meilleurs.

L'une des articulations essentielles qui justifient cette unité du politique et de l'éthique est que le bien du citoyen comme tel n'est pas différent du bien de l'homme vertueux, autrement dit que le bon citoyen est aussi, ou a vocation à être, un homme bon tout simplement. Cette conception est bien présente chez Aristote, et elle donne sens à toute son approche du politique: « nous avons établi que la fin de la politique est la fin suprême; or cette science met tout son soin à faire que les citoyens soient des êtres d'une certaine qualité, autrement dit des gens honnêtes et capables de nobles actions »[3]. Qu'on n'aille pas ici dénoncer l'idéalisme d'Aristote. Il sait aussi bien que d'autres que tous les citoyens ne sont pas vertueux: c'est justement l'un des offices de la politique,

1. *Pol.*, III, 9, 1280 b 6-7. Cf. *Eth. Nic.* II, 1, 1103 b 3: « dans les cités, les législateurs rendent bons les citoyens en leur faisant contracter certaines habitudes: c'est même le souhait de tout législateur, et s'il s'en acquitte mal, son œuvre est manquée ».

2. I II, q. 92, a. 1, c. *Cf.* I II, q. 95, a. 1, obj. 1: « l'intention de quiconque porte une loi est que par elle les hommes deviennent bons », et I II, q. 96, a. 2, ad 2: « La loi humaine a pour but d'amener les hommes à la vertu, non d'un seul coup, mais progressivement ».

3. *Eth. Nic.*, I, 10, 1099 b 29-32. Dans le même sens, *ibid.*, I, 13, 1102 a 8-10: « il semble bien que le véritable politique soit aussi celui qui s'est adonné spécialement à l'étude de la vertu, puisqu'il veut faire de ses concitoyens des gens honnêtes et soumis aux lois ». De même, dans la *Politique*: « nous avons montré que nécessairement l'excellence d'un homme [de bien] est la même que celle d'un citoyen de la cité excellente », *Pol.*, III, 18, 1288 a 38-39.

de la vie de la cité, que d'acheminer les citoyens vers une vie plus vertueuse, donc plus heureuse. C'est pourquoi il y a pour lui comme une perfection « minimale » du citoyen, qui le fait au moins obéir aux lois et s'acquitter convenablement de sa fonction[1]. On retrouve cette distinction entre vertu du citoyen et vertu de l'homme de bien chez saint Thomas, dans un sens semblable à celui d'Aristote, et sans qu'il lui donne une portée significative[2]. Pour Aristote, la perfection de l'homme de bien est ce vers quoi les citoyens doivent tendre, en tout cas ce que la cité et ses lois doivent chercher à promouvoir. Thomas d'Aquin, dans son commentaire de l'*Ethique*, adhère manifestement à cette approche pédagogique de la politique qui est celle d'Aristote[3].

Puisque le bien d'un citoyen est ainsi de nature éthique, celui de la cité tout entière l'est pareillement. Autrement dit, le bien qui finalise l'agir pratique, individuel ou communautaire, est d'un unique ordre, même s'il se comprend de façon analogique. Aristote le dit déjà, en ouvrant ainsi la *Politique*: « Puisque toute cité, nous le voyons, est une certaine communauté, et que toute communauté a été créée en vue d'un certain bien (car c'est en vue de ce qui leur semble un bien que tous les hommes font tout ce qu'ils font), il est clair que toutes [les communautés] visent un certain bien et que, avant tout, c'est le bien suprême entre tous que [vise] celle qui est la plus éminente de toutes et qui contient toutes les autres »[4]. C'est encore la position de saint Thomas : « En

1. C'est en ce sens qu'il faut comprendre les affirmations qui semblent contredire celles citées à la note précédente, ainsi en *Pol.*, III, 4, 1276 b 38 – 1277 a 5 : « S'il est impossible qu'il existe une cité dont tous [les citoyens] seraient des gens de bien, et qu'il faille pourtant que chacun s'acquitte bien de sa tâche particulière (ce qui est l'effet de son excellence [propre]), puisque, d'autre part, il est impossible que tous les citoyens soient identiques, il n'y aura pas une excellence unique pour le citoyen et l'homme de bien ». Dans le même sens, *ibid.*, III, 4, 1277 a 22-24 : « Si l'excellence est la même pour le gouvernant et l'homme de bien, et si le gouverné est lui aussi citoyen, l'excellence d'un citoyen et celle d'un homme [de bien] ne sont pas les mêmes absolument, quoique [ce puisse être le cas] pour tel citoyen déterminé ».

2. Elle est surtout présente dans la *Question disputée De Virtutibus in communi*, a. 9, antérieure à la *Somme de Théologie.* Thomas y distingue le bien de l'homme en tant qu'homme et en tant que citoyen et, dans ce second cas, entre citoyen de la cité terrestre et citoyen de la cité céleste. Les vertus sont acquises dans les deux premiers cas et infuses dans le dernier. La distinction, qui ne sera pas reprise ultérieurement, n'a pas d'incidence sur ses analyses politiques.

3. *Super Eth.*, I, 14, 156-162 : « nous avons posé là [dans le prologue] que le meilleur des biens humains, à savoir, le bonheur, est la fin de la politique, dont la fin est manifestement l'opération en conformité avec la vertu. La politique, en effet, y met son effort principal, en apportant lois et récompenses, et en apposant des peines, pour rendre les citoyens bons et faiseurs du bien. Cela, c'est opérer en conformité avec la vertu » ; « la science civile semble bien en vérité porter son étude et son effort surtout sur la vertu. Elle entend en effet rendre les citoyens bons et obéissants aux lois, comme il appert par les législateurs des Crétois et des Lacédémoniens, qui avaient la cité la mieux ordonnée; ou, s'il y en a d'autres semblables, ceux qui établissent des lois pour rendre les hommes vertueux. Or la considération de la présente science appartient à la politique, car c'est en cette science que l'on traite des principes de la politique. Aussi est-il manifeste que la question de la vertu convient à cette science, selon que, dans notre prologue, nous avons placé la politique avant toutes les autres disciplines, en cherchant la fin ultime des actions humaines », *ibid.*, I, 19, 25-37.

4. *Pol.*, I, 1, 1252 a 1-7.

ce qui regarde l'action, domaine propre de la raison pratique, le principe premier est la fin ultime; et la fin ultime de la vie humaine, c'est la félicité ou la béatitude, comme on l'a vu. Il faut donc que la loi traite surtout de ce qui est ordonné à la béatitude»[1]. Cette unité du bien poursuivi dans l'agir humain fonde l'unité de l'éthique et de la politique comme sciences – et accessoirement celle des analyses qui en traitent, comme on le voit chez Aristote –, sans préjudice des spécificités propres à chaque domaine. A ne pas honorer ce caractère éthique de la politique, on s'expose à méconnaître l'ordre communautaire tel que S. Thomas le comprend.

En définitive, ces considérations conduisent à parler d'une conception éthique du politique parce que le bien poursuivi dans l'ordre communautaire ne diffère pas en nature du bien poursuivi par un seul homme. C'est la compréhension du bien humain singulier qui permet de connaître celui de tous ensemble, ce qui rend possible la vie dans une cité[2]. Cette unité éthique de l'ordre pratique, de la vie de tous et chacun, est le principe premier des conceptions aristotéliciennes et thomistes de l'agir humain. Il signifie très concrètement qu'il n'y a pas de pensée du politique qui ne repose sur une anthropologie. Pour Aristote et pour Thomas d'Aquin, il est inconcevable d'envisager l'édification d'une cité, d'un monde commun, qui ne repose sur une conception partagée des fins de la vie humaine et de la vie en commun. C'est assurément l'un des points sur lesquels la rupture de la modernité politique sera la plus forte.

B – *La politique, « science architectonique »*

On a vu que la reconnaissance par Aristote de l'unité de l'éthique et de la politique conduit à souligner le caractère fédérateur de la science politique au regard de tout l'agir pratique, son caractère architectonique. La science politique fédère toutes les branches particulières de l'agir en ordonnant leurs fins respectives à celle de la cité, le «souverain bien». La question consiste donc à savoir en quoi consiste ce bien :

> Puisque toute connaissance, tout choix délibéré aspire à quelque bien, voyons quel est selon nous le bien où tend la politique, autrement dit quel est de tous les biens réalisables celui qui est le bien souverain. Sur son nom, en tout cas, la plupart des hommes sont pratiquement d'accord : c'est le bonheur, au dire de la foule aussi bien que des gens cultivés; tous assimilent le fait de bien vivre et de bien agir au fait d'être heureux. Par contre, en ce qui concerne la nature du

1. I II, q. 90, a. 2, c.

2. Ce caractère éthique du politique explique pour partie la place que reconnaît saint Thomas aux fautes dans l'agir communautaire. Dans la *Somme*, les analyses des vices opposés à la justice et aux vertus sociales tiennent autant de place que celle consacrée à la justice elle-même et à ses dérivés.

bonheur, on ne s'entend plus, et les réponses de la foule ne ressemblent pas à celles des sages[1].

A partir de ces prémisses, on l'a vu, commence toute l'enquête d'Aristote sur la nature du bonheur, conduite au niveau individuel. Après quoi, ayant découvert qu'il consiste en la vie selon la vertu, culminant dans la pratique de l'amitié et de la contemplation, il poursuit ses analyses au niveau politique, pour saisir comment la cité peut aider les citoyens à atteindre leur bonheur, et comment elle peut atteindre le sien propre. La science politique est donc à la fois la plus haute dans l'ordre de l'agir, parce qu'elle poursuit le bien le meilleur, et architectonique en ce qu'elle ordonne toutes les activités de la cité en vue de celui-ci.

Thomas d'Aquin assimile pleinement cette conception aristotélicienne de la primauté de la politique comme science pratique. La façon dont il conçoit la relation entre le bien d'un seul et le bien commun, dont il sera traité plus loin, en atteste clairement. Surtout, il est significatif qu'il affirme le caractère architectonique des deux vertus primordiales dans l'ordre politique et la vie de la cité, à savoir la justice et la prudence. Le prince, c'est-à-dire le souverain, quelque figure qu'il prenne, est celui à qui il revient de faire prévaloir cette architecture ordonnée au bien commun dans la vie de la cité : « chez le prince, la justice est une vertu architectonique : elle commande et prescrit ce qui est juste »[2]; « la prudence royale est, par rapport à la prudence politique dont nous parlons [celle du sujet qui obéit] comme un art architectonique par rapport à un art manuel d'exécution »[3]. Le caractère architectonique de la prudence s'exprime notamment par la loi, car c'est à elle qu'il revient d'ordonner l'activité de la cité au bien commun : « selon le philosophe, la loi positive est architectonique, parce que les fins prochaines sont ordonnées à la fin commune »[4]. Le chapitre V montrera toute l'importance que Thomas accorde à ces deux vertus de justice générale (ou légale) et de prudence politique, sans lesquelles la primauté du politique dans l'ordre de l'agir ne saurait être assurée.

Ces affirmations de Thomas d'Aquin importent pour saisir sa conception du politique. Le caractère architectonique de la science politique exprime l'emprise du politique sur tous les biens humains concourant au bien des membres d'une communauté donnée : les hommes et les choses qui leur sont soumises, parce qu'il s'agit, dans l'œuvre politique, de les ordonner en poursuivant le bien de tous en commun et de chacun en particulier. Laisser des pans entiers de l'activité humaine, dès lors qu'ils sont essentiels à l'homme, en

1. *Eth. Nic.*, I, 2, 1095 a 14-21.

2. II II, q. 60, a. 1, ad 4.

3. II II, q. 50, a. 2, ad 3. Dans le *sed contra*, saint Thomas se réfère à Aristote : « Selon le Philosophe, il y a deux parties dans la prudence relative à la cité : l'une est architectonique et s'identifie à la fonction législatrice; l'autre a pour objet les cas particuliers et elle garde le nom général de prudence politique ».

4. *III St*, d. 33, q. 3, a. 1, q^{a} 4, c.

dehors du politique, serait pour saint Thomas abdiquer ses exigences et renoncer à édifier le bien commun.

Le bien qui finalise le politique est ainsi affecté d'une certaine totalité, d'abord parce qu'il est architectonique par rapport à de multiples biens qui lui sont ordonnés – il enveloppe et se saisit de tout l'homme – et aussi parce qu'il intéresse tous les hommes. Pour autant, cette totalité du politique selon Thomas d'Aquin n'est pas totalitaire, au sens contemporain du terme, dans la mesure où elle n'asservit pas l'homme en le dénaturant, mais au contraire lui permet de s'accomplir dans son appartenance communautaire.

A titre de conclusion, une illustration significative peut être donnée de cette conception thomasienne du politique architectonique, de cette emprise du politique sur l'activité humaine, à travers ses propos sur l'économie. Encore faut-il prendre bien soin de les resituer dans le contexte de l'économie féodale. Pour Thomas, pourvoir à tout ce qui est nécessaire à la vie de la communauté et de ses membres relève nécessairement de l'ordre politique. Pour autant, cela ne disqualifie ni ne réduit à néant l'échange privé, mais cela le subordonne à la sauvegarde du bien commun. La position de Thomas sur l'échange économique est à cet égard éclairante. S'il s'agit de pourvoir à des besoins naturels ou nécessaires, il est parfaitement légitime. Mais s'il vise à réaliser un gain, il est en soi répréhensible, à moins que ce gain lui-même ne soit ordonné à l'atteinte d'un autre bien nécessaire :

> Si le gain, qui est la fin du commerce, n'implique de soi aucun élément honnête ou nécessaire, il n'implique pas non plus quelque chose de mauvais ou de contraire à la vertu. Rien n'empêche donc de l'ordonner à une fin nécessaire, ou même honnête. Dès lors le négoce deviendra licite. C'est ce qui arrive quand un homme se propose d'employer le gain modéré qu'il demande au négoce à soutenir sa famille ou à secourir les indigents, ou encore qu'il s'adonne au négoce pour l'utilité sociale, afin que sa patrie ne manque pas du nécessaire, et quand il recherche le gain, non comme une fin mais comme salaire de son effort[1].

La position de Thomas est simple en ses principes. Elle est empreinte de réserve vis-à-vis du gain : le négoce qui ne vise que celui-ci pour lui-même est répréhensible car « par sa nature même, [il] favorise la cupidité, laquelle n'a pas de bornes et tend à acquérir sans fin »[2]. Mais si le gain demeure modéré et est ordonné à un bien naturel ou nécessaire, alors le négoce est légitime.

On aurait tort de chercher un traité d'économie dans l'œuvre de Saint Thomas, et on limitera là l'évocation de ce sujet, qui n'appelle pas de développements significatifs. Le propos de saint Thomas sur l'économie est marginal, et il n'aborde la question qu'à l'occasion de son traité de la justice, dans la *Somme*, lorsqu'il étudie les atteintes possibles à la justice en ce domaine. Le lieu et la méthode sont d'ailleurs significatifs, puisque tout le traité de la justice est

1. II II, q. 77, a. 6, c.
2. *Ibid.*

comme commandé, on le verra, par la justice générale (ou légale), qui ordonne tout au bien commun. Qu'un individu ou un groupe s'approprie ou accapare des biens ou des services qui doivent profiter à la communauté entière est directement contraire au bien de celle-ci. En cette matière économique, la primauté du politique est manifeste, et l'on dirait, en termes contemporains, que saint Thomas préconise une véritable économie politique, en ce sens que l'économie doit être subordonnée au politique pour la réalisation du bien commun. Il serait illusoire et probablement trompeur de pousser plus loin les enseignements recevables de Thomas en cette matière, du fait des limites de son propos et de l'évolution des situations selon les époques. Mais les principes qu'il avance conservent leur validité, tout en appelant des applications sans cesse renouvelées.

*

Si le propre du sage est d'ordonner, cela suffit-il à qualifier de sagesse l'ordre politique? Dans l'approche de saint Thomas, la sagesse dépasse la science en l'assumant. Cela vaut au premier chef pour la sagesse contemplative qui considère la cause la plus haute de toutes les réalités. Il en va de même, analogiquement, dans l'ordre pratique, et la vertu de prudence, qui ordonne les actes humains à la fin bonne, est ainsi souvent appelée sagesse pratique. Il ressort de là que la science politique, dans la mesure où elle vise « la fin première et la plus haute, et la plus architectonique » mérite d'être qualifiée de sagesse, dans l'ordre pratique bien entendu.

La considération de cette fin la plus haute, pour ardue qu'elle soit à préciser, apporte bien comme un dépassement du politique lui-même. L'approche que l'on peut dire classique du politique, dont Aristote dans l'Antiquité et Thomas d'Aquin au Moyen Âge sont les chantres les plus élevés, cherche à approcher le plus possible la fin de la cité, le bien qui est le sien et aussi celui des citoyens. Et ce bien, pour être celui de la cité, représente cependant comme un au-delà de la cité. Sa quête relève de la science politique assurément, mais elle tend à la sagesse. Tel est en tout cas le statut que, de fait, saint Thomas reconnaît au politique, et c'est cela qu'il s'agit de justifier.

CHAPITRE II

DU BIEN EN POLITIQUE

Pour tout disciple d'Aristote, une science se saisit par ses principes propres et, dans l'ordre pratique, le principe est la fin poursuivie, qui est un bien : « Tout art et toute investigation, et pareillement toute action et tout choix tendent vers quelque bien, à ce qu'il semble. Aussi a-t-on déclaré avec raison que le bien est ce à quoi toutes choses tendent »[1]. Ces premiers mots de *l'Ethique à Nicomaque* orientent toute la recherche d'Aristote en matière d'agir pratique : il s'agit de discerner vers quel bien tendent toutes les actions pour connaître la science de l'agir dans son principe.

Pour Thomas d'Aquin, comme pour Aristote, toute la science pratique est téléologique, commandée par la fin des actes humains, qui apporte aux hommes qui les posent leur perfection. Au sein d'un cosmos lui-même ordonné, le mouvement des créatures est caractérisé par leur *ordo ad finem* et la question première, en matière politique, est donc celle du bien poursuivi. Il faut indiquer d'emblée qu'elle est, chez Thomas, relativement complexe. Car si, pour le théologien, la fin ultime, saisie dans son objectivité, est évidemment Dieu lui-même, cela ne suffit pas à définir exhaustivement en quoi consiste, pour l'homme en communauté et pour les communautés politiques, tout le bien vers lequel elles tendent. Il est un bien propre à la cité, qui fait l'objet de la science philosophique politique, qui n'exclut pas la référence au bien ultime, sans d'ailleurs que la vie en commun soit regardée comme une simple médiation vers cette fin ultime.

C'est pourquoi il est nécessaire que cette étude commence, en quelque sorte, par la fin, c'est-à-dire la fin de l'agir politique, qui va conditionner et éclairer tout ce qui, dans ce domaine, relève des moyens ordonnés à cette fin. L'évènement décisif, au milieu du XIIIe siècle, est la découverte de la *Politique* d'Aristote, dont Thomas d'Aquin assimile les principes avec profondeur et célérité. Il s'agit donc d'apprécier, en premier lieu, cette conception du bien politique. Pour autant, Thomas rapporte cette compréhension de l'ordre

1. *Eth. Nic.*, I, I, 1094 a 1-2.

politique à la Révélation chrétienne dont il est, comme théologien, le serviteur. Cela provoque des transformations d'importance dont il faut rendre compte. Celles-ci étant acquises, la conception du bien politique qui en résulte fournit de précieux enseignements sur la politique thomasienne dans son ensemble.

SECTION I – LA CONCEPTION ARISTOTÉLICO-THOMISTE DU BIEN EN POLITIQUE

La question du bien en politique est empreinte de complexité, car il s'agit de traiter du bien d'une multitude de sujets humains qui sont en quête, chacun pour sa part, du bien qui leur est propre. Chacun cherche son bonheur, mais il s'agit de découvrir en quoi consiste le bonheur de la cité, qui n'est évidemment pas sans lien avec le bonheur singulier, si l'on se souvient que le bien de tous et le bien d'un seul coïncident. Mais l'unité d'une cité, composée d'une multitude de citoyens, n'est pas la même que l'unité qui caractérise un seul homme. Thomas d'Aquin le relève au commencement de son commentaire de l'*Ethique à Nicomaque*:

> Il faut savoir que ce tout qu'est la multitude civile ou la famille domestique ne possède qu'une simple unité d'ordre, selon laquelle il n'est pas un purement et simplement; ainsi une partie de ce tout peut avoir une opération qui n'est pas celle du tout [...]. Néanmoins, ce tout a une opération qui n'est pas l'opération de chacune des parties, mais celle du tout[1].

Pour Thomas d'Aquin, comme pour Aristote avant lui, ce tout qu'est une cité, même s'il n'est pas aussi un qu'un individu singulier, poursuit par ses opérations son bien propre, qu'il s'agit d'identifier.

Dans le monde chrétien, jusqu'au temps de saint Thomas, la question du bien en politique était *de facto* absente de la doctrine du fait de la primauté reconnue à la Révélation. Dans le cadre de ce que l'on a nommé, pour simplifier, l'augustinisme politique, c'est la Révélation qui devait donner les principes de l'ordre communautaire et éclairer la poursuite de leur bien par l'homme singulier et par les groupes humains dans leur ensemble. En forçant le trait, la réponse à la question du commun était l'Église, et non la cité. C'est dire, en pratique, que la doctrine chrétienne s'est désintéressée, pendant des siècles, de la philosophie politique proprement dite. Au XIIIe siècle, face aux transformations du monde civil, la nécessité se fait sentir d'élaborer une pensée du politique, des groupes humains, qui ne soit pas déduite des seuls principes évangéliques, mais qui reconnaisse la consistance propre de l'ordre naturel, avant même que d'en envisager la transformation par la grâce chrétienne. On a dit que la découverte de la *Politique* d'Aristote apporte alors un instrument

1. « *Sciendum est autem quod hoc totum, quod est civilis multitudo vel domestica familia habet solam ordinis unitatem, secundum quam non est aliquid simpliciter unum; et ideo pars huius totius potest habere operationem, quae non est operatio totius... Habet nihilominus et ipsum totum aliquam operationem, quae non est propria alicuius partium, sed totius* », *Super Eth.*, I, 1, 78-86.

philosophique dont Thomas d'Aquin se saisit immédiatement, à la suite de son maître Albert le Grand.

Pour le résumer d'un mot, Thomas d'Aquin reçoit d'Aristote la structure de sa philosophie politique. Mais, en théologien, il l'insère dans un ordre chrétien de pensée du politique qui provoque en elle des transformations importantes. L'étude soigneuse de la pensée politique thomasienne conduit à un constat étonnant. D'un côté saint Thomas, en valorisant la puissance de la raison humaine, honore l'ordre naturel et sa consistance propre. Sous ce rapport, en matière politique, il signe en quelque sorte la fin de l'augustinisme politique. Le signe le plus éloquent de cela tient en la dissociation radicale de l'ordre de la cité et de celui de l'Église: sa pensée du politique porte sur la cité, et de façon très marginale sur l'Église et son organisation propre, comme on le verra au chapitre VIII.

D'un autre côté, parce qu'il veut penser l'humain dans sa totalité, et que le théologal apporte à l'humain sa plénitude, saint Thomas intègre la cité aristotélicienne, même étendue au royaume médiéval, à une pensée chrétienne du monde humain. Pour lui, qui veut penser tout l'humain, l'ordre communautaire de la vie humaine doit être saisi dans sa totalité chrétienne. En somme, Thomas d'Aquin est le penseur de chrétienté qui, le premier, entend penser la cité séparément de l'Église, mais précisément parce qu'il est un théologien de chrétienté, il entend aussi penser une cité chrétienne, s'éloignant par là de la pensée purement naturelle de celui dont il reçoit sa philosophie politique.

Il est donc essentiel d'éclairer ce que recouvre, pour Thomas, le bien politique, faute de quoi on risque de céder à une conception platonicienne d'un bien indéfinissable parce que transcendant. La politique étant par excellence la science du contingent, il va de soi que le bien commun est une notion analogique, qui recouvre des réalités bonnes diverses et changeantes: « Le bien commun est le fait d'une multitude, et quant aux personnes, et quant aux affaires, et quant aux époques. Car la communauté de la cité est composée de nombreuses personnes, et son bien se réalise par des actions multiples; et il n'est pas institué pour peu de temps, mais pour se maintenir à travers la succession des citoyens »[1].

Si Thomas d'Aquin mentionne des centaines de fois le bien commun dans ses écrits, il indique rarement ce qui le constitue. Il s'agit donc ici de préciser cette notion, autant que faire se peut, en partant presque exclusivement des œuvres de saint Thomas, et sans se référer, sauf exception, à ses interprètes, anciens ou contemporains[2]. Et comme la philosophie d'Aristote est

1. I II, q. 96, a. 1, c.

2. Quelques études en langue française se sont penchées sur la question, qui remontent à la première moitié du XXe siècle, dernière période à avoir connu un mouvement doctrinal sur la politique chez saint Thomas : S. MICHEL, *La notion thomiste de bien commun*, Paris, Vrin, 1932; M.-B. SCHWALM, *La société et l'État*, *op. cit.*; Louis LACHANCE, *L'humanisme politique de saint Thomas*, *op. cit.*; Th. DELOS, « La fin propre du politique : le bien commun temporel », art. cit. Ces études déjà

fondamentale dans la pensée de Thomas d'Aquin, il convient de rappeler la conception du bien politique du Philosophe, et sa réception par le Théologien.

A – *Aristote : le souverain bien, fin de l'ordre pratique*

Toute la philosophie pratique d'Aristote tend à répondre à sa recherche du bonheur, qui est le bien ultime que poursuit l'homme. Tout le début de l'*Ethique à Nicomaque* présente cette recherche, et la solution à laquelle il aboutit : « le bien pour l'homme consiste dans une activité de l'âme en accord avec la vertu, et, au cas de pluralité de vertus, en accord avec la plus excellente et la plus parfaite d'entre elles »[1]. Cette analyse individuelle, qui fait l'objet de l'*Ethique*, est le préalable au traitement de la question communautaire : en quoi consiste le bien de la cité?, qui fait, on l'a dit, l'objet de la *Politique*.

Pour Aristote, la cité est la communauté politique parfaite, en ce sens qu'elle finalise les communautés naturelles de rang inférieur, le village et la famille, mais aussi et d'abord en raison de la fin qu'elle poursuit. C'est parce que la cité poursuit et tend à réaliser la plus haute des fins dans l'ordre pratique – autrement dit, le bien le plus haut, le souverain bien – qu'elle est la communauté parfaite, finalisant les communautés inférieures.

1 – *Le bien vivre, fin de la cité*

Sur ce point, l'apport d'Aristote à la pensée politique est déterminant, dans la critique notamment qu'il apporte à la conception platonicienne. Pour Platon, la naissance de la cité trouve son origine dans le fait que l'homme ne peut subvenir seul à tous ses besoins[2]. Aristote honore cet argument de son maître, mais l'approfondit en affinant le regard sur la fin poursuivie par la cité. Pour lui, la cité n'existe pas seulement en vue du « vivre », mais plus profondément en vue du « bien vivre » (εὖ ζην). Dans la *Politique*, reprenant ce thème de la genèse de la cité, il souligne ainsi : « s'étant donc constituée pour permettre de vivre, elle permet, une fois qu'elle existe, de mener une vie heureuse »[3], pour aboutir à l'affirmation célèbre : « Il est manifeste, à partir de cela, que la cité fait partie des choses naturelles, et que l'homme est par nature un animal politique »[4]. Pour Aristote, la fin de la cité ne relève pas tant de l'utilité, qu'il ne

anciennes sont relayées à l'époque contemporaine par le renouveau des études médiévales chez les auteurs anglo-saxons : M. S. Kempshall, *The common good in late medieval political thought*, Clarendon Press, Oxford, 1999.

1. *Eth. Nic.*, I, 1098 a 16-18, et il ajoute : « et cela dans une vie accomplie jusqu'à son terme ».

2. *Rep.*, II, 369 b-c : « Une cité, je crois, vient à être pour autant que chacun de nous se trouve non pas autosuffisant, mais porteur de beaucoup de besoins. [...] Ainsi donc un homme en prend un second pour le besoin d'une chose, et un troisième pour le besoin d'une autre chose; et comme ils ont beaucoup de besoins, ils rassemblent beaucoup d'hommes en un seul lieu d'habitation, associés pour les aider; et c'est à cette cohabitation que nous avons donné le nom de cité ».

3. *Pol.*, I, 2, 1252 b 30.

4. *Ibid.*, 1253 a 2-3. C'est là un thème central et récurrent dans la *Politique* d'Aristote.

néglige pas cependant, que du bien moral, et c'est d'ailleurs ce qui justifie son caractère naturel.

Dès lors, la question est de savoir en quoi consiste ce bien vivre, fin de la cité et de tout l'ordre pratique. Aristote est, des philosophes de l'Antiquité, celui qui cherche à saisir le plus étroitement possible ce bien vivre, qui est à la fois et indissociablement ce qui finalise l'homme dans sa dimension politique – le citoyen – et ce qui finalise la cité elle-même. Il s'agit bien, selon son heureuse formule, de ce que les hommes ont en vue « tous ensemble comme séparément »[1]. Le bien vivre a ceci de propre qu'il finalise donc à la fois chaque partie et le tout formé de toutes les parties[2]. Le bien de la cité, ce n'est pas d'abord, comme chez Platon, l'unité qui règne entre les citoyens, et la concorde qui en est l'expression. L'unité fait certes partie du bien de la cité, mais elle ne saurait l'épuiser. Au terme de la réflexion qu'il poursuit sur la véritable cité, distinguée de ses contrefaçons, Aristote affirme : « Il faut poser que c'est en vue des belles actions qu'existe la communauté politique, et non en vue du vivre ensemble »[3]. C'est dans l'atteinte de cette fin du « bien vivre » que la cité va connaître sa complétude, l'autarcie au sens aristotélicien[4], qui exprime, bien plus qu'une autosuffisance matérielle, une certaine plénitude de la vie en communauté, une « vie selon la vertu » partagée par l'ensemble des citoyens. Toute l'économie des moyens, si importante dans la vie d'une cité, est ordonnée à cette fin qui relève de l'agir moral : « une vie excellente, aussi bien pour chacun à part que pour les cités collectivement, est celle qui s'accompagne d'une vertu pourvue d'assez de moyens pour qu'on puisse prendre part aux actes conformes à la vertu »[5]. Une telle expression du bien qui finalise la cité témoigne de la conception morale qu'a Aristote de la vie de la cité et de celle des citoyens.

Dans ces conditions, on comprend le rôle pédagogique qu'Aristote attribue à la cité. Elle est à la fois éducatrice des citoyens à la vertu et le lieu où ils vont vivre, chacun et tous ensemble, d'actions vertueuses :

> La vertu et le vice, voilà, au contraire, ce sur quoi ceux qui se soucient de bonne législation ont les yeux fixés. Par cela il est manifeste aussi que la cité qui mérite vraiment ce nom, et non celle qui est nommée ainsi par abus de langage, doit s'occuper de vertu, car autrement la communauté [politique] deviendrait une

1. *Pol.*, III, 6, 1278 b 23-24.

2. Il faut noter qu'Aristote, lorsqu'il traite de la fin de la cité, parle du bien, tout court. L'expression « bien commun », si présente dans la tradition chrétienne, ne figure pas comme telle chez Aristote, et elle a ceci de trompeur qu'elle tend à dissocier le bien du tout et celui de la partie, alors qu'ils sont pour lui profondément unifiés.

3. *Pol.*, III, 9, 1280 a 2-3.

4. La notion ne doit pas être comprise de façon passive, statique, mais au contraire au sens dynamique d'une certaine plénitude atteinte dans la vie de la communauté. Et cette autarcie apparaît comme étant à la fois le résultat du bien vivre atteint dans la communauté et ce qui y dispose : « la communauté achevée formée de plusieurs villages est une cité dès lors qu'elle a atteint le niveau de l'autarcie pour ainsi dire complète; s'étant donc constituée pour permettre de vivre, elle permet, une fois qu'elle existe, de mener une vie heureuse (*εὖ ζῆν*) », *ibid.*, II, 1252 b 28-31.

5. *Ibid.*, VII, 1, 1323 b 40 – 1324 a 2.

> alliance militaire ne différant que par [l'unité de] lieu des autres alliances militaires [qui se font entre peuples] éloignés. Alors la loi est convention, et comme l'a dit le sophiste Lycophron elle est un garant de la justice dans les rapports [mutuels], mais elle n'est pas capable de rendre les citoyens bons et justes[1].

Ces « belles actions » entreprises en commun sont le fruit et nourrissent en même temps l'amitié politique qui unit les membres d'une même cité: « l'amitié, c'est le choix réfléchi de vivre ensemble »[2]. Cette amitié politique est, pour Aristote, le lien social véritable:

> L'amitié semble aussi constituer le lien des cités, et les législateurs paraissent y attacher un plus grand prix qu'à la justice même: en effet, la concorde, qui paraît bien être un sentiment voisin de l'amitié, est ce que recherche avant tout les législateurs, alors que l'esprit de faction, qui est son ennemi, est ce qu'ils pourchassent avec le plus d'énergie. Et quand les hommes sont amis, il n'y a plus besoin de justice, tandis que s'ils se contentent d'être justes ils ont en outre besoin d'amitié, et la plus haute expression de la justice est, dans l'opinion générale, de la nature de l'amitié[3].

La conception du politique chez Aristote est donc une conception morale, dans la mesure où c'est un bien moral qui finalise à la fois l'homme au sein de sa communauté et l'assemblée des hommes réunis en communauté. Il y a, pour lui, une plénitude de bien qui n'est atteinte que dans la cité, et sans laquelle le bien de chacun est incomplet. Certes, cela relève de l'analyse, et Aristote sait bien qu'il s'agit de ce vers quoi l'on tend plus que ce dont certains vivent réellement. Mais il est fidèle à la démarche qu'il a exposée au début de *l'Ethique à Nicomaque*, au commencement de sa recherche sur le souverain bien dont on a vu qu'il relève de la science politique: « N'est-il pas vrai que, pour la conduite de la vie, la connaissance de ce bien est d'un grand poids, et que, semblables à des archers qui ont une cible sous les yeux, nous pourrons atteindre plus aisément le but qui convient? »[4]. Il s'agit bien de l'élaboration d'une science pratique, qui donne toute sa place aux libres déterminations des citoyens, et non d'une transposition au domaine pratique de l'ordre des nécessités propre au domaine théorique.

2 – *Compléments au bien vivre*

Ce bref exposé de la conception aristotélicienne du bien qui constitue la fin de la cité appelle quelques compléments et commentaires. D'abord, il est clair

1. *Pol.*, III, 9, 1280 a 5-13. On trouve ici la distinction, centrale chez Aristote, entre la cité communauté naturelle et les autres communautés fondées sur la convention; celles-ci sont ordonnées à celle-là. Voir aussi, en ce sens, *Eth. Nic.*, VIII, 11, 1160 a 8-30.

2. *Pol.* III, 9, 1280 b 38.

3. *Eth. Nic.*, VIII, 2, 1155 a 23-28. Les propos sont semblables en *Pol.*, II, 1262 b 8-10: « Nous pensons que l'amitié est le plus grand des biens pour les cités, car elle évite au maximum la discorde, et Socrate loue avant tout l'unité de la cité ».

4. *Ibid.*, I, 1, 1094 a 22-24.

qu'à cette finalité morale, il faut joindre nombre d'éléments adventices qui vont contribuer à donner au bien de la cité un certain caractère analogique. L'unité de la cité[1], la paix qui l'habite, le territoire et les richesses qu'elle possède et qu'elle génère, la prospérité, ses institutions, et d'abord sa constitution[2], les alliances commerciales ou militaires... tout cela fait partie du bien de la cité, et est l'objet de la plus grande attention de la part des gouvernants. C'est aussi la part du bien de la cité qui se construit, s'édifie, et qui confère à la politique son caractère artistique. Mais tous ces éléments, aussi importants soient-ils, n'apportent pas à la cité son bien ultime. Ils concourent au bien de la cité, mais sont ordonnés au bien moral, ce bien vivre qui unit les citoyens dans les « belles actions » : « il faut être capable de travailler et de faire la guerre mais encore plus de vivre en paix et dans le loisir, d'accomplir les tâches indispensables et utiles mais encore plus d'accomplir les belles [actions] »[3]. Si bien que la science politique, pour Aristote, relève de la morale – elle en est l'accomplissement communautaire et, en ce sens, ne fait qu'une avec elle – tout en assumant une part de construction artistique que l'on ne rencontre pas dans une morale strictement individuelle. Cela étant précisé, la conception d'Aristote, pour l'essentiel, ne laisse place à aucune équivoque : c'est la cité, donc la communauté, qui apporte sa perfection à l'ordre pratique, en tendant vers le « souverain bien ». Le bien le plus haut, le « plus divin », le bonheur le plus élevé qui se puisse atteindre l'est dans la vie de la cité.

Cela ne peut, cependant, faire oublier la place de la contemplation dans le bien ultime étudié par le Philosophe. Par des propos sans équivoque, Aristote soutient que la vie selon les vertus morales n'apporte qu'un bonheur second au regard de celui procuré par la vie contemplative, qui est la vie de la partie la plus haute et la plus divine de l'âme : l'intellect, selon la vertu la plus haute, la sagesse théorétique[4]. Puisque, selon lui, le bonheur le plus élevé réside dans la vie selon la vertu la plus haute, qui est la sagesse, c'est la vie selon cette vertu, qui est la vie théorétique ou contemplative, qui apporte le bonheur parfait[5]. Sous ce rapport, la vie contemplative est plus parfaite que la vie active, aussi haute soit celle vécue dans la cité :

> Si, parmi les actions conformes à la vertu, les actions relevant de l'art politique ou de la guerre viennent en tête par leur noblesse et leur grandeur, et sont

1. On sait combien Aristote à la fois honore l'unité de la cité et critique la conception platonicienne de cette unité qui en fait le plus grand bien de la cité. *Pol.*, II, 1261 a 14-20 : « Je veux parler de [la thèse] selon laquelle le fait pour la cité d'être une le plus qu'il lui est possible est pour elle la meilleure des choses : c'est là, en effet, la thèse de base de Socrate. Mais il est manifeste que si elle s'avance trop sur la voie de l'unité, une cité n'en sera plus une, car la cité a dans sa nature d'être une sorte de multiplicité, et si elle devient trop une, de cité elle retourne à l'état de famille, et de famille à celui d'individu ».

2. La recherche de la meilleure constitution est l'un des objets principaux de la *Politique*.

3. *Pol.*, VII, 1333 a 40-b 2.

4. Cf. *Met.* Λ, 7, 1072 b 14 : la vie théorétique est ce qu'il y a de plus divin pour l'homme, même si elle ne vaut que « pour peu de temps (*μικρόν χρόνον*) », *ibid.*, b 16.

5. *Cf.* notamment *Eth. Nic.*, X, 7, 1177 a 11-18.

> cependant étrangères au loisir et dirigées vers une fin distincte et ne sont pas désirables par elles-mêmes; si, d'autre part, l'activité de l'intellect, activité contemplative, paraît bien à la fois l'emporter sous le rapport du sérieux et n'aspirer à aucune autre fin qu'elle-même, et posséder un plaisir achevé qui lui est propre (et qui accroît au surplus son activité); si enfin la pleine suffisance [...], la vie de loisir, l'absence de fatigue (dans les limites de l'humaine nature), et tous les autres caractères qu'on attribue à l'homme jouissant de la félicité, sont les manifestations rattachées à cette activité: il en résulte que c'est cette dernière qui sera le parfait bonheur de l'homme, quand elle est prolongée pendant une vie complète, puisqu'aucun des éléments du bonheur ne doit être inachevé[1].

La vie théorétique est chose rare et difficile: c'est, sans doute, la raison pour laquelle Aristote n'envisage pas un instant d'étendre cette forme de vie à la communauté des citoyens. Elle reste le propre de certains hommes supérieurs et leur apporte le bonheur «quand elle est prolongée pendant une vie complète». Cela signifie donc qu'Aristote, quelque haute que soit sa conception du bien vivre dans la cité, n'envisage jamais la référence à un bien qui transcenderait la vie de la cité elle-même, au-delà la vie selon la vertu suscitant les «belles actions» vécues ensemble. Si le divin apparaît, c'est seulement dans la mesure où le bien de tous, dans une cité, est «plus beau et plus divin» que le bien d'un seul.

Cela explique pourquoi, lorsqu'Aristote revient à la politique au terme de l'*Ethique à Nicomaque* (X, 10), c'est surtout pour envisager l'éducation à la vertu des citoyens. Car il ne suffit pas de connaître en quoi consiste le bien à poursuivre, il faut encore l'atteindre: «Dans le domaine de la pratique, la fin ne consiste pas dans l'étude et la connaissance purement théorique des belles actions, mais plutôt dans leur exécution»[2], et la seule connaissance est insuffisante pour «inciter la grande majorité des hommes à une vie noble et honnête»[3]. L'enjeu consiste donc à disposer et éduquer les citoyens à la vie selon les vertus morales et intellectuelles dont il a traité auparavant en analysant les composantes du bonheur.

Ce caractère immanent du bien de la cité mérite d'être relevé, car on aurait pu s'attendre à une autre conclusion en prenant en compte certaine affirmation des *Métaphysiques* dont Thomas d'Aquin fera grand cas. Il s'agit d'un passage du Livre Λ dans lequel Aristote traite du bien de l'univers, constitué d'une multitude de réalités, et réalisant cependant l'unité de toutes les parties dans un tout:

> Il nous faut examiner de laquelle des deux manières que voici la nature du tout possède le bien et le souverain bien: est-ce comme quelque chose de séparé, existant en soi et par soi? Est-ce comme l'ordre même du tout? Ne serait-ce pas plutôt des deux manières à la fois, comme dans une armée? En effet, le bien de

1. *Eth. Nic.*, X, 7, 1177 b 16-26.
2. *Ibid.*, X, 10, 1179 a 36-b 1.
3. *Ibid.*, b 9-10.

> l'armée est dans son ordre, et le général qui la commande est aussi son bien, et même à un plus haut degré, car ce n'est pas le général qui existe en raison de l'ordre, mais c'est l'ordre qui existe pour le général. Toutes choses sont ordonnées ensemble d'une certaine façon, mais non de la même manière, poissons, volatiles, plantes : et les choses ne sont pas arrangées de façon telle que l'une n'ait aucun rapport avec l'autre, mais elles sont en relations mutuelles : car toutes elles sont ordonnées à une seule fin [1].

Le bien d'un tout composé d'une multitude de parties, dit Aristote, se saisit doublement, à la fois de façon immanente – à la façon de l'ordre de l'armée – et de façon séparée – à la façon du bien du chef qui la dirige. Exposé avec une telle généralité, appliqué dans les *Métaphysiques* à l'univers, on conçoit spontanément qu'Aristote aurait pu appliquer ce même principe dans l'ordre pratique au bien de la cité : son bien immanent serait le bien vivre, qui lui demeure intrinsèque, et le bien séparé serait celui poursuivi par la vie contemplative du sage. Or, il n'en est rien. En aucune façon il n'envisage un tel double bien pour la cité, se limitant à ce qui lui est immanent. Cela mérite d'être souligné, car c'est justement l'un des points sur lesquels Thomas d'Aquin s'éloigne de la conception d'Aristote.

B – *L'assomption par saint Thomas de la structure aristotélicienne du politique*

A un stade très originel, deux observations s'imposent à celui qui étudie le bien politique chez saint Thomas d'Aquin. La première, peut-être la plus étonnante, tient à ce que si, d'un côté, la référence au bien commun, au « *bonum commune* », est omniprésente, l'expression revenant comme un leitmotiv, celui-ci n'est pour autant presque jamais précisé ni défini. Cela est particulièrement vrai des *Sommes*, où la notion est sans cesse employée, sans jamais faire l'objet d'une description, comme si le sens était tellement obvie qu'il se passait d'explication. Il faudra cependant tâcher de rendre compte de ce manque, au terme de cette étude. La seconde observation tient à l'expression de *bonum commune*, qui semble distinguer le bien du tout considéré comme tout, du bien singulier de chacune de ses parties : il y aurait le *bonum* de chacun et le *bonum commune* du tout, le bien singulier et le bien de tous. Chez Aristote, rappelons-le, il est question du bien tout court, sans qualitficatif. Thomas reçoit la notion de bien commun de la tradition latine, sans la justifier. L'expression « bien commun », si elle tend à dissocier le bien du tout de celui de la partie, s'éloigne ainsi de la conception aristotélicienne pour laquelle ils sont profondément unifiés. Sur ce point également, il faudra mettre en lumière les incidences d'une telle évolution, non évidentes à s'en tenir à la lecture des textes. Tout en réservant la réponse à ces observations, il faut d'abord constater la reprise par saint Thomas des principes aristotéliciens du politique.

1. *Met.* Λ, 10, 1075 a 11-18.

1 – *Le bien vivre, fin de la vie en commun et objet de la science politique*

Les commentaires écrits par saint Thomas de l'*Ethique à Nicomaque* et de la *Politique* d'Aristote témoignent clairement de son adhésion aux analyses du Philosophe. Même si le genre littéraire du commentaire exige de se faire serviteur du texte commenté, il en ressort assez nettement que Thomas suit et assimile l'approche d'Aristote. Thomas d'Aquin a parfaitement saisi l'unité de l'*Ethique* et de la *Politique*: le Livre I de l'*Ethique* est l'introduction générale à toute la philosophie pratique. La raison profonde de cette unité, on l'a dit, réside en ce que le bien de tous est le même que le bien d'un seul[1]. Et cela justifie le statut architectonique et la primauté reconnus à la politique dans tout l'ordre pratique: « Il est nécessaire qu'au sein de toutes les sciences pratiques la politique soit plus haute (*principaliorem*) et architectonique au regard des autres, parce qu'elle considère le bien ultime et parfait dans l'ordre des choses humaines »[2].

Ce « bien ultime et parfait dans l'ordre des choses humaines », c'est donc le bien vivre: « ce bien vivre est au plus haut point (*maxime*) la fin de la cité ou de la politique, à la fois pour tous en commun et pour chacun en particulier (*communiter quantum ad omnes et sigillatim quantum ad unumquemque*) »[3]. C'est dans le *De Regno*, semble-t-il, que saint Thomas manifeste le plus clairement que, pour lui aussi, le bien vivre consiste dans la vie selon la vertu pratiquée par l'ensemble des citoyens:

> La fin ultime d'une multitude rassemblée en société (*ultimus finis multitudinis congregate*) est de vivre selon la vertu. En effet, si les hommes s'assemblent c'est pour mener une vie bonne, ce à quoi chacun vivant isolément ne pourrait parvenir. Or une vie bonne est une vie selon la vertu. La vie vertueuse est donc la fin du rassemblement des hommes en société. Le signe en est dans le fait que ceux-là seuls sont partie de la multitude rassemblée en société qui communient les uns avec les autres dans une vie bonne. En effet, si les hommes se rassemblaient pour le seul vivre, les animaux et les esclaves seraient une des parties de la société civile. Si c'était pour acquérir des richesses, tous ceux qui négocient ensemble se rattacheraient à une seule cité; de même nous voyons ceux-là seuls être comptés comme membres d'une seule multitude qui sont dirigés vers une vie bonne sous les mêmes lois et le même gouvernement[4].

1. *Eth. Nic.*, I, 1, 1094 b 7. Le point est développé au chapitre III.

2. « *Necesse est politicam inter omnes scientias practicas esse principaliorem et architectonicam omnium aliarum, utpote considerans ultimum et perfectum bonum in rebus humanis* », *Super Pol.*, *Prol.*, 102-105. Dans le même sens: « Il faut savoir que la politique est dite la plus haute, non pas absolument, mais dans le genre des sciences actives qui traitent des choses humaines dont la fin ultime est l'objet de la politique (*sciendum est autem quod politicam dicit esse principalissimam, non simpliciter, sed in genere activarum scientiarum, quae sunt circa res humanas, quarum ultimum finem politica considerat*) », *Super Eth.*, I, 2, 193-196.

3. *Super Pol.*, III, 5, 67-70.

4. *De Regno*, II, 3, 58-73.

A s'en tenir à de tels passages, on retrouve la conception aristotélicienne d'un bien ultimement moral pour l'assemblée de ceux qui sont réunis en une cité. Bien sûr, comme chez Aristote, cette finalité morale est assortie d'autres éléments auxquels les gouvernants attachent le plus grand prix, en particulier l'unité de la cité, la paix et la concorde entre les citoyens[1]. Comme chez Aristote, la science politique, si elle a pour fin un bien moral, comporte aussi une part artistique dans l'œuvre d'édification de la vie en commun : une cité poursuit un bien, mais aussi se construit. Pour autant, cette part artistique est, là encore, relative et ordonnée au bien moral poursuivi.

A ce stade, il apparaît bien que le bien politique consiste dans une opération, partagée par la multitude, plus que dans une œuvre ou dans l'atteinte d'un bien objectivement connu. La fin poursuivie par la politique est un acte, plus qu'un objet, une *finis quo* plus qu'une *finis cujus*[2].

Ces éléments fondamentaux étant établis, saint Thomas emploie sans plus de commentaire l'expression de bien commun lorsqu'il traite de la fin en politique.

2 – *La primauté du bien commun*

La notion de bien commun est le point focal de toute la pensée politique thomasienne, et la primauté du bien commun le paradigme de cette pensée. Tout, dans l'ordre communautaire, est finalisé par le bien commun, tout lui est ordonné. On indique ici, brièvement, cinq lieux de déploiement de ce principe, dont l'analyse détaillée est l'objet des prochains chapitres.

Le bien de chacun est ordonné au bien commun

La structure fondamentale de l'ordre politique chez Thomas d'Aquin tient à ce que la partie est ordonnée au tout, et le bien de la partie au bien du tout. De même, le bien de la famille, partie de la cité, est ordonné au bien de la cité. Ce type de formules revient inlassablement sous la plume de Thomas. Ainsi dans ces passages de la *Somme de théologie* :

> Tout individu est avec la société dont il est membre dans le même rapport qu'une partie avec le tout[3].

1. I, q. 103, a. 3, c. : « le but recherché par celui qui gouverne une multitude, c'est l'unité et la paix ». Dans le même sens, *CG* IV, 76, 4° : « la fin de celui qui gouverne, c'est en effet la paix et l'unité de ceux qui lui sont soumis » ; de même *Super Eth.*, III, 8, 21-35, et surtout *De Regno*, I, 2, 9-13 : « le bien et le salut d'une multitude assemblée en société est dans la conservation de son unité, qu'on appelle paix, si celle-ci disparaît, l'utilité de la vie sociale est abolie ». Il est clair que, pour Thomas d'Aquin comme pour Aristote avant lui, la paix de la cité, fruit et signe de son unité, est assurément un bien pour elle, mais au sens d'une condition préalable sans laquelle rien n'est possible au sein de la cité : elle ne saurait être son bien ultime, comme elle l'était dans la conception de Platon.

2. Pour Thomas, qui reprend une distinction déjà présente chez Aristote, la fin peut être saisie comme l'objet en vue duquel on agit (*finis cuius causa*), et comme ce que réalise dans le sujet l'acte par lequel la fin est atteinte (*finis quo*).

3. II II, q. 64, a. 2, c.

> L'homme tout entier est ordonné comme à sa fin à la société dont il est une partie[1].
> De même que le bien d'un seul individu n'est pas la fin ultime mais est ordonné au bien commun; de même encore le bien d'une famille est ordonné au bien de la cité, qui est la société parfaite[2].

C'est la récurrence de telles formules qui a incité le philosophe canadien Charles De Koninck à consacrer l'un de ses ouvrages, toujours référé à Thomas d'Aquin, à ce qu'il nomme: la primauté du bien commun[3]. L'ordination de la partie au tout formé par l'ensemble des parties, et celle conjointe du bien de chacun au bien commun, a valeur chez saint Thomas de principe anthropologique et constitue la structure fondamentale de toute sa pensée communautaire.

La justice générale, vertu architectonique de la vie de la cité

Il n'y a d'ordre dans la cité que régi par la vertu de justice. Saint Thomas développe les principes aristotéliciens en reconnaissant dans la justice générale, dite aussi justice légale, la vertu qui ordonne tous les actes de toutes les vertus au bien commun:

> Ceux qui vivent dans une société sont avec elle dans le même rapport que des parties avec un tout. Or la partie, en tant que telle, est quelque chose du tout; d'où il résulte que n'importe quel bien de la partie doit être subordonné au bien du tout. C'est ainsi que le bien de chaque vertu, de celles qui ordonne l'homme envers soi-même, ou de celles qui l'ordonnent envers d'autres individus, doit pouvoir être rapporté au bien commun auquel nous ordonne la justice. De cette manière les actes de toutes les vertus peuvent relever de la justice en ce que celle-ci ordonne l'homme au bien commun. Et en ce sens la justice est une vertu générale[4].

On ne peut mieux exprimer la primauté du bien commun qu'en manifestant que, par la justice générale, tous les actes posés dans la vie de la cité ont vocation à être ordonnés à ce bien. Sous ce rapport, Thomas d'Aquin

1. II II, q. 65, a. 1, c.

2. I II, q. 90, a. 3, ad 3.

3. Ch. De Koninck, *De la primauté du bien commun contre les personnalistes*, Montréal, Fides, 1943. L'ouvrage fait l'objet d'une réédition in *Œuvres de Charles De Koninck*, tome II, 2, *La primauté du bien commun*, Presses de l'Université Laval, 2010, p. 107-225. Le titre originel de l'étude témoigne de son caractère polémique puisqu'il s'agit de s'en prendre aux « personnalistes », coupables aux yeux de l'auteur de verser dans un certain individualisme qui substitue au primat de la communauté et du bien commun celui de la personne et de son bien propre. Sur ce sujet, voir l'annexe au présent ouvrage: « Charles De Koninck et la querelle du personnalisme ».

4. « *Omnes qui sub communitate aliqua continentur comparantur ad communitatem sicut partes ad totum. Pars autem id quod est totius est: unde et quodlibet bonum partis est ordinabile in bonum totius. Secundum hoc igitur bonum cuiuslibet virtutis, sive ordinantis aliquem hominem ad seipsum sive ordinantis ipsum ad aliquas alias personas singulares, est referibile ad bonum commune, ad quod ordinat iustitia. Et secundum hoc actus omnium virtutum possunt ad iustitiam pertinere, secundum quod ordinat hominem ad bonum commune. Et quantum ad hoc iustitia dicitur virtus generalis* », II II, q. 58, a. 5, c.

établit une analogie entre la charité, qui dans l'ordre surnaturel ordonne tous les actes au bien divin, et la justice générale, qui dans la cité les ordonne au bien commun[1].

La vertu du gouvernant est d'ordonner la cité à sa fin, le bien commun

La vertu par excellence du gouvernant est la prudence, par laquelle sa raison choisit les moyens les plus appropriés à la fin poursuivie. Il y a donc une espèce particulière de la vertu de prudence qui regarde la cité et son bien :

> La raison droite juge que le bien commun est meilleur que le bien d'un seul. Donc, parce qu'il appartient à la prudence de bien délibérer, juger et commander en ce qui concerne les voies conduisant à la fin requise, il est manifeste que la prudence ne regarde pas seulement le bien privé d'un seul homme, mais encore le bien commun de la multitude[2].

Dans la cité, on attend d'abord d'un bon gouvernant qu'il agisse en vue du bien commun, qui est l'objet de la politique[3].

La loi de la cité est édictée en vue du bien commun

La loi est l'instrument privilégié par lequel le gouvernant, au sens large et quelle que soit sa figure institutionnelle, indique « la règle et la mesure » des actes posés par les citoyens en vue de la fin poursuivie par la cité. A l'ouverture du traité des lois de la *Somme de théologie*, Thomas d'Aquin exprime ainsi la finalité de la loi :

> Chaque partie est ordonnée au tout, comme l'imparfait est ordonné au parfait; mais un homme singulier est une partie de la communauté parfaite. Il est donc nécessaire que la loi envisage ce qui est ordonné à la félicité commune[4].

Cette félicité commune, qui n'est rien d'autre, dans l'ordre naturel, que le bien commun, donne son sens à la loi, et permet d'aboutir à la définition suivante : « une ordonnance de la raison en vue du bien commun, promulguée par celui qui a la charge de la communauté »[5].

La finalité du bien commun, critère de légitimité de l'ordre politique

Puisque l'ordre politique est spécifié par la poursuite du bien commun, celui-ci devient le critère d'une action politique légitime. Ce principe est en quelque sorte le corollaire des propos précédents, et vaut pour tous les domaines qui viennent d'être brièvement évoqués : le défaut de finalité

1. *Ibid.*, a. 6, c.
2. II II, q. 47, a. 10, c.
3. *Ibid.*, a. 11, obj. 3.
4. I II, q. 90, a 2, c.
5. *Ibid.*, a. 4, c.

véritable, c'est-à-dire de poursuite du bien commun, vicie l'agir politique, le prive de sa légitimité et, par là, de sa *virtus obligandi*. Ainsi en va-t-il pour la loi : elle perd sa *ratio legis* si elle se détourne du bien commun : « il relève de la *ratio legis humanae* qu'elle soit ordonnée au bien commun de la cité » [1].

On retrouve ce critère dans l'analyse des régimes politiques, que saint Thomas reprend *ne varietur* à Aristote : ceux qui visent le bien d'un seul, ou celui d'un groupe oligarchique, ou même celui d'un groupe étendu sont des formes déviées en tant qu'elles ne poursuivent pas le bien commun de la cité. Ainsi dit-il de la royauté, qui a sa préférence de principe (mais non nécessairement en pratique) : « la royauté est la forme la meilleure de gouvernement, si elle reste saine » [2], c'est-à-dire si elle recherche le bien commun de la cité et non celui du monarque.

Il n'est pas nécessaire de poursuivre une telle énumération. Dès lors que, dans l'agir, la fin est ce qui commande tout le reste, le bien commun acquiert une valeur primordiale, principielle. Pour Aristote et saint Thomas, le politique ne prend son sens que par la fin qu'il poursuit, et il s'agit d'un bien éthique, dans le sens qui a été précisé. C'est ce qui justifie, dans les écrits politiques de Thomas d'Aquin, la référence constante au bien commun, qui atteste en même temps de son assimilation, sans réserve significative, des principes aristotéliciens.

Il faut encore mentionner un lieu qui pourrait apparaître, chez saint Thomas, comme un tempérament apporté à ces principes. L'étude, chez saint Thomas, de la relation de la partie au tout, et du bien de la partie au bien du tout, conduit nécessairement à rencontrer la question de l'univers et de son ordre. L'univers lui-même est un tout composé d'innombrables parties, et Thomas répète inlassablement que son bien est double, à la fois immanent et séparé, selon l'argument aristotélicien déjà rencontré :

> Il est manifeste que le bien de l'univers s'entend de deux manières : comme un bien séparé, c'est-à-dire Dieu, qui est tel le général par rapport à l'armée ; et comme un bien dans les choses elles-mêmes, et il consiste dans l'ordre des parties de l'univers, de même que l'ordre des parties de l'armée est le bien de l'armée [3].

La considération de l'univers et de son ordre, marque de l'influence stoïcienne dans la pensée chrétienne, pourrait laisser penser que Thomas relativise la cité comme multitude humaine, puisqu'elle n'est qu'une infime partie de la multitude universelle. En réalité, il n'en est rien, et la seule communauté

1. I II, q. 95, a. 4, c.
2. I II, q. 105, a. 1, ad 2.
3. « *Manifestum est enim quod duplex est bonum universi : quoddam separatum, scilicet Deus, qui est sicut dux in exercitu, et quoddam in ipsis rebus : et hoc est ordo partium universi, sicut ordo partium exercitus est bonum exercitus* », *De Spir. creat.*, a. 8, 236-239.

politique qui l'intéresse est « la cité ou le royaume ». S'il utilise la notion de bien commun pour l'appliquer analogiquement à l'univers et à la cité, ce n'est aucunement pour déduire des considérations métaphysiques sur l'univers les principes d'organisation de la cité.

Pour terminer, il faut relever dans le commentaire de l'*Ethique* une incidente qui témoigne que Thomas, pour fidèle qu'il soit à Aristote, ne perd pas de vue que l'ordre pratique ne résume pas à lui seul tout l'ordre humain des choses. Cette remarque intervient au terme de son commentaire du passage capital où Aristote affirme que la science la plus haute est la politique parce que le bien de tous est « plus beau et plus divin que le bien d'un seul »[1]. Il ajoute alors, au terme du passage commenté :

> Il faut savoir que la politique est dite la plus haute (*principalissam*), non pas absolument, mais dans le genre des sciences actives qui traitent des choses humaines dont la fin ultime est l'objet de la politique. Car la fin ultime de tout l'univers relève de la science divine, qui est la plus haute entre toutes. Il dit toutefois qu'il revient à la politique de considérer la fin ultime de la vie humaine, dont ce livre-ci cependant va traiter parce que la doctrine qu'il expose contient les premiers éléments de la science politique[2].

C'est justement la métaphysique, dite ici science divine, dont relève tout l'univers, qui va conduire Thomas d'Aquin à jeter un regard renouvelé sur la fin ultime de la vie humaine, et par là sur la politique, science suprême dans l'ordre pratique.

SECTION II – LES TRANSFORMATIONS THOMASIENNES DU POLITIQUE ARISTOTÉLICIEN

Tout en assumant l'analyse aristotélicienne du politique, tout en puisant chez le Philosophe sa structure de pensée du commun, Thomas d'Aquin s'en saisit cependant toujours en théologien, en tenant compte de la Révélation chrétienne qui demeure le cadre et la perspective de toute sa pensée. S'agissant du politique, la Révélation a pour premier effet de bouleverser la donne de la vie en commun en plaçant, à la fois aux côtés et au cœur des communautés

1. *Cf.* pour Aristote, *Eth. Nic.* I, 1, 1094 a 18-b 10; et, pour saint Thomas : *Super Eth.*, I, 2. En affirmant que la politique est la plus haute des sciences, il faut comprendre qu'Aristote se cantonne à l'ordre pratique. Cf. *Met.*, A, 2, 982 b 4-6, déja cité.

2. « *Sciendum est autem quod politicam dicit esse principalissimam non simpliciter, sed in genere activarum scientiarum, quae sunt circa res humanas, quarum ultimum finem politica considerat. Nam ultimum finem totius universi considerat scientia divina, quae est respectu omnium principalissima. Dicit autem ad politicam pertinere considerationem ultimi finis humanae vitae, de quo tamen in hoc libro determinat quia doctrina huius libri continet prima elementa scientiae politicae* », *Super Ethic.*, I, 2, 193-202, à rapprocher de *Super Pol.*, *Prol*, 102-108 : « Il est nécessaire qu'au sein de toutes les sciences pratiques la politique soit plus haute (*principaliorem*) et architectonique au regard des autres, parce qu'elle considère le bien ultime et parfait dans l'ordre des choses humaines ».

politiques naturelles, une communauté politique nouvelle d'ordre surnaturel : l'Église, cité de Dieu édifiée ici-bas de façon encore imparfaite, mais qui connaît sa perfection dans le monde glorieux, parvenu à son terme.

On précisera au chapitre VIII le statut, chez saint Thomas, de cette communauté politique surnaturelle qu'est l'Église. Tout en constatant que Thomas ne s'appesantit guère sur l'Église comme communauté politique, on peut indiquer seulement que les catégories de l'analyse évoquées précédemment trouvent à s'appliquer. L'Église est un tout composé d'une multitude de parties, son bien commun "séparé" est Dieu, et son bien "immanent" est la charité vécue par ses membres, elle-même source d'unité et d'amitié entre ceux-ci. Ce qui, surtout, doit être relevé dans la pensée de Thomas, est que la présence de la cité de Dieu ne disqualifie aucunement celle des communautés naturelles, les cités des hommes. Chez Thomas d'Aquin, il n'y a aucune confusion entre les ordres, aucune résorption de l'ordre naturel communautaire dans l'ordre surnaturel : c'est bien en cela qu'il est un jalon essentiel de la sortie de l'augustinisme politique.

Qu'il n'y ait, chez saint Thomas, aucune confusion entre communautés politiques de deux ordres différents, naturel et surnaturel, ne signifie pas que l'ordre surnaturel des choses n'ait pas d'incidence sur les communautés politiques naturelles que sont les cités, même en laissant de côté la question de leur rapport à l'Église. C'est cette incidence qu'il s'agit de préciser maintenant. La nouveauté radicale introduite par le christianisme est que la fin de l'homme est désormais double, relevant pour une part de sa nature, et pour une autre de la grâce :

> La fin à laquelle Dieu ordonne ses créatures est double. L'une dépasse la mesure et le pouvoir de la nature créée, et cette fin est la vie éternelle, qui consiste en la vision divine, laquelle dépasse la nature de toute créature, comme on l'a montré plus haut. L'autre est proportionnée à la nature créée, de telle sorte que la créature peut l'atteindre par les ressources de sa nature[1].

Il apparaît bien que l'impact de la Révélation chrétienne conduit Thomas d'Aquin à transformer la conception aristotélicienne de la cité, et par là du politique, dans une double direction. D'une part, l'ordre naturel dans son ensemble est saisi dans un ordre plus vaste, qui est l'ordre surnaturel; d'autre part, cela conduit à une relativisation de l'ordre communautaire par l'ordre singulier. Ces deux transformations, distinguées dans l'analyse, sont bien entendu simultanées dans l'ordre pratique.

1. I, q. 23, a. 1; *cf.* dans le même sens, I II, q. 109, a. 5, ad 3. Sur la vision de Dieu comme finalité naturelle et surnaturelle, voir J. LAPORTA, *La destinée de la nature humaine selon Thomas d'Aquin*, Paris, Vrin, 1965, et A. OLIVA, « La contemplation des philosophes selon Thomas d'Aquin », *RSPT* 96 (2012), p. 585-662.

A – *Première transformation : l'ordre naturel est subsumé dans l'ordre surnaturel*

L'impact de la Révélation chrétienne tient en premier lieu au don de la grâce fait aux créatures qui transforme la vie humaine en la divinisant et en l'ordonnant à Dieu lui-même, découvert comme bien ultime de chacun et de tous.

1 – *La subordination de l'ordre naturel à l'ordre surnaturel*

Selon la Révélation, tout l'univers, et toutes les créatures, au premier chef les créatures spirituelles, sont ordonnés à Dieu. Dieu est le bien commun ultime de tout l'univers et de toute communauté humaine, ce qui vaut pour la cité. A maintes reprises, dans des contextes différents, Thomas affirme que la fin ultime de l'homme, de la vie, de l'univers… est Dieu lui-même :

> Si un tout n'est pas une fin ultime, mais est ordonné à une fin ultérieure, la fin ultime de l'une de ses parties ne peut pas être ce tout, mais quelque chose d'autre. Or l'universalité des créatures, à laquelle l'homme se rapporte comme la partie au tout, n'est pas une fin ultime, mais elle est ordonnée à Dieu comme à sa fin ultime. Donc le bien que représente l'univers n'est pas l'ultime fin de l'homme, celle-ci est Dieu lui-même [1].
> La fin de la vie et de la société humaine est Dieu [2].
> Dieu […] est lui-même le bien suprême et commun de tout l'univers [3].

Un passage du *Contra Gentiles* illustre cet emploi à la fois multiple et indifférencié que fait saint Thomas de la notion de bien commun, appliquée à des multitudes de divers genres, mais toujours subordonné, en fin de compte, au bien divin, suprême et ultime :

> Le bien particulier est orienté vers le bien commun comme vers une fin : en effet, l'être de la partie est pour l'être du tout ; c'est pourquoi aussi le bien du peuple est plus divin que le bien d'un seul homme. Or le bien suprême, qui est Dieu, est le bien commun, puisque c'est de lui que dépend le bien de toutes les choses ; en revanche, le bien en vertu duquel chaque chose est bonne est le bien particulier de celle-ci et des autres qui dépendent de lui. Toutes les choses sont donc orientées comme vers leur fin vers un seul bien, qui est Dieu [4].

Cette affirmation de Dieu comme fin ultime de tout ce qui existe, exprimée dans toute sa généralité, vaut aussi bien pour la cité terrestre, finalisée par le bien humain le plus haut :

1. I II, q. 2, a. 8, ad 2. Exprimé du côté opératif, ce bien commun ultime est la béatitude : « Prise en général, [la béatitude] désigne le bien commun parfait », I II, q. 3, a. 2, ad 2.
2. I II, q. 100, a. 6, c.
3. III, q. 46, a. 2, ad 3. *Cf.* I, q. 60, a. 5, ad 5 ; I II q. 19, a. 10, c.
4. *CG* III, 17, 6°.

> [Toutes les vertus] sont devancées par les vertus qui ordonnent au bien divin. Car celui-ci devance tout bien humain; dans les biens humains, le bien public devance le bien privé; et là, le bien du corps l'emporte sur les biens extérieurs [1].

C'est dans le *De Regno* que l'on lit de la façon la plus claire la transformation opérée par Thomas d'Aquin. Dans un premier temps, on l'a vu, il reprend strictement la conception aristotélicienne de la cité finalisée par le bien vivre, vie selon la vertu pratiquée par les citoyens ensemble. Mais, dans la foulée, il ajoute un complément essentiel :

> Mais puisque l'homme, en vivant selon la vertu, est ordonné à une fin ultérieure, qui consiste dans la fruition de Dieu, comme nous l'avons déjà dit plus haut, il faut que la multitude humaine ait la même fin que l'homme pris personnellement. La fin ultime de la multitude rassemblée en société n'est donc pas de vivre selon la vertu, mais, par la vertu, de parvenir à la fruition de Dieu [2].

Thomas d'Aquin ne limite pas à l'ordre naturel la vie de la cité, mais il l'ordonne à un bien ultime et séparé, Dieu, ce qui n'apparaît jamais chez Aristote, pour qui le bien de la cité lui reste immanent, même s'il représente comme un au-delà de la cité, vers lequel on tend sans cesse. La fin ultime de la cité est alors, en reprenant le vocabulaire du *De Regno*, au niveau naturel le bien commun qui réside dans la vie selon la vertu partagée par les citoyens, et au niveau surnaturel la félicité commune qui consiste en la vision et la fruition de Dieu pour tous et pour chacun. Les deux ensemble relèvent du *bene vivere*, qui lui-même est de l'ordre de l'opération : « bien vivre consiste en effet à bien agir (*bene enim vivere consistit in bene operari*) » [3]. A maintes reprises, saint Thomas souligne le caractère englobant du bien vivre, notamment lorsqu'il étudie la vertu de prudence. Cela atteste de son intention d'appréhender la vie humaine tout entière :

> Dans le genre des actes humains, la cause la plus élevée est la fin commune de la vie humaine tout entière. Et telle est la fin que vise la prudence. Le Philosophe dit en effet que celui qui raisonne bien à l'égard d'une fin particulière, par exemple la victoire, est appelé prudent, non absolument, mais dans ce genre, à savoir l'art de la guerre; ainsi celui qui raisonne bien à l'égard du bien vivre tout entier (*totum bene vivere*) est appelé prudent absolument [4].

1. I II, q. 117, a. 6, c.
2. *De Regno*, II, 3, 74-80.
3. I II, q. 57, a. 5, c.
4. II II, q. 47, a. 2, ad 1. Saint Thomas continue, pour rappeler que l'on s'en tient ici au seul ordre pratique humain : « D'où il est évident que la prudence est sagesse en l'ordre des choses humaines, mais non pas sagesse absolument, car elle ne s'attache pas à la cause la plus élevée absolument; en effet la prudence a pour objet le bien humain, et l'homme n'est pas ce qu'il y a de meilleur entre tous les êtres. Aussi est-il dit expressément que la prudence est "sagesse pour l'homme", et non pas sagesse absolument ». La cause la plus élevée est Dieu lui-même. Dans le même sens, II II, q. 51, a. 2 ad 2 : « A l'unique fin ultime, qui est le bien-vivre dans sa totalité (*ad unum finem ultimum, quod est bene vivere totum*), sont ordonnés des actes divers selon une certaine gradation ».

Pour qui se souvient du statut de la science pratique chez saint Thomas, ce dépassement de l'ordre naturel par l'ordre surnaturel n'a rien de très surprenant. En effet, on sait que Thomas procède de même en éthique. Reprenant à son compte les analyses aristotéliciennes du bonheur et des actes humains, il élabore une morale individuelle finalisée explicitement par la béatitude chrétienne[1]. Il ne procède pas autrement, ici, en politique, sans surprise pour qui sait l'unité de l'ordre pratique. Assimilant les conceptions aristotéliciennes du politique, il les dépasse en concevant désormais la fin de la cité dans une perspective chrétienne : la béatitude, pour tous et pour chacun. On voit bien ici que la science pratique, chez Thomas d'Aquin, est matière à théologie parce qu'il s'agit de saisir l'homme en toutes ses dimensions, et la philosophie est servante de cette approche totalisante.

On comprend, dans ces conditions, que saint Thomas se saisisse si volontiers de l'argument aristotélicien de la *duplex finis*, formulé au Livre Λ des *Métaphysiques* : le bien d'une multitude est double, intrinsèque à elle-même, comme l'ordre de l'armée, et extrinsèque, comme le bien de son chef. Argument qu'il commente ainsi :

> Parce que la *ratio* des moyens se prend de la fin, il est nécessaire que non seulement l'ordre de l'armée soit en vue du chef, mais encore que l'ordre de l'armée procède du chef pour que l'ordre de l'armée soit en vue du chef. De même encore que le bien séparé, qui est dans le premier moteur, est meilleur que le bien de l'ordre, qui est dans l'univers. Tout l'ordre de l'univers est en vue du premier moteur, de sorte que ce qui est dans l'intellect et la volonté du premier moteur soit explicité dans l'univers ordonné. Et ainsi, il faut que tout l'ordre du l'univers procède du premier moteur[2].

Cet argument revient avec récurrence dans des contextes multitudinaires fort différents, qu'il s'agisse de la cité, de l'Église ou de tout l'univers. Ce *duplex ordo*, qui permet de tout rapporter ultimement à Dieu, semble bien être chez Thomas d'Aquin un véritable principe de compréhension des assemblées de créatures. Ainsi en va-t-il lorsqu'il traite de l'ordre de l'univers :

> Il faut considérer que l'univers entier est constitué par l'ensemble de toutes les créatures comme un tout l'est par ses parties. Or, si nous voulons fixer la fin d'un tout et de ses parties, nous trouvons ceci : 1) chacune des parties existe en

1. La vie selon la vertu, en quoi consiste le bonheur pour Aristote, est désormais ordonnée à Dieu et à la béatitude qui consiste en la vision de Dieu : « Seules les vertus infuses sont vraiment parfaites, et doivent être appelées absolument vertus, parce qu'elles ordonnent bien l'homme à la fin absolument ultime » (I II, q. 65, a. 2, c). Saint Thomas est tout-à-fait cohérent puisque le bien de tous est le même que le bien d'un seul : ce qui vaut en éthique (individuelle) vaut aussi bien en politique.

2. « *Quia ratio eorum quae sunt ad finem, sumitur ex fine, ideo necesse est quod non solum ordo exercitus sit propter ducem, sed etiam quod a duce sit ordo exercitus, cum ordo exercitus sit propter ducem. Ita etiam bonum separatum, quod est primum movens, est melius bonum bono ordinis, quod est in universo. Totus enim ordo universi est propter primum moventem, ut scilicet explicatur in universo ordinato id quod est in intellectu et voluntate primi moventis. Et sic oportet, quod a primo movente sit tota ordinatio universi* », *Super Met.*, XII, 12, Ma 2631.

> vue de ses actes, comme l'œil existe pour voir; 2) la partie la moins noble est faite en vue de la plus noble, comme le sens pour l'intellect et le poumon pour le cœur; 3) toutes les parties existent en vue de la perfection du tout, comme la matière en vue de la forme; les parties sont en effet une sorte de matière pour le tout. Enfin 4) l'homme tout entier existe en vue d'une cause extrinsèque, par exemple pour jouir de Dieu[1].

On retrouve le même argument lorsqu'il explicite la double nature de la grâce chrétienne, qui ordonne à Dieu et organise le corps ecclésial :

> Selon le Philosophe, le bien de la multitude, d'une armée par exemple, est double. Il y a un bien qui se trouve dans la multitude elle-même : ainsi l'ordre de l'armée. Et il y a un autre bien, distinct de la multitude, qui est le bien du chef. Ce dernier bien est supérieur à l'autre, car c'est à lui que l'autre est ordonné. Or la grâce gratuitement donnée est ordonnée au bien commun de l'Église, qui est l'ordre ecclésial; la grâce qui rend agréable à Dieu se réfère au bien commun de l'ensemble, qui est Dieu lui-même[2].

Cette prévalence de l'argument métaphysique et de son *duplex ordo*, principe général d'organisation de toute multitude, explique probablement le dépassement opéré par saint Thomas tel que l'exprime le passage du *De Regno* cité plus haut. Elle explique aussi l'affirmation presque lapidaire de ce dépassement : « puisque l'homme est ordonné à une fin ultérieure, ... il faut que la multitude humaine ait la même fin... ».

Voilà pourquoi la vie de tous selon la vertu, en laquelle réside pour Aristote la fin de la cité, n'est plus qu'un bien immanent ordonné au bien transcendant. Appliqué à la cité, l'argument permet d'articuler les deux ordres, naturel et surnaturel, sans porter atteinte à la consistance de l'ordre naturel. Le bien commun, tel que le conçoit Aristote, est le bien commun immanent à la cité, et Thomas d'Aquin ajoute que Dieu en est le bien commun transcendant, ou extrinsèque. Et le premier (bien immanent) est ordonné au second (bien transcendant). On a souligné qu'Aristote, auteur de cette loi de la *duplex finis*, ne l'appliquait pas à la cité; saint Thomas s'en empare et en use largement, car elle lui permet de tenir les deux ordres à la fois, et l'ordination du premier au second.

1. « *Considerandum est quod ex omnibus creaturis constituitur totum universum sicut totum ex partibus. Si autem alicuius totius et partium eius velimus finem assignare, inveniemus primo quidem, quod singulae partes sunt propter suos actus; sicut oculus ad videndum. Secundo vero, quod pars ignobilior est propter nobiliorem; sicut sensus propter intellectum, et pulmo propter cor. Tertio vero, omnes partes sunt propter perfectionem totius, sicut et materia propter formam, partes enim sunt quasi materia totius. Ulterius autem, totus homo est propter aliquem finem extrinsecum, puta ut fruatur Deo* », I, q. 65, a. 2, c. Sur ce thème de Dieu, bien commun de l'univers et de toutes les créatures, voir par exemple : I, q. 60, a. 5, ad 5; I II q. 19, a. 10, c.; III, q. 46, a. 2, ad 3. Sur les aspects plus directement ecclésiologiques de la question, voir notre étude *Théologie du dessein divin chez saint Thomas d'Aquin*, *op. cit.*

2. I II, q. 111, a. 5, ad 1.

Ces considérations permettent de répondre, au moins pour une part, à la première observation liminaire, selon laquelle Thomas d'Aquin use sans cesse de la notion de bien commun, sans pour autant la définir précisément. C'est qu'il s'agit pour lui d'une notion analogique, non au sens déjà souligné de la multiplicité de ses composantes, mais ici dans la mesure où il l'applique à des multitudes relevant d'ordres différents les uns des autres. Selon les cas, le bien commun, c'est le bien vivre de la cité, Dieu lui-même, l'ordre de l'univers, la charité qui anime l'Église… la notion se prête aussi bien à un emploi métaphysique qu'à un usage dans l'ordre pratique. En tout cas, s'agissant de la cité et de l'ordre politique, elle lui permet d'articuler un double ordre de fins, signe d'un double ordre de vie, naturelle et surnaturelle.

Un passage important, à l'ouverture du traité des lois de la *Somme*, témoigne de cet entremêlement des ordres naturel et surnaturel. Le passage est suffisamment important pour être cité intégralement :

> La loi relève de ce qui est le principe des actes humains, puisqu'elle en est la règle et la mesure. Mais de même que la raison est le principe des actes humains, il y a en elle quelque chose qui est principe de tout le reste. Aussi est-ce à cela que la loi doit se rattacher fondamentalement et par-dessus tout. Or, en ce qui regarde l'action, domaine propre de la raison pratique, le principe premier est la fin ultime. Et la fin ultime de la vie humaine, c'est la félicité ou la béatitude (*felicitas vel beatitudo*), comme on l'a vu précédemment. Il faut par conséquent que la loi traite surtout de ce qui est ordonné à la béatitude.
>
> En outre, chaque partie est ordonnée au tout comme l'imparfait l'est au parfait ; mais l'individu (*unus homo*) est une partie de la communauté parfaite. Il est donc nécessaire que la loi envisage directement ce qui est ordonné à la félicité commune (*ad felicitatem communem*). C'est pourquoi le Philosophe, dans sa définition des lois, fait mention de la félicité et de la solidarité politique (*de felicitate et communione politica*). Il dit en effet que "nous appelons justes les dispositions légales qui réalisent et conservent la félicité, ainsi que ce qui en fait partie, par solidarité politique". Car, pour lui, la société parfaite, c'est la cité.
>
> En n'importe quel genre, le terme le plus parfait est le principe de tous les autres, et ces autres ne rentrent dans le genre que d'après leur rapport avec ce terme premier ; ainsi le feu, qui est souverainement chaud, est cause de la chaleur dans les corps composés qui ne sont appelés chauds que dans la mesure où ils participent du feu. En conséquence, puisque la loi ne prend sa pleine signification que par son ordre au bien commun (*ad bonum commune*), tout autre précepte visant un acte particulier ne prend raison de loi (*rationem legis*) que selon son ordre à ce bien commun. C'est pourquoi toute loi est ordonnée au bien commun[1].

1. « *Lex pertinet ad id quod est principium humanorum actuum, ex eo quod est regula et mensura. Sicut autem ratio est principium humanorum actuum, ita etiam in ipsa ratione est aliquid quod est principium respectu omnium aliorum. Unde ad hoc oportet quod principaliter et maxime pertineat lex. Primum autem principium in operativis, quorum est ratio practica, est finis ultimus. Est autem ultimus finis humanae vitae felicitas vel beatitudo, ut supra habitum est. Unde oportet quod lex maxime respiciat ordinem qui est in beatitudinem. Rursus, cum omnis pars ordinetur ad*

Dans cet article, saint Thomas traite de la fin ultime et de la loi en toute généralité. Il s'agit d'embrasser toute sorte de loi, naturelle et humaine, ou bien divine : la suite du traité les examinera sous tous leurs aspects. Quant à la fin ultime, elle est appelée ici félicité, béatitude, félicité commune ou bien commun. Il est clair que Thomas mêle les deux ordres, naturel et surnaturel, sans préciser comment ils sont agencés l'un par rapport à l'autre. L'expression « félicité ou béatitude » trouve son origine, dans un contexte trinitaire, chez saint Augustin, qui l'emprunte à Hilaire de Poitiers. Thomas s'y réfère à plusieurs reprises dans ses œuvres : « cette dilection [mutuelle du Père et du Fils], écrit saint Augustin, cette délectation, cette félicité ou béatitude, Hilaire lui donne le nom d'*usus* »[1]. L'expression est employée ici en un contexte différent, et peut s'appliquer aussi bien à la fin saisie au niveau naturel qu'à celle saisie au niveau surnaturel[2]. Cependant, cette « félicité ou béatitude » semble bien désigner dans l'article du traité des lois la fruition du bien divin, ici comprise au niveau surnaturel. Au surplus, on voit bien que, tout en se référant à Aristote qui traite de la cité au niveau naturel, Thomas élargit l'analyse de celui-ci jusqu'au niveau surnaturel, et pour toute communauté humaine. Le bien commun dont il est question ici est aussi bien celui de la cité au niveau naturel que celui de toute communauté humaine, toutes assemblées dont la fin ultime est la même au niveau surnaturel : la béatitude ou félicité commune.

Si l'on veut résumer les enseignements auxquels on est ainsi parvenu à propos de la fin de la cité, on peut retenir un triple niveau de bien. A un niveau fondamental, il faut rassembler tout ce qui contribue, dans l'ordre des moyens, au bien vivre dans la cité : paix, justice, institutions, lois, richesses… Tout cela

totum sicut imperfectum ad perfectum; unus autem homo est pars communitatis perfectae, necesse est quod lex proprie respiciat ordinem ad felicitatem communem. Unde et philosophus, in praemissa definitione legalium, mentionem facit et de felicitate et communione politica. Dicit enim, in V Ethic., quod "legalia iusta dicimus factiva et conservativa felicitatis et particularum ipsius, politica communicatione", perfecta enim communitas civitas est, ut dicitur in I Polit. In quolibet autem genere id quod maxime dicitur, est principium aliorum, et alia dicuntur secundum ordinem ad ipsum, sicut ignis, qui est maxime calidus, est causa caliditatis in corporibus mixtis, quae intantum dicuntur calida, inquantum participant de igne. Unde oportet quod, cum lex maxime dicatur secundum ordinem ad bonum commune, quodcumque aliud praeceptum de particulari opere non habeat rationem legis nisi secundum ordinem ad bonum commune. Et ideo omnis lex ad bonum commune ordinatur », I II, q. 90, a. 2, c., qui cite *Eth. Nic.*, V, 3, 1129 a 17-19 : « nous appelons actions justes toutes celles qui tendent à produire ou à conserver le bonheur avec les éléments qui le composent, pour la communion politique ».

1. I, q. 39, a. 8, c., qui se réfère à VI *De Trin.* 10. PL 42, 931. BA 15, 497.

2. Un article du traité des anges de la *Somme* témoigne clairement de ce double emploi possible : « L'ultime perfection de la nature rationnelle ou intellectuelle est double. Il y a d'abord une perfection qui peut être atteinte par les seules forces de la nature, et à laquelle on donne en quelque manière le nom de béatitude ou de félicité. Aristote enseigne, en ce sens, que l'ultime félicité de l'homme consiste, en cette vie, dans la très parfaite contemplation du souverain bien intelligible qui est Dieu. Mais au-delà de cette félicité, il en est une autre que nous espérons posséder plus tard, et en laquelle « nous verrons Dieu tel qu'il est ». Une telle félicité surpasse les forces naturelles de toute intelligence créée, quelle qu'elle soit. », I, q. 62, a. 1, c. On note évidemment que Thomas se réfère à la contemplation naturelle, fin ultime de la vie humaine selon Aristote, dans les conditions qui ont été précisées.

relève du vivre, selon Aristote, et constitue l'ensemble des conditions de possibilité d'une vie bonne[1]. Ce sont à l'évidence des biens, mais eux-mêmes ordonnés au bien vivre. Ce bien vivre représente le bien de la cité pour Aristote, suivi par Thomas d'Aquin : c'est la vie selon la vertu pour le plus grand nombre des citoyens, qui donne à la cité une plénitude, un bonheur qui est celui de tous et de chacun. Enfin, à un troisième degré, le bien ultime consiste, pour Thomas d'Aquin seul, dans la fruition du bien transcendant qu'est Dieu lui-même. On aboutit au schéma suivant :

Bien commun ultime : fruition de Dieu, bien transcendant (3)

⇑

Bien commun immanent : vie selon la vertu (bien vivre) (2)

⇑

Bien commun fondamental : conditions de possibilité (vivre) (1)

Si ce schéma a l'apparence de la clarté, il appelle cependant de nombreuses précisions, ainsi qu'en témoignent les conflits d'interprétation sur la fin de la vie politique[2]. Ceux-ci sont l'occasion d'approfondir la question et, par là, de pénétrer davantage dans la conception thomasienne du politique.

On a relevé précédemment qu'à s'en tenir à Aristote, repris par saint Thomas, la fin de la politique consiste dans un acte – la vie selon la vertu pratiquée par le plus grand nombre – plus que dans un bien objectivement connu et poursuivi. Avec cette transformation qu'opère saint Thomas, la fin de la politique demeure une opération : le fruition de Dieu, mais c'est aussi Dieu lui-même, bien désormais connu parce qu'il se révèle et se communique. Et il faut affirmer que c'est Dieu qui est le souverain bien et la fin dernière de la communauté humaine, la béatitude étant l'épanouissement en chacun et en tous de l'union à Dieu[3]. La fin ultime est alors *finis cuius* plus que *finis quo*[4].

1. Cf. *De Regno* I, 2, 9-15, déjà cité. Dans le même sens, *Ibid.*, II, 4, 55-56 : « l'unité de la multitude, que l'on appelle paix, doit être procurée par les soins du gouvernant ».

2. On remarquera, pour être complet, que saint Thomas passe directement du niveau 2 (bien commun immanent) au niveau 3 (bien commun ultime); c'est le passage du niveau naturel au niveau surnaturel. Ne faudrait-il pas, en toute rigueur, ajouter entre ces deux niveaux un niveau intermédiaire qui serait Dieu saisi par la raison, afin d'ordonner jusqu'au bout l'ordre naturel ? Thomas ne procède pas ainsi, et envisage le niveau transcendant immédiatement dans l'ordre surnaturel chrétien. On peut avancer plusieurs raisons possibles. D'abord, que le schéma à triple niveau est suffisamment complexe pour qu'on ne lui en adjoigne pas un quatrième. Ensuite, qu'Aristote lui-même, ainsi qu'on l'a relevé, ne va pas jusque-là. Enfin, que Thomas, justement, a peut-être voulu se garder de tomber dans les excès des aristotélistes radicaux, ou averroïstes, qui à son époque envisageaient un ordre naturel intégral, atteint par la raison, ayant en soi sa cohérence et son homogénéité; sur ce dernier thème, voir R. IMBACH, « L'averroïsme latin du XIIIe siècle », in *Gli studi di filosofia medievale fra otto e novecento, contributo a un bilancio storiografico*, ed. R. Imbach, A. Maierù, Roma, Edizioni di Storia e Letteratura (Storia e Letteratura, 179), p. 191-208.

3. Sur ce point, voir T.-M. HAMONIC, « Le thomisme et le débat sur les fondements de la morale », in *Thomistes, ou de l'actualité de saint Thomas d'Aquin*, Paris, Cerf, 2003, p. 165-182, ici p. 169-171.

4. Selon la distinction déjà rencontrée qui veut que la fin soit saisie comme l'objet en vue duquel on agit (*finis cuius causa*), ou comme ce que réalise dans le sujet l'acte par lequel la fin est

2 – *La charité, forme surnaturelle de l'ordre naturel*

Affirmer l'ordination du bien commun immanent de la cité – le bien vivre – au bien commun transcendant qu'est Dieu, plus largement l'ordination de l'ordre naturel pratique à l'ordre surnaturel, relèverait de la pure pétition de principe si rien ne venait, de l'intérieur, transformer l'ordre naturel et donner réalité à son ordination au bien ultime par la médiation du bien immanent. Dans l'ordre pratique, « la forme d'un acte se prend principalement de la fin », et « il faut donc que [...] ce qui donne à un acte son ordre à la fin lui donne aussi sa forme »[1]. Le principe surnaturel qui réalise cela, c'est la grâce, et spécialement son expression dans la volonté qu'est la charité, participation dans la créature de l'amour divin.

La charité est la forme donnée par Dieu (c'est une vertu théologale) par laquelle l'agir humain est ordonné à sa fin ultime. C'est lorsqu'il traite de la charité que saint Thomas exprime le plus clairement l'articulation intérieure des deux ordres, naturel et surnaturel, qu'opère spécialement la vertu de charité :

> De même qu'il y a deux sortes de fins : l'une ultime, l'autre prochaine, de même y a-t-il deux sortes de biens : l'un ultime et universel, et l'autre prochain et particulier. Mais le bien ultime et principal de l'homme est de jouir de Dieu, selon la parole du Psaume (73, 28) : "Pour moi, adhérer à Dieu est mon bien". Et c'est à cela que l'homme est ordonné par la charité[2].

Envisager cet ordre au bien ultime ne disqualifie pas l'ordre naturel, ordonné à un bien particulier, dès lors que c'est un bien véritable. Les vertus morales, qui ordonnent à une fin bonne mais qui n'est pas ultime, sont des vertus véritables, quoiqu'imparfaites si elles ne sont pas formées par la charité : « si l'on envisage la vertu par rapport à une fin particulière, on peut dire alors qu'il y a une certaine vertu sans charité, en tant qu'une telle vertu est ordonnée à un bien particulier »[3]. Pour Thomas, l'ordre pratique atteint sa perfection lorsque les actes posés à l'aide des vertus naturelles sont formés par la charité, qui ordonne au bien ultime : « si ce bien particulier est un bien véritable, comme la défense de la cité ou quelque œuvre de ce genre, il y aura vertu véritable, mais imparfaite, à moins qu'elle ne soit référée au bien final et parfait »[4]. Par la charité, tous les actes des vertus sont ordonnés à Dieu : « la charité ordonne les actes de toutes les autres vertus à la fin ultime. Ainsi, elle donne aussi à ces actes leur forme. Et c'est pour cela qu'elle est dite forme des vertus »[5].

atteinte (*finis quo*). L'atteinte de la fin, Dieu lui-même, réalise en l'homme la béatitude à laquelle il aspire.

1. II II, q. 23, a. 8, c.
2. II II, q. 23, a. 7, c.
3. *Ibid.*
4. *Ibid.*
5. II II, q. 23, a. 8, c.

Ainsi, par la charité, c'est tout l'ordre naturel qui est ordonné effectivement au bien ultime et divin. S'agissant de la cité, cela signifie que le bien vivre, vie partagée selon la vertu, n'atteint sa perfection que si ces vertus sont formées par la charité, et par elle ordonnées au bien divin. La cité terrestre, chez saint Thomas, garde toute sa consistance, mais elle n'atteindra sa perfection qu'en s'ordonnant à Dieu, bien ultime. Dans l'approche thomasienne du politique, la cité terrestre n'est pas résorbée dans un ordre ecclésial, mais elle sera plus pleinement elle-même en s'ordonnant à Dieu, son bien commun séparé. La formule célèbre de Thomas trouve parfaitement à s'appliquer en matière politique: *gratia non tollit sed perficit naturam*[1]. La cité chrétienne est plus cité que celle qui se clôt dans l'ordre naturel, elle est d'autant plus cité qu'elle s'ouvre à l'ordre surnaturel.

Faut-il dire, dans ces conditions, que saint Thomas s'éloigne *de facto* de la conception aristotélicienne de la cité à laquelle il semble cependant adhérer largement, si l'on se réfère à ses commentaires des deux grands traités aristotéliciens de l'agir pratique? En fait, Thomas voit dans les analyses que fait Aristote du politique les pierres d'attente naturelles que l'édifice chrétien va utiliser, sans les supprimer. Aristote allait jusqu'à voir la fin de la cité – ce bien vivre – dans la vie selon la vertu de tous et de chacun, et les belles actions accomplies ensemble qui en étaient le fruit. Thomas, lui, se saisit de cela dans la lumière de la vie et de la Révélation chrétienne: ce bien vivre et ces belles actions, ont vocation à être informés, de l'intérieur, par la charité et par là ordonnés, de façon ultime, à la béatitude éternelle[2].

La conception thomasienne du bien commun – vie selon la vertu et la charité ici-bas, félicité commune dans la fruition de Dieu dans la gloire – ne va pas sans complexité. Il est clair que ce double degré du bien commun – qui est même triple si l'on n'oublie pas le bien commun fondamental que représentent les conditions de réalisation du bien commun immanent – n'est pas si aisé à

1. I, q. 1, a. 8, ad 2.

2. Cette conception thomasienne d'un outrepassement de l'ordre politique naturel par l'ordre surnaturel emporte bien des conséquences. On indique ici seulement deux d'entre elles. La première, s'agissant de la cité politique, est que l'affirmation d'une fin ultime divine a pour effet de relativiser le bien propre de la cité dans l'ordre naturel. Puisque le bien commun ultime relève de la vie théologale, alors le bien commun second ou immanent relève du vivre, aussi digne soit-il. Tout l'effort d'Aristote avait été de saisir, autant que faire se peut, en quoi consiste le bien de la cité, au niveau naturel, et il avait montré que l'on ne peut se cantonner au niveau du vivre, mais qu'il faut reconnaître en quoi consiste le bien vivre vers lequel on tend. Thomas d'Aquin, par la transformation théologale, et donc théologique, qu'il lui fait subir, place le plus haut bien de la cité au niveau surnaturel et, en quelque sorte, résorbe le bien commun naturel au niveau du vivre. Cela va marquer durablement la doctrine catholique sur le bien de la communauté politique. La seconde conséquence importante de la transformation thomasienne a trait aux autorités chargées de promouvoir le bien commun. Puisque le bien ultime est d'ordre théologal, sa promotion relève, au moins pour une part, de l'autorité spirituelle, c'est-à-dire ecclésiale. Elle relève aussi pour partie du souverain temporel, mais à celui-ci va incomber surtout la promotion du bien commun second. On aboutit ainsi – *de facto* et même *de jure* – à une subordination, au moins partielle, de l'autorité temporelle de la cité à l'autorité spirituelle. Le chapitre IV traite de cette question.

saisir. Il semble cependant éclairer une donnée constante de la vie et de la pensée politique, à savoir le caractère insaisissable du bien commun immanent. S'il est si difficile de traiter directement du bien commun, si l'on est porté si spontanément à en parler sans l'avoir défini, c'est qu'il ne se laisse pas définir aisément. Le bien commun, ici-bas, est un bien vers lequel on tend sans jamais l'atteindre autrement que partiellement, il se construit et se défait sans cesse, il est comme un terme vers lequel on tend sans jamais pouvoir le saisir.

La conception thomasienne, pour complexe qu'elle soit, éclaire l'inachèvement constant de l'entreprise politique, ce qu'elle peut avoir de décevant. Si le bien commun immanent, le bien de la cité, n'est jamais atteint et toujours à construire, c'est qu'il ne porte pas en lui-même sa plénitude, qu'il ne pourra atteindre que dans le bien commun ultime. Cet ordre immanent est marqué par la contingence, la finitude de tout ce qui est historique. L'histoire politique des communautés humaines, à travers leurs perpétuelles insatisfactions, porte en creux la marque d'un bien transcendant qui seul peut leur apporter la perfection qu'elles recherchent inlassablement. C'est ce qui, pour le chrétien, permet d'envisager Sisyphe heureux.

B – *Seconde transformation : l'ordre communautaire est relativisé par l'ordre singulier*

La première transformation tient à la subordination, à l'inscription de l'ordre naturel dans l'ordre surnaturel. La seconde tient à ce que représente le bien de la cité dans le bien de la personne intégralement comprise.

1 – *La relation singulière à Dieu : la primauté du spirituel*

Pour Aristote, la plénitude de la vie humaine, sa perfection la plus haute, est atteinte dans la cité et la vie de la cité, restant sauve la vie contemplative à laquelle certains seulement accèdent. Dans le christianisme, la plénitude de la vie humaine relève de la vie théologale, et l'union à Dieu est offerte à tout homme, capable de rejoindre Dieu par ses opérations de connaissance et d'amour (il est *capax Dei*). La nouveauté irréductible du christianisme est donc que l'homme – tout homme – peut rejoindre directement, immédiatement et singulièrement, sa fin ultime qui est Dieu.

Toute la vie vertueuse ici-bas, celle qui se fonde sur les vertus acquises et les vertus théologales, est ordonnée à l'union à Dieu, qui constitue le plus haut bonheur humain. Tout le traité de la béatitude, qui ouvre la II[a] *Pars* de la *Somme de théologie*, n'a d'autre but que de manifester cette primauté de l'union à Dieu, constitutive de la félicité humaine, encore imparfaite en ce monde, promise à la perfection dans la gloire :

> Dans l'état de la vie présente, la perfection ultime est acquise par une activité qui unit l'homme à Dieu; mais cette activité ne peut être ni continue, ni par conséquent unique, car l'activité se multiplie par ses interruptions. Pour ce motif, dans l'état de la vie présente, la béatitude parfaite ne saurait être possédée

> par l'homme… Mais Dieu nous promet la béatitude parfaite, quand nous serons, selon l'Evangile (Mt 22,30), "comme des anges dans le ciel" [1].

Au terme de ses analyses, saint Thomas justifie que la béatitude parfaite consiste dans la vision de l'essence divine: « il est requis pour la parfaite béatitude que l'intellect atteigne à l'essence même de la cause première. Et ainsi il possédera la perfection en s'unissant à Dieu comme à son objet, en qui seul consiste la béatitude » [2].

Le cœur de la doctrine chrétienne tient à ce que tout homme est rejoint par Dieu, et peut rejoindre Dieu dans une relation singulière. Qu'en est-il alors du rôle de la communauté humaine, que devient son statut dans l'atteinte de la fin ultime? A s'en tenir au traité de la béatitude, qui ouvre toute l'analyse de l'agir humain par saint Thomas, l'aspect communautaire semble n'avoir qu'un statut diminué:

> Si nous parlons de la félicité dans la vie présente, il faut dire avec le Philosophe que « l'homme heureux a besoin d'amis »… L'homme a besoin en effet, pour agir vertueusement, du concours des amis, tant dans les œuvres de la vie active que dans celles de la vie contemplative… Mais si nous parlons de la béatitude parfaite que nous posséderons dans la patrie, la société des amis n'y est pas nécessairement requise; car l'homme trouve en Dieu la plénitude de sa perfection. Toutefois, cette société amicale concourt à l'heureux épanouissement de la béatitude [3].
>
> Étant donné le prochain, l'amour que l'on a pour lui découle du parfait amour de Dieu. Aussi est-ce par concomitance (*quasi concomitanter*) que l'amitié se rapporte à la béatitude parfaite [4].

Sans doute ces passages essentiels doivent-ils être complétés par d'autres, tirés d'autres œuvres de Thomas, mais ils mettent bien en évidence l'apport propre de la doctrine chrétienne que Jacques Maritain, dans un contexte tout différent, a appelé: « primauté du spirituel » [5]. Pour le chrétien, il y a un primat de l'union à Dieu par rapport à la perfection qu'apporte la vie en commun [6]. Si bien qu'il faut reconnaître deux lignes simultanées chez saint Thomas, au regard de la question présente: celle qui, dans la fidélité à Aristote, manifeste la perfection du politique dans l'ordre pratique, et celle qui, proprement chrétienne, affirme la primauté de l'union singulière à Dieu. Pour saint Thomas, le singulier est premier, mais le commun n'est pas pour autant secondaire: il est second.

Dans ces conditions, il faut préciser la situation de l'homme par rapport à Dieu et par rapport à la communauté politique à laquelle il appartient,

1. I II, q. 3, a. 2, ad 4.
2. I II, q. 3, a. 8, c.
3. I II, q. 4, a. 8, c.
4. *Ibid.*, ad 3.
5. Jacques MARITAIN, *Primauté du spirituel*, O.C. III, p. 783-988.
6. C'est ce qui fonde le primat toujours reconnu, dans la tradition chrétienne, de la vie contemplative sur la vie active.

autrement dit la situation respective des deux biens: Dieu, bien ultime de chacun et de tous, et le bien commun, fin poursuivie par la cité terrestre. De fait, saint Thomas prend soin, en certains cas, de dissocier les deux ordres:

> L'homme n'est pas ordonné dans tout son être et dans tous ses biens à la communauté politique; c'est pourquoi tous ses actes n'ont pas forcément mérite ou démérite envers cette communauté. Mais tout ce qu'il est, tout ce qu'il a, et tout ce qu'il peut, l'homme doit l'ordonner à Dieu; c'est pourquoi tout acte humain bon ou mauvais a un mérite ou un démérite devant Dieu, autant qu'il réalise la notion d'acte[1].
> Le bien de l'univers est plus grand que le bien d'un individu, s'il s'agit du même genre de bien. Mais le bien de la grâce, dans un seul individu, l'emporte sur le bien naturel de tout l'univers[2].

De telles assertions montrent que, pour Thomas, la primauté du bien commun n'est pas absolue, qu'elle est relativisée par la primauté du lien à Dieu lorsque celui-ci est en cause. Selon l'approche de saint Thomas, tout ce qui est humain engage le politique, et en même temps, le politique n'épuise pas l'humain. Il faut tenir à la fois l'essentialité de la politique et l'inaliénabilité de la personne. D'un côté, l'ordre politique naturel impose de reconnaître l'autre comme une part de moi-même, et c'est ce qu'exprime le fait d'être citoyen; de l'autre, le bien personnel ne peut se résorber dans le bien commun, la personne demeure inaliénable[3]. La doctrine de saint Thomas honore autant la primauté du bien commun en politique que l'irréductibilité de l'ordre à Dieu de chacun. Dans ces conditions, les disciples de saint Thomas peuvent se référer à lui en mettant en valeur l'un ou l'autre aspect de cette doctrine duale.

Comment articuler ces deux primautés tenues sans équivoque par saint Thomas? Engagé malgré lui, au milieu du XXe siècle, dans une polémique sur le sujet, Jacques Maritain avance la distinction entre individu et personne[4]:

> L'être humain est pris entre deux pôles: un pôle matériel, qui ne concerne pas, en réalité, la personne véritable, mais plutôt l'ombre de la personnalité ou ce que nous appelons, au sens strict du mot, l'*individualité*; et un pôle spirituel, qui concerne la *personnalité véritable*[5].

Pour Maritain, le «paradoxe typique de la vie sociale» tient à ce que chacun est «tout entier individu et tout entier personne»[6]. En tant qu'individu, partie d'un tout qui le dépasse, il ordonne son bien à celui du tout. En tant que personne, il forme en lui-même un tout, et il n'est ordonné qu'à Dieu. Cela

1. I II, q. 21, a. 4, ad 3.
2. I II, q. 113, a. 9, ad 2.
3. Tous les totalitarismes politiques le manifestent *a contrario*, presque par définition: tous aboutissent à la mise en cause de la personne comme réalité inaliénable. En prétendant clore la personne dans l'immanence communautaire, ils l'atrophient et finalement la détruisent.
4. Jacques MARITAIN, *La personne et le bien commun*, O.C. IX, p. 167-237. *Cf.* l'annexe au présent ouvrage: «Charles De Koninck et la querelle du personnalisme».
5. *Ibid.*, p. 186-187.
6. *Ibid.*, p. 203.

conduit à subordonner le bien commun temporel : « il est subordonné, non comme un pur moyen mais comme une fin infravalente, à l'ordre des biens éternels et aux valeurs supra-temporelles auxquelles la vie humaine est suspendue »[1]. De sorte que « le bien commun de la *vita civilis* est une fin ultime, mais une fin ultime *secundum quid* et dans un ordre donné »[2]. Même si la distinction entre individu et personne, que Maritain voit inscrite en saint Thomas, peut sembler discutable, elle aide à exprimer et préciser quelque peu ce « paradoxe de la vie sociale » présent mais jamais explicité chez Thomas.

Le danger d'une telle dichotomie entre individu et personne est de glisser, d'une façon ou d'une autre, vers la séparation entre sphère publique et sphère privée, caractéristique de la pensée moderne. La vie d'un même homme serait ainsi finalisée par le bien commun en tant qu'il appartient à la cité, et par Dieu en tant qu'il lui est ordonné par la grâce. Chacun, citoyen des deux cités, connaitraît ainsi deux fins, attachées respectivement à chacune des cités, à chacun des ordres, naturel et théologal[3]. Cette « solution » peut sembler harmonieuse et de nature à tenir pacifiquement les deux aspects de l'unique personne humaine. Mais telle n'est pas, en tout cas, la conception de saint Thomas, pour qui la cité terrestre a elle-même vocation à être formée par la charité et finalisée par le bien commun transcendant qu'est Dieu lui-même.

Thomas d'Aquin invite à tenir simultanément ces deux aspects de la vie personnelle, en honorant le paradoxe qu'ils constituent, selon le vocabulaire de Maritain. Cette double appartenance est inévitablement inconfortable, et c'est précisément pour sortir de cet inconfort que la pensée moderne procède par

1. *Ibid.*, p. 208.

2. *Ibid.*, p. 209. En tant que fin ultime de la *vita civilis*, le bien commun peut exiger, en certains cas qu'une partie lui sacrifie sa vie et renonce à de plus nobles activités que celles de la vie civile. Jacques Maritain est certainement, parmi les thomistes du XXe siècle, le philosophe qui a le plus cherché à approfondir la notion de bien commun. Dans *La personne et le bien commun*, il le décrit ainsi : « Ce qui constitue le bien commun de la société politique, ce n'est donc pas seulement l'ensemble des biens ou services d'utilité publique ou d'intérêt national (routes, ports, écoles, etc.) que suppose l'organisation de la vie commune, ni les bonnes finances de l'État, ni sa puissance militaire, ce n'est pas seulement le réseau de justes lois, de bonnes coutumes et de sages institutions qui donne sa structure à la nation, ni l'héritage de ses grands souvenirs historiques, de ses symboles et de ses gloires, de ses traditions vivantes et de ses trésors de culture. Le bien commun comprend toutes ces choses, mais bien plus encore, et de plus profond, de plus concret et de plus humain : car il enveloppe aussi et avant tout la somme elle-même (très différente d'une simple collection d'unités juxtaposées, car même dans l'ordre mathématique Aristote nous avertit que 6 est autre chose que 3+3), il enveloppe la somme ou l'intégration sociologique de tout ce qu'il y a de conscience civique, de vertus politiques et de sens du droit et de la liberté, et de tout ce qu'il y a d'activité, de prospérité matérielle et de richesses de l'esprit, de sagesse héréditaire inconsciemment mise en œuvre, de rectitude morale, de justice, d'amitié, de bonheur et de vertu, et d'héroïsme, dans les vies individuelles des membres de la communauté, selon que tout cela est, dans une certaine mesure, communicable, et se reverse dans une certaine mesure sur chacun, et aide ainsi chacun à parfaire sa vie et sa liberté de personne. C'est tout cela qui fait la bonne vie de la multitude », *op. cit.*, p. 200-201. L'empreinte personnaliste est clairement identifiable dans le fait que tout cet ordre commun « aide chacun à parfaire sa vie et sa liberté de personne ».

3. Position que l'on trouve chez Vincent AUBIN, cf. *infra* III.

voie de séparation entre les sphères[1]. La « solution » thomasienne du paradoxe repose sur l'information de la vie civile par la charité, qui permet alors d'honorer à la fois la primauté du bien commun de la cité et celle de Dieu dans l'ordre théologal, sans disjonction entre les deux. La « solution » thomasienne semble plus cohérente anthropologiquement mais difficile à réaliser pratiquement; la « solution » moderne, peu cohérente anthropologiquement, semble plus satisfaisante pratiquement.

2 – *Dieu, bien singulier et bien commun*

Si l'on tient en même temps les deux transformations chrétiennes apportées par saint Thomas à la cité aristotélicienne, il faut relever l'unité que l'on peut y lire. D'une part, Dieu est le bien commun transcendant auquel le bien commun immanent de la cité – la vie partagée selon les vertus théologales et spécialement la charité – est ordonné. D'autre part, Dieu est le bien ultime de chacun, et partagé par tous : il est bien commun en tant que tous sont ordonnés à la même béatitude, qui consiste dans la fruition de Dieu, même si c'est selon une mesure propre à chacun. Si bien que la conception thomasienne du politique demeure cohérente. La christianisation de la cité à laquelle procède saint Thomas ne compromet pas son unité. Mais, alors que chez Aristote celle-ci n'était atteinte que dans l'immanence de la cité, elle se réalise, chez Thomas, dans l'ordre à la fin ultime, qui est surnaturelle. Cela ne disqualifie pas l'ordre naturel, mais l'élève.

Pour Thomas, tout cela est vécu en plénitude dans la gloire. En effet, Dieu est alors le bien de chacun et de tous ensemble, il est à la fois bien absolument singulier et bien commun, sans distorsion entre les deux, et la béatitude partagée est comme le bien immanent du monde humain qui a atteint son terme, rayonnement de la présence du bien séparé qu'est Dieu. Il faut ainsi compléter ce que dit Thomas de la béatitude dans la *Somme* par ce qu'il ajoute dans le commentaire du *Credo* :

> En quatrième lieu, [la vie éternelle] consiste dans la société pleine de charmes de tous les bienheureux. Les délices de cette société seront extrêmes. Chaque élu, en effet, possédera avec les autres tout les biens, car il aimera chacun des bienheureux comme lui-même, et ainsi il se réjouira du bien des autres comme de son bien propre. Aussi l'allégresse et la joie de tous les élus s'augmenteront-elles de la joie et de l'allégresse de chacun d'entre eux[2].

1. Nul n'a exprimé cet inconfort avec plus de netteté que Jean-Jacques ROUSSEAU : « Comme il y a toujours eu un prince et des lois civiles, il a résulté de cette double puissance un perpétuel conflit de juridiction qui a rendu toute bonne politie impossible dans les États chrétiens; et l'on n'a jamais pu venir à bout de savoir auquel du maître ou du prêtre on était obligé d'obéir », *Du contrat social*, IV, 8 (*Œuvres complètes*, t. III, « Bibliothèque de la Pléiade, 169 », Paris, Gallimard, 1964, ici p. 462).

2. « *Quarto consistit in omnium beatorum iucunda societate, quae societas erit maxime delectabilis : quia quilibet habebit omnia bona cum omnibus beatis. Nam quilibet diliget alium sicut seipsum; et ideo gaudebit de bono alterius sicut de suo. Quo fit ut tantum augeatur laetitia et gaudium unius, quantum est gaudium omnium* », *In Symb. Apost.*, Ma 172.

Dans la gloire, la « primauté du spirituel » et la « primauté du bien commun » sont assurées simultanément, alors qu'ici-bas leur relation demeure « paradoxale ». Chez saint Thomas, c'est toujours le parfait qui éclaire l'imparfait, et l'harmonie recouvrée de la vie de la gloire éclaire le dessein originel de Dieu sur le monde humain.

Cette conception du bien commun chez saint Thomas, qui pourra sembler complexe, s'éclaire encore lorsqu'on la rapporte à l'ensemble de son anthropologie théologique. Car la complexité expérimentée ici-bas n'est que le reflet de celle de la condition humaine post-lapsaire. Le « paradoxe de la vie sociale » n'est en fin de compte qu'une expression du paradoxe de la vie humaine, singulière et communautaire, marquée par le péché.

Avec saint Thomas, il faut toujours partir de l'ordre originel, celui de la création, qui exprime sans altération le dessein de Dieu sur le monde humain. Cet ordre originel se caractérise par la conjonction de l'ordre de la nature et de celui de la grâce. Le propre de l'économie originelle est que cette conjonction est immédiate et plénière. L'effet du péché dans la nature humaine, qui se traduit par la perte de la grâce, est double. D'une part, le lien avec Dieu est rompu et, d'autre part, l'ordre naturel est frappé de désordre. L'effet de la rédemption accomplie par le Christ consiste dans le don de la grâce, qui rétablit le lien à Dieu, mais la conjonction de l'ordre naturel et de l'ordre surnaturel, de la nature et de la grâce, n'est pas spontanée.

On comprend alors la conception thomasienne du politique. L'ordre politique naturel n'est pas frappé de caducité, la cité conserve sa consistance propre, mais il est en quelque sorte condamné à l'immanence. La finalité politique la plus haute, le bien le plus haut – « le plus divin » – que l'on puisse atteindre, c'est la « vie bonne », la vie selon la vertu pratiquée par les citoyens dans leur ensemble. Bien sans cesse à édifier, vers lequel on tend plus qu'on ne le saisit, toujours précaire, qui semble appeler une transcendance qu'il ne peut rejoindre. A cet égard, la politique aristotélicienne est sûrement la plus élevée qui se puisse rencontrer, et c'est la raison pour laquelle saint Thomas la fait sienne, dans les conditions que l'on a rappelées. En même temps, le don renouvelé de la grâce, et la charité qui en est l'expression, permet à l'homme de rejoindre Dieu singulièrement, et de restaurer la relation inter-personnelle abimée par le péché : l'amour du prochain est expression de l'amour de Dieu.

Pour Aristote, le bien de la cité est le bien « le plus divin » que l'on puisse atteindre, mais il reste un bien humain. Avec saint Thomas, le bien ultime de la cité est réellement un bien divin, car c'est Dieu lui-même. Selon son analyse, l'ordre politique naturel n'est pas spontanément transformé par la rédemption, mais la charité redonnée permet de le réordonner au bien divin. Saint Thomas veut penser une cité habitée par la grâce. Mais si, par cette grâce, l'ordination de la cité, du politique, au bien divin est rendue possible, elle n'est pas pour autant immédiate : elle passe par la coopération de l'homme, qui peut s'y adonner ou non. C'est dire que la conjonction de la nature et de la grâce, dans l'ordre politique, est ici-bas toujours imparfaite, même en temps de chrétienté.

Il y a toujours une part, plus ou moins grande, de la vie de la cité, qui reste soumise à l'immanence. Thomas d'Aquin veut penser un ordre politique qui soit réellement formé par la charité et dont le bien se comprend non seulement dans l'immanence de la cité, mais jusque dans son bien transcendant, Dieu lui-même[1]. Ici-bas, même en régime de chrétienté, l'harmonie entre la nature et la grâce est toujours à construire, aussi bien dans l'ordre singulier de la vie de chacun que dans l'ordre de la vie en commun de la cité.

Il est significatif de constater que la résolution des tensions entre la nature et la grâce, entre le singulier et le commun, est acquise dans la vie de la gloire. L'harmonie originelle du monde humain, en sa nature graciée, perdue par le péché, rendue possible par le don de la grâce reçu du Rédempteur, est retrouvée en plénitude dans la gloire. Ce sont les effets du péché, non entièrement supprimés par la rédemption, qui expliquent les tensions inévitables qui affectent le politique d'ici-bas, et très concrètement la dialectique du bien singulier et du bien commun, de la cité de Dieu et de la cité terrestre.

*

La conception thomasienne du bien commun témoigne en définitive de l'équilibre si souvent rencontré dans les écrits du Docteur commun : équilibre, ici, entre l'apport classique – la primauté du bien commun – et les enseignements de la Révélation – primauté du spirituel. Equilibre, par là-même entre la foi et la raison, entre la nature et la grâce. On retrouve par ce biais l'union sans confusion ni séparation des deux ordres, celui de la nature et celui de la grâce, qui semble caractériser toute l'anthropologie de saint Thomas, jusque dans sa dimension politique. Cet équilibre n'est pas le fruit d'une composition artistique, et le Théologien sait qu'il n'est pas étonnant de retrouver analogiquement dans le monde des créatures ce qui caractérise d'abord la personne du Christ. Thomas d'Aquin, lorsqu'il se saisit d'une question anthropologique veut traiter de tout homme, et aussi de tout l'homme. Et puisque l'ordre théologal achève et élève l'ordre naturel, sa conception du bien commun assume la plénitude de la nature tout en la complétant par le don de la grâce. Il n'use pas d'Aristote à des fins utilitaires, il l'assume pleinement tout en l'élevant.

SECTION III – PORTÉE DE LA POLITIQUE THOMASIENNE

Dans la mesure où une multitude est une par l'ordre à sa fin, la conception qu'a saint Thomas du bien commun, fin de l'ordre communautaire, enseigne sur son approche du politique. On ne saurait être surpris que la relative

1. Il n'est pas indifférent, sans doute, que le souverain contemporain de Thomas lors de son enseignement parisien, et qu'il connaissait, fût Louis IX.

complexité de cette conception ait donné lieu à des interprétations diverses, aboutissant à des compréhensions assez éloignées les unes des autres de la politique thomasienne. C'est pourquoi on présente pour commencer quelques lignes d'interprétation en indiquant celle qui est ici privilégiée, avant d'apprécier l'interaction des approches philosophique et théologique dont elle témoigne.

A – *Divergences d'interprétation*

On ne retient ici que deux lignes d'interprétation que l'on peut rencontrer chez des commentateurs qui entendent être fidèles à saint Thomas, mais qui semblent réductrices de sa pensée. On présente ensuite celle qui semble correspondre le plus exactement aux vues de saint Thomas.

1 – *Deux lignes réductrices du bien politique selon saint Thomas*

Le bien commun, dispositif à l'ordre spirituel

Cette conception consiste, en résumant, à regarder le bien commun comme réalisant les conditions nécessaires à l'atteinte par chacun de son bien particulier, compris au niveau surnaturel. On la trouve exprimée avec clarté chez J.-M. Aubert, mais elle est très répandue dans l'école néo-thomiste au XXe siècle et jusque dans le magistère ordinaire de l'Église. Les quelques extraits suivants sont significatifs :

> [Le] bien commun, adapté à chaque type de communauté (...) est au fond un certain ordre idéal, ensemble de conditions de vie, nécessaire à l'obtention du bien privé de chaque personne humaine, et qui fonde un type de lois à lui proportionné : le Bien commun suprême qui est Dieu lui-même (...); bien commun naturel, bien commun temporel de la cité, etc[1].
>
> Ce bien commun [finalité des lois humaines], leur pôle attractif, consiste essentiellement dans un ensemble de conditions externes et sociales, devant permettre l'épanouissement des membres de la société[2].
>
> Le but que doit poursuivre la société, son bien propre appelé bien commun, a forcément un caractère d'aide et de médiation, par rapport à la destinée transcendante des personnes [...]. Par contre, si on se place, non plus à partir de la relation même de chaque personne avec Dieu sa fin ultime, mais à partir des relations des personnes entre elles, au niveau des conditions terrestres de progression vers cette fin (c'est-à-dire l'ordre social), alors le bien commun devient prioritaire et supérieur à tous les biens individuels de ces mêmes personnes; car ces biens particuliers ne sont possibles que si le bien commun est réalisé. Condition obligatoire de la perfection temporelle, elle-même condition

1. J.-M. AUBERT, *Loi de Dieu Lois des hommes*, Tournai, Desclée, 1964, p. 16.
2. *Ibid.*, p. 156.

de la perfection spirituelle de la personne, le bien commun prend figure de valeur supérieure à tous les biens particuliers du même ordre temporel[1].

On ne peut mieux exprimer la réduction du bien commun au niveau des conditions d'atteinte d'un bien supérieur, d'ordre surnaturel. En se rapportant au schéma proposé en résumé de la position thomasienne, cette ligne consiste à ne retenir que le bien commun fondamental et le bien commun ultime qu'est la béatitude. Le niveau du bien commun immanent disparaît, ce qui a pour effet de valoriser l'ordre surnaturel : il ne reste d'interne à la cité que ces conditions de possibilité d'atteinte du bien surnaturel, au surplus réduit à sa dimension singulière. En effet, Dieu est bien commun parce qu'il est la fin ultime de tous les hommes, mais la dimension commune de la félicité, bien présente chez saint Thomas, a également disparu dans une telle présentation.

Il est loisible de tenir une telle conception du bien commun en contexte chrétien, et c'est d'ailleurs celle retenue par nombre d'auteurs chrétiens et d'autorités magistérielles de l'Église catholique[2]. Mais telle n'est pas celle de saint Thomas. Faire de l'ordre politique une instance dispositive à l'atteinte d'une fin individuelle est en tout point contraire à la pensée de Thomas qui tient au contraire le primat de l'ordre communautaire qu'il hérite d'Aristote. Il faut bien reconnaître ici l'incidence d'une conception individualiste de l'éthique humaine qui s'avère incapable d'honorer la consistance de l'ordre politique autrement que dans l'ordre surnaturel. Dans une telle perspective, le caractère éthique du bien commun est perdu au bénéfice de son caractère utilitaire. Même parée de la notoriété du personnalisme chrétien, elle n'est que l'expression de la subordination du commun au singulier, ce qui, pour saint Thomas, n'est vrai ni au niveau naturel, ni au niveau surnaturel.

Le bien commun, réduit à la sphère publique

Assez proche en pratique de la précédente, mais plus subtile spéculativement, une seconde conception consiste à restreindre la compréhension du bien commun à la sphère publique, en réservant l'ordre des fins ultimes à la sphère

1. *Ibid.*, p. 171. On trouve une expression semblable chez le P. T. DELOS, « la société politique et la pensée chrétienne », art. cit., p. 223-224 : « Considéré comme une réalité concrète, un état de fait, le bien commun est l'ensemble des biens nécessaires à la vie humaine, organisés entre eux de façon à constituer un milieu qui offre à l'individu les moyens d'atteindre, par son labeur propre, sa destinée temporelle subordonnée à sa fin surnaturelle. Pris sous son aspect formel, le bien commun n'est autre chose que l'ordre même ou l'organisation qui permettent aux individus et aux groupes privés, non seulement de coexister et de poursuivre leurs fins propres, mais de trouver dans leur action concertée, l'entr'aide que leur solidarité rend nécessaire. [...] Le bien commun n'est pas une masse, ni une somme de biens; c'est un état social, un ensemble de règles, de mœurs, d'institutions, de choses et de valeurs qui *conditionnent* la vie privée et ses initiatives. [...] Le bien commun n'est autre chose que l'ensemble de ces conditions, organisées de telle façon que l'homme, qui ne peut se développer et s'épanouir sans elles, soit aidé par elles dans l'accomplissement de ses tâches humaines ».

2. C'est une position tenue par le magistère pontifical, au moins depuis le radio-message de Pie XII du 24 décembre 1942, et elle figure dans la constitution *Gaudium et spes* du concile Vatican II (n° 26 et 74), *Concile œcuménique Vatican II*, Centurion, 1967.

privée. On la trouve proposée, par exemple, par V. Aubin dans une étude consacrée au traité des lois de la *Somme*[1]. Selon cet auteur, il faut considérer un homme donné sous un double aspect, en tant que citoyen et en tant qu'individu. En tant que citoyen, l'homme appartient à une communauté politique dont il est une partie. Et cet ordre regarde « celui qui est en rapport avec les autres parties et le tout par le moyen d'actions extérieures, des actions qui ont lieu dans l'élément "mondain" de la famille, de l'"économie" et de la cité ». Mais, en tant qu'individu, l'homme est regardé « en tant qu'"homme total", il est ordonné à Dieu »[2]. Le premier regard considère "l'homme extérieur", son rapport aux autres et à la société, et le second "l'homme intérieur", dans son rapport à Dieu. On l'aura compris, le premier regard engage tout l'ordre de la vie politique, et le second l'ordre de la vie religieuse. Le premier est finalisé par le bien commun, et le second par Dieu lui-même, ou la béatitude qui est la vie avec Dieu.

Selon V. Aubin, c'est la conception thomasienne de la loi (divine) nouvelle qui justifie une telle compréhension du monde humain. En effet, en insistant sur le fait que la loi nouvelle est essentiellement une loi intérieure, en donnant à la raison humaine tout le champ qu'elle doit avoir, Thomas introduirait lui-même cette compréhension duale des choses, confiant l'ordre politique aux élaborations de la raison humaine, et la vie théologale à l'œuvre de la grâce agissant intérieurement dans les cœurs avec le concours de la raison humaine. Cela expliquerait d'ailleurs pourquoi la loi humaine et la loi nouvelle semblent être les deux foyers du traité de la loi saisi en son ensemble. A la loi humaine l'ordonnancement politique et la vie de l'homme extérieur, à la loi de grâce la fin ultime et la vie de l'homme intérieur. V. Aubin se réfère aux travaux de Louis Dumont qui distingue les régimes holistes, pour lesquels la loi embrasse tout l'édifice humain, extérieur et intérieur, politique et religieux, des autres régimes dans lesquels la loi ne prétend régir que l'ordre extérieur de la vie humaine[3].

V. Aubin lit en ce sens la réponse de I II, q. 90, a. 2, au commencement du traité des lois, qui a été citée plus haut[4]. Le premier paragraphe de la réponse se référerait ainsi à l'ordre intérieur, et concernerait de fait la loi divine nouvelle, le second se référerait à l'ordre communautaire, et viserait alors la loi humaine. Le premier regarde la loi comme impératif moral donné pour atteindre une fin, le second regarde la loi comme une règle de justice destinée à organiser le monde commun. La ligne thomasienne trouverait ainsi sa place dans les schémas « hiérarchiques » tels que Louis Dumont les envisage, articulant

1. V. Aubin, « Pour lire le traité des lois », in *Saint Thomas d'Aquin*, T.-D. Humbrecht (dir.), Paris, Cerf, 2010, p. 317-356.

2. *Ibid.*, p. 335.

3. L. Dumont, *Homo hierarchicus*, Paris, Gallimard, 1966, et *Essais sur l'individualisme*, Paris, Seuil, 1985.

4. Cf. *supra* II, B, 1. Cette question se retrouve au chapitre VI.

l'homme extérieur (le citoyen) à sa communauté politique et l'homme intérieur (l'individu) à Dieu.

Selon le même auteur, et dans cette lumière, la conception du bien commun, compris comme finalité de l'ordre politique et non de la vie intérieure, doit être soigneusement réévaluée. Il ne s'agit nullement de la référence à un « intérêt supérieur »[1], mais de ce vers quoi tend une communauté comprise en termes de communication : « la communauté est parfaite, elle est une cité, lorsque l'ensemble des communications au sein d'un groupe permet de satisfaire la totalité des besoins »[2]. Le bien commun de la cité n'est pas « une sorte de super-finalité vers laquelle convergeraient toutes les autres, de bien transcendant », il est constitué « par le bon état général des multiples relations, plus ou moins stables, qui tissent la vie sociale, en fonction d'une diversité de personnes, d'affaires et de temps »[3]. En définitive, le bien n'est commun que parce qu'il est partagé par tous, qu'il n'est pas propre, « parce qu'il n'y a pas, pour la communauté politique comme telle, de bien propre ou particulier »[4].

Pour intéressante qu'elle soit, cette conception ne semble pas plus conforme aux vues de Thomas d'Aquin que la précédente. En fait, elle s'accorde bien avec le présupposé moderne de la séparation des sphères publique et privée, celle de la politique et du commun, et celle de la morale et de la religion. Qu'une telle dichotomie soit souhaitable et réalisable en pratique est une question qui sort du champ de cette étude. Il s'agit seulement ici de savoir si elle peut s'accorder avec la pensée de saint Thomas. Or, elle lui semble contraire sur au moins deux points essentiels. Le premier est la nature du bien commun. Si l'on suit les écrits de saint Thomas, on doit reconnaître que c'est un bien, au sens éthique du terme, qui finalise l'ordre politique, que toute la politique, comme on l'a vu, est d'ordre éthique, que politique et éthique forment une seule science unifiée, la science de l'agir pratique. Il n'est pas nécessaire de revenir sur ce point, développé plus haut, et qui est lié à la nature même de la communauté politique. Le chapitre suivant montre que Thomas suit, une fois encore, la ligne d'Aristote qui voit dans la cité un véritable corps vivant qui ne se réduit pas à la somme arithmétique de ses parties. Si l'on réduit la cité à n'être qu'un ensemble de communications au sein du groupe social, alors sans doute son bien se réduit-il à l'état harmonieux de celles-ci[5]. Mais si

1. « Pour lire le traité des lois », art. cit., p. 349-350. La défiance ou « méfiance légitime » à l'égard d'un bien supérieur, ici appelé intérêt, est caractéristique d'une certaine appréhension contemporaine de la question de la fin du politique. Elle se réclame ici des écrits de Vincent DESCOMBES, *Philosophie du jugement politique*, Paris, Seuil, 2008.

2. *Ibid.*, p. 350.

3. *Ibid.*, p. 353.

4. *Ibid.*

5. On notera que la conception du bien commun proposée par V. Aubin aboutit, en pratique, à un résultat assez semblable à celui énoncé par J.-M. Aubert. Même si le vocabulaire des conditions est écarté, on vise un certain état de la cité et des relations entre citoyens, objectif fort estimable et nécessaire, mais qui ne dépasse guère le niveau du vivre selon la terminologie aristotélicienne.

la cité s'apparente plutôt à un corps vivant selon la métaphore organiciste héritée de Platon, alors le bien commun est beaucoup plus qu'un certain état: le bien vivre, pour saint Thomas, résulte de la vie selon la vertu s'accomplissant dans les belles actions pratiquées ensemble. C'est la conception métaphysique du bien qui est ici en cause.

Le deuxième lieu de contradiction tient à la dichotomie de l'« extérieur » et de l'« intérieur », le premier étant le lieu présumé du politique, et le second celui de la relation théologale à Dieu. C'est oublier que la première loi intérieure n'est pas la loi divine, mais la loi naturelle, dont il sera plus amplement question au chapitre VI. L'ordre naturel et rationnel de l'organisation humaine a vocation à être régi, dans les vues de Thomas, par la loi naturelle et ses multiples expressions extérieures, comme les lois humaines. Si l'on n'oublie pas que l'essentiel des préceptes de la Loi ancienne relèvent de la loi naturelle, dont ils rappellent les préceptes, que la Loi nouvelle a pour effet, en l'un de ses aspects, de permettre la connaissance de ceux-ci dans une nature humaine obscurcie par le péché, alors on saisit que l'ordre de la loi divine, outre l'organisation de la relation à Dieu, a pour objet de contribuer à la restauration de l'ordre intérieur à la nature humaine. Dans cette perspective, on ne peut réduire le politique à l'« extérieur » de la vie humaine: lui aussi a vocation à être animé par les lumières de la loi non écrite qu'est la loi naturelle, ce à quoi contribue la loi divine, selon les analyses thomasiennes.

En fait, sous-jacente à ces deux conceptions du bien commun, réductrices par rapport à celle de saint Thomas, c'est la conception générale du politique qui est en cause. Contrairement à ces visions, la conception de saint Thomas est particulièrement ambitieuse et holiste, pour reprendre la terminologie de L. Dumont, en ce sens qu'elle concerne non seulement la vie « extérieure » de l'homme, son agir en tant que citoyen, mais aussi ses actes intérieurs.

2 – *L'approche totalisante de saint Thomas*

Pour Thomas, l'ordre politique engage tout l'homme, parce que celui-ci est par nature un être politique. Cela signifie que, pour lui, la fin ultime finalise tout l'ordre humain, dans sa singularité comme dans sa dimension communautaire. C'est précisément sur ce terrain que le dépassement s'opère par rapport à l'analyse aristotélicienne. Le politique n'est pas cantonné à l'immanence de la cité, avec toute la consistance que la reconnaissance de l'œuvre de la raison autorise, il est lui-même ordonné à un bien supérieur et transcendant. Il n'y a pas une juxtaposition de deux ordres, l'un finalisé par le bien commun – l'ordre politique – et l'autre par le bien ultime – l'ordre individuel –, mais une ordination des ordres entre eux: le politique lui-même est ordonné au bien ultime. Le dernier chapitre du premier livre du *De Regno* est particulièrement net sur ce point, et on en cite ici les extraits les plus significatifs:

> La vie bonne que les hommes mènent ici-bas est ordonnée, comme à sa fin, à la vie bienheureuse dans le ciel… Parce que, donc, la fin de la vie que nous

> menons présentement avec honnêteté, est la béatitude céleste, il appartient, pour cette raison, à l'office du roi de procurer à la multitude une vie bonne, selon qu'il convient à l'obtention de la béatitude céleste; c'est-à-dire qu'il doit prescrire ce qui conduit à cette béatitude céleste, et interdire, selon qu'il sera possible, ce qui y est contraire... Instruit donc par la loi divine, [le roi] doit veiller principalement à la manière dont la multitude qui lui est soumise mènera une vie bonne... Ainsi donc, pour instituer la vie bonne de la multitude, trois conditions sont requises. D'abord que la multitude soit établie dans l'unité de la paix. Ensuite, que la multitude unie par le lien de la paix soit dirigée au bien-agir [...]. En troisième lieu, il est requis que, par l'application du gouvernant, il y ait une quantité suffisante de choses nécessaires au bien-vivre[1].

On ne peut exprimer plus nettement l'ordination de l'ordre politique de la cité à la fin ultime surnaturelle. Celle-ci éclaire la réponse de I II, q. 90, a. 2, citée plus haut, qui manifeste que le bien commun, pour saint Thomas, doit être saisi à un double niveau, immanent et transcendant. On a relevé, d'ailleurs, que la fin ultime elle-même assume la dimension communautaire de la personne : la fin ultime n'est pas la seule béatitude pour chacun, mais la félicité commune, c'est-à-dire la béatitude pour chacun et pour tous ensemble. Dans ces conditions, toute loi, y compris celle de la cité, doit prendre en considération cette fin ultime. La loi de la cité ne peut ne regarder que le bien immanent de la cité, même si telle est sa finalité première, elle doit aussi prendre soin de disposer par celui-ci à la fin ultime : « il appartient à l'office du roi de procurer à la multitude une vie bonne, selon qu'il convient à l'obtention de la béatitude céleste ». Les propos de Thomas sur la vertu de prudence vont dans le même sens. Même si la différence des fins diversifie les espèces de la prudence – spécialement la prudence ordonnée au bien propre et celle ordonnée au bien commun – celle qui est ordonnée à la fin suprême est la principale et commande aux autres : il s'agit de la prudence politique[2].

Sans la grâce, peut-il y avoir une cité bonne?

L'enjeu consiste à comprendre l'incidence de la fin ultime sur l'ordre politique et comment un ordre politique véritable peut se concevoir dans cette

1. « *Ad uitam, quam in celo speramus beatam, ordinatur sicut ad finem uita qua hic homines bene uiuunt... Quia igitur uita, qua hic in presenti bene uiuimus finis est beatitudo celestis, ad regis officium pertinet ea ratione uitam multitudinis bonam procurare secundum quod congruit ad celestem beatitudinem consequendam, ut scilicet ea precipiat que ad celestem beatitudinem ducunt, et eorum contraria secundum quod fuerit possibile, interdicat.... Per legem igitur diuinam edoctus, ad hoc precipuum studium debet intendere qualiter multitudo sibi subdita bene uiuat... Sic igitur ad bonam uitam multitudinis instituendam tria requiruntur. Primo quidem, ut multitudo in unitate pacis constituatur; secundo ut multitudo uinculo pacis unita dirigatur ad bene agendum... tertio uero requiritur ut per regentis industriam necessariorum ad bene uiuendum assit sufficiens copia* », *De Regno*, II, 4, 1-66. Saint Thomas précise ici que pour mener une vie bonne, il est nécessaire d'agir selon la vertu, et de disposer des biens nécessaires à cet agir vertueux. Au rang de ces biens figure la paix de la cité. Ce niveau correspond, dans notre schéma, au bien commun fondamental, condition du bien commun immanent.

2. II II, q. 47, a. 11, c. et ad 1. *Cf.* chap. V.

lumière. A contrario, la question consiste à se demander si un ordre politique authentique peut être envisagé en-dehors d'un rapport ultime au bien divin, et sans la forme intérieure de la charité. La question est cruciale pour cette étude, car il y va de la portée de la politique thomasienne. Il semble que la ligne thomasienne de réponse puisse être dégagée en mobilisant divers lieux de sa théologie morale.

Pour Thomas d'Aquin, s'il y a fin ultime, elle ne peut que concerner la totalité de la vie humaine. Si elle n'en concernait qu'une partie, alors elle ne pourrait mériter ce qualificatif d'ultime, qui comporte l'idée de plénitude, sauf à considérer que la vie politique d'ici-bas n'est pour l'homme qu'une donnée provisoire, ce que le caractère naturel de la vie politique, sans cesse rappelé, interdit de penser. Parce que la fin ultime concerne tout l'homme et tout homme, elle ne peut être étrangère à la vie commune que mènent les hommes.

La chose est si évidente pour le monde chrétien que ce que l'on a nommé l'augustinisme politique résout la question de la façon la plus radicale : seule la fin ultime est à considérer, et ce qui ne lui est pas directement ordonné ne peut être juste ou bon. La thèse ne manque pas de s'appuyer sur les affirmations les plus fortes de saint Augustin dans la *Cité de Dieu*. Pour lui, il n'est de véritable vertu qu'ordonnée au bien ultime, sans quoi les vertus n'ont que l'apparence des vertus et ne sont en réalité que des vices :

> Les hommes vraiment pieux n'en sont pas moins unanimes à affirmer que, sans la vraie piété, c'est-à-dire sans le véritable culte du vrai Dieu, personne n'est capable de posséder la vraie vertu et que la vertu n'est pas vraie quand elle se met au service de la gloire humaine[1].
>
> Quelque louable empire que l'âme semble exercer sur le corps et la raison sur les vices, si l'âme et la raison elles-mêmes ne sont pas soumises à Dieu comme Dieu le leur demande, elles non plus ne possèdent pas sur le corps et sur les vices un juste empire. Quelle maîtrise, en effet, peut exercer sur son corps et ses vices l'âme qui méconnaît le vrai Dieu et se rebelle contre son empire pour se prostituer aux démons corrupteurs et plein de vices ? Aussi, les vertus qu'elle pense avoir et qui lui servent à commander au corps et aux vices, quel que soit d'ailleurs le bien qu'elle se propose d'acquérir et de conserver, si elle ne les rapporte pas à Dieu, ces vertus elles-mêmes sont des vices plutôt que des vertus. Aux yeux de certains, elles passent bien pour de vraies et nobles vertus, quand elles se rapportent à elles-mêmes et ne sont pas cultivées en vue d'autre chose ; même alors, cependant, elles ne sont qu'enflure et orgueil et on doit, à ce titre, les regarder, non comme des vertus, mais comme des vices[2].

Pour Augustin, il n'est aucune vertu véritable qui vise un bien qui ne serait lui-même ordonné à Dieu. Pour notre propos, cela signifie qu'il n'est aucun ordre politique véritable qui ne soit le fruit de la vie des hommes avec Dieu.

1. *De Civ. Dei* V, 19. BA 33, 735. Augustin poursuit cependant : « Toutefois, les hommes qui ne sont pas citoyens de la cité éternelle, appelée par nos Saintes Lettres Cité de Dieu, sont plus utiles à la cité de la terre quand ils possèdent même une telle vertu, plutôt que de n'en point avoir ».
2. *Ibid.*, 19, 25. BA 37, 165-167.

Telle est bien, d'ailleurs, la ligne de la *Cité de Dieu*: il n'est de cité véritable que celle de Dieu, toute autre n'en a que l'apparence, et ne peut être que celle du diable. Thomas connaît bien cette position augustinienne qu'il cite en objection à deux reprises, dans ses œuvres: « La vie de tous les infidèles est péché, et rien n'est bon sans le bien suprême; là où fait défaut la connaissance de la vérité, la vertu est fausse, même lorsque le comportement est le meilleur »[1]. Pour autant, telle n'est pas sa propre position.

La question, chez Thomas d'Aquin, prend la forme suivante: l'homme peut-il réaliser un bien véritable, édifier quelque chose de bon, en-dehors de l'ordre chrétien, concrètement, sans la grâce? Sa réponse est plus nuancée qu'elle ne peut paraître à première vue. Dans la I^a II^ae, sa position est assez restrictive. A la question: sans la grâce, l'homme peut-il vouloir et faire quelque le bien?, il répond:

> Parce que le péché ne corrompt pas entièrement la nature humaine et ne lui enlève pas tout son bien, il reste que l'homme, dans cet état [de nature corrompue] peut, par sa vertu naturelle, réaliser quelque bien en particulier comme bâtir des maisons, planter des vignes... Mais il ne peut accomplir tout le bien qui lui est connaturel, sans y manquer en rien. Ainsi un malade peut bien faire quelques mouvements, mais il ne peut, sans le secours de la médecine, se mouvoir comme un homme de parfaite santé[2].

Ainsi, pour Thomas, l'homme sans la grâce ne peut réaliser qu'un bien incomplet. Sa position est un peu plus encourageante en d'autres lieux de la II^a II^ae, spécialement lorsqu'il traite de la charité dans sa relation aux autres vertus. L'importance de cette question pour la compréhension du politique chez saint Thomas justifie qu'on en cite presqu'intégralement le passage le plus significatif. Il répond à la question: sans la charité, peut-il y avoir quelque vertu véritable?

> La vertu est ordonnée au bien, nous l'avons vu antérieurement. Or le bien c'est, à titre principal, la fin, car les moyens ne sont appelés bons qu'en raison de leur ordre à la fin. Donc, de même qu'il y a deux sortes de fins: l'une ultime, l'autre prochaine, de même y a-t-il deux sortes de biens: l'un ultime et universel, et l'autre prochain et particulier. Mais le bien ultime et principal de l'homme est la fruition de Dieu, selon la parole du Psaume (73, 28): "Pour moi, adhérer à Dieu est mon bien". Et c'est à cela que l'homme est ordonné par la charité. Quant au bien secondaire et pour ainsi dire particulier de l'homme, il peut être double: l'un qui est un véritable bien (*vere bonum*), du fait qu'il a en lui-même de quoi être ordonné au bien principal, qui est la fin ultime; l'autre qui n'est qu'un bien apparent et non véritable, car il s'éloigne du bien final.
>
> Ainsi donc, il est clair que la vertu absolument véritable (*virtus vera simpliciter*) est celle qui ordonne au bien principal de l'homme; ainsi Aristote définit-il la

1. *De Virt. com.*, a. 9, obj. 2. En fait, la citation est du Pseudo-Augustin. On la retrouve en I II q. 63, a. 2, obj. 1, tirée de la glose ordinaire et de Pierre Lombard, PL 191, 1520. On en trouve le texte chez Prosper d'Aquitaine, Sent 106, PL51, 441.

2. I II, q. 109, a. 2, c.

vertu "La disposition de ce qui est parfait à ce qu'il y a de mieux". En ce sens, il ne peut y avoir de vertu véritable (*vera virtus*) sans la charité.

Mais, si l'on envisage la vertu par rapport à une fin particulière, on peut dire alors qu'il y a une certaine vertu sans charité, en tant qu'une telle vertu est ordonnée à un bien particulier.

Toutefois si ce bien particulier n'est pas un vrai bien, mais un bien apparent, la vertu qui s'y ordonne ne sera pas une vertu véritable (*vera virtus*), mais un faux-semblant de vertu. Ainsi, dit S. Augustin: "On ne tiendra pas pour vraie vertu la prudence des avares combinant leurs petits profits [...]". Mais si ce bien particulier est un bien véritable (*verum bonum*), comme la défense de la cité (*conservatio civitatis*) ou quelque œuvre de ce genre, il y aura vertu véritable, mais imparfaite (*vera virtus, sed imperfecta*), à moins qu'elle ne soit référée au bien final et parfait. De la sorte, une vertu véritable ne peut absolument (*simpliciter vera virtus*) pas exister sans la charité[1].

Cet article apporte la réponse de saint Thomas à l'objection augustinienne, et permet de trancher la question. Pour Thomas, une vertu est possible en-dehors de l'ordre chrétien, c'est-à-dire en n'étant pas formée par la charité. Si l'objet poursuivi est un bien véritable, la vertu sera certes imparfaite, mais elle sera néanmoins une vraie vertu. La vie selon la vertu est donc possible en-dehors de l'ordre chrétien, même si elle n'atteint pas la perfection que la charité procure: «la charité ordonne les actes de toutes les autres vertus à la fin ultime»[2]. Et il est significatif pour notre propos que l'exemple pris par saint Thomas pour illustrer sa thèse soit tiré, précisément, de l'ordre politique, puisqu'il s'agit de la défense de la cité. C'est qu'il connaît bien l'objection augustinienne, élaborée elle aussi dans un contexte politique, puisque c'est la viabilité d'une cité païenne qui est en cause. Alors qu'Augustin prétend qu'il

1. « *Virtus ordinatur ad bonum, ut supra habitum est. Bonum autem principaliter est finis, nam ea quae sunt ad finem non dicuntur bona nisi in ordine ad finem. Sicut ergo duplex est finis, unus ultimus et alius proximus, ita etiam est duplex bonum, unum quidem ultimum, et aliud proximum et particulare. Ultimum quidem et principale bonum hominis est Dei fruitio, secundum illud Psalm.: "Mihi adhaerere Deo bonum est", et ad hoc ordinatur homo per caritatem. Bonum autem secundarium et quasi particulare hominis potest esse duplex, unum quidem quod est vere bonum, utpote ordinabile, quantum est in se, ad principale bonum, quod est ultimus finis; aliud autem est bonum apparens et non verum, quia abducit a finali bono. Sic igitur patet quod virtus vera simpliciter est illa quae ordinat ad principale bonum hominis, sicut etiam philosophus, in VII Physic., dicit quod "virtus est dispositio perfecti ad optimum". Et sic nulla vera virtus potest esse sine caritate. Sed si accipiatur virtus secundum quod est in ordine ad aliquem finem particularem, sic potest aliqua virtus dici sine caritate, inquantum ordinatur ad aliquod particulare bonum. Sed si illud particulare bonum non sit verum bonum, sed apparens, virtus etiam quae est in ordine ad hoc bonum non erit vera virtus, sed falsa similitudo virtutis, sicut "non est vera virtus avarorum prudentia, qua excogitant diversa genera lucellorum [...]" ut Augustinus dicit, in IV Lib. contra Iulian. Si vero illud bonum particulare sit verum bonum, puta conservatio civitatis vel aliquid huiusmodi, erit quidem vera virtus, sed imperfecta, nisi referatur ad finale et perfectum bonum. Et secundum hoc simpliciter vera virtus sine caritate esse non potest*», II II, q. 23, a. 7, c. Dans le même sens, à propos des actions des infidèles: II II, q. 10, a. 4, c.: «les œuvres bonnes pour lesquelles suffit le bien de la nature, ils peuvent quelque peu les faire», solution que l'on retrouve en II II, q. 23, a. 7, ad1. I II, q. 65, a. 2, c. propose une solution identique; il est cité à la fin du chapitre IV.

2. *Ibid.*, q. 23, a. 8, c.

n'est pas d'ordre politique véritable hors de la cité de Dieu, Thomas lui répond qu'un ordre politique, certes imparfait, mais cependant véritable, est possible.

Cela éclaire la compréhension de l'ordre politique chez Thomas, lorsqu'on le confronte au bien ultime et surnaturel de l'homme[1]. Pour Thomas d'Aquin, la cité la meilleure sera celle dont les citoyens chercheront à vivre selon la vertu, chacun et ensemble, avec le concours de la grâce : la vie selon la vertu est alors à comprendre comme signifiant la vertu formée par la charité. Le bien commun a alors une consistance réelle, il demeure immanent à la cité tout en étant ordonné au bien ultime qu'est la félicité commune. Si la charité fait défaut, l'ordre politique conserve sa consistance, dès lors qu'il vise un bien véritable et non un bien seulement apparent, mais il demeure, pour Thomas, imparfait, car non ordonné à la fin ultime de tous et de chacun. Il faut ajouter que l'affirmation première d'un ordre politique « parfait » parce qu'ordonné ultimement au bien ultime n'implique nullement une résorption du naturel dans le théologal. Au contraire, le champ reconnu par Thomas à la raison humaine, la place considérable qu'il accorde à la loi humaine, témoignent de l'importance qu'il voue à l'ordre politique rationnel, mais celui-ci ne portera jamais de meilleur fruit que lorsqu'il sera éclairé de l'intérieur par la grâce. Si bien que si la loi humaine et la loi divine nouvelle (ou loi de grâce) sont bien les deux foyers du traité des lois, ce n'est pas pour éclairer deux sphères disjointes de la vie humaine, mais pour coopérer en vue de la vie la meilleure[2].

Il faut dire de la politique thomasienne ce qui vaut pour toute son anthropologie : que l'ordre humain a vocation à être une coopération de la nature rationnelle et de la grâce, celle-ci ne faisant pas que la raison soit diminuée mais au contraire portée à donner toute sa mesure. La grâce perfectionne la nature : la nature sans la grâce est moins que la nature, mais la nature avec la grâce est plus que la nature. S'agissant de l'ordre de la cité, cela signifie que Thomas reconnaît la possibilité d'un ordre politique non éclairé par la grâce, mais que celui-ci sera déficient, et par là fonctionnera mal. Il est assurément bon de donner sa vie pour le salut de la cité, mais il est meilleur de le faire, de surcroît, par amour du prochain, et de Dieu dont l'amour du prochain est le signe.

1. On retrouve cette question au terme du chapitre V, consacré à l'étude de la justice et de la prudence dans la cité.

2. La justification d'une loi divine (ou de plusieurs) va pleinement en ce sens. L'un des arguments avancés par saint Thomas en I II q. 91, a. 4, c. consiste à souligner la limite de portée des lois humaines : « la loi humaine ne pouvait réprimer et ordonner efficacement les actes intérieurs, et c'est ce qui rend nécessaire l'intervention d'une loi divine ». Loin de signifier que la loi divine porte sur un ordre intérieur disjoint de l'ordre extérieur et politique, Thomas manifeste ici la perfection apportée par la loi divine à un ordre humain nécessairement limité dans sa portée normative. On verra au chapitre VI que la loi divine a un double rôle, d'abord d'ordonner l'homme à sa fin surnaturelle qu'est la béatitude éternelle, mais aussi de perfectionner l'ordre naturel.

B – *Philosophie ou théologie du politique?*

Les développements précédents permettent de ressaisir quelques thèmes importants évoqués en passant, mais qui méritent d'être exposés pour eux-mêmes.

1 – *Cité ou cité chrétienne?*

L'articulation par saint Thomas des niveaux naturel et surnaturel du bien de la cité, le constat, en quelque sorte d'inachèvement, du bien commun immanent, et l'affirmation thomasienne de son achèvement dans l'au-delà, sont lourds de conséquences pour la pensée politique de chrétienté. Selon cette approche, le bien commun immanent – le bien vivre d'Aristote – devient, *de facto*, la vie selon les vertus morales et théologales. Il se produit en politique ce qui se produit en éthique individuelle. La fin de la vie humaine, qui est pour Aristote le bonheur résidant dans la vie selon les vertus, est outrepassée, chez saint Thomas, par la béatitude, fin ultime atteinte dans l'au-delà de cette vie. La fin d'ici-bas est de tendre à l'union à Dieu par la pratique des vertus naturelles (intellectuelles et morales) et surnaturelles (vertus morales infuses et théologales). De même, dans l'ordre politique, le bien commun immanent est outrepassé par la félicité commune atteinte dans la gloire, le bien commun immanent à la cité d'ici-bas résidant dans la vie selon les vertus, naturelles et surnaturelles, partagée par le plus grand nombre.

Le résultat est que le niveau naturel s'évanouit dans l'ordre surnaturel, et qu'il devient difficile de préciser, chez saint Thomas, en quoi consiste le bien commun immanent de la cité au niveau strictement naturel. Pourquoi saint Thomas, qui se veut cependant disciple d'Aristote, parle-t-il si peu du bien vivre? Parce que celui-ci culmine, pour lui et en pratique, dans l'exercice de la vie morale et théologale. Un lieu éminent en témoigne: celui de l'amitié. Autant l'amitié politique est chère à Aristote et présente dans ses analyses, autant elle est absente chez Thomas. Pourquoi, sinon parce que le lien social, dans une cité chrétienne, est celui de la charité, qui est une amitié[1]? Tout l'effort d'Aristote avait été de saisir, autant que faire se peut, en quoi consiste ce bien de la cité, au niveau naturel – le seul qu'il connaisse –, et il avait montré qu'on ne peut se cantonner au niveau du vivre, mais qu'il faut reconnaître en quoi consiste le bien vivre, vers lequel on tend. Thomas d'Aquin, par la transformation théologique qu'il lui fait subir, place le plus haut bien de la cité au niveau surnaturel. Si bien que lorsque l'on cherche à préciser le bien commun au niveau naturel, on le réduit au bien commun fondamental, aux conditions de possibilité de la vie selon la vertu.

En somme, la transformation théologique que Thomas d'Aquin fait subir à la philosophie d'Aristote aboutit à saisir le bien commun immanent de la cité au niveau théologal, qui assume le niveau naturel, en l'ordonnant au bien

1. II II, q. 23, a. 1.

commun ultime de la félicité glorieuse. Cela n'est pas si gênant tant que l'on est terre de chrétienté. Les cités chrétiennes tendent effectivement vers ce bien de la vie dans la charité. Mais lorsque la vie de la cité voudra être saisie au strict niveau naturel, distingué de l'ordre chrétien, on sera porté à ne retenir comme bien commun naturel que le bien fondamental. Cela revient alors, en quelque sorte, à résorber le bien commun naturel au niveau du vivre. Le schéma triple suggéré plus haut se réduit alors, du point de vue chrétien, au schéma double suivant :

Bien commun ultime : fruition de Dieu, bien transcendant

⇑

Bien commun fondamental : conditions de possibilité (vivre)

La conséquence de cette transformation pratique de la doctrine d'Aristote est qu'il devient presque impossible, une fois sorti de chrétienté, de rendre raison d'un bien commun accessible au niveau naturel, sauf à refaire tout le parcours d'Aristote. Thomas d'Aquin ne l'a pas supprimé doctrinalement, mais il l'a effacé pratiquement.

On comprend mieux comment on en est venu à ne regarder le bien commun que comme dispositif au bien surnaturel. C'est bien la ligne que va tenir la doctrine catholique sur le bien de la communauté politique après les révolutions des XVIIIe et XIXe siècles qui brisent l'unité des ordres naturel et surnaturel en politique. Il est frappant de constater que cette doctrine, explicitement tenue par le concile Vatican II, ne voit dans le bien commun que les conditions pratiques pour la conduite d'une vie bonne[1]. La doctrine catholique a oublié que le bien commun est plus que cela, chez saint Thomas en tout cas, et qu'il consiste en un bien-vivre partagé entre les citoyens. Parce que pendant des siècles la doctrine du bien commun a été surnaturalisée – et Thomas d'Aquin est l'un des artisans de cette opération –, la théologie catholique n'est plus en mesure d'expliciter convenablement en quoi consiste ce bien commun au niveau naturel, pour une cité qui n'est pas nécessairement chrétienne. La redécouverte des sources aristotéliciennes de la théologie de saint Thomas, autrement dit la redécouverte du bien-vivre, devient alors, pour cette doctrine, un impératif urgent.

1. La doctrine catholique contemporaine porte la marque de cet appauvrissement. Le « bien commun » est défini au concile Vatican II comme « cet ensemble de conditions sociales qui permettent, tant aux groupes qu'à chacun de leurs membres, d'atteindre leur perfection d'une façon plus totale et plus aisée » (*Gaudium et spes*, n° 26; voir aussi n° 74). On ne peut exprimer plus clairement la résorption du bien commun au niveau du vivre, et l'oubli corrélatif du bien vivre. Si, pour les besoins d'un discours recevable par tous, on laisse de côté (à usage des seuls chrétiens) le bien commun ultime qui est Dieu ou la béatitude, il ne reste que ce bien commun immanent, les conditions de la vie en société qui, aussi estimables soient-elles, ne relèvent que du vivre et ne peuvent la finaliser pleinement. Sans trop y prendre garde, on a sécularisé le discours sur la société politique, en partant d'un discours théologique qui vient des temps de chrétienté. Ce faisant, on a diminué considérablement la portée de la vie en société.

Faut-il alors faire grief à saint Thomas d'avoir ainsi transformé l'analyse aristotélicienne? Non, semble-t-il, si l'on veut bien honorer les conditions de ses propres analyses. Thomas veut traiter de la communauté humaine en toute sa plénitude, en assumant à la fois l'ordre naturel et aussi l'ordre surnaturel qui, pour lui, le perfectionne en le complétant. La politique de saint Thomas et sa conception du bien commun sont cohérentes, quand on comprend que le bien commun immanent, dans une cité composée de citoyens essentiellement chrétiens, est la vie selon toutes les vertus, naturelles et surnaturelles, acquises et infuses, pour tous et pour chacun. Thomas d'Aquin cherche bien à penser l'ordre politique d'une cité chrétienne: c'est l'horizon du monde qui est le sien. Le problème surgit lorsque les données de l'étude se transforment et que la cité n'est plus considérée comme chrétienne. L'analyse thomasienne n'aide guère, alors, à discerner en quoi peut consister le bien commun immanent, si on ne le réduit pas au seul bien fondamental, qui est la fin immédiate de toute *politie* et la légitime préoccupation première de tout gouvernant. Les analyses de Thomas sont en quelque sorte victimes de leur richesse: si la dimension chrétienne vient à en être dissociée, l'ordre spécifiquement naturel n'est plus directement apparent[1]. On a dit, cependant, que saint Thomas suit sur ce terrain, sans écart, la ligne d'Aristote. Mais il ajouterait sans doute qu'elle ne sera jamais mieux tenue qu'avec le concours de la grâce, donc de l'ordre surnaturel.

Thomas d'Aquin ne tourne pas le dos aux analyses d'Aristote, il les christianise. Comme chacun, il est tributaire de son temps: la cité terrestre est une cité composée de chrétiens ou a vocation à l'être. Pour Thomas, sans l'ordre théologal, le bien vivre est un bien imparfait. La cité de saint Thomas est une cité chrétienne, composée de chrétiens, et elle ne cherche pas, comme celle d'Aristote, à s'édifier sur des bases exclusivement naturelles, rationnelles.

2 – *Du surnaturel en politique*

L'analyse thomasienne du politique associe donc les niveaux naturel et surnaturel. C'est en définitive la coopération de la nature et de la grâce qui est ici engagée, ce que l'on nomme parfois la question du surnaturel, sous l'angle communautaire qui fait l'objet de cette étude et non plus seulement sous l'angle de l'éthique individuelle[2]. Il ressort sans équivoque des développements précédents que Thomas envisage de saisir les deux ordres dans leur unité, mais non dans la confusion, ni dans la séparation. Ce que l'on a nommé l'augustinisme politique ne reconnaissait de consistance véritable qu'à l'ordre

1. On aura garde d'oublier qu'Aristote procède selon un chemin de découverte (une *via inventionis*), à partir des réalités créées; saint Thomas procède selon un jugement de sagesse chrétienne (une *via judicii*) à partir de la Révélation sur les réalités humaines, ici la société humaine.

2. Sur cet aspect individuel, on se référera, pour saint Thomas, à l'étude du P. J.-P. TORRELL, « Nature et grâce chez Thomas d'Aquin », *RT* 102 (2001), p. 167-202.

théologal : seules les vertus chrétiennes sont de vraies vertus, seul le bien chrétien peut être un bien véritable pour la cité. En somme, il n'y a de véritable cité que la cité de Dieu, autrement dit et pour simplifier, l'Église : l'ordre naturel est résorbé dans l'ordre surnaturel. Il n'y a rien de tel chez saint Thomas. Il n'a jamais été fait mention jusqu'ici de l'Église, mais seulement de communautés politiques quelles que soient leur forme, cité ou royaume, comme on le précisera au chapitre suivant. Ce sont bien les cités humaines qui intéressent ici Thomas d'Aquin, même s'il entend les saisir dans toute l'étendue des ordres conjoints de la nature et de la grâce. Cette union des deux ordres dans la cité, sans confusion ni séparation, invite à évoquer un "statut chalcédonien" de la relation de la nature et de la grâce, ici compris dans l'ordre politique des choses[1].

Dans cette lumière, il est significatif que cette communauté humaine particulière (quoique universelle) qu'est l'Église ne soit pas directement en cause dans tous ces développements. Thomas a une approche aussi large et ambitieuse que celle d'Aristote : il veut saisir les assemblées humaines telles qu'elles se donnent à considérer en premier lieu, dans leur fondement naturel. Et il les saisit, en théologien chrétien, selon toute l'amplitude de l'analyse qui engage aussi bien l'ordre naturel que l'ordre surnaturel. Si bien que la question première à laquelle Thomas, et ses lecteurs avec lui, sont confrontés, n'est pas celle de la relation de l'Église aux communautés politiques naturelles, même christianisées, mais celle de l'analyse de ces dernières. Cela explique l'organisation retenue dans la présente étude. L'Église comme communauté politique spéciale sera étudiée à part, au chapitre VIII, parce qu'elle n'est pas l'objet premier des réflexions de saint Thomas en matière politique. Il est cependant un aspect qui mérite d'être traité pour lui-même parce qu'il engage la compréhension du politique chez Thomas, qui est celui de la relation des autorités civiles aux autorités religieuses au sein d'une cité donnée. En effet, puisque le bien ultime est d'ordre théologal, sa promotion relève, au moins pour une part, de l'autorité spirituelle, c'est-à-dire ecclésiale. Elle relève aussi pour partie du souverain temporel. L'articulation des deux souverainetés doit ainsi être précisée, et c'est l'objet du chapitre IV de cette étude.

On verra plus en détail, au terme de cette étude (chapitre VIII, Section III), comment Thomas d'Aquin traite de la rencontre des deux cités, celle de Dieu qui est, pour simplifier, l'Église ici-bas, et celle des hommes qui est la cité politique. On se contente, au stade présent, de quelques remarques générales. On observe que la question n'est posée en ces termes dichotomiques que lorsque la confrontation domine. C'est le cas au temps de saint Augustin, et c'est l'occasion et l'objet de la *Cité de Dieu*. L'approche augustinienne,

1. Par analogie avec la personne du Christ qui, selon la formule du concile de Chalcédoine (451), réalise en la personne de Verbe l'unité des natures divine et humaine « sans confusion ni séparation ». Cf. *infra*, chap. III, B, 2 : « le surnaturel et l'autorité politique ».

résolument théologique, ne permet pas de situer convenablement la place des cités naturelles. C'est à nouveau le cas à l'époque moderne, en deux temps qui vont susciter des réponses très différentes. Le premier temps, celui de la Réforme, avance une réponse dans le sens d'un recouvrement des deux cités, et d'une subordination des communautés ecclésiales aux communautés politiques. Le second temps, celui de la politique moderne, qui accompagne et produit les révolutions des XVIIIe et XIXe siècles, va dans le sens d'une séparation des deux cités, selon des formes variables selon les temps et les lieux. La période du Moyen Âge, ou en tout cas celle de saint Thomas, est tout autre. Elle est celle d'une coopération des deux cités, la cité politique participant à l'orientation vers le bien ultime de ses citoyens. Si bien que la question première n'est plus tant de comprendre comment ces deux cités organisent leur rencontre, mais comment les cités chrétiennes s'organisent, et jouent leur rôle pédagogique de disposition au salut. Le fait que les hommes soient à la fois citoyens d'une cité terrestre et d'une cité céleste, que l'Église et les royaumes étendent leur souveraineté aux mêmes assemblées humaines, explique que les rapports institutionnels demandent à être précisés, mais la coexistence des deux cités a perdu son caractère dramatique par essence. On pensait certainement, au temps de saint Thomas, que cette résolution était définitive : l'histoire montrera rapidement qu'elle ne l'était pas, et la confrontation ne tardera pas à revenir, à l'intérieur de la chrétienté à partir du XIVe et du XVIe siècle, et en rupture avec elle, à partir du XIXe.

*

On pourrait penser, en définitive, que cette approche à la fois philosophique et théologique du politique aboutit à relativiser l'ordre propre de la cité en l'immergeant dans celui, plus vaste, de la chrétienté. En réalité, c'est plutôt le contraire que l'on observe dans les écrits de Thomas d'Aquin : ce sont les collectivités humaines composées de chrétiens qui mobilisent d'abord son attention, et c'est par ce biais qu'il traite quantité de questions se rapportant à une théologie de l'Église. Au total, il faut constater nettement que Thomas d'Aquin demeure, dans sa science pratique, éthique et politique, dans la ligne aristotélicienne, même s'il lui fait subir les transformations indiquées, induites par la Révélation chrétienne. Si bien que, si l'enjeu théologique semble primer sur l'enjeu philosophique, il reste que la structure d'analyse demeure celle du Philosophe.

Rapporté à sa situation historique, on mesure l'instant particulier d'équilibre que représente le moment thomasien en matière de théologie du politique. Saint Thomas récuse de fait une conception du politique qui découlerait de l'ordre révélé en retrouvant la justesse des analyses rationnelles d'Aristote, qui permettent de reconnaître la pertinence d'une approche profane de la cité. Et il tient fermement l'apport spécifiquement chrétien du lien de chacun à Dieu, sans l'absolutiser au point d'en oublier le primat du commun sur le singulier. Avant lui, et encore de son temps, la puissance du courant augustiniste risque de nier la réalité naturelle du politique; après lui, l'absolutisation du lien singulier à Dieu par le courant nominaliste aboutit à un résultat semblable par des voies différentes. Jamais sans doute l'apport classique et l'enseignement chrétien n'ont été articulés de façon aussi fine, quoique leur alliance en pratique n'aille jamais ici-bas sans tension.

CHAPITRE III

PRINCIPES D'ANTHROPOLOGIE ET DE POLITOLOGIE

Chez Thomas d'Aquin, la cause finale est la première des causes. La question de la fin, du *ce en vue de quoi* d'Aristote (*το του ενεκα*), apporte la plus haute lumière sur la réalité considérée par la raison humaine. C'est pourquoi la question du bien poursuivi en politique est la plus déterminante. Que la quête du bien de la cité, ou encore du bien commun, comme on l'a vu, apporte à l'homme et aux communautés une perfection unique témoigne d'une inscription en eux d'une attente que les opérations humaines ont vocation à combler, au moins partiellement. En termes aristotéliciens, on dira que la forme, dans la détermination qu'elle apporte à une réalité, est porteuse de son ordre à la fin. Autrement dit, il doit y avoir dans la nature de l'homme et dans les communautés humaines quelque chose qui les ordonne à ce bien qui leur apporte bonheur et autarcie. De fait, on discerne chez saint Thomas des principes d'anthropologie attachés à la nature de l'homme mais aussi à celle des communautés humaines, ou au moins de certaines d'entre elles. Les principes thomasiens du politique concernent à la fois, selon la dualité soulignée en commençant, l'homme dans sa singularité – et ils relèvent d'une anthropologie politique – et les communautés humaines en elles-mêmes – ce que l'on nomme par extension une politologie.

Ces principes forment un ensemble cohérent qui témoigne d'une pensée structurée et toujours prête à être convoquée : la récurrence des principaux thèmes, dans des termes établis, en atteste. Pour les besoins de l'exposition, ceux-ci peuvent être réunis autour de trois axes principaux. Le premier traite donc du caractère naturel, pour l'homme, de la vie en communauté. On peut le résumer par les mots célèbres d'Aristote qui décrit l'homme comme un animal politique par nature. Le deuxième traite du caractère naturel de certaines communautés humaines, et s'intéresse aux fins qu'elles poursuivent. Le troisième axe, assez particulier dans son traitement, se rapporte à la relation dialectique du tout qu'est une communauté politique aux parties qui la composent.

SECTION I – L'HOMME, ANIMAL POLITIQUE PAR NATURE

L'interrogation politique commence par celle portant sur la composante élémentaire de toute assemblée humaine : la personne saisie dans sa singularité. Au préalable, il faut préciser que Thomas d'Aquin ne traite que des hommes libres, sans s'étendre sur la situation des esclaves, dont il n'ignore cependant pas l'existence. Sans critiquer directement la doctrine aristotélicienne de l'esclave par nature, Thomas d'Aquin se borne à un commentaire très littéral de la *Politique* d'Aristote sur ce point, et ne traite que des hommes qui disposent de leur libre arbitre. « La cité est composée d'hommes libres (*civitas est communitas liberorum*) »[1]. Cette remarque liminaire étant faite, on peut noter que deux aspects marquent la doctrine de Thomas. D'une part, l'affirmation très fondamentale que c'est par nature que l'homme vit en société et, d'autre part – conséquence du premier point –, la reconnaissance d'un principe naturel d'entraide entre les membres d'une même société.

A – *Le caractère naturel de la vie en communauté*

Le premier constat qui s'impose au lecteur de Thomas d'Aquin est que son anthropologie philosophique – en s'en tenant donc au niveau naturel – est exactement dans la ligne qui fut avant lui celle d'Aristote. Pour lui, la dimension communautaire est inscrite dans la nature humaine, elle en est une composante, et c'est là une de ces données premières qui ne prêtent pas à discussion[2]. Toute personne humaine, de par sa nature – une âme unique individuée dans un corps –, est dotée d'une identité et d'une autonomie inamissibles, et en même temps cette nature la lie aux communautés naturelles auxquelles elle appartient. Par conséquent, il est inscrit dans sa nature que l'homme ne vit pas seul, isolé, mais en communauté : il est *animal politicum*, ou *animal sociale*, selon les deux expressions dont Thomas use indifféremment, traduisant l'unique expression d'Aristote *ζώον πολιτικόν*.

Une telle vérité revient sans cesse dans ses œuvres, dans des formulations qui varient d'ailleurs assez peu. En voici une tirée du *Contra Gentiles* :

> L'homme est naturellement un animal politique ou social. C'est ce que montre le fait qu'un homme vivant seul ne se suffit pas à lui-même, parce que la nature n'a pourvu l'homme suffisamment qu'en peu de chose, lui donnant la raison, grâce à laquelle il peut se procurer tout ce qui est nécessaire à la vie, comme la nourriture, le vêtement, et choses semblables – toutes choses qu'un homme seul ne peut réaliser. Aussi est-il naturellement inscrit en l'homme de vivre en société. Mais l'ordre de la providence ne retire à aucune chose ce qui lui est naturel, bien plutôt chacune est pourvue selon sa propre nature [...]. L'ordre

1. *Super Pol.*, III, 5, 164-165.

2. Pour Aristote, la nature politique de l'homme relève de l'évidence (*φανερόν*) : cf. *Pol.*, I, 2, 1253 a 2.

imposé à l'homme par la providence divine n'est donc pas tel que la vie sociale disparaisse[1].

La mention finale de l'ordre providentiel qui, loin de le subordonner, respecte l'ordre naturel, en manifeste ainsi toute la généralité.

Cet extrait repose sur un premier argument tiré du fait que l'homme ne peut subvenir seul à tous ses besoins. C'était déjà celui retenu par Platon pour justifier la naissance de la cité[2]. On a vu au chapitre précédent qu'Aristote honore cet argument de son maître, mais l'approfondit en affinant le regard sur la fin poursuivie par la cité. Pour lui, la cité n'existe pas seulement en vue du « vivre », mais plus profondément en vue du « bien vivre (*εὖ ζῆν*) ». Dans la *Politique*, reprenant ce thème de la genèse de la cité, il souligne ainsi : « S'étant donc constituée pour permettre de vivre, elle permet, une fois qu'elle existe, de mener une vie heureuse »[3], pour aboutir à l'affirmation célèbre : « Il est manifeste, à partir de cela, que la cité fait partie des choses naturelles, et que l'homme est par nature un animal politique »[4]. Pour Aristote, la fin de la cité ne relève pas tant de l'utilité, qu'il ne néglige pas cependant, que du bien moral. On retrouvera plus loin ces points qui concernent la communauté comme telle.

Cette conception aristotélicienne de l'homme animal politique, vivant pour cette raison dans une cité finalisée par le bien vivre, saint Thomas la reprend donc à son compte. Ceci est manifeste dès le début du *Commentaire de l'Éthique à Nicomaque*. À titre tout à fait introductif, il établit ainsi :

> On doit savoir par ailleurs que, parce que l'homme est naturellement un animal social, c'est-à-dire qu'il a besoin pour sa vie de beaucoup de choses qu'il ne peut seul s'assurer à lui-même, il s'ensuit que l'homme fait naturellement partie d'une certaine assemblée (*multitudinis*) qui lui apporte de l'aide pour bien vivre. Et il a besoin de cette aide sous deux rapports. D'abord, certes, pour ce qui est nécessaire à la vie, sans quoi la vie présente ne peut se passer : c'est ce que lui apporte l'assemblée domestique (*domestica multitudo*) dont il fait partie. En effet, tout homme reçoit de ses parents la génération, l'alimentation et l'éducation, et, de même, les individus qui font partie de la famille domestique s'aident mutuellement pour ce qui est nécessaire à la vie. Il y a encore une autre façon par laquelle l'homme reçoit l'aide d'une assemblée dont il fait partie, à savoir pour une suffisance parfaite de sa vie, c'est-à-dire non seulement pour qu'il vive, mais pour qu'il vive bien, disposant de ce dont il a besoin pour vivre : c'est l'aide que lui apporte l'assemblée civile (*multitudo civilis*) dont il fait partie, non seulement pour les choses corporelles, comme il y a dans la cité bien des artefacts qu'une maison ne peut suffire à procurer, mais encore dans le domaine moral, étant donné que les jeunes insolents que l'avertissement paternel n'arrive pas à

1. *CG* III, 85, 11°.
2. *Rep.*, II, 369 b-c.
3. *Pol.*, I, 2, 1252 b 30.
4. *Ibid.*, 1253 a 2-3. C'est là un thème central et récurrent dans la *Politique* d'Aristote.

corriger se trouvent contraints par la puissance publique, par crainte du châtiment[1].

Position que l'on retrouve dans le *Commentaire de la Politique*, lorsqu'il s'attache au grand passage du Livre III où Aristote revient sur la fin poursuivie par la cité. Le commentaire, brièvement cité au chapitre précédent, mérite de l'être ici plus longuement :

> Il redit ce qu'il a déjà exprimé au Livre premier, lorsqu'il a précisé ce qui relève de l'administration économique et domestique, que l'homme est par nature un animal politique (*animal civile*). C'est pourquoi les hommes inclinent à vivre ensemble, et non à demeurer solitaires, même si l'un d'eux ne manquait en aucune façon de ce que l'on retire de la vie publique (*vitam civilem*) ; mais grand est le profit commun tiré de la communion de la vie publique (*vitae socialis*). Et ceci apparaît sous deux rapports.
>
> En premier lieu, quant au bien vivre, auquel chacun apporte sa propre contribution, comme on le voit dans toute communauté, où l'un sert en assurant un office, et l'autre en en assurant un autre, et ainsi tous vivent bien ensemble. Ce bien vivre est ainsi la plus haute fin de la cité et de son gouvernement (*maxime est finis civitatis vel politiae*), à la fois pour tous en commun et pour chacun en particulier.
>
> Et la vie commune est utile aussi, en second lieu, pour le vivre lui-même, car l'un, en communauté, subvient à la vie des autres, les soutenant dans la vie et les dangers de mort. C'est pourquoi les hommes se retrouvent ensemble et conservent leur communauté politique (*politicam communionem*), car le seul fait de vivre, même en laissant à part ce qu'apporte le bien vivre, est en soi un bien aimable, sauf peut-être lorsque l'homme souffre en sa vie de peines fort graves et cruelles[2].

1. « *Sciendum est autem, quod quia homo naturaliter est animal sociale, utpote qui indiget ad suam vitam multis quae sibi ipse solus praeparare non potest, consequens est quod homo naturaliter sit pars alicuius multitudinis, per quam praestetur sibi auxilium ad bene vivendum. Quo quidem auxilio indiget ad duo. Primo quidem ad ea quae sunt vitae necessaria, sine quibus praesens vita transigi non potest; et ad hoc auxiliatur homini domestica multitudo, cuius est pars, nam quilibet homo a parentibus habet generationem et nutrimentum et disciplinam et similiter etiam singuli qui sunt partes domesticae familiae se invicem iuvant ad necessaria vitae. Alio modo iuvatur homo a multitudine cuius est pars ad vitae sufficientiam perfectam, scilicet ut homo non solum vivat, sed et bene vivat habens omnia quae sibi sufficiunt ad vitam; et sic homini auxiliatur multitudo civilis cuius ipse est pars, non solum quantum ad corporalia, prout scilicet in civitate sunt multa artificia, ad quae una domus sufficere non potest, sed etiam quantum ad moralia, inquantum scilicet per publicam potestatem coercentur insolentes iuvenes metu poenae quos paterna monitio corrigere non valet* », *Super Eth.*, I, 1, 55-78. On retrouve exposé le premier niveau, celui du vivre en *De Regno*, I, 1, 25-28 : « Il est dans la nature de l'homme d'être un animal social et politique, vivant dans une multitude, à un degré beaucoup plus fort encore que tous les autres animaux, ce que montre la nécessité naturelle. (*Naturale autem est homini ut sit animal sociale et politicum, in multitudine uiuens, magis etiam quam omnia alia animalia; quod quidem naturalis necessitas declarat.*) ». On relève que, dans ce texte sommaire au regard des autres, le second niveau, celui du bien vivre, n'apparaît pas ; on le retrouve ailleurs.

2. « *Dicit quod dictum est in primo libro, in quo determinatum est de yconomia et despotia, quod homo naturaliter est animal ciuile; et ideo homines appetunt adinuicem conuiuere et non esse solitarii, etiam si in nullo unus alio indigeret ad hoc quod ducerent uitam politicam; sed tamen*

Il n'y a donc aucune équivoque sur ce point: pour Thomas, c'est du fait même de sa nature que l'homme vit en communauté. Et ceci n'est aucunement la conséquence de son péché: la vie en commun n'est pas une punition, mais un bien. La preuve en est que, si la communauté humaine s'était développée en demeurant indemne de tout péché, ce que Dieu a voulu en créant l'homme intègre et gracié, les hommes auraient formé une société: « L'homme est par nature un animal social, si bien que dans l'état d'innocence les hommes auraient eu une vie sociale »[1]. Dans ces conditions, on ne sera pas surpris que saint Thomas voie dans l'inclination à vivre en société l'une des quatre inclinations naturelles au bien qu'il regarde comme attachées à la nature: « On trouve dans l'homme un attrait vers le bien conforme à sa nature d'être raisonnable, qui lui est propre; ainsi a-t-il une inclination naturelle à connaître la vérité sur Dieu et à vivre en société »[2]. Il est significatif que Thomas établisse un strict parallèle entre l'ordre théorétique et l'ordre pratique. Ces inclinations sont comme les premiers préceptes de la loi naturelle sur le fondement desquels l'édifice de l'agir va se développer[3]. Le fait que Thomas d'Aquin regarde l'inclination à vivre en communauté comme l'une d'entre elles témoigne de la place fondamentale de la dimension communautaire dans son anthropologie.

De ce principe, Thomas déduit quelques conclusions immédiates. D'abord, puisque la vie en commun permet à l'homme, animal politique par nature, d'atteindre une certaine perfection dans le bien vivre, la vie du solitaire n'est

magna utilitas est communis in communione uite socialis. Et hoc quantum ad duo. Primo quidem quantum ad bene uiuere, ad quod unusquisque affert suam partem: sicut uidemus in qualibet communitate, quod unus seruit communitati de uno officio, alius de alio, et sic omnes communiter bene uiuunt. Hoc igitur, scilicet bene uiuere, maxime est finis ciuitatis uel politie et communiter quantum ad omnes et sigillatim quantum ad unumquemque. Secundo utilis est uita communis etiam propter ipsum uiuere, dum unus in communitate uitae existentium alii subuenit ad sustentationem uitae et contra pericula mortis; et propter hoc homines ad inuicem conueniunt et conservant politicam communionem. Quia etiam ipsum uiuere secundum se consideratum absque aliis quae faciunt ad bene uiuendum, est quiddam bonum et diligibile, nisi forte homo in uita sua patiatur aliqua ualde grauia et crudelia », *Super Pol.*, III, 5, 54-80, commentaire qui paraphrase le texte d'Aristote (*Pol.*, III, 6, 1278 b 17-25).

1. I, q. 96, a. 4. On peut même ajouter que cette société humaine originelle eut été incomparablement plus belle que les sociétés postlapsaires, toutes marquées par les conséquences du péché, à commencer par les ferments de division, comme en atteste le récit de la Genèse (chap. 4 : le fratricide est la conséquence immédiate de la chute sur la première société humaine).

2. I II, q. 94, a. 2, c. Ces quatre inclinations au bien sont ordonnées à la conservation de soi, au vrai, à l'union au semblable et à la vie en communauté. La dernière explique pourquoi la fin d'une personne – même considérée dans sa seule corporéité – ne peut jamais se saisir de façon purement individuelle: « La vie corporelle connaît un double achèvement: l'un quant à la personne elle-même, l'autre au regard de toute la communauté de la société dans laquelle elle vit, parce que l'homme est naturellement un animal social » (*ibid.*, q. 65, a. 1).

3. On peut rapprocher ce thème des inclinations naturelles de celui de l'ordre qui doit marquer les actes de l'homme. Saint Thomas en distingue trois. Le premier se réfère à la règle de la raison, le deuxième à la règle de la loi divine; et il ajoute: « Mais parce que l'homme est par nature un animal politique et social [...], il doit nécessairement exister un troisième ordre pour ordonner l'homme à ses semblables avec lesquels il doit vivre » (*ibid.*, q. 72, a. 4).

pas la vie parfaite. Ici encore, il assume sans restriction les paroles bien connues d'Aristote: «Celui qui est hors cité, par nature bien sûr et non par hasard, est soit un être dégradé, soit un être surhumain»[1]. Ensuite, dès lors que l'homme a vocation à vivre en société, il convient de sauvegarder tout ce qui contribue à celle-ci: «Puisque l'homme est un animal politique, ce sans quoi la société humaine ne peut être conservée est au plus haut point nécessaire à l'homme et à tout le genre humain»[2]. Ce dernier aspect est l'un des fondements, dans l'ordre naturel, de l'aide que les hommes s'apportent les uns aux autres.

B – *Le principe de concours mutuel entre les hommes*

Si Thomas d'Aquin tire de multiples conséquences de cette donnée naturelle première, on peut les regrouper autour de ce qu'on nommera le principe de concours mutuel que les hommes s'apportent les uns aux autres: l'homme ne peut atteindre sa fin, son bonheur, qu'en bénéficiant du concours des autres, et chacun doit s'efforcer d'apporter aux autres le soutien qu'ils attendent de lui. Ce principe d'entraide, qui est d'abord ontologique avant d'être moral, Thomas le décline de son expression générale à ses applications les plus particulières. Ainsi affirme-t-il: «L'homme étant naturellement un animal social, il a besoin d'être aidé par d'autres hommes pour atteindre sa fin»[3]. Bien que l'homme ait la raison, qui dans ses actes le guide vers sa fin, dit-il dans le *De Regno*, il a cependant besoin du concours des autres, étant par nature un être social[4]. Pratiquement, en vertu de ce principe général, l'homme va venir en aide à celui qui est dans le besoin: «L'homme est naturellement un animal social, comme on l'a dit [...]; or la société ne saurait être conservée parmi les hommes s'ils ne s'aident pas les uns les autres; il est donc naturel aux hommes d'aider celui d'entre eux qui se trouve dans le besoin»[5]. Et il en va de

1. *Pol.*, I, 2, 1253 a 3-4, paraphrasé par Thomas d'Aquin en *Super Pol.*, I, 1, 80-100. Thomas use de cet argument, lorsqu'il traite de la forme, commune ou solitaire, de la vie religieuse: «La vie en société est nécessaire à qui s'exerce à la perfection, tandis que la solitude convient à ceux qui l'ont déjà atteinte» (II II, q. 188, a. 8). Dans ce contexte, celui qui s'isole pour s'adonner aux choses divines s'élève au-dessus de l'humanité, selon l'argument aristotélicien (*ibid.*, ad 5).

2. *Super De Trin. Boeth.*, 1 q. 1 a. 1, s.c. 3. Ce principe de conservation, qui revient à plusieurs reprises, est ici appliqué dans un contexte surnaturel, pour affirmer la nécessité de la foi. On le retrouve, dans des termes semblables mais dans un contexte plus général en *CG* III, 85, 11° et en II II, q. 109, a. 3, ad 1: «Parce que l'homme est un animal social, un homme doit à un autre, par nature, ce qui est indispensable au maintien de la société humaine». Dans ce dernier cas, saint Thomas vise la vérité, et dans d'autres cas la justice (*CG* III, 129, 5°).

3. *CG* III, 117, 4°, à rapprocher de II II, q. 165, a. 1: «C'est la condition de la nature humaine que de pouvoir être aidée ou empêchée par les autres créatures».

4. *De Regno*, I, 1, 51-55: «Il est nécessaire à l'homme de vivre en multitude, afin que chacun soit aidé par le prochain, et que tous s'occupent de découvertes rationnelles diverses, par exemple l'un en médecine, l'autre dans tel domaine, un autre dans tel autre. (*Est igitur necessarium homini quod in multitudine uiuat, ut unus ab alio adiuuetur, ut diuersi in diuersis inueniendis per rationem occupentur, puta unus in medicina, alius in hoc et alius in alio.*)».

5. *CG* III, 131, 3°.

même pour l'accès à la vérité, et pour tout ce qui est nécessaire à la vie: «[L'homme a] l'usage de la parole, dont la fonction est de permettre à quelqu'un de manifester à un autre la vérité qu'il a conçue en son esprit, de sorte que les hommes s'entraident dans la connaissance de la vérité, comme ils le font dans les autres nécessités de la vie, puisque l'homme est un animal naturellement social»[1]. Plus généralement, ce principe naturel d'entraide, au sein d'un monde humain dont toutes les composantes sont inégales, fonde le principe d'autorité. À nouveau, la considération de la société en état d'innocence éclaire la vérité des choses d'une lumière indemne de tout péché. Saint Thomas justifie ainsi le principe d'autorité dès l'état d'innocence:

> On domine sur un autre comme sur un homme libre quand on dirige celui-ci vers son bien propre, ou vers le bien commun. Et une telle domination de l'homme sur l'homme aurait existé dans l'état d'innocence pour deux motifs. Premièrement, parce que l'homme est par nature un animal social, si bien que dans l'état d'innocence les hommes auraient eu une vie sociale. Mais la vie sociale d'une multitude ne pourrait exister sans un dirigeant qui recherche le bien commun [...]. Le deuxième motif, c'est que si un homme avait été supérieur à un autre en connaissance et en justice, il aurait été choquant qu'il n'emploie pas cette supériorité au service des autres[2].

Que l'homme soit un «animal politique par nature» est donc pour saint Thomas une vérité première qui est d'abord d'ordre ontologique. Il est dans la nature de l'homme, en dehors de toute considération de péché, de vivre en communauté, et sur cette vérité vient s'enraciner son développement moral. C'est parce que vivre en communauté est un bien pour l'homme qu'il va poser des actes ordonnés à ce bien. Il s'agit bien de l'un des premiers principes de la loi naturelle qui repose, non sur une obligation extérieure d'un ordre ou d'un autre, mais sur une inclination naturelle intérieure attachée à la nature. On l'aura noté, les affirmations de Thomas sont jusqu'ici d'ordre strictement naturel, elles ne relèvent pas de la Révélation. Ce n'est pas le commandement chrétien de l'amour du prochain qui les justifie, mais une approche purement philosophique où Thomas suit ici les leçons d'Aristote. On trouve une attestation saisissante de ce caractère naturel dans le fait que saint Thomas n'hésite pas à reconnaître un caractère naturel au mérite d'un acte humain, ce qu'Aristote n'avait pas affirmé aussi clairement. Il consacre un article de la *Somme de théologie* à la question, affirmant notamment:

> Il faut considérer que tout homme vivant dans une société est, dans une certaine mesure, partie et membre de toute la société. Par suite, quiconque fait du bien ou du mal à un individu vivant dans cette société, fait du bien ou du mal à cette société elle-même; de même que celui qui blesse la main d'un homme, blesse

1. *Ibid.*, 147, 2°. De même II II, q. 109, a. 3, ad 1. Saint Thomas assume la conception qu'a Aristote du langage comme lien social fondamental, permettant aux hommes de partager de mêmes conceptions du bien et du mal, du juste et de l'injuste: cf. *Super Pol.*, I, 1, 137-154.

2. I, q. 96, a. 4.

> l'homme lui-même. Donc, lorsque l'on fait du bien ou du mal à une personne particulière, on acquiert un double mérite ou démérite [à l'égard de la personne et à l'égard de la société] [1].
> Les actes de l'homme ont mérite ou démérite en ce qu'ils sont ordonnés à un autre homme, soit en raison de lui-même, soit en raison de la communauté dont il fait partie [2].

Il ne peut y avoir de mérite naturel – en dehors, encore une fois, de toute considération chrétienne – que parce qu'il est dans la nature de l'homme de vivre en communauté. Il n'est pas surprenant, dans ces conditions, qu'une anthropologie individualiste ait perdu de vue ce caractère méritoire, au sens naturel, des actes humains [3].

Les mentions de ce principe, dans son expression ontologique ou ses conséquences morales, sont innombrables chez saint Thomas. C'est lui qui fonde, en nature, l'axiome aristotélicien selon lequel l'homme heureux a besoin d'amis, car l'amitié, qui a sa propre nature, s'enracine sur la naturelle sociabilité de l'homme. Thomas reprend, sur ce point encore, les arguments d'Aristote [4]. L'amitié devient ainsi une vertu de la vie en commun – on l'appelle aussi affabilité :

> L'homme est par nature un animal social qui doit honnêtement manifester la vérité aux autres hommes, sans quoi la société ne pourrait durer. Or, de même que l'homme ne pourrait vivre en société sans vérité, il ne le pourrait pas s'il était privé d'agrément. Comme dit Aristote : "Personne ne peut passer toute une journée avec un homme chagrin ou sans agrément". C'est pourquoi l'homme est tenu par une certaine dette naturelle d'honnêteté à rendre agréables ses relations avec les autres, à moins que pour un motif particulier il s'impose de les contrister pour leur bien [5].

1. I II, q. 21, a. 3.
2. *Ibid.*, a. 4.
3. On comprend aussi qu'une anthropologie immédiatement chrétienne se soit « contentée » du mérite au sens surnaturel, c'est-à-dire lié à la charité qui en est le principe. Saint Thomas montre, à travers ce petit exemple, jusqu'à quel point il honore l'ordre naturel, et donc les exigences de la raison. Ce faisant, il met en lumière la pierre d'attente naturelle du mérite au sens chrétien, ce qui, loin d'en limiter la portée, en manifeste au contraire toute la profondeur.
4. *Super Eth.* IX, 10, 60-71.
5. II II, q. 114, a. 2, ad 1. Nombreuses sont les allusions de Thomas aux conséquences concrètes, dans la vie commune, de la sociabilité naturelle de l'homme. Ainsi dans son commentaire de l'*Éthique* : « Il est certes naturel à l'homme d'être un animal doux, d'après sa nature commune spécifique, en tant qu'il s'agit d'un animal social; tout animal grégaire, en effet, est naturellement tel. Mais d'après sa nature individuelle, qui réside dans la complexion de son corps, il tient parfois un grand penchant à la colère, à cause de la chaleur et de la sécheresse des humeurs faciles à enflammer. (*Est quidem enim naturale homini ut sit animal mansuetum, secundum communem naturam speciei, inquantum est animal sociale; omne enim animal gregale est naturaliter tale; <sed> secundum naturam alicuius individui quae in corporis complexione consistit, quandoque consequitur magna pronitas ad iram propter caliditatem et subtilitatem humorum facile inflammabilium.*) », *Super Eth.*, VII, 6, 80-88.

Enfin, on peut relever que cette nature sociale n'enlève rien à la dignité de l'homme, mais au contraire l'illustre, par la confiance qu'elle implique dans les relations humaines. Ceci vaut pour chacun, et même pour le magnanime qui, par essence, « ne manque de rien ou presque » selon Aristote : « Dans la mesure où il a besoin des autres, il appartient au magnanime d'avoir confiance en autrui, car cela contribue à l'excellence de l'homme d'avoir à sa disposition d'autres hommes qui puissent l'aider »[1].

En définitive, il faut tenir que l'homme, pour saint Thomas, a de par sa nature une dimension communautaire ou, en d'autres termes, que l'anthropologie thomasienne fait pleinement droit à cette dimension. Cela relève d'une approche philosophique, et non d'abord chrétienne, et on doit dire que, sur ce terrain, Thomas adhère étroitement aux conceptions d'Aristote telles qu'elles sont exposées, notamment, dans la *Politique* et dans l'*Éthique à Nicomaque*. Ceci signifie également qu'une anthropologie qui laisserait de côté cette dimension amputerait son analyse de l'homme de l'un de ses aspects essentiels. Sans doute pourra-t-on objecter que si le principe premier – l'homme animal politique – vient directement d'Aristote, les développements qu'en tire Thomas – à travers ce principe d'entraide mutuelle – se ressentent de leur contexte chrétien : ils seraient un démarquage du commandement de l'amour du prochain, aboutissant à dépasser les enseignements d'Aristote. Peut-être, mais cela rend plus manifeste encore l'assimilation par Thomas des enseignements de celui-ci. On a noté, en effet, que toutes ces modalités de l'aide mutuelle sont exprimées dans l'ordre naturel, hors de toute référence à l'Écriture : on demeure ici dans le cadre d'une anthropologie philosophique. On répondra donc à l'objection que l'on est dans l'un de ces cas où la lumière de la Révélation incite le philosophe à tirer toutes les conséquences de ses prémices, sans quitter pour autant le champ naturel de son interrogation[2].

SECTION II – LE CARACTÈRE NATUREL DE LA COMMUNAUTÉ POLITIQUE

Dire que l'homme est par nature un animal politique, c'est dire que l'appartenance communautaire est un bien sans lequel le bonheur de l'homme ne peut être qu'incomplet, voire impossible. Thomas parle ainsi de l'« inclination » naturelle à vivre en société[3], d'un « dynamisme naturel vers la communauté civile (*quidam naturalis impetus ad communitatem ciuitatis*) »[4], qui

1. II II, q. 129, a. 6, ad 1.

2. Ce lieu illustre l'un des propos de Jean-Paul II sur la contribution que la Révélation peut apporter à la philosophie sans la trahir en lui faisant quitter le champ strict de son analyse : « La Révélation propose clairement certaines vérités qui, bien que n'étant pas naturellement inaccessibles à la raison, n'auraient peut-être jamais été découvertes par cette dernière [ajoutons : ou exprimées aussi nettement], si elle avait été laissée à elle-même » (Encyclique *Fides et ratio*, n° 76).

3. I II, q. 94, a. 2.

4. *Super Pol.*, I, 1, 202-203.

exprime un mouvement, inscrit dans la nature de l'homme, qui le porte à vivre en communauté. Cette inscription dans la nature de la dimension communautaire de la personne amène spontanément à s'interroger sur les communautés de personnes. En reprenant à son compte la conception aristotélicienne des communautés naturelles, saint Thomas se sépare de la tradition dominante, issue de l'augustinisme, pour laquelle une assemblée d'individu n'a, par elle-même, aucune consistance propre.

L'augustinisme politique se caractérise, sur ce terrain, par la négation de la consistance propre du tout, et par l'exclusivité de l'ordre transcendant surnaturel, l'ordre de la grâce. En définitive, il n'y aurait de véritable communauté que l'Église. On n'en sera pas surpris si l'on se souvient que saint Augustin, dans la *Cité de Dieu* ne parvient pas à donner une consistance propre à la cité humaine. Entre la cité de Dieu et la *civitas terrena* ou cité du diable, la place de la cité humaine, dans son caractère profane, demeure indéterminée. L'approche augustinienne est résolument théologique : le politique n'a de réalité intrinsèque que surnaturelle. Face à cela, Thomas d'Aquin proclame la consistance de l'ordre communautaire, aussi bien au niveau naturel (la cité terrestre) qu'au niveau surnaturel (la communauté ecclésiale). Ce tournant est rendu possible par la reconnaissance de la réalité communautaire et la distinction des niveaux naturel et surnaturel, double distinction que la métaphysique augustinienne interdisait. La question plus particulière de la formation de la communauté comme telle, à partir d'une assemblée de citoyens, par l'établissement de sa forme constitutionnelle, sera traitée au chapitre VII, lorsque sera envisagé le régime politique.

Dans l'immédiat, deux aspects importants de la doctrine de saint Thomas méritent d'être relevés : d'une part, la reconnaissance du caractère naturel de certaines communautés humaines, et, d'autre part, sa conception métaphysique de la communauté.

A – *Les communautés « naturelles »*

L'objet d'une philosophie politique bien comprise, on l'a dit, est double : il s'agit, d'un côté, d'étudier l'homme dans sa dimension politique, et, de l'autre, d'étudier les communautés politiques pour elles-mêmes. Affirmer le caractère politique par nature de l'homme répond au premier aspect; affirmer le caractère naturel de certaines communautés politiques répond au second, et est en quelque sorte le corollaire du précédent. Si l'on reconnaît que l'homme a par nature vocation à vivre en communauté, alors on en déduit que la communauté politique – ou du moins telle communauté – est elle-même naturelle. C'est par nature qu'existent des communautés humaines, mais toutes les communautés humaines ne sont pas « naturelles ».

Pour Aristote, fondamentalement, il n'y a communauté que lorsqu'il y a communication entre les individus, et c'est ce qui justifie l'importance et le statut du langage. C'est ce qu'il exprime au commencement de la *Politique* : « Avoir de telles notions en commun [le bien et le mal, le juste et l'injuste...]

c'est ce qui fait une famille et une cité »[1]. Dans une communauté, autrui devient *alter ego*. En ce sens, mais en ce sens seulement, la communauté médiatise l'homme en lui faisant rencontrer celui qui lui est à la fois semblable et irréductiblement autre.

Au sein des différentes assemblées humaines, Aristote distingue les communautés naturelles des communautés fondées sur la convention, qui sont certes utiles, mais ordonnées aux premières[2]. Il regarde comme naturelles trois communautés, qui s'articulent l'une par rapport aux autres : la famille, ou communauté domestique, le village, rassemblement de familles, et enfin la cité, qui est la communauté parfaite, celle qui permet de vivre et de mener une vie heureuse, d'atteindre l'autarcie, et qui finalise les premiers degrés de communautés :

> Puisque toute cité, nous le voyons, est une certaine communauté, et que toute communauté a été constituée en vue d'un certain bien (car c'est en vue de ce qui leur semble un bien que tous les hommes font tout ce qu'ils font), il est clair que toutes [les communautés] visent un certain bien, et que, avant tout, c'est le bien suprême entre tous que [vise] celle qui est la plus éminente de toutes et qui contient toutes les autres. Or c'est celle que l'on appelle la cité, c'est-à-dire la communauté politique[3].
>
> La communauté achevée formée de plusieurs villages est une cité dès lors qu'elle a atteint le niveau de l'autarcie pour ainsi dire complète ; s'étant donc constituée pour permettre de vivre, elle permet, une fois qu'elle existe, de mener une vie heureuse. Voilà pourquoi toute cité est naturelle, puisque les premières le sont aussi[4].

Ce qu'il importe de retenir est surtout la perfection et l'achèvement qu'apporte la cité dans l'ordre des communautés naturelles. Elle est, pour Aristote, le lieu communautaire d'une certaine plénitude de la vie en commun. Pour lui, l'homme atteint une perfection – ou en tout cas tend vers cette perfection – en vivant au sein d'une telle communauté, et c'est ce qui finalise l'homme dans sa dimension communautaire, ce vers quoi l'oriente cette inclination naturelle que l'on a évoquée. Toute l'enquête philosophique de la *Politique* vise à comprendre ce qu'est la meilleure cité, afin de mieux la construire. La cité est naturelle parce qu'elle répond à l'inclination naturelle à vivre ensemble, et à vivre bien, inscrite dans la nature de chaque homme.

Ce n'est pas le lieu de faire la critique de la conception aristotélicienne de la cité. Il importe plutôt d'apprécier l'usage qu'en fait saint Thomas, qui suit l'enseignement d'Aristote[5] sans le discuter : que certaines communautés soient naturelles et que les autres soient le fruit d'une convention, cela relève, pour lui

1. *Pol.*, I, 2, 1253 a18.
2. *Pol.*, III, 9, 1280 a 31 - 1280 b 40.
3. *Pol.*, I, 1, 1252 a 1-8. C'est ce qui justifie, dans la *Politique* d'Aristote, l'interrogation récurrente, du Livre I au Livre III, sur l'identité et la fin de la cité.
4. *Pol.*, I, 2, 1252 b 28-32.
5. Le commentaire de saint Thomas n'indique aucune réserve : cf. *Super Pol.*, I, 1/b, 1-111.

aussi, de l'évidence. Toutefois, il aménage quelque peu l'enseignement d'Aristote selon les exigences de son temps. Il reconnaît bien les trois niveaux de communautés naturelles, mais il n'attache aucune importance au niveau intermédiaire, celui du village, qui, déjà chez Aristote, ne retenait guère l'attention et n'était présent que comme faisant le lien entre la famille et la cité[1].

Il faut surtout relever que Thomas étend le niveau de la communauté parfaite de la cité au royaume. Il le fait en associant le plus souvent la cité et le royaume dans une même expression du type: «la cité ou le royaume (*civitas vel regnum*)»[2]. Ainsi, lorsqu'il évoque la vertu de prudence dans sa dimension politique: «On trouve une sorte éminente et parfaite de gouvernement chez celui qui, non seulement est chargé de se conduire lui-même, mais doit aussi gouverner la société parfaite qu'est une cité ou un royaume»[3]. La seule justification de cette extension de la cité au royaume se trouve, curieusement, dans le *Commentaire de l'Évangile de Matthieu*:

> Il y a trois communautés: celle de la maison, ou de la famille, de la cité, et du royaume. La maison est la communauté qui consiste en ceci que les siens accomplissent des actions communes; elle procède d'une triple conjonction, du père et du fils, du mari et de la femme, du maître et de l'esclave. La communauté de la cité contient tout ce qui est nécessaire à la vie des hommes: c'est la communauté parfaite quant à ce qui est purement nécessaire. La troisième communauté est celle du royaume, qui est la communauté achevée (*communitas consummationis*). Là où sévit la peur de l'ennemi, une cité ne peut subsister par elle-même. Il est donc nécessaire, du fait de la crainte de l'ennemi, qu'il y ait une communauté formée de plusieurs cités, ce qui fait un royaume[4].

Dans ce bref développement, le village a disparu, et la cité (médiévale) est relativisée: elle n'est plus la communauté parfaite absolument, achevée; elle n'est parfaite que dans l'ordre du nécessaire. C'est le royaume qui, chez saint Thomas, tient la place qu'occupait la cité chez Aristote. Il n'en dit pas plus, mais il est assez clair que cette transposition est le fruit de l'évolution des communautés humaines, de la cité grecque au royaume médiéval. Le changement d'échelle ne semble pas lui poser le moindre problème. Thomas

1. Thomas omet souvent le niveau intermédiaire du «village», purement et simplement; par exemple en *IV Sent.*, d. 37, q. 2, a. 1, ad 4: «Il y a deux types d'assemblées, l'une économique, comme la famille, l'autre politique, comme la cité ou le royaume».

2. La formule *civitas vel regnum* revient plusieurs dizaines de fois dans le corpus thomasien.

3. II II, q. 50, a. 1; c'est l'objet de la prudence politique que d'être «ordonnée au bien commun de la cité ou du royaume» (*ibid.*, q. 47, a. 11).

4. «*Triplex est communitas: domus, sive familiae, civitatis, et regni. Domus est communitas consistens ex his, per quos fiunt communes actus; ideo consistit ex triplici coniugatione, ex patre et filio, ex marito et uxore, ex domino et servo. Communitas civitatis omnia continet quae ad vitam hominis sunt necessaria: unde est perfecta communitas quantum ad mere necessaria. Tertia communitas est regni, quae est communitas consummationis. Ubi enim esset timor hostium, non posset per se una civitas subsistere; ideo propter timorem hostium necessaria est communitas civitatum plurium, quae faciunt unum regnum.*», *Super Matth.*, 12, 2, Ma1011.

d'Aquin, donc, conserve, à travers ce changement, la conception d'une communauté naturelle qui apporte sa perfection à l'ordre communautaire. Il faut noter, toutefois, qu'il n'envisage jamais la possibilité d'une échelle encore plus large, qui serait celle de l'empire, forme politique aussi présente à son époque que celle du royaume. Il est difficile de dire si ce silence exprime une défiance à l'égard d'une forme politique qu'il connaissait bien, ne serait-ce que par sa famille, ou s'il regarde l'empire, fût-il saint et romain, comme l'une de ses communautés fondées sur la convention qui n'ont pas, justement, cette qualité d'être naturelles. En tout cas il n'en dit mot[1]. Dante, moins d'un siècle après Thomas d'Aquin, n'hésitera pas à déployer jusqu'au bout la voie aristotélicienne des communautés naturelles : considérant que le genre humain forme une unique société, il envisage de le doter de la forme politique – empire ou monarchie – qui puisse promouvoir le bien commun universel de toute l'humanité[2]. Rien de tel chez saint Thomas qui s'en tient à ce qu'il a d'abord sous les yeux, à savoir des royaumes, qui apparaissent comme des développements des cités antiques mais aussi médiévales.

Sur ce terrain des communautés naturelles, saint Thomas s'inscrit nettement dans la ligne d'Aristote – son commentaire de la *Politique* en atteste –, et il faut reconnaître qu'il n'apporte aucun développement significatif hormis ce déplacement de l'échelle des communautés, sur lequel, d'ailleurs, il ne s'appesantit guère. A la vérité, deux communautés seulement lui importent, qui méritent d'être reconnues comme naturelles : la famille et « la cité ou le royaume ». La famille et la cité jouissent chacune d'une certaine primauté, la famille dans l'ordre génétique et pour sa finalité procréatrice, la cité dans

1. On ne peut donc qu'émettre des conjectures pour expliquer ce silence. On en avance ici deux seulement. D'une part, toute la politique de saint Thomas, et sans doute toute sa science pratique, est marquée par la mesure. Rien n'est plus contraire à la pensée thomasienne que la démesure, et s'il s'élève spéculativement du singulier à l'universel, jamais il ne substitue celui-ci à celui-là dans l'ordre pratique. Déjà, dans la *Politique*, Aristote écrit, à propos de la taille de la cité, qu'elle ne doit pas être excessive, afin d'être saisie en un seul regard : « Pour juger en matière de procès et pour distribuer les magistratures selon le mérite, il est nécessaire que les citoyens se connaissent mutuellement. [...] Il est évident que la meilleure limite pour une cité c'est le nombre maximum [de citoyens] propre à assurer une vie autarcique et qu'on peut saisir en un seul regard » (Pol. VII, 4, 1326 b 15... 24). Saint Thomas passe de la cité au royaume médiéval – extension déjà considérable – mais sûrement, pour lui, l'Empire excédait son sens de la mesure comme celui d'Alexandre trahissait celui de son précepteur. Chez Thomas d'Aquin, le sens si prononcé de l'équilibre, de la raison, de la mesure, ne le dispose pas à se laisser séduire par l'universalité de la forme impériale. D'autre part, à cet argument de pure nature, on peut en ajouter un qui relève de l'ordre chrétien. C'est que, en chrétienté, si communauté humaine universelle il y a, c'est l'Église, et non une communauté naturelle. Dans cette lumière, l'empire, même saint, peut apparaître en quelque sorte comme rival de l'Église, comme une tentative de réaliser dans l'ordre naturel cette unité du genre humain qui n'est reformée que dans l'ordre surnaturel. Les querelles entre l'Empire et la papauté, où rivalité et alliance s'entremêlent subtilement, témoignent suffisamment, au temps de saint Thomas, des risques associés à une telle forme politique.

2. DANTE, *La Monarchie*, Paris, Belin, 1993, ici I, 5-7.

l'ordre de perfection, pour l'excellence du bien qu'elle procure[1]. Si bien que, en raisonnant dans l'ordre du bien qui est fin, c'est « la cité ou le royaume » qui l'emporte et finalise les communautés de rang inférieur. Le bien de la famille est lui-même ordonné, dans l'ordre politique, au bien de la cité : « De même que le bien d'un seul homme n'est pas la fin ultime mais est ordonné au bien commun; de même encore le bien d'une famille est ordonné au bien de la cité, qui est la société parfaite »[2].

On ne peut que relever la cohérence qui caractérise l'anthropologie et la politologie de saint Thomas, qui doit tout, en cette matière, à Aristote. Puisque l'homme est par nature un animal voué à vivre en communauté, certaines communautés humaines ont-elles-mêmes un caractère naturel. Parmi celles-ci, l'une est qualifiée de parfaite, qui finalise les autres : c'est la cité politique, aussi appelée royaume. Et, comme on l'a vu au chapitre précédent, la perfection de la cité tient à ce qu'elle est autarcique, qu'elle a sa plénitude en elle-même, et qu'elle permet d'atteindre le bien le plus haut, appelé bien commun par saint Thomas, bien de tous les citoyens en commun et de chacun en particulier.

B – *L'unité d'ordre de la communauté politique*

L'attention portée aux assemblées humaines, la mise en lumière, parmi celles-ci de communautés naturelles, c'est-à-dire liées à la nature même de l'homme, témoignent de la réalité de ces communautés humaines. Mais comment préciser leur statut? D'un côté, ce qui vient en premier à l'esprit est la différence entre une assemblée humaine et les parties qui la composent. En un sens, l'assemblée n'existe pas sans ses parties, et les parties, seules, sont des réalités substantielles, subsistantes par elles-mêmes. Mais, d'un autre côté, il est clair pour saint Thomas que le tout est plus que la somme de ses parties. Aristote disait déjà que 6 dit plus que 3+3. Pour Thomas, un tout a une réalité propre, certes différente de celle d'une réalité subsistante par elle-même, car il n'existe que dans ses parties subsistantes, mais qui, cependant, lui confère une consistance unique. Philosophiquement, la question est de grande importance, car à ne pas préciser cette réalité propre du tout comme tout, on réduit les communautés à n'être qu'une addition de parties, et donc un simple conditionnement communautaire des parties qui les composent. Les conséquences théologiques ne sont pas moins graves, ainsi qu'en témoignent la conception

1. S'agissant de la famille, qu'il n'oublie jamais, Aristote remarque dans l'*Éthique à Nicomaque* qu'elle est plus fondamentale que la cité, car « la famille est quelque chose d'antérieur à la cité et de plus nécessaire qu'elle, et la procréation des enfants est une chose plus commune aux êtres vivants » (VIII, 14, 1162 a 18-19). Saint Thomas, de son côté, souligne que « l'homme est, selon la nature, plus animal conjugal que politique », parce que la procréation répond à une inclination plus fondamentale, qu'il partage avec les autres animaux (*Super Eth.*, VIII, 12, 241-242).

2. I II, q. 90, a. 3, ad 3.

multitudiniste du nominalisme ockhamien et ses conséquences, par exemple, sur la compréhension de la réalité ecclésiale[1].

Saint Thomas, sur cette question, ne livre pas d'analyse développée, mais recourt à une notion que l'on a rapidement rencontrée précédemment. Pour lui, une communauté humaine bénéficie, non d'une unité substantielle, semblable à celle de ses parties, mais d'une unité d'ordre. Le thème de l'univers, de son unité et de son *ordo*, apparaît dans la théologie latine au XIIe siècle, sous l'influence notamment des penseurs arabes, qui contribuent à répandre quantité de thèmes issus du stoïcisme[2]. Cette unité d'ordre est une notion que saint Thomas applique aussi bien à l'univers en son ensemble qu'à la cité en particulier. Comme on l'a déjà vu, c'est au début de son commentaire de l'*Ethique à Nicomaque* qu'il l'évoque ainsi :

> Il faut savoir que ce tout qu'est la multitude civile ou la famille domestique ne possède qu'une simple unité d'ordre, selon laquelle il n'est pas un purement et simplement (*simpliciter*) ; ainsi une partie de ce tout peut avoir une opération qui n'est pas celle du tout, comme le soldat dans l'armée a des opérations qui ne sont pas celles du tout. Néanmoins, ce tout a une opération qui n'est pas l'opération de chacune des parties, mais celle du tout, par exemple l'attaque de l'armée entière. La traction du navire est aussi l'action de ceux qui tirent le navire[3].

Cette unité d'ordre est la notion à laquelle recourt Thomas lorsqu'il traite de l'unité de l'univers, composé d'une multitude de réalités créées :

> L'ordre même qui règne dans les choses, telles que Dieu les a faites, manifeste l'unité du monde; ce monde, en effet, est un d'une unité d'ordre, selon que certains êtres sont ordonnés à d'autres; or tous les êtres qui viennent de Dieu sont ordonnés entre eux et à Dieu (*ordinem habent ad ipsum Deum et ad invicem*)[4].

Appliquée à la communauté politique, cité ou royaume, cette unité d'ordre signifie que c'est l'ordre à la fin, *l'ordo ad finem*, qui suscite l'unité de tous ceux qui participent de cette multitude. La fin partagée, fin du tout et fin des parties, ici le bien commun, ordonne les parties et suscite à son tour l'ordre qui prévaut entre les parties. Chez saint Thomas, les causalités formelle et finale sont toujours étroitement liées. C'est la fin poursuivie en commun, c'est la

1. *Cf.* Y. CONGAR, *L'Église de saint Augustin à l'époque moderne*, Paris, Cerf, 1970, ici p. 290-295.

2. Sur ce thème du stoïcisme au Moyen Âge, voir M. SPANNEUT, *Permanence du stoïcisme*, De Zénon à Malraux, Gembloux, Duculot, 1973, en particulier p. 181-182.

3. *Super Eth.*, I, 1, 78-88. Thomas termine son développement en soulignant : « il ne revient pas à la même science d'examiner le tout, qui a seulement une unité d'ordre, et les parties de celui-ci », *ibid.*, 95-99. Il en conclut à une division tripartite de la philosophie morale, celle qui traite des opérations individuelles, (morale individuelle ou « monastique »), celle qui traite des actes de la vie familiale (morale économique), et celle qui traite des opérations de la multitude civile (morale politique). Sur l'unité d'ordre, voir, dans un contexte tout différent, *CG* IV, 35, 7°.

4. I q. 47, a. 3.

communauté de fin recherchée qui réalise une communauté: «De même que les réalités qui sont dans un genre communient (*communicant*) dans le principe propre de ce genre, de même elles communient dans leur fin»[1]. Certes, fondamentalement, c'est l'identité de genre qui permet l'existence d'une communauté: «Il est manifeste que l'unité fondée sur la communauté de genre ou d'espèce est une unité de nature; toute chose, parce qu'elle aime son espèce, aimera donc ce qui ne fait qu'un spécifiquement avec elle»[2]. Mais, sur ce fondement, c'est la quête partagée de la fin qui fait la communauté. Le principe est fort et lourd de conséquences: il signifie que l'unité d'une cité jaillit de son ordre à la fin, de la quête de ce bien communément poursuivie. Cela explique *a contrario* qu'une assemblée humaine qui ignore ou ne parvient pas à identifier sa fin se retrouve en désarroi et menacée de décomposition.

On retrouve ici le *duplex ordo*, également rencontré au chapitre précédent, qui semble exprimer la métaphysique communautaire de saint Thomas, métaphysique de l'homme en communauté et métaphysique de la communauté elle-même. On rappelle comment il l'exprime, en se référant à Aristote:

> Selon le philosophe, le bien de la multitude, d'une armée par exemple, est double. Il y a un bien qui se trouve dans la multitude elle-même: ainsi l'ordre de l'armée. Et il y a un autre bien, distinct de la multitude, qui est le bien du chef. Ce dernier bien est supérieur à l'autre, car c'est à lui que l'autre est ordonné[3].

Pour toute multitude, il y a simultanément son bien interne ou immanent: l'*ordo ad bonum* (*bonum in ipsis rebus existens*), et un bien extrinsèque ou transcendant, auquel chaque partie et le tout sont ordonnés: l'*ordo ad finem ultimam* (*bonum a rebus separatum*). L'unité d'ordre qui caractérise une cité politique recouvre, pour saint Thomas, ce double aspect de l'ordre interne ou immanent – toutes les relations de justice et d'amitié entre les citoyens – et de l'ordre au bien transcendant qui est pour lui, on l'a vu, Dieu lui-même[4]. La métaphysique de la personne de saint Thomas, qui fait place à sa dimension communautaire, fonde la réalité métaphysique de la communauté: c'est le fondement métaphysique du politique.

La cité et, à un moindre degré la famille, sont donc des communautés attachées à la nature même de l'homme, et dotées, par ce principe d'ordre, d'une unité qui leur donne une consistance propre. La cité est plus que l'addi-

1. *II Sent.*, d. 38, q. 1, a. 2, resp.

2. I, q. 60, a. 4.

3. I II, q. 111, a. 5, ad 1. Il est significatif que la métaphore militaire, qui provient des *Métaphysiques* d'Aristote, se retrouve dans le commentaire de l'*Ethique*, cité plus haut, pour exprimer l'unité d'ordre.

4. On a noté que, pour saint Thomas, le bien immanent (l'ordre de l'armée) est ordonné au bien transcendant (le bien du chef). On a dit, au chapitre précédent quel ajout cela représente, pour la cité, par rapport à la conception d'Aristote, qui s'en tient au bien immanent. Cela ne signifie pas, cependant, que l'ordre interne à la cité ne soit qu'une médiation vers le bien transcendant. La cité a sa consistance propre et si, chez Thomas, son bien est incomplet s'il n'est ordonné au bien divin, cela ne réduit pas le bien immanent à n'être qu'un pur intermédiaire vers le bien divin.

tion arithmétique de tous les citoyens, même si elle n'a pas une subsistance semblable à celle de ses parties, qui sont des réalités substantielles. Pour employer un vocabulaire qui n'est pas le sien, parce qu'il lui est postérieur, on dira que, chez saint Thomas, la cité est un corps politique – par analogie avec le corps humain qui, dans son unité, est composé d'une multitude de membres – doté d'une certaine personnalité, qui est plus qu'une simple personnalité morale, mais qui est moindre que celle d'un sujet subsistant par lui-même. Ce statut, fragile parce que tout dépendant de l'ordre effectif au bien, et de ce fait délicat à saisir, est en quelque sorte métaphysiquement intermédiaire entre celui d'une réalité substantielle et le simple rassemblement d'éléments divers en un tout accidentel, qui peut être doté de ce que l'on appellera une personnalité morale[1].

Cette réalité ontologique de la cité justifie qu'elle apporte aux citoyens un bien, le bien commun, qui excède le bien singulier tout en en étant une composante. Si la cité n'était rien d'autre qu'une assemblée d'individus, le bien qu'elle procure se limiterait à l'ordre de l'utile et ne serait que dispositif au bien moral singulier. La cohérence de cette conception, qui est déjà celle d'Aristote et que saint Thomas reprend avec plus d'ampleur, doit être soulignée : si la cité n'a pas de réalité propre, si le bien atteint dans la cité n'est que second au regard du bien singulier, alors la science politique ne saurait être dite la plus haute (*principalissima*), le bien de la cité le plus divin, et la cité la communauté parfaite. Il faut le reconnaître, peu nombreux sont ceux, parmi les disciples de saint Thomas, qui ont su tenir un tel statut du politique.

Pour qui se souvient que la conception augustiniste, encore forte au XIIIe siècle, tendait à ne reconnaître aucune consistance propre aux communautés politiques, l'apport doctrinal de saint Thomas apparaît avec évidence. Mais on mesure aussi la distance qui le séparera de certains qui le suivront dans la recherche d'une philosophie politique. A partir du XIVe et surtout du XVIe siècle, nombre d'auteurs vont reconnaître la réalité de l'ordre politique, mais sans saisir sa profondeur métaphysique ni sa relation au bien séparé. Les conceptions nominalistes ne saisissent pas la consistance propre d'une communauté à partir, mais au-delà de ses membres. Les conceptions volontaristes ou utilitaristes du monde commun traitent d'une donnée incontournable mais dépourvue d'intelligibilité propre, aboutissant à ne concevoir du politique, d'une façon ou d'une autre, que son efficacité. L'évolution est nette à partir de Machiavel : la réalité métaphysique de la communauté, et par là sa double ordination, interne et transcendante, s'évanouissent. C'est, en fait, un retour à une conception platonicienne, mais dépourvue de transcendance,

1. Pas plus qu'il n'emploie explicitement l'analogie corporative pour définir une cité, Thomas n'use du vocabulaire de la personnalité pour exprimer l'unité du tout formé de ses parties.

pour laquelle la vie en société s'impose à l'homme sans avoir de rationalité propre[1].

Entre l'augustinisme qui le précède et le nominalisme qui le suit, la conception de Thomas d'Aquin est singulièrement équilibrée et, en faisant droit à la réalité métaphysique du politique, tient à égale distance les conceptions qui la nient comme celles qui la réduisent à un conditionnement inévitable. En survolant les époques, il apparaît que la pensée thomasienne se bat sur deux fronts en même temps. Sur le front théologique, face à l'augustinisme, en affirmant la consistance d'un ordre rationnel, d'un niveau naturel, distinct quoique non séparé de l'ordre surnaturel. Sur le front philosophique, face aux tenants d'une politique purement volontariste, en affirmant, au niveau naturel, la réalité métaphysique intrinsèque du tout à partir mais au-delà de ses parties. Equilibre subtile et exigeant, dont la complexité explique sans doute la précarité.

SECTION III – LA DIALECTIQUE DU TOUT ET DES PARTIES

La présente enquête serait incomplète si l'on n'abordait pour lui-même le thème philosophique de la relation du tout et des parties au sein d'une communauté humaine. Ce rapport du tout et des parties est, à la vérité, un thème fréquent chez saint Thomas, et sa récurrence peut même étonner. Sans doute faut-il y voir une marque de l'admiration de Thomas pour cet ordre de l'univers et du monde des créatures qu'il voit en mouvement vers sa fin[2]. Il faut ici préciser les principaux termes de cette dialectique, que saint Thomas doit largement à Aristote, et qui apparaît essentielle à son anthropologie politique.

A – *Le bien du tout coïncide avec celui des parties*

On a souligné au point précédent que, dans l'approche commune à Aristote et à saint Thomas, le tout qu'est une communauté, s'il n'existe pas en-dehors des parties qui le composent, est cependant plus que la simple somme de ses

1. Jean-Yves Jolif remarque avec justesse : « On ne saurait accorder trop d'importance au fait que la société politique moderne s'est constituée au moment même où la raison s'estimait incapable de comprendre le fait de l'existence en commun, où l'homme acceptait de se soumettre aveuglément à ce qui lui semblait être un destin inéluctable. Si les analyses de Machiavel ont quelque valeur, elles peuvent prouver qu'il n'y a pas là une simple concomitance, mais bien une interaction réciproque, et que l'État moderne s'est posé de telle sorte que la politique n'y pouvait être qu'un rapport de forces et que le problème unique qu'elle posait était celui de l'efficacité », *Les idées politiques de Saint Thomas*, *op. cit.*, p. 6.

2. C'est ce que remarque Michel Villey dans *Questions de saint Thomas sur le droit et la politique…*, *op. cit.*, p. 100 : « Mieux que n'auraient pu les philosophes, parce qu'il est un théologien, saint Thomas perçoit la grandeur de l'ordre cosmique devenu le Plan éternel de Dieu créateur, en sa dimension *dynamique* ». Cet ordre à la fin, qui vaut pour l'ensemble des créatures, vaut spécialement pour les créatures spirituelles réunies dans leurs communautés naturelles que sont les cités. Il leur appartient, en usant de leur raison, de contribuer à l'ordination du monde humain à sa fin.

parties. Chaque partie est en puissance au tout, et le tout est le principe formel qui fait que les parties sont parties. Les parties et le tout qu'elles composent sont analogiquement dans le rapport de la matière à la forme qui la détermine[1]. Il faut maintenant ajouter ce qui n'a été évoqué que rapidement dans les précédents chapitres et qui est essentiel à la compréhension du politique selon cette même approche : le bien du tout qu'est la cité et le bien des parties que sont les citoyens sont homogènes. « Il faut porter le même jugement sur la fin de toute la multitude et sur celle d'un seul »[2]. La fin du tout n'est pas autre que celle de chacune des parties, parce que le bien du tout fait partie du bien de chacune de ses composantes; et cela n'empêche pas, on l'a vu, que chaque partie et le tout aient des opérations propres. Il y a bien quelque chose de propre à la cité et quelque chose d'absolument propre à chaque membre de la cité[3]. Mais ces deux propres sont en phase et intimement liés. Le bien de la cité est une part du bien personnel, et, dans le même temps, le bien de chacun de ses membres participe au bien de tous. Exprimé du côté du tout, on dira que le bonheur de la cité contribue au bonheur de chacun des citoyens, ou qu'il n'y a pas de cité heureuse si les citoyens ne le sont pas. Formulé du côté des citoyens, on dira qu'une part du bonheur personnel passe par celui de la cité, ou encore qu'aucun citoyen ne peut être pleinement heureux si la cité ne l'est pas. Telle est la conviction d'Aristote, partagée sans réserve par saint Thomas :

> Lorsque l'on cherche le bien commun de la multitude, par voie de conséquence on cherche en outre son bien propre, pour deux raisons. La première est que le bien propre ne peut exister sans le bien commun de la famille, de la cité ou du royaume. Aussi Valère Maxime disait-il des Romains qu'"ils aimaient mieux être pauvres dans un empire riche que riches dans un empire pauvre". La seconde raison est que, l'homme étant partie de la maison et de la cité, il doit considérer le bien qui lui convient d'après ce qui est prudent relativement au bien de la multitude; en effet, la bonne disposition des parties se prend de leur rapport au tout[4].
>
> La bonté d'une partie s'apprécie d'après son rapport avec le tout; c'est pourquoi saint Augustin écrit : "Toute partie est difforme quand elle n'est pas accordée à son tout". Donc, puisque tout homme est une partie de la cité, il est impossible qu'un homme soit bon s'il n'est pas proportionné au bien commun. Et le tout

1. *Cf.*, au chapitre VII, les développements sur la forme politique.

2. *De Regno*, II, 3, 45.

3. *Cf.* II II, q. 58, a. 7, ad 2 : « Le bien commun de la cité et le bien singulier d'une seule personne diffèrent entre eux formellement, et non pas seulement en quantité. La notion de bien commun et celle de bien singulier diffèrent en effet entre elles comme celles de tout et de partie (*alia enim est ratio boni communis et boni singularis, sicut et alia est ratio totius et partis*) ».

4. II II, q. 47, a. 10, ad 2. Dans le même sens, cf. *ibid.*, q. 58, a. 9, ad 3 : « Le bien commun est la fin de chacune des personnes vivant en communauté, comme le bien du tout est la fin de chacune des parties »; et *ibid.*, q. 61, a. 1, ad 2 : « La partie et le tout sont, d'un certain point de vue, identiques, en ce que tout ce qui appartient au tout appartient d'une certaine façon à la partie; et c'est ainsi que lorsqu'on partage entre les membres de la communauté un bien commun, chacun reçoit en quelque sorte ce qui est à lui ».

> lui-même ne peut être bien constitué sinon par des parties qui lui sont bien proportionnées[1].

Il y a donc une conjonction qui est aussi une imbrication du bien d'un seul et du bien du tout – on pourrait dire, en un langage théologique, une circumincession –, et ceci est au cœur de la compréhension qu'a saint Thomas du rapport d'un membre à la communauté qui est la sienne.

Cette double relation du bien de la partie au bien du tout explique fort bien la démarche d'ensemble d'Aristote, que l'on a déjà rappelée : puisqu'il en est ainsi, pour traiter de la politique, science suprême dans l'ordre pratique, il convient au préalable de s'interroger sur le bien de chacun, ce qui est l'objet de l'*Éthique à Nicomaque*. Une fois cette enquête aboutie, on peut développer les aspects propres à la communauté, et c'est l'objet de la *Politique*. C'est bien ce programme d'ensemble qu'Aristote expose au premier Livre de l'*Éthique*. Saint Thomas adhère à cette conception dans l'ordre naturel, et l'étend sans difficulté à l'ordre surnaturel : la béatitude, qui consiste dans la vision de Dieu, est indissociablement le bien de chacun et celui de tous.

Sur ce point encore, il n'est pas inutile de rapprocher la conception « classique » d'Aristote, reprise par Thomas, des interrogations contemporaines. Si l'on suit ces deux auteurs, élaborer un ordre politique détaché de la recherche des fins personnelles est inconcevable, ou, en tout cas, ne saurait aboutir à une communauté au sens plénier du terme. En d'autres termes, l'interrogation sur le « commun » ne saurait faire l'économie de celle sur le « singulier », qui pose celle du bien de chacun. En retour, concevoir un bien singulier qui n'intègre pas le bien de tous revient à nier la dimension communautaire constitutive de la nature humaine, et la consistance propre de la cité politique comme communauté naturelle. La complexité inhérente à la « chose politique », à la *res publica*, gît ici, au cœur de la dialectique du tout et des parties. C'est céder à la tentation de supprimer cette complexité que de privilégier le bien du tout, au détriment du bien singulier, ou celui des parties, au détriment du bien commun.

B – *Le bien du tout est meilleur que le bien d'une partie, qui lui est ordonné*

Cette conjonction de fin entre le tout et les parties du tout ne les situe cependant pas au même niveau : elle s'accompagne d'une subordination des parties au tout. C'est ce qui résulte de la célèbre parole d'Aristote au début de l'*Éthique*, déjà maintes fois citée : « Même si le bien d'un seul est le même que celui de la cité, il est meilleur et plus parfait d'honorer et de sauvegarder le bien de la cité : car le bien est assurément aimable pour un individu isolé, mais il est

1. I II, q. 92, a. 1, ad 3. Saint Thomas ajoute, reprenant la question très aristotélicienne de la bonté des gouvernants et de celle des citoyens : « C'est pourquoi il est impossible que le bien commun d'une cité se réalise bien si les citoyens ne sont pas vertueux, tout au moins ceux à qui revient le commandement. Il suffit toutefois au bien de la communauté que les autres soient vertueux dans la mesure où ils obéissent aux ordres des chefs ».

plus beau et plus divin appliqué à des peuples ou à des cités »[1]. À la lecture de ce passage, un esprit chrétien pourrait s'étonner que l'on puisse par ce biais relativiser le bien d'une seule partie au profit du tout. Pourtant, saint Thomas justifie l'affirmation d'Aristote sans éluder l'objection :

> Il est manifeste que toute cause est d'autant plus première et puissante qu'elle s'étend à plus [de choses]. De là aussi, le bien qui a raison de cause finale est d'autant plus puissant qu'il s'étend à plus [d'effets]. C'est pourquoi aussi, si la même chose est bonne pour un homme seul et pour toute la cité, il sera manifestement beaucoup plus grand et plus parfait de susciter, c'est-à-dire de fournir et de sauvegarder, ce qui est le bien de toute la cité que ce qui est le bien d'un seul homme. Il appartient certes à l'amour qui doit exister parmi les hommes que l'on préserve même le bien d'un seul homme. Mais il est bien meilleur et plus divin d'avoir cette attitude envers tout le royaume, qui contient de nombreuses cités. On dit d'ailleurs que c'est plus divin en ce que cela est plus à la ressemblance de Dieu, qui est la cause ultime de tous les biens[2].

Il ne s'agit, ni chez Aristote, ni chez saint Thomas, de soutenir que l'on peut sacrifier le bien d'une partie pour sauvegarder le bien du tout, il s'agit seulement de reconnaître qu'il est plus grand de servir toutes les parties réunies dans le tout qu'une seule de ses parties. Cela n'est pas contradictoire avec l'enseignement de l'Évangile, et c'est ce qui justifie la primauté de la politique au sein des sciences pratiques. Pour Thomas, la Révélation l'enseigne, autant que la raison. En effet, « la raison droite juge que le bien commun est meilleur que le bien d'un seul »[3], et la parole de saint Paul « la charité ne cherche pas son intérêt » (*1 Co* 13, 5) signifie pour Thomas, qui suit ici saint Augustin, « que la charité préfère le bien commun au bien propre »[4].

Saint Thomas est si convaincu de cette vérité formulée par Aristote qu'il la cite explicitement quarante fois au moins, sans compter de nombreuses mentions implicites, et il en tire de multiples conséquences. Ainsi dans ce passage déjà rencontré, qui explicite la fin de la loi humaine :

1. *Eth. Nic.* I, 1, 1094 b 7-10. Sur ce thème déjà rencontré, voir les études de I. Th. ESCHMANN et l'annexe au présent ouvrage consacré à la querelle du personnalisme.

2. « *Manifestum est enim quod unaquaeque causa tanto potior est quanto ad plura effectus eius se extendit. Unde et bonum, quod habet rationem causae finalis, tanto potius est quanto ad plura se extendit. Et ideo, si idem est bonum uni homini et toti civitati, multo videtur maius et perfectius suscipere, id est procurare, et salvare, id est conservare, illud quod est bonum totius civitatis, quam id quod est bonum unius hominis. Pertinet quidem enim ad amorem qui debet esse inter homines quod homo quaerat et conservet bonum etiam uni soli homini, sed multo melius est et divinius quod hoc exhibeatur toti genti et civitatibus. Vel aliter : amabile quidem est quod hoc exhibeatur uni soli civitati, sed multo divinius est quod hoc exhibeatur toti genti, in qua multae civitates continentur. Dicit autem hoc esse divinius eo quod magis pertinet ad Dei similitudinem, qui est universalis causa omnium bonorum* », *Super Eth.*, I, 2, 170-188. C'est ici qu'intervient l'*addendum* qu'il apporte in fine, au cas où le lecteur pourrait croire que la science la plus haute entre toutes serait la politique, et qui rappelle que cela ne vaut que dans l'ordre pratique, la « science divine », qui est la métaphysique, étant la science la plus haute dans tous les genres ; *ibid.*, 193-202.

3. II II, q. 47, a. 10 ; *ibid.*, q. 26, a. 3-4.

4. II II, q. 26, a. 4, ad 3.

> Chaque partie est ordonnée au tout comme l'imparfait l'est au parfait; mais un homme est une partie de la communauté parfaite. Il est donc nécessaire que la loi envisage directement ce qui est ordonné à la félicité commune. C'est pourquoi le Philosophe, dans sa définition des lois, fait mention de la félicité et de la solidarité politique (*de felicitate et communione politica*). Il dit en effet que « nous appelons justes les dispositions légales qui réalisent et conservent la félicité ainsi que ce qui en fait partie, par solidarité politique (*politica communicatione*) ». Car, pour lui, la société parfaite, c'est la cité [1].

On l'aura noté, Thomas ne se contente pas de soutenir la primauté du bien commun sur le bien individuel; il affirme que la partie est elle-même ordonnée au tout auquel elle appartient [2] et que, par conséquent, le bien de la partie est ordonné au bien du tout: « Le bien propre, objet de la prudence entendue absolument, est ordonné au bien commun, objet de la politique » [3]. Dans le contexte théologique du traité de la grâce, il écrit encore: « Il est manifeste que le bien de la partie est pour le bien du tout; d'où il suit que chaque être particulier aime, d'un appétit ou amour naturel, son bien propre en vue du bien commun de tout l'univers, qui est Dieu » [4]. Il y a, pour Thomas, une préférence pour le bien commun, une ordination privilégiée au bien commun, qui l'emporte sur la recherche du bien propre et qui ordonne celui-ci à celui-là:

> Dans un tout, chaque partie aime naturellement le bien commun de ce tout plus que son bien propre et particulier. Et cela se manifeste dans l'activité des êtres: chaque partie en effet a une inclination primordiale à l'action commune qui se propose l'utilité du tout. Cela apparaît aussi dans les vertus politiques qui font que les citoyens souffrent dommage dans leurs biens, et parfois dans leur personne, en vue du bien commun [5].

À partir d'un tel principe, saint Thomas procède à de nombreuses déductions, qui relèvent d'ailleurs des lieux communs de la philosophie communautaire. Ainsi justifie-t-il que l'on risque spontanément sa vie pour la sauvegarde du bien de la cité:

> Le bien commun de la multitude est plus divin que le bien d'un seul. Aussi est-il vertueux d'aller jusqu'à risquer sa vie pour le bien commun de la cité,

1. I II, q. 90, a. 2. On remarque qu'ici saint Thomas emploie le terme de félicité (*felicitas*) pour exprimer la fin de la loi. C'est que ce vocable lui permet de parler indistinctement de la fin naturelle (le bien commun) et de la fin surnaturelle (la béatitude).

2. *Cf.* II II, q. 65, a. 1: « Tout l'homme est ordonné comme à sa fin à toute la société dont il est une partie ».

3. II II, q. 47, a. 11, obj. 3.

4. I II, q. 109, a. 3.

5. II II, q. 26, a. 3. Thomas ajoute: « À bien plus forte raison le vérifie-t-on dans l'amitié de charité, qui est fondée sur la communication des dons de grâce ». Remarque instructive qui montre que, pour lui, ce qui vaut dans l'ordre naturel vaut *a fortiori* dans l'ordre surnaturel de la grâce. On retrouve la préférence pour le bien commun en *ibid.*, a. 4, ad 3: « Pour tout être, le bien commun est plus aimable que son bien propre; c'est ainsi que, pour la partie, le bien du tout est plus aimable que le bien partiel qui est le sien ». De même: « L'ordre de la charité est tel que l'on préfère le bien commun au bien du prochain [s'il s'agit de le corriger] », *Quodlib. XI*, q. 10, a. 1, 25-26.

> temporelle ou spirituelle. C'est pourquoi, puisque la solidarité dans les combats a pour fin le salut de la cité, le soldat qui porte secours à son compagnon d'armes ne le fait pas comme à un homme privé, mais pour venir en aide à la cité tout entière[1].

Le même argument va jouer pour attester que telle guerre est juste[2], ou pour reconnaître le bien-fondé de la mise à mort d'un membre d'une communauté au nom du salut de celui-ci :

> Tout individu est avec la société dont il est membre dans le même rapport qu'une partie avec le tout. Si donc quelque individu devient un péril pour la société et que son péché risque de la détruire, il est louable et salutaire de le mettre à mort pour préserver le bien commun; car « un peu de ferment corrompt toute la pâte » (*1 Co* 5, 6)[3].

Il s'agit ici d'une application particulière de la théorie du moindre mal en politique, qui justifie la reconnaissance, dans la doctrine catholique, de la peine de mort au nom du bien commun[4]. Il faut ajouter encore que la subordination au bien commun ne vaut pas seulement pour les biens particuliers, mais aussi pour les biens des communautés de rang inférieur, comme les familles :

> Si l'homme est partie d'une famille, la famille elle-même est partie de la société politique, et c'est cette dernière qui constitue la société parfaite, selon le premier Livre de la *Politique*. C'est pourquoi, de même que le bien d'un seul individu n'est pas la fin ultime mais est ordonné au bien commun; de même encore le bien d'une famille est ordonné au bien de la cité, qui est la société parfaite[5].

Ces quelques exemples suffisent au présent propos. Ils attestent de la valeur structurante que saint Thomas attache à cette relation dialectique du tout et des parties[6]. Que ces conséquences pratiques soient des lieux communs de la politique témoigne du bien-fondé du principe métaphysique qu'il émet. Un passage des *Questions quodlibétales* est particulièrement éloquent à cet égard, et mérite d'être cité dans son intégralité. Il s'agit de savoir si l'homme en état d'innocence aurait aimé Dieu par-dessus tout et plus que lui-même. En laissant de côté le contexte particulier de l'état d'innocence, il faut retenir l'argument

1. II II, q. 31, a. 3, ad 2. On aura noté la mention simultanée des deux cités. On trouve le même argument *ibid.*, q. 32, a. 6 : « On doit toujours faire passer le bien commun avant son propre bien ».
2. II II q. 40, a. 1, ad 2. Dans le même sens, cf. *ibid.*, q. 123, a. 5.
3. *Ibid.*, q. 64, a. 2; mêmes raisonnement et conclusion en *CG* III, 146, 4°. Dans les mêmes conditions, Thomas justifie la pratique de la mutilation, reconnue à l'époque, pour sanctionner un préjudice causé à la communauté : « Parce que tout l'homme est ordonné comme à sa fin à toute la société dont il est une partie, comme nous l'avons dit [...], il pourra se faire que l'ablation d'un membre, bien qu'elle cause un préjudice à tout le corps, soit ordonnée au bien de la société, en tant qu'elle est imposée comme un châtiment pour réprimer certains péchés » (II II, q. 65, a. 1).
4. Cette doctrine, assortie de nombreuses et strictes conditions, est toujours tenue par le Magistère ecclésial : cf. *Catéchisme de l'Église catholique*, n° 2267.
5. I II, q. 90, a. 3, ad 3.
6. Cette dialectique est omniprésente dans les questions de la *Somme de théologie* consacrées à la justice : en particulier II II, q. 58 et q. 61.

général sur lequel Thomas fonde sa réponse. On trouve réunis plusieurs des éléments déjà rencontrés dans cette étude :

> Il faut dire qu'aimer Dieu par-dessus tout plus que soi-même est naturel, non seulement à l'ange et à l'homme, mais encore à toute créature selon qu'elle peut aimer, par sensibilité ou par nature. Les inclinations naturelles, en effet, peuvent être connues au plus haut point en celles qui agissent naturellement sans délibération de la raison. Ainsi une réalité agit dans la nature, ainsi elle est née apte à agir.
> Or, nous voyons qu'une partie quelconque opère par une certaine inclination naturelle en vue du bien du tout, même au prix du danger et à son propre détriment : c'est ce qui apparaît lorsqu'une main s'expose au glaive pour la défense de la tête, de laquelle dépend le salut du corps entier. D'où il est naturel qu'une partie quelconque aime, selon son mode, le tout davantage qu'elle-même. De là vient, selon cette inclination naturelle, et selon la vertu politique, qu'un bon citoyen s'expose au péril de la mort pour le bien commun.
> Or, il est manifeste que Dieu est le bien commun de tout l'univers et de toutes ses parties. Il en résulte qu'une créature aime naturellement Dieu, selon son mode, plus qu'elle-même[1].

Le principe de primauté du tout est donc, pour Thomas d'Aquin, un principe métaphysique, attesté par la réalité, qui s'exprime dans les créatures par leur inclination naturelle vers le bien du tout, et qui prime sur la préférence pour leur bien propre. Et de cette inclination, l'un des principes premiers de la loi naturelle, découlent de multiples actions dans l'ordre moral qui attestent de la présence active du principe dans les créatures. Tout cela relève, chez Thomas d'Aquin, d'une véritable métaphysique de la communauté, plus largement d'une métaphysique de la multitude qu'il va appliquer à différents types d'assemblées. Cette métaphysique est tout entière centrée sur l'*ordo*, sur l'ordre des parties au tout et des unes envers les autres.

Ce principe, cependant, n'est absolu que dans un ordre donné. Conformément aux précisions apportées au chapitre II, saint Thomas reprend à son compte les analyses d'Aristote dans l'ordre naturel, mais non sans les relativiser par la primauté reconnue à l'ordre surnaturel. Si bien que l'ordination de la partie au tout et celle, conjointe, du bien de la partie au bien du tout, vaut sans préjudice de cette primauté de l'ordre surnaturel, c'est-à-dire de l'ordination directe de la partie à Dieu. On l'avait déjà relevé : « L'homme n'est pas ordonné dans tout son être et dans tous ses biens à la communauté politique »[2]. Et il le redit autrement un peu plus loin : « Le bien commun est préférable au bien privé s'il est du même genre, mais il peut se faire que le bien

1. *Quodlib. I*, q. 4, a. 3, 58-79. En termes très proches, *cf.* I, q. 60, a. 5. On relève ici que saint Thomas ne recourt pas explicitement à l'analogie corporative – la cité forme un corps dont les citoyens sont les membres – pour exprimer la relation du tout aux parties. Il est vrai qu'elle vient de Platon (*Rep.*, V, 462 b-e) et non d'Aristote. Elle est au cœur de l'ecclésiologie paulinienne, mais dans un contexte, cette fois, exclusivement chrétien.

2. I II, q. 21, a. 4, ad 3.

privé soit meilleur quant à son genre »[1]. Voilà qui explique que, bien que le bien de tous soit meilleur que celui d'un seul, le martyre chrétien soit plus grand que le fait de mourir pour le bien de la cité : « Le bien public est plus grand que le bien humain; mais le bien divin, qui est la cause propre du martyre, l'emporte sur le bien humain »[2]. Saint Thomas résume sa position lorsqu'il justifie que les vertus morales soient devancées par les vertus théologales : « Toutes sont devancées par les vertus qui ordonnent au bien divin. Car celui-ci devance tout bien humain; dans les biens humains, le bien public devance le bien privé; et là, le bien du corps l'emporte sur les biens extérieurs »[3]. En définitive, seul le bien divin l'emporte sur tout autre bien, singulier ou commun[4]. Autrement dit, seul Dieu est bien commun *simpliciter*, les autres ne le sont que *secundum quid*, selon leur genre.

Sous cette réserve qu'il ne faut jamais oublier, une telle emprise de l'argument métaphysique[5] de la primauté du bien du tout sur celui de la partie est, semble-t-il, sans équivalent chez les pairs de saint Thomas, comme chez ses devanciers. On peut avancer au moins deux raisons pour l'expliquer. La première tient à l'ancrage de l'argument dans la réalité, qui fonde sa valeur métaphysique. La seconde réside, encore une fois, dans l'admiration que porte saint Thomas au monde créé, qui reflète la beauté et la grandeur de Dieu. Lorsqu'il s'interroge sur les multitudes de réalités créées, il écrit : « L'univers entier participe de la bonté divine et la représente plus parfaitement que n'importe quelle créature quelle qu'elle soit »[6]. Et lorsqu'il se penche sur l'unité du monde qui prévaut à travers cette multiplicité, il invoque cette « unité d'ordre » déjà rencontrée : « L'ordre même qui règne dans les choses, telles que

1. II II, q. 152, a. 4, ad 3. On est ici dans un ordre très particulier, celui des états de vie dans la vie chrétienne.

2. *Ibid.*, q. 124, a. 5, ad 3. De même, cf. *ibid.*, I II, q. 113, a. 9, ad 2 : « Le bien de l'univers est plus grand que le bien particulier d'un seul, s'ils sont dans le même genre; mais le bien de la grâce, dans un seul homme, l'emporte sur le bien naturel de tout l'univers ».

3. II II, q. 117, a. 6.

4. On note cependant que le fait pour saint Thomas d'user de l'argument général de la primauté du bien commun à l'égard de différents types de multitudes, tout en témoignant du caractère universel qu'il lui reconnaît, explique pour une part les glissements qu'il opère d'un plan à l'autre. On l'a déjà dit, il lui arrive, dans un même développement, de passer du niveau naturel de la cité à celui, surnaturel, de l'assemblée ecclésiale. Il va même, on l'a vu, jusqu'au niveau cosmique, c'est-à-dire celui de l'ordre de l'univers, tant pour lui le monde entier, culminant dans le monde humain, est en mouvement pour rejoindre son principe qui est Dieu. Par exemple en I II, q. 19, a. 10 : « Le bien de tout l'univers est celui que considère Dieu, son créateur et gouverneur; aussi tout ce que Dieu veut, il le veut sous la raison du bien commun, qui est sa bonté, laquelle est le bien de tout l'univers ». On ne doit cependant user de l'argument métaphysique, dans son expression cosmique, mais appliqué aux communautés humaines, qu'avec grande prudence, sans quoi on risque de justifier l'abandon d'une créature au nom de l'ordre de l'univers, qui admet l'imperfection et les défauts.

5. Argument exprimé sous une forme logique, mais qui est bien d'ordre métaphysique : c'est l'être d'une réalité composée qui est en cause, comme on l'a vu pour la *duplex finis* de l'armée, qu'il reprend des *Métaphysiques* d'Aristote.

6. I, q. 47, a. 1, c.

Dieu les a faites, manifeste l'unité du monde; ce monde, en effet, est un d'une unité d'ordre, selon que certains êtres sont ordonnés à d'autres; or tous les êtres qui viennent de Dieu sont ordonnés entre eux et à Dieu »[1].

Ici réside, assurément, l'une des clés qui explique la force et la récurrence de ce que l'on peut nommer l'argument métaphysique dans les conceptions politiques de Thomas. Sa vision est d'abord celle d'une économie divine, au sens premier du terme, d'un Dieu gouvernant le monde créé comme l'autorité domestique sa maison, dispensant ses dons de sorte que sa bonté soit partagée et communiquée. C'est dans cette perspective qui embrasse tout le genre humain qu'il place le mouvement de la cité terrestre, cité qui participe ainsi, selon ce que permet la raison dont sont dotées ses parties, à cette grande économie en aidant les citoyens à agir en vue de leur fin, laquelle réside ultimement dans la béatitude (aspect opératif) ou en Dieu (objet de l'opération). Toutes les communautés, de quelque rang qu'elles soient, participent de ce grand mouvement des créatures vers Dieu, bien de toutes et de chacune[2].

Pour saint Thomas, l'horizon du politique ne se limite pas à celui de la cité ou du royaume. Non qu'il le dévalue : il l'honore, on l'a vu, sans réserve. Mais il ne perd pas de vue le monde humain considéré en son ensemble (et ceci vaut aussi, en un sens, pour cette communauté surnaturelle qu'est l'Église, dont l'horizon est toujours la totalité du genre humain, de tout temps et de tout lieu). Faut-il y voir une influence du stoïcisme latin? Rien ne permet d'affirmer une influence directe de cette école de pensée, même mitigée de néo-platonisme, en cette matière politique qui est ici traitée. On a dit que le thème de l'univers, de son unité et de son *ordo*, se déploie dans la théologie latine dès avant saint Thomas, et la *Physique* d'Aristote, redécouverte alors, alimente ces réflexions sur l'univers et ses parties. Sans nul doute, Thomas d'Aquin s'inscrit dans ce mouvement; mais il est le seul de son temps, semble-t-il, à associer comme il le fait l'ordre de l'univers et la politique, à inscrire l'ordre politique dans une perspective universaliste nourrie d'une théologie de l'économie divine. Car si cette influence de l'époque est probablement présente, le moteur principal semble bien être la dynamique de la théologie, dont l'universalité découle de celle du dessein de Dieu, qui engage, non seulement tout homme et toute communauté humaine, mais encore et de façon ultime tout le genre humain.

*

L'examen de ces trois axes – la personne en communauté, la communauté et la relation de la partie et du tout – a mis en lumière les principaux lieux où s'expriment les aspects fondamentaux de la pensée de saint Thomas touchant

1. *Ibid.*, a. 3, c.

2. Pour ce motif, le gouvernement providentiel de Dieu sur le monde est semblable au gouvernement prudentiel du chef de famille ou du roi, de la cité ou du royaume : cf. *De Ver.*, q. 5, a. 3, c., 49-52.

au politique. On aboutit ainsi à un corpus conséquent, qui témoigne de conceptions solidement établies. La récurrence des principes, et le plus souvent des termes de leur formulation, en témoigne sans équivoque. Thomas d'Aquin a une pensée politique ferme et déterminée, dont la source réside à l'évidence chez Aristote, même si sa perspective, comme on l'a déjà vu, s'étend aussi au champ théologique.

En le corrélant avec l'étude de la finalité du politique, au chapitre précédent, on peut retenir de ce parcours trois leçons essentielles, qui ne semblent pas dépourvues de pertinence, même à l'époque moderne ou contemporaine. La première tient au caractère naturel, à la fois de la dimension communautaire de la personne et de certaines communautés humaines. On l'a dit, c'est là une reprise presque *ne varietur* des affirmations d'Aristote. Le fait que saint Thomas n'ébauche à aucun moment une discussion sur le bien-fondé de ces affirmations, au-delà du regret que l'on en peut éprouver, témoigne de la certitude qu'il leur reconnaît. Toutes les communautés ne se valent pas, certaines, en lien étroit avec la nature de l'homme, ont un statut unique (la famille et la cité), et il existe une communauté politique qui atteint une certaine complétude en elle-même et pour ceux qui la composent. La deuxième leçon est un trait général de son approche du politique, qui vaut d'ailleurs pour toute sa philosophie pratique : elle répond à une démarche téléologique. C'est par sa fin qu'une communauté est déterminée, et, pour le dire en termes modernes, s'identifie elle-même. Et cette fin, qui vaut pour la communauté et chacun de ses membres, est un bien d'ordre moral. Pour Thomas d'Aquin, assurément, il serait illusoire de prétendre fonder une cité politique – quelle que soit sa dénomination : cité, royaume ou État-nation – sans prendre pour critère ultime la fin poursuivie par tous et par chacun – en pratique par le plus grand nombre. Enfin, dernière leçon et peut-être la plus originale, la doctrine politique de saint Thomas joint d'une étonnante façon les aspects individuels et communautaires. Certes la personne, comme sujet autonome et volontaire, est au cœur de toute son anthropologie. Mais elle ne peut être dissociée de sa communauté. Dit-on « personne » qu'aussitôt il faut porter son regard sur la communauté dont elle est membre; dit-on « communauté » qu'aussitôt il faut rappeler la souveraineté des sujets qui la composent. Pour user du vocabulaire contemporain en un sens qui n'est pas le sien, on dira que l'anthropologie de saint Thomas est autant personnaliste que communautariste. La dialectique si rigoureuse du tout et de ses parties l'a montré : Thomas honore à la fois l'identité personnelle et la dimension communautaire, excluant aussi bien l'individualisme que le totalitarisme communautaire. Pareil équilibre et pareille harmonie sont chose rare en matière d'anthropologie.

Dans la mesure où elle s'inscrit dans un jugement de sagesse sur le monde créé, sur les hommes et les communautés qu'ils forment, la doctrine thomasienne du politique garde toute sa valeur. Elle présente même une synthèse assez rare qui unit dans la dynamique du retour vers Dieu les communautés humaines de tous ordres, naturel et surnaturel. Mais l'ordre politique introduit une dualité qui ne prévaut pas dans l'ordre éthique : la distinction des communautés naturelles, on dira pour simplifier la cité, et de la communauté surnaturelle, l'Église. Cette coexistence des deux ordres, qui prend corps en éthique dans l'unité de la personne, se concrétise en politique à travers la présence pérenne de communautés distinctes, dont les autorités respectives vont devoir composer. Saint Thomas ne peut échapper à la question, et c'est d'elle qu'il s'agit de traiter désormais.

CHAPITRE IV

LES DEUX POUVOIRS

L'existence simultanée, plus encore l'imbrication profonde des cités et des communautés ecclésiales, par antonomase la présence de la cité terrestre et de la cité de Dieu, transforme radicalement le champ de la pensée politique qui ne peut plus, dans une perspective chrétienne, demeurer enclos au niveau purement naturel. Sans l'épuiser, loin de là, cette question se cristallise, dans l'histoire, autour de la relation des autorités responsables, respectivement, de chacune des sociétés, et c'est elle qui fait l'objet du présent chapitre. La relation, plus essentielle, entre les communautés elles-mêmes, entre les deux cités, celle de Dieu et celle des hommes, sera abordée, au chapitre VIII, après avoir énoncé les principaux éléments relatifs à la cité de Dieu comme société politique d'un genre particulier[1]. Dans les faits, pratiquement et historiquement, c'est à travers la question des deux pouvoirs que celle des deux cités a été posée, à différentes époques. Mais la réponse à celle-ci, qui conditionne largement la réponse à celle-là, mérite d'être traitée en toute sa généralité.

La question des deux pouvoirs est donc l'une de celles qui animent la pensée politique depuis l'émergence du christianisme au sein des sociétés humaines. Elle a connu des réponses nombreuses, différant selon les temps et les principes philosophiques et théologiques convoqués. Le siècle de saint Thomas, celui qui, pour simplifier, va d'Innocent III à Boniface VIII, est marqué, dans l'ensemble, par l'affirmation nette de la primauté pontificale sur les pouvoirs temporels, dans la foulée de la réforme grégorienne qui a caractérisé le siècle précédent. Le pape Innocent III, dans sa décrétale *Per venerabilem* de 1202, affirme, en se référant à l'autorité de l'Ancien Testament pour interpréter le Nouveau : « nous exerçons occasionnellement (*casualiter*) la

1. Sur les différents aspects de la question, voir Y. CONGAR, « Orientations de Bonaventure et surtout de Thomas d'Aquin dans leur vision de l'Église et celle de l'État », dans *1274, année charnière*, mutations et continuités, Lyon-Paris, 30 septembre – 5 octobre 1974, « Colloques internationaux du Centre national de la recherche scientifique, 558 », Paris, CNRS, 1977, p. 691-708 [p. 696-699].

juridiction en matière temporelle »[1]; le siècle va montrer que les occasions d'un tel exercice sont nombreuses. Les rapports d'autorité et de *potestas* entre le pape et les souverains, rois, princes ou empereurs, se révèlent à cette époque de plus en plus difficiles, au fur et à mesure que l'Église affermit, dans le même temps, son statut de puissance temporelle. Ces querelles vont marquer lourdement les siècles suivants et préparer l'avènement de la politique moderne.

Même si le royaume de France, à l'époque où Thomas délivre l'essentiel de son enseignement, se distingue à cet égard par une grande sérénité, il est assez significatif que cette question des deux pourvoirs, si sensible depuis des décennies déjà sur le plan pratique, n'occupe pas une place essentielle dans la pensée thomasienne du politique. En effet, elle ne fait pas l'objet d'un traitement direct de sa part, et il faut mobiliser des données assez éparses pour parvenir à saisir sa position sur la question. Au surplus, l'interprétation des textes principaux n'est pas toujours évidente, et on verra que les principes retenus par saint Thomas connaissent bien des aménagements dans leur application. Cela conduit certains auteurs à conclure que la position thomasienne n'est pas claire[2]. Avant même d'entrer dans ces débats, il est assez manifeste que Thomas d'Aquin se tient à juste distance des querelles de son siècle, sans les méconnaître, mais en entendant les traiter dans le cadre large de sa pensée philosophico-théologique du politique.

La position de Thomas d'Aquin sur cette question des deux pouvoirs a fait l'objet de plusieurs études au long du XXe siècle, qui ne furent d'ailleurs pas toujours dénuées de préoccupations partisanes. Le débat s'est souvent cristallisé sur la compréhension d'un passage du *De Regno*, sur sa cohérence avec d'autres affirmations tirées d'autres ouvrages et, en fin de compte, sur la paternité thomasienne de cette œuvre. La situation s'est aujourd'hui clarifiée chez la plupart des commentateurs, mais il est utile de reprendre les termes principaux du débat[3].

La réponse apportée par Thomas, on va le voir, se situe sur un plan assez général, non pas d'une façon intemporelle ou anhistorique, mais en avançant des principes qui valent pour tout temps et toute période de l'histoire, qu'elle soit humaine ou ecclésiale. Comme toujours lorsqu'il traite des choses du monde visible, l'expérience, lue à la lumière de la Révélation, est le point de départ de sa réflexion, mais celle-ci tend à atteindre les principes d'intelligibi-

1. INNOCENT III, *Per venerabilem*, Migne PL 214, 1130-1134, ici 1132.

2. C'est le cas, trois siècles après saint Thomas, de saint Robert BELLARMIN : « *De sancto Thoma quid senserit non est tam certum* », *De romano pontifice*, V, 1.

3. *Cf.*, pour une présentation des divers aspects de la question, J.-P. TORRELL, *Saint Thomas d'Aquin, maître spirituel*, Initiation, 2, « Vestigia, 19 », Fribourg – Paris, Éditions Universitaires – Cerf, 1996, chap. 12, p. 367-409; et, pour une réflexion rapide sur le statut de la pensée politique chez saint Thomas, Mark D. JORDAN, « *De Regno and the place of political thinking in Thomas Aquinas* », *Medioevo* 18 (1992), p. 151-168.

lité les plus élevés, au-delà des spécificités liées à la conjoncture historique[1]. Pour autant, il ne peut s'affranchir complètement de cette dernière. Dans l'ordre politique, en effet, plus peut-être qu'en aucun autre, la mise en lumière des principes d'intelligibilité ne peut se faire en se détachant complètement d'une matière d'une grande complexité pratique, au risque de les rendre inopérants. Cela explique que si, d'un côté, il dégage un principe général de réponse qui est novateur, de l'autre, confronté à telle question immédiate, on le voit trancher en un sens qui ne l'est guère.

Cette question des deux pouvoirs appelle encore une remarque d'ordre scripturaire. Il se trouve, en effet, qu'elle n'est pas absente de l'Écriture, et spécialement du Nouveau Testament. C'est même le lieu privilégié où le champ politique apparaît de façon explicite, alors que les autres questions traitées dans cet ouvrage ne bénéficient pas d'un support immédiat ou d'une lumière scripturaire directe. Au surplus, les deux passages principaux auxquels il convient de se référer, l'*Epître aux Romains* de saint Paul et l'*Evangile selon saint Matthieu*, semblent aller dans des directions différentes, si l'on s'en tient à une lecture sommaire : le premier en rapportant tout pouvoir à Dieu, le second, en distinguant soigneusement, au contraire, Dieu et César. On attachera donc une importance particulière à la façon dont saint Thomas comprend et interprète ces enseignements de l'Écriture, qui ont évidemment pour lui valeur normative.

Il s'agit, dans le présent chapitre, de présenter cette question des pouvoirs, dont les incidences sont essentielles, aussi bien dans la pratique que pour la compréhension de la pensée thomasienne du politique. En commençant par présenter les principaux éléments de la doctrine thomasienne du pouvoir (tout en réservant la qustion de l'autorité politique, dans son rapport au régime, au chapitre VII), il est traité de la dualité du pouvoir et, enfin, de l'articulation des deux pouvoirs, telle qu'elle ressort des principaux écrits thomasiens.

SECTION I – DU POUVOIR

C'est la pensée politique moderne qui, en dissociant l'État de la communauté politique qu'il informe, fera du pouvoir comme tel une question en soi. On ne trouve rien de tel chez Thomas d'Aquin, qui regarde d'abord le pouvoir comme une donnée inhérente à tout ordre politique. Toutefois, l'apport spécifique de l'Écriture le pousse à dépasser une approche purement naturelle pour rendre compte du rôle du pouvoir dans la conduite par Dieu du monde créé.

1. *Cf.*, sur le conditionnement historique de la pensée de saint Thomas sur cette question, L. P. FITZGERALD, « *St. Thomas Aquinas and the Two Powers* », *Angelicum* 56 (1979), p. 515-556, spécialement p. 517-521.

A - *Du pouvoir en général*

Il va de soi que traiter du pouvoir, et spécialement du rapport des deux pouvoirs, spirituel et temporel, se pose à l'intérieur du monde de la Rédemption, c'est-à-dire au sein d'une humanité marquée par le péché. Toutefois, on aura garde d'oublier que saint Thomas ne limite pas son champ d'investigation au monde de la Rédemption, mais qu'il se réfère bien souvent au monde prélapsaire, et qu'il a une conception élaborée de ce qu'eût été le monde humain s'il n'avait été affecté par le péché[1]. Selon cette conception, il n'y aurait eu aucune séparation entre l'ordre de la nature et celui de la grâce, et cela, tant au niveau individuel que communautaire. C'est ainsi que, pour Thomas, la communauté naturelle formée par le genre humain aurait coïncidé avec la communauté de grâce, et l'autorité aurait été exercée sans dichotomie entre les deux plans, naturel et surnaturel. Dans cette économie prélapsaire, ruinée par le péché des premiers parents, il y aurait eu des relations d'autorité, mais sans séparation entre ces deux plans.

Ce principe d'autorité est clairement établi lorsque Thomas d'Aquin traite du premier homme, Adam, qu'il regarde comme principe du genre humain, « non seulement par la génération corporelle, mais aussi par l'instruction et le gouvernement »[2]. Le premier homme était doté, à cette fin, de privilèges exceptionnels, notamment quant à sa science :

> On ne peut instruire si l'on ne possède pas la science. Et c'est pourquoi le premier homme fut établi par Dieu dans la possession de la science concernant toutes les choses dont l'homme peut être instruit : tout ce qui existe virtuellement dans les premiers principes immédiatement connus, c'est-à-dire tout ce que les hommes peuvent naturellement connaître. D'autre part, pour gouverner sa vie et celle des autres, on a besoin de connaître non seulement ce qui peut être connu naturellement, mais aussi les choses qui dépassent la connaissance naturelle, car la vie de l'homme est ordonnée à une fin surnaturelle ; ainsi, pour gouverner notre vie, nous avons besoin de connaître les choses de la foi. Aussi en matière surnaturelle le premier homme reçut-il toute la connaissance qui était nécessaire pour gouverner la vie humaine selon cet état[3].

Le péché est venu rompre cette harmonie originelle entre les deux ordres, brisant aussi bien le lien à Dieu et l'harmonie intérieure de chaque homme que celle de tous les hommes ensemble.

Dans la restauration apportée par le Christ, le don de la grâce ne reforme pas le genre humain tel qu'il était avant le péché. De même qu'au niveau individuel la grâce redonnée ne restaure pas la nature en son intégrité, il demeure au niveau communautaire une disjonction entre la ou les communautés naturelles et la communauté surnaturelle qu'est le corps ecclésial. Là où,

1. *Cf.* notre ouvrage *Finis omnium Ecclesia, Théologie du dessein divin chez Thomas d'Aquin, op. cit.*

2. I, q. 94, a. 3.

3. *Ibid.*

avant le péché, un seul ordre d'autorité eût régi le genre humain quant à la nature et quant à la grâce, prévaut, dans le monde de la Rédemption, un double ordre d'autorité, l'un quant à la nature, et l'autre quant à la grâce. Il n'y a rien de surprenant, dès lors, à ce que se pose la question de l'articulation de ces deux ordres d'autorité, puisque leur conjonction n'est plus immédiatement assurée, comme elle l'eût été dans le monde sans péché. Les deux ordres sont désormais disjoints, mais le principe d'autorité demeure au sein de chacun. La question des deux pouvoirs se pose donc, par principe, dans le monde de la Rédemption, et il est bon de le relever car l'histoire pourrait laisser croire qu'elle se pose d'abord en pratique.

Ce préalable étant rappelé, et pour s'en tenir désormais au seul monde de la Rédemption, il convient de reconnaître qu'il n'y a pas, chez saint Thomas, de réflexion systématique et autonome sur le pouvoir, comme on en rencontre à l'époque moderne, lorsqu'une certaine distance s'établit entre l'État et le peuple qu'il ordonne. Pour autant, il traite de l'autorité ou du pouvoir en tant qu'ils relèvent de la causalité efficiente en matière politique. Si l'assemblée des citoyens, le peuple de la cité, relève de la causalité matérielle, si, comme on le verra au chapitre VII, le régime au sens large relève de la causalité formelle, l'autorité relève de la causalité efficiente. Quelle que soit la figure qu'elle prenne, quel que soit le nom qu'on lui donne, l'autorité doit disposer d'un pouvoir qui oblige (une *virtus obligandi*) qui s'impose à la multitude ordonnée dans l'unité. En ce sens, et comme on l'a indiqué au chapitre I, le pouvoir est une expression de la raison politique en tant qu'elle est édificatrice de l'être politique des citoyens.

En philosophie politique, la question du pouvoir est par essence complexe car si, d'un côté, le pouvoir ne peut procéder, d'une façon ou d'une autre, que de la communauté politique, d'un autre côté, le pouvoir préexiste à la communauté car sans lui celle-ci n'est pas constituée. Saint Thomas n'entre pas dans de telles considérations sur la genèse du pouvoir, et ne s'intéresse à lui qu'en le supposant constitué. Même la question de l'origine historique du pouvoir, qui est une façon minimale de traiter la question, et qui apparaît dans les écrits d'Aristote, ne retient guère son attention. Tout au plus indique-t-il incidemment la façon dont les régimes se sont historiquement établis, en mêlant les origines divine et humaine :

> Le pouvoir royal, ou le pouvoir de quelque autre dignité, peut être considéré [...] quant au mode d'acquisition du pouvoir; sous ce rapport, parfois il vient de Dieu, c'est-à-dire quand on acquiert ce pouvoir de manière ordonnée [...], parfois il ne vient pas de Dieu, mais de la convoitise perverse de l'homme, qui acquiert un pouvoir par ambition ou par quelque autre moyen illicite [...] [1].

En fait, à s'en tenir au niveau rationnel, les écrits de saint Thomas témoignent qu'il attache de l'importance non pas tant à l'origine du pouvoir

1. *Super Rom.*, 13, 1, Ma 1022.

qu'à sa finalité. Qu'il évoque le pouvoir en lien avec le régime qui l'organise ou en lien avec la loi qui en est l'expression, c'est toujours la considération de la fin poursuivie, qui est pour lui le bien commun, qui qualifie le pouvoir considéré. Ainsi, dans ce passage du traité de la loi, que l'on retrouvera plus longuement au chapitre VI : « Toute loi est ordonnée au salut commun des hommes (*ad communem hominum salutem*), et c'est seulement dans cette mesure qu'elle acquiert force et raison de loi (*vim et rationem legis*); dans la mesure, au contraire, où elle y manque, elle perd sa force d'obligation (*virtutem obligandi*) »[1]. Cette finalité du pouvoir, ici exprimée par le terme de salut, est le signe de sa conformité avec la loi divine, et donc le gage de sa légitimité.

C'est l'Écriture qui introduit un facteur nouveau, qui relève de la Révélation, et qui oblige Thomas d'Aquin à traiter du pouvoir dans son origine divine.

B – Omnis potestas a Deo : *l'origine divine de tout pouvoir*

L'*Epître* de saint Paul aux Romains, dans le Nouveau Testament, affirme nettement l'origine divine de tout pouvoir constitué. Le texte principal est le suivant (13, 1-7) :

> Que toute personne soit soumise aux autorités supérieures; car il n'y a point d'autorité qui ne vienne de Dieu, et les autorités qui existent ont été instituées de Dieu. C'est pourquoi celui qui s'oppose à l'autorité résiste à l'ordre que Dieu a établi, et ceux qui résistent attireront une condamnation sur eux-mêmes. Ce n'est pas pour une bonne action, c'est pour une mauvaise, que les magistrats sont à redouter. Veux-tu ne pas craindre l'autorité ? Fais-le bien, et tu auras son approbation. Le magistrat est serviteur (διάκονός) de Dieu pour ton bien (εἰς το ἀγαθόν). Mais si tu fais le mal, crains; car ce n'est pas en vain qu'il porte l'épée, étant serviteur de Dieu pour exercer la vengeance et punir celui qui fait le mal. Il est donc nécessaire d'être soumis, non seulement par crainte de la punition, mais encore par motif de conscience. C'est aussi pour cela que vous payez les impôts. Car les magistrats sont chargés par Dieu de s'appliquer à cet office. Rendez à tous ce qui leur est dû : l'impôt à qui vous devez l'impôt, le tribut à qui vous devez le tribut, la crainte à qui vous devez la crainte, l'honneur à qui vous devez l'honneur[2].

A priori, l'interprétation d'un tel texte devrait être un défi pour saint Thomas, du fait de l'importance qu'il reconnaît à l'ordre naturel. En réalité, le recours au jeu combiné des causes première et seconde lui permet de résoudre la question sans rien renier de son « naturalisme aristotélisant ».

1. I II, q. 96., a. 6.

2. On trouve la même affirmation chez saint Pierre (1 P 2, 13-14) : « Soyez soumis, à cause du Seigneur, à toute autorité établie parmi les hommes, soit au roi comme souverain, soit aux gouverneurs comme envoyés par lui pour punir les malfaiteurs et pour approuver les gens de bien ». L'Ancien Testament allait déjà dans ce sens, en un passage auquel saint Thomas se réfère volontiers : « Par moi règnent les rois et les princes décrètent le droit » (Pr 8, 15).

Le principe est clairement établi par saint Paul que toute autorité, par elle-même, vient de Dieu et est instituée par lui. Qu'est-ce que cela signifie? On sait combien ces versets pauliniens ont été parfois mal compris, comme justifiant la légitimité de tout pouvoir établi, ou comme soumettant toute autorité au pouvoir ecclésiastique. Leur sens est autre, explique saint Thomas. Son commentaire sur ces premiers versets du chapitre 13 de l'*Épître aux Romains* commence par la réception de cette vérité de foi: « Si le pouvoir des princes, en tant que pouvoir, vient de Dieu, et si rien ne vient de Dieu sans ordre, il s'ensuit que même l'ordre, suivant lequel les inférieurs sont soumis aux supérieurs, vient de Dieu »[1]. Surtout, il précise la nature de l'autorité, qui rend compte de son origine divine: quel que soit le domaine où elle s'applique, l'autorité est un service destiné à guider vers le bien. Toute situation d'autorité ou de pouvoir relève de Dieu en tant qu'elle est ordonnée au bien et, en ce sens, celui qui l'exerce est référé à Dieu et au bien qu'il veut pour l'homme. C'est la raison pour laquelle on peut se soustraire à un pouvoir humain qui irait contre le bien voulu par Dieu: « Tout pouvoir humain est ordonné au pouvoir divin et l'on ne doit obéir à aucun pouvoir humain contre Dieu, selon ce passage des Actes (5, 29): "il faut obéir à Dieu plutôt qu'aux hommes" »[2].

En principe donc, les princes inscrivent leur autorité sous celle de Dieu, premier gouvernant: « Ils sont sous le gouvernement de Dieu comme sous celui du prince suprême, en tant que ministres constitués »[3]. Cela vaut pour toute autorité civile, comme le Christ le rappelle à Ponce-Pilate lors de son procès: « Tu n'aurais sur moi aucun pouvoir s'il ne t'avait été donné d'en haut » (Jn 19, 11). Passage que saint Thomas interprète ainsi:

> [Il dit cela] comme s'il disait: Si tu parais avoir quelque pouvoir, ce n'est pas par toi-même que tu l'as, mais il t'a été donné d'en haut, c'est-à-dire par Dieu, de qui vient tout pouvoir. "Par moi règnent les rois" (Pr. 8, 15). Et il dit: aucun, c'est-à-dire si minime que soit ton pouvoir, puisqu'il avait un pouvoir limité soumis à un plus grand, celui de César[4].

L'affirmation de l'origine divine du pouvoir n'empêche pas qu'il puisse y avoir de mauvais princes, dont le gouvernement n'échappe pas, cependant, au gouvernement divin:

> Ils sont ministres de Dieu pour infliger selon l'ordre divin des peines, bien que ce soit sans intention de leur part [...]. Et bien que ces mauvais princes affligent parfois les bons avec la permission de Dieu, [leurs persécutions] tournent au

1. *Super Rom.*, 13, 1, Ma 1025. De même, *ibid.*, Ma 1030: « [Les princes] ont été institués pour contraindre par la crainte de la peine ceux que l'amour de la vertu ne détermine pas à éviter le mal et à faire le bien ».
2. *Ibid.*, Ma 1028.
3. *Ibid.*, Ma 1034.
4. *Super Joh.*, 19, 2, Ma 2395.

bien [des bons], comme on l'a dit: "Or, nous savons que tout coopère au bien pour ceux qui aiment Dieu" (*Rm* 8, 28)[1].

Que les princes, même dans leurs œuvres temporelles, participent au gouvernement de Dieu qui achemine toute chose vers son bien est une donnée constante dans les écrits de Thomas d'Aquin. Ainsi, à propos du pouvoir des clés, affirme-t-il:

> Les rois n'ont aucun pouvoir en matière spirituelle; ainsi, ils ne reçoivent pas la clé du royaume des cieux. Mais seulement en matière temporelle, ce qui ne peut être sans que cela vienne de Dieu, comme on le voit en *Rm* 13[2].

Ainsi, encore, pour justifier la crainte envers les autorités temporelles: « Les pouvoirs séculiers, en portant des peines pour détourner du péché, sont en cela ministres de Dieu, comme le dit saint Paul en *Rm* 13, 4 »[3].

Le regard de saint Thomas sur la nature du pouvoir s'inscrit ainsi dans la perspective du gouvernement de Dieu sur toute chose, qui tend à conduire chacune à sa fin qui est sa perfection, et qui est ultimement le bien de la divine bonté[4]. Pour lui, tout pouvoir séculier, même s'il l'ignore, et même s'il est défaillant, participe du gouvernement de Dieu sur les choses et sur les êtres, qui tend à conduire tout humain au salut. C'est pourquoi, lorsque saint Paul continue en ajoutant: « Il est nécessaire d'être soumis » (*Rm* 13, 5), saint Thomas comprend: « Soyez soumis aux princes par nécessité, c'est-à-dire parce que cette soumission est de nécessité de salut »[5]. Voilà pourquoi, aussi, saint Thomas justifie le versement d'un tribut aux autorités séculières: « Puisque nos princes dans leur gouvernement servent Dieu, ils doivent percevoir le tribut du peuple, comme une sorte de salaire de leur ministère »[6]; « il y a une nécessité de justice pour les sujets de rendre aux princes ce qui leur est dû »[7].

En définitive, tout pouvoir, que son détenteur le sache explicitement ou non, agit comme une cause seconde sous l'autorité de la cause première du gouvernement de l'univers, qui est Dieu lui-même. Cette doctrine aristotélicienne de l'articulation des causes première et seconde permet à saint Thomas de tenir à la fois l'origine divine de toute autorité, qui est une vérité révélée, et

1. *Super Rom.*, 13, 1, Ma 1034. Il en va de même, selon saint Thomas, pour les actions des mauvais anges (I, q. 114, a. 1) « qui sont finalement soumises à l'ordre de Dieu qui sait se servir du mal selon son plan, en l'ordonnant au bien ».

2. « *Reges non habent aliquam potestatem in spiritualibus; et ideo clavem regni caelestis non accipiunt; sed solum in temporalibus, quae etiam nisi a Deo esse non potest, ut patet Rom. 1.* », *IV Sent.*, d. 19, q. 1, a. 1, q^a 3, ad 2.

3. II II, q. 19, a. 3, ad 2. Dans le même sens, *ibid.*, q. 25, a. 1, ad 1: « On redoute la puissance séculière parce qu'elle a reçu de Dieu la mission de punir les malfaiteurs, et on l'aime parce qu'elle rend la justice ».

4. I, q. 103, a. 5.

5. *Super Rom.*, 13, 1, Ma, 1036.

6. *Ibid.*, Ma 1039; *cf.* dans le même sens, II II, q. 106, a. 1.

7. *Ibid.*, Ma1042; là encore, saint Thomas n'est pas ingénu, cf. *ibid.*, Ma 1041: il y a matière à péché de la part des princes lorsqu'ils perçoivent les tributs, soit « s'ils ne procurent pas le bien du peuple », soit « s'ils lui ravissent son bien avec violence ».

la consistance propre, dans son ordre, de toute autorité politique constituée : l'inscription de l'autorité dans le gouvernement divin ne signifie pas que Dieu en soit la cause immédiate, fût-ce par la médiation de l'Église. Rien n'empêche que l'autorité civile soit instituée en vertu d'un pacte social, comme à l'époque moderne. Mais, dans la perspective thomasienne, sa légitimité ne repose pas seulement sur ce fondement, elle tient aussi à sa participation au gouvernement de la cause première et divine.

Au total, ces considérations conduisent Thomas d'Aquin à poser un triple regard sur un pouvoir donné, en prenant en compte le pouvoir lui-même, son mode humain d'acquisition, et enfin l'usage que le prince en fait. On retrouve ici le commentaire de l'*Epître aux Romains* brièvement cité plus haut :

> Le pouvoir royal, ou le pouvoir de quelque autre dignité, peut être considéré sous trois rapports. D'abord, quant au pouvoir lui-même, et sous ce rapport il vient de Dieu [...]. Puis, quant au mode d'acquisition du pouvoir; sous ce rapport, parfois il vient de Dieu, c'est-à-dire quand on acquiert ce pouvoir de manière ordonnée [...]. Parfois il ne vient pas de Dieu, mais de la convoitise perverse de l'homme, qui acquiert un pouvoir par ambition ou par quelque autre moyen illicite [...]. Enfin, quant à son usage; sous ce rapport il vient parfois de Dieu, par exemple quand celui qui en est dépositaire en use suivant les préceptes de la justice divine [...]. Mais parfois il ne vient pas de Dieu, par exemple lorsqu'on use de ce pouvoir concédé contre la justice divine [...][1].

Comme toujours chez saint Thomas, le fondement et la finalité se rejoignent. L'origine de tout pouvoir est divine, et sa finalité l'est aussi, qui consiste à acheminer les hommes vers le bien véritable, qui ne peut être qu'en conformité au bien divin. Comme on l'a vu précédemment, la légitimité d'un pouvoir, ultimement, ne s'apprécie pas tant à partir de son origine qu'au vu de la fin qu'il poursuit.

En tout état de cause, souligner la nature divine de tout pouvoir, dans les conditions que l'on vient de préciser, n'empêche aucunement de reconnaître la légitimité d'un pouvoir séculier aux côtés d'un pouvoir ecclésial, puisqu'il s'inscrit, qu'il le sache ou non, qu'il le veuille ou non, à l'intérieur du gouvernement divin sur le monde créé. On mesure combien une telle interprétation de la formule paulinienne s'écarte de l'interprétation plus spontanée qui justifierait une supériorité effective de l'autorité religieuse sur l'autorité civile du fait de l'origine divine de toute autorité. En ce sens, l'exégèse thomasienne de Rm 13 ne conduit à aucun hiérocratisme.

Cette question de l'origine divine du pouvoir, et de sa juste compréhension, conduit naturellement à la reconnaissance, par saint Thomas, de la distinction des pouvoirs civil et religieux.

1. *Super Rom.*, 13, 1, Ma 1022.

SECTION II – LA DUALITÉ DES POUVOIRS

Tout en reconnaissant que le pouvoir temporel et le pouvoir spirituel se rejoignent quant à leur origine et quant à leur finalité, qui est le bien humain, Thomas d'Aquin invite à distinguer soigneusement les domaines respectifs de l'un et de l'autre. Ce qui les unit ne doit pas faire oublier ce qui les sépare. A ce sujet, l'Écriture apporte encore un enseignement essentiel, celui sur la relation de Dieu et de César, telle que l'expriment les paroles du Christ rapportées par saint Matthieu dans son Evangile (22, 16-21) :

> Ils envoyèrent auprès de lui leurs disciples avec les hérodiens, qui dirent: Maître, nous savons que tu es vrai, et que tu enseignes la voie de Dieu selon la vérité, sans t'inquiéter de personne, car tu ne regardes pas à l'apparence des hommes. Dis-nous donc ce qu'il t'en semble : est-il permis, ou non, de payer le tribut à César? Jésus, connaissant leur méchanceté, répondit: Pourquoi me tentez-vous, hypocrites? Montrez-moi la monnaie avec laquelle on paie le tribut. Et ils lui présentèrent un denier. Il leur demanda : De qui sont cette effigie et cette inscription? De César, lui répondirent-ils. Alors il leur dit : Rendez donc à César ce qui est à César, et à Dieu ce qui est à Dieu.

Pour célèbre qu'il soit, le passage demande cependant à être interprété, et son exégèse apporte encore à saint Thomas une occasion de préciser ses conceptions quant à la distinction des pouvoirs. S'il ouvre une voie qui va s'avérer féconde en reconnaissant l'autonomie des sphères politique et religieuse, encore faut-il préciser la portée qu'il reconnaît à cette autonomie. Celle-ci est nécessairement dépendante du temps de chrétienté dans lequel il réalise son œuvre.

A – *La distinction des deux pouvoirs*

On a vu au chapitre II comment saint Thomas invite à distinguer le bien commun immanent de la cité et le bien commun transcendant qui relève de l'ordre surnaturel, non sans envisager l'ordination du premier au second. Pour Thomas d'Aquin, cette dualité du bien commun est porteuse de la dualité des pouvoirs chargés, chacun pour sa part, d'ordonner à la fin.

1 – *Le principe d'autonomie des sphères civile et religieuse*

Chacun des ordres, temporel et spirituel, est finalisé par un bien commun : « De même qu'il appartient aux princes séculiers de promulguer des lois précisant le droit naturel en ce qui concerne le bien commun dans le domaine temporel, de même il appartient aux prélats ecclésiastiques de prescrire par des décrets ce qui regarde le bien commun des fidèles dans le domaine spirituel »[1]. Le domaine temporel est celui où doit régner la justice, le domaine spirituel regarde l'exercice des vertus théologales, et celui-ci n'absorbe, ni ne supprime,

1. II II, q. 147, a. 3.

celui-là: « Cette foi ne supprime pas l'ordre fondé sur la justice, mais au contraire l'affermit »[1]. Cette distinction des ordres, et donc des pouvoirs, est pour saint Thomas un principe intangible, dont les expressions sont multiples et bien frappées: « Le droit divin qui vient de la grâce ne supprime pas le droit humain qui vient de la raison naturelle »[2]. Ce principe, appliqué dans un autre contexte, justifie la prohibition du baptême forcé d'un enfant juif contre la volonté de ses parents: « Il n'est pas permis, pour préserver un enfant du danger de la mort éternelle, de violer l'ordre du droit naturel qui le met sous la tutelle de son père »[3].

Le principe est donc, pour saint Thomas, celui de la distinction des ordres et des biens poursuivis, naturel et surnaturel, des droits, naturel et divin, et des pouvoirs, civil et religieux. Ce principe établi, il emporte nombre de conséquences quant à la vie des citoyens et des fidèles. La première d'entre elles est le devoir d'obéissance. Selon l'ordre en cause, on doit obéir au pouvoir légitime dans cet ordre. Puisque pour Thomas, on vient de le voir, l'ordre fondé sur la foi ne supprime pas celui fondé sur la justice, il en déduit: « Cet ordre [fondé sur la justice] requiert que les inférieurs obéissent à leurs supérieurs, car autrement ce serait la ruine de la société humaine; la foi chrétienne ne dispense donc pas d'obéir aux princes séculiers »[4]. On trouve, presque mot pour mot, la même position dans le commentaire de l'*Épître à Tite*, où saint Paul exhorte les esclaves à être soumis à leurs maîtres (*Ti* 2, 9): « Le Christ n'est pas venu détruire par la foi l'ordre de la justice; la justice est conservée, au contraire, par la foi au Christ »[5]. En se fondant sur un tel principe, Thomas affirme sans équivoque qu'un inférieur doit obéir à son supérieur.

De même, la légitimité du pouvoir civil dans sa sphère justifie la rétribution due aux princes séculiers, qui s'appuie bien sûr sur la parole du Christ que l'on vient de citer: « Rendez à César ce qui est à César et à Dieu ce qui est à Dieu » (*Mt* 22, 21), que Thomas commente ainsi:

> Vous êtes à Dieu et à César, et vous usez de ce qui est à Dieu et de ce qui est à César. Vous recevez les richesses naturelles de Dieu, comme le pain et le vin, et

1. II II, q. 104, a. 6.
2. II II, q. 10, a. 10.
3. III, q. 68, a. 10, ad 1.
4. II II, q. 104, a. 6. Thomas précise, en réponse à un objectant: « Ceux qui sont devenus enfants de Dieu par la grâce sont libérés de l'esclavage spirituel du péché, mais non de la servitude corporelle; et c'est par là qu'ils ont, en ce monde, des maîtres auxquels ils doivent être soumis » (*ibid.*, ad 1).
5. *Super Tit.*, 2, 2, Ma 64. Saint Thomas ajoute, comme dans la *Somme*: « Le Christ nous a délivrés de l'esclavage quant à l'âme, mais non de l'esclavage ni de la corruption du corps » (*ibid.*). Si l'on admet avec J.-P. Torrell que le commentaire de cette épître peut être daté du premier enseignement en Italie (1259-1268), il est antérieur à la IIª IIªᵉ (1271-1272), ce qui témoigne d'une position clairement arrêtée sur son principe essentiel (*cf.* J.-P. TORRELL, *Initiation à saint Thomas d'Aquin, sa personne et son œuvre*, *op. cit.*, p. 365).

de cela rendez à Dieu; et vous possédez par César ce qui est artificiel, comme les deniers, et cela, rendez-le à César[1].

La distinction des deux sphères, séculière et surnaturelle, est donc bien affirmée; lui correspond la distinction des autorités chargées de les régir, selon la justice dans le premier cas, et selon la foi dans le second. Et à chacune correspond sa loi, loi humaine pour la cité, dont la fin « est la tranquillité de la cité dans le monde présent », la loi divine pour l'Église, dont la fin « est de conduire l'homme à sa fin, la félicité éternelle »[2].

2 – *La portée du principe d'autonomie*

Le principe étant bien établi, quelle en est la portée? Un subordonné est-il tenu d'obéir en tout au pouvoir dont il relève? Thomas d'Aquin répond, dans la *Somme*, par une précision qui semblera peut-être évidente, mais qui éclaire particulièrement la portée de ce principe. L'inférieur n'est pas tenu d'obéir en tout à son supérieur, mais sur le seul terrain où leur relation est établie:

> En ce qui concerne l'organisation de son activité et des affaires humaines, l'inférieur est tenu d'obéir à son supérieur selon la supériorité qui est la sienne (*secundum rationem superioritatis*). Ainsi le soldat au chef de l'armée en ce qui concerne la guerre, l'esclave à son maître en ce qui concerne le service à exécuter, le fils à son père en ce qui concerne la conduite de sa vie et l'organisation domestique, et ainsi du reste[3].

Cette *ratio superioritatis* établit donc le champ et la mesure selon lesquels l'autorité peut et doit s'exercer: dans les limites de sa sphère de compétence[4]. Le corollaire de cette précision est que ce qui est en dehors de ce champ ne requiert pas nécessairement l'obéissance. Saint Thomas cite dans ce même article plusieurs cas. D'abord, celui où un ordre donné contrevient à celui d'une autorité supérieure, ce que l'on retrouvera. Ensuite, celui d'un ordre qui excède le champ de la *ratio superioritatis*, comme celui qui porterait sur le mouvement intérieur de la volonté; en cette matière, « on n'est pas tenu d'obéir aux hommes, mais à Dieu »[5]. Enfin, en ce qui concerne les actes extérieurs, ce qui a trait à la nature même du corps (par exemple la nourriture et la génération) échappe au pouvoir d'une autorité humaine.

Les articles 5 et 6 de II II, q. 104 témoignent d'une doctrine clairement établie quant à ses principes: la sphère de compétence du pouvoir séculier couvre tout l'ordre de la justice dans une communauté donnée, étant entendu

1. « *Vos estis Dei et Caesaris, et habetis in usu vestro et quae Dei sunt et quae Caesaris. Habetis divitias naturales a Deo, scilicet panem et vinum, et de his date Deo: habetis ista artificialia, ut denarios, a Caesare, et haec Caesari reddite* », *Super Matth.*, 22, 2, Ma 1788.

2. I II, q. 98, a. 1. Les lois sont étudiées au chapitre VI.

3. II II, q. 104, a. 5.

4. Dans le même sens: « Les inférieurs ne sont pas soumis à leurs supérieurs en toutes choses, mais seulement dans un domaine déterminé (*quantum ad aliqua determinate*) » (*ibid.*, ad 2).

5. *Ibid.*

que cette autorité doit être légitime, dans son origine comme dans sa finalité qui est le bien de chacun des membres et celui de tous ensemble. Dans ces conditions, ces critères permettent de préciser les conditions de non-obéissance à une autorité temporelle :

> On n'est tenu d'obéir aux princes séculiers que dans la mesure où l'ordre de la justice le requiert. C'est pourquoi, s'ils ont une autorité qui n'est pas juste, mais usurpée, ou s'ils ordonnent des choses injustes, leurs sujets ne sont pas tenus de leur obéir, sinon peut-être par accident, pour éviter un scandale ou un danger[1].

Une attestation et illustration du principe est apportée lorsque Thomas d'Aquin étudie le cas du pouvoir d'un prince infidèle sur des sujets chrétiens. Il distingue, dans sa réponse, deux situations. D'abord, celle d'un pouvoir non établi. Dans ce premier cas, il n'est pas admissible qu'un pouvoir soit institué qui serait détenu par un infidèle :

> Car cela tournerait au scandale et au péril de la foi. En effet, ceux qui sont soumis à la juridiction des autres peuvent être influencés par ces supérieurs dont ils doivent suivre les ordres, à moins que de tels subordonnés aient beaucoup de vertu. Et pareillement les infidèles méprisent la foi lorsqu'ils constatent la défaillance des fidèles. C'est pourquoi l'Apôtre a interdit aux fidèles d'intenter des procès devant un juge infidèle. C'est pourquoi l'Église ne permet aucunement que les infidèles acquièrent la souveraineté sur les fidèles, ni qu'ils leur commandent, à quelque titre que ce soit, dans une charge[2].

Le second cas est celui d'un pouvoir déjà institué, et lui est occasion d'énoncer le principe d'autonomie des sphères déjà cité :

> Dans cette situation, il faut considérer que la souveraineté et l'autorité sont entrées là par droit humain (*dominium et praelatio introducta sunt ex jure humano*). La distinction entre fidèles et infidèles est au contraire de droit divin, mais ce droit divin qui vient de la grâce ne détruit pas le droit humain qui vient de la raison naturelle. C'est pourquoi la distinction entre fidèles et infidèles, prise en soi, ne supprime pas la souveraineté ni l'autorité des infidèles sur les fidèles[3].

Saint Thomas ajoute à cette réponse un codicille que l'on retrouvera bientôt. Quoi qu'il en soit, sa réponse, si elle se ressent à l'évidence de son temps de chrétienté, n'en affirme pas moins le principe dans sa généralité. En un sens, les restrictions d'application dues aux circonstances historiques ne rendent que plus manifeste, dans la conception thomasienne, la norme de droit

1. II II, q. 104, a. 6, ad 3. La même limitation du champ de l'obéissance nécessaire vaut aussi bien pour la vie religieuse (*ibid.*, a. 5, ad 3) : « [Les religieux] ne sont tenus d'obéir que pour ce qui peut concerner la vie régulière. Telle est l'obéissance qui conduit au salut » ; ce qui n'interdit pas d'obéir en autre chose, « ce qui relève d'un surcroît de perfection, dès lors que rien de cela n'est contraire à Dieu, car une telle obéissance serait illicite ».

2. II II, q. 10, a. 10, c.

3. *Ibid.*

commun. Le pragmatisme de la réponse ne diminue pas l'importance de cette dernière.

Une autre illustration est tirée du cas, proche du précédent, d'un prince, non plus infidèle, mais apostat, c'est-à-dire qui a renié la foi qu'il confessait auparavant. Ici, et plus encore que dans le cas précédent, la soumission de saint Thomas aux pratiques ecclésiastiques, si elle semble sacrifier le principe qu'il défend, n'en manifeste que davantage le crédit qu'il lui accorde. Il commence par énoncer avec netteté le principe de souveraineté au sein de chaque sphère :

> Comme nous l'avons dit plus haut, l'infidélité par elle-même ne s'oppose pas à la suzeraineté (*dominio*); celle-ci effectivement se fonde sur le droit des gens (*de jure gentium*), lequel est un droit humain (*jus humanum*); et la distinction entre fidèles et infidèles dépend d'un droit divin qui ne supprime pas le droit humain[1].

Mais, sitôt le principe énoncé, il justifie les pratiques de son temps qui vont au rebours de celui-ci :

> Mais celui qui est dans le péché d'infidélité peut perdre son droit de suzeraineté par la sentence qui le frappe, comme on est frappé aussi parfois pour d'autres fautes. Il n'appartient d'ailleurs pas à l'Église de punir l'infidélité chez ceux qui n'ont jamais reçu la foi, selon le mot de l'Apôtre (1 Co 5, 12) : "Est-ce à moi de juger ceux du dehors? " Mais l'Église peut frapper d'une sentence l'infidélité de ceux qui ont reçu la foi. Et c'est à bon droit que leur est infligée cette punition de ne pouvoir exercer la suzeraineté sur leurs sujets qui sont restés fidèles. Un tel exercice pourrait en effet amener une grande corruption de la foi, puisque, comme on l'a dit "l'apostat médite le mal en son cœur et sème les querelles" en cherchant à détacher de la foi. Aussi, dès qu'un individu est sous le coup d'une sentence d'excommunication pour apostasie de la foi, par le fait même ses sujets sont déliés de sa suzeraineté et du serment de fidélité qui les attachent à lui[2].

L'hypothèse envisagée conduit à traiter la question de l'articulation des deux pouvoirs, qui fait l'objet de la section suivante. A l'évidence, l'emprise des circonstances historiques empêche saint Thomas de tirer toutes les conséquences du principe qu'il proclame si hautement. En l'espèce, ces conséquences auraient dû être qu'un prince apostat encourt une sanction d'excommunication, mais qu'il ne peut être privé de sa suzeraineté que s'il porte atteinte au droit humain de ses sujets. Il reste que, même empreints d'une certaine incohérence pratique, les traitements qu'il apporte aux cas d'un prince infidèle ou à celui d'un prince apostat témoignent de la présence du principe

1. II II, q. 12, a. 2, c.

2. *Ibid.* Il répond à l'objection qu'il se fait de la soumission des chrétiens à l'empereur Julien l'Apostat, au IVe siècle : « En ce temps-là l'Église était dans sa nouveauté; elle n'avait pas encore la puissance de tenir en respect les princes de la terre; et c'est pourquoi elle laissa les fidèles obéir à Julien l'Apostat dans ce qui n'était pas contraire à la foi, afin d'éviter un plus grand péril pour la foi » (*ibid.*, ad 2).

d'autonomie, et donc de la force qu'il reconnaît au droit humain, qui se fonde sur la raison naturelle.

B – *Justification de la dualité thomasienne*

Avant de traiter de l'articulation des pouvoirs, il importe d'apporter quelques justifications à cette conception thomasienne de l'autonomie des sphères civile et religieuse qui, pour nouvelle qu'elle soit en son temps, est promise à un riche avenir. Cette conception acquiert toute sa signification lorsqu'on la rapporte à certains principes plus généraux de la pensée de Thomas.

1 – *Le double mode de connaissance, par la foi et par la raison*

Le rapprochement avec la doctrine thomasienne de la connaissance permet de bien comprendre comment la reconnaissance de l'origine divine de tout pouvoir – « le pouvoir spirituel et le pouvoir temporel procèdent tous deux du pouvoir divin *(potestas spiritualis et temporalis utraque decucitur a potestate divina)* »[1] – ne compromet en rien l'autonomie du pouvoir civil dans la sphère de la cité terrestre.

Chez saint Thomas, la connaissance de foi et la connaissance rationnelle sont à la fois distinctes et non susceptibles d'opposition. L'impossible contrariété entre elles ne tient pas à leurs objets respectifs, qui se recouvrent partiellement, mais au fait que la raison humaine a sa source en Dieu qui en a doté la nature de l'homme. C'est Dieu qui est l'auteur de la nature rationnelle de l'homme et, en le dotant d'une raison, il lui a permis de connaître par lui-même quantité de réalités, créées et même incréées, même si cette connaissance demeure toujours imparfaite :

> La connaissance des principes connus naturellement est introduite en nous par Dieu, puisque c'est Dieu lui-même qui est l'auteur de notre nature. [...] Et ce qui est tenu par la foi à partir d'une révélation divine ne peut être contraire à la connaissance naturelle[2].

La connaissance des réalités par l'intellect humain relève ainsi d'une lumière naturelle (*lumen naturale*) qui dérive de la lumière divine (*lumen divinum*) d'une façon non immédiate, comme la lumière de foi, mais de façon médiate en tant que c'est Dieu qui a doté la nature humaine de la capacité de connaître. En ce sens, la connaissance rationnelle vient de Dieu, parce qu'il est lui-même « l'auteur de notre nature », mais elle a toute son autonomie en l'homme qui peut en user ou n'en point user, pour connaître tel objet ou tel autre. Le rapport à Dieu est immédiat pour la connaissance de foi (« *lumen*

1. *II Sent*, d. 44, a. 3, *exp. text.*, ad 4.
2. *CG* I, 7, 2°.

divinum est gratia» [1]), mais seulement médiat pour la connaissance naturelle, en tant que la raison naturelle a son origine en Dieu créateur. C'est en ce sens que Thomas d'Aquin corrige la doctrine augustinienne de l'illumination immédiate dans la connaissance naturelle.

Cette considération est loin d'être étrangère au présent propos car, de même que Thomas corrige, dans la théorie de la connaissance, le surnaturalisme augustinien, il le corrige dans la théorie de l'agir politique, en reconnaissant l'autonomie du pouvoir civil tout en honorant son origine divine. Cela établit l'autonomie du domaine du droit naturel, fondement, pour saint Thomas du pouvoir civil: «le droit divin qui vient de la grâce ne supprime pas le droit humain qui vient de la raison naturelle» [2]. Si bien qu'en fin de compte, la reconnaissance de l'origine divine de tout pouvoir, loin de porter atteinte à l'autonomie du pouvoir civil, en est bien plutôt la garantie. J.-Y. Jolif a souligné ce point, paradoxal aux yeux de beaucoup, avec grande vigueur:

> Rejeter l'origine divine du pouvoir politique, ce serait exactement nier la contingence des natures, et particulièrement de la nature humaine, sujet du politique. A l'inverse, affirmer que tout pouvoir vient de Dieu, c'est identiquement déclarer que son fondement est naturel, qu'il a son origine immédiate dans une exigence de la raison humaine et que, *en vertu de ce fondement humain* (et non: *malgré* ce fondement humain), il faut chercher en Dieu son origine et son fondement ultimes [3].

Un bref regard historique fait prendre la mesure d'une telle conception. De fait, la pensée, depuis 2000 ans, se situe entre deux extrêmes contraires entre eux. D'un côté, le surnaturalisme augustinien, dans sa crainte de diminuer ce qui revient à Dieu, fait procéder toute connaissance et tout pouvoir immédiatement de Dieu. D'un autre côté, le naturalisme moderne, émancipé de toute transcendance, les fait procéder exclusivement de la raison humaine dont il faut à tout prix garantir la souveraineté; on aboutit, en fin de course, à l'athéisme de Feuerbach. Les deux thèses pêchent par la même incompréhension d'un ordre naturel qui procède de Dieu, ce Dieu qui en garantit l'autonomie parce qu'il en est la source. Telle est la thèse de Thomas d'Aquin, qui invite à une juste compréhension de l'agir divin au regard des réalités naturelles dont il est le créateur.

Ces propos conduisent à considérer, plus largement encore, le gouvernement de Dieu sur le monde des créatures spirituelles.

1. *De Ver.* q. 27, a. 3, obj. 2, 13.

2. II II, q. 10, a. 10, c. La conception qu'a saint Thomas du droit naturel est fort différente des conceptions modernes qui se développeront à partir du XVIIe siècle, et qui se caractérisent par une disparition progressive de l'origine divine de l'ordre naturel. Pour saint Thomas, loi de nature et loi divine sont en profonde harmonie: il revient à la raison humaine de découvrir la norme de droit naturel applicable à telle circonstance, et de découvrir par là l'expression de la volonté de Dieu dans l'immanence et la contingence du monde humain. *Cf.* chap. VI.

3. J.-Y. Jolif, *Les idées politiques de saint Thomas, op. cit.*, p. 84.

2 – *Le gouvernement divin sur le monde par le jeu des causes secondes*

C'est saint Paul qui met lui-même sur la voie pour comprendre convenablement le rôle de l'autorité civile, qui tient son pouvoir de Dieu : « [le magistrat] est serviteur de Dieu pour ton bien » (Rm 13, 4). Le pouvoir civil, quelque figure qu'il prenne, entre dans la conduite de Dieu sur le monde, thème dont saint Thomas traite à de nombreuses reprises, selon une conception bien établie. Le traité du gouvernement divin, qui clôt la *I*ª *Pars* de la *Somme* (q. 103-119), est entièrement consacré à ce sujet. On en rappelle ici les principaux thèmes, afin d'y situer le pouvoir civil[1].

Pour saint Thomas, Dieu ne se contente pas de donner l'exister aux créatures spirituelles, il les veut les acheminer vers leur fin :

> Il ne convient pas à la souveraine bonté de Dieu de ne pas conduire à leur perfection les réalités créées par lui. Or la perfection dernière d'un être se trouve dans l'obtention de sa fin. Il appartient donc à la bonté divine, après avoir donné aux choses l'existence, de les acheminer à leur fin. Ce qui est gouverner[2].

Cet acheminement des créatures vers le bien qui est le leur, c'est ce que l'on appelle sa providence. Pour saint Thomas, le gouvernement divin est l'exécution de la providence, qui est en Dieu, et rien ne peut s'en écarter : « il est impossible que quelque chose se produise en dehors de l'ordre du gouvernement divin »[3]. Pour ce gouvernement des créatures, il plait à Dieu de s'associer certaines d'entre elles qui vont ainsi contribuer à l'acheminement des autres vers leur bien. Il le dit lorsqu'il traite aussi bien de la providence que du gouvernement de Dieu :

> La providence comprend deux moments : le plan de l'ordination des choses à leur fin, et la mise en œuvre de ce plan, qu'on appelle le gouvernement. Pour ce qui est du premier, Dieu par sa providence, s'occupe de toutes les choses [...]. C'est au second moment que la providence divine use d'intermédiaires, car Dieu gouverne les inférieurs par l'entremise des supérieurs, non que sa providence soit en défaut, mais par surabondance de bonté, afin de communiquer aux créatures elles-mêmes la dignité de cause[4].
>
> Il faut considérer deux choses dans le gouvernement : le plan de ce gouvernement, qui n'est autre que la providence ; et l'exécution de ce plan. En ce qui concerne le plan du gouvernement divin, Dieu gouverne immédiatement toutes choses ; quant à l'exécution, Dieu gouverne certaines réalités par des intermédiaires [...]. Mais puisque le gouvernement doit conduire à la perfection les choses gouvernées, il s'ensuit que le gouvernement sera d'autant meilleur qu'une plus grande perfection leur est communiquée par celui qui gouverne. Or il est plus parfait d'être bon soi-même, et en même temps cause de bonté pour

1. Sur le gouvernement divin, voir notre étude *Théologie du dessein divin chez Thomas d'Aquin*, *op. cit.*, en particulier p. 114-124.
2. I, q. 103, a. 1, c.
3. I, q. 103, a. 5, c.
4. I, q. 22, a. 3, c.

> les autres, que d'être simplement bon en soi. C'est pourquoi Dieu gouverne les êtres de telle manière que certains d'entre eux puissent être, en gouvernant, cause de bonté pour les autres. Ainsi le véritable maître ne fait pas seulement de ses disciples des savants, mais encore des enseignants[1].

Tel est le statut des causes secondes, qui participent au gouvernement de la « cause première universelle »[2], qui est Dieu, dans l'acheminement des créatures vers leur fin. Saint Thomas déploie tout au long du traité du gouvernement divin, en privilégiant la communication de la connaissance entre les créatures, les harmoniques de ces innombrables participations : action des anges les uns sur les autres, des anges sur les hommes, et enfin des hommes les uns sur les autres.

C'est dans ce dernier cadre que s'inscrit le gouvernement de certains hommes sur les autres, selon les paroles de Thomas déjà rencontrées, tirées de son commentaire de Rm 13 : les autorités civiles « sont sous le gouvernement de Dieu comme sous celui du prince suprême, en tant que ministres constitués »[3]. Par le bon vouloir divin, ils ont vocation à participer à l'acheminement des créatures sur lesquelles ils ont autorité vers le bien qui est le leur. On peut ajouter désormais : dans la sphère de leur compétence, c'est-à-dire dans la sphère civile, en vue du bien commun, mais aussi en honorant l'ordination des sujets au bien transcendant qui est Dieu.

Dans l'économie de la Rédemption, on l'a dit, les communautés naturelles (les cités) et surnaturelle (l'Église) sont dissociées, même si Dieu est toujours l'unique fin ultime. Chacun des pouvoirs participe, selon son domaine propre, à la conduite des hommes vers le bien qui est leur fin, et qui est double, selon les mots de Thomas déjà rencontrés :

> La fin à laquelle Dieu ordonne ses créatures est double. L'une dépasse la mesure et le pouvoir de la nature créée, et cette fin est la vie éternelle, qui consiste en la vision divine, laquelle dépasse la nature de toute créature, comme on l'a montré plus haut. L'autre est proportionnée à la nature créée, de telle sorte que la créature peut l'atteindre par les ressources de sa nature[4].

Chacun des ordres participe au gouvernement divin, selon sa compétence et en respectant sa spécification. Que les princes soient sous le gouvernement de Dieu n'introduit aucune nécessité dans leur agir, et n'enlève rien à leur qualité de sujet libre. Ce sont des causes contingentes, car il plait à Dieu que les effets qu'ils produisent arrivent de façon contingente : « A certains effets [la providence] a préparé des causes nécessaires afin qu'ils se produisent

1. I, q. 103, a. 6, c. Dans le même sens, I, q. 23, a. 8, ad 2 : « Dieu est aidé par nous quand nous exécutons ce qu'il a décidé, selon ces paroles de l'Apôtre (1 Co 3, 9) : "Nous sommes les coopérateurs de Dieu". Et cela ne provient pas d'une déficience de la puissance divine, mais c'est Dieu qui veut se servir des causes intermédiaires afin de ménager dans les choses la beauté de l'ordre, et aussi afin de communiquer aux créatures la dignité d'être causes ».

2. I, q. 103, a. 7, c.

3. *Super Rom*, 13, 1, Ma1034.

4. I, q. 23, a. 1 ; *cf.* dans le même sens, I II, q. 109, a. 5, ad 3.

nécessairement, et à certains autres des causes contingentes pour qu'ils arrivent de façon contingente, selon la condition des causes prochaines »[1]. En principe, la cause seconde contingente agit dans le sens de la cause première : « Le ministre et le maître tendent au même but : "Tel le juge du peuple, tel ses ministres" (Si 10, 2) »[2].

En définitive, la doctrine thomasienne du gouvernement, rapportée à l'ensemble des conceptions de Thomas, permet de fonder clairement le principe d'autonomie du pouvoir civil. Autonomie qui ne signifie pas souveraineté absolue puisque, on vient de le voir, le gouvernement de la cité a vocation à participer à l'acheminement des hommes vers le bien, ici le bien commun, saisi à son double niveau comme on l'a précisé au chapitre II. Ainsi, pour brefs que soient les propos de saint Thomas sur le sujet, le fait de les rapporter à l'ensemble du corpus thomasien leur donne une autorité qu'il semble difficile de contester. L'articulation des causalités, première et seconde, et celle des fins, naturelle et surnaturelle, permet de tenir à la fois l'autonomie de l'ordre naturel de gouvernement et son inscription dans le cadre de la conduite générale du monde par Dieu.

SECTION III – L'ARTICULATION DES POUVOIRS

Poser clairement la coexistence des deux pouvoirs, spirituel et temporel ou séculier, liée à celle des deux cités, conduit naturellement à soulever la question de leur articulation. Saint Thomas apporte sa réponse, dans des termes qui semblent pérennes dans toute son œuvre, même si certains ont voulu discerner un changement dans sa pensée[3]. La réponse thomasienne, prononcée au cœur du temps de chrétienté, appelle quelques commentaires et mises en perspective historiques.

A - *La solution thomasienne*

Puisque débat il y a eu entre les commentateurs de saint Thomas, on commence ici par exposer les textes sur lesquels se sont fondés les protagonistes. Ils sont principalement au nombre de deux.

1. I, q. 22, a. 4, c. Dans le même sens, I, q. 19, a. 8, c.

2. *Super Rom.*, 13, 1, Ma 1034. Il peut arriver qu'il s'agisse de mauvais princes, et qu'ils se détournent de l'ordination au bien voulue par Dieu, situation que l'on rencontre parfois dans la Bible, et que Thomas d'Aquin commente dans des termes déjà rencontrés : « Quant aux mauvais princes, ils sont ministres de Dieu, pour infliger selon l'ordre divin des peines, bien que ce soit sans intention de leur part [...]. Et bien que ces mauvais princes affligent parfois les bons avec la permission de Dieu, [leurs persécutions] tournent au bien [des bons], comme on l'a dit plus haut : "Or nous savons que tout coopère au bien pour ceux qui aiment Dieu" (Rm 8,28) » (*ibid.*).

3. *Cf.*, pour un état récent des opinions et débats, L. P. FITZGERALD, « *St. Thomas Aquinas and the Two Powers* », art. cit., p. 536-541.

1 - *Les textes de référence*

Le premier texte est tiré du *Commentaire des Sentences*. Dans cet ouvrage de sa première période d'enseignement (1252-1254), au terme d'une question consacrée à l'obéissance, Thomas d'Aquin répond en recourant aux éléments de doctrine déjà exposés :

> Le pouvoir spirituel (*potestas spiritualis*) et le pouvoir temporel (*saecularis*) procèdent tous deux du pouvoir divin (*potestas divina*); et ainsi le pouvoir temporel est soumis au spirituel en tant qu'il lui est subordonné par Dieu, c'est-à-dire en tout ce qui se rapporte au salut de l'âme. Et, en ce sens, il vaut mieux obéir au pouvoir spirituel qu'au temporel. Mais pour ce qui se rapporte au bien public (*bonum civile*), il vaut mieux obéir au pouvoir temporel qu'au spirituel, selon *Mt* 22,21 : "Rendez à César ce qui est à César" [1].

Sont ici présents le principe de l'origine divine de tout pouvoir et celui de la distinction des pouvoirs à raison des domaines de compétence, domaines spécifiés par les biens poursuivis, respectivement, le bien public pour la sphère publique, et le bien divin des âmes pour la sphère spirituelle. S'y ajoute une déduction immédiate : lorsque c'est le salut des âmes qui est en cause, l'autorité temporelle est soumise à l'autorité spirituelle; l'affirmation *a contrario* est implicite, lorsque c'est le bien public qui est recherché. La solution pourrait sembler satisfaisante. Mais saint Thomas complète sa réponse par la mention d'une situation historique particulière :

> Ceci à moins peut-être que le pouvoir temporel soit uni au spirituel, comme dans le cas du pape qui tient liés les deux pouvoirs, étant ainsi prêtre et roi, prêtre pour l'éternité selon l'ordre de Melchisédech, de par le Roi des rois et Seigneurs des seigneurs, dont la puissance ne peut être emportée ni le règne altéré dans les siècles des siècles. Amen [2].

Comme l'a fait remarquer I. T. Eschmann [3], il ne s'agit pas tant ici d'une dérogation à la règle énoncée de la distinction des ordres que du cas particulier où les deux pouvoirs se trouvent détenus, en leur sommet, par la même personne. En régime de chrétienté, bien des autorités ecclésiastiques

1. « *Potestas spiritualis et saecularis, utraque deducitur a potestate divina; et ideo intantum saecularis potestas est sub spirituali, inquantum est ei a Deo supposita, scilicet in his quae ad salutem animae pertinent; et ideo in his magis est obediendum potestati spirituali quam saeculari. In his autem quae ad bonum civile pertinent, est magis obediendum potestati saeculari quam spirituali, secundum illud Matth. 22, 21 : reddite quae sunt Caesaris Caesari.* », *II Sent*, d. 44, q. 2, a. 3, *exp. text.*, ad 4.

2. « *Nisi forte potestati spirituali etiam saecularis potestas conjungatur, sicut in Papa, qui utriusque potestatis apicem tenet, scilicet spiritualis et saecularis, hoc illo disponente qui est sacerdos et rex in aeternum, secundum ordinem Melchisedech, rex regum, et dominus dominantium, cujus potestas non auferetur et regnum non corrumpetur in saecula saeculorum. Amen.* », *ibid.*, La formule eschatologique clôt, selon la tradition, un volume achevé.

3. *Cf.* I. T. Eschmann, « *St. Thomas Aquinas on the Two Powers* », *Mediaeval Studies* 20 (1958), p. 177-205, ici p. 178-179. On se reportera à cette étude qui développe amplement le contexte historique et théologique de la question, même si, on va le voir, sa thèse principale semble erronée.

détiennent un pouvoir temporel, ou au moins certaines prérogatives en des domaines temporels, comme la suzeraineté, la finance ou la guerre[1]. Il ne s'agit donc pas de la confusion des deux pouvoirs en un seul, mais de la détention des deux pouvoirs par une seule personne, comme ce fut notamment le cas pour les papes Innocent IV ou Alexandre IV, après bien d'autres depuis Grégoire VII. Dans sa brièveté, cependant, cette incise n'est pas exempte d'équivoque : on ignore si saint Thomas se réfère à l'autorité temporelle du pape sur les États pontificaux ou à une autorité politique sur la chrétienté en certains domaines. Dans le second cas, ce serait la portée même du principe général qui s'en trouverait affectée. On rencontrera bientôt ce type de situations où l'ordre pratique des choses vient quelque peu obscurcir la limpidité du monde des principes. Tout cela ne rend que plus attentif pour examiner le texte par lequel certains, comme I. T. Eschmann, ont voulu voir la surprise arriver.

Il s'agit d'un passage de l'opuscule *De Regno*, et le contexte immédiat du passage litigieux a son importance[2]. Dans cet ouvrage de commande, saint Thomas expose les données qui lui semblent essentielles au régime de la royauté et à l'exercice par le roi de sa mission de gouvernement. À propos de l'office du roi, il commence par situer sa place dans son royaume : « Il a reçu cet office afin d'être dans son royaume comme l'âme dans le corps et comme Dieu dans le monde »[3]. Puis, traitant de la mission de gouvernement, il affirme d'emblée le principe de finalité qui la régit : « L'office de celui qui gouverne sera non seulement de conserver intacte la chose en elle-même, mais en plus de la conduire à sa fin »[4]. S'engage alors une interrogation sur la fin de la vie en communauté, dont il a déjà été traité au chapitre II. On rappelle ici le cœur de la réponse de Thomas :

> Il apparaît que la fin ultime d'une multitude rassemblée en société est de vivre selon la vertu. [...] Or une vie bonne est une vie selon la vertu ; la vie vertueuse est donc la fin du rassemblement des hommes en société. [...] Mais puisque l'homme, en vivant selon la vertu, est ordonné à une fin ultérieure (*ad ulteriorem finem*), qui consiste dans la fruition de Dieu, il faut que la multitude humaine ait la même fin que l'homme pris personnellement. La fin ultime (*ultimus finis*) de la multitude rassemblée en société n'est donc pas de vivre selon la vertu, mais, par la vertu, de parvenir à la fruition de Dieu[5].

1. C'est aussi l'interprétation du P. Congar, dans « Orientations de Bonaventure et surtout de Thomas d'Aquin dans leur vision de l'Église et celle de l'État », art. cit., p. 698.

2. *Cf.* Sur l'opuscule *De Regno*, voir J.-P. TORRELL, *Initiation à saint Thomas d'Aquin*, *op. cit.*, p. 247-249 et p. 510. On peut regretter que le P. Dondaine, dans son introduction à la publication de l'opuscule par la Commission Léonine en 1979, se soit fait l'écho unilatéralement de la position de I. T. Eschmann, alors qu'une étude du P. Boyle publiée en 1974, était venue rectifier ce qui devait l'être.

3. *De Regno*, II, 1, 33-35.

4. *Ibid.*, II, 3, 10-13.

5. « *Videtur autem ultimus finis esse multitudinis congregate uiuere secundum uirtutem [...]; bona autem uita est secundum uirtutem, uirtuosa igitur uita finis est congregationis humane. [...]Sed quia homo uiuendo secundum uirtutem ad ulteriorem finem ordinatur, qui consistit in*

Du traitement de la fin, saint Thomas passe alors à celui du gouvernant. À une fin spécifiquement différente correspond un gouvernement distinct :

> Mais si l'on pouvait parvenir à cette fin en vertu de la seule nature humaine, il reviendrait nécessairement à l'office du roi de diriger les hommes vers cette fin. En effet, nous entendons par le nom de roi celui à qui est confié le suprême gouvernement dans les choses humaines; un gouvernement est d'autant plus élevé qu'il est ordonné à une fin plus haute. Car toujours celui qui a la charge de la fin ultime commande à ceux qui opèrent les choses qui sont ordonnées à cette fin ultime. De même que le ministre de la marine, de qui relève la navigation, commande au constructeur quelle sorte de navire il doit faire, le pouvoir politique qui use du militaire commande à l'artisan les armes qu'il doit fabriquer. Mais puisque l'homme n'atteint pas sa fin, qui est la fruition de Dieu, par une vertu humaine, mais par une vertu divine, selon cette parole de l'Apôtre : "la grâce de Dieu, c'est la vie éternelle" (*Rm* 6, 23), conduire à cette fin n'appartiendra pas à un gouvernement humain, mais à un gouvernement divin. Un gouvernement de ce genre revient donc à ce roi, qui est non seulement homme, mais encore Dieu, c'est-à-dire Notre Seigneur Jésus-Christ qui, en faisant les hommes fils de Dieu, les a introduits dans la gloire céleste [...]. Donc le ministère de ce royaume, afin que le spirituel soit distingué du temporel, est confié non aux rois terrestres mais aux prêtres, et principalement au Grand Prêtre, successeur de Pierre, Vicaire du Christ, le Pontife Romain, auquel tous les rois du peuple chrétien doivent être soumis comme à Notre Seigneur Jésus-Christ lui-même. Car, ainsi qu'on l'a dit, à celui à qui revient la charge de la fin ultime (*ultimi finis*) doivent être soumis ceux qui ont la charge des fins antécédentes (*antecedentium finium*) et ils doivent être dirigés par son *imperium* [...]. Sous la Loi Nouvelle, il existe un sacerdoce plus élevé [que sous la Loi Ancienne] par lequel les hommes sont conduits aux choses célestes : c'est pourquoi dans la loi du Christ les rois doivent être soumis aux prêtres [1].

fruitione diuina ut supra iam diximus, oportet autem eundem finem esse multitudinis humane qui est hominis unius, non est ultimus finis multitudinis congregate uiuere secundum uirtutem, sed per uirtuosam uitam peruenire ad fruitionem divinam. », *ibid.*, 58-80.

1. « *Siquidem igitur ad hunc finem perueniri posset uirtute humane nature, necesse esset ut ad officium regis pertineret dirigere homines in hunc finem : hunc enim regem dici supponimus cui summa regiminis in rebus humanis committitur. Tanto autem est regimen sublimius quanto ad finem ulteriorem ordinatur : semper enim inuenitur ille ad quem pertinet ultimus finis imperare operantibus ea que ad finem ultimum ordinantur; sicut gubernator, ad quem pertinet nauigationem disponere, imperat ei qui nauem constituit qualem nauem nauigationi aptam facere debeat; ciuilis qui debet uti armis, imperat fabro qualia fabricet arma. Sed quia finem fruitionis diuinae non consequitur homo per uirtutem humanam sed uirtute diuina, isecundum illud Apostoli : "Gratia Dei uita eterna", perducere ad illum ultimum finem non est humani regiminis sed diuini. Ad illum igitur regem huiusmodi regimen pertinet qui non est solum homo sed etiam Deus, scilicet ad Dominum nostrum Ihesum Christum, qui homines filios Dei faciens in celestem gloriam introduxit [...]. Huiusmodi ergo regni ministerium, ut a terrenis spiritualia essent discreta, non terrenis regibus sed sacerdotibus est commissum, et precipue summo sacerdoti successori Petri, Christi vicario Romano Pontifici, cui omnes reges populi Christiani oportet esse subiectos sicut ipsi Domino Ihesu Christo. Sic enimut dictum est, ei ad quem ultimi finis pertinet cura subdi debent illi ad quos pertinet cura antecedentium finium, et eius imperio dirigi [...]. Sed in Noua lege est sacerdotium altius, per quod*

Par rapport au texte précédent, celui-ci introduit un développement conséquent sur la dualité des fins de la cité politique : la vie selon la vertu n'est qu'une fin immanente et antécédente au regard de la fin ultime (ou ultérieure) qu'est la fruition de Dieu par tous. Et puisque cette fin ultime ne peut être atteinte que par une « vertu divine », sa poursuite ressortit à un gouvernement particulier qui concerne le sacerdoce ecclésial issu du Christ et institué par lui. À lire rapidement ce passage du *De Regno*, on peut être enclin à le résumer ainsi : subordination des fins, donc subordination des gouvernants. Toute la question est, en fait, celle de la portée de cette subordination.

2 – *Le débat et sa résolution*

Pour I. T. Eschmann, la subordination du prince temporel à l'autorité spirituelle incarnée par le pape est aussi grande que possible. Non seulement cette subordination est générale, en ce sens qu'elle couvre tout le champ du pouvoir temporel, mais elle est aussi absolue, réalisant « une formelle *reductio ad unum* en subordonnant formellement le pouvoir séculier au pouvoir spirituel, spécialement le pouvoir du pape »[1]. On se souvient que le texte du *Commentaire des Sentences* évoquait le cas où les deux pouvoirs seraient détenus par une même personne, et l'on peut penser que c'est à une situation historique particulière que saint Thomas se référait. Selon I. T. Eschmann, il en va autrement dans le texte du *De Regno*. Il y voit une affirmation de la primauté temporelle absolue du pape : « Le pouvoir politique suprême lui est donné précisément en raison de sa suprématie spirituelle »[2]. Alors que le texte du *Commentaire des Sentences* lui paraît se rattacher à la doctrine du dualisme gélasien, celui du *De Regno* s'inscrit plutôt dans celle du monisme hiérarchique grégorien. Sur ce principal fondement, l'auteur conclut radicalement à la non-authenticité du texte du *De Regno*.

Peut-on aller aussi loin dans les conclusions ? Sans doute non, sauf à faire dire au texte du *De Regno* ce qu'il ne dit pas. Un article particulièrement éclairant de Leonard E. Boyle corrige avec vigueur l'excès de l'interprétation de I. T. Eschmann, et l'on peut reprendre ici brièvement ses arguments[3]. En premier lieu, il n'est écrit nulle part dans le *De Regno* que le pape, du fait de sa primauté en matière spirituelle, détient aussi la suprématie en matière civile, encore moins que l'ordre politique se trouve comme résorbé dans l'ordre spirituel ou subordonné à lui sous l'unique autorité du pape. En second lieu, la

homines traducuntur ad bona celestia; unde in lege Christi reges debent sacerdotibus esse subiecti. », *ibid.*, p. 80-131.

1. I. T. Eschmann, « *St. Thomas Aquinas on the Two Powers* », art. cit., p. 179.

2. *Ibid.*, p. 180.

3. *Cf.* L. E. Boyle, « *The De Regno and the Two Powers* », dans *Essays in Honour of A.C. Pegis*, ed. J. R. O'Donnell, Toronto, 1974, p. 237-247. Le P. J.-P. Torrell a publié cet article dans un volume réunissant différentes contributions du P. Boyle : L. E. Boyle, o.p., *Facing History, A different Thomas Aquinas*, With an introduction by J.-P. Torrell, Louvain-la Neuve, Fédération internationale des instituts d'études médiévales, 2000.

spécificité de la sphère politique est clairement affirmée, en plusieurs chapitres du Livre II du *De Regno*. Le roi a reçu son office « afin d'être dans son royaume comme l'âme dans le corps et comme Dieu dans le monde »[1], et il lui revient « qu'il conserve les biens qu'il gouverne et qu'il en use en vue de quoi ils ont été créés »[2]. Très explicitement, saint Thomas affirme que « le roi, comme il doit se soumettre à l'autorité et au gouvernement qui sont administrés par l'office du sacerdoce, doit de même être à la tête de toutes les fonctions humaines et les organiser par l'*imperium* de son gouvernement »[3]. En fait, le passage incriminé, loin de relativiser radicalement le pouvoir temporel, tend, au sein d'un opuscule tout entier consacré à la royauté politique, à en montrer les limites. Le pouvoir d'un souverain ne saurait être absolu *erga omnia*. Dans tout ce qui se rapporte à la fin ultime, c'est-à-dire ici-bas le salut des âmes, l'autorité politique doit être relative à l'autorité sacerdotale. Cette relativité joue dans les deux sens, de l'action ou de la prévention, pour inciter ou pour empêcher :

> Parce que, donc, la fin de la vie que nous menons présentement dans le bien est la béatitude céleste, il appartient à l'office du roi de procurer à la multitude une vie bonne, selon qu'il convient à l'obtention de la béatitude céleste; c'est-à-dire qu'il doit prescrire ce qui conduit à cette béatitude céleste et interdire, selon ce qu'il sera possible, ce qui y est contraire[4].

On retrouve donc ici, non pas la réduction des deux pouvoirs à un seul, mais au contraire la dualité des sphères d'autorité et le critère de compétence d'une autorité sur son domaine, formalisé dans la *Somme* par la *ratio superioritatis* évoquée dans la section précédente. Lorsque c'est le salut des âmes (fin ultime) qui est directement recherché, c'est l'autorité ecclésiale qui prime et qui s'impose à l'autorité politique; pour tout autre domaine de la vie de la cité ordonné au bien commun (fin antécédente et immanente à la cité), l'autorité politique est souveraine.

À ces éléments de pur débat théologique, le P. Boyle en ajoute deux, tirés de la doctrine postérieure à saint Thomas. Il fait remarquer que Jean (Quidort) de Paris, ardent promoteur de la thèse dualiste au début du XIVe siècle[5], suit jusque dans sa terminologie la position du *De Regno*. En particulier, il se refuse à déduire de l'ordination de la fin immanente à la fin transcendante (traitée au

1. *De Regno*, II, 1, 33-35.

2. *Ibid.*, II, 2, 24-26.

3. *Ibid.*, II, 4, 10-14.

4. « *Quia igitur uitae qua hic in presenti bene uiuimus finis est beatitudo celestis, ad regis officium pertinet ea ratione uitam multitudinis bonam procurare secundum quod congruit ad caelestem beatitudinem consequendam, ut scilicet ea precipiat que ad celestem beatitudinem ducunt, et eorum contraria, secundum quod fuerit possibile, interdicat.* », *ibid.*, 20-27.

5. « *Ars ad quam pertinet superior finis movet et imperat artem ad quam pertinet finis inferior non quidem simpliciter sed quantum ei competit ac necessitatem ultimi sui finis [...]. Ars illa superior non semper necessario imperat inferiori movendo per modum auctoritatis et instituendo eam sed solum ei imperat per modum dirigentis.* ». *Cf.* JEAN DE PARIS, *De potestate regia et papali*, publié dans J. LECLERCQ, *Jean de Paris et l'ecclésiologie du XIIIe siècle*, « L'Église et l'État au Moyen Âge, 5 », Paris, Vrin, 1942, ici p. 227.

chapitre II de cet ouvrage et présentée ici, dans le *De Regno*, en recourant au principe architectonique) une conclusion hiérocratique, au sens d'une subordination des instances de gouvernement, le pouvoir pontifical devant s'imposer à tout pouvoir politique. Assurément, si l'on n'avait vu chez saint Thomas qu'un habillage aristotélicien de l'augustinisme politique, Jean de Paris ne se serait pas ainsi référé à lui. Tout en affirmant nettement la dualité des sphères de compétence et la primauté pontificale au regard de la fin ultime, celui-ci se refuse à conclure à une subordination absolue du politique:

> L'art qui regarde la fin supérieure meut et ordonne (*movet et imperat*) l'art qui regarde la fin inférieure, non purement et simplement (*simpliciter*) mais quant à ce qui se rapporte à la nécessité de sa fin ultime [...]. L'art supérieur n'ordonne (*imperat*) pas toujours avec nécessité à l'inférieur pour le mouvoir par mode d'autorité et d'institution (*per modum auctoritatis et instituendo eam*), mais seulement par mode de direction (*per modum dirigentis*) [1].

Avec finesse, Jean de Paris attire l'attention sur ce qui, en pratique, est le lieu le plus délicat, la façon dont l'autorité supérieure - ici pontificale - peut commander (*imperare*) à l'inférieure - ici politique -: elle peut le faire «par mode d'autorité (*per modum auctoritatis*)» ou «par mode de direction (*per modum dirigentis*)», au sens d'orientation [2]. Surtout, il met en garde contre le glissement qui consiste à passer du principe architectonique d'ordination à une conclusion de type moniste.

La chose n'a pas échappé, deux siècles plus tard, à Robert Bellarmin, qui tient la thèse contraire à celle de Jean de Paris. Aussi le Docteur jésuite, pour justifier la supériorité générale du pouvoir pontifical sur le pouvoir civil, transpose-t-il purement et simplement l'argument aristotélicien de la science politique architectonique, qui vaut dans la cité [3], à la *respublica christiana* [4]. De cette façon, le passage litigieux du *De Regno*, II, 3, à supposer qu'il ait été l'une des sources de Bellarmin, peut être invoqué à l'appui de la thèse qui a sa préférence, celle de la primauté pontificale dans l'ordre politique.

En fait, que ce soit par une exégèse littérale du *De Regno* II ou en le confrontant aux autres textes de saint Thomas, que ce soit en se référant aux tenants ultérieurs de la thèse dualiste (comme Jean de Paris) ou *a contrario* à ceux de la thèse moniste (comme Robert Bellarmin), on sera d'avis qu'il faut

1. *De potestate*, cap. XVII (éd. J. Leclercq, p. 227).

2. On trouve ici l'une des premières expressions de la distinction entre ce que l'on nommera plus tard le «pouvoir direct» et le «pouvoir indirect», chez saint Robert Bellarmin par exemple.

3. *Eth. Nic.*, I, 1, 1094 a 27.

4. Robert BELLARMIN, *De summo pontifice* 5, 7, dans *Opera Omnia*, t. I (Naples, 1856), p. 532: «Le pouvoir civil est soumis au pouvoir spirituel, même si l'un et l'autre relèvent de la même république chrétienne. Et donc le prince spirituel peut commander aux princes séculiers et disposer des choses temporelles en vue du bien spirituel: tout supérieur, en effet, peut commander à un inférieur». Selon I. T. Eschmann, «*St. Thomas Aquinas on the Two Powers*», art. cit., p. 197, Bellarmin préfère se référer à la science ou puissance politique de *Eth. Nic.*, I, 1, 1094 a 27 plutôt qu'à l'art de *Eth. Nic.*, I, 1, 1094 a 14, qui ne permet pas de fonder la thèse hiérocratique. Sur ce point, voir la réponse de L. E. Boyle, «*The De Regno and the Two Powers*», art. cit., p. 7-8.

conclure au caractère dualiste du *De Regno* et à sa conformité à l'ensemble du corpus thomasien, au moins si l'on s'en tient aux principes. Dans ces conditions rien, sur le fond, n'interdit de l'attribuer à Thomas d'Aquin. Il faut tenir compte des approches différentes des questions auxquelles Thomas répond selon les textes invoqués, de la diversité des genres littéraires, et aussi peut-être du fait que le *De Regno* est un ouvrage inachevé.

Selon les questions posées, touche après touche, il semble bien que Thomas d'Aquin bâtisse une doctrine cohérente des deux pouvoirs et de leur relation. Le principe de l'autonomie du pouvoir civil est reconnu, mais il est cependant subordonné au pouvoir ecclésiastique lorsqu'est en jeu le salut des âmes. Pour autant, la pureté du principe ainsi énoncé est tempérée par les nombreuses situations pratiques où l'autorité religieuse intervient dans les affaires civiles. Dans les écrits de Thomas, ces cas ne sont pas isolés, et doivent être pris en considération. Il faut ici en évoquer quelques-uns.

Comme on l'a vu, le texte qui clôt le commentaire du second Livre du *Commentaire des Sentences* envisage le cas où les deux pouvoirs sont détenus par une unique personne, en l'espèce le pape. Un article de la *Somme* traite, certes brièvement, d'une situation qui se rapproche de la précédente : celle où les autorités ecclésiastiques sont dotées de prérogatives en matière temporelle. Il ne s'agissait pas, à l'époque de saint Thomas, d'une hypothèse d'école; elle est pour lui l'occasion de rappeler sa conception dualiste, mais aussi les exceptions pratiques qu'elle peut connaître :

> [obj. 3] Le pouvoir spirituel se distingue du pouvoir temporel. Mais quelquefois, les prélats qui ont le pouvoir spirituel interviennent dans les questions qui ne relèvent que de la puissance séculière [...].
> [rép. 3] Le pouvoir séculier est soumis au pouvoir spirituel, comme le corps est soumis à l'âme. C'est pourquoi il n'y a pas usurpation lorsque l'autorité spirituelle (*spiritualis praelatus*) intervient dans celles des affaires temporelles où le pouvoir séculier lui est soumis (*quantum ad ea in quibus subditus ei saecularis potestas*), ou que ce pouvoir lui abandonne[1].

De même, on a évoqué le cas où un prince infidèle peut légitimement exercé une autorité sur des sujets chrétiens. Mais, après en avoir reconnu la possibilité, saint Thomas ajoute :

> Cependant l'Église, qui est investie de l'autorité de Dieu, peut à bon droit, par voie de sentence ou d'ordonnance, supprimer un tel droit de souveraineté ou d'autorité, parce que les infidèles, au titre même de leur infidélité, méritent de perdre pouvoir sur des fidèles qui sont promus enfants de Dieu. Mais cela, tantôt l'Église le fait, tantôt elle ne le fait pas[2].

Ce même constat d'une affirmation claire dans l'ordre de la spécification et de dérogations admises dans celui de l'exercice se rencontre dans d'autres

1. II II, q. 60, a. 6, obj. 3 et ad 3.
2. II II, q. 10, a. 10, c.

domaines. Ainsi, à propos du baptême des enfants des infidèles sans le consentement de leurs parents, ou encore du baptême forcé des adultes infidèles, saint Thomas rappelle le respect dû à l'engagement libre de la personne[1]. Mais, dans le même temps, dès lors qu'un baptême adulte a été baptisé par force, par une coaction qui ne peut venir que du pouvoir temporel[2], il en reconnaît la validité. Plus largement encore, Thomas d'Aquin justifie des pratiques inquisitoriales courantes à son époque en se référant à la *Lettre* de saint Augustin au Comte Boniface ou aux *Décrétales* de Gratien, textes qui reposent sur la confusion théocratique des deux autorités, au nom de la sauvegarde du corps ecclésial; ainsi fait-il pour justifier la mise à mort d'infidèles ou d'hérétiques[3].

La multiplication de ces cas peut laisser à penser que la position de Thomas n'est pas aussi claire que ses principes le laisseraient croire. Certains en ont conclu à une évolution dans le temps des conceptions de Thomas[4]. Il semble plutôt que le principe d'autonomie et la règle de subordination lorsque le salut des âmes est en cause sont établis très tôt par saint Thomas, mais que la permanence de nombreux usages relevant plutôt de l'augustinisme politique vient affecter dans la pratique les applications de ce principe et de cette règle. C'est au milieu des contingences de son temps que saint Thomas dégage des principes qui contreviennent à des pratiques bien établies, qui mettront du temps à se transformer sous l'influence de ces principes nouveaux. Certains en déduiront que de tels tempéraments affaiblissent l'autorité des principes qu'il dégage. On peut, au rebours, souligner la force de ceux-ci, confrontée à la vigueur d'usages anciennement établis, et qui mettront longtemps à s'effacer.

B – *Le dualisme thomasien*

Ce qu'on a nommé la solution thomasienne mérite, pour en apprécier la portée, d'être inscrite dans une perspective historique et rapportée aux grands principes de la théologie de saint Thomas. La réponse à la question des deux pouvoirs, comme celle, plus large, de la relation des deux cités, est nécessairement dépendante du temps dans lequel elle est élaborée, et de la puissance respective des autorités temporelles et religieuses. Pour autant, par- delà ces contingences historiques, il importe d'apprécier si des principes pérennes peuvent être dégagés.

1. II II, q. 10, a. 8 et 12.

2. Cf. *IV Sent.*, d. 6, q. 1, a. 2, q^a 3. Lorsque le baptême a été administré, il convient d'en tirer toutes les conséquences pour la sauvegarde de la foi.

3. *Cf.*, pour la mise à mort d'infidèles, II II, q. 10, a. 8, ad 4.; et, pour celle d'hérétiques, *IV Sent.*, d. 13, q. 2, a. 3; II II, q. 11, a. 3; *Super Mat.*, 12, 2, Ma 1151.

4. Selon J.-P. Torrell (en préface à l'article du P. Boyle, *Facing History*..., p. XII), qui se réfère aux débats à propos du *De Regno*, « la pensée de Thomas d'Aquin se cherche encore ». Il semble, à s'en tenir à la partie authentique du *De Regno*, qu'elle est bien établie, comme elle l'était déjà, on l'a relevé, au *Commentaire des Sentences*.

1 – *Le retour au « dualisme gélasien »*

Si la position de saint Thomas ne se laisse sans doute pas résumer en une seule formule, son orientation générale ne fait guère de doute : il faut tenir à la fois la juste autonomie de l'ordre naturel, et donc du prince dans la sphère de sa compétence, et la subordination à l'autorité religieuse lorsque c'est le salut des âmes qui est en cause. Le pontife (et les évêques par voie de conséquence) se voit reconnaître une *ratio superioritatis* quant au salut des âmes seulement, ce qui induit une subordination *secundum quid* du prince à son égard. On retrouve ainsi la thèse du Pape Gélase Ier (494), source du « dualisme gélasien », par référence à la Lettre *Duo sunt quippe* : « Il y a deux principes par lesquels ce monde est régi principalement : l'autorité sacrée des pontifes et le pouvoir royal » [1].

Pour autant, tout n'est pas résolu, loin de là, avec une telle formule : quelle est la portée de cette subordination ? Selon sa nature et sa portée, on peut aboutir à des solutions très différentes, voire opposées. Soit la supériorité reconnue au pouvoir spirituel est extrême, et le pouvoir séculier est réduit à un ordre instrumental, sans causalité seconde véritable. La distinction nette des pouvoirs, bien que solennellement affirmée en théorie, est alors pratiquement vide de sens : elle est plus nominale que réelle. Soit la *ratio superioritatis* est étroite, limitée aux aspects ultimes du salut des âmes, et c'est alors l'ébauche d'une émancipation réelle du pouvoir temporel par rapport au religieux. Dans le premier cas, on ne quitte pas le champ d'une *respublica christiana*, et l'on n'a affaire qu'à un habillage particulier des thèses de l'augustinisme politique. Dans le second cas, ces thèses commencent à être réfutées.

Entre ces deux lectures, où se situe véritablement Thomas d'Aquin ? Il semble clair qu'il relève de la seconde option, ce qui ouvre la voie à une remise en cause des conceptions augustinistes d'une primauté religieuse absolue. Cependant, le contexte si fort de chrétienté qu'il connaît et les pratiques courantes découlant de l'augustinisme politique l'empêchent de s'en détacher nettement : certains des textes cités attestent sans équivoque qu'il en cautionne bien des effets. De là résultent parfois les interprétations contraires auxquelles les mêmes textes ont pu donner lieu. De là aussi les difficultés parfois manifestes de Thomas à tenir ses propres principes, tout en justifiant des pratiques qui y dérogent largement. Indiscutablement, il faut reconnaître que, pour saint Thomas, si les principes sont clairs dans leur formulation, leur portée et leur application sont loin de l'être autant. On ne saurait pourtant faire grief à saint Thomas d'être de son temps, spécialement en une matière, la politique, où la pratique et la contingence ont toute leur importance.

1. Heinrich DENZINGER, *Symboles et définitions de la foi catholique*, n° 347 (ed. P. Hünermann et J. Hoffmann, p. 122). Bien entendu, le contexte politico-religieux au temps de Gélase est contraire à celui du XIIIe siècle. Au Ve siècle, il s'agissait de protéger le pouvoir ecclésiastique de l'emprise du pouvoir politique impérial. Au temps de saint Thomas, et surtout au tournant des XIIIe et XIVe siècles, c'est le pouvoir pontifical qui tend à empiéter dans le domaine civil.

Il reste que, rapportée à ses principes, la position de Thomas d'Aquin sur les deux pouvoirs apparaît particulièrement équilibrée. Si l'on se rapporte aux conceptions recevables en période de chrétienté, il se tient à égale distance des deux principales. La première est celle de l'augustinisme politique, qui conduit au hiérocratisme, également dénommé grégorianisme théologique, et qui tend à subordonner purement et simplement (*simpliciter*) le pouvoir civil au pouvoir du souverain pontife qui prétend détenir, depuis Grégoire VII, la *plenitudo potestatis*. A une telle conception, Thomas oppose *de facto* le caractère naturel et la réalité métaphysique des cités terrestres, qui appellent un pouvoir qui n'est pas par essence religieux, tout en reconnaissant la supériorité du pouvoir religieux lorsque le salut des sujets est en cause. La seconde conception est celle du césaro-papisme qui entend, au rebours de la précédente, subordonner le pouvoir ecclésiastique à celui des princes. A celle-ci, Thomas oppose implicitement le caractère transcendant de la communauté religieuse, qui ne saurait de la sorte se laisser contenir par une autorité naturelle.

En fait, derrière la querelle des autorités se dessine une divergence radicale sur les fins. Pour les tenants du grégorianisme, la fin naturelle est résorbée, en quelque sorte, dans la fin surnaturelle : c'est, en fin de compte, l'autonomie de la sphère naturelle qui est mise en cause. De leur côté, les tenants du césaro-papisme, qui à la vérité a perdu sa vigueur depuis le pontificat de Grégoire VII, ne reconnaissent pas la souveraineté de la sphère religieuse, dans son domaine de compétence. La position de Thomas d'Aquin n'est pas à mi-chemin entre ces deux extrêmes. Elle affirme, on l'a vu, la spécificité de chaque fin, tout en soutenant que la fin naturelle – le bien commun immanent – est comme dépassée par la fin surnaturelle – la fruition de Dieu. La dualité de la fin est porteuse de celle des sphères religieuse et politique, et des autorités dont chacune relève.

De là résulte l'articulation des deux autorités, telle qu'on l'a résumée, « sans confusion ni séparation »[1]. La conception chalcédonienne déjà évoquée pour l'individu et pour le corps ecclésial vaut à nouveau, analogiquement, pour le rapport des autorités, et donc pour l'agir en politique.

2 – *Le surnaturel et l'autorité politique*

La question ici abordée de l'interférence des ordres naturel et surnaturel, que ce soit à travers les fins poursuivies – dont on a traité au chapitre II – ou bien à travers les autorités qui en sont responsables, n'est rien d'autre que celle qu'il est convenu de nommer, depuis les travaux du P. de Lubac au XXe siècle, la question du surnaturel, envisagée ici dans l'ordre pratique de l'agir politique.

1. Au XXe siècle, sur cette question de l'articulation des deux autorités, on peut se référer à Ch. JOURNET, *La juridiction de l'Église sur la cité*, Paris, DDB, Paris, 1931, et id., *L'Église du Verbe incarné* I, La hiérarchie apostolique, Saint-Maurice (Suisse) Saint-Augustin, 1998, en particulier le chap. 6, p. 393-618, ainsi qu'à J. MARITAIN, *L'Homme et l'État*, O.C. IX, Éditions Universitaires, Fribourg / Saint Paul, Paris, 1990, spécialement chap. 6 : « L'Église et l'État », p. 653-701.

Au niveau individuel, il revient à la personne seule d'ordonner ses actes à la fin ultime. Mais, au niveau communautaire, toute personne est en principe soumise à deux autorités, l'une naturelle – le prince –, et l'autre surnaturelle – l'autorité religieuse. La question du surnaturel jaillit alors, dans l'ordre de l'agir en politique, du fait de la disjonction de ces deux autorités.

S'agissant du rapport de la nature et de la grâce au sein du seul individu, on a résumé la position de Thomas d'Aquin en évoquant avec J.-P. Torrell et après le P. M.-D. Chenu « un "statut chalcédonien" de la grâce dans la nature : l'élément naturel et l'élément divin sont unis sans confusion mais aussi sans séparation dans l'unique réalité vivante de l'être gracié »[1]. Ce qui valait lors même de la création avant le péché, ce que la faute originelle est venue rompre, vaut encore pour les créatures rachetées et justifiées par l'œuvre rédemptrice du Christ. De là découlent les analyses si fermes de Thomas sur la nature, dans son état intègre, corrompu ou racheté.

Mais cette question de l'articulation de la grâce et de la nature se pose aussi bien sur le terrain communautaire du fait qu'à la suite du péché le corps ecclésial se forme à l'intérieur de communautés d'ordre naturel – les communautés politiques, quelle que soit leur forme – qui coexistent avec lui. Ce point-là, dont saint Thomas s'est saisi, prend ici la forme concrète du rapport des autorités, temporelle et religieuse. La solution thomasienne, présentée dans ce chapitre, relève encore de ce « statut chalcédonien » dans la mesure où elle suggère une union, sans confusion ni séparation, entre les autorités civiles et religieuses. Union, car pour saint Thomas, l'unité de la personne et des communautés interdit de dissocier les deux ordres, mais sans confusion ni séparation pour les raisons évoquées dans le point précédent.

On ne sera pas surpris, en fin de compte, que la position de saint Thomas sur le terrain des deux pouvoirs, une fois décantée des parasites – parfois lourds – dus à la tradition ecclésiale dans laquelle il est inséré, soit semblable à celle qu'il tient au niveau individuel. C'est un complément utile, et même indispensable, à l'étude de la question du surnaturel, qui ne saurait être close à l'ordre singulier des individus, mais qui engage aussi leur appartenance communautaire.

On peut en alors retrouver le point par lequel s'est ouvert ce chapitre. On a évoqué, en effet, la situation qui prévalait avant le péché, et qui avait vocation à prévaloir pour tout le temps du genre humain. Cette économie prélapsaire donne à voir une union originelle de la nature et de la grâce, déjà sans confusion ni séparation. Cette harmonie était établie sans tension, aussi bien au sein de chaque individu (état de nature intègre et graciée), que dans la communauté humaine : il n'y avait alors aucune dissociation entre le corps ecclésial et la communauté politique naturelle. Pour saint Thomas, on l'a dit, Adam aurait eu autorité sur tout le genre humain, aussi bien pour la conduite des choses

1. J.-P. TORRELL, « Nature et grâce chez Thomas d'Aquin », *RT* 101 (2001), art. cit., p. 167-202, ici p. 184.

humaines que dans l'ordre de la foi. La question du surnaturel ne se pose vraiment comme problème que dans l'économie de la Rédemption, avec la permanence de communautés politiques ayant leur légitimité naturelle, et l'institution par le Christ d'une communauté ecclésiale structurée sacramentellement et hiérarchiquement, selon un principe surnaturel autre que celui de la communauté politique. La « solution » de saint Thomas consiste à tendre vers l'harmonie première par la coopération des autorités, mais celle-ci n'est plus donnée comme elle l'était en justice originelle, elle doit sans cesse être reconquise, elle n'est jamais pleinement atteinte, et les deux cités coexisteront jusqu'au dernier jour. En revanche, ce qui valait au commencement se retrouve au terme : l'harmonie est plénière dans l'état de nature glorifiée, et l'Église de la gloire réunit le genre humain en une unique communauté, sans que perdure la dualité des communautés naturelle et surnaturelle.

*

La conception qu'a Thomas d'Aquin des deux pouvoirs et de leur relation a ceci d'étonnant que, exprimée de façon succincte et assortie de nombreux tempéraments, elle est cependant promise à un riche avenir. Il est clair, en effet, que le principe de distinction et d'autonomie des sphères politique et religieuse va devenir, à partir du XVIe siècle, une donnée centrale de la modernité politique, d'abord dans la pensée, avant de se réaliser en pratique au gré des évolutions historiques des cités et des royaumes[1]. Cette théorie des deux pouvoirs signe, pour une part, la fin de l'augustinisme politique pour ceux qui y souscrivent. Sans doute est-elle loin de susciter l'unanimité, même un siècle après avoir commencé à être énoncée. Mais la multiplication des querelles de *potestas* entre les autorités ecclésiastiques et civiles, leur durcissement à partir de la fin du XIIIe siècle, et la nécessité toujours plus ressentie d'un ordre civil fondé en raison vont donner aux germes posés par saint Thomas de porter des fruits nombreux et durables.

Encore faut-il noter que la solution thomasienne à la question de l'articulation des pouvoirs, si elle se tient à distance aussi bien de la solution hiérocratique que du césaro-papisme, se distingue tout autant de ce que sera la solution moderne ultime. Pour éviter tout risque de confusion, ou au moins d'immixtion entre les domaines politique et religieux, la politique moderne tardive élaborera, selon des formules fort diverses, un régime de séparation entre ceux-ci. A une telle conception, qui prétend à la souveraineté absolue de la raison naturelle, Thomas objecterait cette fois que l'ordre naturel n'épuise pas la réalité, qu'il s'insère dans un ordre qui le transcende et auquel il est

1. Elle va connaître une fortune particulière dans l'Église, au XVIe siècle, avec l'Ecole de Salamanque du droit naturel, et tient à cette époque une grande place dans les écrits de Francisco de Vitoria. *Cf.* F. de VITORIA, *De la loi*, Paris, Cerf, 2013.

ordonné[1]. Pour Thomas, le refus de la confusion n'implique pas la nécessité de la séparation.

Il reste que les circonstances historiques déterminent un ordre de relation entre la cité et l'Église qui n'est jamais définitif. Ce qui valait au temps de saint Thomas ne saurait valoir dans les mêmes termes une fois révolue l'ère de chrétienté. A l'articulation harmonieuse – en principe seulement, mais en principe au moins – entre la cité et l'Église, dans le respect de l'autonomie de chacune, a succédé l'affirmation de la totale souveraineté de la cité terrestre. Dans ces conditions nouvelles, la formalisation par saint Thomas des rapports cité-Église (selon un principe de subordination même restreint) n'est plus recevable. Elle doit céder la place à une formalisation nouvelle de ce rapport, à un niveau naturel, ce qui n'est pas contradictoire pour autant avec un jugement de sagesse sur les communautés humaines[2].

1. Est en cause dans cette question la relation de la loi naturelle à la loi divine éternelle; *cf.* chap. VI.

2. Cette formalisation est possible, sur le terrain notamment de la loi naturelle. C'est ce à quoi s'emploie le magistère contemporain de l'Église catholique.

CHAPITRE V

L'ORDRE DE LA CITÉ

Pour qu'une cité vive, et vive bien, il faut que ses institutions, les relations entre les citoyens, sa conduite par le gouvernant soient convenablement ordonnées, saisies dans un ordre au bien qui finalise la cité et ses membres, le bien commun, qui est un bien-vivre. Parce que, pour saint Thomas d'Aquin, la fin de la cité est un bien moral, la vie de la cité relève de l'agir moral, et on peut lui appliquer ce qui vaut pour toute vie humaine: «Bien vivre consiste en effet à bien agir. Or pour bien agir, il faut non seulement faire quelque chose, mais encore le faire comme il faut, c'est-à-dire qu'il faut agir d'après un choix bien réglé et non seulement par impulsion ou passion»[1]. Toute la réflexion de Thomas sur la vie de la cité va porter sur cet «agir d'après un choix bien réglé», et il en va chez lui en matière politique ainsi qu'il en va en matière de morale individuelle. Il ne s'agit pas d'élaborer un système cohérent ou idéal dans lequel faire entrer toute cité quelle qu'elle soit, même si la rigueur de ses analyses pourrait le laisser croire à un lecteur peu averti, il s'agit de chercher les principes sur lesquels édifier une cité, tout en tenant compte de l'extrême variabilité et contingence des choses humaines: «la nature humaine est soumise au changement (*natura humana est mutabilis*), voilà pourquoi ce qui est naturel à l'homme peut quelquefois manquer»[2]. Ni idéalisme, ni pur empirisme, le réalisme de Thomas, qui s'est retrouvé sans surprise dans celui d'Aristote, consiste à chercher l'édification d'un ordre humain, individuel et communautaire, à partir de principes qu'il croit fondés en nature avant même que d'être confirmés dans la Révélation.

1. I II, q. 57, a. 5, c. Ce choix bien réglé consiste dans «une adéquation à la mesure de la raison», qui est un milieu entre l'excès et le défaut pour la vertu morale (I II, q. 64, a. 1, c.), et une conformité à la réalité pour les vertus intellectuelles (*ibid.*, a. 3, c.).

2. II II, q. 57, a. 2, ad 1.

Pour Thomas d'Aquin, l'édification d'un ordre individuel ou communautaire juste est référée à l'orientation de tous et de chacun vers la fin et au choix des moyens appropriés à cette fin. Il écrit ainsi, dans les pages consacrées à la vertu en général :

> Comme le choix porte sur des moyens en vue d'une fin, sa rectitude exige deux choses : la fin qui est due, et des moyens adaptés à cette fin. Pour ce qui est de la fin qui est due, on y est justement disposé par la vertu qui perfectionne la partie appétitive de l'âme, dont l'objet est le bien et la fin. Mais pour ce qui est des moyens ordonnés à cette fin, il faut qu'on y soit directement préparé par un habitus de la raison, car délibérer et choisir, qui sont les opérations relatives aux moyens, sont des actes de la raison. Et c'est pourquoi il est nécessaire qu'il y ait dans la raison une vertu intellectuelle qui lui donne assez de perfection pour bien se comporter à l'égard des moyens à prendre[1].

Ce propos de saint Thomas, donné dans toute la généralité de la vie morale, éclaire fort bien son approche en matière politique, et permet d'ordonner des développements conséquents mais épars dans toute sa morale. Pour faire prévaloir chez tous les citoyens cette juste disposition à la fin commune, il faut une vertu morale qui perfectionne l'appétit : c'est la justice légale, dans la lumière de laquelle les autres vertus morales pourront être regardées. Et pour garantir le choix des bons moyens ordonnés à la fin, il faut une vertu intellectuelle, qui perfectionne la raison et la fasse juger droitement : c'est la prudence, dans sa modalité politique, encore appelée royale. C'est autour de l'étude de ces deux vertus que s'organisent les analyses politiques de Thomas d'Aquin quant à l'ordre de la cité, c'est dans leur lumière que se déploient les ramifications si étendues de son propos : c'est à partir d'elles qu'il faut traiter de ce sujet, avant de le compléter par l'examen de quelques vertus de sociabilité qui sont pour saint Thomas des parties annexes de la justice[2].

Il est d'ailleurs très significatif que ces deux vertus de justice et de prudence, parmi les quatre vertus cardinales, aient par essence une dimension politique : la justice, parce qu'elle porte sur les relations entre les personnes au sein d'une communauté, et la prudence parce que l'une de ses espèces est la prudence politique et que l'objet visé par la prudence personnelle, à savoir le bien propre, est lui-même ordonné au bien commun[3]. Thomas fait remarquer que les deux autres vertus cardinales, de force et de tempérance, se rapportent d'abord à la maîtrise de la partie sensible de l'âme humaine, et par là sont d'abord ordonnées au bien propre. Elles-mêmes, cependant, peuvent être rapportées au bien commun en ce sens que l'on peut accomplir des actes de force et de tempérance pour le bien de la communauté. Cependant, ajoute Thomas, « la

1. II II, q. 57, a. 2, ad 1.

2. Contrairement à Thomas d'Aquin dans la *Somme de théologie*, on étudiera ici la justice avant la prudence : si celle-ci est la vertu intellectuelle de gouvernement, celle-là est la vertu morale fondamentale dans la cité.

3. *Cf.* II II, q. 47, a. 11.

prudence et la justice s'y rapportent davantage »[1]. C'est l'une des raisons qui expliquent que ces deux vertus aient un rôle structurant dans les conceptions politiques de Thomas, comme elles l'avaient déjà chez Aristote.

Cet ordonnancement de la cité manifeste la puissance des principes rationnels dans la politique thomasienne. Ce sont d'abord ces vertus, qui relèvent de l'ordre naturel, qui ont vocation à ordonner la cité à son bien. Ainsi Thomas écrit-il, à propos de la justice : « la justice, par laquelle la société humaine est gouvernée en vue du bien civil (*gubernatur in ordine ad bonum civile*), peut être atteinte suffisamment par les principes du droit naturel inscrits en l'homme (*sufficienter potest haberi per prinicipia iuris naturalis homini indita*) »[2]. Pour autant, on ne peut oublier que la réflexion thomasienne s'inscrit ultimement dans une perspective théologique. On retrouvera au terme de ce chapitre l'interrogation qui traverse de part en part cette étude : l'ordre de la cité, tel que Thomas le conçoit, ne vaut-il que pour une cité chrétienne, ou vaut-il pour toute cité quelle qu'elle soit ? Les principes qu'il met au jour sont-ils opérants en dehors d'un contexte chrétien ? De la réponse à ces questions découle la portée de l'œuvre thomasienne.

SECTION I – L'ORDRE DE JUSTICE

Il est admis par tous, depuis les profondes remarques de Socrate, que la justice est la qualité propre aux cités. Mais elle présente aussi cette particularité d'être en même temps une vertu individuelle, qui rectifie les actions de la personne : « La justice, affirmons-nous, est le fait de l'homme individuel, mais elle est aussi, n'est-ce pas, le fait d'une cité tout entière ? »[3]. La justice perfectionne à la fois les actes de la personne et l'ordre de la cité en imposant aux relations dans la cité, aux citoyens comme aux institutions, une exigence de droiture. Par elle, une éthique des vertus, comme celle qu'élabore Aristote ou saint Thomas, s'ouvre à l'ordre communautaire, en permettant d'y intégrer ce qui s'y rapporte plus spécifiquement : le politique, l'économie, le droit... La justice est par excellence l'un des lieux de rencontre de l'individuel et du communautaire. Dans la conception de saint Thomas qui ordonne sans cesse la partie au tout, la justice est la vertu suprême de l'organisation humaine naturelle, et les autres vertus, aussi importantes soient-elles, lui sont référées. C'est ce qui caractérise, en tout cas, la justice générale, par laquelle il convient de commencer.

1. *Ibid.*, a. 10, ad 3. Elles s'y rapportent davantage « comme appartenant à la partie rationnelle, à laquelle ce qui est commun se rattache directement, comme ce qui est singulier se rattache à la partie sensible ».

2. *De Ver.*, q. 12, a. 3, ad 11, 475-478.

3. *Rep.*, II, 368 e.

A – *La justice générale*

Il est significatif que bien souvent, à l'époque contemporaine, on ne traite la justice que dans ses formes distributive ou commutative, et cela témoigne de l'appauvrissement des conceptions du politique. Alors que chez saint Thomas, la mise au premier plan de la justice générale atteste de la primauté qu'il reconnaît, dans l'ordre pratique, au politique et à la vie de la cité. Il est en cela redevable, une fois encore, à Aristote, non sans préciser quelque peu les positions de celui-ci.

1 – *La justice générale selon Aristote*

L'étude de la justice par saint Thomas emprunte beaucoup à Aristote, non sans qu'il se distancie parfois de lui[1]. Pour Aristote, comme pour Platon avant lui, c'est la justice qui permet d'ordonner la cité : « La justice est politique, car elle introduit un ordre dans la communauté politique »[2]. Rappelons, pour commencer, quelques articulations essentielles de l'étude de la justice telle qu'elle est exposée au Livre V de l'*Ethique à Nicomaque*, qui vise à rendre raison des différentes formes courantes prises par la justice. La distinction première sur laquelle reposent ces analyses est celle qu'Aristote établit entre justice dite générale et justice dite particulière. « Le juste, écrit-il, est ce qui est conforme à la loi et ce qui respecte l'égalité »[3], de sorte que manquer à la loi est se dérober à la justice en général, et manquer à l'égalité est violer la justice sur un terrain particulier. La loi de la cité, qui tend à préserver et embellir son bien, est la norme de la justice générale, si bien que « d'une certaine manière, nous appelons actions justes toutes celles qui tendent à produire ou à conserver le bonheur, avec les éléments qui le composent, pour la communauté politique »[4]. Cette justice générale, réglée et mesurée par la loi, a donc pour objet le bien de la cité, distingué du bien individuel[5]. C'est une vertu complète, dit Aristote, parce qu'elle engage l'ensemble des rapports avec autrui, et parce qu'elle apporte à celui qui la pratique une perfection qui excède son strict bien individuel[6]. Par rapport aux autres vertus morales, on l'a dit, la justice présente cette particularité de s'exercer non seulement au bénéfice de l'homme juste, mais d'abord au profit des autres hommes : « l'homme le plus parfait n'est pas l'homme qui exerce sa vertu seulement envers lui-même, mais celui qui la

1. On se référera avec profit aux notes de C.-J. Pinto de Oliveira, au *Traité de la justice de la* Somme de théologie, Paris, Cerf, 1985, vol. 3.

2. *Pol.*, I, 2, 1253 a 38-39.

3. *Eth. Nic.*, V, 2, 1129 a 35.

4. *Ibid.*, 1129 b 18-19. Aristote ajoute que la loi commande aussi d'accomplir des actes vertueux au sens particulier, dans les rapports avec autrui. Mais cette forme de justice, alors, « est une vertu complète, non pas cependant au sens absolu », *ibid.*, 1129 b 26.

5. De là vient que la justice générale, parfois dite universelle – en tant qu'elle est distinguée de la justice particulière – est aussi appelée justice légale; ainsi chez saint Thomas d'Aquin : II II, q. 58, a. 5, c.

6. *Ibid.*, 3, 1129 b 26-1130 a 2.

pratique aussi à l'égard d'autrui, car c'est là une œuvre difficile»[1]. Aristote termine son exposé de l'excellence de la justice générale en ajoutant: «Cette forme de justice, alors, n'est pas une partie de la vertu, mais la vertu tout entière»[2]. Dans le vocabulaire de la théologie scolastique qui reprendra cette analyse, on dira que la justice générale, encore dite légale, tire son excellence unique d'être complète, non seulement *secundum quid* – dans la relation aux semblables –, mais *simpliciter* – dans la relation à la communauté politique.

A côté de la justice générale ou légale, la justice dite particulière regarde les relations entre citoyens. Aristote la divise en justice distributive, qui établit une égalité de proportion entre personnes inégales, et justice corrective – plus tard dite commutative – qui intervient dans les transactions entre personnes égales[3]. Il y a donc, pour Aristote, deux types de justice, celle qui vise le respect de la loi – la justice légale – et celle qui vise le respect de l'égalité – la justice particulière, commutative ou distributive[4].

Saint Thomas assimile et reprend à son compte la distinction aristotélicienne entre justice générale et justice spéciale. En suivant son propre plan du traité de la vertu de justice dans la II^{a} II^{ae}, on examine ici successivement ces deux formes de justice, puis quelques conséquences qui en découlent, essentielles pour l'organisation juste de la cité politique[5].

2 – *La justice générale selon Thomas d'Aquin*

On vient de voir que, pour Aristote, la justice générale est ainsi qualifiée parce qu'elle est semblable à toute vertu en tant que son acte est ordonné au bien de la communauté. Mais dans quelle mesure cette justice générale diffère-t-elle de *telle* vertu? Le Philosophe répond par une incidente à la fin du chapitre qui traite de la justice générale:

> Quant à la différence entre la vertu et la justice ainsi comprise, elle résulte clairement de ce que nous avons dit: la justice est identique à la vertu, mais son essence n'est pas la même. En tant que concernant nos rapports avec autrui, elle est justice, et en tant que telle sorte de disposition pure et simple, elle est vertu[6].

Malgré l'évidence invoquée par Aristote, il n'est pas si aisé de saisir en quoi consiste cette différence d'essence. Thomas d'Aquin va évoluer dans ses

1. *Ibid.*, 1130 a 6-7.
2. *Ibid.*, 1130 a 9-10.
3. *Eth. Nic.*, V, 6 et 7.
4. *Ibid.*, V, 2, 1129 a 26-b 1.
5. Selon la classification et le vocabulaire de Thomas d'Aquin, l'étude de la justice particulière conduit à celle des «parties subjectives» de la justice, à savoir la justice distributive et la justice commutative. Les «parties intégrantes» de la justice consistent en quelque sorte en la volonté de faire le bien et celle d'éviter le mal: II II, q. 79, a. 1, c. Sur la conception thomasienne de la justice, les remarques déjà anciennes du P. TONNEAU conservent leur pertinence: *Bulletin thomiste* 4 (1934-1936), p. 495-499 et 5 (1937-1939), p. 445-449 et 473.
6. *Eth. Nic.*, V, 3, 1130 a 10-13. Essence traduit ici *το ειναι*, souvent traduit par quiddité, translittération du latin *quidditas*.

positions sur la question, entre ses écrits de jeunesse et ceux de la maturité. Dans les premiers, il s'en tient à une distinction de raison :

> La justice dite légale est, selon le Philosophe, toute vertu, différant de la vertu par la seule raison. En effet, la vertu, en tant que son acte ordonne au bien commun, recherché par le législateur, est dite légale car au service de la loi, comme l'homme courageux qui combat par l'épée pour le salut de la chose publique[1].

Position qu'il reprend, mais en objection, dans la I^{a} II^{ae} de la *Somme*, et à laquelle il répond en avançant sa propre position. Voici successivement les textes de l'objection et de la réponse :

> [obj. 2] Les opérations qui diffèrent le plus entre elles sont, semble-t-il, celles qui sont ordonnées au bien de l'individu, et celles qui sont ordonnées au bien de la multitude. Mais cette diversité même ne diversifie pas les vertus morales. Le Philosophe affirme en effet que la justice légale qui ordonne les actes des hommes au bien commun n'est pas différente, si ce n'est par une distinction de raison, de la vertu qui ordonne les actes de l'homme à un seul bien. Donc la diversité des opérations ne cause pas celle des vertus morales[2].
> [rép. 2] La justice qui vise le bien commun est une autre vertu que la justice ordonnée au bien d'un individu, d'où la distinction entre droit commun et droit privé; et Cicéron fait de la piété qui nous conforme au bien de la patrie une vertu spéciale. Toutefois, la justice qui ordonne l'homme au bien commun est générale par l'empire qu'elle exerce, puisqu'elle ordonne tous les actes des vertus vers ce qui est sa fin, c'est-à-dire vers le bien commun. Or une vertu, selon qu'elle est commandée par une telle justice, reçoit aussi le nom de justice. Et en ce sens elle ne diffère de la justice légale que par une distinction de raison entre la vertu qui opère par elle-même, et celle qui opère en obéissant à une autre[3].

Sans écarter l'affirmation d'Aristote, qui demeure valide, du rôle fédérateur de la justice sur les autres vertus, Thomas d'Aquin la complète en précisant que la justice générale est spécifique quant à son objet : le bien commun. La justice générale, et elle seule, a pour objet exclusif et ultime le bien commun, celui de la cité. Elle ne se distingue pas des autres vertus par sa matière, mais par son objet. Position reprise, de façon plus exhaustive encore, lors de l'étude détaillée de la vertu de justice dans la II^{a} II^{ae}, où il reconnaît une puissance (*virtus*) propre à la justice générale, celle de mouvoir les autres vertus en les ordonnant à sa propre fin, le bien commun :

> Il est manifeste que ceux qui vivent dans une communauté sont avec elle dans le même rapport que les parties avec un tout. Or la partie, en tant que telle, est

1. *De Ver.*, q. 28, a. 1, c., 130-133. C'était déjà la positon du *Commentaire des Sentences* : ainsi, par exemple, en *II Sent.*, d. 27, q. 1, a. 2, ad 4; *III Sent.*, d. 9, q. 1, a. 1, q^{a} 2; d. 33, q. 1, a. 1, q^{a} 2, ad 3.

2. I II, q. 60, a. 3, obj 2.

3. *Ibid.*, ad 2.

> quelque chose du tout; d'où il résulte que n'importe quel bien de la partie doit être subordonné au bien du tout. C'est ainsi que le bien de chaque vertu, de celles qui ordonnent l'homme envers soi-même ou de celles qui l'ordonnent envers les autres personnes singulières, peut être référé au bien commun auquel nous ordonne la justice[1].
> C'est en ce sens [...] qu'on donne le nom de vertu générale à la justice légale: en tant qu'elle ordonne les actes des autres vertus à sa fin, ce qui revient à les mouvoir par son commandement. [...] La justice légale demeure une vertu spéciale, du fait qu'elle a pour objet propre le bien commun. Ainsi elle réside dans le prince à titre de principe, dotée d'une qualité architectonique, ne se trouvant chez les sujets que de façon secondaire, comme agents d'exécution. Néanmoins n'importe quelle vertu peut être appelée justice légale en ce qu'elle est ordonnée au bien commun par la vertu dont nous venons de parler, laquelle est à la fois spéciale par son essence, et générale par sa puissance motrice. Alors, d'après cette façon de parler, il n'y aurait entre n'importe quelle vertu et la justice légale qu'une différence de raison. Et c'est ainsi que parle Aristote[2].

On relève, au passage, l'éminence du statut de cette justice générale: elle réside principalement (*principaliter*) chez les princes, et secondairement (*quasi ministrative*) dans les autres citoyens. Au terme de la première question de la *Somme* consacrée à cette vertu, il ajoute qu'elle est la plus éminente (*praeeminat*), la plus éclairante (*praeclarior*) de toutes les vertus: « Si l'on parle de la justice légale, il est manifeste qu'elle dépasse en valeur toutes les vertus morales, du fait que le bien commun l'emporte sur le bien singulier d'une seule personne »[3].

1. « *Manifestum est autem quod omnes qui sub communitate aliqua continentur comparantur ad communitatem sicut partes ad totum. Pars autem id quod est totius est, unde et quodlibet bonum partis est ordinabile in bonum totius. Secundum hoc igitur bonum cuiuslibet virtutis, sive ordinantis aliquem hominem ad seipsum sive ordinantis ipsum ad aliquas alias personas singulares, est referibile ad bonum commune, ad quod ordinat iustitia.* », II II, q. 58, a. 5, c.

2. « *Hoc autem modo [...] iustitia legalis dicitur esse virtus generalis, inquantum scilicet ordinat actus aliarum virtutum ad suum finem, quod est movere per imperium omnes alias virtutes. [...] Iustitia legalis est specialis virtus secundum suam essentiam, secundum quod respicit commune bonum ut proprium obiectum. Et sic est in principe principaliter, et quasi architectonice; in subditis autem secundario et quasi ministrative. Potest tamen quaelibet virtus, secundum quod a praedicta virtute, speciali quidem in essentia, generali autem secundum virtutem, ordinatur ad bonum commune, dici iustitia legalis. Et hoc modo loquendi iustitia legalis est idem in essentia cum omni virtute, differt autem ratione. Et hoc modo loquitur philosophus.* », II II, q. 58, a. 6, c. Dans la même réponse, Thomas d'Aquin rapproche, quant à leur caractère général, la justice et la charité: « De même, en effet, que la charité peut être qualifiée de vertu générale en tant qu'elle ordonne les actes de toutes les vertus au bien divin, ainsi la justice légale qui ordonne leurs actes au bien commun (*sicut enim caritas potest dici virtus generalis inquantum ordinat actus omnium virtutum ad bonum divinum, ita etiam iustitia legalis inquantum ordinat actus omnium virtutum ad bonum commune*) », *ibid.*

3. II II, q. 58, a. 12, c. La terminologie de la lumière vient de la formule d'Aristote que Thomas reprend pour clore sa réponse, et en l'appliquant à la justice générale: « C'est en ce sens qu'Aristote dit que "la plus éclatante des vertus paraît être la justice, et que ni l'étoile du soir, ni l'étoile du matin ne sont aussi admirables" ».

Dans la *Somme*, la conviction de Thomas est donc fermement établie. S'il justifie *reverenter* la position de l'*Ethique à Nicomaque*, il expose clairement la sienne. La question qui l'habite depuis ses premiers écrits, déjà marqués par la connaissance la pensée d'Aristote, est celle de cette généralité de la justice. Si, dans un premier temps, il s'en tient à une généralité d'attribution – celle du genre qui peut être attribué à toutes ses espèces –, dans la *Somme*, il affirme que cette généralité tient à l'*imperium* exercé sur les autres vertus, c'est-à-dire à cette capacité de les mettre en œuvre en les imprégnant de sa propre intentionnalité. Une vertu générale par attribution n'aurait aucune existence propre, distincte de celles des autres vertus : la distinction ne serait que de raison; mais la spécificité de son objet, même liée à la généralité de la cause, confère une existence propre à la justice légale[1].

Thomas souligne l'analogie que l'on peut faire avec la charité, elle aussi architectonique dans l'ordre de la grâce : « De même que la charité peut être qualifiée de vertu générale en tant qu'elle ordonne les actes de toutes les vertus au bien divin, ainsi la justice légale qui ordonne leurs actes au bien commun. Cependant cela n'empêche pas la charité, qui a pour objet propre le bien divin, d'être par essence une vertu spéciale »[2]. La justice générale apporte donc aux actes des autres vertus plus qu'une nouvelle condition d'exercice, le cadre de la cité; elle apporte une ordination au bien commun qui ne leur est pas intrinsèque, un *imperium* à une fin qui excède leur objet formel. Par elle, l'homme bon du fait qu'il agit vertueusement devient aussi un bon citoyen. Le cas du sacrifice de sa vie en est la plus belle illustration. Celui qui risque sa vie dans un juste combat manifeste sa vertu de force; s'il le fait pour sa cité, c'est animé par cette vertu de justice générale qui ordonne au bien commun. En d'autres termes, donner sa vie pour sa cité est éminemment un acte impéré par la vertu de justice générale, mais qui émane de la vertu de force. L'analogie citée plus haut entre la justice générale et la charité, entre l'ordre naturel et l'ordre surnaturel, va jusque-là : « la charité incline à l'acte du martyre comme étant son motif premier et principal; elle est la vertu qui le commande. Mais la force y incline comme étant son motif propre; elle est la vertu d'où il émane »[3].

1. Lors de son étude de la vertu de latrie dans le *Commentaire des Sentences*, se demandant ce qui constitue la généralité d'une vertu, saint Thomas précise quatre voies possibles de réponse. D'abord, par la généralité du genre, qui peut être attribué à toute vertu. Ensuite, par le fait que les vertus particulières peuvent dépendre de la vertu générale, comme les vertus morales participent de la rectitude de la prudence. La généralité peut également tenir à la causalité exercée sur les autres vertus. Enfin, la généralité peut tenir à l'effet qui résulte de celui de toutes les vertus singulières : cf. *III Sent.*, d. 9, q. 1, a. 1, q^{a} 2, sol.

2. *Ibid. Cf.* II II, q. 23, a. 8, c : la charité est la forme des vertus parce qu'elle « ordonne les actes de toutes les autres vertus à la fin ultime. Ainsi, elle donne aussi à ces actes leur forme », et ad 3 : « on peut dire que la charité est la mère des autres vertus parce que, à partir de l'appétit de la fin ultime, elle conçoit les actes des autres vertus, en les impérant ».

3. II II, q. 124, a. 2, ad 2. Saint Thomas fait lui-même le parallèle entre les deux ordres : « De même que la force civique affermit l'âme de l'homme dans la justice humaine dont la conservation lui fait supporter des périls mortels, de même la force qui vient de la grâce confirme son cœur dans le bien "de la justice de Dieu qui est par la foi au Christ Jésus" (Rm 3, 22) », *ibid.*, ad 1. On a un

Si saint Thomas, dans la *Somme*, s'est ainsi quelque peu distancié d'Aristote en le dépassant, alors qu'il le suivait dans ses premiers écrits, c'est probablement parce que la rédaction de la IIª *Pars* tire parti du commentaire de l'*Ethique à Nicomaque* qui lui est contemporain[1]. On y voit Thomas d'Aquin se faire l'exégète du Philosophe mais aussi éclaircir le point qui lui semble, malgré les dires d'Aristote, appeler des précisons. Il avance ainsi ce qui va devenir sa propre position: c'est parce qu'il y a objet propre – le bien commun – que la justice dite générale est *stricto sensu* un habitus spécial[2]. La matière de la vertu de justice générale ou légale est l'ensemble des vertus humaines, son objet est le bien commun auquel elle réfère les activités vertueuses, selon le rapport exigé à un moment donné par l'appartenance d'un individu au tout qu'est la cité. La justice dont il est ici question est ainsi à la fois

exemple plus ancien de ce type de relation dans le *Commentaire des Sentences*, lorsque Thomas distingue la *sanctitas* de l'*eusebia*. Ces deux vertus relèvent du culte. La première est générale, en tant qu'elle ordonne à Dieu tous les actes de la vie humaine, tandis que la seconde est particulière, en tant qu'elle ne porte que sur les actes du culte: « La sainteté soutient, à l'égard de toutes les vertus, un rapport analogue à celui de la justice légale: de même, en effet, que celle-ci opère les actes de toutes les vertus en vue du bien commun, de même la sainteté les opère pour Dieu », *III Sent.*; d. 33, q. 3, a. 4, sol. 6, ad 3.

1. Les *Questions disputées sur la vérité* remontent à la première régence à Paris (1256-1259), la IIª *Pars* de la *Somme* aux dernières années de la seconde régence (1268-1272), alors qu'était rédigé le commentaire de l'*Ethique* (1271-1272).

2. Il commente ainsi la finale du chapitre 3 du Livre V de l'*Ethique à Nicomaque* en *Super Eth.*, V, 2, 145-170: « Il conclut que la justice légale inclut toute vertu. C'est à elle en effet qu'il revient d'user de vertu envers autrui. Or on peut user de n'importe quelle vertu envers un autre. Aussi est-il manifeste que la justice légale n'est pas une vertu particulière, mais que la vertu entière lui appartient. De même que la malice contraire n'est pas une part de la malice, mais la malice entière. Parce que, de manière semblable, l'homme peut user de n'importe quelle malice envers un autre. Ensuite… il manifeste quelque chose qui pourrait demeurer en doute à propos de ce qui a été dit. Et il dit qu'il est manifeste, à partir de ce qui a été dit, en quoi diffèrent la vertu et la justice légale. Car c'est la même chose selon la substance, mais non selon la raison; elle est dite justice en rapport à un autre, mais elle est strictement (*simpliciter*) vertu en tant qu'habitus opératif de tel bien. Cela doit se comprendre quant à l'acte même de la justice et de la vertu. C'est en effet le même acte qui est produit par le sujet, par la justice légale et par la vertu strictement dite, par exemple de ne pas commettre l'adultère; mais cependant selon des raisons différentes. A la vérité, parce qu'il faut poser un habitus spécial là où il y a une raison spéciale de l'objet, même en matière générale, il faut dire que la justice légale est une vertu déterminée qui tire sa spécificité de ce qu'elle vise le bien commun. (*Concludit quod iustitia legalis includat omnem virtutem. Ad eam enim pertinet uti virtute ad alium: qualibet autem virtute potest aliquis uti ad alterum; unde manifestum est quod iustitia legalis non est quaedam particularis virtus, sed ad eam pertinet tota virtus; neque etiam contraria malitia est pars malitiae, sed ad eam pertinet tota malitia, quia similiter qualibet malitia potest homo uti ad alterum. Deinde… manifestat quiddam quod possit esse dubium circa praemissa. Et dicit, quod ex dictis manifestum est in quo differant virtus et iustitia legalis. Quia secundum substantiam est eadem, sed secundum rationem non est idem, sed per comparationem ad alterum dicitur iustitia, inquantum autem est habitus operativus talis boni, est simpliciter virtus. Hoc autem intelligendum est quantum ad ipsum actum iustitiae et virtutis; actus enim idem subiecto producitur a iustitia legali et a virtute simpliciter dicta, puta non moechari, tamen secundum aliam et aliam rationem; verum, quia ubi est specialis ratio obiecti etiam in materia generali oportet esse specialem habitum, inde est quod ipsa iustitia legalis est determinata virtus habens speciem ex hoc quod intendit ad bonum commune*) ».

générale et spéciale. Elle est générale parce qu'elle ne connaît son acte que dans celui des autres vertus; elle est spéciale parce que son objet est spécifique[1].

Cette précision apportée par Thomas aux propos d'Aristote, pour ponctuelle qu'elle apparaisse, est cependant très significative de la place qu'il reconnaît à la communauté politique et à son bien. En reconnaissant dans la justice générale une vertu particulière (mais dont l'objet est général), en la distinguant donc formellement des autres vertus mais en lui reconnaissant un rôle architectonique à leur égard, Thomas manifeste que la fin dernière qu'est le bien commun n'est pas une métaphore, que c'est lui qui unifie réellement les différentes vertus et leurs actes[2]. On aurait pu penser que Thomas d'Aquin, docteur de chrétienté, minorerait la portée qu'Aristote reconnaît à la communauté par rapport à ses parties, ou au moins que ce que l'on nomme aujourd'hui le personnalisme chrétien lui ferait assumer cette dimension collective dans l'ordre surnaturel: la fin dernière, qui est Dieu lui-même serait seule capable d'unifier les vertus et les actes humains. Il n'en va pas ainsi, on vient de le voir, et le fait qu'il aille plus loin qu'Aristote dans la qualification de la justice générale montre bien que c'est d'abord dans l'ordre naturel qu'il reconnaît cette primauté du bien commun, sans préjudice de ce qui vaut pour l'ordre surnaturel.

L'analogie mentionnée avec la charité est éloquente: de même que la charité, qui a Dieu pour objet, est la forme de toutes les vertus dans l'ordre de la grâce, de même la justice générale, dont l'objet est le bien commun, pour les autres vertus dans l'ordre naturel. Thomas tient jusqu'au bout, dans l'ordre naturel, sa doctrine de la primauté du bien commun, dût-il préciser sur son chemin quelques propos insuffisants d'Aristote. En affirmant la spécificité de la justice légale par son objet propre, il fonde en raison la spécificité du politique par son objet formel propre: le bien commun. Par le fait même, il fait comprendre que la politique concerne tout l'homme, et non telle fraction de lui-même, sous l'unique réserve de l'ordre à Dieu qui a été évoqué.

La justice générale est pour saint Thomas une véritable vertu de justice: elle exprime pour le citoyen les exigences attachées à son appartenance communautaire. Il revient à la loi, sous toutes ses formes, d'en expliciter le contenu, et c'est pourquoi elle est aussi appelée justice légale: « Parce que c'est le rôle de la loi de nous ordonner au bien commun [...] cette justice dite générale est appelée justice légale: car, par elle, l'homme s'accorde avec la loi qui ordonne

1. C'est une règle intangible chez Thomas d'Aquin que tout habitus est spécifié par son objet. Dès lors que la justice générale est spécifiée par le bien commun, il faut reconnaître qu'elle constitue un habitus spécial. « *Quia ubi est speciali ratio obiecti etiam in materia generale, opportet esse specialem habitum, inde est, quod ipsa iustitia legalis est determinata virtus habens speciem ex hoc quod intendit ad bonum commune.* », *Super Eth. Nic.*, V, 2, 166-168, plus longuement cité à la note précédente.

2. J.-Y. Jolif commente en ces termes: « On pourrait dire que la justice générale est la forme de toutes les vertus, dans l'ordre de la félicité naturelle, au sens même où la charité est la forme de toutes les vertus dans l'ordre du bonheur surnaturel », *Les idées politiques de saint Thomas*, *op. cit.*, p. 28.

les actes de toutes les vertus au bien commun »[1]. Ce statut éminent de la justice légale justifie que la loi, supposée juste, oblige en conscience. Le respect de la loi fait partie, au plus haut point, de la vie vertueuse, parce qu'elle est l'expression de la vie selon la justice légale, ou encore générale.

Ce recours à la doctrine aristotélicienne, moyennant les transformations non négligeables que l'on vient d'évoquer, est le moyen saisi par saint Thomas pour critiquer implicitement, et même congédier la doctrine courante de nombre de théologiens sur la justice générale. Pour ceux-ci, qui s'inspirent directement ou non des conceptions augustiniennes et de la dialectique des deux cités, seule la justice de Dieu est une véritable justice. Aristote, déjà, avait critiqué la conception platonicienne de la justice comprise comme une harmonie de l'âme[2]. Saint Thomas, en s'appuyant sur sa doctrine de la justice générale, fonde la justice, et par là l'ordre politique lui-même, dans l'ordre naturel.

B – *La justice particulière*

La justification de l'existence de la vertu de justice particulière, en sus de la justice générale, est aisée à saisir : « Il faut qu'en plus de cette vertu générale qui ordonne l'homme de façon immédiate au bien commun, il y en ait d'autres qui l'ordonnent immédiatement aux biens particuliers [...] Par-delà la justice légale, il faut qu'il y ait une justice particulière qui ordonne l'homme en tout ce qui se rapporte à une autre personne singulière »[3]. Si donc la justice légale regarde le bien commun de telle assemblée humaine, la justice particulière regarde le bien particulier des individus[4]. Sa matière propre consiste en « les actions et réalités extérieures selon une certaine raison d'objet spéciale, c'est-à-dire en tant que par elles un homme est en relation avec un autre »[5].

On a précisé à maintes reprises que c'est le bien commun qui permet de définir la justice légale dans sa spécificité. C'est dire qu'elle ne vise pas à établir une certaine égalité, ou que la notion de *debitum*, de dû, n'intervient pas directement dans sa compréhension. C'est la justice particulière qui vise à sauvegarder le *debitum* : la notion de dû est essentielle à la compréhension de la justice particulière[6]. Pour Thomas d'Aquin, qui emprunte à Aristote ses distinctions fondamentales, la justice particulière tend à établir une certaine

1. II II, q. 58, a. 5, c.
2. Par exemple en *Eth. Nic.*, V, 15, 1138 b 5-13.
3. II II, q. 58, a. 7, c.
4. C'est l'occasion pour saint Thomas de rappeler que si le bien particulier est ordonné au bien commun comme la partie au tout, ces deux biens diffèrent selon l'espèce et pas seulement selon le nombre : *ibid.*, ad 2. Il reprend ici une observation qu'Aristote donne dès le début de la *Politique* : I, 1, 1252 a 7-17.
5. II II, q. 58, a. 8.
6. Cette différence des objets formels de la justice générale et de la justice particulière est à souligner : il n'y a pas de dette à l'égard du bien commun, parce qu'il n'est pas comme une personne morale à l'égard de laquelle chaque citoyen serait débiteur. Comme on l'a vu, il est plutôt le bonheur que la cité tend à promouvoir par ses lois pour chacun et pour tous. Ce n'est que dans un sens second et amoindri que le citoyen peut se reconnaître débiteur à l'égard de la cité.

égalité à l'intérieur de la communauté. Les rapports en communauté et la communauté elle-même seront dits justes s'ils sont empreints d'égalité :

> Il est propre à la justice, parmi les autres vertus, d'ordonner l'homme en ce qui est relatif à autrui. Elle implique en effet une certaine égalité, comme son nom lui-même l'indique : on dit communément que ce qui s'égale s'ajuste. Or l'égalité se définit par rapport à autrui. Les autres vertus au contraire ne perfectionnent l'homme qu'en ce qui se rapporte à lui personnellement[1].

Un peu plus loin, Thomas résume : « la forme générale de la justice est l'égalité, pour la justice distributive comme pour la justice commutative »[2]. Cette égalité va se décliner avec une infinie variété, selon le type de justice que l'on envisage, le type de régime et de règles, le temps et le lieu…, que l'analyse synthétique ne peut embrasser.

Cette égalité relative instituée par la justice est le juste milieu (le *medium*, ou mediété) qui caractérise un habitus vertueux, comme Aristote l'avait exposé. Il s'agit d'établir dans l'action vis-à-vis d'autrui, ou dans la réalité qu'elle emploie, une « juste proportion » qui fonde une « égalité de proportion de cette réalité extérieure avec autrui »[3]. Si bien que « la matière de la justice est l'opération extérieure qui, par elle-même ou par la réalité dont elle fait usage, se trouve proportionnée à la personne avec qui la justice nous met en relation »[4]. C'est par ces termes que Thomas d'Aquin rend compte de l'axiome qui définit l'acte propre de la justice dans le droit romain : *suum cuique tribuere*, rendre à chacun son dû. Cela montre bien le double aspect, à la fois objectif et subjectif, du juste selon Thomas : il porte sur une réalité objective, et il est un dû pour celui avec qui on est en relation.

Fondamentalement, selon la définition qu'il reçoit de la tradition qui le précède, et notamment du droit romain, l'habitus vertueux de justice est une perfection de la volonté qui fait rendre à chacun ce qui lui est dû. Thomas fait une synthèse de l'héritage du droit romain – *suum cuique tribuere* – et de la morale aristotélicienne – « la justice est un habitus d'après lequel l'homme juste se définit celui qui est apte à accomplir, par choix délibéré, ce qui est juste »[5], synthèse qui aboutit à la formulation suivante : « la justice est l'habitus par lequel on donne, d'une perpétuelle et constante volonté, à chacun son droit (*iustitia est habitus secundum quem aliquis constanti et perpetua voluntate ius suum unicuique tribuit*) »[6]. En précisant, avec Aristote, que la justice est un habitus, Thomas d'Aquin souligne le caractère moral de cette qualité : c'est par des actes personnels que s'édifie une société juste.

1. II II, q. 57, a. 1, c.
2. II II, q. 61, a. 2, ad 2.
3. *Ibid.*, a. 10, c. C'est le juste milieu de la vertu de justice, qui a donc un caractère objectif par la réalité sur laquelle il porte.
4. *Ibid.*, a. 11, c.
5. *Ibid.*, VI, 9, 1134 a 1-2.
6. II II, q. 58, a. 1, c.

1 – *La justice distributive*

Fidèle à une tradition qui remonte, on l'a vu, à Aristote et que le christianisme reçoit du monde romain, saint Thomas justifie ensuite, au sein de la justice particulière, la distinction entre justice distributive et justice commutative. Une fois encore, c'est à la dialectique du tout et des parties qu'il recourt. Dans un ensemble, chaque partie est en relation avec le tout auquel elle appartient, et avec les autres parties :

> Une partie comporte une double relation (*duplex ordo*) : d'abord celle de partie à partie, à laquelle correspond dans la société la relation d'individu à individu. C'est cet ordre que dirige la justice commutative, qui a pour objet les échanges mutuels entre deux personnes. Un autre ordre se prend du tout aux parties, auquel ressemble l'ordre de ce qui est commun à des individus. C'est cet ordre que dirige la justice distributive, appelée à répartir proportionnellement ce qui est commun à tous. Il y a donc bien deux espèces de justice, l'une distributive et l'autre commutative[1].

En d'autres termes, parce que toute personne appartient à un tout, le domaine de la justice particulière couvre celui des relations interpersonnelles (justice commutative) et celui de la répartition de ce qui est commun (justice distributive). Il faut préciser quelque peu ces deux espèces de justice qui, tout en ouvrant la voie à d'innombrables applications, sont aisées à saisir dans leur principe.

La justice distributive régit les relations du tout avec ses parties, autrement dit de la communauté avec ses membres. Sa matière consiste en les actes de répartition de ce qui est commun entre les individus[2] : elle garantit ainsi une certaine égalité proportionnelle entre les membres dans la répartition des biens et des charges au sein de la vie commune. La proportion se prend des différences de situation entre les individus :

> Il appartient à la justice distributive de donner quelque chose à une personne privée pour autant que ce qui appartient au tout est dû à la partie. Mais ce dû est d'autant plus considérable que la partie occupe dans le tout une plus grande place. Et c'est pourquoi, en justice distributive, il est donné d'autant plus des biens communs à une personne que sa place dans la communauté est prépondérante C'est pourquoi, dans la justice distributive, le juste milieu ne se détermine pas par une égalité de chose à chose, mais selon une proportion des choses aux personnes; de telle sorte que si une personne est supérieure à une autre, ce qui lui est donné doit dépasser ce qui est donné à l'autre[3].

1. II II, q. 61, a. 1, c. Si, pour simplifier l'analyse, on assimile la partie à un citoyen, dans la pratique, la partie sera aussi bien une personne physique qu'une personne morale, de droit privé ou de droit public.

2. *Ibid.*, a. 3, c.

3. *Ibid.*, a. 2, c. Saint Thomas ajoute que la prépondérance est appréciée différemment selon les régimes politiques : « Dans les communautés à régime aristocratique, cette prépondérance est

La justice distributive est caractéristique de la relation que la communauté comme tout entretient avec chacune de ses parties. Elle témoigne d'une certaine qualité de vie commune dans la cité.

2 – *La justice commutative*

La justice commutative, quant à elle, régit les relations de partie à partie, c'est-à-dire toute espèce d'échange d'égal à égal. L'égalité et le juste milieu de la vertu résident dans l'équivalence de ce qui est échangé. C'est une « égalité de compensation »[1] :

> Dans les échanges, on rend à une personne particulière quelque chose en remplacement de ce que l'on a reçu d'elle; ce qui est évident dans l'achat et la vente, qui nous donnent la définition élémentaire de l'échange. Il faut égaler objet à objet, de telle façon que, tout ce que l'un a reçu en plus en prenant sur ce qui est à l'autre, il le restitue en égale quantité[2].

Thomas précise qu'en principe la réciprocité attachée à la justice commutative implique la compensation exacte des termes de l'échange, alors qu'il n'en va pas ainsi pour la justice distributive qui repose sur un principe de proportionnalité[3]. Les développements relativement longs qu'il consacre aux principes de la justice commutative sont les fondements de ceux qui suivront bientôt sur la justice judiciaire, sur les atteintes à la justice et la sanction de celles-ci.

A travers toutes ces analyses, ce sont les principes d'un ordre social (politique) juste que pose saint Thomas d'Aquin. Son insistance à manifester que la justice distributive tend à établir une égalité autant que la justice commutative mais différemment d'elle témoigne du sens aigu qu'il a des réalités politiques. De fait, son œuvre intervient au cœur du XIIIe siècle, au moment où les royaumes médiévaux et la vie sociale sont en pleine construction, notamment juridique. Si bien que ses propos s'inscrivent dans des débats et travaux très vivants depuis un siècle déjà, ils s'en nourrissent et leur apportent leur propre contribution. Cela explique aussi qu'il consacre de longs propos à certains développements de ces principes, essentiels à un ordre social fondé en justice. Faute de pouvoir les exposer en détail, on se borne ici à mentionner les principaux objets dont ils traitent.

C – *Développements*

Il s'agit de lieux particuliers d'application des principes généraux de la justice commutative et distributive. Ils sont pour Thomas d'Aquin l'occasion

donnée à la vertu; dans les oligarchies, à la richesse, dans les démocraties, à la liberté. » En somme, à chaque régime son ordre distributif.

1. *Ibid.*, a. 3, c.

2. *Ibid.*, a. 2, c.

3. *Ibid.*, a. 4, c. Après Aristote, Thomas justifie la réciprocité de la « loi du talion », sans que « l'égalité de compensation » doive être comprise nécessairement de façon matérielle.

de décrire toute l'étendue de cette vertu, dans ses aspects les plus concrets, et ils témoignent de sa finesse à allier la rigueur doctrinale des principes à la souplesse de leurs applications pratiques.

La restitution (II II, q. 62) – La philosophie grecque autant que la tradition biblique et canonique a massivement nourri la question : convient-il de restituer ce que l'on a pris, à qui, dans quelle mesure, moyennant quelle compensation… ? A l'enjeu immédiat en termes de justice s'ajoute celui de la discipline sacramentelle, car la satisfaction vise, dans la pénitence chrétienne, à réparer quelque peu l'offense faite à Dieu. La restitution est fondamentalement un acte de la justice commutative, elle tend à rétablir une égalité mise en cause par la détention d'un bien appartenant à autrui (a. 1). La question 62 examine les différentes conditions qui peuvent entourer l'acte de restitution. Après cette question, saint Thomas aborde différents domaines par voie négative, c'est-à-dire comme étant des lieux d'injustice, c'est-à-dire mettant en cause la justice, soit distributive (q. 63), soit commutative (q. 64-78).

L'acception des personnes (II II, q. 63) – Elle porte directement atteinte à la justice distributive. Formellement, elle consiste à attribuer à quelqu'un ce dont il n'est pas digne (a. 1). Ici, l'enseignement biblique permet de préciser la nature des injustices commises dans la répartition des biens et des charges. L'acception des personnes peut se rencontrer dans la distribution des biens spirituels (a. 2), dans les témoignages d'estime et les honneurs (a. 3), et dans les décisions judiciaires (a. 4). Dans tous les cas, elle manifeste la primauté d'une préférence personnelle sur les exigences attachées au bien commun.

L'homicide et autres atteintes aux personnes (II II, q. 64 et 65) – A l'égard de la sauvegarde de la vie humaine, Thomas d'Aquin s'inscrit dans une tradition morale, canonique et biblique, pérenne. Le cinquième précepte du Décalogue : « Tu ne tueras pas » (Ex 20,13), est aussi un précepte de la loi morale naturelle. Saint Thomas examine les différentes formes que peut revêtir l'homicide. A cette occasion, et bien qu'il ne le formule pas en ces termes, il présente un petit traité de ce que l'on nommera après lui le droit à la vie. Ses positions seront sans cesse reprises par le magistère ecclésial, non sans qu'elles soient parfois dégagées de leur contexte médiéval. Ses principales conclusions sont les suivantes. Le meurtre d'un innocent n'est admissible en aucune façon : « il n'est aucunement permis de tuer un innocent »[1]. Cela vaut pour soi-même : le suicide est interdit car il va à l'encontre de l'amour que l'on doit avoir pour soi-même, parce qu'il lèse la société, et qu'il offense Dieu qui est maître de la vie (a. 5). Sur ce principe qui ne connaît aucune dérogation, Thomas précise que la légitime défense peut aller jusqu'à la mort d'un agresseur, dès lors que cette violence est licite, c'est-à-dire nécessaire pour la sauvegarde de sa propre vie (II II q. 64, a. 7). De même, la mise à mort d'un homme coupable peut être licite – il s'agit alors de la peine de mort – si cet « individu devient un péril

1. II II, q. 64, a. 6, c.

pour la société et que son péché risque de la détruire »[1], étant entendu que cette peine relève de la seule compétence des princes, qui détiennent l'autorité publique pour la sauvegarde du bien commun (a. 2 et 3)[2]. Cette doctrine est aussi appliquée aux peines de mutilation, pratiquées encore au temps de Thomas (II II, q. 65, a. 1), ainsi qu'aux peines corporelles et d'emprisonnement (a. 2 et 3). A ce thème de la justice punitive, qui envisage le châtiment des fautes par les autorités publiques, et à ce titre est partie de la justice commutative, on peut joindre les développements de Thomas sur la vertu de vengeance, quand ce châtiment est le fait d'une personne privée qui se protège contre une offense et qui vise à la restauration du bien moral, chez l'auteur du mal et dans la société (II II, q. 108)[3].

Sur tous ces sujets qui engagent le respect de la vie humaine, les réponses apportées par Thomas d'Aquin sont peut-être plus intéressantes par leur argumentation que par les solutions auxquelles elles aboutissent, qui s'inscrivent dans une tradition déjà établie. Deux principes déterminent son argumentaire. D'une part, tout homme est une créature, et est par là-même en relation avec Dieu, créateur et origine de toute vie. Cela fonde le respect dû à toute personne, soi-même ou un autre, et la gravité de l'atteinte à toute vie humaine. Mais l'homme est aussi, d'autre part, membre d'une communauté, avec laquelle il est en relation comme une partie avec le tout. C'est alors la sauvegarde du bien commun qui peut justifier qu'il soit porté atteinte au bien d'une partie. Entre ces deux principes – respect du bien personnel et sauvegarde du bien commun – se développe tout le champ de la justice dans les communautés humaines, se déploient tous les arbitrages qui aboutissent aux solutions jugées légitimes en leur temps et en leur lieu. En communauté, la justice est le fruit de ces arbitrages incessants entre bien singulier et bien commun : « il est interdit de nuire à quelqu'un, si ce n'est par manière de châtiment pour faire régner la justice »[4]. C'est dire que ces mêmes principes pourront connaître des applications pratiques différentes selon les circonstances[5]. Ils illustrent ce que l'on

1. *Ibid.*, a. 2, c.

2. Dans le contexte médiéval qui est le sien, Thomas d'Aquin précise que les clercs doivent s'abstenir de toute violence, parce qu'ils doivent imiter le Christ, qui n'a pas pratiqué la violence, et parce que le régime de la loi nouvelle ne prévoit aucune peine de mort ou de mutilation : *ibid.*, a. 4.

3. Thomas d'Aquin en traite dans les vertus de sociabilité, car elle ne relève pas *stricto sensu* de la justice commutative : en écartant toute idée de revanche personnelle, il s'agit de châtier un coupable en ne regardant que l'aspect objectif de la réparation d'un mal causé à autrui ou à la société, et son effet sur l'auteur de ce mal. Elle relève plus de la convenance sociale que de la nécessité de justice. On peut en ce sens la lier à la vertu de reconnaissance, qu'on évoquera bientôt, comme le fait Cicéron qui est l'une des références de Thomas en cette matière. En fait, la vertu de vengeance se situe aux confins de la justice commutative et des vertus de sociabilité.

4. II II, q. 65, a. 2, c.

5. C.-J. Pinto de Oliveira fait ainsi remarquer que les principes invoqués par saint Thomas peuvent, en d'autres temps, justifier une solution contraire à la sienne. Ainsi à propos de la mutilation, où Thomas affirme que « mutiler un homme, encore que ce soit contraire à la nature particulière de son corps, est cependant conforme à l'ordre raisonnable par rapport au bien commun (*secundum naturalem rationem in comparatione ad bonum commune*) », II II, q. 65, a. 1

nommera après Thomas d'Aquin la dignité de la vie humaine, et ils fondent sans conteste, même si ce n'est pas là son propos ni son expression, l'édifice des droits subjectifs de la personne. L'histoire de la morale, de la politique et celle du droit, qui leur est liée, témoignera de la fécondité des principes invoqués par saint Thomas.

La propriété (II II, q. 66) – Sur ce terrain encore, saint Thomas est dépositaire d'une longue tradition. Il réaffirme avec vigueur la tradition des Pères de l'Église, enracinée dans l'Écriture, et recourt aux analyses d'Aristote pour aboutir à l'élaboration d'une morale de la propriété, dans ses deux aspects, personnel et communautaire. La doctrine de Thomas se développe en trois temps. D'abord, il soutient que « la possession des biens est naturelle à l'homme », en se fondant sur l'Écriture et le principe général selon lequel, dans l'univers, les êtres imparfaits (les plantes et les animaux) existent pour les plus parfaits (les hommes) (a. 1). Ensuite, il constate empiriquement que la propriété privée se justifie par le fait que l'on prend davantage soin de ce que l'on possède en propre que de ce qui est communément détenu (a. 2). Enfin, quant à l'usage, Thomas affirme que « l'homme ne doit pas posséder ces biens comme s'ils lui étaient propres, mais comme étant à tous, en ce sens qu'il doit les partager volontairement avec les nécessiteux »[1]. Ainsi, il faut dire que le fait de posséder des biens est de droit naturel, et que les posséder en privé n'est pas contraire au droit naturel : la propriété privée, si elle n'est pas formellement de droit naturel, lui est cependant conforme, en le prolongeant dans des conditions prévues par le droit positif[2], le principe de la destination universelle des biens restant sauf. En somme, la doctrine de saint Thomas reconnaît la légitimité de la propriété privée, mais celui qui en bénéficie doit se considérer comme le dépositaire d'un bien qui doit profiter à tous.

Sur le fondement de ces principes clairement établis, les atteintes à la propriété se comprennent comme violant la justice commutative : c'est le cas du vol (secret ; a. 3) et de la rapine (publique ; a. 4). Le principe du profit universel des biens justifie toutefois une importante dérogation à l'exigence de ne pas s'emparer du bien d'autrui : il est parfois licite de s'en emparer en cas de nécessité (a. 7). Dès lors que l'appropriation des biens ne doit pas empêcher qu'ils subviennent aux nécessités des hommes, « les biens que certains possèdent en surabondance sont dus, de droit naturel, à l'alimentation des pauvres ». Par conséquent, si les propriétaires surabondamment pourvus ne satisfont pas aux exigences de secours des plus démunis, « si la nécessité est tellement urgente et évidente que manifestement il faille secourir ce besoin pressant avec les biens que l'on rencontre [...], alors quelqu'un peut licitement subvenir à sa propre nécessité avec le bien d'autrui, repris ouvertement ou en

ad 1. Il est clair que ce dernier argument peut conduire – et de fait conduira – à proscrire ce type de châtiment. Il en va de même des châtiments corporels, au sujet desquels Thomas reconnaît que « le père pourra battre son fils et le maître son serviteur pour les corriger et les former », *ibid.*, a. 2, c.

1. II II, q. 66, a. 2, c.

2. *Ibid.*, ad 1.

secret »[1]. Cet acte n'est pas alors, formellement, un vol ou une rapine, même s'il en a l'apparence matérielle.

On comprendra sans peine que les enseignements de saint Thomas sur la propriété, les principes clairs et rigoureux sur lesquels ils s'appuient, connaîtront une grande postérité, appliqués à quantités de situations particulières[2]. Ils serviront à exprimer après lui, en un terme dont il n'use pas mais cependant présent dans sa signification, le droit de propriété.

L'activité judiciaire (II II, q. 60 : le jugement; q. 67-71 : le procès) – Dans toute communauté, le jugement est un acte par excellence de la vertu de justice, puisqu'« il comporte une détermination exacte de ce qui est juste »[3]. Thomas d'Aquin précise d'abord (q. 60) les principes généraux qui s'appliquent à l'administration de la justice, dans une intention certes plus morale que juridique, mais en témoignant d'une réflexion approfondie sur les pratiques judiciaires (place des soupçons, du doute…). Reprenant d'Aristote une audacieuse formule, il regarde le juge comme étant « une sorte de justice animée »[4], autrement dit une incarnation vivante de la loi. Il développe ensuite (q. 67-71) les atteintes possibles à la justice commutative au cours de la procédure pénale (qu'elles aient pour auteur le juge, l'accusé, les témoins ou les avocats) : ces propos se rattachent à ce que l'on nommera après lui les droits de la défense. Enfin, il évoque les injustices commises en-dehors des tribunaux (q. 72-76 : injure, diffamation, médisance, moquerie ou malédiction), ces dernières questions formant, selon la formule de C.-J. Pinto de Oliveira, un « petit traité d'éthique de la parole »[5], qui fait une synthèse de quantités d'enseignements anciens, bibliques et profanes, reposant sur ce que l'on nommera plus tard le principe de dignité de la personne, et fondant les droits afférents au respect de celle-ci.

Les échanges (II II, q. 77 : la fraude, et q. 78 : l'usure) – Il s'agit ici pour Thomas de poser les principes d'une éthique de l'échange commercial. Pour n'être pas nouveau, ce domaine connaît à l'époque de Thomas d'Aquin un regain d'intérêt avec l'essor des échanges, qui conduit nombre d'acteurs à s'interroger sur la légitimité des activités commerciales et lucratives. Tout en s'en tenant aux formes élémentaires de l'échange et de l'économie, Thomas pose la question du juste prix et du juste intérêt dans les transactions commerciales à travers ce qui s'oppose à eux : les vices de fraude et d'usure.

Le premier lieu (q. 77) est l'occasion d'élaborer une appréciation morale de l'activité commerciale. La doctrine aristotélicienne de la chrématistique distin-

1. *Ibid.*, a. 7, c. Saint Thomas justifie ainsi cette doctrine dérogatoire : « ce qui est de droit humain ne saurait déroger au droit naturel ou au droit divin ».

2. Il en va ainsi, par exemple, sur le droit des infidèles à posséder des biens (*ibid.*, a. 8, ad 2), comme en atteste, après la découverte de l'Amérique, le commentaire de Cajetan, dont feront usage, notamment, F. de Vitoria et B. de Las Casas.

3. II II, q. 60, a. 1, c.

4. II II, q. 60, a. 1, c.

5. II II, q. 72, note 1.

guait les échanges destinés à pourvoir aux nécessités de la nature, dès lors légitimes, et le négoce visant au seul effet de lucre, et jugé illégitime pour ce motif[1]. Saint Thomas dépasse cette doctrine traditionnelle en l'affinant. Si le profit n'est pas recherché pour lui-même mais pour satisfaire le besoin de biens nécessaires à la famille ou à la cité, il est alors légitime. C'est, encore une fois, le critère de la finalité qui prévaut: le profit, et le négoce qui l'engendre, sont licites dès lors qu'ils sont ordonnés à une fin nécessaire et honnête. Ce sont l'accumulation des richesses pour elles-mêmes et l'avarice qui s'opposent au juste profit. Les principes mis en avant par Thomas sont ici semblables à ceux qui valent pour la propriété. Dans les deux cas, la légitimité du moyen se prend de la moralité de la fin poursuivie.

Moins novatrices apparaissent les considérations sur le prêt à intérêt (q. 78). Thomas s'en tient à la doctrine aristotélicienne qui condamne sa pratique[2], se fondant sur le principe que l'argent est un pur intermédiaire, dont l'unique usage doit être d'être dépensé, et non de produire de la richesse par lui-même. On ne doit donc exiger ou attendre aucun profit ou avantage quelconque d'un prêt d'argent (a. 1 et 2). La rigueur d'un tel principe n'échappe cependant pas à Thomas qui justifie ainsi que le prêteur reçoive un dédommagement pour la privation qu'entraîne pour lui le prêt, sans que cette pratique revienne à « vendre l'usage de l'argent »[3]. De même reconnaît-il qu'il n'est pas interdit d'emprunter à intérêt, même si le prêteur est coupable du péché d'usure[4]. Les propos quelque peu embarrassés de Thomas d'Aquin sur ce point témoignent de la difficulté à appliquer les principes anciens aux nouvelles formes de négoce et de transactions financières qui accompagnent l'essor médiéval des échanges[5].

*

Les considérations qui précèdent, qui portent sur la justice proprement dite, permettent d'approcher l'ampleur du traité que Thomas d'Aquin lui consacre dans la *Somme de théologie*. Ses 23 questions et 112 articles se prêtent mal au résumé et à la synthèse, mais il fallait se risquer à cet exercice afin de manifester la profondeur des conceptions thomasiennes. La justice est bien pour Thomas le substrat de tout l'édifice social ou communautaire: il n'y a de

1. *Pol.*, I, 9.
2. *Ibid.*, I, 10.
3. II II, q. 78, a. 2, ad 1. Ce dédommagement, assimilable à une compensation, ne doit pas être une obligation imposée à l'emprunteur (ad 2 et ad 3).
4. *Ibid.*, a. 4.
5. L'issue résidera dans une réévaluation de la nature de l'argent qui n'est pas seulement un instrument neutre des échanges, mais aussi un bien en soi, capable de mesurer le prix du temps dans une économie. Au demeurant, on aurait tort de juger caducs les principes rappelés par Thomas, et l'on sait que les sociétés développées fixeront un taux limite d'intérêt au-delà duquel le prêt sera regardé comme usuraire et pour cette raison pénalement condamné.

vie en commun que selon la justice, c'est elle qui permet d'agir « selon un choix bien réglé ». Au sein de la cité, la vertu de justice assure à la fois la primauté de la communauté – c'est le sens de la justice générale – et la rectitude des actions entre citoyens – c'est le sens de la justice distributive et commutative. Les si nombreuses questions que Thomas d'Aquin lui consacre montrent qu'il n'est pas de domaine de l'agir en société qui n'ait vocation à être saisi par elle, directement ou par ses vertus annexes que l'on évoquera bientôt. Aucune des facettes de l'agir humain ne doit être étrangère à la vertu de justice; elle est comme le cours d'eau qui irrigue tout le territoire de la cité, la vie de tous les citoyens s'ils prétendent à ce nom. A s'en tenir au niveau naturel, elle est comme la forme de tout l'agir humain en communauté, et c'est pourquoi saint Thomas dit d'elle qu'elle est la plus grande des vertus morales[1].

Saint Thomas fait bien apparaître que, par sa nature même, la justice unit en profondeur l'individuel et le communautaire. Comme vertu, elle rectifie l'agir personnel et, en même temps, les relations interpersonnelles et tout ce qui en découle: toute la construction de la cité, ses institutions, ses coutumes, ses pratiques... On a déjà souligné l'unité profonde du singulier et du collectif lors de l'étude des biens qui finalisent l'individu et la communauté, le bien personnel et le bien commun[2]. La justice est la vertu morale qui rectifie l'agir humain dans son double aspect, singulier et commun, ordonné qu'il est à la fois au bien personnel et au bien commun. Ce qui vaut pour les fins vaut aussi bien pour les moyens et leur perfection que sont les vertus: le personnel bien compris unit indissociablement le singulier et le communautaire. On saisit également par ce biais l'unité profonde des ordres éthique et politique: chez saint Thomas, comme c'était déjà le cas chez Aristote, l'« éthique des vertus » débouche naturellement sur une « politique des vertus », par ce que la finalité morale de l'agir s'impose à tout l'agir dans son double aspect singulier et collectif, sans effacer la part de construction inhérente à tout ordre politique. Chez aucun autre auteur on ne trouvera pareille synthèse, pareille harmonie des deux faces de l'agir humain.

SECTION II – LA PRUDENCE

Organiser une cité, c'est aussi la gouverner. C'est là l'office du prince, quelque figure qu'il prenne: « il appartient à l'office du roi de procurer à la multitude une vie bonne, selon qu'il convient à l'obtention de la béatitude céleste »[3]. Toute pensée politique pose la question du gouvernant, chargé

1. Non seulement parce que le bien commun, qui finalise la justice générale « l'emporte sur le bien particulier d'un individu », mais encore parce que l'homme juste ne se contente pas de se perfectionner lui-même: il réalise le bien dans ses rapports avec autrui, « de telle sorte que [la justice] est d'une certaine manière le bien d'autrui, comme le dit Aristote », II II, q. 58, a. 12, c.

2. Cf. *supra*, chap. II et III.

3. *De Regno*, II, 4, 22-24.

d'acheminer la cité vers sa fin, appelée bien commun dans l'approche classique héritée d'Aristote et reprise par le christianisme. Cette question se dédouble. Il y a celle, institutionnelle, de la forme du gouvernement, autrement dit celle du régime : elle sera traitée au chapitre VII. Et il y a celle de la qualité du gouvernant – quelle que soit sa forme –, de son aptitude à gouverner la cité en faisant les choix des moyens qui correspondent à sa fin à un moment donné : l'étude de la vertu de prudence répond à cette seconde question. La prudence est, par excellence, la qualité du gouvernant; on va voir qu'elle n'est pas moins celle du gouverné.

On se réfère ici principalement à la *Somme de théologie*, qui est l'ouvrage où saint Thomas traite de la prudence de la façon la plus exhaustive et la plus aboutie[1]. Il en est question à maintes reprises dans la « morale générale » de la I^a II^{ae}, et un traité entier lui est consacré dans la « morale spéciale » de la II^a II^{ae} : elle est la première des vertus cardinales étudiées après les vertus théologales (II II, q. 47-56). Sans reprendre tous les passages dans le détail, on s'attache ici à leurs aspects plus directement communautaires. L'étude de Thomas d'Aquin doit beaucoup, une fois encore, à Aristote, non sans qu'interviennent des transformations importantes qui seront indiquées au moment opportun.

A – *La prudence politique selon saint Thomas*

La vertu de prudence, dans son aspect politique, est un lieu essentiel d'ordination de la cité à son bien, et l'approfondissement que saint Thomas apporte à la conception d'Aristote témoigne de la portée qu'il lui reconnaît : c'est chaque citoyen, quel que soit son statut, qui a vocation à participer à cette ordination.

1 – *La transformation thomasienne de la prudence aristotélicienne*

Dans la question 47, qui ouvre le traité de la prudence dans la II^a II^{ae}, saint Thomas expose les éléments fondamentaux de cette vertu; les questions suivantes viennent les préciser. La prudence est la qualité qui fait voir ce qu'il convient d'opérer en vue de la fin poursuivie. Elle est, selon les mots d'Aristote cités par Thomas, « la droite règle de l'action »[2]. D'une façon générale, il appartient à la vertu de prudence de déterminer « comment et par quelles voies l'homme qui agit peut atteindre la mesure raisonnable »[3]. Elle est la présence agissante de la raison au sein d'un appétit et des passions, qui montre la fin

1. S'agissant de la prudence chez saint Thomas, on se référera aux notes et appendices du P. DEMAN dans l'édition dite de « La Revue des jeunes » du traité de la *Somme théologique* : *La Prudence*, Cerf, 2006[3].

2. « *Recta ratio agibilium* », II II, q. 47, a. 2, s.c., qui cite *Eth. Nic.*, VI, 5, 1140 b 20 : « la prudence est une disposition, accompagnée d'une règle exacte, capable d'agir, dans la sphère des biens humains ».

3. II II q. 47, a. 7, c.

poursuivie et les moyens les plus appropriés pour l'atteindre. Elle est la juste mesure des actions à entreprendre.

La prudence relève donc, proprement, de la raison pratique : c'est, à titre principal, une vertu intellectuelle. Mais elle va jusqu'à « l'application à l'œuvre », ce qui engage également la volonté[1]. « Il revient à la prudence d'appliquer la raison droite à l'œuvre, ce qui ne se fait pas sans un appétit droit »[2] : la prudence est à la fois vertu intellectuelle et vertu morale, mais, relevant essentiellement de la faculté cognitive, elle est principalement dans la raison. Pour saint Thomas, si la prudence n'est pas la plus haute des vertus intellectuelles – c'est la sagesse, qui regarde la plus haute des causes, à savoir Dieu – elle est la première, cependant, dans l'ordre pratique, car il lui revient de commander tout ce qui est ordonné au bien. Il revient à l'homme prudent de connaître les universels, qui vont éclairer l'agir pratique, mais aussi les singuliers, objet de l'action ; et ceux-ci sont plus déterminants que ceux-là[3]. Elle est bien une « sagesse pratique », ainsi qu'on la nommera dans la tradition thomiste[4]. Rapportée aux vertus morales, elle a un rôle architectonique, en ce sens qu'elle organise ce qui est en vue de la fin : elle permet à chaque vertu d'atteindre la juste mesure de son acte.

L'acte prudentiel est complexe dans sa singularité. L'acte principal de la raison pratique ordonnée à l'action est le commandement : « la prudence est impérative », dit Aristote[5]. En amont du commandement, le premier acte de la raison est le conseil ou délibération, et le deuxième le jugement qui porte sur le fruit de la délibération[6]. C'est sur le fondement des ses deux premiers actes qu'intervient le troisième, qui est le commandement.

Ces éléments généraux établis, qui valent pour tout type de prudence, saint Thomas précise les différentes espèces de cette unique vertu, ce qu'il appellera, à la question 48, les « parties subjectives » de la prudence. En effet, cette vertu de commandement s'applique aussi bien à soi-même qu'à une communauté, elle peut porter sur le bien propre d'un individu comme sur le bien commun d'une communauté donnée : « Parce qu'il appartient à la prudence de bien

1. II II, q. 47, a. 1, c. et ad 3.

2. *Ibid.*, a. 4, c.

3. C'est la position d'Aristote : « Parce que la prudence est une raison ordonnée à l'action (*ratio activa*), il faut que le prudent ait l'une et l'autre connaissance, à savoir et des universels et des particuliers ; ou s'il arrive qu'il n'en ait qu'une, il doit plutôt avoir celle-là, à savoir la connaissance des particuliers, qui sont plus proches de l'opération », *Super Eth.*, VI, 6, 164-169.

4. Reprenant les réflexions d'Aristote sur le sujet, il écrit : « la prudence n'a pas à se mêler des réalités très élevées qui sont l'objet de la sagesse ; mais elle commande pour tout ce qui ordonne à la sagesse. Autrement dit, elle prescrit aux hommes comment ils doivent parvenir à la sagesse. De sorte qu'elle est en cela au service de la sagesse, même s'il s'agit de la prudence politique. La prudence introduit auprès de la sagesse en préparant les entrées chez elle comme fait l'huissier chez le roi », I II, q. 66, a. 5, ad 1.

5. II II, q. 47, a. 8, s.c. qui se réfère à *Eth. Nic.*, VI, 11, 1143 a 8. A propos du commandement, Thomas précise, dans le corps de l'article : « parce que cet acte est plus proche de la fin de la raison pratique, il est l'acte principal de la raison pratique, et par conséquent de la prudence ».

6. *Ibid.*, c.

délibérer, juger et commander en ce qui concerne les voies conduisant à la fin requise, il est manifeste que la prudence ne regarde pas seulement le bien privé d'un seul homme mais encore le bien commun de la multitude »[1]. Dans ces conditions, les espèces des habitus se distinguant selon la diversité de leurs objets – ici ce qui est en vue de la fin (*ea quae sunt ad finem*) –, Thomas reconnaît trois espèces distinctes de l'habitus prudentiel, selon la fin poursuivie :

> Le bien propre d'un seul, le bien de la famille, le bien de la cité et du royaume constituent autant de fins diverses. Aussi est-il nécessaire que les prudences diffèrent spécifiquement selon la différence de ces fins, c'est-à-dire qu'il y ait une prudence absolument dite (*simpliciter*), ordonnée au bien propre; une autre, la prudence domestique, ordonnée au bien commun de la maison ou famille; une troisième, la prudence politique, ordonnée au bien commun de la cité ou du royaume[2].

A ce premier stade, relevons l'appellation générique de prudence donnée à celle qui regarde le bien propre, et celle de prudence politique donnée à celle qui regarde le bien commun. La nécessité de cette vertu est manifeste dès lors que l'on reconnaît que tout homme demeure spontanément enfermé dans sa singularité. Aristote le notait déjà : « il y a bien des gens qui savent user de la vertu lorsqu'il s'agit de leurs propres affaires, mais qui en sont incapables en ce qui concerne autrui »[3]. La prudence du gouvernant vise donc à faire prévaloir la raison sur l'intérêt singulier, le bien commun sur le bien particulier, et à choisir les moyens qui y conduisent. La prudence témoigne du caractère moral du politique : c'est le bien commun qui finalise l'œuvre politique, même si celle-ci est aussi un art par les choix des moyens qu'elle appelle. Gouverner, pour Thomas d'Aquin, relève en son essence de la morale et non de la technique. La prudence politique exprime la rationalité du gouvernement, par l'ordonnancement au bien commun, la primauté de l'universel et du rationnel sur le particulier et le passionnel[4].

La distinction essentielle introduite par Aristote entre prudence individuelle et prudence politique risque cependant de susciter des simplifications excessives. On risque d'abord de ne retenir comme prudence que la prudence individuelle, et d'oublier ainsi la prudence politique. On risque également de perdre de vue les subdivisions de la prudence politique que saint Thomas introduit immédiatement après. Cette subdivision de la prudence

1. *Ibid.*, a. 10, c. C'est l'un des lieux où saint Thomas rappelle que la raison droite « juge que le bien commun est meilleur que le bien d'un seul », et que l'on ne saurait chercher son bien propre sans se référer à la communauté (*ibid.*, ad 2).

2. *Ibid.*, a. 11, c. C'est déjà l'enseignement d'Aristote : *Eth. Nic.*, VI, 8, 1141 b 30-32.

3. *Eth. Nic.*, V, 3, 1129 b 33.

4. Le *rex*, quelle que soit sa figure, est celui qui régit, et le *regimen* est l'organisation du gouvernement rationnel sous une forme particulière. « *Qui perfectam communitatem regit, id est ciuitatem vel prouinciam, autonomasice rex uocatur* », *De Regno*, I, 1, 168-170. Il est traité du *regimen* au chapitre VII.

politique est l'un des lieux où Thomas d'Aquin modifie sensiblement les positions d'Aristote. Pour celui-ci, la prudence est la vertu du seul gouvernant, et c'est ce qui le députe à sa fonction: «la prudence est la seule vertu propre au gouvernant, car il semble que les autres sont nécessairement communes aux gouvernés et aux gouvernants, alors que pour un gouverné l'excellence n'est pas la prudence mais l'opinion vraie»[1]. Au sein de cette vertu du gouvernant, Aristote distingue la prudence que l'on peut appeler législative, qui porte sur le général, et la prudence exécutive, ou politique, qui se rapporte au particulier[2].

La distinction de saint Thomas, derrière une terminologie semblable, est sensiblement différente. Il reprend la distinction entre gouvernant et gouverné, mais alors qu'Aristote affirmait que la prudence ne valait que pour le gouvernant, Thomas affirme qu'il existe une vertu de prudence pour chacun, gouvernant et gouverné. L'article est suffisamment important pour que la réponse soit citée dans son intégralité:

> La prudence est dans la raison. Mais diriger et gouverner appartient en propre à la raison. C'est pourquoi il convient à chacun de posséder la mesure de raison et de prudence en rapport avec la part qu'il prend à la direction et au gouvernement. Or, il est manifeste qu'il n'appartient pas au sujet en tant que sujet, à l'esclave en tant qu'esclave, de diriger et de gouverner, mais plutôt d'être dirigé et d'être gouverné. C'est pourquoi la prudence n'est pas une vertu de l'esclave en tant qu'esclave ni du sujet en tant que sujet. Mais parce que tout homme, en tant qu'être raisonnable, exerce une part de gouvernement selon l'arbitrage de sa raison, dans cette mesure il lui convient de posséder la prudence. Ainsi est-il manifeste que la prudence est dans le prince à la façon d'un art architectonique, comme dit Aristote; et dans les sujets à la manière d'un art manuel d'exécution[3].

A la différence d'Aristote, Thomas d'Aquin affirme que tout être humain, fût-il socialement esclave ou sujet, a vocation à diriger ses actes selon sa raison, ne serait-ce que pour obéir. La prudence du sujet apparaît ainsi comme une participation à celle du prince. On est très loin de la conception aristotélicienne de l'esclave par nature, instrument dénué de prudence entre les mains de son maître, celui-ci devant être prudent pour celui-là. Il est particulièrement

1. *Pol.*, III, 4, 1277 b 25-29.

2. *Eth. Nic.*, VI, 8, 1141 b 14-15: «La prudence n'a pas non plus seulement pour objet les universels, mais elle doit aussi avoir la connaissance des faits particuliers, car elle est de l'ordre de l'action, et l'action a rapport aux choses singulières».

3. «*Dicendum quod prudentia in ratione est. Regere autem et gubernare proprie rationis est. Et ideo unusquisque inquantum participat de regimine et gubernatione, intantum convenit sibi habere rationem et prudentiam. Manifestum est autem quod subditi inquantum est subditus, et servi inquantum est servus, non est regere et gubernare, sed magis regi et gubernari. Et ideo prudentia non est virtus servi inquantum est servus, nec subditi inquantum est subditus. Sed quia quilibet homo, inquantum est rationalis, participat aliquid de regimine secundum arbitrium rationis, intantum convenit ei prudentiam habere. Unde manifestum est quod prudentia quidem in principe est "ad modum artis architectonicae", ut dicitur in VI Ethic., in subditis autem "ad modum artis manu operantis"*», II II, q. 47, a. 12, c.

significatif que Thomas affirme la nécessité de la prudence chez l'esclave, alors qu'il ne remet pas en cause le principe de l'esclavage. Assurément, le christianisme n'est pas étranger à une telle position, bien que le théologien n'appuie son propos sur aucun argument tiré de l'Écriture. C'est ce qui fait dire au P. Deman : « on ne doutera pas que l'influence chrétienne n'ait déterminé chez saint Thomas l'affirmation vigoureuse de l'imprescriptible dignité humaine que signifie la "prudence politique" »[1].

Dans ces conditions, le dédoublement de la prudence politique en prudence du prince, ou royale, et prudence du sujet, dite prudence politique tout court, marque un éloignement significatif des vues d'Aristote. Thomas n'en dit mot, et se réfère à ce dernier sans laisser paraître la transformation importante qu'il lui fait subir. Mais cela ne saurait échapper au lecteur attentif, d'autant moins qu'il consacre l'essentiel de la question 50 aux subdivisions de la prudence politique, seulement esquissées à la question 47.

2 – *Les espèces de la prudence*

La question 50 s'intitule : « Des parties subjectives de la prudence ». Elle ne concerne en fait que les subdivisions, ou espèces, de la prudence politique : il est établi une fois pour toutes que la prudence personnelle et la prudence politique sont d'espèces différentes. Les références de saint Thomas proviennent autant d'Aristote que du Pseudo-Andronicus, philosophe éclectique contemporain du Christ, connu pour son étude des vertus[2]. Au total, Thomas d'Aquin identifie trois espèces de prudence politique[3], dans les termes que l'on peut résumer ainsi :

– La prudence royale est celle du gouvernant ou souverain. Elle est la plus parfaite de toutes, car « on trouve une sorte éminente et parfaite de gouvernement chez celui qui non seulement est chargé de se conduire lui-même, mais doit aussi gouverner la société parfaite qu'est une cité ou un royaume »[4]. Elle est architectonique et son office principal est l'institution des lois[5]; c'est en ce sens qu'elle est souvent appelée prudence législative.

A celle-ci il faut associer la prudence politique qui est celle de ceux qui sont gouvernés, esclaves ou sujets. Tout en étant « soumis à la motion des autres par voie de commandement [...] ils se meuvent cependant eux-mêmes par leur libre arbitre ». La prudence politique est ce qui leur apporte « une certaine rectitude de gouvernement [... par laquelle ils peuvent] se diriger eux-mêmes

1. Thomas Deman, *Notes et appendices sur le traité de la prudence ...*, *op. cit.*, p. 322. On notera que cette « affirmation vigoureuse » conduit à reconnaître en chacun une participation à la prudence politique, mais non encore à dénoncer la pratique de l'esclavage. Il faudra quelques siècles encore pour en arriver là.

2. Le Pseudo-Andronicus est mentionné sous l'expression « un autre philosophe grec » à la q. 48, implicitement présent à la q. 50, et explicitement cité à la q. 80.

3. II II, q. 48, a. un.

4. *Ibid.*, q. 50, a. 1, c.

5. *Ibid.*, ad 3.

dans l'obéissance qu'ils accordent à leurs princes »[1]. « La prudence royale est, par rapport à cette prudence politique [...] comme un art architectonique par rapport à un art manuel d'exécution »[2]. Les deux, cependant, se réfèrent au bien commun[3].

– La prudence domestique est celle du chef de famille ou de maison. Le gouvernement domestique, qu'elle perfectionne, est finalisé par « le bien-vivre total (*totum bene vivere*) à l'intérieur de la société familiale »[4].

– La prudence militaire vise à protéger la cité des attaques de l'extérieur et des causes de destruction. Thomas ne manque pas de préciser que la chose militaire est ordonnée au bien commun et pour cette raison est une prudence plutôt qu'un art. Elle répond à la dimension défensive de la recherche du bien commun. Ainsi, la prudence du prince engage aussi bien la poursuite du bien commun (prudence royale) que sa défense contre les agresseurs (art militaire) :

> Les œuvres de l'art et de la raison doivent être conformes aux œuvres de la nature instituées par la raison divine. Or, la nature vise deux fins : premièrement, gouverner chaque chose en elle-même, deuxièmement, résister aux attaques extérieures et aux causes de destruction. [...] Aussi, dans les œuvres de la raison, n'est-il pas besoin seulement de prudence politique par laquelle soit

1. *Ibid.*, a. 2, c.

2. *Ibid.*, ad 2. Dans cette réponse, comme dans le *sed contra* de l'article, saint Thomas cherche à sauver la distinction d'Aristote entre prudence politique générale, qui peut se rapporter à la prudence législative, et prudence d'application aux cas particuliers. Mais, dans l'approche très différente qui est la sienne, comme on l'a dit, la distinction ne peut plus être tenue que de façon lointaine et analogique, ce qu'exprime à mots couverts la réponse à l'objection.

3. *Ibid.*, ad 3. C'est à Aristote que Thomas d'Aquin emprunte la distinction entre prudence législative et prudence politique, ou commune, du citoyen. Commentant l'*Ethique*, il écrit : « Il traite de la politique, qu'il divise en deux parties : une partie de cet habitus, portant sur la cité entière, se présente comme une prudence architectonique, dite législative. On appelle architectonique, en effet, la partie qui fixe pour les autres ce qu'elles ont à faire. Ainsi, les chefs qui imposent une loi à leurs subordonnés jouent en matière civile le rôle des architectes en matière d'art. Par suite, la loi positive elle-même, c'est-à-dire la raison droite d'après laquelle les chefs posent des lois correctes, est aussi appelée prudence architectonique. L'autre partie de la politique, celle qui porte sur les opérations singulières à poser, garde le nom commun de "politique". En effet, les lois se comparent aux œuvres humaines comme l'universel au particulier, ainsi qu'il a été dit de la justice légale au Livre V. En outre, la [politique] législative prescrit et, en corrélation la politique [commune] agit et conserve ce qu'institue la loi. (*Determinat de politica. Et distinguit eam in duas partes, dicens quod eius habitus qui est circa totam civitatem, una pars est quasi prudentia architectonica, quae dicitur legispositiva (dicitur enim ars architectonica quae determinat aliis quid sit agendum, unde principes imponentes legem suis subditis ita se habent in civilibus sicut architectores in artificialibus et propter hoc ipsa legispositiva, idest ratio recta secundum quam principes leges rectas ponunt, dicitur architectonica prudenti), alia autem pars politicae communi nomine vocatur politica, quae scilicet consistit circa singularia operabilia; leges enim comparantur ad opera humana sicut universalia ad particularia, ut de iustis legalibus dictum est in V. Et sicut legispositiva est praeceptiva, ita et politica est activa et conservativa eorum quae lege ponuntur)* », *Super Eth.*, VI, 7, 36-52.

4. II II, q. 50, a. 3, ad 1.

convenablement disposé ce qui a rapport au bien commun, mais il faut encore la prudence militaire, par laquelle soient repoussés les assauts ennemis[1].

Au total, on aboutit à une doctrine très cohérente de la prudence politique sous toutes ses formes, qui tire une fois encore le parti de la tradition classique non sans la mûrir de l'apport du christianisme[2]. Si l'on n'en précise pas les modalités, on parlera de «prudence politique» en général. Cette doctrine témoigne de l'aisance de saint Thomas à s'approprier la tradition philosophique grecque tout en la corrigeant de ce qu'il perçoit d'erroné en elle – ce qui ne signifie pas que toute purification soit opérée, comme en témoigne la rémanence de l'esclavage, même assorti de la dignité que le christianisme reconnaît à tout homme. Rapportée au présent propos sur l'ordre de la cité, la doctrine thomasienne de la prudence politique témoigne que, pour Thomas, tous les membres de la cité ou du royaume, qu'ils soient gouvernants ou gouvernés, participent à l'ordination pratique de la cité vers le bien commun. Pour saint Thomas d'Aquin, la politique est l'affaire de tous, et la participation de chacun à la prudence politique en est le signe éloquent. A l'évidence, le ferment du christianisme a conduit à purifier ce que la doctrine d'Aristote avait d'irrecevable. La doctrine de Thomas, essentielle à la compréhension du gouvernement de la cité et de son acheminement vers son bien, appelle cependant de multiples précisions.

1. *Ibid.*, a. 4, c. Aujourd'hui, la prudence militaire serait rattachée à la prudence royale, car la défense de la cité est l'un des attributs essentiels du souverain.

2. Le commentaire de la *Politique* d'Aristote semble bien avoir été l'occasion pour saint Thomas de fixer sa propre doctrine. Dans ses premiers écrits, Thomas ne semble manifester aucune distance par rapport à la doctrine aristotélicienne de la prudence politique; en ce sens, par exemple, *III St*, d. 33, q. 3, a. 1, q^{a} 4 et *Super Eth.*, VI, 7, 36-52, cité plus haut. Le commentaire du passage cité de *Pol.*, III, 4 réservant la prudence au seul gouvernant manifeste assez clairement son embarras. Il écrit ainsi: «La vertu propre du prince est la prudence, qui est pour la direction et le gouvernement. Tandis que les autres vertus morales, dont la nature (*ratio*) consiste à être gouvernées et soumises, sont communes aux sujets et aux princes. Les sujets participent cependant d'une certaine prudence, en ce qu'ils ont une opinion vraie de ce qu'il faut faire, par laquelle ils peuvent se gouverner eux-mêmes dans leurs propres actes selon le gouvernement des princes. [...] Il parle ici de la vertu du sujet, non pas en tant qu'il est un homme de bien, qui dès lors doit posséder la prudence, mais en tant qu'il est un bon sujet, à qui il ne revient que d'avoir une opinion vraie de ce qui lui est commandé (*Nam proprie uirtus principis est prudentia, quae est regitiua et gubernatiua; alie uero uirtutes morales, quarum ratio consistit in gubernari et subici, sunt communes et subditorum et principum. Set tamen aliquid prudentie participant subditi, ut scilicet habeant opinionem ueram de agendis, per quam possint seipsos gubernare in propriis actibus secundum gubernationem principis. [...] Loquitur autem hic de uirtute subditi, non inquantum est bonus uir, quia sic indiget habere prudentiam, set loquitur de eo inquantum est bonus subditus, ad hoc enim non requiritur nisi quod habeat opinionem ueram de hiis que ei mandantur*)», *Super Pol.*, III, 3, 261-280. Saint Thomas introduit de la prudence chez le sujet, ne serait-ce que par participation, là où Aristote l'excluait. C'est ce qui annonce la position de II II, q. 47, a. 12 et q. 50, a. 1 et 2.

B – *Compléments*

Au-delà des propos déjà denses de saint Thomas sur la prudence en ses aspects essentiels et subjectifs, ses amples développements conduisent à ajouter quelques précisions et remarques.

1 – *Les parties de la prudence*

Si les questions 47 et 50 livrent les enseignements essentiels pour le propos de ce chapitre, on aura garde de ne point oublier les précisions apportées aux questions 48 et 49 qui valent pour toute espèce de prudence, et donc, en particulier pour la prudence politique. La question 48 présente les grandes distinctions retenues par saint Thomas, entre parties « subjectives » – que l'on vient de voir –, « intégrantes », et « potentielles ». La question 49 traite, à la suite de la tradition des moralistes, des « parties intégrantes », que Thomas voit au nombre de huit et qu'il ordonne de la façon suivante : « De ces huit parties, cinq concernent la prudence en tant qu'elle est connaissance : la mémoire, la raison, l'intelligence, la docilité, la sagacité; les trois autres s'y rapportent en tant qu'elle exerce l'art de commander, appliquant la connaissance à l'action : la prévoyance, la circonspection, l'attention précautionneuse »[1]. Chacune de ces parties trouve à s'appliquer pour la prudence politique, et peut se décliner pour le prince comme pour le sujet. Mais le prince devra les détenir de façon éminente : il doit connaître le passé, ce qui est le fruit, notamment, de l'expérience (mémoire), posséder la connaissance des principes de l'action (intelligence), se laisser instruire par les hommes d'expérience (docilité), être capable par lui-même d'avoir une droite estimation de ce qu'il convient de faire (sagacité ou *eustochia*), et bien raisonner (raison); s'agissant du commandement proprement dit, il doit être capable de prendre en compte le futur (prévoyance), d'adapter les moyens à la fin selon les circonstances de l'espèce (circonspection) et enfin de discerner le bien du mal dans les réalités contingentes relatives à l'action. Ce tableau, fort détaillé, et ici seulement résumé, témoigne des multiples facettes de cette vertu de prudence, et aussi du réalisme de Thomas quant aux exigences qui lui sont attachées. Tableau complété, d'ailleurs, par celui des vices opposés à la prudence (questions 53 à 55), et plus encore par celui des vertus annexes ou « parties potentielles » de la prudence.

C'est, encore une fois, principalement à Aristote que l'on doit l'étude de ces vertus annexes qui, si elles se rattachent à la prudence, en diffèrent cependant par la spécificité de leur objet. Elles sont au nombre de trois, et Thomas conserve leur dénomination grecque. Elles sont présentées dès la I^{a} II^{ae}[2] et reprises, de façon plus détaillée, à la question 51 de la II^{a} II^{ae}. La première d'entre elles est l'*eubulia*, qui exprime l'aptitude à bien délibérer. Elle diffère, dit Thomas, de la prudence qui est l'aptitude à bien commander[3]. La deuxième

1. II II, q. 48, a. un.
2. I II, q. 57, a. 6.
3. *Ibid.*, q. 51, a. 1 et 2.

est la *synesis*, qui est l'aptitude à bien juger[1]. En amont du bon commandement, objet de la prudence, il faut une bonne délibération et un bon jugement. Saint thomas l'avait annoncé dès la question 47 :

> [La prudence] émet trois actes. Le premier est le conseil : il se rattache à l'invention, car délibérer c'est chercher, comme on l'a déjà dit. Le deuxième acte est le jugement relatif à ce que l'on a trouvé, ce que fait la raison spéculative. Mais la raison pratique, ordonnée à l'œuvre effective, va plus loin et son troisième acte est de commander ; cet acte-là consiste en ce que l'on applique à la réalisation le résultat du conseil et du jugement. Et parce que cet acte est plus proche de la fin de la raison pratique, il est l'acte principal de la raison pratique, et par conséquent de la prudence[2].

La dernière vertu annexe, enfin, est la *gnome*, qui « implique une certaine perspicacité du jugement » dans les cas extraordinaires où il faut agir sans observer les règles communes, et où il faut faire appel à « des principes plus élevés que les règles communes dont s'inspire la *synesis* »[3]. Pour Thomas d'Aquin, l'homme prudent, au premier chef celui qui remplit un office de gouvernement, doit en principe être doté de ce faisceau de vertus, qui sont au service de la prudence, à laquelle elles sont ordonnées. Sans que Thomas la développe plus avant, la portée politique de ces analyses est manifeste. Elle souligne notamment toute la place du conseil et de la délibération dans la décision politique.

Ces analyses fort détaillées de la prudence, de ses parties intégrantes et de ses vertus rattachées, rendent compte de l'ampleur et de la multiplicité des qualités qu'elle mobilise. Elle engage à la fois ce qui relève de la raison et ce qui est attaché au vouloir, elle engage d'innombrables aspects de l'agir humain. Elle manifeste toute la place dévolue par saint Thomas à celui qui agit – le sujet –, bien loin des allégations de ceux qui reprocheront à sa morale d'être purement objective.

2 – *Prudence politique et art politique*

Au point où l'on est parvenu, en tenant compte de l'écheveau si garni des vertus qui contribuent à l'acte prudentiel, il devient possible de jeter quelque lumière sur la nature du politique tel que Thomas d'Aquin le conçoit. Il n'est que trop clair que la poursuite du bien commun, l'édification d'une cité, la réalisation d'une communauté humaine fondée en justice font appel au talent de ses gouvernants. Une cité se construit, elle a besoin d'architectes – le caractère et la dénomination même d'« architectonique » attaché aux vertus de justice et de prudence en témoignent. Aristote le manifestait déjà, en honorant

1. *Ibid.*, a. 3.

2. *Ibid.*, q. 47, a. 8, c. Formule résumée à l'art. 9, c. : « l'acte principal [de la prudence] est de commander en matière d'action ce qui a été d'abord délibéré et jugé ».

3. *Ibid.*, a. 4. C'est la vertu requise par les situations exceptionnelles. Elle qualifie tout particulièrement celui que l'on nomme aujourd'hui un « homme d'État ».

les fondateurs d'Athènes, et Périclès au premier chef. Thomas d'Aquin, témoin de l'édification des cathédrales autant que des royaumes médiévaux qui annoncent les États modernes, proche de Louis IX dont les qualités de gouvernant n'ont pu lui échapper, ne saurait négliger cet aspect. Dans ces conditions, l'édification de la cité ne relèverait-elle pas, tous simplement, d'un art?

La question est déjà abordée chez Aristote, dans un passage célèbre de l'*Ethique à Nicomaque* qui reprend un paradoxe socratique rapporté par Xénophon:

> Dans l'art on peut parler d'excellence, mais non dans la prudence. Et dans le domaine de l'art, l'homme qui se trompe volontairement est préférable à celui qui se trompe involontairement, tandis que dans le domaine de la prudence c'est l'inverse qui a lieu, tout comme dans le domaine des vertus également. On voit donc que la prudence est une excellence et non un art[1].

Aristote affirme ici que l'excellence de l'art et celle de la prudence ne sont pas du même ordre. L'excellence de l'art est indifférente au bien et au mal, elle tient à la maîtrise par l'artiste de son action, si bien que se tromper volontairement est préférable à l'erreur involontaire, qui témoigne d'une insuffisante maîtrise de l'art. L'excellence de la prudence, en revanche, lui est intrinsèque, dans la mesure où elle est référée au bien poursuivi, si bien que l'erreur involontaire est moins grave que l'erreur volontaire. En art, ce qui est grave est de se tromper, en prudence, c'est de le faire volontairement. C'est le sens du commentaire du passage par saint Thomas:

> Il est requis à l'art une vertu morale pour rectifier son usage. En effet, il se peut qu'on ait l'usage d'un art par lequel on puisse édifier une bonne maison, mais cependant qu'on ne le veuille pas en raison d'une autre malice. C'est la vertu morale, par exemple la justice, qui fait que l'artisan use droitement de son art. Tandis que pour user de la prudence, il n'est requis l'usage d'aucune autre vertu morale. On a dit en effet, que les principes de la prudence sont les fins, au regard desquelles la rectitude du jugement est conservée par les vertus morales. Il découle de là que la prudence, qui se rapporte aux biens humains, a nécessairement adjointes à elle les vertus morales en tant qu'elles sauvegardent ses principes; ce qui ne vaut pas pour l'art, qui se rapporte aux biens extérieurs. Une fois que l'on possède un art, il faut encore une vertu morale pour en rectifier l'usage[2].

1. *Eth. Nic.*, VI, 5, 1140 b 22-24.

2. « *Circa artem requiritur virtus moralis, quae scilicet rectificet usum eius; potest enim esse quod aliquis habet habitum artis quo potest bonam domum aedificare, tamen non vult propter aliquam aliam malitiam; sed virtus moralis, puta iustitia, facit quod artifex recte arte sua utetur. Sed circa usum prudentiae non requiritur alia virtus moralis; dictum est enim quod principia prudentiae sunt fines, circa quos conservatur rectitudo iudicii per virtutes morales; unde prudentia, quae est circa humana bona, ex necessitate habet secum adiunctas virtutes morales tamquam salvantes sua principia; non autem ars quae est circa bona exteriora, sed postquam iam habetur ars, adhuc requiritur virtus moralis quae rectificet usum eius* », *Super Eth.*, VI, 4, 149-163.

Justifiant alors le paradoxe socratique, Thomas en conclut: « Il est manifeste que la prudence n'est pas un art, comme si elle consistait en la seule vérité de la raison, mais elle est une vertu requérant la rectitude de l'appétit, à la manière des vertus morales »[1]. Position que l'on retrouve dans le traité de la prudence de la *Somme*:

> Le mérite (*laus*) de la prudence ne consiste pas dans la considération pure mais dans l'application à l'œuvre, fin de la raison pratique. Et c'est pourquoi il serait souverainement contraire à la prudence de manquer cette application: comme la fin en effet est ce qu'il y a de plus important en chaque chose, ainsi manquer la fin est ce qu'il y a de pire. D'où la remarque complémentaire du Philosophe au même endroit, selon laquelle la prudence "n'est pas seulement avec la raison", comme l'art: elle comporte en effet l'application à l'œuvre, ce qui se fait par la volonté[2].

Si donc, comme l'art, la prudence est vertu de la raison, elle est cependant inséparable d'une disposition de l'appétit, selon laquelle on entend appliquer ce que l'on conçoit. En tant qu'elle est réalisatrice, la prudence s'apparente à l'art, mais en tant qu'elle est finalisée par un bien humain, elle ne va pas sans les vertus morales qu'elle dirige.

La politique et l'art se rapprochent par tant d'aspects qu'on est volontiers porté à les confondre. L'un et l'autre visent à faire le meilleur usage possible des singuliers, en vue du bien poursuivi: « l'art et la prudence [concernent] les réalités contingentes »[3]. Tous deux portent sur des données contingentes, dont la connaissance est plus probable que certaine: « il n'y a de vertu de l'intellect pratique qu'en matière contingente; en matière de fabrication, c'est l'art, en matière de conduite, c'est la prudence »[4]. L'un et l'autre tendent vers un possible, et non vers une nécessité. Pour autant, la différence entre les deux vertus intellectuelles est capitale, et revient à de nombreuses reprises sous la plume de Thomas. Il a déjà abordé explicitement la question en traitant des vertus intellectuelles dans la I^{a} II^{ae}, et en consacrant un article à leur comparaison: « la prudence est-elle une vertu distincte de l'art? ». Pour le justifier, il affirme notamment:

> Pour ce qui est de l'art, il ne confère que la capacité de bien faire, puisqu'il n'a rien à voir avec l'appétit. La prudence au contraire confère non seulement la capacité de bien faire, mais aussi l'usage de cette capacité; en effet, elle concerne l'appétit étant donné précisément qu'elle en suppose la rectitude. Le motif de cette différence, c'est que l'art est la droite règle dans les choses à fabriquer (*recta ratio factibilium*), tandis que la prudence est la droite règle dans l'action (*recta ratio agibilium*). C'est la différence entre faire et agir (*facere et agere*)

1. *Ibid.*, 174-177. Cette rectitude de l'appétit relève notamment des vertus annexes dont on vient de parler, l'*eubulia* et la *synesis*.
2. II II, q. 47, a. 1, ad 3.
3. II II, q. 47, a. 5, c.
4. I II, q. 57, a. 5, ad 3. Dans le même sens, II II, q. 47, a. 3, ad 2.

> selon la *Métaphysique*. [...] La prudence, qui est la droite règle de l'action, exige qu'on soit bien disposé à l'égard des fins. Cela suppose un appétit réglé. Et voilà pourquoi la prudence exige la vertu morale, puisque c'est par la vertu morale que l'appétit est rectifié. Mais dans les œuvres d'art, le bien n'est pas celui de la puissance appétitive de l'artisan, mais celui des œuvres elles-mêmes. Et c'est pourquoi l'art ne présuppose pas de sentiments droits[1].

Différence reprise, donc, en II II, q. 47, et exprimée également à travers les actes principaux de ces deux vertus intellectuelles : « la perfection de l'art consiste dans le jugement, non dans le commandement »[2]. Comme le résume le P. Deman : « La prudence n'est pas théorique mais réalisatrice. L'art ne comporte pas une exigence si précise de réalisation »[3]. Mais la différence essentielle réside dans la fin poursuivie, celle de l'œuvre dans le cas de l'art, le bien moral dans le cas de la prudence. L'un et l'autre sont aux prises avec les contingences, mais dans des perspectives différant radicalement.

Rapportées à la matière politique, autrement dit à l'espèce politique de la prudence, ces considérations sont de première importance. Car elles signifient que, dans l'approche ici commune à Aristote et à saint Thomas, la politique, au sens de l'édification de la cité en vue du bien commun, est une prudence et non un art[4]. La fin qui ordonne tout l'ordre politique est un bien moral, on l'a déjà dit, de sorte que l'œuvre politique relève de la morale et non d'un art détaché de tout bien humain. C'est sur ce point, en particulier, que la politique moderne prendra, à partir du XVIe siècle et de Machiavel, une orientation différente. Grande est l'exigence qui découle de cette primauté de la finalité morale. Car elle ne porte pas seulement sur la fin de l'œuvre politique, elle s'étend jusqu'au moyens choisis en prudence pour tendre vers cette fin. Voilà pourquoi saint Thomas se livre dans une seconde partie du traité à une étude détaillée des vices contraires à la prudence. On peut noter ici, principalement, l'astuce et ses dérivés que sont la ruse et la fraude. Le vice d'astuce, qui a raison de péché, consiste à se servir « pour atteindre une fin soit bonne soit mauvaise, de moyens qui ne sont pas vrais, mais simulés et apparents »[5]; ainsi comprise, l'astuce n'est pas admissible. En d'autres termes, pour Thomas d'Aquin, la fin, même bonne, ne saurait justifier le recours à des moyens viciés. Autre est la doctrine du moindre mal que l'on rencontrera au chapitre suivant, et qui porte

1. I II, q. 57, a. 4, c. Thomas termine sa réponse en reprenant le paradoxe socratique et en le justifiant.

2. *Ibid.*, a. 8, c., qui s'appuie à nouveau dur le paradoxe socratique. La constance de saint Thomas depuis le commentaire de l'*Ethique* est sans faille.

3. Thomas DEMAN, *Notes et appendices sur le traité de la prudence ...*, *op. cit.*, p. 252.

4. De même, la politique ne saurait être l'application d'une technique, même si elle peut faire appel à de nombreuses disciplines et méthodes. La place tenue en art par les « voies déterminées » correspond analogiquement à celle tenue par le conseil et la délibération dans l'agir prudentiel.

5. *Ibid.*, q. 55, a. 3, c. La ruse (a. 4) et la fraude (a. 5) regardent l'exécution de l'astuce. On notera que si la ruse, n'est pas ici un moyen admissible pour la atteindre une fin, on peut y recourir pour défendre le bien commun dans une guerre juste : II II, q. 40, a. 3, c.

sur le bien qu'il est possible ou non d'atteindre[1]. Pour toutes ces raisons et en toute rigueur de termes, il faut tenir que la conception thomasienne du politique est prudentielle et non artistique.

3 – *Prudence politique et justice légale : deux vertus architectoniques*

On aura remarqué que Thomas d'Aquin emploie un même terme pour qualifier les deux vertus que l'on vient d'étudier : celui d'« architectonique. » Le mot et la notion viennent d'Aristote, lorsqu'il décrit la politique dès les premières lignes de *l'Ethique à Nicomaque*. Il s'agit de discerner, au début de l'interrogation morale, de quelle science relève le souverain bien, celui qui est voulu pour lui-même et non pour un autre, et auquel les autres biens sont ordonnés. L'analogie est prise des activités artistiques : « dans tous les cas, les fins des arts architectoniques doivent être préférées à toutes celles des arts subordonnés, puisque c'est en vue des premières fins qu'on poursuit les autres »[2]. Ce qui revient, dans l'ordre artistique, à l'architecture, revient, dans l'ordre de l'agir, à la politique :

> Nous devons essayer d'embrasser, au moins dans ses grandes lignes, la nature du souverain bien, et de dire de quelle science particulière, ou de quelle potentialité il relève. On sera d'avis qu'il dépend de la science suprême et architectonique par excellence. Or une telle science est manifestement la politique, car c'est elle qui dispose quelles sont parmi les sciences celles qui sont nécessaires dans les cités [...] et nous voyons encore que même les potentialités les plus appréciées sont subordonnées à la politique : par exemple la stratégie, l'économique, la rhétorique[3].

Pour Aristote, la politique est la science pratique architectonique, car c'est elle qui commande à toutes les autres dans la vie de la cité. Il n'est pas surprenant, dans ces conditions, que saint Thomas, à la suite d'Aristote, applique ce caractère à la prudence du prince : « Selon le Philosophe, il y a deux parties dans la prudence relative à la cité : l'une est architectonique et s'identifie à la fonction législatrice; l'autre a pour objet les cas particuliers et retient le nom commun de prudence politique »[4]. Il l'applique également à la justice légale : « [la justice légale] réside dans le prince à titre de principe, dotée d'une qualité architectonique, ne se trouvant chez les sujets que de façon secondaire, comme agents d'exécution »[5].

1. *Infra*, chap. V.
2. *Eth. Nic.*, I, 1, 1094 a 13-15.
3. *Ibid.*, 1094 a 24 - b 4. Dans l'ordre spéculatif, c'est la métaphysique qui tient cette place, comme on le sait : *Met.* A, 2, 982 b 4.
4. II II, q. 50, a. 2, s.c.; dans le même sens : II II, q. 47, a. 11, obj. 2 et a. 12, c. Thomas se réfère à *Eth. Nic.* VI, 8, 1141 b 24-26 dont on a cité le commentaire en *Super Eth.*, VI, 7, 36-52.
5. II II, q. 58, a. 6, c.; dans le même sens : II II, q. 60, a. 1, ad 4.

Cette qualité architectonique, c'est-à-dire directive, fédératrice et organisatrice, est bien ce qui caractérise l'office du prince, quel qu'il soit. Sa tâche essentielle consiste à gouverner et à légiférer et chacune des deux vertus cardinales ici étudiées répond à cet office. Thomas d'Aquin ne manque pas, d'ailleurs, de les rapprocher l'une de l'autre, dans la mesure où elles sont l'une et l'autre finalisées par le bien commun de la cité: « De même que toute vertu morale rapportée au bien commun se nomme justice légale, ainsi la prudence rapportée au bien commun est appelée politique: en sorte que la politique soit avec la justice légale dans le rapport où la prudence entendue absolument est avec la vertu morale »[1]. Comme la prudence particulière est en connexion avec les vertus morales qu'elle ordonne, de même la prudence politique avec la justice légale; et de même que la justice légale ordonne les actes de toutes les vertus morales au bien commun – de là son caractère architectonique –, la prudence politique détermine la mesure de toutes les vertus au regard de ce même bien. Par leur ordination au bien commun et leur caractère architectonique, les deux vertus cardinales de justice légale et de prudence politique ont un rôle structurant dans la pensée de Thomas d'Aquin quant à l'ordre, c'est-à-dire l'organisation et la conduite de la cité, dans son mouvement vers le bien qui la finalise[2].

Saint Thomas met donc clairement en lumière ce rôle central et ordonnateur des vertus de justice et de prudence en matière politique. La vertu de justice exprime ce vers quoi doit tendre l'ordre interne de la cité. A ce titre, elle est constitutive du bien commun. La vertu de prudence est essentielle pour l'action, car elle prend en compte tout ce qui relève de la contingence d'une société donnée, pour discerner les moyens les plus appropriés à la poursuite de la fin. C'est la vertu de prudence qui met la politique de saint Thomas à l'abri du reproche d'idéalisme et qui, en principe, devrait protéger de tout risque millénariste. Le chapitre suivant mettra en lumière combien la pédagogie de la loi est progressive et fait place à ce qu'il y a d'imparfait dans un état social donné, à l'instigation et sous la conduite de la prudence politique du gouvernant.

Aura-t-on suffisamment relevé que la prudence est première dans l'ordre de l'intellect et la justice dans l'ordre de la volonté? A travers elles, c'est tout l'agir de la personne et des personnes qui est mobilisé, chacune sollicitant son intelligence et sa volonté pour œuvrer à l'édification du bien commun qui

1. II II, q. 47, a. 10, ad 1.

2. La chose n'a pas échappé au P. Tonneau, dans le cadre particulier de ses réflexions sur la justice sociale: « Ce souci, cet effort d'organisation et de réalisation collective, si caractéristique de la justice (et de la charité) sociale, relève bien de la justice, en ce sens que la justice y incline les volontés qui, injustes, ne se sentiraient jamais pressées de s'y livrer. Mais sous l'impulsion animatrice (*imperium*) de la justice, cette activité émane expressément de la raison et relève spécifiquement de la vertu de prudence politique. Telle nous paraît être la solution: si l'on prêtait plus d'attention à la prudence politique toujours liée à l'exercice de la justice générale, on n'aurait pas besoin de disloquer les cadres traditionnels du traité de la justice pour y faire entrer de force la justice sociale », *Bulletion thomiste* 5, *op. cit.*, p. 447-448.

finalise les actes de ces deux vertus. Le fait que saint Thomas traite de la prudence politique comme on l'a vu – en s'éloignant des conceptions d'Aristote – montre bien que l'intelligence est engagée chez tous les citoyens, et pas seulement chez les dirigeants. Cette compréhension en profondeur de la mobilisation de tout l'édifice moral en vue du bien commun, chez tous les citoyens sans restriction mais chacun selon son office, manifeste à la fois le caractère architectonique de la politique et le fait qu'elle est, comme on l'a dit, l'affaire de tous : chez Thomas d'Aquin, le politique engage tout l'humain et tous les humains. On en verra bientôt les incidences sur sa conception du meilleur régime politique[1].

*

Sous l'importante réserve rencontrée, la prudence selon Thomas d'Aquin doit donc beaucoup aux analyses d'Aristote. S'agit-il d'une reprise pure et simple de la doctrine du Philosophe, ou bien le Théologien ne la transforme-t-il pas en profondeur en l'enserrant dans un cadre nouveau qui n'est pas le sien ? C'est ce que certains commentateurs ont affirmé en relevant qu'alors même qu'il emprunte à Aristote l'essentiel de son appareil conceptuel, Thomas en use dans un contexte de révélation chrétienne[2]. De fait, l'ordre même de la Révélation modifie les conditions de l'élaboration prudentielle telle que la concevait Aristote, ne serait-ce que par la connaissance de la fin ultime poursuivie, qui ne réside pas en une action contingente. Thomas établit ainsi une connexion entre l'objet de la sagesse contemplative et celui de la prudence, sagesse pratique. L'édifice de l'agir moral thomasien ajoute aussi nombre d'éléments inconnus ou peu développés chez Aristote, comme la loi naturelle qui est, on le verra au prochain chapitre, une impression en chacun de la loi éternelle qui est en Dieu. Faut-il en conclure que l'identification de la *prudentia* de Thomas à la *phronèsis* d'Aristote est équivoque, comme l'affirme, par exemple, le P. Gauthier avec vigueur ? En d'autres termes, la connaissance d'une fin ultime révélée change-t-elle essentiellement la nature de la vertu de prudence, étudiée ici en sa variété politique ? La question engage également la justice, parce qu'en raison de la connexion des vertus, « on ne peut avoir aucune vertu morale sans la prudence »[3] ; on s'efforcera d'y répondre à la fin de ce chapitre.

1. Cf. *infra*, chap. VI.

2. On se référera en particulier à Thomas DEMAN, *Notes et appendices sur le traité de la prudence ...*, *op. cit.*, « renseignements techniques », p. 413-448 ; M. LABOURDETTE, *La prudence*, cours polycopié, Toulouse, 1959-1960, p. 45-46 ; R. A. GAUTHIER et J.-Y. JOLIF, *L'Ethique à Nicomaque*, tome 1, 1re partie, vol. 1 (introduction), Louvain, Nauwelaerts, 1970, p. 273-279. Les propos du P. Gauthier sont particulièrement incisifs, puisqu'il reproche aux théologiens médiévaux, et notamment à Thomas d'Aquin, d'avoir défiguré la prudence telle qu'Aristote la présente : « ils ont dû faire violence à la sagesse grecque pour la faire tenir dans le lit de Procuste de leur système, d'où elle est sortie mutilée », *op. cit.*, p. 275.

3. I II, q. 65, a. 1, c.

SECTION III – LES VERTUS DE SOCIABILITÉ

Dans la première section de ce chapitre, on a traité de la justice *stricto sensu*, en elle-même et dans ses différentes « espèces » ou parties subjectives. Dans cette troisième section, il s'agit d'évoquer certaines vertus de sociabilité, parfois dites « vertus de civilité », qui sont dans la typologie de Thomas d'Aquin des « parties potentielles » ou annexes de la vertu de justice[1]. Tout en ayant des domaines distincts qui les séparent de la justice, elles ont une grande affinité avec elle, parce qu'elles concernent les rapports avec autrui. Elles sont fréquemment passées sous silence ou oubliées, alors que Thomas ne consacre pas moins de vingt questions (II II, q. 101 à 120) à cette dizaine de vertus, directement ou à travers les vices qui s'opposent à elles.

Dans la définition qu'il en propose (q. 58), la justice consiste pour Thomas d'Aquin à rendre à autrui ce qui lui est dû de façon à établir ou rétablir une certaine égalité. Les vertus de sociabilité, pour leur part, se rapportent à des situations d'inégalité que l'on ne cherche pas à réduire, et c'est pourquoi elles ne sont qu'annexes à la vertu de justice, mais que l'on cherche à saisir dans une certaine perfection morale. Il s'agit de prendre en compte, et de ne pas laisser en-dehors de l'édifice moral, les inégalités « légitimes » dans la cité, qu'elles proviennent de l'intégration progressive à l'édifice communautaire ou de l'inégale dotation des sujets en biens de tous genres : cela relève aussi du réalisme pratique de saint Thomas. Ce sont ainsi tous les rapports sociaux qui ont vocation à être perfectionnés par les vertus morales, selon des exigences qui ne sont pas toujours aussi strictes que celles requises par la justice : il s'agit d'affecter ces rapports de certaines qualités humaines qui fassent de la vie en commun un authentique bien vivre.

Saint Thomas ne fait pas ici une œuvre entièrement nouvelle. Comme à son habitude, il tire parti de ce qui l'a précédé, que cela provienne de la tradition biblique et patristique ou des élaborations grecques et romaines, mais en unifiant et ordonnant l'ensemble avec l'instrument de l'éthique aristotélicienne. On suivra ici le chemin tracé par Thomas dans la *Somme de théologie*, présenté à la q. 80, et développé aux q. 101 à 120[2]. Cela conduit à distinguer trois familles de vertus.

On ne développe pas ici la vertu de religion, qui fait partie des vertus annexes à la justice, et à laquelle Thomas consacre un petit traité (II II, q. 81-100). La vertu de religion traite, sur un terrain naturel, de la relation que les hommes doivent avoir avec Dieu. Pour saint Thomas, l'homme est par nature un être religieux, et il est fondamentalement en dette vis-à-vis de Dieu à qui il répond par les actes de la vertu de religion. Cette vertu ne concerne donc pas

1. On préfère recourir à l'expression « vertu de sociabilité » plutôt qu'à celle de « vertu sociale », plus courante mais moins précise : la justice est une vertu sociale par excellence, et il s'agit ici de s'en distinguer.

2. On se reportera aux notes de C.-J. PINTO DE OLIVEIRA sous II II, q. 80 et 101-121, Paris, Cerf, 1985, vol. 3.

directement la vie politique, même si, pour Thomas, il est inconcevable que cette dimension religieuse ne soit pas présente au sein de la cité. La justice envers Dieu étant supposée honorée, il s'intéresse aux innombrables relations qui peuvent s'établir entre les citoyens et qui, tissées ensemble et toujours entremêlées, forment le « tissu social », qui a vocation à témoigner du « bien vivre » de la société politique.

A – *Les vertus de déférence ou de vénération (II II, q. 101 à 108)*

Elles se réfèrent à des situations inégalitaires par nature. Tout membre d'une société – famille ou cité – reçoit d'elle et des autres membres, ne serait-ce que la vie ou l'éducation. Il est donc en dette à leur égard. Les dons reçus appellent en retour la reconnaissance et certaines attitudes dans la vie en commun. De même, il est des situations où l'on doit rendre à un autre, plus élevé que soi, des devoirs, sans que la relation vise, comme dans la justice, à l'établissement d'une certaine égalité. Toute communauté est un corps ou les liens ne sont pas seulement entre collatéraux, mais aussi ascendants et descendants. Il en va de la communication des biens et de la diffusion de la perfection dans le temps et l'espace, à la ressemblance de ce qui se produit dans le cosmos. C'est sur ces inégalités hiérarchiques que Thomas d'Aquin se penche d'abord, en identifiant cinq situations de ce type; une vertu particulière correspond à chacune d'entre elles.

La piété (q. 101) – En dessous de celle que l'on doit avoir envers Dieu de qui tout procède, la piété concerne ici la relation envers les parents et la patrie. Il s'agit, au premier sens du terme, d'honorer ceux à qui l'on doit de vivre comme membre de la famille ou comme citoyen actuel ou futur. La vertu de piété filiale implique au premier chef reconnaissance et vénération, soumission mais aussi devoir de service et d'assistance en cas de nécessité. La question manifeste la synthèse harmonieuse de l'apport romain venu de Cicéron et de la source évangélique relayée par Augustin.

Le respect (q. 102) – Il s'agit de la considération que l'on doit aux personnes « constituées en dignité de gouverner leurs sujets »[1]. En manifestant son respect, le citoyen exprime la conscience qu'il a de sa dette morale envers ceux qui œuvrent à son bien. Le respect implique d'honorer ceux dont on reconnaît la supériorité et de leur être déférent en leur obéissant et en répondant autant que possible à leurs bienfaits[2]. Cette vertu générale de respect se déploie, dans l'étude de Thomas d'Aquin dans deux vertus particulières qui en sont comme des espèces : la dulie et l'obéissance.

La dulie (q. 103) – Elle est une espèce de la vertu de respect, qui règle les rapports des serviteurs envers leur maître. Dans le langage de saint Thomas et à son époque, elle vise la servitude sous toutes ses formes (du servage au travail-

1. II II, q. 102, a. 2, c. Respect traduit *observantia*, qui exprime le regard porté sur une personne, en un sens positif.

2. *Ibid.*

leur domestique). Son objet est l'honneur que rend l'inférieur au supérieur en accomplissant son devoir envers lui: c'est la façon qu'il a de rendre témoignage à son excellence[1].

L'obéissance (q. 104) – Elle est également une espèce de la vertu de respect, qui regarde l'accomplissement des ordres donnés par une autorité compétente: son objet propre est le précepte, exprès ou tacite, émanant de celle-ci[2]. Selon une doctrine récurrente chez saint Thomas, l'obéissance entre les hommes est le reflet de l'ordre cosmique voulu par le créateur selon lequel les créatures inférieures sont soumises aux supérieures[3]. L'autorité humaine est médiatrice du gouvernement divin sur le monde. Mais si l'obéissance est une loi universelle des rapports humains, elle n'a pas pour autant une extension universelle. Alors que l'homme est tenu d'obéir en tout à Dieu[4], Thomas d'Aquin n'hésite pas à s'interroger sur la portée de l'obéissance dans l'ordre politique de la famille ou de la cité: s'étend-elle à toute la vie, ou bien connaît-elle des limites? En se référant aussi bien à la morale stoïcienne qu'aux enseignements de l'Écriture, il distingue finement plusieurs situations où «l'inférieur n'est pas tenu d'obéir à son supérieur si celui-ci donne un ordre auquel il n'a pas à se soumettre»[5]:

– S'agissant du mouvement intérieur de la volonté, «on n'est pas tenu d'obéir aux hommes, mais à Dieu seul». Thomas cite ici Sénèque: «*mens quidem est sui juris*»;

– S'agissant des actes corporels, on n'est pas tenu d'obéir pour ce qui relève de la nature même du corps, où l'égalité prévaut entre les hommes (par exemple pour contracter mariage). Dans ce domaine également, l'autorité humaine de peut effacer la libre disposition de soi;

– Pour le reste, l'inférieur est tenu d'obéir au supérieur, dans le domaine où celui-ci a une supériorité (*secundum rationem superioritatis*)[6]. Ce qui revient à dire que le champ de l'obéissance est limité à celui de la supériorité[7].

Ce principe d'obéissance, qui appelle la vertu, est inscrit dans la nature du monde, et ne saurait être écarté par la foi chrétienne. C'est pourquoi, comme on l'a déjà vu, les sujets chrétiens doivent obéissance aux princes séculiers, même infidèles: «La foi [chrétienne] ne supprime pas l'ordre fondé sur la justice, mais au contraire l'affermit. Cet ordre requiert que les inférieurs obéis-

1. II II, q. 103, a. 3, c.
2. II II, q. 104, a. 2, c.
3. *Ibid.*, a. 1, c.
4. *Ibid.*, a. 4, c.
5. *Ibid.*, a. 5, c.
6. Il est entendu que l'autorité doit être légitime et non usurpée: *ibid.*, a. 6, ad 3. Selon ce qu'on a vu, cela revient à dire qu'elle doit être exercée en vue du bien commun.
7. Thomas d'Aquin va jusqu'à appliquer ce principe à l'obéissance religieuse. Les religieux «ne sont tenus d'obéir que pour ce qui peut concerner la vie régulière», ce qui signifie que c'est la règle sur laquelle ils font profession qui fixe le champ et la portée de leur obéissance: *ibid.*, ad 3. Telle est, du moins, la conception de saint Thomas pour son Ordre.

sent à leurs supérieurs; car autrement ce serait la ruine de la société humaine »[1].

Il importe ici de souligner la cohérence de cette conception qu'a Thomas d'Aquin de l'obéissance, assez audacieuse pour son époque, avec sa doctrine de la prudence politique, elle aussi novatrice. On a vu qu'il se sépare quelque peu d'Aristote en reconnaissant à tout homme, même au serviteur, une certaine prudence politique. Pour lui, cette prudence du sujet est participation à la prudence royale du gouvernant, elle lui permet d'entrer dans ses vues et garantit sa liberté de sujet. Celui qui est inférieur, ne fût-ce qu'en un domaine, ne l'est jamais au point d'être privé de l'usage de sa raison et de sa liberté. C'est pourquoi, pour Thomas, l'acte d'obéissance ne supprime pas le jugement sur le précepte reçu du supérieur, ne serait-ce que pour en apprécier la légitimité. Comme le fait remarquer le P. Deman, « saint Thomas concilie les deux exigences divergentes de la prudence et de l'obéissance ». Selon un regard sommaire, on pourrait penser que l'homme prudent est celui qui commande et que l'obéissant est celui qui abdique sa raison et sa volonté libre. Pour Thomas, la prudence du gouvernant sollicite celle de celui qui obéit, si bien que ce dernier demeure digne et responsable dans sa soumission à l'autorité légitime. La prudence est partagée, et l'obéissance libre et rationnelle. Le P. Deman conclut : « Il fallait ainsi concevoir une obéissance telle qu'elle ne privât point de sa dignité humaine l'homme qui obéit; tout de même qu'il fallait concevoir une prudence qui ne privât point celui qui la possède du mérite d'obéir »[2].

La reconnaissance ou gratitude (q. 106) – Les vertus précédentes se réfèrent à des situations inégalitaires habituelles en une société, voire constitutives de celle-ci à un moment donné : en toute société, on rencontre des situations d'autorité, qu'elles relèvent de la naissance, de la compétence ou d'une excellence à un titre ou à un autre. D'une façon ordinaire, le membre d'une société est toujours en dette vis-à-vis de Dieu, de ses parents ou de telle « personne constituée en autorité », et il leur répondra par des actes de religion, de piété et de respect[3]. En sus de cela, il se peut que l'on reçoive, à titre extraordinaire, un bienfait particulier, qui appelle en retour reconnaissance ou gratitude envers le bienfaiteur pour la générosité gratuite dont il a fait montre. Thomas d'Aquin s'inscrit ici dans la ligne des auteurs latins (Cicéron et Sénèque notamment), autant qu'il s'inspire du thème biblique de l'action de grâces. Avec grande délicatesse, il précise les facettes de cette reconnaissance que l'on doit à celui qui s'est montré généreux : elle est en principe naturelle, doit arriver au moment opportun, s'attacher « au sentiment du donateur plus qu'à la réalité du

1. *Ibid.*, a. 5, c. Ces propos de Thomas d'Aquin peuvent être invoqués pour justifier la désobéissance civile. La question 105 traite du péché de désobéissance.

2. Thomas DEMAN, *Notes et appendices sur le traité de la prudence ...*, *op. cit.*, p. 323.

3. En II II, q. 106, a. 1, c., saint Thomas fait cette petite synthèse des dettes qu'un membre d'une communauté a envers autrui.

don (*magis affectum dantis quam effectum*) » et, si possible, surpasser le bienfait reçu[1].

Ce premier groupe de vertus témoigne des qualités humaines que l'on peut attendre dans une vie en commun. Ce sont bien des annexes de la justice qui contribuent à la constitution d'un ordre communautaire vraiment humain. En choisissant de les ordonner selon les différentes dettes que l'on a nécessairement en toute société, Thomas d'Aquin souligne que l'on est toujours, à un titre ou un autre, débiteur d'autrui, et qu'au-delà des nécessités de la stricte justice, il y a tout l'ordre des convenances morales par lequel on cherche à répondre à celui qui nous communique quelque bien. Pour être belle, la vie en commun a toujours besoin, par-delà l'indispensable justice, d'une certaine gratuité : celle du don, de l'attention, de la gratitude. Tout cela relève du « bien vivre » au sens d'Aristote et c'est ce qui fait de la vie de la cité une vie heureuse.

B – *Les vertus de gratuité ou d'honnêteté (II II, q. 109-119)*

La première famille des vertus de sociabilité s'ordonne à partir des situations de subordination et de dette au sein d'une communauté donnée. La deuxième se rapporte à la communication de certains biens humains. Les liens de communauté résultent aussi de ces échanges entre les membres, exprimant de façon concrète par des signes leur familiarité et leur solidarité, manifestant leur confiance mutuelle et la prise en charge par chacun du bien de tous et par tous du bien de chacun. Thomas d'Aquin ordonne ces signes autour de trois lieux caractéristiques des échanges humains : la parole, les gestes et l'argent. La communication des biens en ces domaines a vocation à être vécue dans la droiture, et c'est pourquoi à chacun d'eux correspond une vertu et également, en contrepoint, quelques vices. C'est, en quelque sorte, une morale de la communication que propose ici saint Thomas.

La vérité ou véracité (q. 109) – La parole est en toute communauté le premier instrument pour la transmission et l'échange des pensées, elle est le lieu privilégié d'expression partagée de la vie de l'esprit. Elle requiert transparence et rectitude, et c'est ce que garantit la vertu de vérité, parfois dite véracité. Cette vertu « est ce qui fait qu'un homme dit la vérité, et c'est ce qui fait dire de lui qu'il est véridique »[2]. Elle est proche de la justice, dont elle est annexe, en tant qu'elle s'adresse à autrui et qu'elle établit une certaine égalité avec lui. Mais elle s'en distingue quant à la dette. En effet, on l'a vu, la justice se rapporte à une dette légale, mais la véracité s'attache « plutôt à la dette morale, en tant qu'un homme doit à un autre la manifestation de la vérité »[3]. Thomas précise cette « honnêteté humaine » qui renvoie au « bien honnête », c'est-à-dire désirable pour lui-même, à la différence du bien utile ou délectable[4]. Elle est

1. *Ibid.*, a. 2 à 6. La question 108 sur l'ingratitude complète le tableau brossé par saint Thomas.
2. II II, q. 109, a. 1, c.
3. *Ibid.*, a. 3, c.
4. Distinction aristotélicienne reprise en I, q. 5, a. 6.

vitale pour la vie en commun : « Parce que l'homme est un animal social, un homme doit à un autre, par nature, ce qui est indispensable au maintien de la société humaine. Or les hommes ne pourraient pas vivre ensemble s'ils n'avaient pas de confiance réciproque, c'est-à-dire s'ils ne se manifestaient pas la vérité »[1]. Loin d'être seconde, la dette morale de vérité que l'on se doit mutuellement en communauté est plutôt antérieure à toute dette légale. A la vertu de vérité s'opposent le mensonge[2], qui s'exprime par la parole, et la simulation et l'hypocrisie[3], qui s'expriment par les actions. Dans la foulée d'Aristote, Thomas étudie aussi la jactance et l'ironie[4], c'est-à-dire l'exaltation et la dépréciation de soi par la parole, qui s'opposent à la vérité respectivement par excès et par défaut.

L'amitié ou affabilité (q. 114) – Elle consiste en ce que « chacun se conduise envers les autres de la façon qui est juste »[5] de sorte que l'ordre harmonieux des relations humaines prévaille dans la cité. Il s'agit de se rendre agréable à autrui. Cette vertu d'amitié, selon Thomas, apporte un agrément à la vie sociale sans lequel la vie en société serait impossible : « l'homme est tenu par une certaine dette naturelle d'honnêteté à rendre agréable ses relations avec les autres »[6]. En ce sens, elle est comme jumelle de la véracité : ensemble elles illustrent le double caractère, vrai et amical, que doit revêtir la communication dans une vie en société. A cette amitié qui rend aimable la vie en société s'opposent, par excès l'adulation, et par défaut la contestation[7].

Cette présentation par Thomas d'Aquin de la vertu d'amitié dans la cité ne doit pas masquer qu'elle n'atteint pas chez lui le degré qu'Aristote lui reconnaît dans l'*Ethique à Nicomaque* et dans la *Politique*[8]. Alors que pour le Philosophe

1. II II, q. 109, a. 3, ad 1. Thomas d'Aquin témoigne à la fois de réalisme et de délicatesse lorsqu'il remarque peu après que la vertu de vérité incline plutôt à minorer les choses : « Les hommes qui exagèrent leurs qualités sont insupportables parce qu'ils semblent vouloir dépasser les autres. Tandis que les hommes qui se diminuent sont agréables par leur modestie qui s'abaisse au niveau des autres », *ibid.*, a. 4, c.

2. *Ibid.*, q. 110. Le mensonge est « une chose mauvaise par nature » (a. 2, c.), ce qui n'exclut pas qu'il y ait des cas où « il soit permis prudemment de dissimuler la vérité » (a. 2, ad 4). Cela renvoie à la *gnome*, vertu annexe de la prudence, comme on l'a vu, qui fait juger des cas où l'on doit agir « sans observer les règles communes de l'action », II II, q. 51, a. 4, c.

3. II II, q. 111. La simulation consiste à se montrer « par des signes qui sont des actes ou des choses, contrairement à ce qu'on est au fond » (a. 1), l'hypocrisie consistant à simuler un personnage que l'on n'est pas réellement (a. 2).

4. *Ibid.*, q. 112 et 113.

5. II II, q. 114, a. 1, c.

6. *Ibid.*, a. 2, ad 1.

7. II II, q. 115 et 116.

8. Les termes d'Aristote, déjà entrevus, sont éloquents : « L'amitié semble aussi constituer le lien des cités, et les législateurs paraissent y attacher un plus grand prix qu'à la justice même : en effet, la concorde (*omonoia*), qui paraît bien être un sentiment voisin de l'amitié, est ce que recherchent avant tout les législateurs, alors que l'esprit de faction, qui est son ennemie, est ce qu'ils pourchassent avec le plus d'énergie. Quand les hommes sont amis, il n'y a plus besoin de justice, tandis que s'ils se contentent d'être justes, ils ont en outre besoin d'amitié, et la plus haute expression de la justice est, dans l'opinion générale, de la nature de l'amitié », *Eth. Nic.*, VIII, 1, 1159 a 23-28; dans le même sens : *Ibid.*, VIII, 11, 1159 b 24-32. « Nous pensons que l'amitié est le

l'amitié politique apparaît comme un sommet de la vie de la cité, un aboutissement de la vie vertueuse de tous ensemble et de chacun, il ne s'agit pour saint Thomas que d'une amitié civile, qu'exprimeraient peut-être mieux les termes d'affabilité ou d'amabilité. Les commentaires de Thomas sur les passages les plus significatifs d'Aristote n'apportent rien. On l'a déjà noté, il ne relève pas ce statut si éminent que ce dernier reconnaît à l'amitié politique. A quoi peut tenir cette attitude? Au fait, semble-t-il, que c'est en un autre lieu que Thomas d'Aquin fait place à l'amitié : lorsqu'il traite de la charité.

Il définit l'amitié comme « une bienveillance mutuelle [...] fondée sur une certaine communication »[1], et l'applique à la charité qui établit une communication entre l'homme et Dieu par la participation à sa béatitude. Dans les questions consacrées à la charité, il mentionne incidemment l'amitié politique, dans une acception fort réduite : « l'amitié politique a surtout égard au gouvernant de la cité, dont dépend tout le bien commun de la cité; c'est donc à lui surtout que les citoyens doivent fidélité et obéissance »[2]. Il semble donc bien que, pour saint Thomas d'Aquin, la profondeur de l'amitié telle qu'Aristote la dépeint dans la vie de la cité soit atteinte, non pas tant dans l'ordre naturel de la vie en commun, mais dans la vie de la charité surnaturelle. Une mention de l'opuscule *Contra impugnantes* en apporte la confirmation : « La charité du Christ réalise davantage la communion que l'amitié politique »[3]. Si cette explication est juste, elle est d'importance car elle met en lumière un déplacement opéré par Thomas entre l'ordre de la cité terrestre, fondée sur la justice, et celui de la cité de Dieu, fondée sur la charité : c'est dans celle-ci que le sommet de la vie en commun est atteint, et non dans celle-là. L'amitié est bien, pour Thomas d'Aquin, la plus haute relation qui soit, mais ce n'est plus, comme chez Aristote, celle de la cité, c'est celle que réalise la charité dans la cité de Dieu qu'est l'Église ou, en tout cas, dans une cité chrétienne.

La libéralité ou largesse (q. 117) – Elle porte sur la communication entre les membres d'une société dans le domaine des biens utiles, et au premier chef de l'argent, qui en assure la mesure. Il lui revient de bien employer son argent, en en faisant bénéficier autrui, alors qu'il n'y a pas droit en stricte justice; par le fait même, elle manifeste la liberté de l'homme libéral par rapport à l'argent et aux richesses[4]. Elle se distingue ainsi de la justice en ce que celle-ci rend à

plus grand bien pour les cités car elle évite au maximum la discorde, et Socrate loue avant tout l'unité de la cité dont il semble bien, à l'en croire, qu'elle est l'œuvre de l'amitié », *Pol.* II, 4, 1262 b8-10; à rapprocher de *ibid.*, III, 9 où Aristote étudie les différents types de relations et d'alliances qui font une cité et où il conclut : « toutes ces [relations] sont l'œuvre de l'amitié, car l'amitié c'est le choix réfléchi de vivre ensemble. La fin d'une cité, c'est donc la vie heureuse, alors que les [relations] en question sont en vue de cette fin » (1280 b 38-40). Ce dernier passage n'a pas été commenté par Thomas d'Aquin.

1. II II, q. 23, a. 1, c.

2. II II, q. 26, a. 2, c.

3. « *Caritas Christi magis facit communia quam amicitia politica* », *Contra impugn.* VII, 6, 544-545.

4. II II, q. 117, a. 2 à 4.

autrui ce qui lui revient, tandis que la libéralité lui offre ce qui est à soi[1]. Elle apparaît bien comme un au-delà de la justice, un élément de gratuité en sus des exigences de la justice commutative ou distributive[2]. A la libéralité s'opposent, respectivement par défaut et par excès, les vices d'avarice (attachement immodéré à l'argent) et de prodigalité (insouciance à l'égard de l'argent)[3], dont les incidences ne sont pas seulement personnelles, pour celui qui en est affecté, mais encore collectives, car concernant tout l'ordre communautaire.

Cette deuxième famille de vertus illustre particulièrement le fait que, s'il n'est pas de vie véritable en communauté sans la justice, cette vie appelle sans cesse à aller au-delà de la justice. En communauté, chacun est redevable aux autres, non seulement légalement, selon les dettes que la vertu de justice vient combler, mais moralement, selon les innombrables biens que l'on se doit les uns aux autres. Ces vertus relèvent de la convenance plus que de la nécessité, elles témoignent de la gratuité qu'appelle une vie partagée en vue d'un bien commun. Leur caractère annexe, dans la nomenclature thomasienne, ne diminue en rien leur importance : sans elles, suggère Thomas d'Aquin, la vie en commun serait impossible ou, à tout le moins, douloureuse. Satisfaire aux exigences de la justice ne saurait dispenser des témoignages de vérité, d'amitié et de libéralité.

C – *L'épikie ou équité (II II, q. 120)*

Elle compose à elle seule le troisième volet des vertus de sociabilité, selon la présentation de saint Thomas, quoiqu'elle ne soit pas une partie potentielle de la justice (ou vertu annexe) mais plutôt une partie subjective. L'épikie[4] est à la rencontre de la généralité de la loi et de la singularité de l'acte humain. En effet, les lois régissent les cas les plus fréquents, ce qui survient *ut in pluribus* : elles ne peuvent valoir absolument pour tous les cas singuliers, et c'est pourquoi « il a toujours été impossible d'instituer une règle légale qui ne serait jamais en défaut »[5]. Il arrive ainsi que la recherche de la justice demande de ne pas appliquer la loi :

> En certains cas, observer [les lois] va contre l'égalité de la justice et contre le bien commun, visé par la loi. [...] En ces cas, le mal serait de suivre la loi

1. *Ibid.*, a. 5, c.

2. Le rapport de la libéralité à la justice peut être rapproché de celui de la magnanimité et de la magnificence à la vertu de force (II II, q. 129 et 134); dans les trois cas, c'est un rapport de vertu seconde ou annexe à la vertu principale. Toutefois, la libéralité apparaît comme excédant la justice, alors que la magnanimité et la magnificence portent sur des matières moins onéreuses que celle de la force. Il est plus facile de rester ferme dans la quête des honneurs ou la réalisation d'une « grande chose » que lorsqu'on est confronté à un danger mortel; alors qu'il est plus noble de dispenser son argent de façon libérale que lorsqu'on y est tenu en justice.

3. II II, q. 118 et 119. Saint Thomas fait remarquer que l'avarice ne s'oppose pas seulement à la libéralité, mais aussi à la justice : q. 118, a. 3.

4. On conserve d'ordinaire la transcription du grec *epieikeia*, plutôt que d'user du terme d'équité, dont le sens courant est amoindri.

5. II II, q. 120, a. 1, c.

établie; le bien est, en négligeant la lettre de la loi, d'obéir aux exigences de la justice et du bien public. C'est à cela que sert l'épikie, que l'on appelle chez nous l'équité[1].

L'épikie est la vertu qui fait saisir au gouvernant qu'en tel cas singulier la justice demandera de déroger à la loi qui en est la norme générale: « l'épikie ne se détourne pas purement et simplement de ce qui est juste, mais de la justice déterminée par la loi »[2]. Elle est donc « une sorte de réalisation de la justice »[3], une forme éminente de justice, et par là-même une partie subjective de la vertu de justice. Elle est pleinement de la justice, tout en outrepassant la justice légale. Elle est une partie de la justice générale, qui vise le bien commun, et elle dépasse la justice légale qui garantit celle-ci de façon ordinaire[4].

L'épikie exprime donc la perspicacité, la sagacité du gouvernant qui saisit que la justice véritable demande de dépasser la rigueur de la lettre de la loi[5] pour traiter de telle situation particulière, irréductible à la généralité de loi. Elle tempère ce qu'il peut y avoir de dur dans les exigences de la justice par la souplesse de l'équité. Elle est, en toute rigueur de termes, la vertu du « hors-la-loi » qui agit pour la justice. L'excellence de l'épikie ne se comprend qu'a la lumière de la perfection de la justice, dont elle est une ultime expression, un achèvement qualitatif. Elle est en profonde symbiose avec la *gnome*, vertu annexe de la prudence, qui fait juger des cas où l'on doit agir « sans observer les règles communes de l'action »[6]. On retrouve ainsi, en ces cas limites, l'association de la prudence et de la justice pour l'appréciation du juste à réaliser en telle situation singulière, exorbitante au droit commun.

Avec l'épikie se clôt le traité des vertus de sociabilité. On aura garde de se laisser tromper par l'expression technique de « vertus annexes ». Loin d'être accessoires ou dispensables, les vertus de civilité expriment plutôt un sommet de la réflexion thomasienne sur la justice et la vie en communauté, parce qu'elles permettent d'atteindre un sommet dans la vie morale en commun. Sans être parties intégrantes de la justice, les vertus de sociabilité en sont comme le rayonnement. Pour emprunter à la botanique une métaphore, on dira qu'elles composent la corolle dont la justice serait le cœur. Ensemble, portées sur la tige de la prudence, elles font de la cité un lieu où fleurissent la justice et le droit.

1. II II, q. 120, a. 1, c.

2. *Ibid.*, ad 1.

3. II II, q. 120, a. 2, c. Thomas cite ici expressément Aristote: *Eth. Nic.*, V, 14, 1138 a 3.

4. *Ibid.*, a. 2, ad 1. Thomas va jusqu'à affirmer: « on l'appelle justice en priorité par rapport à la justice légale, car celle-ci se dirige selon l'épikie. Aussi celle-ci est-elle comme la règle supérieure des actes humains », *ibid.*, c.

5. « Suivre la lettre de la loi quand il ne le faut pas, c'est condamnable », *ibid.*, a. 1, ad 1.

6. II II, q. 51, a. 4, c. Thomas d'Aquin se réfère d'ailleurs, quand il traite de la *gnome* comme de l'épikie, au même cas d'école sollicité depuis Platon, celui de la restitution d'un dépôt à un homme dangereux ou à un ennemi de la patrie.

*

Pour Thomas d'Aquin, la cité apparaît bien comme l'organisation politique d'une communauté de personnes, finalisée par le bien commun, informée par la justice et ses prolongements, et gouvernée selon la prudence. Si le bien commun est la fin poursuivie par la cité et spécialement ses dirigeants, il est à la fois préservé et construit par la mise en œuvre conjointe de la justice générale et de la prudence politique, qui ordonnent et impèrent les actes de quantités de vertus qui leur sont liées. La vie de la cité est une vie « selon la justice », qui s'étend par rayonnement à toutes les facettes de la vie en commun à travers la constellation des vertus dérivées de la vertu de justice, fondement de l'édifice social. Le jeu combiné de la prudence et de la justice, à tous les niveaux – gouvernants et gouvernés –, assure à la fois la primauté du bien, quant à la fin, le bon ordre dynamique de la cité et le respect des personnes. Ces amples questions 57 à 122 de la II^{a} II^{ae} se prêtent donc bien à une lecture politique, et pas seulement éthique (au sens individuel), comme on a trop coutume de le faire. Le lecteur honnête de saint Thomas n'en sera pas étonné : c'est que, dans la foulée d'Aristote, il se souvient que le projet consiste à se saisir de tout l'ordre pratique, dans l'ordre individuel et communautaire. Les vertus cardinales de justice et de prudence ne se contentent pas de perfectionner celui qui en use, elles rectifient les relations et les institutions multiples de la vie sociale, elles ordonnent celle-ci au bien, elles apportent une exigence de droiture dans la vie en commun. Il a fallu une singulière dérive individualiste de la théologie pour qu'on en vienne à oublier cet *ordo* de la communauté sans lequel il n'est pas de bien humain intégral, que ce soit au niveau naturel de la cité terrestre ou au niveau de la cité surnaturelle qu'est l'Église.

L'ampleur des conceptions thomasiennes tient pour une part à la profondeur des analyses de saint Thomas, mais aussi à la cohérence de la synthèse à laquelle il parvient. Nombre d'auteurs, comme Dom Lottin, ont souligné que, pour tributaire qu'il soit des travaux scolastiques du XIIe siècle, Thomas est cependant le seul à réaliser l'harmonie symphonique des différents courants dont il se nourrit, qui sont au nombre de trois tout au long de la période médiévale. Il s'agit en premier lieu de l'Écriture et de la tradition patristique, surtout latine : saint Augustin est l'auteur le plus fréquemment cité. Il s'agit ensuite de la tradition morale provenant de la sagesse grecque et latine : Cicéron, Sénèque sont des références constamment présentes. Et le troisième courant est celui du droit romain, dont la reviviscence est forte depuis un siècle lorsque Thomas écrit. Mais ces trois courants ne parviennent à s'unifier que par une ultime source : les écrits d'Aristote, et au premier chef l'*Ethique à Nicomaque* qui fournit à Thomas d'Aquin la structure d'analyse et d'organisation de son éthique, notamment, ici, dans son extension politique.

La chose semble peut-être moins singulière aujourd'hui qu'elle ne le fût au temps de Thomas : ce n'est pas le Décalogue qui fournit la charpente du traité de la justice de la *Somme*, c'est l'*Ethique* d'Aristote. Un seul exemple suffit à s'en convaincre : c'est dans l'ultime question du traité de la justice (II II, q. 122)[1] que Thomas traite du Décalogue en ramenant les dix préceptes à la justice et à la piété. Certes, ils ont été cités à maintes reprises dans les articles du traité, comme des références éminentes, mais ils ne sont pas essentiels à l'organisation des propos de Thomas. Ce fut, on le sait, l'un des chefs de reproche retenus contre lui que de corrompre ainsi l'enseignement biblique par la philosophie païenne. Quoi qu'il en soit, c'est à l'instrument aristotélicien, à l'égard duquel on a vu à plusieurs reprises Thomas garder sa liberté, que l'on doit la cohérence de son élaboration. Au demeurant, la puissance intégratrice à l'œuvre en celle-ci n'aboutit pas à un système qui prédéterminerait personnes et communautés. Elle conduit plutôt à un tableau raffiné des ramifications de la vie en commun, à une analyse fouillée de l'agir humain dans ses deux aspects, singulier et communautaire, quant aux principes qui ont vocation à le régir. Loin d'être rigide, l'ensemble doit à sa souplesse la pérennité de ses enseignements, étant entendu que ceux-ci doivent être décantés, le moment venu, des inévitables dépendances qui les lient à l'époque de leur rédaction.

On vient de saluer la cohérence de l'élaboration thomasienne. Mais celle-ci est-elle réellement théologique, ou bien n'est-elle, *mutatis mutandis*, qu'une transposition de la synthèse philosophique aristotélicienne ? On retrouve ici la question soulevée au commencement de ce chapitre, et en cours de route à propos de la prudence. En d'autres termes, l'ordre de la cité que propose saint Thomas ne vaut-il que pour une cité chrétienne, ou bien toute cité peut-elle s'en inspirer ? A s'en tenir aux impressions premières de lecture, il semble que l'on puisse apporter des arguments à chacune des thèses. D'un côté, l'argument théologique apparaît second dans l'édifice thomasien dont l'architecture, on vient de le dire, s'inspire de l'*Ethique* d'Aristote. On vient de mentionner, également, ce qu'il advient du Décalogue ; on peut ajouter la question conclusive sur le don de piété, don du Saint-Esprit « qui correspond à la justice »[2]. Son traitement semble adventice et son apport peu développé. Tout cela paraît autoriser une lecture philosophique de l'étude de Thomas. Mais on peut apporter autant d'éléments qui témoignent de son caractère théologique. Les références tirées de l'Écriture et de la tradition patristique sont nombreuses, le vocabulaire lui-même est de nature théologique – ainsi lorsque les vices contraires aux vertus étudiées sont dénommés péchés, ou lorsque Thomas évoque le salut[3]. Il faut chercher plus avant la réponse à cette interrogation, ce qui conduit à retrouver le statut général de la morale thomasienne et, en son sein, le statut particulier de l'ordre politique ou communautaire, question déjà évoquée au chapitre II en traitant du bien commun.

1. L'analyse du Décalogue doit être complétée par plusieurs articles et questions, en particulier I II, q. 100.

2. II II, q. 121, Prol.

3. Ainsi cet intitulé d'une question relative à la restitution : « Est-il nécessaire au salut de restituer ce que l'on a dérobé ? », II II, q. 62, a. 2.

C'est dans le cadre de sa morale générale que Thomas d'Aquin pose lui-même la question. Toute son éthique peut-elle être vécue sans la charité, c'est-à-dire dans un cadre purement naturel? Sa réponse est donnée en deux temps:

> Tant que les vertus morales sont réalisatrices d'une perfection en harmonie avec une fin qui ne dépasse pas la capacité naturelle de l'homme, elles peuvent être acquises par des œuvres humaines. Acquises de la sorte, elles peuvent exister sans la charité, comme elles ont existé en fait chez beaucoup de païens. Mais dans la mesure où elles sont réalisatrices du bien ordonné à la fin ultime surnaturelle, alors elles ont pleinement et véritablement raison de vertu (*perfecte et vere habent rationem virtutis*), et ne peuvent être acquises par des actes humains mais sont infusées par Dieu. Et ces vertus morales ne peuvent exister sans la charité[1].

Saint Thomas reconnaît donc la possibilité d'un régime vertueux dans les limites de l'ordre naturel: c'est ainsi qu'il reconnaît la validité pratique de la morale du païen Aristote, implicitement évoqué. Cependant, les vertus demeurent imparfaites puisqu'elles n'ont pas «pleinement et véritablement la raison de vertu». De fait, Thomas affirme plus loin que, sans la grâce et du fait de l'état corrompu de la nature humaine après le péché, «l'homme est impuissant, même en ce qui regarde sa nature, et il ne peut, par ses seules forces naturelles, accomplir tout le bien qui lui est proportionné»; il ne lui est guère possible que de «réaliser quelque bien particulier comme bâtir des maisons, planter des vignes...»[2]. En revanche, lorsque l'agir humain est ordonné à la fin ultime, les vertus morales doivent être formées par la charité. En somme, pour Thomas d'Aquin, l'agir moral purement naturel est réel, mais imparfait et limité; il n'atteint sa perfection que par l'infusion surnaturelle de la grâce. C'est ce que l'on avait établi au chapitre II. Qu'en est-il, dans ces conditions, de l'édification de la cité de la justice sous la conduite de la prudence?

A l'intérieur de l'édifice moral, l'ordre naturel des fins n'est pas résorbé par l'ordre surnaturel. Il conserve son autonomie selon le principe de l'ordination de la fin naturelle à la fin surnaturelle, mais sans que celle-ci se substitue à celle-là. On l'a vu dans les chapitres précédents, la dualité des ordres établit l'autonomie de l'ordre temporel par rapport à l'ordre spirituel. En d'autres termes, la poursuite du bien commun naturel n'est pas disqualifiée par la découverte du bien commun ultime qui réside dans la fruition de Dieu. L'enjeu, pour les gouvernants comme pour tous les citoyens, est d'ordonner le bien commun naturel à Dieu lui-même, fin ultime de tous en commun et de chacun en particulier. Certes, fait comprendre Thomas, l'ordre naturel de la cité, livré aux seules forces humaines, ne pourra atteindre la plénitude du bien

1. I II, q. 65, a. 2, c.

2. I II, q. 109, a. 2, c. Comme on l'a dit, cette formule, que Thomas reçoit en fait au Pseudo-Augustin, doit être complétée par l'enseignement de I II, q. 85 et de II II q. 23, a. 7 notamment, qui reconnaît la possibilité d'un ordre vertueux sans la grâce, certes imparfait mais cependant réel. Voir ci-dessus, au chapitre II, les développements sur le bien commun.

commun : la cité de l'homme, si celui-ci ne dispose que de ses propres forces, ne peut être qu'imparfaite. Cela permet néanmoins de répondre à l'objection citée plus haut du P. Gauthier, soutenant qu'en l'enserrant dans la perspective d'une fin ultime révélée, Thomas a dénaturé la prudence aristotélicienne. L'argument ne semble pas recevable, au moins s'agissant de la prudence politique, du fait même que la fin naturelle qu'est le bien commun conserve toute sa consistance, même dans une cité chrétienne.

Plus largement, cela conduit à redire que la conception qu'a Thomas d'Aquin de la cité est valide que l'on soit ou non dans une perspective chrétienne. Les vertus de prudence politique et de justice légale ont ceci de particulier qu'elles sont ordonnées à un bien commun naturel, et non immédiatement à un bien surnaturel. A la différence des autres vertus morales, la fin poursuivie par les actes posés selon ces vertus n'est pas surélevée : elles ne reçoivent pas, du fait que l'on est dans un contexte chrétien, un nouvel objet qui serait d'ordre surnaturel. Certes, si l'on est en contexte chrétien, leur exercice se ressentira, en principe, de l'influence des vertus infuses, morales et théologales, mais leur finalité naturelle n'est pas transformée dans son essence. Ces vertus ne sont surnaturelles, comme le dit le P. Labourdette, que « *quoad modum tendendi ad finem ultimum* »[1], selon l'ordination du bien commun naturel à la fin surnaturelle. Dans ces conditions, il faut considérer que l'ordre politique naturel, même dans un contexte chrétien, garde toute sa consistance, et donc que les vertus de justice légale et de prudence politique conservent, chez Thomas d'Aquin, le sens qu'elles avaient chez Aristote[2], *mutatis mutandis.*

Dire que la conception thomasienne de la cité est valide en tout contexte, chrétien ou non, ne doit pas conduire à affirmer que l'édification parfaite d'une cité purement humaine est possible. La réserve rappelée de Thomas demeure : sans la grâce, l'agir de l'homme demeure limité dans sa portée, la cité humaine ne peut être que très imparfaite. Pour être pleinement opérant, l'édifice thomasien de la cité dépeint dans ce chapitre a besoin du concours des vertus infuses, ne serait-ce que pour rectifier ou perfectionner la pratique des vertus acquises, et doit admettre son ouverture à la fin surnaturelle. Cela ne signifie pas non plus que la cité terrestre en contexte chrétien sera absolument parfaite :

1. *La prudence, op. cit.*, p. 45.

2. Sur cette question controversée, on partage ici la position du P. Labourdette qui se sépare, sur ce point, du P. Deman et du P. Gauthier. Il distingue soigneusement la prudence naturelle qui vaut pour la cité politique de la prudence infuse qui vaut pour le gouvernement de cette société surnaturelle qu'est l'Église : « Ainsi, c'est par une "prudence royale" infuse, intrinsèquement surnaturelle, que saint Pie V gouvernait l'Église; et c'est directement, par une prudence royale naturelle, que saint Louis gouvernait la France. La prudence de saint Pie V suscitait et utilisait tous les mécanismes de la prudence acquise, mais élevés au plan surnaturel; la prudence de saint Louis bénéficiait des rectifications foncières apportées par les vertus infuses et en tenait cette guérison de la nature – sans laquelle il n'y a pas de vertu parfaite, même naturelle –, mais elle restait substantiellement naturelle comme le bien commun en vue duquel elle gouvernait », *La prudence, op. cit.*, p. 46.

c'est chose impossible dans un monde marqué par le péché. Mais elle peut être meilleure, car le secours divin de la grâce permet à l'homme de dépasser ses limites naturelles.

Si l'on veut demeurer fidèle à l'approche d'ensemble de Thomas d'Aquin, il faut écarter simultanément la thèse d'une réalisation possible d'une cité vraiment humaine par des moyens purement naturels, comme la thèse d'une cité qui ne pourrait exister que dans un contexte chrétien. Les deux sont contraires dans le même genre, celui qui sépare strictement les deux ordres, naturel et surnaturel. Pour Thomas, les deux ont leur consistance et vocation à coopérer : c'est dans un contexte chrétien que l'on pourra édifier la cité terrestre la meilleure possible. Cela n'interdit pas de s'inspirer, même hors d'un cadre chrétien, des conceptions thomasiennes. Mais pour Thomas d'Aquin, l'humain plénier est celui qui associe le naturel et surnaturel, et c'est l'objet de la recherche théologique. Si bien que la cité de Thomas, prise dans sa plénitude, s'inscrit, non pas dans une philosophie, mais bel et bien dans une théologie du politique.

CHAPITRE VI

LA LOI

Depuis que les hommes cherchent à ordonner les communautés auxquelles ils appartiennent, ils recourent à la loi. La loi seule apporte ordre, stabilité et efficacité à une assemblée humaine donnée : « la loi est en quelque sorte l'art d'organiser et de régler la vie humaine »[1]. Les lois sont à la rencontre de l'universel et du singulier, car elles visent à faire prévaloir certains principes pérennes dans l'ordre des choses contingentes et souvent futures. Elles sont l'instrument essentiel de l'ordre politique, parce que par elles les gouvernants, exerçant leur prudence politique, cherchent à établir un ordre de justice et à édifier un bien commun au sein de la cité. Platon et Aristote l'avaient déjà saisi, Thomas d'Aquin le redit après eux, la loi est le grand pédagogue de la cité. C'est elle qui instaure une accoutumance sans laquelle le plus grand nombre des citoyens ne sauraient devenir meilleurs, c'est-à-dire, selon l'acception classique, progresser en vertu. En un mot, la loi est « l'acte le plus important de l'art politique »[2]. Commentant Aristote, Thomas affirme ainsi : « les chefs qui imposent une loi à leurs subordonnés jouent en matière civile le rôle des architectes en matière d'art »[3]. Certes, les lois sont autant le produit des régimes politiques au sein desquels elles sont élaborées qu'à l'origine de ceux-ci. Mais avant de traiter des régimes, au chapitre suivant, il est nécessaire de présenter l'essentiel de la doctrine thomasienne de la loi, ou des lois, tant on verra l'usage analogique qu'il fait de ce terme.

On sait que lorsque Thomas d'Aquin engage sa réflexion sur la loi, qui aboutit au traité de la *Somme*, l'Occident médiéval est en pleine renaissance du droit, depuis près d'un siècle. Cette extrême vitalité doctrinale accompagne et pour une part est suscitée par la formation de communautés (cités ou royaumes) dont la consistance politique propre se renforce. Dès le XIIe siècle, la

1. I II, q. 104, a. 4, c.

2. La formule est d'Ernest L. FORTIN, « Saint Thomas d'Aquin », *in Histoire de la philosophie politique*, dir. Leo Strauss et Joseph Cropsey, « Quadrige », Paris, P.U.F., 1994, p. 269-297, ici p. 280.

3. *Super Eth.*, 6, 7, 41-43.

redécouverte et l'étude du *Corpus juris civilis* ou *Code Justinien* (529; le *Digeste* date de 533) nourrissent les études de droit, sur une base profane, notamment dans la célèbre université de Bologne[1]. Sur le terrain canonique, le *Décret* de Gratien (1139) est le premier exposé systématique de la loi canonique. La méthode d'étude du droit, à partir de l'enquête et de la question, devient caractéristique du renouveau des études universitaires, et s'étend à la théologie[2]. S'il est un trait commun à toutes ces évolutions doctrinales et à cette culture nouvelle qui va tant marquer le Moyen Âge latin, c'est bien la confiance dans la capacité de connaissance par la raison naturelle, même s'il demeure acquis que la théologie est la *scientia scientiarum*.

La chrétienté latine retrouve le sens romain de la grandeur du droit pour assurer et construire le monde commun[3]. La conscience se répand que l'art de faire le droit, le *jus facere*, permet d'édifier les communautés politiques sur une base objective et générale, voire universelle, et non plus seulement sur la seule autorité du souverain[4]. C'est en 1231 qu'est rédigée, à l'initiative de l'empereur Frédéric II, la première constitution écrite applicable au Royaume de Sicile, le *Liber augustalis* ou *Constitutions de Melfi*, qui marque la première affirmation d'une législation civile autonome. Au début du siècle précédent encore, aucun royaume européen ne disposait d'un système légal organisé. La justice ne connaissait aucune organisation centralisée, mais était largement laissée à l'initiative des seigneurs féodaux, et la coutume y tenait une place essentielle. La renaissance médiévale du droit remet en cause les coutumes féodales.

Au cœur de ces évolutions se situe un facteur interne qui en est comme la forme doctrinale : le renouveau du droit naturel, ou de la loi naturelle, comme fondement des édifices juridique et théologico-politique. Déjà le *Décret* de Gratien, pourtant marqué par la primauté de l'Écriture sainte, l'affirme avec

1. Les *Institutions* de Justinien, manuel pour l'enseignement du droit, s'ouvre par ces mots : « La majesté impériale ne doit pas seulement être honorée par les armes, mais elle doit encore être armée par les lois ».

2. Voir, par exemple, A. Boureau, « Droit et théologie au XIIIe siècle », art. cit. Il fait remarquer que les œuvres de Gratien, pour le droit canonique, et de Pierre Lombard, pour la théologie scolastique, sont contemporaines, et répondent surtout à des approches analogues. Du point de vue de la méthode, le caractère contradictoire de l'enquête (*inquisitio*), qui donne toute sa place à la *questio*, marque aussi bien les élaborations juridiques que les études théologiques. Le droit se saisit des *discordantia* au moment où la théologie développe les *questiones*, disputées ou quodlibétales. Cette évolution méthodologique s'accompagne de la conviction qu'elle ouvre la voie à une conception renouvelée de la vérité, où les lumières issues de la *questio* permettent de resituer les enseignements autrefois souverains de la coutume et de la tradition.

3. Sur la situation de la philosophie du droit aux XIIe et XIIIe siècles et sur les conceptions de saint Thomas, voir M. Villey, *La formation de la pensée juridique moderne*, *op. cit.* Voir aussi R. Hittinger, *Thomas Aquinas and the rule of law*, « Classici della filosofia contemporanea; Lezioni tomiste », Soveria Mannelli, Rubbettino, 2007, et « *The legal renaissance of the 12th and 13th centuries : some thomistic notes* », *Doctor Communis*, 1-2, 2008, p. 61-87.

4. Les Romains avaient un sens aigu de la grandeur de l'art de légiférer, au point qu'il est assimilé à un véritable culte. Ulpien écrit, dans les premières lignes du *Digeste* de Justinien : « de cet art, nous sommes à juste titre appelés les prêtres » ; Justinien, *Digeste*, Ed. Hulot et Berthelot, Metz, Behmer et Lamort, 1803.

une force unique: «Le droit naturel prévaut sur toutes les lois en dignité comme en antiquité... Tout ce qui a été reconnu par la coutume et recueilli par écrit et qui contredit le droit naturel doit être tenu pour nul et non avenu»[1]. Dans ce contexte, l'apport spécifique d'Aristote est celui des fondements philosophiques du droit naturel, qui permettent de délaisser une conception sacrale de celui-ci au profit d'une conception profane, plus proche de celle de Cicéron. Désormais tous les hommes, y compris les infidèles – ceux qui n'ont pas la foi chrétienne –, peuvent accéder à une connaissance partagée du juste, ce qui est essentiel à l'édification d'un monde commun.

L'importance du traité de la loi dans la *Somme* de saint Thomas témoigne de la primauté que se reconnaît la théologie sur toutes les autres sciences. Ce statut, qui ne va pas dans la pratique sans susciter des tensions entre facultés, explique l'importance prise au XIIIe siècle par les *studiums* de théologie comme instance de détermination des normes non seulement dans l'ordre canonique, mais encore dans l'ordre civil[2]. Cette prétention des théologiens à l'autorité suprême en matière normative, au moins quant aux principes qui doivent ensuite être appliqués, tient à la certitude que le législateur ne jouit pas d'une souveraineté absolue, mais est lui-même normé par le droit naturel. Les scolastiques du XIIIe siècle, maîtres en matière de raison, s'estiment les mieux placés, avant même les canonistes, pour juger de la rationalité des normes civiles ou ecclésiastiques. Ils deviennent en quelque sorte les garants de la conformité des normes juridiques, non seulement à la Révélation, mais encore à l'ordre naturel.

Saint Thomas se retrouve ainsi au confluent de plusieurs mouvements de renouveau. Ses solides connaissances juridiques et sa maîtrise de la philosophie d'Aristote le conduisent à des élaborations amples et audacieuses, dans le domaine couvert par tout ce qui a trait à la loi et au droit. S'il ne vise pas à faire un traité général du droit ou de philosophie politique, il aboutit à un traité de la loi dont le caractère exceptionnel a toujours été relevé par ses commentateurs.

Certains ont pu s'étonner de l'ampleur de ce traité, et de la place qu'il tient dans la *Somme de théologie*[3]. C'est méconnaître aussi bien la place de la loi dans la Révélation judéo-chrétienne que la dimension communautaire de la vie humaine et du dessein divin de salut. C'est parce que les hommes partagent leur recherche du bonheur dans les différentes communautés auxquelles ils appartiennent, naturelles et surnaturelles, que la loi est si nécessaire, qui ordonne au bien commun – bien commun qui engage, on l'a vu, le bien

1. GRATIEN, *Décret*, D. V, I et D. VIII, II, Ed. E. Friedberg, Corpus Iuris Canonici, Leipzig, Tauchnitz, 1879, t. I.

2. Sur ce point, voir E. MARMURSZTEJN, *L'Autorité des maîtres*, Scolastique, normes et société au XIIIe siècle, «Histoire», Paris, Les Belles Lettres, 2007.

3. On notera que, dans la *Somme contre les gentils* (III, 111-121, en particulier), Thomas ne traite quasiment que de la loi divine, certes dans un contexte d'apologétique chrétienne marqué. L'influence aristotélicienne est très manifeste, en revanche, dans la *Somme de théologie*.

singulier. Si l'on reconnaît qu'il revient au gouvernant, quel qu'il soit, de guider par sa prudence les hommes vers leur fin, alors nécessairement on comprend la place que joue la loi dans cet acheminement, de chacun et de tous, vers leur bien : elle est l'expression par excellence de la vertu de prudence politique. Si, au surplus, on se souvient de la place de la raison dans les choix libres que l'homme pose en vue de sa fin, alors l'importance de la loi, comprise comme lumière de la raison, est encore plus manifeste. Dans la vie des hommes en communauté, la loi est l'un des lieux éminents où s'exprime et se donne à voir le caractère rationnel de la conduite humaine.

Les écrits de saint Thomas sur la loi ont fait l'objet de maints commentaires, parce qu'à la différence des autres sujets touchant au politique, ils sont nettement circonscrits, principalement dans le traité des lois de la I^{a} II^{ae} (q. 90-108). Pour la clarté de l'exposé, on présentera d'abord les conceptions thomasiennes de la loi et du droit, puis l'essentiel du traité des lois en insistant sur sa structure[1], avant de développer quelques peu les considérations de Thomas d'Aquin sur la loi humaine, autrement dit la loi de la cité politique.

SECTION I – LA LOI ET LE DROIT SELON THOMAS D'AQUIN

Le lien intrinsèque qui unit la justice légale au bien commun, celui-ci étant l'objet de celle-là, invite à approfondir le sens de la loi et du droit comme réalisant un ordre de justice au sein de la cité, et donc édifiant le bien commun. Selon l'acception la plus commune, la loi tend à établir dans la cité un ordre de justice. Il n'y a pas de communauté humaine sans justice, ni de justice sans loi :

> La notion de dette, requise pour qu'il y ait précepte, apparaît dans la justice, qui regarde autrui. Car, pour ce qui le regarde, il apparaît au premier coup d'œil que l'homme est maître de lui-même et qu'il peut faire ce qu'il veut; mais, pour tout ce qui regarde autrui, il est évident qu'on est obligé de rendre à autrui ce qu'on lui doit[2].

On a traité au chapitre III de la relation complexe de la partie au tout. On la retrouve ici à propos de la loi. Si, en effet, le bien commun est compris, ainsi qu'on l'a suggéré, comme une félicité commune de tous et de chacun, comment une loi, qui comporte une part d'extériorité pour les citoyens, peut-elle être l'instrument d'édification du bonheur de chacun? Aristote, dans *l'Ethique à Nicomaque*, écrit ainsi : « Les lois prononcent sur toutes sortes de choses, et elles ont en vue l'utilité commune… ; par conséquent, nous appelons justes les actions qui tendent à produire ou à conserver le bonheur, avec les éléments qui le composent, pour la communauté politique »[3]. Dans la

1. Sur cette structure, on se référera à l'étude de Vincent AUBIN, *op. cit.*, sous réserve du dissentiment dont il a été fait état au chapitre II, et que l'on retrouvera plus loin.

2. II II, q. 122, a. 1, c.

3. *Eth. Nic.*, V, 3, 1129 b 13-18.

conception holiste de saint Thomas, qui subordonne la partie au tout dans les conditions qu'on a dites, la justice de la cité – et spécialement la justice générale – est une composante essentielle de son bien commun immanent, et la loi est l'instrument privilégié qui la réalise.

La médiation de la loi est indispensable parce que, si l'homme est par nature un animal politique, il ne l'est pas immédiatement. L'être politique d'un homme, comme la communauté politique elle-même, sont le fruit d'un processus. L'unité politique, on l'a dit, n'est pas une unité de type prédicamentale (ou *per se*), mais une unité d'ordre, qui est sans cesse à construire. La loi est l'intervention de la raison humaine qui réalise sans cesse l'être politique du citoyen et l'unité de la cité en les ordonnant au bien commun.

A – *Qu'est-ce qu'une loi?*

La première question du traité des lois dans la *Somme*, consacrée à l'essence la loi (I II q. 90: *De essentia legis*), est capitale pour l'ensemble du traité[1]. Elle est comme une introduction fondamentale à tout ce qui va suivre. Thomas d'Aquin y élabore une définition qu'il va appliquer, *mutatis mutandis*, à tous les types de loi concevables, que le traité a pour mission d'ordonner.

1 – *La loi, œuvre de la raison*

Son approche répond à une interrogation selon les quatre causes applicables à une réalité: causalités formelle, finale, efficiente et matérielle. La réponse à chacune des questions aboutit à cette définition: la loi est «une certaine ordonnance de raison en vue du bien commun (*quaedam rationis ordinatio ad bonum commune*), promulguée par celui qui a la charge de la communauté»[2]. Dans les arguments d'autorité qu'il invoque en *sed contra*, Thomas cite deux fois Isidore de Séville et une fois Gratien. On pourrait en conclure à une conception très juridique, positive, de la loi. On va voir qu'il n'en est rien, et que la définition qu'il propose est au contraire d'une grande plasticité, la rendant capable d'être appliquée à des lois de genres très différents. Afin de donner la plus grande place à ce qui est essentiel et le plus original chez saint Thomas: le caractère rationnel de la loi, on évoque d'abord brièvement ses autres aspects.

La loi est finalisée ultimement par le bien commun (a. 2). Les propos précédents l'ont déjà fait comprendre, et le raisonnement de saint Thomas est à la fois simple et serré. D'abord, étant dans le domaine de l'action, régi par la raison pratique, il rappelle qu'en cette matière «le principe premier est la fin

1. On se référera avec profit à l'étude du P. Tonneau, «*Teaching of the thomist tract on law*», *The Thomist* 34 (1970), p. 13-83.

2. «*Quaedam rationis ordinatio ad bonum commune, ab eo qui curam communitatis habet, promulgata*», I II, q. 90, a. 4, c. Sur la structure grammaticale de la formule et la ponctuation induite, voir J. Tonneau, art. cit., p. 54-56. I II, q. 97, a. 1, c. indique que la loi est «une sentence de la raison qui dirige les actes humains (*quoddam dictamen rationis quo diriguntur humani actus*)».

ultime » de la vie humaine, qui est « la félicité ou la béatitude (*felicitas vel beatitudo*) »[1]. Ensuite, selon l'ordination déjà vue de la partie au tout, cette félicité doit être comprise comme la « félicité commune » : « il est donc nécessaire que la loi envisage directement ce qui est ordonné à la félicité commune (*ad felicitatem commune*) ». Enfin, la société parfaite étant la cité, c'est dans l'ordination au bien de celle-ci que se comprend la loi : « la loi n'a tout son sens que dans son ordre au bien commun (*lex maxime dicatur secundum ordinem ad bonum commune*) »[2], les autres préceptes particuliers ne recevant leur valeur légale que selon cet ordre. Si l'on a admis les principes d'anthropologie politique et de politologie de saint Thomas, une telle affirmation ne suscite aucune surprise. Le bien commun est premier, dans l'approche de Thomas, par rapport à la loi : ce n'est pas parce qu'il y a une loi que l'on poursuit un bien commun, mais plutôt parce que l'on poursuit ce bien que la loi est instituée[3].

Cette finalité du bien commun peut jouer directement ou médiatement. Des préceptes particuliers, visant des biens partiels, participeront de la loi (*ratio legis*) dans la mesure où ces fins particulières pourront elles-mêmes être ordonnées au bien commun[4]. Le bien commun a ainsi un rôle fédérateur et architectonique par rapport aux biens particuliers qui font l'objet de préceptes singuliers. C'est toujours la notion d'*ordo* qui permet d'unifier l'ensemble des préceptes légaux : c'est la fin poursuivie qui unifie l'appareil légal, comme elle unifie la communauté elle-même, selon une unité d'ordre.

L'autorité chargée d'édicter les lois (cause efficiente) est celle qui est responsable de l'ordre au bien commun. Pour saint Thomas, cette compétence appartient « à la multitude entière ou à la personne publique qui en a la charge »[5]. La détermination précise des autorités chargées d'édicter les lois, c'est-à-dire du législateur, relève des institutions de la cité : elle s'insère dans l'étude des régimes politiques[6]. Enfin, il ne suffit pas que la loi soit édictée pour être opposable aux citoyens, il faut encore qu'elle soit connue d'eux. C'est l'objet de la promulgation, quelle que soit sa forme, que de rendre applicable la loi adoptée par le législateur compétent (causalité matérielle)[7]. La promulgation, pour saint Thomas, n'est pas un acte de contrainte, mais d'instruction :

1. *Ibid.*, a. 2, c. On notera l'absence de distinction entre les ordres naturel et surnaturel.

2. *Ibid.*

3. Le P. Tonneau note : « Ce n'est pas la loi qui nous contraint d'adhérer à un bien commun désirable; sans ce caractère désirable, il n'y a pas de communauté, et encore moins de loi », « *Teaching of the thomist tract on law* », art. cit., p. 64.

4. I II, q. 90, a. 2, ad 2 et ad 3.

5. *Ibid.*, a. 3, c.

6. Cf. *infra*, chap. VII.

7. « *Lex quaedam regula est et mensura actuum, secundum quam inducitur aliquis ad agendum, vel ab agendo retrahitur, dicitur enim lex a ligando, quia obligat ad agendum. Regula autem et mensura humanorum actuum est ratio, quae est primum principium actuum humanorum, ut ex praedictis patet, rationis enim est ordinare ad finem, qui est primum principium in agendis, secundum philosophum. In unoquoque autem genere id quod est principium, est mensura et regula illius generis, sicut unitas in genere numeri, et motus primus in genere motuum. Unde relinquitur quod lex sit aliquid pertinens ad rationem* », I II, q. 90, a. 4, c.

elle est une *communicatio*, nécessaire pour que la loi puisse effectivement être une *instructio* (Q. 90, prologue).

Ces trois points marquent déjà le souci de Thomas de proposer une définition objective et générale de la loi. Mais c'est sans doute lorsqu'il traite de son aspect formel qu'il innove le plus par rapport à ses devanciers et ses contemporains. Quant à sa forme, la loi relève de la raison, dans sa dimension pratique. C'est dire qu'elle ne relève pas de la volonté. La question : « la loi est-elle l'œuvre de la raison ? » ouvre ainsi tout le traité de la loi. Voici la justification apportée par Thomas, qui appelle quelques commentaires :

> La loi est une certaine règle et mesure des actes selon laquelle on est induit à agir ou on en est détourné. Le mot loi vient de lier (*lex a ligando*) parce qu'elle oblige à agir. Or, ce qui règle et mesure les actes humains, c'est la raison, qui est principe premier des actes humains, comme on l'a dit. C'est en effet à la raison qu'il appartient d'ordonner quelque chose en vue d'une fin ; et la fin est le premier principe de l'action, selon le Philosophe. Mais dans tout genre d'êtres, ce qui est principe est à la fois règle et mesure de ce genre ; comme l'unité dans le genre nombre et le premier mouvement dans le genre mouvement. Il suit de là que la loi relève de la raison [1].

La question est de savoir si la loi qui régit l'agir humain dans la cité trouve sa source dans la raison ou dans la volonté. Les doctrines volontaristes, dominantes au temps de saint Thomas comme après lui, semblent surtout reposer sur le refus d'une régulation de la liberté par la raison. Elles peuvent surtout s'appuyer sur la tradition du *Code Justinien* nouvellement remis à l'honneur, et que Thomas cite en objection. Pour l'empereur, « ce que décide le prince a raison de loi (*voluntas principis habet vigorem legis*) ». Et donc, « faire agir relève directement de la volonté… donc la loi relève plutôt de la volonté » [2]. Dans une telle perspective volontariste, la loi n'est qu'un appareillage technique au service de la volonté du souverain. A quoi saint Thomas répond :

> La raison tient de la volonté son pouvoir de mettre en mouvement, comme il a été dit. C'est en effet parce qu'on veut la fin que la raison impose les moyens de la réaliser. Mais la volonté, pour avoir raison de loi quant aux commandements qu'elle porte, doit elle-même être réglée par une raison. On comprend ainsi que la volonté du prince a force de loi ; sinon sa volonté serait plutôt une iniquité qu'une loi (*iniquitas quam lex*) [3].

Si donc, pour saint Thomas, la volonté oblige, c'est seulement en tant que régulée par la raison, sans quoi elle ne peut produire une loi juste, mais

1. I II, q. 90, a. 1, c. Sur cet article, on se référera aux commentaires de M. Bastit, *Naissance de la loi moderne*, *op. cit.*, p. 50-67, et aux travaux déjà cités de R. Hittinger.

2. I II, q. 90, a. 1, obj. 3.

3. « *Ratio habet vim movendi a voluntate, ut supra dictum est, ex hoc enim quod aliquis vult finem, ratio imperat de his quae sunt ad finem. Sed voluntas de his quae imperantur, ad hoc quod legis rationem habeat, oportet quod sit aliqua ratione regulata. Et hoc modo intelligitur quod voluntas principis habet vigorem legis, alioquin voluntas principis magis esset iniquitas quam lex* », *ibid.*, ad. 3.

seulement une iniquité. Comme toujours chez Thomas lorsqu'il analyse l'agir humain, c'est le jeu conjoint de l'intelligence et de la volonté qui importe. La volonté, dans l'approche de Thomas, a la capacité de mettre en mouvement vers la fin. Mais ce mouvement suppose, d'une part, une connaissance de la fin qui ne peut venir que de la raison et, d'autre part, la détermination des moyens permettant de l'atteindre, qui relève également de la raison. La volonté est donc, sous ces deux rapports essentiels, dépendante de la raison[1]. A ne pas reconnaître cette dépendance, le législateur s'enferme dans sa propre volonté. Le primat de la raison, tel que saint Thomas le conçoit, ne renvoie pas à un cadre ontologique imposant une quelconque nécessité à l'agir. Dans l'ordre de l'agir pratique, la contingence est reine. Mais il revient, comme on l'a vu, à la vertu de prudence, de déterminer par un jugement pratique la bonne règle et la bonne mesure des actes, autrement dit la bonne loi en telle circonstance. Pour n'être pas indifférente, la volonté n'en est donc pas pour autant nécessitée.

La loi, qui exprime les moyens requis pour tendre vers la fin, est donc d'abord une lumière, une *instructio*, donnée par la raison à la volonté pour sa mise en mouvement: elle est une connaissance, un principe d'ordination ou d'ordre. Saint Thomas le suggère dès le prologue de la question 90, sans qu'on y prête d'ordinaire suffisamment d'attention: «le principe extérieur qui nous fait bien agir, c'est Dieu, soit qu'il nous instruise par sa loi (*nos instruit per legem*), soit qu'il nous soutienne par sa grâce»[2]. La loi est règle et mesure des actes: elle éclaire la volonté sur la direction à suivre (*regula*) et sur la portée des actes (*mensura*). Si l'on suit Thomas, il faut relever que l'obligation n'est pas la première caractéristique de la loi, bien que ce soit celle qui vienne le plus spontanément à l'esprit: ce qui est premier est la lumière donnée sur la fin et les moyens de l'atteindre, autrement dit l'*ordinatio* au bien commun[3]. La loi oblige, certes, et il ne peut en aller autrement: «la notion de loi comporte deux éléments: elle est la règle des actes humains, et elle a une force de coercition»[4]. Mais il apparaît bien que, dans son exposé, saint Thomas souligne le caractère lumineux, instructif, de la loi, se distinguant en cela de ses devanciers et de ses contemporains qui privilégient son caractère obligatoire[5]. Non que l'obligation

1. Sur le commandement attaché à la loi, voir F. DI BLASI, «*Law as "Act of reason" and "Command"*», *Nova et Vetera* (english), 2006, vol. 4, n° 3, p. 515-528. En I II, q. 92, a. 2, c., saint Thomas écrit que la loi est une sentence de la raison (*dictamen rationis*) «sous forme de précepte (*per modum praecipiendi*)». En I II, q. 17, a. 1, c., il a précisé que «commander est un acte de la raison qui présuppose un acte de la volonté, en vertu duquel la raison meut par son commandement à l'exercice de l'acte (*imperare sit actus rationis, praesupposito actu voluntatis, in cuius virtute ratio movet per imperium ad exercitium actus*)»; *cf.* I II, q. 90, a. 1, s.c. qui s'y réfère.

2. I II, q. 90, Prol.

3. On verra bientôt que la loi tient son pouvoir d'obliger – sa *virtus obligandi* – de sa conformité à la loi naturelle et, par là, à la loi éternelle.

4. I II, q. 96, a 5, c.

5. Le P. Tonneau fait remarquer avec finesse que l'*instruit* de saint Thomas renvoie peut-être à la longue pédagogie déployée par Dieu tout au long de l'Histoire Sainte: «La Révélation est d'abord une longue histoire, une suite d'interventions divines menant progressivement à bien notre «instruction» jusqu'au salut inclusivement; il est plausible que S. Thomas, plus ou moins

n'ait pas sa place dans l'édifice : il y a aussi les préceptes (*praecepta legis*). Mais, chez Thomas d'Aquin, la notion de loi engage d'abord tout ce à quoi l'homme est ordonné ou incliné, elle est au premier chef un principe d'ordre, une lumière qui oriente. Contrairement à beaucoup de morales contemporaines ou futures, la morale de saint Thomas n'est pas d'abord une morale de l'obligation.

On a vu au chapitre I l'importance de la raison dans la conduite de l'activité humaine. La loi est, par excellence, l'un des lieux où le « devenir rationnel » de l'homme se manifeste et se déploie. Par elle, l'agir humain devient, en principe, de plus en plus conforme à la raison qui l'éclaire. Dire que la loi est *aliquid rationis*, quelque chose de la raison, le fruit d'un jugement pratique, c'est aussi dire que la loi est une certaine œuvre de la raison : « ce qui est produit par cette activité (*aliquid per hujusmodi actum constitutum*) »[1]. Le jugement se fonde, on le verra, sur certains principes de la raison pratique, mais rapportés à telle situation particulière. La raison pratique ne procède pas, comme la raison spéculative, par voie de nécessité, mais elle s'adapte à une réalité changeante. La loi est une conclusion non nécessaire qui répond à la différence entre ce qu'est la réalité et ce qu'elle tend à être dans la poursuite de sa fin. Est-ce à dire qu'elle est dépourvue de portée universelle, qu'elle n'est que le reflet de la contingence des choses? Pour saint Thomas, l'universalité de la loi tient au caractère universel de l'essence d'un individu, auquel répond celui des premiers principes qui fondent le syllogisme pratique qui aboutit au précepte[2]. Mais cela n'exclut pas la singularité des réalités qui tient au fait qu'elles ne se réduisent pas à leur essence. Il y a donc, dans toute loi, une part de création artistique, qui est le fruit du jugement prudentiel du législateur. Dans l'approche de Thomas, la loi est une forme pour la communauté à laquelle elle s'applique, en vue de la fin qu'elle poursuit. Elle est proportionnée à la fin : « la forme est déterminée en fonction de son rapport à la fin »[3]. L'art de gouverner consiste à saisir la juste proportion dans une situation donnée, la bonne « règle et mesure », et c'est là l'œuvre de la raison.

Affirmer que la loi procède de la raison, qu'elle est une lumière donnée aux citoyens pour guider leur agir et qui oblige, ne signifie pas qu'elle soit extrinsèque à ceux qui y sont soumis. C'est là, sans doute, que certains présupposés modernes risquent de nuire à une juste compréhension de la conception thomasienne. La formule rappelée de saint Thomas évoquant « le principe extérieur… qui est Dieu… qui instruit par sa loi… » (prologue de la q. 90), peut être mal comprise si l'on en infère que la loi oblige purement « de l'extérieur ».

consciemment, ait retenu dans l'*instruit* du prologue de la q. 90 le sens fondamental d'équiper, disposer, ce qui rapproche curieusement cette *instructio* de l'*oeconomia* », *Notes et appendices au traité de la loi nouvelle* de la *Somme* théologique de saint Thomas d'Aquin, *op. cit.*, p. 218.

1. I II, q. 90, a. 1, ad 2.

2. Les « propositions universelles de la raison pratique » jouent le rôle de principe quant aux opérations à effectuer : I II, q. 90, a. 1, ad 2.

3. I II, q. 95, a. 3, c. : « *forma determinetur secundum proportionem ad finem* ».

Certes, édictée par une autorité distincte en sa personne de celles auxquelles elle s'applique, et éventuellement portée sur un support matériel, la loi est le plus souvent (et dans son acception la plus courante) reçue d'un autre. Mais si l'on rappelle qu'elle se réfère au bien des citoyens, en le montrant et en indiquant les moyens d'y parvenir, alors on saisit que la loi se fonde sur l'attraction du bien et permet aux citoyens de réaliser librement leur ordre à la fin. Cela n'ira peut-être pas sans violence, mais cela se fera sans extrincésisme[1].

Cela explique la place étonnante, aux yeux de beaucoup, du traité de la loi dans l'ensemble de la morale thomasienne. Elle n'apparaît qu'au terme de la morale générale, comme la lumière donnée par la raison à la volonté pour la guider dans son passage à l'acte libre. Elle oblige, sans doute, mais elle n'est pas présentée, comme les approches modernes et contemporaines le font volontiers, comme la source première de la moralité. Ce n'est pas sans un effort constant que le lecteur moderne de Thomas d'Aquin doit le rejoindre dans sa conception intérieure et intériorisée de la loi : « Quant aux être raisonnables qui lui sont soumis, [l'homme] peut leur imposer une loi, en tant que par son précepte ou par quelque déclaration il imprime (*imprimit*) en leur pensée une règle qui devient leur principe d'action… l'homme imprime (*imprimit*), par son ordre déclaré, une sorte de principe interne (*quoddam interius principium*) d'action chez un autre homme qui lui est soumis.. »[2]. Pour Thomas, toute loi, même celle qui prend les apparences de l'extériorité, quant à son auteur ou à sa matérialité, est communication d'une lumière, d'un « principe interne » pour l'action.

Le jeu combiné des quatre causes dans l'approche thomasienne aboutit à une synthèse particulièrement harmonieuse. On pourrait noter que chacune des causes est pondérée par les autres, et par là gardée de toute hypertrophie. La cause efficiente ne l'est vraiment que si elle est régulée par la raison qui préserve l'*ordo ad finem* : elle ne peut alors s'enfermer sur elle-même en versant dans l'arbitraire. La cause formelle de la loi n'est pas statique, mais le caractère changeant de la matière, rapporté à la fin poursuivie, incite à renouveler l'*ordinatio*, manifestant que l'ordre pratique lui-même est habité par la dynamique du passage de la puissance à l'acte[3]. La finalité, quant à elle, n'est pas une métaphore, si l'on veut maintenir le réalisme de l'ordre pratique : pour être atteinte, elle a nécessairement besoin du formalisme législatif. Chez saint Thomas, l'analyse de l'être à travers les catégories de la substance et de l'acte garantit l'équilibre entre la détermination et le dynamisme. On constate ici que cet équilibre dans l'ordre spéculatif se retrouve analogiquement dans l'ordre pratique : c'est l'*ordinatio* de la raison en vue de la fin qui le réalise.

1. I II, q. 92, a. 1, ad 2.

2. I II, q. 93, a. 5, c. Le vocabulaire récurrent de l'*impressio*, (si présent à propos de la loi naturelle), exprime chez saint Thomas l'intériorisation de la loi.

3. Ceci sans préjudice des considérations de Thomas sur les changements de la loi humaine (I II q. 97).

La chose n'a échappé à aucun commentateur: la définition de la loi que propose Thomas d'Aquin, autant concise que précise, semble relever d'une approche purement philosophique[1]. Il s'agit en fait de l'instrument rationnel dont Thomas se dote pour aborder toutes les lois possibles, aussi bien dans l'ordre naturel que dans l'ordre révélé: la question 90 de la I^{a} II^{ae} est la mise au point de l'*instrumentum laboris* requis par la suite du traité. Il élabore une *ratio legis*[2] qu'il va appliquer analogiquement aux différentes lois que l'on peut rencontrer, dans la cité terrestre comme dans la cité de Dieu. On verra que la formulation de cette *ratio* en termes philosophiques ne porte en rien préjudice à ses analyses proprement théologiques, mais il faut relever que la définition qu'il élabore ne doit rien aux enseignments tirés de l'Écriture. C'est assurément l'un des lieux où se manifeste la distance prise avec ce que l'on a nommé l'augustinisme politique.

2 – *Directivité et universalité de la loi*

Comme l'a fait remarquer R. Hittinger dans ses études[3], la définition de la loi par saint Thomas importe autant par les éléments qui la composent que par celui qui en est absent. L'une des innovations de Thomas d'Aquin consiste à dissocier la loi de la force, à faire primer, selon les expressions qu'il utilise, la puissance directive (*vis directiva*) sur la puissance contraignante (*vis coactiva*)[4]. Une force de coercition sans une loi œuvre de la raison n'est que violence.

La contre-épreuve par l'état de justice originelle est éloquente. Dans l'état d'innocence, selon saint Thomas, l'homme avait besoin d'une autorité pour diriger, mais non pour sanctionner[5]. Dès lors que l'on a affaire à une multitude, il faut unifier les moyens pour atteindre la fin commune, même s'il n'y a rien à corriger. Ainsi, la fonction de direction et de coordination de la loi lui est essentielle, alors que la fonction de correction et de sanction lui est accidentelle[6]. Dans l'économie consécutive au péché, la fonction première de la loi, au regard des actes bons, est de prescrire ou commander (*praecipere vel imperare*), sa fonction seconde, à l'égard des actes mauvais, étant d'interdire ou de punir (*prohibere, punire*), le reste étant permis (*permittere*)[7]. C'est donc dans la lumière de cette primauté de la *vis directiva* que doit être comprise la *vis coerci-*

1. Dom Lottin considère que c'est saint Albert le Grand qui fut le premier à introduire une telle approche en théologie.

2. Par *ratio legis*, il faut entendre ce par quoi une loi est effectivement une loi.

3. R. Hittinger, *Thomas Aquinas and the rule of law*, *op. cit.* et « *The legal renaissance* ... », art. cit.

4. I II, q. 96, a. 5.

5. *Cf.* I, q. 96, a. 4, c. et *De Regno*, I, 1.

6. Une certaine conception augustiniste de la loi, qui se réfère tant à l'Ancien Testament qu'au Nouveau, et spécialement aux écrits pauliniens évoquant la loi divine de colère (Rm 4, 15 et 13, 4), considère que la loi est d'abord une punition du péché, qu'elle s'impose à ceux qui sont séparés de Dieu, mais non à ceux qui vivent dans la charité. Cette conception pose en premier la fonction pénale de la loi, et par là son aspect coercitif. La conception de Thomas d'Aquin est contraire à celle-ci.

7. *Cf.* I II, q. 92, a. 2, c.

tiva : « La loi doit comporter [une force de coercition] pour conduire efficacement ses sujets à la vertu. Cette force coercitive appartient à la multitude ou la personne publique à qui il revient d'infliger des peines. A celui-là seul il appartient de faire la loi » [1].

Dans sa définition de la loi, Thomas d'Aquin introduit ainsi deux distinctions, qui ne vont de soi ni pour ses contemporains, ni pour ses lecteurs modernes : d'une part, entre œuvre de la volonté et règle de la raison et, d'autre part, entre force directive et force coercitive. Une tentation récurrente à toute époque est de confondre la *ratio legis* avec la force coercitive, alors que celle-ci n'est qu'un instrument au service de celle-là, qui la précède [2]. Pour Thomas, la loi n'est pas la force. Il s'agit de substituer, dans le gouvernement de la cité, la force de la loi à la loi de la force, ou encore la force de la raison à la raison de la force. L'art de légiférer, le *jus facere*, qui est au cœur de la renaissance de la loi à l'époque de Thomas, vise à faire de la loi, non une technique nouvelle d'expression de la force du souverain, mais bien plutôt le moyen d'instaurer une organisation proprement politique de la cité.

La conception thomasienne de la loi se caractérise encore par son universalité en tant que, pour Thomas d'Aquin, elle s'impose à tous ceux qui sont sous sa juridiction, gouvernants et gouvernés. Que les gouvernants eux-mêmes soient soumis à la loi n'allait pas de soi, au temps de saint Thomas, et pouvait rencontrer des objections de la part de deux partis différents. Les civilistes adeptes du droit romain pouvaient se fonder sur le *Code Justinien* pour tenir que le souverain lui-même, auteur de la loi – « Ce qui plait au prince a force de loi », on l'a vu – ne lui est pas soumis : le prince n'est pas soumis à la loi, il en est délié (*princeps legibus solutus est*) [3]. A cette affirmation de la primauté du souverain et de sa non-soumission à la loi se rattache celle, connexe, du privilège d'immunité de la loi reconnu à l'aristocratie. Ce dernier tient, d'une part, au fait que la loi est présumée faite pour les mauvais – c'est la conception augustinienne d'une loi nécessitée par le seul péché et, par là, valant pour les hommes mauvais et non pour les bons – et, d'autre part, au fait que l'aristocratie est présumée participer au pouvoir royal. Une certaine pensée médiévale encore empreinte de la culture des guerriers rejoint ainsi une ligne augustinienne selon laquelle la loi n'est faite que pour réprimer les vices, et les deux se conjuguent pour exempter de la loi bon nombre de citoyens.

Thomas d'Aquin pose directement la question : « Tous les hommes sont-ils soumis à la loi ? » [4], et y répond avec une grande netteté, tout en proposant une interprétation élégante des coutumes de son temps :

> Comme il ressort des explications précédentes, la notion de loi comporte deux éléments : elle est la règle des actes humains, et elle a une force de coercition.

1. I II, q. 90, a. 3, ad 2.
2. *Cf.* R. Hittinger, « *The legal renaissance...* », art. cit., p. 67.
3. I II, q. 96, a. 5, obj. 3.
4. I II, q. 96, a. 5.

L'homme pourra donc être soumis à la loi de deux manières. D'abord, comme ce qui est réglé par rapport à la règle. De cette façon, tous ceux qui sont soumis à un pouvoir sont soumis à la loi portée par ce pouvoir. Qu'on ne soit pas soumis à ce pouvoir peut arriver de deux façons. En premier lieu, parce qu'on est purement et simplement exempt de sa juridiction [...]. En second lieu, on peut échapper à un pouvoir parce qu'on est régi par une loi plus haute [...]. On peut encore être soumis à la loi d'une autre manière : lorsqu'on subit une contrainte imposée. C'est en ce sens que les hommes vertueux et justes ne sont pas soumis à la loi, mais seulement les mauvais. En effet, ce qui est imposé par la contrainte et la violence est contraire à la volonté. Or la volonté des bons s'accorde avec la loi; c'est la volonté des mauvais qui s'y oppose. En ce sens, ce ne sont pas les bons qui sont sous la loi, mais uniquement les mauvais[1].
Si l'on dit que le prince est dégagé de la loi, c'est quant à sa force contraignante (*princeps dicitur esse solutus a lege, quantum ad vim coactivam legis*); en effet, personne n'est contraint, à proprement parler, par soi-même; et la loi n'a force de contrainte que par la puissance du chef (*nullus enim proprie cogitur a seipso; lex autem non habet vim coactivam nisi ex principis potestate*). C'est de cette manière que le prince est dit dégagé de la loi, parce que nul ne peut porter de condamnation contre soi-même au cas où il agirait contre la loi. [...] Au contraire, s'il s'agit du rôle de direction exercé par la loi (*quantum ad vim directivam legis*), le prince doit s'y soumettre de son propre gré selon ce qui est écrit dans les Décrétales de Grégoire IX : "Quiconque fixe un point de droit pour autrui, doit s'appliquer ce droit à soi-même." Et l'autorité du Sage déclare : "Supporte toi-même la loi que tu as établie (*patere legem quam ipse tuleris*)". Un reproche, du reste, est adressé par le Seigneur "à ceux qui parlent et ne font pas; qui imposent aux autres de lourds fardeaux qu'ils ne veulent pas même remuer du doigt", selon Matthieu (23, 3). C'est pourquoi, devant le jugement de Dieu, le prince n'est pas dégagé de la loi, quant à sa puissance de direction (*quantum ad vim directivam eius*); il doit exécuter la loi de plein gré et non par contrainte (*voluntarius, non coactus*). Le prince est enfin au-dessus de la loi en ce sens que, s'il le juge expédient, il peut modifier la loi ou en dispenser suivant le lieu et le temps[2].

1. « *Sicut ex supradictis patet, lex de sui ratione duo habet, primo quidem, quod est regula humanorum actuum; secundo, quod habet vim coactivam. Dupliciter ergo aliquis homo potest esse legi subiectus. Uno modo, sicut regulatum regulae. Et hoc modo omnes illi qui subduntur potestati, subduntur legi quam fert potestas. Quod autem aliquis potestati non subdatur, potest contingere dupliciter. Uno modo, quia est simpliciter absolutus ab eius subiectione [...]. Alio modo, secundum quod regitur superiori lege [...]. Alio vero modo dicitur aliquis subdi legi sicut coactum cogenti. Et hoc modo homines virtuosi et iusti non subduntur legi, sed soli mali. Quod enim est coactum et violentum, est contrarium voluntati. Voluntas autem bonorum consonat legi, a qua malorum voluntas discordat. Et ideo secundum hoc boni non sunt sub lege, sed solum mali* », *ibid.*, c.

2. « *Princeps dicitur esse solutus a lege, quantum ad vim coactivam legis, nullus enim proprie cogitur a seipso; lex autem non habet vim coactivam nisi ex principis potestate. Sic igitur princeps dicitur esse solutus a lege, quia nullus in ipsum potest iudicium condemnationis ferre, si contra legem agat [...]. Sed quantum ad vim directivam legis, princeps subditur legi propria voluntate; secundum quod dicitur extra, de constitutionibus, quod "quisque iuris in alterum statuit, ipse eodem iure uti debet". Et sapientis dicit auctoritas, "patere legem quam ipse tuleris". Improperatur etiam his a domino "qui dicunt et non faciunt; et qui aliis onera gravia imponunt, et ipsi nec digito volunt ea*

Ainsi, pour saint Thomas, la loi étant essentiellement ordonnancement en vue du bien commun, sa fonction directive s'impose à tous, y compris les gouvernants. Sa fonction coercitive, en revanche, ne s'impose qu'à ceux qui ne sont pas portés à lui obéir spontanément, par manque de vertu. S'il y a exemption de la loi, c'est en raison d'une soumission à une autre juridiction[1].

L'étude d'un cas particulier confirme, s'il en est besoin, l'approche universaliste de Thomas. Il entend répondre à l'objection tirée de la conduite que le Saint-Esprit exerce sur les chrétiens : ceux qui lui sont soumis peuvent-ils, à ce titre, être déliés de telle loi civile? Sa réponse, dans sa finesse, est exempte d'équivoque. Ce n'est pas parce que l'on est soumis à la loi de l'Esprit Saint qu'on échappe à la soumission à la loi humaine, sauf à envisager que celle-ci soit contraire à celle-là :

> Les hommes spirituels, dans la mesure même où ils sont conduits par la loi de l'Esprit Saint, ne sont pas soumis à la loi en tout ce qui s'opposerait à cette conduite du Saint-Esprit. Toutefois, cela même entre dans la conduite de l'Esprit Saint que les hommes spirituels se soumettent aux lois humaines, selon ces paroles de S. Pierre (1 P 2, 13) : « Soyez soumis à toute créature humaine à cause de Dieu »[2].

Conformément à l'approche d'ensemble du traité, Thomas inscrit ainsi les lois humaines dans l'exécution de la providence divine, médiatisée comme elle doit l'être par des interventions humaines, ici de forme législative. Dans ces conditions, la soumission aux lois de la cité ne saurait être contraire à la conduite de l'Esprit-Saint, bien plus, elle s'inscrit en celle-ci[3]. On peut noter qu'il demeure dans la même ligne lorsqu'il traite, en d'autres lieux, des droits des infidèles. Si un souverain infidèle s'est installé par des voies humaines, les sujets chrétiens lui doivent en principe obéissance, comme on l'a déjà vu :

movere", ut habetur Matth. XXIII. Unde quantum ad Dei iudicium, princeps non est solutus a lege, quantum ad vim directivam eius; sed debet voluntarius, non coactus, legem implere. Est etiam princeps supra legem, inquantum, si expediens fuerit, potest legem mutare, et in ea dispensare, pro loco et tempore », *ibid.*, ad 3.

1. Sous réserve de régimes exceptionnels d'exemption de la loi ou de dérogation à celle-ci. Encore faut-il que ce régime dérogatoire soit décidé par le prince à qui il revient « d'interpréter ce qui est utile ou inutile à la cité », *ibid.*, a. 6, c. C'est la même considération que l'on retrouve lorsque Thomas évoque les dispenses possibles de la loi : « celui qui est chargé de gouverner le peuple a le pouvoir de dispenser de la loi humaine, qui dépend de son autorité, c'est-à-dire d'accorder aux personnes, et dans les cas pour lesquels la loi se révèle déficiente, licence de ne point observer le précepte de la loi », I II, q. 97, a. 4, c. Cela sera formalisé plus tard par la théorie des « circonstances exceptionnelles » qui reconnaît, en cas de nécessité, la possibilité de déroger à la loi.

2. *Ibid.*, ad 2. A l'époque de Thomas, comme à bien d'autres, nombre d'hommes s'estimant conduits par l'Esprit-Saint se considéraient pour cette raison exempts des prescriptions juridiques.

3. On trouve la même position lorsque Thomas s'interroge sur l'obéissance due par les fidèles aux autorités séculières. Sa réponse est catégorique : « Cette foi ne supprime pas l'ordre fondé sur la justice, mais au contraire l'affermit. Cet ordre requiert que les inférieurs obéissent à leurs supérieurs, car autrement ce serait la ruine de la société humaine. La foi chrétienne ne dispense donc pas d'obéir aux princes séculiers », II II, q. 104, a. 6, c.

> La distinction entre fidèles et infidèles est de droit divin, mais ce droit divin qui vient de la grâce ne détruit pas le droit humain qui vient de la raison naturelle. C'est pourquoi la distinction entre fidèles et infidèles, prise en soi, ne supprime pas la souveraineté ni l'autorité des infidèles sur les fidèles [1].

L'expression bien frappée exprime avec exactitude la reconnaissance de la souveraineté temporelle, fût-elle aux mains d'infidèles : « le droit divin qui vient de la grâce ne détruit pas le droit humain qui vient de la raison naturelle » [2]. Elle signe la sortie de l'augustinisme politique, comme on l'a vu au chapitre IV, et affirme la souveraineté de la loi dans la cité, dès lors qu'elle est conforme à la loi naturelle. Les quelques développements de Thomas d'Aquin sur les droits des infidèles ne font que confirmer par *a fortiori* la thèse générale de la soumission à la loi légitime. Celle-ci vaut pour tous, fidèles et infidèles. Que cela soit affirmé en un temps de chrétienté marqué par les Croisades ne fait qu'en souligner la hardiesse [3].

Cette position thomasienne quant à la soumission à la loi est tout-à-fait en phase avec sa préférence pour un gouvernement de mode politique, c'est-à-dire lorsque le souverain gouverne dans la soumission aux lois de la cité, même s'il en est, au moins partiellement, la cause [4]. La conception thomasienne de l'ordre politique de la cité repose sur la participation de tous à l'ordination au bien commun, gouvernants et gouvernés. De fait, on attend des gouvernés, non seulement qu'ils appliquent la règle de droit, mais qu'ils engagent leur

1. « *Ius autem divinum, quod est ex gratia, non tollit ius humanum, quod est ex naturali ratione. Et ideo distinctio fidelium et infidelium, secundum se considerata, non tollit dominium et praelationem infidelium supra fideles* », II II, q. 10, a. 10, c. Le principe est net, mais saint Thomas l'assortit de nombre de tempéraments qui reflètent les conditions de son époque. Il ajoute ainsi : « Cependant l'Église, qui est investie de l'autorité de Dieu, peut à bon droit, par voie de sentence ou d'ordonnance, supprimer un tel droit de souveraineté ou d'autorité (*tale jus dominii vel praelationis*), parce que les infidèles, au titre même de leur infidélité, méritent de perdre pouvoir sur des fidèles qui sont promus enfants de Dieu ». Pour autant, le principe permet à Thomas d'affirmer la légitimité de l'autorité de César : « l'autorité de César préexistait à ce qui distinguait les fidèles des infidèles, et elle n'était pas détruite par la conversion de quelque individus à la vraie foi », *ibid.*, ad 2.

2. Même position quand Thomas traite du cas d'un gouvernant apostat : « par elle-même, l'infidélité ne s'oppose pas à la suzeraineté », mais il assortit cette affirmation d'un jugement pratique qui en limite singulièrement la portée : « L'Église peut frapper d'une sentence d'infidélité ceux qui ont reçu la foi. Et c'est à bon droit que leur est infligée cette punition de ne pouvoir exercer la suzeraineté sur leurs sujets qui sont restés fidèles » (II II, q. 12, a. 12, c.). On retrouve la même thèse lorsqu'il évoque la saisie des biens des infidèles par des princes séculiers fidèles. S'agit-il de rapine, qui est un vice opposé à la justice ? Thomas le laisse clairement entendre : « certains infidèles ne possèdent leurs biens injustement que dans la mesure où des princes ont porté des lois pour les en dépouiller », II II, q. 66, a. 8, ad 2. Même si saint Thomas assortit encore une fois le principe de tempéraments qui se ressentent de leur temps – « Il sera permis de les leur enlever de force, pourvu qu'on agisse en vertu non d'une autorité privée, mais de l'autorité publique », *ibid.*, celui-ci sera développé et mis à profit au XVIe siècle, notamment par Cajetan, Vitoria et Las Casas.

3. Les tempéraments apportés à la pureté du principe mentionnés dans les notes précédentes témoignent du temps souvent fort long nécessaire à ce que celui-ci en vienne à imprégner l'ordre politique de la cité. On a vu que la même remarque doit être faite à propos de l'esclavage.

4. Cf. *infra*, chap. VII, le gouvernement politique et royal.

prudence personnelle dans son application. Le souverain lui-même, dans la mesure où il se soumet à la fonction directive de la loi, participe de cette ordination commune, dont la règle de droit apparaît bien comme étant la matrice[1].

En dégageant l'essence de la loi à travers sa fonction directive, et en l'appliquant à tous les membres de la cité, saint Thomas propose une conception plus purement politique de la loi, et par là de la société humaine. L'organisation d'une multitude par la règle de droit est le gage de l'instauration d'une véritable communauté (*societas*). Lorsqu'il se penche sur la société humaine en état de justice originelle[2], Thomas se réfère explicitement au caractère naturel de la vie en commun finalisée, lorsqu'il s'agit d'une multitude humaine, par la quête d'un bien commun. Une *societas* humaine n'est pas semblable à un troupeau d'animaux, ni à la simple association d'individus en vue d'un bien particulier. Aristote le dit dès le début de la *Politique*: « il n'y a en effet qu'une chose qui soit propre aux hommes par rapport aux autres animaux: le fait que seuls ils aient la perception du bien, du mal, du juste, de l'injuste et des autres [notions de ce genre] »[3]. Il est propre à la société humaine de porter des jugements collectifs par la délibération. En ce sens, la fonction directive de la loi est beaucoup plus qu'une fonction associative ou agrégative (comme un marché en a besoin), elle est une fonction coordinatrice et intégratrice. Former un tout, on l'a vu, n'est pas seulement établir juridiquement l'existence d'une personne morale, c'est donner une forme juridique à une entité naturellement constituée et finalisée par un bien, le bien commun. Conférer une personnalité légale est donc plus qu'une fiction légale, c'est poser que la société elle-même est un sujet de son propre droit[4].

On a vu au chapitre précédent l'importance que saint Thomas confère à la justice générale, ou légale, dans l'ordre de la cité. C'est par la loi, expression de la justice légale, que tous les actes des vertus sont ordonnés au bien commun. L'art de légiférer, redécouvert avec le droit romain, est ainsi autre chose qu'une technique au service de la force du souverain, il est l'art de réaliser une communauté politique, en dotant l'assemblée des citoyens d'une architecture légale qui les unit tous dans la poursuite d'une même fin, gouvernants et gouvernés. Par là, la structure légale de la cité est garante de la justice et de la paix sociale. On dira plusieurs siècles plus tard qu'elle est l'un des instruments essentiels de la souveraineté.

1. Cette conception thomasienne ne sera pas oubliée par ceux qui, des siècles plus tard, s'opposeront aux thèses reconnaissant au souverain un pouvoir absolu (*absolutus*). Ainsi, par exemple, le discours tenu devant le roi François Ier par Charles Guillart, président au parlement de Paris, lors du lit de justice du 24 juillet 1527, est-il directement inspiré de la position de saint Thomas pour affirmer la soumission du monarque à la puissance directive des lois.

2. I, q. 96, a. 4, c.

3. *Pol.* I, 2, 1253 a 16-19.

4. *Cf.* R. Hittinger, « The legal renaissance… », art. cit., p. 72.

L'affirmation de la nature rationnelle de la loi, le primat de son caractère directif et son application universelle à la communauté apportent les fondements d'une société politique structurée par la règle de droit. On verra bientôt que cela est en pleine cohérence avec la préférence pratique de Thomas d'Aquin pour un régime mixte régulé par la loi[1]. Avec une telle approche de la loi, saint Thomas tourne le dos aux conceptions dominantes dans le haut Moyen Âge, et qui marquent encore son temps : celles d'une loi d'abord liée à la force, à la volonté du prince, et à des règles conventionnelles fondées sur la coutume. Pour lui, la loi n'est plus un instrument de la volonté du souverain, dotée d'une force coercitive, elle est une lumière qui dirige et qui oblige, en vue du bien commun à tous. En ce sens, l'œuvre doctrinale de Thomas d'Aquin participe pleinement à cette renaissance de la loi qui anime les XIIe et XIIIe siècles, et qui est un legs pour tous ceux qui vont suivre.

B – *Le droit selon saint Thomas*

Traiter en ce lieu de sa conception du droit s'éloigne quelque peu de l'approche de saint Thomas. D'abord parce que, dans la *Somme*, la question est brièvement traitée à l'orée des questions consacrées à la justice (II II, q. 57), et non dans le cadre du traité de la loi, et ensuite parce que l'ampleur donnée à la loi dans le traité qui lui est consacré excède très largement le champ du droit. Le fait que saint Thomas dissocie physiquement son traité des lois de celui de la justice montre bien que son approche de la loi n'est pas celle d'une philosophie du droit. Pour lui, assurément, ce second argument justifie pour une part le premier. Cependant, le souci d'exposer en résumé les conceptions thomasiennes, et le caractère introductif de cette première section, incitent à traiter ici de sa conception du droit[2].

1. Cf. *infra*, chap. VII.

2. Cette question d'ordonnancement n'est pas nouvelle. Nombre de commentateurs de saint Thomas, comme Dominique de Soto dans son *De justitia et jure* (1556), sont portés à faire du traité des lois le grand préambule d'un traité sur la justice et le droit. La loi n'est-elle pas, dans une acception spontanée, le fondement du droit ? Acception commune, certes, mais déjà moderne, et qui n'est pas celle de Thomas d'Aquin. Il semble bien que, dès le XVIe siècle, le souci de donner un fondement positif à l'obligation morale ait conduit à faire de la loi la source de la moralité et du droit. Il faut noter que si ce mouvement, marqué par le rationalisme, est présent, son contraire, revendiquant une certaine conception de l'évangélisme et porteur d'anomisme, ne l'est pas moins. Dans le premier cas, on s'étonne que la loi n'intervienne pas, dans la *Somme*, avant de traiter de la justice ; dans le second, on s'étonne qu'un traité de la loi figure dans une Somme de théologie. Dans cette opposition, comme dans bien d'autres, Thomas d'Aquin n'est pas à mi-chemin, mais dans une perspective autre. Ici, il traite de la loi parce que l'Écriture en parle sans cesse, et qu'il faut en rendre compte, mais il le fait en donnant à la matière une ampleur qui excède grandement le champ de la positivité du droit. Sur cette question, voir J. TONNEAU, « *Teaching of the thomist tract of law* », art. cit., p. 28-30, qui apporte de précieuses indications historiques.

A l'évidence Thomas lui-même, composant la *Somme*, n'a pas échappé à la question, et sa réponse nous enseigne[1]. Se saisissant d'une objection «juridique» d'Isidore de Séville (la loi serait «une espèce de droit»), il précise la relation du droit à la loi. Le droit (*jus*), dit le juste (*justum*), il est l'objet même de la vertu de justice (*justitia*). Et la loi, dit saint Thomas, est le principe qui, dans l'esprit du gouvernant, détermine la règle juste à appliquer: «la loi n'est pas à proprement parler le droit, mais est plutôt le principe du droit (*ratio juris*)»[2]. En un sens, le droit est dans les choses et la loi dans la raison. La loi répond donc à une conception beaucoup plus étendue que celle du droit, parce qu'elle est plus principielle, et parce qu'elle s'étend à bien d'autres matières que celles régies par le droit, qui dit le juste. Il reste que, cette distinction conceptuelle étant apportée, saint Thomas emploie souvent les termes *lex* et *jus* l'un pour l'autre, exprimant ainsi leur équivalence. Cela est particulièrement avéré lorsqu'il traite de *lex naturalis*, souvent désignée par le *jus naturale*[3].

Le premier article de II II, q. 57 sur le droit a le même rôle de définition que le premier article de I II, q. 90 sur la loi. Thomas y montre son habileté à tenir ensemble les traditions du droit romain, de la pensée chrétienne et de la justice aristotélicienne, ce qui le conduit à corriger avec révérence certaines conceptions du droit et de la loi: le droit n'est pas d'abord «l'art de discerner le juste» (obj. 1), la loi n'est pas une exposition écrite du droit (obj. 2), enfin on ne saurait (avec saint Augustin et Isidore) regarder la loi comme régissant les relations de l'homme avec Dieu, et le droit celles des hommes entre eux (obj. 3).

En première lecture, la conception du droit qu'a saint Thomas est exclusivement objective. Ce qui est propre à la vertu de justice, remarque saint Thomas, c'est qu'elle perfectionne l'homme non seulement individuellement, comme toute autre vertu, mais encore dans la relation à autrui. La justice «ajuste» ceux qu'elle relie, en établissant entre eux «une certaine égalité». Thomas d'Aquin note ainsi: «le droit, dans les œuvres de justice, est constitué [pour le sujet vertueux] par son rapport avec autrui, même abstraction faite du sujet; en effet, nous appelons juste dans notre action ce qui correspond à autre chose selon une certaine égalité, par exemple le paiement du salaire qui est dû en raison d'un service»[4]. Est-ce à dire que cette conception objective du droit exclut toute compréhension des droits du sujet, comme les conceptions moderne et contemporaine les développeront? La question, assurément étrangère aux propos de Thomas, a suscité maints débats au XXe siècle. Sans entrer dans leur détail, indiquons seulement que l'affirmation de l'objectivité du droit,

1. Sur cette conception thomasienne du droit, voir M. VILLEY, *La formation de la pensée juridique moderne*, *op. cit.*, p. 149-176.

2. II II, q. 57, a. 1, c. et ad. 2.

3. Voir, sur ce point, O. LOTTIN, *Morale fondamentale* I, p. 175, et M.-R. ARBUS, «Le droit romain dans l'œuvre de saint Thomas», RT 57 (1957), p. 325-349, ici p. 330-331.

4. II II, q. 57, a. 1, c. On verra bientôt que le fondement de cette objectivité du droit réside, pour saint Thomas, dans le droit naturel.

compris comme une « certaine égalité entre les parties » n'exclut nullement la reconnaissance du droit propre à chaque partie sur le fondement même de l'égalité assurée entre elles par le droit objectif[1]. De fait, s'il est un développement notable aux XIIe et XIIIe siècles, aussi bien en théologie qu'en droit, c'est bien celui qui reconnaît la personne comme l'un de leurs objets principaux d'investigation[2].

Thomas d'Aquin ne consacre que deux articles aux divisions internes au droit (II II, q. 57, a. 2 et 3) : il est clair qu'il n'entend pas faire œuvre de jurisconsulte. En fait, il s'agit pour lui d'accorder la distinction aristotélicienne entre juste naturel et juste légal à la classification du droit romain qui ordonne le droit en droit naturel, droit des gens et droit civil. La première distinction qu'il retient est donc celle entre droit naturel et droit positif. Elle renvoie de fait aux amples développements sur la loi naturelle qui seront bientôt examinés. Le *justum* ou le *jus* (le juste ou le droit) se dit, on l'a vu, d'une œuvre « ajustée à autrui sous un certain mode d'égalité ». Cela peut se produire de deux façons : « de par la nature même des choses, comme si je donne tant pour recevoir autant : alors c'est le droit naturel ; ou bien par convention, d'un commun accord, comme lorsque quelqu'un s'estime content de recevoir tant [...]. Dans le cas d'une convention publique [...] c'est le droit positif »[3]. Thomas se réfère ici à Aristote et à sa conception du juste naturel : il apporte ainsi des fondements philosophiques à une doctrine juridique ancienne[4].

Le bref article 2 est l'occasion pour lui de présenter deux des clés de voûte de son édifice. D'abord, il n'y a de droit positif véritable que conforme au droit naturel : « une chose qui de soi répugne au droit naturel ne peut devenir juste par la volonté humaine »[5]. On en verra de multiples expressions dans le traité

1. Certains ont voulu s'appuyer sur la doctrine de saint Thomas pour dénoncer l'élaboration moderne des droits fondamentaux de la personne ; en ce sens, M. VILLEY, *Le droit et les droits de l'homme*, « Questions », Paris, P.U.F., 1983. Toutefois ce même auteur reconnaît que « contre la doctrine d'Aristote, ou plutôt par-dessus cette doctrine, saint Thomas a déjà perçu ce que nous appelons les droits de l'individu », *La formation de la pensée juridique moderne*, *op. cit.*, p. 174. Pour ne prendre qu'un exemple, on relève que Saint Thomas lui-même invite à reconnaître un droit propre au père et au maître, au fils et à l'esclave : le fait que, selon la doctrine de l'époque, le fils soit quelque chose du père ou l'esclave quelque chose du maître « ne les empêche pas l'un et l'autre, considéré comme tel homme, d'avoir une subsistance propre qui les distingue des autres, et d'être, sous cet angle, en relation de justice », II II, q. 57, a. 4, ad 2.

2. Sur ce point, voir l'étude citée d'Alain BOUREAU, « Droit et théologie au XIIIe siècle », art. cit.

3. II II, q 57, a. 2, c.

4. *Eth. Nic.*, V, 10, 1134 b 18 : « le juste politique est lui-même de deux espèces, l'une naturelle et l'autre conventionnelle. Est naturelle celle qui a partout la même puissance et ne dépend pas de telle ou telle opinion ; conventionnelle, celle qui à l'origine peut être indifféremment ceci ou cela, mais qui une fois établie, s'impose ». Aristote répond ici à l'objection sophiste du caractère purement conventionnel de la loi. Thomas d'Aquin, cependant, n'hésite pas à prendre quelques distances avec les conceptions d'Aristote en leur donnant un champ plus étendu. D'une part, il étend la distinction au droit divin lui-même et, d'autre part, il ne partage pas la conception athénienne pour laquelle seuls les citoyens étaient sujets de droit (*ibid.*, q. 4).

5. II II, q. 57, a. 2, ad 2.

des lois. Ensuite, Thomas précise sa conception de la nature. Contrairement à ce que prétendront quantité de détracteurs de toutes époques, la reconnaissance d'un fondement naturel ne signifie aucunement une détermination *ad unum*. A celui qui lui objecte que: « ce qui est naturel est immuable et pareil chez tous », il répond: « ce n'est pas le cas de la nature humaine, qui est soumise au changement (*natura hominis est mutabilis*) »[1]. S'il y a, sans conteste, un naturalisme chez saint Thomas, celui-ci ne doit pas être compris comme un fixisme déterminant a priori l'agir humain, et le droit naturel ne saurait se formuler en règles rigides et immuables[2].

La seconde distinction avancée par saint Thomas est celle entre le droit naturel et le droit des gens (a. 3). Il s'agit ici de l'acception ancienne, reçue du droit romain, du *jus gentium*, compris comme un droit universellement reconnu par les usages des différents peuples, ceux-ci prenant en considération les conséquences utiles de la règle. Thomas cite la définition du jurisconsulte Gaïus: « Ce que la raison naturelle établit chez tous les hommes, ce que toutes les nations observent, on l'appelle le droit des gens »[3]. Il forme donc une sorte de droit naturel secondaire, obtenu en tirant des conclusions à partir des premiers principes. Mais, en tant qu'il est formalisé, le *jus gentium* se rattache aussi au droit positif[4]. Thomas d'Aquin met ainsi en lumière le droit des gens, que le renouveau du droit romain n'avait pas particulièrement valorisé. Dans ces quelques développements, on voit Thomas recueillir l'ensemble de la tradition juridique, issue du droit romain, des jurisconsultes et de Gratien, et la doter de fondements philosophiques dont il puise les principes chez Aristote. Cela le conduit à privilégier telle formule de la tradition au détriment d'une autre, comme on le verra pour sa conception du droit naturel[5].

L'unique et brève question de la *Somme* consacrée au droit n'appelle pas de plus amples développements dans la présente étude. C'est surtout à la lumière des développements antérieurs consacrés à la loi qu'il faut s'en saisir, celle-ci étant, comme on l'a dit, le principe du droit (*lex est... aliquis ratio juris*)[6].

1. *Ibid.*, obj. 1 et ad 1.

2. Commentant la formule de saint Thomas, Michel Villey remarque: « Mais alors, et si notre recherche du juste selon la nature ne saurait jamais aboutir à des formules fixes et précises, à quoi bon le droit naturel? A quoi sert cette science incertaine? A cela seulement, qui compte beaucoup: à nous doter de directives de caractère très général, souples, imprécises et (sauf le cas de confirmation par l'Écriture sainte) provisoires », *La formation de la pensée juridique moderne*, *op. cit.*, p. 162.

3. II II, q. 57, a. 3, c.

4. Thomas se réfère ici à certaines classifications qui proviennent d'Isidore de Séville: I II, q. 95, a. 4, c.

5. Cela ne l'empêche pas non plus de prendre quelques distances avec certaines conceptions d'Aristote. Ainsi s'il semble dans un premier temps justifier l'institution de l'esclavage au sens aristotélicien (II II, q. 57, a. 3, ad 3), l'article suivant (a. 4) tempère une telle affirmation en reconnaissant que tout homme est capable d'une relation en justice. On a déjà dit qu'il s'agit d'un lieu où Thomas d'Aquin manifeste les principes d'une critique de l'institution de l'esclavage, sans pour autant formuler celle-ci de façon nette. Trois siècles plus tard, ce sont ses disciples Francisco de Vitoria et Bartholomé de Las Casas qui instruiront ce procès.

6. II II, q. 57, a. 1, ad 2.

SECTION II – LE TRAITÉ DE LA LOI DE LA *SOMME DE THÉOLOGIE*

Ce qu'il est convenu d'appeler le traité de la loi de la *Somme de théologie* couvre les questions 90 à 108 de la I^{a} II^{ae} (et même 114 si l'on y adjoint les questions sur la grâce, ce qui peut se justifier), soit près d'un tiers de la morale dite générale. On l'a dit en commentant la question introductive (q. 90 : l'essence de la loi), le propos de Thomas d'Aquin est d'abord de recueillir en un seul ensemble les différents types de loi qui peuvent influer sur l'agir humain en lui apportant la lumière de la raison. La définition de la loi élaborée à la q. 90 lui permet, par son emploi analogique, d'atteindre cet objectif. De fait, la question 91, qui suit immédiatement, traite en six articles des six types de loi que l'on peut rencontrer, aussi bien dans l'ordre naturel que dans l'ordre révélé. C'est un exposé liminaire : chacune de ses lois (à l'exception de la « loi de péché » dont il traite en q. 91, a. 6 pour ne pas y revenir) est reprise de façon plus ample en une ou plusieurs questions dans la suite du traité. Il convient donc, dans un premier temps, de présenter l'organisation retenue par Thomas et de la commenter en en illustrant les points les plus saillants. Cela conduit à mettre en lumière le rôle central joué par la loi naturelle dans cet ensemble, ce qui justifie qu'on y revienne plus amplement dans un second temps.

La brève question 92 s'insère aussi dans les prolégomènes de saint Thomas et mérite d'être évoquée en commençant. Elle s'interroge sur les effets de la loi, et très directement se demande si la loi a pour effet de rendre les hommes bons (art. 1). Elle manifeste clairement le caractère moral de la politique, que l'on a déjà exposé dans les premiers chapitres de cet ouvrage :

> Il est évident que le propre de la loi est d'amener les sujets à ce qui constitue leur vertu propre. Donc, puisque la vertu est définie : « ce qui rend bon celui qui la possède », il s'ensuit que l'effet propre de la loi sera de rendre bons ceux auxquels elle est donnée [1].

Si la loi a pour but de rendre bons ceux qui lui sont soumis, cet effet n'est pas immédiat pour autant. La loi a pour effet de créer une accoutumance à la vie vertueuse. Ce n'est que dans le temps que la vertu des citoyens, de chacun et de tous en commun, s'accroîtra, contribuant ainsi à la réalisation du bien commun. Cette accoutumance est essentielle à la pédagogie de la loi, thème récurrent chez saint Thomas, déjà présent chez Aristote : « on a besoin d'accoutumance pour devenir bon », et « la bonne accoutumance requiert l'établissement d'une loi » [2].

1. I II, q. 92, a. 1, c. Thomas précise que cette bonté est absolue si la loi a en vue le bien commun, mais seulement relative si elle vise l'utile ou l'agréable. Dans le même sens, *CG* III, 116, 3 : « la fin d'une loi, et surtout de la loi divine, est de rendre les hommes bons ».

2. *Super Eth.*, 10,14, 86-88 et 141-143. Dans le même sens, *ibid.*, 2, 1, 135-141 : « c'est en les habituant aux œuvres des vertus par des préceptes, des récompenses et des punitions que les législateurs rendent les hommes vertueux. Et c'est à cela que doit se porter l'intention de n'importe quel législateur. Et ceux au contraire qui ne font pas bien cela sont fautifs dans leur législation et leur politique diffère d'une droite politique autant que le bien diffère du mal ».

On ne peut exprimer plus nettement la finalité morale de l'ordre politique, et combien celui-ci a une valeur pédagogique pour les membres de la cité. L'ordre communautaire, outre qu'il apporte une part de bonheur que nul autre ne peut offrir, doit aider les hommes à atteindre leur destinée, singulière et communautaire. La section suivante reviendra sur certains aspects liés à cette pédagogie de la loi.

A – *L'architecture du traité de la loi*

Il n'est guère de commentateur qui ne salue l'harmonie du traité. Si saint Thomas est libre de toute préoccupation esthétique, il faut reconnaître que le beau, compris comme *splendor veri*, y a sa part, et que l'analogie souvent avancée avec les cathédrales de son temps vient spontanément à l'esprit. La structure en est claire, et peut être résumée dans le tableau suivant[1] :

Présentation : I II, q. 91	Développements
a. 1 : la loi éternelle	I II, q. 93
a. 2 : la loi naturelle	I II, q. 94
a. 3 : la loi humaine	I II, q. 95 à 97
a. 4 et 5 : la ou les lois divines	I II, q. 98 à 105 (la loi ancienne) et I II, q. 106 à 108 (la loi nouvelle) [I II, q. 109 à 114 (la grâce)]
a. 6 : la loi de péché	

La considération rapide de ce plan montre immédiatement que la référence divine de l'ensemble est manifeste, non pas tant en raison de la loi divine dont il est traité *in fine*, que du fait de l'enracinement de tout l'ensemble dans une loi éternelle qui est en Dieu. Thomas d'Aquin opère une synthèse du stoïcisme et du christianisme qui, sous ce rapport, l'éloigne d'Aristote. La loi est certes l'œuvre de la raison, mais elle est l'œuvre de la raison éclairée par Dieu. Cela montre que, pour Thomas, l'horizon politique ne saurait jamais se restreindre à celui d'une cité, mais qu'il s'inscrit dans un espace plus étendu, qui n'est rien moins que celui du cosmos, du monde créé. En ce sens, il semble légitime d'évoquer le cosmo-politisme, au sens premier du terme, des conceptions thomasiennes du politique.

En prenant en compte à la fois ce qui est énoncé dans la question 91 et les développements apportés dans les questions subséquentes, il faut résumer, autant que faire se peut, l'enseignement de Thomas d'Aquin sur chacune de ces lois, en n'indiquant que pour mémoire la « loi de péché »[2].

1. On notera que le *Contra gentiles* se borne, dans le cadre du traitement du gouvernement providentiel de Dieu, à justifier le don d'une loi divine (*CG* III, 116-118), sans mentionner la loi naturelle.

2. En I II, q. 91, a. 6, il s'agit pour saint Thomas de rendre raison de la parole de saint Paul (Rm 7, 23) : « Je vois en mes membres une autre loi qui s'oppose à la loi de ma raison ». Il justifie la

1 – *La loi éternelle*

Les Stoïciens et Cicéron, dans l'ordre profane, et saint Augustin, dans l'Église, ont tous attaché une importance capitale à la loi éternelle. Pour Augustin, cité par Thomas: «la loi qui s'appelle la raison suprême est forcément considérée par quiconque en saisit la notion, comme immuable et éternelle»[1]. Thomas justifie cette loi en Dieu de la façon suivante:

> Il est évident, étant admis que le monde est régi par la providence divine, que toute la communauté de l'univers est gouvernée par la raison divine. C'est pourquoi la raison du gouvernement des choses (*ratio guberbationis rerum*), saisie en Dieu comme dans le principe de tout l'univers, a raison de loi (*ratio legis*). Et puisque la raison divine ne conçoit rien dans le temps mais a une conception éternelle [...] il s'ensuit que cette loi doit être dite éternelle[2].

L'application analogique de la notion de loi, «prescription de la raison pratique chez le chef qui gouverne une communauté parfaite», permet à Thomas d'appeler loi éternelle la raison divine gouvernant le monde. Il y a ici bien plus qu'une reprise révérencielle de la doctrine augustinienne. Si l'on se souvient des écrits de saint Thomas dans la Iª Pars, sur la providence (I, q. 22)[3] et le gouvernement divin, *executio* de la providence (I, q. 103-119)[4], il n'est pas surprenant que la loi éternelle ne soit pour lui rien d'autre que la providence exprimée *sub ratione legis*. «La raison de la sagesse divine, qui meut tous les êtres à la fin requise, a raison de loi»[5]. Si l'on croit que le monde est créé et gouverné par Dieu, sa sagesse providentielle, qui relève de la raison divine, s'étend à tout l'univers: elle est l'instance régulatrice de toute son activité *ad*

formule paulinienne en relevant que «toute inclination ou ordination qu'on trouve dans les êtres soumis à une loi est appelée loi par participation», ce qui permet d'appeler «loi de péché» les inclinations déréglées de la sensualité. C'est là un emploi très analogique de la notion de loi, qui fait que «ce serait plutôt une déviation de la loi de raison», à moins de la regarder comme une participation pénale à la loi divine. Ces indications étant apportées, Thomas ne revient pas sur le sujet dans les questions ultérieures. Il a traité amplement du péché juste auparavant, en I II, q. 71-89.

1. *De Lib. Arb.* I, 6. PL 32, 1229. BA 6, 219.

2. «*Manifestum est autem, supposito quod mundus divina providentia regatur, ut in primo habitum est, quod tota communitas universi gubernatur ratione divina. Et ideo ipsa ratio gubernationis rerum in Deo sicut in principe universitatis existens, legis habet rationem. Et quia divina ratio nihil concipit ex tempore, sed habet aeternum conceptum, ut dicitur Prov. VIII; inde est quod huiusmodi legem oportet dicere aeternam*», I II, q. 91, a. 1, c.

3. I, q. 22, a. 1, c.: «il est nécessaire que la raison de l'ordre des choses à leur fin (*ratio ordinis rerum in finem*) préexiste dans la pensée divine. Or précisément, la raison des choses qui ont à être ordonnées à une fin (*ratio ordinandorum in finem*), c'est la providence».

4. I, q. 103, a. 1, c.: «il appartient à la bonté divine, après avoir donné aux choses l'existence, de les acheminer à leur fin, ce qui est gouverner». *Ibid.*, a. 6, c.: «il faut considérer deux choses dans le gouvernement: le plan de ce gouvernement (*ratio gubernationis*), qui n'est autre que la providence; et son exécution (*executio*)».

5. I II, q. 93, a. 1, c. Il ajoute: «A ce titre, la loi éternelle n'est pas autre chose que la raison de la sagesse divine, selon que celle-ci dirige tous les actes et tous les mouvements». La récurrence du terme *ratio*, si difficile à traduire de façon satisfaisante, exprime bien, pour saint Thomas, l'existence de la chose dans la raison divine.

extra. Etant en Dieu, cette loi est nécessairement éternelle, et cela peut être admis par tous ceux, chrétiens ou non, qui reconnaissent l'œuvre providentielle du créateur du monde. Cette loi éternelle, existant dans la raison divine, est bien en Dieu une *quaedam rationis ordinatio ad bonum commune*: l'application à la loi éternelle de la *ratio legis* est tout-à-fait rigoureuse. La profondeur de son analyse conduit Thomas a exprimer la providence en termes de loi, fondant ainsi en Dieu tout son édifice législatif.

Les articles de la q. 93 apportent plusieurs précisions. Cette loi éternelle peut être connue par son rayonnement dans les créatures (a. 2) : cela renvoie à la question suivante sur la loi naturelle. De même, toutes les lois en dérivent « en tant qu'elles participent de la raison droite » (a. 3); on va voir que c'est également par la médiation de la loi naturelle. Thomas précise encore que si nul ne peut échapper à la loi éternelle, les être libres ne sont vraiment libres que dans le respect de leur conduite rationnelle : « il existe en toute créature raisonnable une inclination naturelle vers ce qui est conforme à la loi éternelle, car "de naissance, nous sommes tous enclins à être vertueux", dit Aristote »[1].

C'est sa participation dans les créatures, par ce que l'on nomme la loi naturelle, qui va donner tout son déploiement à la loi éternelle, qui n'est donc en rien métaphorique.

2 – *La loi naturelle*

Avec la loi naturelle, on entre dans un domaine qui a fait l'objet d'un nombre considérable d'études, de controverses et de mécompréhensions. Dans une étude déjà ancienne mais qui garde toute sa valeur[2], Dom Lottin montre comment saint Thomas, tout en honorant les autorités comme Isidore de Séville, a avancé sa propre conception, plus proche du droit romain, et précisément de celle du juriste Ulpien († 228), largement cité dans le *Digeste* de Justinien[3]. On s'en tient ici à l'exposé de saint Thomas. Sa conception de la loi naturelle est exprimée simplement. La loi, règle et mesure, existe en Dieu comme en sa source et son principe : c'est la loi éternelle, et elle est présente en celui qui lui est soumis : c'est la loi naturelle. La loi naturelle est donc la participation de la loi éternelle dans la créature rationnelle :

> Comme tous les êtres qui sont soumis à la providence divine sont réglés et mesurés par la loi éternelle (...), il est évident que ses êtres participent en quelque façon à la loi éternelle par le fait qu'en recevant l'impression (*impressio*) de cette loi en eux-mêmes, ils possèdent des inclinations qui les poussent aux actes et aux fins qui leur sont propres. Or, parmi tous les êtres, la créature raisonnable est soumise à la providence divine d'une manière plus excellente

1. *Ibid.*, a. 6, c. Autrement dit, une créature rationnelle peut se soustraire à la *vis directiva* de la loi éternelle, qui lui montre ce qu'il convient de faire, mais elle ne peut échapper à sa *vis coactiva*, la crainte d'une sanction. Dans ce cas, la créature se comporte de façon infra-rationnelle.

2. Sur la conception thomasienne de la loi naturelle, voir Dom Odon LOTTIN, *Le droit naturel chez saint Thomas et ces prédécesseurs*, Bruges, Charles Beyaert, 1931[2].

3. *Ibid.*, p. 61-68.

> par le fait qu'elle participe elle-même de cette providence en pourvoyant à soi-même et aux autres. En cette créature, il y a donc une participation de la raison éternelle selon laquelle elle possède une inclination naturelle au mode d'agir et à la fin qui sont requis. C'est une telle participation de la loi éternelle qui, dans la créature rationnelle, est appelée loi naturelle[1].

La loi naturelle est intérieure, attachée à la nature même de l'homme: «la loi naturelle est une loi inscrite en l'homme (*lex indita homini*)»[2]. Dans la créature rationnelle, l'agir en vue de la fin se fait selon la raison, et la participation à la loi éternelle se réalise elle-même «*intellectualiter et rationaliter*», méritant ainsi d'être appelée, à proprement parler, une loi («*proprie lex vocatur*»)[3]. Thomas d'Aquin tient à chaque étape à justifier l'emploi analogique du terme loi par l'application de sa définition générique. L'important est que Thomas, à la suite de son maître Albert le Grand, et rejoignant Cicéron et les juristes du droit romain, lie la loi naturelle à ce qui est pour lui la composante formelle de l'esprit humain: la raison naturelle. Ce faisant, il se sépare de ses contemporains qui, à la suite de Gratien, faisaient une confusion entre droit divin et droit naturel. Dom Lottin propose cette formule qui résume bien l'approche thomasienne: «la loi naturelle n'est autre que la nature humaine s'exprimant rationnellement»[4].

Quelle est l'essence de cette loi naturelle, en quoi consiste-t-elle? Pour Thomas d'Aquin, ce sont les propositions établies par la raison pratique qui éclairent et ordonnent les actions à accomplir. Comme souvent, Thomas établit un parallèle entre le fonctionnement de la raison spéculative qui, à partir de premiers principes, parvient à des conclusions nécessaires, et la raison pratique ordonnée à l'action:

> Il est normal de trouver dans la raison pratique quelque chose qui joue, par rapport aux opérations à effectuer, le rôle que remplit le principe par rapport aux conclusions dans la raison spéculative. Et ces propositions universelles de la raison pratique ordonnées aux actions ont raison de loi (*habent rationem legis*).

1. « *Cum omnia quae divinae providentiae subduntur, a lege aeterna regulentur et mensurentur, (...) manifestum est quod omnia participant aliqualiter legem aeternam, inquantum scilicet ex impressione eius habent inclinationes in proprios actus et fines. Inter cetera autem rationalis creatura excellentiori quodam modo divinae providentiae subiacet, inquantum et ipsa fit providentiae particeps, sibi ipsi et aliis providens. Unde et in ipsa participatur ratio aeterna, per quam habet naturalem inclinationem ad debitum actum et finem. Et talis participatio legis aeternae in rationali creatura lex naturalis dicitur*», I II, q. 91, a. 2, c. Saint Thomas ajoute: «la lumière de notre raison naturelle, nous faisant discerner ce qui est bien et ce qui est mal, n'est rien d'autre qu'une impression en nous de la lumière divine».

2. I II, q. 106, a, 1, ad 2.

3. I II, q. 91, a. 2, ad 3. Les créatures non rationnelles sont également soumises à la loi naturelle, mais selon le mode qui leur est propre, non rationnel. Ce n'est alors que «par similitude» que celle-ci peut être dite loi. En termes logiques, on dira que la loi naturelle est une loi dans les créatures rationnelles selon une analogie propre, alors qu'elle ne l'est dans les créatures privées de raison que selon une analogie métaphorique.

4. *Le droit naturel chez saint Thomas et ses prédécesseurs*, *op. cit.*, p. 103.

> Ces propositions, tantôt sont considérées de façon actuelle, et tantôt conservées par la raison à l'état d'habitus[1].

En réponse à des débats de son temps, Thomas précise en quel sens approché la loi naturelle peut être dite habitus. En toute rigueur, elle n'en est pas un : elle est un produit de la raison pratique. Mais elle peut être dite habitus si l'on désigne par là ce par quoi sont produites ces propositions de la raison pratique. Cet habitus, c'est en fait la syndérèse, « dont l'objet comprend les préceptes de la loi naturelle, qui sont les principes premiers de l'action humaine »[2]. Formellement parlant, la loi naturelle est donc l'objet de la syndérèse. En un autre sens, la loi naturelle peut être dite habitus en ce sens que ses préceptes peuvent résider de façon habituelle, c'est-à-dire non actuelle, dans la raison. Par là et moyennant ces précisions, Thomas rend raison de l'usage de l'école franciscaine de dénommer la loi naturelle habitus.

La loi naturelle, qui comme toute loi est composée de préceptes, est donc dans la raison et produite par elle : « *lex naturalis est aliquid per rationem constitutum* »[3]. Ces préceptes sont des énoncés de la raison pratique, qui vont guider et ordonner l'agir de l'homme. Tous reposent sur un premier axiome indémontrable, que chacun peut connaître et auquel il peut et doit adhérer :

> Le principe premier de la raison pratique est celui qui se fonde sur la raison de bien, et qui est : "Le bien est ce que tous les êtres désirent". C'est donc le premier précepte de la loi qu'il faut faire et rechercher le bien, et éviter le mal. C'est sur cet axiome que se fondent tous les préceptes de la loi naturelle, que la raison pratique saisit naturellement comme des biens humains[4].

L'édiction des préceptes de la loi naturelle est donc un processus de la raison pratique. Quels sont alors ces préceptes? Pour Thomas d'Aquin, qui manifeste par là les composantes principales de son anthropologie, ces lumières vont à la rencontre, sont en symbiose, avec les inclinations fondamentales de la nature humaine au bien : « C'est selon l'ordre même des inclinations naturelles que se prend l'ordre des préceptes de la loi naturelle »[5]. Ces inclinations naturelles indiquent les biens les plus fondamentaux vers lesquels tend tout individu, de par sa nature. Thomas d'Aquin, on l'a vu, en pose quatre : l'inclination à la conservation de soi, à l'union avec le semblable et au soin de l'espèce, à connaître la vérité, notamment sur Dieu, et à vivre en société. La première inclination vaut pour toute réalité, la seconde pour la nature animale, et les deux dernières pour les natures rationnelles. Les premiers préceptes de la loi naturelle sont ceux qui se rapportent à ces quatre inclinations fondamentales.

1. I II, q. 90, a. 1, ad 2.

2. I II, q. 94, a. 1, c. et ad 2. Saint Thomas a traité de la syndérèse en I, q. 79, a. 12, dans son étude générale de l'intellect humain.

3. I II, q. 94, a. 1, c.

4. *Ibid.*, a. 2, c.

5. *Ibid.*

La raison, selon le procédé du syllogisme qui lui est propre[1], applique alors ces premiers principes généraux aux situations particulières qu'elle rencontre, et en tire par déduction les conclusions qui vont guider l'agir en vue du bien: «le propre de la raison est de partir de principes communs pour arriver aux conclusions propres»[2]. Les principes seconds sont ainsi «comme des conclusions propres, proches des principes premiers»[3]. Le mode déductif, d'application du plus général au plus particulier, est ainsi essentiel au processus d'édiction, de découverte (*inventio*) de la loi naturelle. Loin d'être établie a priori, elle est le fruit d'une confrontation incessante de la raison humaine aux réalités qu'elle rencontre. Elle exprime la capacité d'adaptation à la contingence de la nature humaine, qui par la raison peut découvrir en quel sens agir en vue de son bien. Dans son étude déjà citée, Dom Lottin souligne ce caractère dynamique de la loi naturelle. Elle consiste en des jugements émis par la raison, sur le fondement des premiers principes, appropriés à la situation rencontrée. A cet égard, l'innéité de la loi naturelle ne doit pas être comprise comme si elle était préalablement formulée et inscrite dans la raison, mais comme signifiant que ses préceptes sont produits par la raison sur la base des principes communs connus par eux-mêmes[4].

Saint Thomas précise alors trois propriétés qu'il faut reconnaître à la loi naturelle ainsi comprise: son universalité (q. 94, a. 4), son immutabilité (a. 5), et son inamissibilité (a. 6). Ces affirmations ne sont pas nouvelles, et Thomas montre, encore une fois, la connaissance qu'il a des sources, spécialement d'Isidore de Séville et de Gratien. Les indications qu'il apporte invitent à traiter de ces propriétés avec discernement. Pour lui, si la nature, dans ses principes, est commune aux humains, elle est ouverte à la diversité sans limite des situations particulières. «La raison pratique s'occupe des réalités contingentes qui comprennent les actions humaines. C'est pourquoi, bien que dans les principes généraux il y ait quelque nécessité, plus on descend dans les choses particulières, plus on rencontre de défaillances»[5]. Cette considération générale conduit à assortir chacune des trois propriétés de tempéraments, qui interdisent de les comprendre de façon univoque.

S'agissant de l'universalité de la loi naturelle, Thomas considère à la fois sa vérité (dite aussi rectitude) et sa connaissance. A la question de savoir si la loi est unique chez tous, il répond:

> La loi de nature est identique pour tous dans ses premiers principes communs, et selon la rectitude, et selon la connaissance qu'on en a. Quant à certaines applications propres qui sont comme les conclusions des principes généraux,

1. I II, q. 90, a. 1, ad 2.
2. I II, q. 94, a. 4, c.
3. *Ibid.*, a. 5, c.
4. Les préceptes premiers et communs de la loi naturelle sont «*per se nota rationi humanae*», I II, q. 100, a. 3, ad 1.
5. I II, q. 94, a. 4, c.

> elle est identique pour tous dans la plupart des cas, et selon sa rectitude, et selon sa connaissance. Toutefois, elle peut comporter des exceptions dans un petit nombre de cas, dans sa rectitude, en raison de quelque obstacle particulier (de même que les natures soumises à la génération et à la corruption manquent leurs effets, dans un petit nombre de cas, à cause d'empêchements), et dans sa connaissance, parce que certains ont une raison faussée par la passion, par une coutume mauvaise ou par une mauvaise disposition de la nature[1].

Ainsi la loi naturelle est-elle universelle « *ut in pluribus*, dans la plupart des cas ». Il faut ajouter que les préceptes seconds n'ont pas la même immédiateté que les premiers, même s'ils en sont des prolongements appliqués aux cas plus particuliers. Plus la particularité s'accroît, plus la contingence s'impose, et plus la variété des préceptes se fait sentir. Il revient aux lois humaines de prendre en charge les situations particulières, en apportant à une communauté donnée et dans un temps donné les déterminations pratiques de la loi naturelle.

La réponse à la question de l'immutabilité de la loi va dans le même sens: « la loi de nature est absolument immuable quant à ses principes premiers »[2]. Elle est donc essentiellement immuable, mais elle est aussi accidentellement variable. Aristote, déjà, avait su dissocier ce qui est naturel de ce qui est immuable : si ce qui doit être régi est de nature variable, la loi qui y procède peut être à la fois naturelle et variable. Ces changements affectant la loi naturelle sont donc dûs à la variabilité de la nature humaine. Ils peuvent s'opérer par deux voies, soit qu'on ajoute des prescriptions provenant des lois divines ou humaines, comme on le verra, soit qu'on supprime telle prescription seconde qui avait été exprimée auparavant. Si donc changement il y a, ce n'est pas tant en raison d'une mutabilité intrinsèque que de plus ou moins amples développements des premiers principes. Il faut donc reconnaître une certaine historicité de la loi naturelle, qui n'est que le reflet de l'œuvre de la raison humaine et de son mouvement d'expression des préceptes, dans le devenir historique des situations humaines[3].

1. « *Lex naturae, quantum ad prima principia communia, est eadem apud omnes et secundum rectitudinem, et secundum notitiam. Sed quantum ad quaedam propria, quae sunt quasi conclusiones principiorum communium, est eadem apud omnes ut in pluribus et secundum rectitudinem et secundum notitiam, sed ut in paucioribus potest deficere et quantum ad rectitudinem, propter aliqua particularia impedimenta (sicut etiam naturae generabiles et corruptibiles deficiunt ut in paucioribus, propter impedimenta), et etiam quantum ad notitiam; et hoc propter hoc quod aliqui habent depravatam rationem ex passione, seu ex mala consuetudine, seu ex mala habitudine naturae* », *ibid.* Pour illustrer ce dernier cas dérogatoire, Thomas d'Aquin cite l'exemple classique des peuples germains qui, selon Jules César dans *La guerre des Gaules*, ne regardaient pas le pillage comme une iniquité, alors qu'il est expressément contraire à la loi naturelle.

2. I II, q. 94, a. 5, c.

3. C'est ainsi que l'on peut expliquer les changements de régimes relatifs à la propriété des biens ou à l'état des personnes (l'esclavage) : I II, q. 95, a. 5, ad 3. Dans le *Commentaire des Sentences*, Thomas d'Aquin a étudié différents cas de dispense du droit naturel, sur lesquels la doctrine de son temps s'était penchée; voir Dom LOTTIN, *Le Droit naturel*, *op. cit.*, p. 90-96.

Quant à la présence dans l'âme humaine de la loi naturelle, elle appelle à nouveau une distinction selon les préceptes :

> Quant aux principes généraux, la loi naturelle ne peut d'aucune façon être effacée du cœur des hommes, de façon universelle. Elle est cependant effacée dans une activité particulière parce que la raison est empêchée d'appliquer le principe général au cas particulier dont il s'agit à cause de la convoitise ou d'une autre passion. Quant aux préceptes secondaires, la loi naturelle peut être effacée du cœur des hommes, soit en raison de propagandes perverses [...], soit comme conséquences de coutumes dépravées et d'habitus corrompus[1].

En elle-même la loi naturelle est inamissible : l'*impressio* de la loi éternelle ne peut être retirée de l'âme humaine. Mais la conscience peut être obscurcie pour diverses raisons, à commencer par le péché, qui aboutissent toutes à empêcher sa connaissance effective et droite.

En définitive, la loi naturelle est bien, pour saint Thomas le moyen par lequel l'homme, participant à la providence divine, devient lui-même provident, pour soi et pour les autres : « la créature raisonnable est soumise à la providence divine d'une manière plus excellente par le fait qu'elle participe elle-même de cette providence en pourvoyant à soi-même et aux autres (*sibi ipsi et aliis providens*) »[2]. La libéralité divine veut que l'homme vive de la providence en devenant lui-même provident. L'expression de cette participation se manifeste dans les lois qu'il édicte.

3 – *La loi humaine*

Pour Thomas d'Aquin, tout l'édifice politique, et donc éthique, a pour but d'aider les hommes à vivre bien, c'est-à-dire à vivre selon la vertu et à réaliser le bien commun. A cet égard, « l'homme a une certaine aptitude à la vertu ». La loi naturelle, intérieure à lui, montre où est le bien et la prudence indique les moyens d'y tendre. Mais elle ne peut suffire, en raison des choix coûteux qu'implique la préférence pour le bien véritable, en raison aussi des dispositions défavorables de certains. L'homme a donc besoin d'une aide et d'une contrainte qui le portent à bien agir et à se détourner du mal. Dans la conception thomasienne, la loi est un pédagogue pour tous ceux qui lui sont soumis :

> Il faut que les hommes reçoivent d'autrui cette sorte d'éducation par laquelle on peut arriver à la vertu. [...] Parce qu'il y a des hommes pervers et portés au vice, qui ne peuvent guère être aisément touchés par des paroles, il a été nécessaire

1. « *Quantum ergo ad illa principia communia, lex naturalis nullo modo potest a cordibus hominum deleri in universali. Deletur tamen in particulari operabili, secundum quod ratio impeditur applicare commune principium ad particulare operabile, propter concupiscentiam vel aliquam aliam passionem, ut supra dictum est. Quantum vero ad alia praecepta secundaria, potest lex naturalis deleri de cordibus hominum, vel propter malas persuasiones (...), vel etiam propter pravas consuetudines et habitus corruptos* », *ibid.*, a. 6, c.

2. I II, q. 91, a. 2, c.

> que ceux-ci fussent contraints par la force et la crainte à s'abstenir du mal, de telle sorte qu'au moins en s'abstenant de mal agir, ils garantissent aux autres une vie paisible. [...] Cette éducation qui corrige par la crainte du châtiment est donnée par les lois [1].

On remarque que les propos de Thomas peuvent être tenus aussi bien dans une approche profane que dans l'approche judéo-chrétienne pour laquelle le péché a détruit l'harmonie humaine et introduit en l'homme, même baptisé, un « foyer de péché » qui l'incite à mal agir, en combattant les inclinations naturelles au bien qu'il possède par ailleurs (c'est la « loi de péché » qui fait l'objet de q. 91, a. 6). C'est l'obscurcissement de l'intelligence et l'affaiblissement de la volonté qui justifient la nécessité de la loi humaine.

La loi humaine, ou loi positive, est une application de la loi naturelle à une situation donnée. C'est à Cicéron que saint Thomas se réfère ici : « Ce sont les réalités nées de la nature et éprouvées par la coutume qu'ont sanctionnées la crainte et le respect des lois » [2]. La loi positive peut dériver de la loi naturelle de deux façons : soit en tirant des conclusions des principes généraux (l'interdiction de tuer découle de celle de commettre le mal), soit en apportant des déterminations à ces mêmes principes (la fixation d'un barème pénal précise le principe de la sanction pénale en cas de faute). C'est la vertu de prudence politique qui conduit le gouvernant à adopter telle ou telle mesure législative dans telle situation donnée. Selon le degré de contingence en cause, la loi civile dérivera de façon plus ou moins proche des premiers principes de la loi naturelle. Un édifice législatif est ainsi, en principe, une chaîne continue de dérivations à partir des premiers principes qui, dans la pratique, pourront parfois sembler fort lointains [3].

La loi naturelle est une, mais elle se décline de façon indéfinie par les lois humaines qui expriment des principes dérivés des premiers. Les lois de la cité sont autant d'expressions de la loi naturelle produites par la prudence politique du législateur – modalité la plus haute, chez saint Thomas, de la vertu de prudence – qui indique de façon judicieuse et opportune les voies à suivre pour tendre au bien commun. C'est ainsi la loi naturelle (ou la syndérèse dont elle est l'objet) qui est le fondement de la prudence, tant individuelle que politique : « la syndérèse meut la prudence comme l'intelligence des principes meut la science » [4]. La loi naturelle, telle que la conçoit saint Thomas, appelle le

1. « *Oportet quod huiusmodi disciplinam, per quam ad virtutem perveniatur, homines ab alio sortiantur. [...] Sed quia inveniuntur quidam protervi et ad vitia proni, qui verbis de facili moveri non possunt; necessarium fuit ut per vim et metum cohiberentur a malo, ut saltem sic male facere desistentes, et aliis quietam vitam redderent. [...] Huiusmodi autem disciplina cogens metu poenae, est disciplina legum* », I II, q. 95, a. 1, c. Thomas cite ici Aristote : « l'homme, s'il est parfaitement vertueux, est le meilleur des animaux; mais s'il est privé de loi et de justice, il est le pire de tous », *Pol.*, I, 13, 1253 a 31.

2. *Ibid.*, a. 2, s.c., qui cite *De Inventione* II, 160-162.

3. A l'époque de Thomas, les lois étaient peu nombreuses et réservées aux situations juridiques les plus importantes.

4. II II, q. 47, a. 6, ad 3.

jugement humain qui va déterminer les préceptes de celle-ci dans l'exercice de la prudence royale. En ce sens, la législation, ou le fait de faire la loi (le *jus facere*), apporte quelque chose de nouveau dans la cité qui, loin de devoir seulement être compatible avec la loi naturelle, est surtout exigé par elle.

De cette dérivation, qui implique la conformité à la loi naturelle, la loi humaine – qui a en vue le bonheur commun dans la cité, la *felicitas communa*[1] – tire sa qualité propre de loi: « Toute loi portée par les hommes n'a raison de loi (*rationem legis*) que dans la mesure où elle dérive de la loi de nature (*a lege naturae*). Si elle dévie en quelque point de la loi naturelle (*a lege naturali*), ce n'est plus alors une loi, mais une corruption de la loi »[2]. C'est là un critère de validité de la loi, et du droit qu'elle édicte, permanent chez saint Thomas. Un texte peut avoir l'apparence matérielle d'une loi, s'il est contraire à un principe de la loi naturelle, il n'a pas la *ratio legis*: ce n'est pas à proprement parler une loi. La matérialité de la loi n'est pas le gage de sa moralité : c'est sa conformité à la loi naturelle. Pour saint Thomas, un précepte n'est pas bon parce qu'il est légal, mais il est légal parce qu'il est bon; et, de ce fait, il oblige. Pour Thomas d'Aquin, la loi naturelle est la source de la loi humaine plus qu'elle n'est une norme supérieure qui s'impose à elle.

La continuité ainsi établie entre la loi éternelle, la loi naturelle et la loi humaine permet à Thomas d'Aquin de préciser l'origine de la force obligatoire de la loi. Certes, la loi civile tire sa force obligatoire de la volonté du législateur[3]. Mais sa conformité à la raison naturelle conduit celui qui lui est soumis à intérioriser la prudence politique du législateur en la transformant en prudence individuelle. C'est ainsi que le sujet, dans son obéissance, participe personnellement à la prudence du gouvernant, comme on l'a vu au chapitre précédent. La loi, fruit de la prudence du législateur, se convertit en prudence individuelle. Si bien que les lois justes, écrit Thomas « tiennent leur force d'obligation, au for de la conscience, de la loi éternelle dont elles dérivent, selon Pr 8, 15 : "C'est par moi que les rois règnent et que les législateurs décrètent le droit" »[4]. Une loi peut être injuste par son opposition au bien commun ou par son opposition au bien divin. C'est donc, en fin de compte, par sa conformité au précepte divin, que la loi reçoit son pouvoir d'obliger (*vis obligandi*), par ce que la loi éternelle et toutes celles qui en dérivent en lui étant conformes ont en vue le bien commun : la morale de Thomas, et par là sa politique, répondent à une conception plus téléologique que déontologique.

1. I II, q. 90, a. 2. *Cf.* R. Hittinger, « *The legal renaissance…* », art. cit., p. 75.

2. I II, q. 95, a. 2, c.

3. *III St*, d. 37, a. 3, ad 2.

4. I II, q. 96, a. 4, c. Cela dit sans préjudice des préceptes individuels déduits du précepte général de la loi par l'homme prudent : « Pour diriger les actes singuliers, il y a les préceptes individuels des hommes prudents, mais la loi est un précepte général. », *ibid.*, a. 1, ad 2. Sur ce point, voir T.-M. Hamonic, « Obligation et devoir dans la morale de saint Thomas », in *Saint Thomas d'Aquin*, T.-D. Humbrecht (dir.), *op. cit.*, p. 273-316.

Le corollaire des précédentes remarques est qu'une loi contraire au bien commun, dans son principe ou du fait de circonstances exceptionnelles, ne saurait obliger en conscience ceux qui lui sont soumis :

> Toute loi est ordonnée au salut des hommes, et c'est seulement dans cette mesure qu'elle acquiert force et raison de loi (*vim et rationem legis*). [...] C'est pourquoi, s'il surgit un cas où l'observation de telle loi soit préjudiciable au salut commun, celle-ci ne doit plus être observée[1].

La prochaine section reprendra les autres propos de Thomas concernant les lois humaines et leur rôle dans la cité. Pour l'instant, c'est l'organisation d'ensemble qui est visée, et la question se pose alors de la nécessité d'autres lois, les lois divines, en sus de cet ensemble cohérent formé par la loi éternelle, la loi naturelle et les lois humaines.

4 – *La loi divine*

On pourrait penser, en effet, qu'avec le dispositif déjà décrit, l'homme et les communautés humaines sont suffisamment équipés pour bien agir en vue du bien commun. Il n'en va pas ainsi, et saint Thomas avance quatre raisons pour justifier la nécessité du don par Dieu d'une ou de lois divines. Toutes se rapportent, d'une façon ou d'une autre, aux limites intrinsèques à l'ordre naturel et à la loi humaine qui le régit. La première raison tient à ce que les hommes sont ultimement ordonnés à un bien qui dépasse l'ordre naturel, la béatitude éternelle. Pour tendre vers cette fin, les hommes ont besoin d'une lumière spécifique qui dépasse l'ordre de la raison naturelle : « Parce que l'homme est ordonné à la fin de la béatitude éternelle qui dépasse les ressources naturelles des capacités humaines, il était nécessaire qu'au-dessus de la loi naturelle et de la loi humaine il y eût une loi donnée par Dieu pour diriger l'homme vers sa fin »[2]. La seconde raison tient aux risques d'erreur attachés à la raison humaine : « Le jugement humain est incertain, principalement quand il s'agit des choses contingentes et particulières [...]. Pour que l'homme puisse connaître sans aucune hésitation ce qu'il doit faire et ce qu'il doit éviter, il était donc nécessaire qu'il fût dirigé, pour ses actes propres, par une loi donnée par Dieu »[3]. La troisième raison tient à la portée nécessairement limitée de la loi humaine : elle ne régit que les actes extérieurs de l'homme. Ainsi, « la loi humaine ne pouvait réprimer et ordonner efficacement les actes intérieurs; et c'est ce qui rend nécessaire l'intervention d'une loi divine »[4]. Enfin, autre limite intrinsèque aux lois humaines, elles ne peuvent sanctionner toutes les fautes commises : « la loi humaine ne peut punir ni interdire tout ce qui se fait de mal;

1. I II, q. 96, a. 6, c.

2. I II, q. 91, a. 4, c. Il précise dans l'ad 1 : « Par la loi naturelle, la loi éternelle est participée selon la capacité de la nature humaine. Mais il faut que l'homme soit dirigé vers sa fin surnaturelle selon un mode supérieur ».

3. *Ibid.*

4. *Ibid.*

car, en voulant extirper tout le mal, elle ferait disparaître en même temps beaucoup de bien, et s'opposerait à l'avantage du bien commun, nécessaire à la communication entre les hommes. Aussi, pour qu'il n'y eût aucun mal qui demeurât impuni et non interdit, il était nécessaire qu'une loi divine fût surajoutée en vue d'interdire tous les péchés»[1]. En somme, la loi divine à la fois régit l'ordre surnaturel et comble les manques des lois relatives à l'ordre naturel. Toutefois, elle tend surtout à régir les relations de l'homme avec Dieu: «tandis que la loi humaine a principalement en vue l'établissement d'une amitié entre les hommes, la loi divine vise à fonder principalement une amitié entre l'homme et Dieu»[2].

La Révélation judéo-chrétienne enseigne que Dieu est intervenu à travers deux alliances successives, chacune porteuse d'une loi propre: ce sont donc deux lois divines qu'il faut considérer. Thomas d'Aquin consacre un sous-traité du traité général des lois à chacune d'elles. Comment situer ces deux régimes successifs de loi divine par rapport à loi éternelle qui a ouvert le traité? La loi éternelle, comme la loi naturelle qui en est l'impression dans la créature rationnelle, relève de l'économie créatrice et providente de Dieu. Elle vaut pour tout le genre humain, avant même les interventions de Dieu dans l'histoire des hommes pour opérer leur rédemption. Thomas, après bien des Pères de l'Église, regarde la période qui s'est écoulée entre la faute originelle et le don de la loi mosaïque comme le temps de la loi de nature. C'est selon ce régime de la loi naturelle que l'homme va vivre, non sans que la pratique du péché obscurcisse progressivement sa conscience: «Immédiatement après le péché du premier homme [...] l'habitude du péché n'avait pas encore étouffé la voix de la loi de nature (*dictamen legis naturae nondum erat obtenebratum*)»[3]. Sur le fondement de cette loi naturelle et générale – que les philosophes païens ont reconnue –, et sans jamais la révoquer, Dieu intervient dans l'histoire des hommes, à travers les deux alliances successives dont le Christ est le point focal. C'est donc selon les différents régimes de loi que saint Thomas expose sa conception des «temps du monde», et ces régimes de loi sont en quelque sorte la réponse de Dieu à l'état d'obscurcissement de la raison naturelle: le péché progressant, l'homme peut de moins en moins guider son agir en vue du bien.

C'est ainsi que Thomas d'Aquin justifie, en convenance, le don de la loi mosaïque, qui spécifie la première alliance: «Avec le déroulement du temps, le péché prit sur l'homme un empire croissant, et obscurcit à tel point sa raison que les préceptes de la loi naturelle ne suffisaient plus pour le faire vivre vertueusement, et il fallut déterminer des préceptes en établissant une loi positive et, outre cela, certains sacrements de la foi»[4]. Le rapport entre la loi ancienne et la

1. *Ibid.*

2. I II, q. 92, a. 2, c. Sans exclure la régulation «des rapports des hommes entre eux selon les exigences de la visée principale, qui était d'aménager leurs rapports avec Dieu», I II, q. 99, a. 3, c.

3. I II, q. 98, a. 6, ad 1. Sur les «temps du monde», voir notre étude, *Théologie du dessein divin chez Thomas d'Aquin*, *op. cit.*, p. 350-382.

4. III, q. 61, a. 3, ad 2.

loi nouvelle est alors celui qui sépare l'imparfait du parfait, tout en les ordonnant l'un à l'autre. La perfection de la loi est donnée avec le Christ, selon la lecture chrétienne des prophéties de la première alliance : « La loi qui conduit tout le monde de façon parfaite au salut n'a pu être donnée qu'après la venue du Christ. Auparavant, il fallut donner au peuple dont le Christ devait naître une loi qui le prépare à accueillir le Christ »[1]. En toute rigueur, il convient de parler d'une loi divine double, plutôt que de deux lois séparées : « la loi divine se divise en loi ancienne et loi nouvelle »[2]. Il y a ainsi une pédagogie divine, une *manuductio* de Dieu, qui se déploie à travers le don des différentes lois, et qui culmine dans le don plénier qu'il fait de la grâce en son Fils[3].

On rappelle que, dans les analyses de Thomas d'Aquin, la loi divine et la loi naturelle (et les lois humaines qui en dérivent) n'ont pas le même objet principal : « la loi divine est instituée avant tout pour régler les rapports des hommes avec Dieu, alors que la loi humaine l'est d'abord pour régler les rapports des hommes entre eux »[4]. Même si la loi divine permet de perfectionner l'exercice de la loi naturelle, leurs objets respectifs sont distincts. Il faut bien situer la relation que Thomas établit entre l'ordre naturel et la loi divine. D'un côté, la loi divine n'est en rien contradictoire avec l'ordre humain, elle le complète et le perfectionne. Mais, d'un autre côté, la loi divine, propre au judéo-christianisme, vise à régir la vie des hommes en tant qu'ils appartiennent à cette communauté particulière qu'est le peuple de Dieu, de l'ancienne ou de la nouvelle alliance. Il y a donc à la fois compatibilité et distinction, rencontre sur le terrain naturel et différence entre les communautés, comme en témoignent ces lignes :

> Ce n'est pas au même type de communauté que se réfèrent la loi humaine et la loi divine. La loi humaine vise une communauté civile, celle qui s'établit entre les hommes, par le moyen d'activités extérieures, puisque c'est par de tels actes que les hommes entrent en rapport les uns avec les autres. Les rapports de cette sorte sont du ressort de la justice, spécialement qualifiée pour l'organisation des rapports sociaux parmi les hommes. Dès lors, les préceptes proposés par la loi humaine n'intéressent que les actes de justice ; s'il est prescrit des actes d'autres vertus, c'est seulement dans la mesure où ces actes revêtent un caractère de justice, comme le dit Aristote. Mais avec la loi divine, la communauté en cause est celle des hommes envers Dieu, soit dans la vie présente, soit dans la vie future[5].

1. I II, q. 91, a. 5, ad 2.

2. *Ibid.*, c.

3. « Quant aux honnêtes gens, l'aide de la loi leur devint surtout nécessaire au moment où la loi naturelle commençait de s'obscurcir sous une profusion de péchés. Mais il fallait encore que ce secours fût imparti selon un certain plan, menant pour ainsi dire les hommes par la main (*manuducerentur*) et par degrés progressifs jusqu'à la perfection. Aussi la loi ancienne devait-elle se présenter entre la loi naturelle et la loi de grâce », I II, q. 98, a. 6, c.

4. I II, q. 92, a. 3, c.

5. « *Est autem alius modus communitatis ad quam ordinatur lex humana, et ad quam ordinatur lex divina. Lex enim humana ordinatur ad communitatem civilem, quae est hominum ad invicem. Homines autem ordinantur ad invicem per exteriores actus, quibus homines sibi invicem*

On retrouve ici, sans surprise, la distinction des deux cités, à propos des lois qui les régissent : à cité différente, loi différente. Mais on retrouve aussi ce qui les unit : c'est la loi naturelle : « comme la grâce présuppose la nature, la loi divine présuppose nécessairement la loi naturelle »[1]. L'ordre de la cité terrestre repose sur la justice, celui de la cité de Dieu sur la charité qui ne va pas sans justice. La loi de la cité terrestre, conforme à la loi naturelle, tend à établir cet ordre de justice en vue du bien commun; la loi divine l'assume, tout en étendant le champ aux actes intérieurs, et en le dépassant par la charité dans la nouvelle alliance. La loi de la cité, pour être juste, doit en fin de compte respecter une double conformité, à la loi naturelle et à la loi divine : « La loi humaine remplit une double condition : elle est un moyen ordonné à une fin; et elle est une sorte de règle et de mesure, réglée elle-même par une mesure supérieure, laquelle est double : la loi divine et la loi de nature »[2].

Sur ces bases, Thomas d'Aquin développe chacun des régimes de l'unique loi divine en deux sous-traités qu'on ne peut résumer ici, et dont on retient les aspects directement liés à cette étude.

La loi ancienne

Le lecteur moderne pourra être surpris de l'approche retenue par saint Thomas pour traiter de la loi ancienne[3]. C'est que, fidèle à son propos législatif, il entend traiter de l'acheminement de cette communauté particulière qu'est le peuple d'Israël vers sa fin. A cet égard, son statut unique ne doit jamais être oublié : Israël est le peuple que Dieu se constitue, dont il est le chef et le législateur. Thomas écrit ainsi, à propos du Décalogue : « de même que les préceptes de la loi humaine disposent l'homme en vue d'une société humaine (*communitatem humanam*), de même les préceptes de la loi divine disposent l'homme en vue d'une sorte de société ou de cité des hommes soumise à Dieu (*communitatem seu republicam hominum sub Deo)* ». Si la formule vaut aussi bien pour la loi nouvelle que pour l'ancienne, il est propre à celle-ci d'organiser la vie du peuple sous ses principaux aspects, par les préceptes qu'elle édicte. Le sous-traité de la loi ancienne est donc organisé autour de l'étude de ses préceptes. Thomas distingue en son sein les préceptes moraux, qui visent à perfectionner l'homme en vue de Dieu (q. 100), les préceptes cérémoniels, qui régissent le

communicant. Huiusmodi autem communicatio pertinet ad rationem iustitiae, quae est proprie directiva communitatis humanae. Et ideo lex humana non proponit praecepta nisi de actibus iustitiae; et si praecipiat actus aliarum virtutum, hoc non est nisi inquantum assumunt rationem iustitiae; ut patet per philosophum, in V Ethic. Sed communitas ad quam ordinat lex divina, est hominum ad Deum, vel in praesenti vel in futura vita », I II, q. 100, a. 2, c.

1. I II, q. 99, a. 2, ad 1.

2. I II, q. 95, a. 3, c.

3. Bien que cela soit sans incidence notable sur la présente étude, il faut indiquer que nombre des propos de Thomas sur la loi ancienne mériteraient d'être précisés ou corrigés à la lumière des enseignements de l'exégèse scripturaire moderne. Ses remarques proprement théologiques, dans l'optique qui est la sienne, n'en conservent pas moins tout leur intérêt.

culte rendu à Dieu (q. 101 à 103), et les préceptes judiciaires, qui régissent la vie du peuple de la première alliance (q. 104 et 105).

Pour saint Thomas, les préceptes moraux (à la différence des autres) relèvent essentiellement de la loi naturelle : « Etant admis que les préceptes moraux concernent les bonnes mœurs, que celles-ci s'accordent avec la raison et que tout jugement de la raison humaine dérive en quelque façon de la raison naturelle, il est clair que les préceptes moraux relèvent de la loi naturelle »[1]. De ce fait, ceux qui cherchent à vivre dans le respect de la loi naturelle rejoignent les juifs de la première alliance soumis à la loi mosaïque :

> La loi ancienne mettait en lumière les préceptes de la loi naturelle en y ajoutant quelques préceptes propres. Quant aux prescriptions qu'elle empruntait à la loi naturelle, tous les hommes étaient tenus de les observer, non pas au titre de la loi ancienne, mais par l'autorité de la loi naturelle. Quant à ce qu'elle y ajoutait, la loi ancienne n'y obligeait que le peuple juif[2].

Le Décalogue, qui porte les préceptes moraux de la loi ancienne, est pour saint Thomas l'œuvre de Dieu législateur de son peuple. Le recours au vocabulaire de la philosophie politique témoigne de l'intention de Thomas de raisonner en termes de théologie politique; c'est bien une conception englobante du monde commun qui habite ses réflexions :

> Les préceptes du Décalogue expriment justement l'intention de Dieu, le législateur. Ceux de la première table, relatifs à Dieu, énoncent l'attachement même au bien commun et final qui est Dieu; ceux de la seconde table énoncent l'ordre juste qui doit régner entre les hommes, nul tort n'étant fait à personne et chacun recevant son dû (*cuilibet reddatur debitum*)[3].

De fait, Thomas étudie les préceptes du Décalogue, sous le rapport de la justice, dans le traité qu'il consacre à cette vertu (II II, q. 121). Il les rapporte aux subdivisions qu'il a lui-même apportées dans l'étude de la justice : « les trois premiers préceptes concernent les actes de la religion, partie principale de la justice; le quatrième concerne les actes de la piété, partie secondaire de la justice; les six autres règlent les actes de la justice générale qui concernent les rapports entre égaux »[4].

On a dit que la loi ancienne était, au regard de la nouvelle, comme l'imparfait rapporté au parfait. La raison principale en est que la pratique de la loi ancienne n'apportait pas, par elle-même, la justification, c'est-à-dire qu'elle ne communiquait pas la grâce qui établit l'homme dans la communion à la vie divine. Cette communion, que l'Écriture nomme justification, ne pouvait résulter directement de la pratique des préceptes moraux[5], ni même de celle

1. I II, q. 100, a. 1, c. L'article précise ensuite la connaissance que l'on peut en avoir, qui diffère selon les préceptes.
2. I II, q. 98, a. 5, c.
3. I II, q. 100, a. 8, c.
4. II II, q. 122, a. 1, c.
5. I II, q. 100, a. 12.

des préceptes cérémoniels[1], qui « sont proprement ceux qui concernent le culte divin »[2].

Les préceptes judiciaires sont l'occasion pour Thomas d'étudier quelque peu l'organisation du peuple juif comme société constituée. Le terme : judiciaire, que Thomas emprunte au droit romain ne doit pas être compris de façon étroite comme se rapportant à la matière juridictionnelle, mais dans le sens plus large qui engage toute pratique de la justice dans la cité, et qui va jusqu'aux institutions de celle-ci[3]. Les préceptes judiciaires ont ainsi pour objet « d'ordonner les rapports des hommes entre eux »[4]. Rappelons que la spécificité de l'Israël de la première alliance est de recevoir de la parole de Dieu ses règles d'organisation : les lois de la cité sont d'origine divine. Si bien qu'Israël est, au sens exact du terme – et d'une façon unique –, une théocratie[5]. On observera au chapitre suivant que saint Thomas voit dans la royauté d'Israël, telle que le Pentateuque la donne à connaître, le type du régime mixte combinant un chef unique, entouré de sages au mérite reconnu, les dirigeants étant choisis parmi tout le peuple. Thomas conclut son étude en relevant : « L'excellence des dispositions légales est donc incontestable en ce qui touche à l'organisation des pouvoirs »[6], ce qui est aussi une façon de manifester sa préférence.

L'étude des règles régissant les rapports entre les citoyens est l'occasion pour saint Thomas de proposer une petite synthèse des principes d'organisation sociale. La généralité des ses propos interdit toute erreur à cet égard :

> Saint Augustin cite cette définition du peuple par Cicéron : « C'est la multitude rassemblée par les liens de l'unité de droit et de la communauté d'intérêts (*populus est coetus multitudinis, juris consensu, et utilitatis communione sociatus*) ». Cela suppose essentiellement entre les citoyens des rapports réglés par de justes lois. Mais entre les citoyens il y a deux sortes de rapports : les uns sont fondés sur l'autorité publique, les autres sur la volonté individuelle des particuliers. Et comme nulle volonté ne peut s'exercer que dans les limites de son pouvoir, il faut réserver à l'autorité publique, qui a pouvoir sur les personnes, la connaissance des litiges entre particuliers et le châtiment des malfaiteurs. Au contraire, les particuliers ont pouvoir sur leurs biens ; ils peuvent donc, à cet égard, traiter librement entre eux, par exemple acheter, vendre, faire donation etc[7]...

1. I II, q. 103, a. 2.

2. I II, q. 101, a. 1, c.

3. C'est le sens de *judicialis* dans le *Digeste* de Justinien.

4. I II, q. 104, a. 1, c.

5. Cela a pour conséquence que les préceptes judiciaires « tirent leur force obligatoire non de la seule raison, mais du fait de leur institution », *ibid.*

6. I II, q. 105, a. 1, c.

7. « *Sicut Augustinus in II De Civ. Dei introducit a Tullio dictum, "populus est coetus multitudinis iuris consensu et utilitatis communione sociatus". Unde ad rationem populi pertinet ut communicatio hominum ad invicem iustis praeceptis legis ordinetur. Est autem duplex communicatio hominum ad invicem, una quidem quae fit auctoritate principum; alia autem fit propria*

Pour Thomas, « ces deux sortes de rapports ont été convenablement réglés par la loi »[1]. L'institution des juges est garante de l'équité sur le premier point et, sur le second, le régime de propriété (tel qu'il apparaît en différents lieux du Pentateuque) a évité de trop fortes inégalités. Se référant à Aristote, Thomas précise que : « l'idéal, quant aux biens, est que les propriétés soient distinctes, mais que l'usage en soit partiellement commun et partiellement distribué par la volonté des propriétaires »[2].

Dans ce long sous-traité, on est frappé par la préoccupation de Thomas d'Aquin de mettre en lumière la cohérence entre le régime d'organisation du peuple hébreux tel qu'il ressort de l'Écriture et les principes philosophiques qu'il a dégagés en recourant à Aristote. Sans rien retrancher du caractère unique de la loi régissant le peuple de la première alliance, il semble bien que saint Thomas veuille voir dans la loi divine qui provient de Dieu une attestation du bien-fondé de ses conceptions naturelles d'organisation politique. Cela ne signifie pas, pour autant, que Thomas déduise ces dernières des données concernant la loi ancienne. Si l'on perd de vue l'intention de saint Thomas d'élaborer une pensée globale du politique, philosophique et théologique, son étude de la loi ancienne aura toute chance de dérouter son lecteur. C'est sans doute l'une des raisons pour lesquelles peu d'attention lui est d'ordinaire accordée.

La loi nouvelle

La loi nouvelle est la seconde étape de l'unique loi divine. Unique, parce que loi ancienne et loi nouvelle ont une même fin, « la soumission des hommes à Dieu ». La loi nouvelle, présente en l'ancienne comme le blé dans l'épi[3], accomplit celle-ci en la portant à sa perfection. « Ce qui est parfait réalise en plénitude ce qui manque à l'imparfait » : la loi nouvelle apporte ce que la loi ancienne ne pouvait donner par elle-même, la justification. « La loi nouvelle justifie »[4], c'est-à-dire restaure l'homme dans la communion à la vie divine. C'est en ce sens que la loi ancienne était figurative de celle qui devait venir.

Le court sous-traité de la loi nouvelle (q. 106-108) s'ouvre sur une question portant sur la matérialité de la loi : s'agit-il d'une loi écrite ? Il s'agit pour saint

voluntate privatarum personarum. Et quia voluntate uniuscuiusque disponi potest quod eius subditur potestati, ideo auctoritate principum, quibus subiecti sunt homines, oportet quod iudicia inter homines exerceantur, et poenae malefactoribus inferantur. Potestati vero privatarum personarum subduntur res possessae, et ideo propria voluntate in his possunt sibi invicem communicare, puta emendo, vendendo, donando, et aliis huiusmodi modis», *ibid.*, a. 2, c. Thomas se réfère à Augustin, *De Civ. Dei* II, 21, PL 41, 725 ; BA 37, 429, qui cite Cicéron, *De Republica* I, 39.

1. *Ibid.* Les douze objections et leurs réponses sont une justification de multiples préceptes judiciaires.

2. *Ibid.* Saint Thomas se réfère à Aristote, *Pol.*, II, 5, 1263 a 22-33.

3. I II, q. 107, a. 3, c.

4. I II, q. 106, a. 2, c. La justification est précisément le don intérieur de la grâce de l'Esprit Saint. C'est à ce titre que la loi nouvelle justifie, et non au titre de l'Evangile.

Thomas de justifier encore une fois l'application analogique de sa définition. Il répond :

> Ce qu'il y a de plus important dans la loi nouvelle, ce en quoi réside toute sa force, c'est la grâce de l'Esprit Saint donnée par la foi au Christ. La loi nouvelle consiste principalement donc dans la grâce même de l'Esprit Saint accordée aux fidèles du Christ. [...] Il y a toutefois dans la loi nouvelle certaines dispositions qui préparent à la grâce de l'Esprit Saint, et ce qui concerne l'usage de cette grâce. Ce sont dans la loi nouvelle des éléments en quelque sorte seconds, dont il a fallu que ceux qui croient au Christ fussent instruits, oralement et par écrit, tant pour ce qui est à croire que pour ce qui est à faire. Il faut donc conclure que, pour le principal, la loi nouvelle est une loi intérieure (*lex indita*), mais que secondairement elle est une loi écrite (*lex scripta*)[1].

L'affirmation de Thomas pourra surprendre : parmi les éléments seconds, il faut mentionner l'Evangile et les préceptes qu'il contient, les sacrements... Mais elle est indiscutable : c'est la grâce de l'Esprit Saint, la loi gravée dans les cœurs et prophétisée par Jérémie (31, 33), qui constitue l'essentiel de la loi nouvelle. Tout ce qui est de l'ordre des moyens de salut est ordonné à la vie de la grâce. Ces éléments seconds sont cependant nécessaires, ne serait-ce qu'en raison de l'infirmité de la nature humaine. Toujours soucieux de rapprocher cette loi divine de la loi naturelle, Thomas précise :

> Ce qui est intérieur à l'homme peut s'entendre en deux sens : soit en rapport avec la nature humaine, et c'est ainsi que la loi naturelle est une loi intérieure à l'homme ; ou bien c'est intérieur à l'homme comme quelque chose de surajouté (*superadditum*) à la nature par le don de la grâce. C'est en ce sens que la loi nouvelle est inscrite en l'homme, non seulement lui indiquant ce qu'il faut faire, mais encore l'aidant à l'accomplir[2].

1. « *Id autem quod est potissimum in lege novi testamenti, et in quo tota virtus eius consistit, est gratia spiritus sancti, quae datur per fidem Christi. Et ideo principaliter lex nova est ipsa gratia spiritus sancti, quae datur Christi fidelibus. [...] Habet tamen lex nova quaedam sicut dispositiva ad gratiam spiritus sancti, et ad usum huius gratiae pertinentia, quae sunt quasi secundaria in lege nova, de quibus oportuit instrui fideles Christi et verbis et scriptis, tam circa credenda quam circa agenda. Et ideo dicendum est quod principaliter nova lex est lex indita, secundario autem est lex scripta* », I II, q. 106, a. 1, c.

2. « *Dupliciter est aliquid inditum homini. Uno modo, pertinens ad naturam humanam, et sic lex naturalis est lex indita homini. Alio modo est aliquid inditum homini quasi naturae superadditum per gratiae donum. Et hoc modo lex nova est indita homini, non solum indicans quid sit faciendum, sed etiam adiuvans ad implendum* », *ibid.*, ad 2. Les deux lois sont intérieures. Mais la première est innée, alors que la seconde est donnée, ajoutée à la nature. Le parallèle établi par Thomas mérite d'être souligné, comme le fait le P. Tonneau : « Par la raison nous nous comportons en hommes, par la grâce en chrétiens. Le mode théandrique de notre religion se retrouve donc ici. Notre loi naturelle, humaine de naissance, et la loi nouvelle en son énergie et son flux de grâce divine, bien loin de constituer deux ordres quasiment superposés, sous la double hégémonie de la grâce et de la raison, se rejoignent et se compénètrent ; le *superadditum* suggérerait une image fallacieuse si on voyait l'être de grâce superposé à l'être de nature, comme s'il y avait deux niveaux de législation, correspondant à la loi naturelle (de raison) et à la loi nouvelle (de grâce). Mais n'est-ce pas méconnaître l'élévation et la divinisation de l'être de nature et de sa loi naturelle ? », *Notes et*

Cette dernière mention fait référence à la grâce, qu'on retrouvera bientôt. Ce caractère essentiellement intérieur de la loi nouvelle est de première importance. Il exprime qu'elle ne vient aucunement se substituer à l'édifice loi naturelle-lois humaines, mais le perfectionner de l'intérieur[1]. En cela, elle diffère radicalement de la loi ancienne qui était composée de préceptes et qui était, on l'a vu, la loi de cette communauté singulière du peuple d'Israël. Rien de tel dans la nouvelle alliance : il est bien clair, à lire saint Thomas, que ce n'est pas l'Evangile qui dispose les structures de l'ordre politique naturel. La loi nouvelle s'inscrit, en quelque sorte, dans l'édifice naturel, le respecte et le met en valeur. On dira que si la loi ancienne apparaît, en un sens, comme un substitut de l'édifice naturel (sans le contrarier : les préceptes moraux relèvent pour l'essentiel de la loi naturelle), la loi nouvelle en est une restauration (sans préjudice de l'ordre spécifiquement surnaturel de la fin humaine).

Le caractère intérieur de la loi nouvelle est le gage de la consistance propre de l'ordre naturel. Il est significatif que les deux pôles principaux du traité de la

appendices au traité de la loi nouvelle de la Somme théologique de saint Thomas d'Aquin, op. cit., p. 249.

1. Dans son étude citée : « Pour lire le traité des lois », on a vu que V. Aubin, se référant à Louis Dumont, interprète Thomas selon un « schéma hiérarchique », en distinguant deux points de vue en un même homme, celui du citoyen et celui de l'individu. « En tant que citoyen, il est membre et partie de la communauté politique. En tant qu'individu, c'est-à-dire en tant qu'homme "total", il est ordonné à Dieu » (p. 335). Le citoyen est « l'homme extérieur », en relation avec les autres hommes, et par là soumis aux lois humaines dont Thomas a dit qu'elles n'avaient pas vocation à régler les actes intérieurs. L'homme « total » serait « l'homme intérieur », soumis à la loi nouvelle dans ses relations avec Dieu. Un tel schéma ne semble pas conforme à la pensée de Thomas d'Aquin, car il établit de fait une dichotomie entre les deux ordres : la loi civile est pour le citoyen, pour l'homme dans sa réalité collective; la loi nouvelle est pour le croyant, pour l'homme singulier dans sa relation à Dieu. Dans un tel schéma, l'unité foncière de l'ordre naturel et de l'ordre de la grâce n'est pas honorée. Thomas d'Aquin est beaucoup plus ambitieux. D'une part, la grâce vient perfectionner la nature, c'est-à-dire lui permettre de vivre effectivement selon la loi naturelle exprimée par les lois humaines, et réaliser son être collectif en édifiant le bien commun. La loi nouvelle intéresse directement l'ordre politique naturel; c'est tout le sens de la charité comprise comme forme des vertus, au premier chef de la vertu de justice. C'est tout l'homme qui est engagé dans l'ordre politique, même si les lois civiles ne régulent que les actes extérieurs. D'autre part, la grâce ouvre l'homme à la fin surnaturelle de la béatitude, qui n'est pas seulement une fin individuelle, mais également collective, comme on l'a vu dans les premiers chapitres. Au total, c'est tout l'homme, extérieur et intérieur, qui est engagé dans l'ordre politique naturel, et c'est tout l'homme encore qui est grâcié et qui va tendre à la fois vers le bien commun naturel et vers le bien commun surnaturel. Le schéma proposé par V. Aubin reproduit, en fait, la distinction habituelle à la théologie scolastique déclinante, qui cantonne de fait le politique au naturel et réserve le théologal à l'individu. Cette conception se ressent de la séparation moderne entre sphère publique et sphère privée, la première étant le domaine du politique, et la seconde celui du religieux. Elle n'honore pas pleinement l'anthropologie thomasienne, qui engage tout l'homme, jusque dans sa dimension politique, à la fois au niveau naturel et au niveau théologal. Il n'y a pas, chez Thomas d'Aquin, une association du principe holiste à la vie sociale et de l'individualisme à la vie spirituelle. Le principe holiste vaut aussi bien pour le social que pour le spirituel; c'est la vie humaine unique qu'il faut considérer dans ses deux dimensions, à la fois singulière et collective. Le texte invoqué de I II, q. 90, a. 2, c., qui évoque à la fois la félicité et la béatitude, qui finalisent la loi, atteste bien du fait que Thomas entend traiter de tout l'homme à chacun des niveaux, naturel et théologal.

loi de la *Somme*, la loi naturelle et la loi nouvelle, soient des lois intérieures (*inditae*) : on ne peut mieux exprimer le fait qu'elles ne sont pas imposées, mais qu'elles épousent, de l'intérieur, la nature de l'homme. S. Thomas cite volontiers Sg 8, 1 : « la Sagesse régit l'univers avec douceur (*suaviter*) ». La créature est mue par Dieu, dans l'ordre de la nature comme dans celui de la grâce, selon sa propre nature[1].

Ce caractère intérieur explique que la loi nouvelle abandonne les préceptes judiciaires et cérémoniels de la loi ancienne, et conserve les préceptes moraux figurant dans le Décalogue, qui relèvent principalement de la loi naturelle. Mais, par le don intérieur de la grâce, elle en rend l'accomplissement possible. Et cela justifie que, dans la brève analyse que Thomas d'Aquin fait des préceptes (seconds rapportés à la grâce elle-même), il souligne que la loi nouvelle mérite d'être appelée « loi de liberté parfaite » (Jc 1, 15) :

> La loi nouvelle mérite doublement le nom de loi de liberté : d'abord, parce qu'elle ne nous assujettit à faire ou à éviter que les actes essentiellement contraires au salut, qui sont commandés ou interdits par la loi. Ensuite, parce que même ces commandements ou prohibitions, elle fait que nous les observions librement, en ce sens que nous les observons sous l'inspiration intérieure de la grâce[2].

Dire que la loi nouvelle ne supprime pas la loi naturelle mais au contraire la conforte, c'est dire aussi que la cité de Dieu qu'est l'Église ne frappe pas la cité terrestre de caducité. On n'en sera pas surpris si l'on se souvient des questions étudiées aux chapitres I à III.

Si la grâce de l'Esprit Saint est ainsi l'élément essentiel dans la loi nouvelle – ce qui montre toute l'étendue analogique de la notion de loi –, si la grâce non seulement éclaire, mais encore contribue à la vie selon cette loi, on perçoit qu'elle a un statut particulier au regard des autres lois, y compris la loi ancienne, dont l'objet n'était que d'éclairer par la raison. On se souvient que, dans le prologue du traité, saint Thomas avait distingué les deux formes de contribution de Dieu, « principe extérieur » qui incite à bien agir, « soit qu'il nous instruise par sa loi (*instruit per legem*), soit qu'il nous soutienne par sa grâce (*juvat per gratiam*) »[3]. La loi nouvelle arrive au terme de tout le traité de la loi, et saint Thomas poursuit astucieusement par le court traité de la grâce (q. 109-114), la continuité étant assurée par le fait que la grâce est à la fois l'élément essentiel de la loi nouvelle, et l'adjuvant communiqué par Dieu pour

1. *Cf.* I II, q. 90, a. 4, ad 1. C'est le contraire d'une promulgation par imposition, mais cela n'empêche pas que, sur cette base, la loi puisse corriger ou punir.

2. « *Lex nova dicitur lex libertatis dupliciter. Uno modo, quia non arctat nos ad facienda vel vitanda aliqua, nisi quae de se sunt vel necessaria vel repugnantia saluti, quae cadunt sub praecepto vel prohibitione legis. Secundo, quia huiusmodi etiam praecepta vel prohibitiones facit nos libere implere, inquantum ex interiori instinctu gratiae ea implemus* », I II, q. 108, a. 1, ad 2.

3. I II, q. 90, *Prol.*

en vivre[1]. La grâce est à la fois lumière et aide, *instructio* et *adjuvatio.* Elle est sanctifiante et soignante, *justificans* et *sanans*, en tant qu'elle ouvre la voie à la vie divine et corrige en même temps la nature blessée[2].

Ici réside la nouveauté radicale apportée par le Christ, qui caractérise la nouvelle alliance. Il apporte à la fois la lumière ultime sur l'agir humain, et le moyen d'agir sans lequel l'homme ne peut tendre vers la fin qui lui est révélée. Cette économie de la loi nouvelle, qui spécifie le dernier des « temps du monde » d'ici-bas, est bien un état de perfection dans lequel l'homme est rendu capable de vivre ce qui lui est montré comme étant son bien et sa fin. Il a besoin de ce secours divin, dit Thomas, parce que « dans l'état de nature corrompue, l'homme ne peut observer tous les préceptes divins sans la grâce qui vient guérir la nature »[3], et parce que cette même grâce lui permet de les accomplir dans la charité.

B – *Commentaires*

L'ampleur du traité appelle de multiples développements. On revient ici sur le sens et la visée du traité, ainsi que sur son maillon central, sans lequel l'ensemble est inintelligible : la loi naturelle.

1 – *Philosophie ou théologie de la loi?*

La lecture du traité de la loi le laisse pressentir, et les usages qu'on en a fait en attestent : il y a comme deux lignes qui se dégagent, deux ensembles qui semblent avoir leur physionomie propre dans le vaste ensemble élaboré par Thomas d'Aquin. D'un côté, une ligne « naturelle » qui englobe loi éternelle, loi naturelle et lois humaines, ce que l'on nomme parfois le sous-traité de « la loi en général » (I II, q. 90 à 97). Il semble qu'on puisse en tirer une philosophie de la loi, une conception profane du monde commun, qui repose sur un être premier créateur et gouverneur du monde, qui donne toute sa place à l'œuvre humaine d'organisation de la cité. C'était, pour simplifier, la conception des Stoïciens, que la voix de Cicéron continue de faire entendre, par-delà la disparition du monde romain, en en rappelant sans cesse la grandeur. Elle doit beaucoup à Aristote et à sa conception de la nature. Saint Thomas lui-même, par ses nombreuses citations d'Aristote, de Cicéron, et ses références au droit romain et aux jurisconsultes, ne manque pas d'encourager une telle lecture, qui semble à certains d'autant plus opportune qu'elle demeure recevable au-delà d'un cadre strictement chrétien de pensée politique. De fait, ce premier

1. L'harmonie avec laquelle saint Thomas poursuit son analyse ne peut faire oublier le paradoxe apparent auquel il aboutit. Alors que, chez saint Paul et saint Jean notamment, la loi et la grâce semblent antinomiques, Thomas d'Aquin les réunit ici en traitant de la « loi de grâce » (I II, q. 106, a. 3, c.). En fait, Jean et Paul visent la loi ancienne, incapable par elle-même de justifier.

2. Cette guérison doit être comprise comme un secours apporté à l'homme qui lui permet d'agir en vue de son bien en dépit de l'obscurcissement possible de son intelligence et de la faiblesse de sa volonté.

3. I II, q. 109, a. 4, c.

ensemble du traité des lois peut être saisi comme une source pour une philosophie du droit, ou pour une éthique générale, et il l'a bien souvent été dans le passé.

D'un autre côté, le sous-traité de «la loi divine», qui réunit loi ancienne et loi nouvelle (q. 98 à 108, voire 114), témoigne lui aussi d'une homogénéité propre, qu'il tire de sa source révélée. On est ici dans un monde spécifiquement chrétien, et les références de Thomas dans ces articles ne trompent pas: elles émanent avant tout de l'Écriture, celles tirées des auteurs païens étant bien moins nombreuses que lorsqu'il était question de «la loi en général». Au demeurant, on n'oubliera pas que, pour Thomas, Dieu est à l'origine des deux ordres, celui de la nature et celui de la grâce, et des deux ordres de lois, par la loi naturelle, impression de la loi éternelle, et par la loi nouvelle.

Pour ceux qui privilégient le premier ensemble, la présence de ce sous-traité de la loi divine apparaît comme adventice, comme l'hommage que le théologien Thomas d'Aquin devait rendre à la Révélation[1]. Pour ceux qui considèrent au contraire qu'il a en vue la loi divine, ce sont les développements consacrés à la loi humaine qui peuvent sembler déplacés, ou en tout cas dispositifs seulement à la perfection apportée par la loi divine[2]. Une lecture qui entend faire droit aux affirmations de saint Thomas interdit une telle dichotomie et exige de regarder l'édifice législatif qui ressort du traité de la loi comme un ensemble unique et homogène. Affirmer la nécessité de la loi divine ne diminue en rien les fondements naturels de l'édifice et la part active que les hommes prennent à sa construction. Pour autant, il apparaît clairement que l'édifice ne peut être achevé si l'on retranche de lui la composante de la loi divine. Cela signifie précisément que, pour saint Thomas, l'édifice naturel, composé des lois humaines reposant sur la loi naturelle, ne peut pleinement jouer son rôle que si lui est adjoint le complément de la loi divine, et spécialement sous sa forme parfaite qu'est la loi nouvelle. Les réponses qu'il apporte à sa question: «L'homme peut-il, sans la grâce, et par ses facultés naturelles (*sine gratia per sua naturalia*), observer les préceptes de la loi?» (q. 109, a. 4), que l'on a résumées, sont dépourvues d'équivoques. Il en est à peu près incapable, parce que sa nature est corrompue – ce qui l'empêche d'agir pleinement selon la raison – et parce qu'il n'a pas la charité qui l'ordonne à sa

1. La saisie isolée du sous-traité de la loi en général est ancienne, et remonte au moins au XVIe siècle où se multiplient les traités *De Legibus*. Le P. Tonneau fait remarquer que Billuart, au XVIIIe siècle, limite son commentaire du traité des lois de la *Somme* aux questions 90 à 97 (*Notes et appendices au traité de la loi nouvelle*, *op. cit.*, p. 207). La primauté accordée à la loi en général explique aussi que, dans les enseignements sur la loi donnés à l'école de saint Thomas, on ait rapatrié la loi dans l'exposé général de la justice et du droit. C'est le cas de Dominique de Soto, on l'a dit, au XVIe siècle (*ibid.*, p. 208).

2. C'est l'opinion à laquelle incline le P. TONNEAU, *Notes et appendices au traité de la loi nouvelle*, *op. cit.*, p. 218-223. De fait, la loi nouvelle apparaît bien comme le couronnement de l'édifice, la flèche de la cathédrale. Mais elle ne révoque pas pour autant la consistance propre de l'ordre naturel.

fin surnaturelle. C'est sans doute l'un des lieux où l'approche thomasienne du politique se révèle le plus clairement.

Thomas d'Aquin entend traiter du politique en tous ses aspects. Selon la distinction qu'il maintient entre l'ordre naturel et l'ordre surnaturel, il étudie d'abord le dispositif qui relève de la nature de l'homme et des communautés naturelles. Ce dispositif, qui repose sur le caractère rationnel de l'homme et de son agir, aboutit à la mise en valeur des lois humaines, ou civiles, pour la conduite des communautés et de leurs citoyens. Mais, l'ordre naturel étant dégradé par le péché, ce dispositif naturel ne peut jouer de façon pleinement satisfaisante. Le dispositif surnaturel, qui s'accomplit dans le don de la grâce, *instructio* et *adjuvatio*, vient rectifier l'ordre naturel – en permettant à l'homme d'agir vraiment selon la raison – et ouvrir la voie à la poursuite du bien personnel et du bien commun surnaturels. Les deux pôles du traité – le pôle naturel qui aboutit à la loi civile, et le pôle théologal qui culmine dans la loi nouvelle – sont comme les deux foyers d'une ellipse, distincts mais toujours référés l'un à l'autre. C'est dire que l'homme et les communautés humaines ont besoin de l'ensemble du dispositif, naturel et surnaturel, pour agir en vue de leurs fins, naturelle et surnaturelle. Si l'on veut restreindre son attention à l'ordre naturel, on peut lire dans le traité de « la loi en général » une philosophie de la loi, et par là du droit[1]. Mais on risque d'oublier que tout cet organisme rationnel ne fonctionne, livré à lui-même, que de façon défectueuse. Il a besoin, pour opérer convenablement, d'être soutenu (*adjuvatus*) par la grâce.

Si bien qu'il faut tenir que l'approche d'ensemble du traité de la loi est bien théologique, non au sens où Thomas d'Aquin n'aurait en vue que la finalité surnaturelle, mais au sens où les ordres naturel et surnaturel sont saisis conjointement, chacun étant honoré dans sa consistance propre et pouvant atteindre sa fin. Le traité de la loi montre de façon éloquente que saint Thomas veut se saisir de tout l'humain, ce qui signifie pour lui l'union sans confusion ni séparation du naturel et du surnaturel, de la raison et de la foi. On retrouve ici le "statut chalcédonien" qui caractérise son anthropologie politique et sa politologie. L'ordre de la raison a toute son importance – on a vu la place que Thomas lui accorde – et justifie le recours à une philosophie du politique. Mais il ne peut atteindre par lui-même son terme, et c'est dans l'ouverture à l'ordre surnaturel qu'il trouve à la fois son aboutissement et son dépassement. C'est donc, en fin de compte, une théologie du politique que saint Thomas élabore dans le traité de la loi, mais une théologie qui ne peut se passer d'une

1. La restriction contraire consiste à ne considérer que l'ordre surnaturel, sans égard pour l'ordre naturel. Ce serait le risque attaché à un augustinisme politique extrême, pour lequel la raison est totalement corrompue par le péché. Il est impossible de verser dans un tel travers en prétendant rester fidèle à saint Thomas, alors qu'on peut, à la limite, revendiquer sa paternité à l'appui d'une philosophie autonome du politique. Mais, en toute rigueur, on ne lui est pas alors plus fidèle que dans le cas précédent. Ce sont deux excès contraires dans un même genre, celui qui ne tient pas l'union articulée des ordres naturel et surnaturel.

philosophie du politique, celle-ci n'atteignant en retour son effectivité pratique qu'ouverte à l'ordre théologique.

Le traité de la loi de saint Thomas d'Aquin est bien souvent victime de sa grandeur. Il est si ample qu'il se prête aux réductions, selon l'optique restrictive de ses lecteurs respectifs. Celui qui entend demeurer dans la sphère profane délaissera le sous-traité de la loi divine, alors que le théologien étroit ne privilégiera que celui-ci. Quant au tenant d'une éthique individuelle, il s'en tiendra à la loi naturelle, quitte à oublier qu'une loi est portée *ad omnia* et à passer sous silence les lois humaines sans lesquelles la loi naturelle est incomplète. Une étude attentive de saint Thomas invite tous et chacun à une plus grande largeur de vue.

2 – *La doctrine thomasienne de la loi naturelle : fortune et infortune*

Il ressort de l'étude du traité dans son ensemble que la loi naturelle est au cœur du dispositif thomasien, c'est-à-dire au cœur de sa compréhension de l'acheminement des hommes vers leur fin par leurs actes libres éclairés par la raison. Elle est le don fait par le créateur aux hommes afin qu'ils puissent découvrir en eux-mêmes, chacun et tous ensemble, les lumières requises pour « régler et mesurer » leurs actes, pour agir en créatures rationnelles. Elle est ce socle intérieur à partir duquel les hommes pourront, par les moyens appropriés, découvrir les lois qui conviennent à une communauté donnée, à un moment donné[1]. La loi naturelle est donc le substrat intérieur des lois civiles et, par là, le gage de leur légitimité[2]. La loi divine, de son côté, loin de congédier la loi naturelle ou de la rendre caduque, la confirme au contraire et rend possible une vie qui lui soit conforme. On a vu que les préceptes moraux de la loi ancienne relèvent essentiellement de la loi naturelle, et que le Décalogue demeure valide sous le régime de la loi nouvelle. Le premier objet de la loi divine – c'est-à-dire, ultimement, du don de la grâce – est de permettre la pratique effective d'une vie selon la raison droite; le second étant d'ouvrir l'accès à la vie divine communiquée. Ainsi s'exprime chez Thomas d'Aquin le caractère théandrique de la vie humaine : en sa perfection, elle est pleinement selon la raison et pleinement selon la grâce, celle-ci portant au plus haut celle-là, dans une union « sans confusion ni séparation »[3].

1. La doctrine thomasienne de la loi naturelle répond aux difficultés à formuler un jugement sur la vérité pratique; voir sur ce point E. L. Fortin, « Saint Thomas d'Aquin », *in Histoire de la philosophie politique, op. cit.*, p. 285-286.

2. Telle est, en tout cas, sa vocation, selon les conceptions de saint Thomas. La loi naturelle est donc beaucoup plus, et n'est pas d'abord, une instance de jugement de la légitimité des lois civiles, de leur *ratio legis*. Certes, on a vu que Thomas considère qu'une norme contraire à un précepte de la loi naturelle est dépourvue, de ce fait même, de sa *ratio legis*. Mais on ne peut réduire la loi naturelle à n'être qu'une telle instance d'incrimination. Alors qu'elle a vocation à en être un principe intérieur, le risque serait grand d'en faire une norme extrinsèque de jugement des lois : ce qui serait un réel appauvrissement.

3. Sur ce "statut chalcédonien", cf. *supra*, chap. IV, et *infra*, chap. VIII.

Cette place reconnue à la raison explique la fortune que connaîtra la doctrine thomasienne dans la philosophie du droit. Cette fortune ne tient pas tant à la reconnaissance de la loi naturelle elle-même, dont le rôle est établi depuis Cicéron au moins, qu'au champ que sa conception ouvre au droit positif, en un temps où le développement du droit devait accompagner celui de l'industrie humaine, des villes et des États. La loi naturelle, pour être effective, appelle ces déterminations exigées par la réalité politique que sont les lois civiles. Comme le remarque Michel Villey, « bien que cela soit très méconnu, la loi positive occupe une place prépondérante *dans* la doctrine du droit naturel de saint Thomas »[1]. Cette redécouverte est considérable à son époque, parce que le dynamisme de la raison à l'œuvre dans les déterminations de la loi naturelle ouvre la voie à l'utilisation toujours adaptée du droit romain, à l'édification d'une jurisprudence laïque, au développement de la doctrine et, en fin de compte, au renouveau de la fonction législatrice, du *jus facere.* « Le Moyen Âge augustinien tendait à se passer de la loi humaine; [...] au contraire, parce que la doctrine classique du juste naturel conçoit ce dernier comme *incomplet*, à lui seul *informe*, et *changeant*, saint Thomas restaure la loi »[2]. Les études historiques de philosophie du droit montrent que cette transformation de l'édifice législatif touche aussi bien le droit civil que le droit public. Pour s'en tenir à ce dernier, on a vu au chapitre IV l'élaboration par Thomas d'une théorie profane de la souveraineté, dont certains useront après lui pour nourrir la contestation du pouvoir direct du pape sur les souverains étatiques[3]. Une telle théorie s'appuie sur sa doctrine du droit naturel, source de la légitimité du souverain. Les principes d'organisation de la cité : l'autorité, la hiérarchie, les choix en commun et les délégations de souveraineté, se fondent eux aussi dans la nature et ne sont plus compris comme des remèdes nécessités par l'état peccamineux de l'humanité, comme ils pouvaient l'être dans une perspective augustiniste.

Si l'apport de la doctrine thomasienne de la loi naturelle et du droit naturel a un impact considérable sur la doctrine et l'édification des communautés humaines à la fin du Moyen Âge, elle n'en connaît pas moins, dans les siècles qui vont suivre, un destin tourmenté, qu'on se borne ici à évoquer. L'époque moderne est d'abord marquée par ce que l'on nomme traditionnellement la dérive rationaliste de la loi naturelle[4]. Sous le même vocable, on envisage désormais une démarche qui, à partir d'une approche purement philosophique et universelle de la nature humaine, entend déduire l'ensemble des règles morales gouvernant l'agir humain, pour tous et pour toujours. Toute référence à une origine divine, et surtout tout processus pragmatique de déduction à partir de la contingence des situations humaines s'évanouissent. La raison,

1. *La formation de la pensée juridique moderne, op. cit.*, p. 162.

2. *Ibid.*, p. 165.

3. C'est le cas chez JEAN DE PARIS, dans son *De potestate regia et papali.*

4. Sur ce sujet, voir la précieuse étude de Jacques MARITAIN, *La loi naturelle ou loi non écrite*, O.C. XVI, p. 687-918, Fribourg – Paris, Éditions universitaires – Éditions Saint-Paul, 2000.

comme le suggère Jacques Maritain, devient « une divinité abstraite, infaillible, [qui] déchiffre infailliblement l'infaillible nature »[1]. C'est donc à la fois une abstraction et une sécularisation de la notion de loi naturelle. Dieu n'en est plus, au mieux, qu'un garant extérieur et bientôt superflu[2]. Il n'est pas surprenant qu'une telle absolutisation de la nature ait conduit à la dérive contraire, que l'on peut qualifier d'empiriste ou positiviste. La nature, dans cette perspective, n'est porteuse d'aucune signification intrinsèque et intelligible, et se réduit à un ensemble de faits ou de données expérimentales : il n'y a plus, à proprement parler de loi de nature. La loi positive n'est alors qu'empirique, pure convention émanant d'une volonté générale non référencée à une loi de nature qui la précède[3].

A travers ces éléments très succincts, on perçoit combien, de siècle en siècle, on s'est éloigné des positions initiales de Thomas d'Aquin. Après l'œuvre largement singulière de Jacques Maritain, on discerne à l'époque contemporaine, principalement dans le monde anglo-saxon, un certain retour aux conceptions thomasiennes, selon une expression compatible avec les enseignements de la science moderne. Pour quelques auteurs, il s'agit de retrouver la loi naturelle comme fondement des conceptions éthiques et politiques. Ainsi s'élabore une « Nouvelle théorie de la loi naturelle (*New theory of the Natural Law*) » qui est à l'origine d'un notable mouvement de renouveau doctrinal. A la vérité, on n'est guère surpris de voir resurgir à cette occasion les questions qui se rattachent au point précédent, et qui découlent de la composition même du traité de la loi. Peut-on tenir une doctrine de la loi naturelle qui ne s'accompagne d'une reconnaissance de Dieu, et donc d'une providence ? Est-il valide d'élaborer à partir de saint Thomas une doctrine purement philosophique de la loi naturelle, quitte à lui adjoindre un volet théologique, à titre complémentaire ? Est-il légitime de reconnaître des inclinations naturelles et d'en déduire des déterminations morales ? On a vu la conception organique et complète de saint Thomas : elle ouvre la voie, sans les clore, aux questions contemporaines, qui engagent autant l'ordre métaphysique que l'ordre strictement pratique[4].

1. *Ibid.*, p. 769.

2. Grotius écrit ainsi, dans une formule devenue célèbre : « Même si, par impossible, Dieu n'existait pas, la loi naturelle continuerait à avoir toute sa valeur et sa force obligatoire », *Le droit de la paix et de la guerre*, *Prol.*, XI, « Quadrige », Paris, P.U.F., 2012.

3. Hans Kelsen et l'école positiviste du droit en sont, à l'époque contemporaine, une expression emblématique.

4. Germain Grisez et John Finnis sont largement à l'origine de ce mouvement et des débats qu'il a suscités. Voir J. FINNIS, *Aquinas, Moral, Political and Legal Theory*, « Founders of Modern Political and Social Thought », Oxford, University Press, 1998. Un état des débats contemporains est bien représenté par *St. Thomas Aquinas and the Natural Law Tradition*, Contemporary Perspectives, Ed. John Goyette, Mark S. Latkovik and Richard S. Myers, Washington, D. C., The Catholic University of America Press, 2004. Voir aussi J. PORTER, *Nature as Reason*, A Thomistic Theory of the Natural Law, Grand Rapids (Michigan), William B. Eerdmans, 2005.

SECTION III – LA LOI CIVILE

Puisque la conception thomasienne de la loi naturelle ouvre tout son champ à la loi humaine, qui l'exprime et la détermine dans des situations particulières, il n'est pas surprenant que la *Somme de théologie* développe quelque peu les considérations générales de la q. 95, qui sont ci-dessus résumées. Thomas consacre ainsi deux questions au pouvoir de la loi humaine (q. 96) et au changement de celle-ci (q. 97). Même si son intention n'est pas de faire œuvre de philosophe du droit et des institutions politiques, les dix articles qui les composent au total sont les fondements d'une philosophie de la loi civile dont la doctrine juridique fera grand usage. L'esprit général en est cette pédagogie par la loi qui caractérise l'ensemble du traité de la *Somme*. On y trouve des principes fondamentaux qui vont nourrir la pensée politique jusqu'à l'époque moderne. On retient ici les plus importants en les regroupant autour de deux thèmes : la portée des lois civiles, et leur évolution.

A – *La portée des lois civiles*

La portée des lois peut être appréhendée quant au bien qu'elles visent et quant au mal qu'elles entendent prohiber, étant rappelé que, chez saint Thomas, la force directive prime la force coercitive. La façon dont il traite de ces questions, sous leur apparence technique, dévoile un véritable art de gouverner.

1 – *La poursuite du bien*

On a rappelé plus haut que, pour saint Thomas, la loi, ordonnée au bien commun, a pour effet de rendre les hommes bons en les incitant à agir selon la vertu[1]. Est-ce à dire que les lois civiles ont vocation à régir toute l'activité humaine, dans tous ses aspects? Dans le langage technique qui est le sien, Thomas pose la question en ces termes : « la loi humaine ordonne-t-elle les actes de toutes les vertus ? » (q. 96, a. 3). Sa réponse est nuancée. D'un côté, il est clair que certains actes ne sont pas ordonnés au bien commun, mais seulement au bien privé (*bonum privatum*)[2]. Pour cette raison, « la loi humaine ne commande pas tous les actes de toutes les vertus, mais seulement ceux qui peuvent être ordonnés au bien commun »[3]. D'un autre côté, on se souvient que la justice générale a précisément pour objet d'ordonner au bien commun les biens particuliers, objets des vertus. C'est pourquoi « il n'y a aucune vertu dont la loi ne puisse prescrire les actes », même si, on vient de le dire, la loi ne

1. I II, q. 91, a. 1, c.
2. I II, q. 96, a. 3, obj. 3.
3. *Ibid.*, c. Cette ordination peut être immédiate, « par exemple quand certains actes sont directement accomplis en vue du bien commun », ou médiate, « par exemple lorsque le législateur porte certaines prescriptions ayant trait à la bonne discipline qui forme les citoyens à maintenir le bien commun de la justice et de la paix ».

s'applique pas à tous les actes de toutes les vertus. On apporte ici la justification du qualificatif de légal, souvent associé à la vertu de justice générale, analysée au chapitre précédent: « Parce que c'est le rôle de la loi de nous ordonner au bien commun, cette justice dite générale est appelée justice légale, car par elle l'homme s'accorde avec la loi qui ordonne les actes de toutes les vertus au bien commun »[1]. La loi, expression de la justice générale, est bien la matrice d'édification d'une communauté proprement politique, parce qu'ordonnée à son bien.

La conception thomasienne du commun et du singulier est autrement plus fine que la séparation moderne du public et du privé. Pour Thomas, dans la mesure où tel acte singulier et bon est rapporté, directement ou non, au bien commun, il est susceptible d'être régi par la loi, expression de la justice légale. La portée de la primauté d'ordre du bien commun, traitée au chapitre II, est ainsi considérable. L'unification des vies humaines dans le commun apparaît, une fois encore, essentielle dans la pensée de Thomas. Il importe de régir les actes singuliers parce que leur objet contribue au bien commun. L'esprit moderne ne s'insurge que parce qu'il sépare les biens singuliers du bien commun. Si l'on saisit que celui-ci ne peut s'édifier sans ceux-là, la contradiction s'évanouit et avec elle la dénonciation du totalitarisme d'une telle doctrine. Au demeurant, Thomas sait fort bien distinguer les ordres, et « qu'il y a des gens qui se comportent bien en ce qui concerne ce qui est commun, mais non dans leurs affaires privées (*in propriis*) »[2]. C'est justement pourquoi la loi, qui impose l'obéissance à ceux qui n'agissent pas bien dans leurs affaires propres, est requise: « le tout lui-même ne peut être bien constitué, sinon par des parties qui lui sont proportionnées »[3]. Le principe moderne de séparation du public et du privé est tellement assimilé qu'une telle conception de l'ordination du singulier au commun semblera à beaucoup hors de portée ou incompréhensible. Elle le sera peut-être moins présentée selon une voie négative: l'impossible réalisation du bien commun ne provient-elle pas du défaut de contribution des biens particuliers? L'évanouissement de la vertu de justice générale ou légale n'est que le symptôme de cette perte du sens de l'unité du singulier et du commun. L'enjeu semble bien être cet ajustement, cette « proportionnalité » de la partie au tout. Si l'on y est attentif, Thomas suggère une édification politique totalisante qui n'est pas pour autant totalitaire, car respectueuse de l'ordination libre du bien de chacun au bien du tout.

Pour autant, si la loi civile bien comprise peut s'étendre à tout l'agir humain en tant qu'il engage le bien commun, comment déterminer selon quelle « règle et mesure »? La loi, pour saint Thomas, ne saurait viser à réaliser une société de parfaits, parce que ceux qui la composent ne le sont pas: « la loi humaine ne

1. II II, q. 58, a. 5, c.
2. I II, q. 92, a. 1, obj. 3.
3. *Ibid.*, ad 3. Thomas cite S. Augustin: « Toute partie est difforme quand elle n'est pas accordée au tout (*turpis omnis pars est quae suo toti non congruit*) », III Conf. 8. PL 32, 689. BA 13, 391.

peut exiger des hommes une vertu parfaite qui ne serait le fait que d'un petit nombre, et qu'on ne pourrait trouver dans la multitude du peuple que la loi est obligée de soutenir»[1]. Sans même évoquer le mal, qui vient sans tarder, l'inégale situation des citoyens quant au bien et à la vertu qui le réalise exige une appréciation de la part du gouvernant quant à ce qu'il est raisonnable de poursuivre. C'est le plus grand bien accessible qu'il doit viser, proposant ainsi une règle et une mesure à l'agir des citoyens. Puisqu'«il faut que les hommes reçoivent d'autrui cette forme d'éducation par laquelle on peut arriver à la vertu»[2], «la loi humaine a pour but d'amener les hommes à la vertu, non d'un seul coup, mais progressivement»[3]. Le choix de la bonne règle et de la juste mesure relève de la prudence politique, comme on l'a vu au chapitre précédent.

2 – *La prohibition du mal*

C'est la question immédiatement symétrique à la précédente: «la loi humaine doit-elle prohiber tous les vices?»[4]. En somme, dès lors qu'elle est ordonnée au bien, la loi doit-elle chercher à éradiquer tout le mal de la cité? La réponse de Thomas reprend une doctrine ancienne[5], celle du moindre mal, mais en l'exprimant en des termes qui acquerront valeur de référence. Elle témoigne du réalisme de la politique thomasienne:

> La loi humaine est portée pour la multitude des hommes, et la plupart d'entre eux ne sont pas parfaits en vertu. C'est pourquoi la loi humaine n'interdit pas tous les vices dont les hommes vertueux s'abstiennent, mais seulement les plus graves, dont il est possible à la majeure partie (*maior pars*) des gens de s'abstenir, et surtout ceux qui nuisent à autrui. Sans l'interdiction de ces vices-là, en effet, la société humaine ne pourrait durer; aussi la loi interdit-elle les assassinats, les vols, et autres choses de ce genre[6].

La loi est portée pour «la plupart de gens», à un degré de prohibition admissible pour eux, et qui assure la pérennité de la communauté qu'ils forment[7]. Elle ne peut donc prétendre atteindre une perfection dans le bien qui

1. II II, q. 69, a. 2, ad 1.
2. I II, q. 95, a. 1, c.
3. I II, q. 96, a. 2, ad 2.
4. I II, q. 96, a. 2.
5. Thomas d'Aquin cite S. AUGUSTIN: «il me semble juste que cette loi, qui est écrite pour régir le peuple, permette ces choses, et que la providence divine en tire vengeance», *De Lib. Arb.* I, 5 PL 32, 1228. BA 6, 213, et S. Isidore de Séville: «la loi doit être possible, et selon la nature, et selon la coutume du pays», *Etymologies. Livre II, 10, Rhétorique*, ed. et interpret., P. K. MARSHALL, Paris, Les Belles Lettres, 1983.
6. «*Lex autem humana ponitur multitudini hominum, in qua maior pars est hominum non perfectorum virtute. Et ideo lege humana non prohibentur omnia vitia, a quibus virtuosi abstinent; sed solum graviora, a quibus possibile est maiorem partem multitudinis abstinere; et praecipue quae sunt in nocumentum aliorum, sine quorum prohibitione societas humana conservari non posset, sicut prohibentur lege humana homicidia et furta et huiusmodi*», I II, q. 96, a. 2, c.
7. C'est parce qu'elle est portée pour une multitude que la loi humaine doit être portée en termes généraux: I II, q. 96, a. 1, c. C'est un thème classique du droit romain que la généralité de la loi. Thomas se réfère ici à Justinien: «On doit établir la loi en fonction de ce qui arrive le plus

n'est accessible qu'aux citoyens les plus vertueux. Elle doit considérer une communauté donnée dans l'état de perfection et d'imperfection relatives de la majorité de ceux qui la composent et, à partir de là, tendre à les élever en vertu. A cet argument pédagogique concernant la loi, s'en ajoute un second tiré de l'expérience politique. C'est l'occasion pour saint Thomas de proposer une exégèse originale de deux passages scripturaires :

> La loi humaine a pour but d'amener les hommes à la vertu, non d'un seul coup mais progressivement. C'est pourquoi elle n'impose pas tout de suite à la foule des gens imparfaits ce qui est l'apanage des hommes déjà parfaits : s'abstenir de tout mal. Autrement les gens imparfaits, n'ayant pas la force d'accomplir des préceptes de ce genre, tomberaient en des maux plus graves, selon Pr 30, 33 : "Qui se mouche trop fort fait jaillir le sang". Et il est dit en S. Matthieu (9, 17) que "si le vin nouveau", c'est-à-dire les préceptes d'une vie parfaite, "est mis dans de vieilles outres", c'est-à-dire en des hommes imparfaits, "les outres se rompent et le vin se répand", c'est-à-dire que les préceptes tombent dans le mépris, et par le mépris les hommes tombent en des maux plus graves [1].

A trop exiger, une loi risque de tomber dans le mépris, voire de provoquer des troubles à l'ordre public. On se souvient que la composante la plus fondamentale du bien commun pour une multitude humaine réunie dans une cité est l'unité de la paix. Il y a donc un moindre mal à tolérer dans une cité, mal dont la prohibition aurait toute chance de provoquer un désordre plus grand que celui qu'elle entend éviter. Dans l'optique thomasienne, la progressivité de la loi accompagne celle du chemin de perfection des citoyens.

La notion sous-jacente à cette conception est celle de tolérance. Il s'agit de tolérer certains maux dans la cité pour en éviter de plus grands [2]. Thomas

souvent et non pas en fonction de ce qui peut arriver une fois par hasard », *Dig.*, *op. cit.*, I, tit. III, 1. 3.

1. « *Lex humana intendit homines inducere ad virtutem, non subito, sed gradatim. Et ideo non statim multitudini imperfectorum imponit ea quae sunt iam virtuosorum, ut scilicet ab omnibus malis abstineant. Alioquin imperfecti, huiusmodi praecepta ferre non valentes, in deteriora mala prorumperent, sicut dicitur Prov. XXX : "qui nimis emungit, elicit sanguinem". Et Matth. IX dicitur quod, "si vinum novum", idest praecepta perfectae vitae, "mittatur in utres veteres", idest in homines imperfectos, "utres rumpuntur, et vinum effunditur", idest, praecepta contemnuntur, et homines ex contemptu ad peiora mala prorumpunt* », *ibid.* On remarque l'usage purement civil de passages de l'Écriture. Thomas reprend son argumentation en II II, q. 77, a. 1, ad 1, lorsqu'il traite de la fraude dans les échanges : « la loi humaine régit une société dont beaucoup de membres n'ont guère de vertu ; or elle n'a pas été faite seulement pour les gens vertueux. La loi ne peut donc réprimer tout ce qui est contraire à la vertu, elle se contente de réprimer ce qui tendrait à détruire la vie en commun. On peut dire qu'elle tient le reste pour permis, non qu'elle l'approuve, mais elle ne le punit pas ».

2. On comprend bien ici la différence entre une loi de tolérance, qui s'inscrit dans un mouvement progressif vers un plus grand bien, et une loi permissive, qui se borne à laisser commettre le mal, sans le qualifier de tel. Même doctrine en *De Malo*, q. 13, a. 4, ad 6 : « Le droit positif vise à titre principal le bien commun de la multitude. Or il arrive parfois que si quelque bien est empêché, il en résulte un très grand dommage pour la communauté. Et c'est pourquoi le droit positif permet parfois une chose, par égard pour l'ensemble, non parce qu'il serait juste d'agir ainsi, mais pour que la communauté n'en souffre pas un plus grand détriment ».

d'Aquin reprend cette doctrine dans le cas des rites religieux des infidèles, et au premier chef des Juifs. Convient-il de les tolérer dans une cité qui se veut composée de fidèles? Le même argument est avancé pour justifier la réponse, assorti ici d'une référence au gouvernement de Dieu sur le monde :

> Le gouvernement humain dérive du gouvernement divin et doit le prendre pour modèle. Or Dieu, bien qu'il soit tout-puissant et souverainement bon, permet néanmoins qu'il se produise des maux dans l'univers, alors qu'il pourrait les empêcher, parce que leur suppression supprimerait de grands biens et entraînerait des maux plus graves. Ainsi donc, dans le gouvernement humain, ceux qui commandent tolèrent à bon droit quelques maux, de peur que quelques biens ne soient empêchés, ou même que des maux pires ne soient encourus. C'est ce que dit saint Augustin : "Supprimez les prostituées, et vous apporterez un trouble général par le déchaînement des passions". [...] Quant aux rites des autres infidèles, comme ils n'apportent aucun élément de vérité ni d'utilité, il n'y a pas de raison que ces rites soient tolérés, si ce n'est peut-être en vue d'un mal à éviter, à savoir le scandale ou le dissentiment qui pourrait provenir de cette intolérance [1].

La loi est donc, en ce sens, imparfaite. Comme moyen d'acheminer une communauté vers son bien, elle implique nécessairement une forme de compromis politique, qui découle de l'imperfection des citoyens quant au bien. Cette imperfection de la loi ne se comprend vraiment qu'insérée dans le progressif travail de moralisation de la cité.

En faisant place au compromis du moindre mal, la loi de la cité est-elle pour autant contraire à la loi naturelle à laquelle on a dit qu'elle devait être conforme? Non pas, dans la mesure où la loi entend appliquer les préceptes de la loi naturelle à un moment donné, dans une communauté donnée. On retrouve ici le caractère empirique des déterminations de la loi naturelle. La loi de la cité ne peut prétendre avoir un champ aussi étendu que celui de la loi naturelle, et Thomas affirme nettement : « la loi humaine ne peut défendre tout ce que la loi de nature interdit » [2]. Dans l'édifice thomasien, la référence

1. « *Humanum regimen derivatur a divino regimine, et ipsum debet imitari. Deus autem, quamvis sit omnipotens et summe bonus, permittit tamen aliqua mala fieri in universo, quae prohibere posset, ne, eis sublatis, maiora bona tollerentur, vel etiam peiora mala sequerentur. Sic igitur et in regimine humano illi qui praesunt recte aliqua mala tolerant, ne aliqua bona impediantur, vel etiam ne aliqua mala peiora incurrantur, sicut Augustinus dicit: "aufer meretrices de rebus humanis, turbaveris omnia libidinibus" [...] Aliorum vero infidelium ritus, qui nihil veritatis aut utilitatis afferunt, non sunt aliqualiter tolerandi, nisi forte ad aliquod malum vitandum, scilicet ad vitandum scandalum vel dissidium quod ex hoc posset provenire* », II II, q. 10, a. 11, c. Il faut noter que le même principe permet, selon Thomas, de tolérer les rites des Juifs mais non ceux des autres infidèles. Les rites des Juifs témoignent de la foi qu'ils préfigurent, alors que ceux des autres « n'apportent aucun élément de vérité ni d'utilité ».

2. I II, q. 96, a. 2, ad 3. Une telle affirmation engendre une redoutable question, que Thomas d'Aquin ne traite pas : y a-t-il des maux que la loi de la cité ne peut tolérer en aucune façon? Exprimés en termes d'éthique, on dira : y a-t-il des actes intrinsèquement mauvais qui ne sont admissibles sous aucune condition? En d'autres termes : y a-t-il des limites à la doctrine du moindre mal en politique? La doctrine sociale de l'Église, qui a repris à son compte la doctrine

constante à la loi naturelle est le gage de la primauté du bien, la garantie contre un ordre politique qui serait amoral. La loi naturelle n'est pas une métaphore : elle demeure une loi non écrite. Mais la sagesse politique de saint Thomas sait bien qu'on ne peut éradiquer tout le mal d'une cité, qu'on ne peut qu'espérer progresser lentement vers un bien plus grand. La législation doit chercher de plus en plus à étendre l'empire de la loi naturelle, exprimée dans les lois positives. Cet empire ne sera jamais parfait : tout ce qui n'est pas interdit n'est pas pour autant permis ; bien des actes sont seulement tolérés sans être sanctionnés civilement[1].

En somme, dans l'aide qu'elle apporte aux citoyens dans leur acheminement vers le bien, la loi cherche à promouvoir le plus haut degré de vertu accessible dans une cité déterminée, en tolérant la part inévitable de mal due à l'imperfection des citoyens. La loi de la cité tend à réaliser le plus grand bien possible en tolérant le moindre mal inévitable. Il revient à la prudence politique du législateur d'apprécier, au vu de l'état de plus ou moins grande perfection d'une société donnée, le degré de tolérance ou d'interdiction du mal qu'il peut instituer par la loi et la mesure du bien qui lui semble accessible[2]. C'est bien pour cela que saint Thomas, on s'en souvient, ouvre la question consacrée aux parties de la prudence par l'institution des lois. La « prudence royale », ainsi qu'il la dénomme, est la vertu par excellence du gouvernant d'une cité, et la forme la plus élevée de la vertu de prudence :

> Il appartient à la prudence de gouverner et de commander. [...] Il est clair que l'on trouve une sorte éminente et parfaite de gouvernement chez celui qui non seulement est chargé de se conduire lui-même, mais aussi doit aussi gouverner la société parfaite qu'est une cité ou un royaume. [...] Pour cette raison il revient au roi, à qui incombe le gouvernement de la cité ou du royaume, de posséder une prudence spéciale et qui soit la plus parfaite de toutes[3].

thomasienne du moindre mal, est actuellement confrontée à cette question. Sur ce point, voir S. PINCKAERS, *Ce qu'on ne peut jamais faire*, La question des actes intrinsèquement mauvais, Histoire et discussion, Fribourg (Suisse) – Paris, Éditions universitaires – Cerf, 1995.

1. On se souvient que ces limites inhérentes à la loi de la cité sont deux des quatre raisons avancées par saint Thomas pour justifier la convenance du don d'une loi divine, raisons où l'on retrouve certains des arguments du présent article. Ainsi, en I II, q. 91, a. 4, c., Thomas indique, comme quatrième raison, que « la loi humaine ne peut punir ni interdire tout ce qui se fait de mal ; car, en voulant extirper tout le mal, elle ferait disparaître en même temps beaucoup de bien, et s'opposerait à l'avantage du bien commun, nécessaire à la communication entre les hommes (*ad conversationem humanam*) ».

2. On l'a indiqué au chapitre précédent, il revient à cette partie de la prudence appelée « circonspection » de « juger d'après les circonstances ce qui est ordonné à la fin », II II, q. 49, a. 7, c.

3. II II, q. 50, a. 1, c. L'appellation « roi » est générique, comme Thomas l'indique en réponse à la troisième objection. Si d'autres institutions participent à la fonction législative, c'est en participant au gouvernement du roi. On garde ici le plus souvent l'expression plus générale de « prudence politique » comme incluant la prudence royale. Thomas rend raison de la distinction en II II, q. 50, a. 2, s.c. et c., où il corrige sensiblement la conception aristotélicienne dans le sens vu au chapitre précédent.

C'est bien parce que cette charge lui incombe qu'on attend du gouvernant qu'il soit un homme de bien, avancé en vertu : « il est impossible que le bien commun d'une cité se réalise bien si les citoyens ne sont pas vertueux, au moins ceux à qui revient le gouvernement »[1].

B – *L'évolution des lois civiles*

Le changement des lois fait l'objet des quatre articles de I II, q. 97. Même s'il n'entre pas dans les détails et s'en tient aux principes, Thomas y manifeste la connaissance qu'il a du droit de son époque, en établissant un équilibre entre la progressivité de la pédagogie législative et la stabilité souhaitée des situations juridiques. Encore convient-il de rappeler que les lois étaient peu nombreuses au XIIIe siècle, et ne portaient que sur les sujets de première importance.

Que la législation soit amenée à évoluer relève de l'évidence. D'une part, parce que la loi, œuvre de la raison, peut s'améliorer en devenant plus rationnelle, c'est-à-dire en exprimant davantage l'emprise de la raison sur l'agir humain : « il semble naturel à la raison humaine de parvenir progressivement de l'imparfait au parfait »[2]. C'est étendre l'empire de la loi naturelle dans l'ordre positif. D'autre part, les situations humaines régies par la loi se transforment nécessairement, si bien que la loi « peut être modifiée à juste titre en raison des changements survenus dans la condition des hommes, auxquels des instruments sont adaptés selon la diversité des situations »[3]. Dans un cas comme dans l'autre, il va de soi, pour Thomas, que « la loi humaine est changée à juste titre dans la mesure où son changement profite à l'utilité commune (*communi utilitati*) »[4] : si changement il y a, il ne peut s'agir que d'une amélioration. Pour Thomas, l'œuvre législative dans la cité n'a pas seulement pour objet de multiplier quantitativement les lois, elle tend aussi établir un système qui comporte des principes généraux et permanents. Ainsi, ceux qui sont soumis à la loi savent par avance ce que la loi requiert et agissent avec plus de rationalité que dans le cas d'une réglementation au cas par cas. Cela aussi relève du caractère rationnel de la loi humaine[5].

1. I II, q. 92, q. 1, ad 3.

2. I II, q. 97, a. 1, c. Thomas indique en réponse à une objection que « la raison humaine est changeante et imparfaite (*mutabilis et imperfecta*) » (ad 1). Elle peut donc procéder à de meilleures applications de la loi naturelle qui, elle, ne change pas, dans les conditions qu'on a vues.

3. *Ibid.*

4. *Ibid.*, a. 2, c.

5. La question de l'évolution des lois est pour Thomas l'occasion de préciser le statut qu'il accorde à la coutume, si forte encore de son temps et dans la tradition juridique. D'un côté, elle permet de compléter ce qui fait défaut à l'édifice législatif : « la coutume a force de loi, abolit la loi et interprète la loi », dans la mesure où la multiplication des actes semble témoigner d'un jugement délibéré de la raison, I II, q. 97, a. 3, c. Mais, d'un autre côté, Thomas ne manque pas de rappeler que la coutume n'est légitime qui si elle est conforme aux normes qui lui sont supérieures ou qui la fondent : « aucune coutume ne peut prévaloir contre la loi divine ou la loi naturelle », *ibid.*, ad 1. Tout en reconnaissant le rôle que tient la coutume dans les sociétés médiévales qu'il connaît, Thomas d'Aquin manifeste surtout son intention de fonder en raison les lois de la cité.

Pour autant, il convient que le bien attendu d'une évolution législative ne soit pas moindre que les inconvénients inhérents à celle-ci. En effet, remarque Thomas, l'accoutumance à la loi est de grande importance pour son observation et, de ce fait, tout changement nuit à la bonne application des lois, et par là au salut commun[1]. « Lorsque la loi est changée, la force coercitive (*vis constrictiva*) de la loi diminue dans la mesure où l'accoutumance est abolie. C'est pourquoi on ne doit jamais modifier la loi humaine, à moins que l'avantage apporté au salut commun (*communi saluti*) contrebalance le tort qui lui est porté de ce fait »[2].

Au total, la position de Thomas d'Aquin sur cette question est mesurée, et renvoie implicitement à la prudence politique du gouvernant chargé de peser les avantages et les coûts d'une éventuelle évolution législative. Il y a ainsi un art de légiférer, qui consiste à déployer la pédagogie de la loi en vue du bien de tous.

L'ampleur de l'édifice thomasien, son organicité, et le rôle qu'il reconnaît à la nature pourraient laisser croire à une certaine rigidité de l'ensemble, comme si tout était prédéterminé et n'avait qu'à s'exécuter par la prudence du gouvernant. L'ordre de justice dont il a été traité au chapitre précédent est si élaboré qu'il semblerait qu'on attende seulement d'un législateur avisé qu'il le réalise dans la cité par des lois adaptées. Telle n'est pas, cependant, la conception de saint Thomas. Il n'y a pas, pour lui, de modèle parfait de société juste auquel il conviendrait de tout soumettre dans l'ordre social. Ce serait verser dans une sorte de millénarisme. C'est précisément la conception très pragmatique de l'élaboration des lois humaines dans la lumière d'une loi naturelle comprise comme intérieure et non écrite qui prémunit contre cela. Toujours référées aux situations concrètes, prenant en compte la part de mal irréductible dans toute association humaine, les lois positives ne sauraient prétendre éradiquer toute injustice sociale, mais entendent avancer sur le chemin laborieux d'un plus grand bien. Ce sont les dérives de type rationaliste que connaîtra la doctrine de la loi naturelle à l'époque moderne, dérives que l'on a rapidement évoquées, qui introduiront une rigidité dans la conception de l'édifice politique, ouvrant la voie, paradoxalement, aux dérives totalitaires de la rationalité moderne. Entre la lumière intérieure des principes premiers et seconds de la loi naturelle et la situation contingente d'une communauté donnée, se situe le *dictamen rationis* de la loi édictée par la prudence du gouvernant. Tout en maintenant une part d'imperfection dans l'édifice politique, cette instance est surtout le gage de sa souplesse, et la garantie contre toute absolutisation.

1. C'est un argument sans cesse éclairé par la pratique, et dont Aristote traite déjà dans la *Politique* : « La loi n'a pas d'autre force, pour se faire obéir, que l'usage, lequel n'advient pas sans un certain laps de temps, de sorte que passer facilement des lois existantes à d'autres lois nouvelles, c'est rendre infirme la puissance de la loi », *Pol.*, II, 8, 1269 a 21-24.

2. I II, q. 97, a. 2, c.

Ainsi apparaît, dans une lumière plus éclatante que jamais, le rôle suréminent dévolu à la raison naturelle. Il revient à la raison pratique du gouvernant de conduire la cité vers son bien : *regere et gubernare proprie rationis est*[1], on l'a vu au chapitre précédent, et le moyen par lequel s'opère ce gouvernement est la loi : *lex est aliquid rationis*[2]. Pour autant, cette œuvre de la raison est d'autant meilleure qu'elle se laisse rectifier et perfectionner par la grâce.

*

Cette remarque invite à conclure par quelques observations sur la conception d'ensemble de saint Thomas à l'égard de la loi et les lumières qu'elle jette sur sa pensée du politique.

Deux éléments caractéristiques de la doctrine thomasienne de la loi ont émergé au long de ce parcours, qui pourraient à première vue sembler contradictoires. D'une part, son naturalisme et, d'autre part, son intégration dans un édifice théologique. Le rôle central reconnu à la loi naturelle témoigne de l'intégration du politique dans le mouvement général du cosmos, compris comme faisant retour à son principe qui est le Dieu créateur. Il donne surtout toute sa place à l'ordre créé, spécialement à ce qui en lui est le plus élevé : la raison. Et parce que ce gouvernement naturel ne peut atteindre la totalité des finalités humaines, la loi divine, qui est loi de grâce, vient le perfectionner et le compléter. C'est en ce sens qu'on a dit que l'approche de saint Thomas, dans sa totalité, est ultimement théologique, tout en se dotant du concours de la philosophie. L'intervention du théologal – par la grâce – ne ruine-t-elle pas la consistance de l'ordre naturel? Est-ce à dire qu'il n'y a de politique, au sens plein du terme, que chrétienne?

Certes pas, si l'on rappelle le caractère essentiellement intérieur de la loi nouvelle. Le don de la grâce, constituant principal de la loi divine nouvelle, perfectionne l'ordre naturel en lui permettant d'opérer selon ses propres lois : « *gratia non tollit naturam, sed perficit* »[3]. Le grand principe thomasien s'applique pleinement ici à l'ordre législatif. Si bien qu'il n'y a pas de politique chrétienne à proprement parler, mais une politique naturelle rendue effectivement possible par l'intervention divine qu'est le don de la grâce, et ouverte à l'ordre des fins surnaturelles, comme on l'a vu au chapitre II. Si saint Thomas est certainement le théologien qui invite le plus à distinguer les ordres naturel et surnaturel, la raison et la foi, il est aussi celui qui se garde de les séparer. Sa doctrine de la loi le montre à merveille : le politique engage tout l'humain, c'est-à-dire la coopération de la nature et de la grâce. Il n'est conforme à la pensée de saint Thomas ni d'en faire le théoricien d'une politique chrétienne,

1. II II, q. 47, a. 12, c.
2. I II, q. 90, a. 1, c.
3. *II Sent.*, d. 9, q. 1, a. 8, arg. 3, et I, q. 1, a. 8, ad 2.

ni d'en faire le promoteur d'une politique purement profane, qui reléguerait la vie théologale dans l'ordre individuel et qui ne peut fonctionner qu'imparfaitement. La nature sans la grâce est moins que la nature, la nature avec la grâce est plus que la nature.

Mais il y a plus encore car, pour Thomas d'Aquin, l'œuvre de la raison humaine, ici législative, s'insère dans sa doctrine de la providence divine. En effet, l'homme, par ses actes libres, coopère à l'exécution de la providence qu'est le gouvernement divin[1]. En faisant des lois, la cité introduit les nouveautés indispensables à la vie d'un corps vivant qui tend vers son bien, sans entrer en concurrence avec la loi divine. Il ne s'agit pas seulement d'interpréter celle-ci (ce qui vaudrait aussi bien pour le monde juif et le monde musulman), mais de participer au gouvernement divin par l'œuvre de la raison. Pour saint Thomas, cette participation des créatures à la providence de Dieu est une véritable loi du gouvernement divin sur le monde. Il cite maintes fois Denys pour qui « c'est une loi de la divinité de conduire les choses ultimes par des intermédiaires (*lex divinitatis est ultima per media adducere*) »[2]. De ce fait, Dieu communique aux créatures une image de sa propre perfection, en tant qu'elles deviennent elles-mêmes providentes les unes pour les autres. En ce sens, Dieu exerce un gouvernement politique, et non despotique, sur les créatures, pour user du vocabulaire aristotélicien. La liberté n'est pas réservée aux seules créatures glorifiées, et la loi humaine n'est pas d'abord œuvre de contrainte comme le suggère une certaine ligne augustinienne. Entre la liberté eschatologique des saints et la sanction, il y a place ici-bas pour une participation des hommes à leur acheminement vers la fin.

En se référant aux travaux de Rémy Brague, Russel Hittinger a synthétisé l'œuvre de saint Thomas au regard de la loi humaine en relevant qu'il s'est saisi de deux sources exogènes, la rationalité grecque et le droit romain, en les insérant dans la compréhension chrétienne endogène du gouvernement divin sur le monde[3]. Déjà, ces deux sources se corrigent l'une l'autre. Le droit romain sans le sens grec de la raison et de la nature risque de conduire au culte de la force impériale. La raison grecque sans le droit romain manque du caractère artistique et de construction attaché à la politique. Mais l'insertion de l'ensemble dans la doctrine de la providence, qui inclut la participation des créatures libres, aboutit à une œuvre unique. Il s'agit bien d'une renaissance de

1. *Cf.* le prologue général à la I^{a} II^{ae}.

2. Pseudo-Denys, *De Cael. Hier.* 4 § 3. PG 3, 181. SC 58 bis, 97, cité par exemple en *IV St*, d. 24, q. 1 a. 1, q^{a}. 1, c. : « *Deus sua opera in sui similitudinem perducere voluit, quantum possibile fuit, ut perfecta essent, et per ea cognosci posset; et ideo ut in suis operibus repraesentaretur non solum quod in se est, sed etiam secundum quod aliis influit, hanc legem naturalem posuit omnibus, ut ultima per media perficerentur, et media per prima, ut Dionysius dicit* ». Dans le même sens, ce principe tiré du traité du gouvernement divin de la *Somme*, déjà rencontré : « il est plus parfait d'être bon soi-même, et en même temps cause de bonté pour les autres, que d'être simplement bon en soi. C'est pourquoi Dieu gouverne les êtres de telle manière que certains d'entre eux puissent être, en gouvernant, cause de bonté pour les *autres* », *I, q. 103, a. 6, c.*

3. R. Hittinger, « *The legal renaissance...* », art. cit.

la loi, dont saint Thomas est l'un des auteurs privilégiés par l'usage qu'il fait de la pensée d'Aristote. Mais il s'agit aussi d'une véritable nouveauté, par l'articulation harmonieuse de la raison et de la grâce, et aussi de la providence divine et de l'art législatif. Là, sans doute, réside l'une des causes profondes de l'admiration que continue de susciter le traité de la loi de la *Somme*.

CHAPITRE VII

LE MEILLEUR RÉGIME

La question du meilleur régime politique, telle que s'en saisit Thomas d'Aquin, est de celles qui reparaissent dans les débats selon les sollicitations du temps, parfois non dénués d'arrière-pensées et de passions partisanes. En France, à l'époque contemporaine, en un pays où les institutions ont mis plus d'un siècle et demi à trouver un équilibre stable, la fin du XIXe et la première moitié du XXe siècle ont été marquées par d'intenses polémiques sur la question du régime politique, au cours desquelles saint Thomas fut souvent sollicité, tout au moins dans le monde catholique[1]. Désormais, laissant de côté toute passion déplacée, et travaillant *sine ira sed studio*, il est possible de traiter définitivement de la question, en tirant parti des progrès éditoriaux et des lumières renouvelées apportées par les études médiévales, issues notamment du monde anglo-saxon[2].

A propos du présent domaine, il faut souligner d'emblée deux traits caractéristiques. D'une part, le caractère limité des sources thomasiennes. Le seul ouvrage qui en fasse un thème principal, le *De Regno*, est inachevé, et le commentaire de la *Politique* d'Aristote, lui aussi inachevé, n'apporte sur la question aucune lumière significative. Si bien que l'essentiel de la réponse

1. Sur ce point, voir R. IMBACH, « Démocratie ou monarchie? La discussion sur le meilleur régime politique chez quelques interprètes français de Thomas d'Aquin (1893-1928) », dans *Saint Thomas au XXe siècle*, Actes du colloque du centenaire de la « Revue thomiste » (Toulouse, 25-28 mars 1993), S.-T. Bonino (dir.), Paris, Éditions Saint-Paul, p. 335-350. Au cœur de ces polémiques, il faut cependant citer l'ouvrage de Marcel DEMONGEOT, *Le Meilleur régime politique selon saint Thomas*, Paris, Blot, 1928, qui se saisit avec sérénité de la question. Toutefois, la seconde partie de cet ouvrage, consacrée à l'étude des régimes mixtes, repose très largement sur le commentaire de la *Politique* dans la *continuatio* écrite par Pierre d'Auvergne: il ne peut être aujourd'hui reçu pour éclairer la pensée propre de Thomas d'Aquin. Comme exemple d'un usage français de la pensée de saint Thomas, dans un contexte partisan et de polémiques doctrinales et politiques, on pourra consulter J.-L. LAGOR, *La philosophie politique de saint Thomas*, Paris, Les Editions Nouvelles, 1948 (Jean-Louis LAGOR est le pseudonyme de Jean MADIRAN).

2. Voir spécialement James M. BLYTHE, *Le Gouvernement idéal et la constitution mixte au Moyen Âge*, trad. J. Ménard, « Vestigia. Pensée antique et médiévale, 32 », Fribourg – Paris, Academic Press – Cerf, 2005.

repose sur deux articles déterminants de la *Somme de théologie* – mais deux articles seulement. Ce caractère restreint des sources explique, pour une part, les interprétations parfois contradictoires qui en ont été données, et doit surtout inciter à une certaine prudence dans les conclusions auxquelles on prétend parvenir.

Le second trait, d'autre part, contraste avec le précédent : c'est que cette question et la réponse que lui apporte saint Thomas, aussi brève qu'elle soit, vont connaître une étonnante postérité. Voilà près d'un millénaire que la question du meilleur régime s'était évanouie de la pensée politique : Thomas d'Aquin la remet sur la table, et il n'est pas excessif de dire qu'elle ne l'a plus quittée jusqu'à nos jours. Le danger consiste alors, pour le commentateur de Thomas, de le solliciter pour répondre à des questions qui n'ont été posées qu'après lui, ou qui l'ont été dans des termes qu'il n'a pas connus. Il s'agit alors de ne pas faire dire à Thomas d'Aquin plus qu'il ne dit ou autre chose que ce qu'il dit.

SECTION I – LE RÉGIME COMME FORME POLITIQUE

On l'a relevé au début de cette étude, le régime est, avec la loi qui en est l'émanation, l'un des lieux politiques primordiaux où la raison tend à s'imposer aux passions et à organiser le monde commun en lui donnant forme. Le fait que tous les grands penseurs du politique s'y soient attelés n'a donc rien pour étonner. L'ancienneté de la question est fort grande et remonte aux plus vénérables des écrits de la Grèce antique. Même si son traitement a connu des portées variables selon les époques et les auteurs, la profondeur qu'Aristote lui reconnaît, lui qui est la source première de saint Thomas, mérite que l'on s'interroge pour commencer sur le sens de l'organisation de la cité.

A – *La forme politique*

Le vocabulaire n'est pas de saint Thomas, mais la réalité qu'il exprime est reçue par tous. Il faut donner à la forme politique la définition la plus large qui soit, tout en lui conservant son sens philosophique. Avec A. de Muralt, on peut en user comme désignant « de manière simplifiée et indistincte le *prince* (monarque, assemblée, conseil, gouvernement) et la *constitution politique* comme loi fondamentale de l'état civil »[1]. La conception aristotélicienne de la forme politique, que saint Thomas reprend à son compte sans la discuter, mérite d'autant plus d'être mise en lumière que la politique moderne se dissociera précisément sur ce terrain des conceptions thomasiennes.

1. A. de MURALT, *L'unité de la philosophie politique*, *op. cit.*, p. 158.

1 – *Matière et forme du politique*

La question du régime politique, pour Aristote, est beaucoup plus qu'une question d'organisation constitutionnelle telle que la science politique moderne la conçoit. Pour lui, la constitution (πολιτεία ou *politeia*) n'est pas d'abord un agencement satisfaisant des magistratures régissant l'exercice de l'autorité politique. Bien plus, la constitution est pour Aristote ce qui donne forme à l'assemblée des citoyens, elle lui apporte sa détermination et fait d'elle telle cité ou telle autre. La constitution est donc la forme de la cité et détermine en particulier le lien entre les citoyens, communiquant à la cité une vie d'un type ou d'un autre selon le modèle choisi. Le thème est récurrent au Livre III de la *Politique*. Le propos d'Aristote exprime bien l'hylémorphisme de sa philosophie politique, en ce sens que la constitution apporte une détermination formelle à la matière constituée par l'ensemble des membres de la cité, faisant de simples hommes des citoyens: «la cité, en effet, est un ensemble déterminé de citoyens»[1]. Selon une telle approche, la cité ne préexiste pas à sa constitution, elle ne peut en être dissociée, au point que, si la constitution vient à changer, la cité en cause n'est plus la même: «S'il est vrai que la cité est une communauté déterminée, et si elle est une communauté de constitution entre les citoyens, quand la constitution devient spécifiquement autre, c'est-à-dire différente, il semblerait nécessairement que la cité ne soit plus la même [...]. Il est manifeste qu'il faut dire que la cité est la même principalement en regardant sa constitution»[2]. La cité advient avec et par sa constitution, qui exprime la rationalité organisatrice du corps politique. La citoyenneté est naturelle, pour Aristote, mais elle n'est pas immédiatement donnée: elle est établie et reçue par la médiation de la constitution. L'homme ne possède pas intrinsèquement son identité politique de citoyen, il la reçoit de la cité et de sa constitution.

Si, dans l'analyse aristotélicienne de la communauté politique, le bien (commun) tient lieu de cause finale, la constitution joue donc, pour sa part, le rôle de cause formelle. Elle est intimement liée à la cause finale, car elle a pour but d'ordonner la cité en vue de l'atteinte, ou au moins de la quête, du bien commun. Mais elle joue aussi le rôle de cause efficiente car, en organisant les magistratures et le jeu des différentes composantes de la cité, elle détermine les détenteurs de l'autorité politique, à un titre ou à un autre. La réflexion d'Aristote sur le meilleur régime est donc une réflexion sur la meilleure constitution, c'est-à-dire sur la meilleure forme politique accessible à une communauté humaine donnée. Elle va déterminer la vie politique des citoyens, autrement dit la vie d'un membre d'une cité et celle de tous les membres ensemble.

Il faut préciser ici que la science politique moderne pose la question de l'État, notion qui n'existe pas comme telle dans la pensée antique ou médiévale. Dans la cité antique, et encore sans doute dans le royaume médiéval, le pouvoir

1. *Pol.*, III, 3, 1275 a 1.
2. *Pol.*, III, 3, 1276 b 1-12.

politique est suffisamment immanent à l'assemblée des citoyens pour que l'on ne conçoive pas une entité qui serait comme détachée du corps social. Les magistrats de la cité comme la personne du roi sont suffisamment proches et identifiables pour qu'on ne recoure pas à l'anonymat d'une personne morale. Dans la République et l'Empire romain, c'est Rome qui est la personne morale revêtue de l'autorité, à qui l'empereur donne figure humaine. A l'époque moderne, la taille croissante des assemblées politiques et la complexité des organisations suscitent progressivement le transfert de l'autorité politique à une personne morale plus ou moins détachée du corps politique : l'État. On s'éloigne de la personne singulière des magistrats (quels que soient leurs titres : princes, rois) pour attribuer l'autorité à une personne morale dont les agents singuliers pourront changer sans en compromettre la pérennité. L'autorité politique est en ce sens objectivée, et c'est probablement un progrès de la conscience politique. Mais le besoin d'identification à une personne physique ne sera jamais totalement éradiqué[1].

Certes, le royaume médiéval est aussi éloigné de la cité antique que de l'État moderne. Mais, à y réfléchir, il semble bien qu'Anciens et Modernes aient tenté de répondre, avec les catégories et les conditionnements de leur temps, à une même question, celle de la nécessité d'une forme politique qui soit revêtue d'efficience, et qui soit la cause prochaine de l'autorité politique. Selon les époques, cette forme politique sera plus ou moins immanente, plus ou moins extérieure au corps politique, mais elle tend à répondre au même besoin, celui d'une détermination du corps politique et de l'autorité dont il ne saurait se priver.

Thomas d'Aquin, reprenant les analyses d'Aristote, s'inscrit dans la même recherche, en recourant au vocabulaire du régime (*regimen*) pour l'exprimer. Mais il ne semble pas accorder à la question du régime une importance aussi grande que celle qu'Aristote accordait à la constitution. Aristote analyse la cité naissante ou cherchant à se former. La cité et sa constitution adviennent en même temps, le corps politique n'existe pas sans sa forme ou séparé d'elle. Au temps de saint Thomas, les corps politiques que sont les royaumes ou les cités ont souvent, déjà, une longue histoire, et la question de leur détermination constitutionnelle semble moins immédiate. A certains égards, on peut aménager les institutions d'un royaume, il s'agit toujours du même corps politique. De même saint Thomas, on le sait, n'accorde pas au bien atteint dans la cité, et donc au bonheur du citoyen, le même caractère absolu qu'Aristote lui reconnaît. Tout cela va dans le sens d'une certaine relativisation de la valeur et de la profondeur conférées par saint Thomas au régime de la cité. Cependant, pour moindre que soit la portée de la question constitutionnelle, il reste qu'il faut définir un élément qui fasse d'une multitude informe une assemblée ordonnée.

Pour saint Thomas, c'est autour du dirigeant – quelle que soit sa forme et sa figure – que la réponse se dégage, et la référence au bien commun est immé-

1. On attribue à Louis XIV cette parole probablement apocryphe : « L'État, c'est moi ».

diate: « La vie sociale d'une multitude ne pourrait exister sans quelqu'un qui préside à la recherche du bien commun; car plusieurs recherchent nécessairement plusieurs buts, mais un seul n'en recherche qu'un »[1]. Les propos ouvrant le *De Regno*, qui justifient la présence d'un principe directeur, vont dans le même sens :

> S'il est dans la nature de l'homme qu'il vive en société d'un grand nombre de semblables, il est nécessaire qu'il y ait chez les hommes un principe par lequel gouverner la multitude. En effet, comme les hommes sont en grand nombre et que chacun pourvoit à ce qui lui est approprié, la multitude serait éparpillée en divers sens s'il ne se trouvait aussi quelqu'un qui prenne soin de ce qui regarde le bien de la multitude, de même que le corps de l'homme ou de n'importe quel animal se désagrégerait s'il n'y avait dans le corps une certaine force directrice commune visant au bien commun de tous les membres[2].

La vie politique requiert donc ce principe directeur et d'unité sans lequel une multitude n'est que désordre, dans les deux sens d'une multiplicité anarchique, sans principe, et sans ordre à la fin. Que ce principe ordonnateur de la communauté soit la *politeia* de la cité antique, le *regimen* médiéval - le *rex* est celui qui régit, quel que soit son titre – ou l'État moderne, peu importe à ce stade très premier de la philosophie politique. Son institution est l'œuvre de la raison pratique qui ordonne la vie politique, qui met de l'ordre dans la cité et l'ordonne à sa fin. Son expression visible est le souverain, quelque figure qu'il prenne.

2 – *Corrélations métaphysiques*

Ce terrain du régime est l'un de ceux où les principes d'Aristote sur la constitution métaphysique d'une réalité et les opérations du sujet sont manifestement à l'œuvre. Il revient à André de Muralt d'avoir mis en lumière la cohérence présente dans la pensée d'Aristote, qui établit une profonde analogie entre l'unité substantielle de la matière et de la forme d'une réalité, l'unité d'exercice de l'acte de connaissance ou de volition avec son objet, et finalement l'unité d'un corps politique avec le régime qui lui donne forme[3]. En se référant à cet auteur, on ne retient ici, à titre principal que la première unité afin d'éclairer la dernière, objet des présents développements.

Pour Aristote, et pour saint Thomas après lui, la matière et la forme ne sont pas, dans une réalité subsistante, deux parties absolument séparées. Distinctes réellement selon leur quiddité, elles sont une selon l'exercice, dans l'interaction

1. I, q. 96, a. 4, c.

2. « *Si igitur naturale est homini quod in societate multorum uiuat, necesse est in hominibus esse per quod multitudo regatur. Multis enim existentibus hominibus et unoquoque id quod est sibi congruum prouidente, multitudo in diuersa dispergeretur nisi etiam esset aliquis de eo quod ad bonum multitudinis pertinet curam habens, sicut et corpus hominis et cuiuslibet animalis deflueret nisi esset aliqua uis regitiua communis in corpore, que ad bonum commune omnium membrorum intenderet* », *De Regno*, I, 1, 64-78.

3. A. de Muralt, *L'unité de la philosophie politique*, *op. cit.*

réciproque de leur causalité, formelle et matérielle. Dans une réalité donnée, l'information de la matière n'est pas accidentelle. La matière n'existe pas par soi avant d'être informée par la matière, même si l'analyse impose de les distinguer dans l'ordre de la connaissance. La matière est en puissance à recevoir une forme, et la détermination que celle-ci lui apporte est la garantie de l'unité substantielle de la réalité.

Il faut procéder analogiquement à cette constitution du réel pour saisir la réalité d'une société politique. On vient de le dire, dans la conception aristotélico-thomiste, l'unité sociale de peuple (la matière) ne précède pas son unité politique par le régime (la forme). Ces deux unités sont simultanées et indiscernables : c'est dans un même mouvement qu'une multitude humaine devient un peuple cohérent, et que la forme du régime est donnée à ce peuple pour en faire telle cité. Il revient aux sciences humaines, les sciences politiques et historiques notamment, d'étudier le processus historique de formation propre à chaque cité. Mais, dans cette optique classique, le peuple n'existe pas en soi avant la cité qui l'ordonne. C'est ce qu'exprime l'adage médiéval : *nullus populus quin principiatus*, il n'est pas de peuple sans un prince qui l'ordonne, le prince étant ici le principe, ou le principat, autrement dit le régime. On notera que ce que l'on dit ici des causalités formelle et matérielle ne disqualifie pas ce qui a été dit au chapitre II sur la causalité finale exercée par le bien commun poursuivi. Par analogie avec une réalité subsistante, même si la réalité subsistante d'une cité est moindre que celle d'une réalité substantielle, la forme est déjà, pour la matière, une certaine fin, et est ordonnée à la fin dernière comme l'être en puissance est ordonné à l'être en acte. On l'a dit, c'est dans la dynamique de l'*ordo ad finem* que la cité atteint, ultimement, son unité.

C'est cette unité hylémorphique qui va être brisée par certains courants de pensée qui suivent immédiatement Thomas d'Aquin. Même si ce phénomène déborde le cadre de cette étude, il mérite d'être au moins évoqué, du fait de ses incidences considérables dans la pensée politique subséquente. A. de Muralt en voit les causes profondes dans l'altération de l'unité hylémorphique telle qu'Aristote et Thomas d'Aquin la conçoivent. Pour Jean Duns Scot, l'unité d'une réalité substantielle est une unité de formes distinctes réellement, la matière et la forme, distinction que Dieu peut transformer en séparation réelle s'il le veut *de potentia absoluta*. Pour Scot, la *materia prima* a été créée séparée, avant (*in instanti temporis*) toute actuation par une forme particulière. La matière est dotée d'une actualité avant d'être informée. Ainsi un corps est un corps avant d'être animé en corps vivant. Cette approche aboutit à la nécessité de poser une troisième instance destinée à assurer l'unité de deux entités réellement distinctes. Dans cette perspective, l'unité substantielle de la matière et de la forme, telle que la conçoit saint Thomas, est rompue.

Appliquée analogiquement à l'ordre politique, on perçoit aisément les incidences d'une telle rupture, qui vont s'exprimer chez Guillaume d'Occam. Puisque la matière est actuée par elle-même, le peuple, par analogie, est constitué en lui-même, comme corps politique, avant de recevoir une forme politique donnée. A l'adage médiéval cité plus haut : « pas de peuple sans un prince qui l'ordonne», se substituera l'adage moderne: «un peuple est un peuple avant de se donner à un roi»[1]. Le peuple n'est pas, par soi, en puissance à recevoir une forme politique, qui en fait telle cité. Cela signifie aussi que le tout existe en tant qu'assemblée des parties – c'est la conception multitudiniste okhamienne – avant de recevoir une forme quelconque. Cette forme du régime, puis de l'État, est perçue comme accidentelle et extrinsèque, par elle-même, à l'assemblée qu'elle informe en lui apportant une détermination politique particulière. Pour Francisco Suarez, dont la pensée se ressent fortement, au XVIe siècle, de l'influence scotiste, le peuple constitue par lui-même une démocratie originelle, *unum corpus mysticum*[2]. La transposition à la cité terrestre du principe d'unité qui, dans la tradition chrétienne, ne vaut que pour l'Église, est significative de cette «substantiation» de l'assemblée politique.

Dans ces conditions, il est possible de concevoir un «état de nature», existant par soi, autorisant la passation d'un contrat entre les membres du peuple. Ce contrat est imposition d'une forme politique, qui apparaît comme une aliénation du droit fondamental du peuple et doit imposer la sujétion de celui-ci au prince. Selon d'infinies variantes, c'est dans cette direction que s'oriente toute la pensée politique moderne.

Même si Thomas d'Aquin ne donne pas à la question du régime la profondeur et la portée qu'Aristote accorde à la constitution, il reste qu'il lui demeure fidèle dans sa conception hylémorphique de la cité, alliance substantielle d'une matière et d'une forme qui la détermine.

B – *L'autorité politique*

Celui qui détient l'autorité politique, qu'on appellera le souverain ou le prince, a un statut complexe. Il est à la fois l'expression, voire la personnification du corps politique, et distinct de lui. Thomas affirme clairement cette identité entre le corps politique et celui qui l'incarne, en détenant l'autorité politique, spécialement dans l'édiction des lois:

> La loi vise premièrement et à titre de principe l'ordre au bien commun. Ordonner quelque chose au bien commun revient à la multitude tout entière ou à quelqu'un qui la représente (*alicujus gerentis vicem totius multitudinis*). C'est pourquoi le pouvoir de légiférer appartient à la multitude ou bien à une personne publique (*persona publica*) qui en a la charge[3].
>
> S'il s'agit d'une société libre capable de faire elle-même sa loi, il faut compter davantage sur le consentement unanime du peuple pour faire observer une disposition rendue manifeste par la coutume, que sur l'autorité du prince, qui

1. GROTIUS, cité par Jean-Jacques ROUSSEAU, *Du contrat social*, *op. cit.*, Livre I, 5, p. 359.

2. Francisco SUAREZ, *De legibus*, livre III, chap. 2, n° 4, tome V, p. 181.

3. «*Lex proprie, primo et principaliter respicit ordinem ad bonum commune. Ordinare autem aliquid in bonum commune est vel totius multitudinis, vel alicuius gerentis vicem totius multitudinis. Et ideo condere legem vel pertinet ad totam multitudinem, vel pertinet ad personam publicam quae totius multitudinis curam habet. Quia et in omnibus aliis ordinare in finem est eius cuius est proprius ille finis*», I II, q. 90, a. 3, c. Dans le même sens, II II, q. 60, a. 6, c.

n'a le pouvoir de faire des lois qu'en tant qu'il représente la personne de la multitude (*inquantum gerit personam multitudinis*)[1].

L'autorité politique, qui s'exerce principalement par le pouvoir d'édicter des lois, appartient fondamentalement au corps politique lui-même. L'expression employée par Thomas, *gerere vicem* ou *gerere personam* a un sens plus profond que celui de délégation, qu'elle n'exclut pas. Elle signifie d'abord une personnification de la multitude dans celui qui la gouverne, et par là le dépôt de sa capacité de légiférer en vue du bien commun entre les mains du prince. Le prince, chez saint Thomas, comme les magistrats établis par la constitution de la cité grecque, ou l'État à l'époque moderne, rend présente la communauté politique dans son mouvement vers le bien commun. Cette réalité ontologique du prince, plus tard de l'État, cette antériorité par rapport à tout agir de la communauté, est le fondement de ce que la pensée politique moderne appellera la souveraineté. Le souverain, quel que soit son titre, quelle que soit sa forme, est celui qui personnalise la communauté en la re-présentant, en la rendant présente. Cela n'exclut pas que l'on recoure à des procédés juridiques pour désigner celui qui va incarner la communauté, mais cela se fera sur le fond d'une antériorité ontologique du principe de souveraineté qui réside dans la multitude ordonnée des citoyens.

On notera que cette expression de la cité dans son prince, son représentant, est cohérente avec la réalité métaphysique que saint Thomas reconnaît à la cité, communauté naturelle. Pour Thomas d'Aquin, cette personnalisation de la communauté dans sa tête repose aussi sur un autre principe métaphysique, selon lequel toute réalité est définie essentiellement par ce qui est principal en elle[2]. « Tout être est surtout ce qu'il y a de principal en lui : on dit ainsi que la cité fait ce que fait le roi, comme si le roi était la cité tout entière »[3]. L'argument aristotélicien toujours invoqué par Thomas est que « toute réalité est ce qu'il y a de plus important en elle »[4]. Dans l'ordre politique, l'analogie qui relie la personne humaine et la cité comprise comme dotée, de fait, d'une sorte de personnalité collective, aboutit ainsi à reconnaître comme une personnalisation de la cité dans son chef: « l'homme est dit être quelque chose par ce qu'il a de principal en lui; c'est ainsi qu'on dit du chef d'une cité qu'il est la cité elle-même : d'où vient que ce que font les chefs, la cité est censée le faire »[5].

1. « *Si enim sit libera multitudo, quae possit sibi legem facere, plus est consensus totius multitudinis ad aliquid observandum, quem consuetudo manifestat, quam auctoritas principis, qui non habet potestatem condendi legem, nisi inquantum gerit personam multitudinis* », I II, q. 97, a. 3, ad 3.

2. Sur ce point, voir l'étude du P. Tonneau, « L'accessoire suit le principal », *Notes et appendices au traité de la loi nouvelle*, *op. cit.*, p. 215-222.

3. I II, q. 29, a. 4, c.

4. I II, q. 106, a. 1, c. Dans le même sens, les actions humaines sont d'autant plus de l'homme qu'elles engagent ce qu'il y a en lui de plus haut, à savoir son intellect et sa raison : « *homo est praecipue id quod est secundum intellectum et rationem* », *Super Ethic.*, 9, 9, 63-64.

5. I II, q. 25, a. 7, c.

Pour Thomas d'Aquin, comme pour Aristote avant lui, c'est dans un même mouvement que la multitude est instituée en communauté politique, qu'elle s'ordonne au bien commun et qu'elle se dote d'une expression visible à travers ses institutions et son souverain. Sans ce mouvement, il n'est pas de communauté véritable, il n'est que des associations humaines, qui demeurent, pour partie au moins, informes, indéterminées, in-ordonnées. Ces trois aspects se tiennent parce qu'ils sont ontologiquement liés. En particulier, sans bien commun et sans ordre à celui-ci, ou sans constitution, il n'est pas de communauté; sans constitution ou gouvernement, il n'est pas d'ordre possible au bien commun. Une formule de saint Thomas résume en quelque sorte son propos: « L'ordre d'un gouvernement, qui est l'ordre d'une multitude sous une principauté donnée, se prend de l'ordre à la fin (*ordo gubernationis, qui est ordo multitudinis sub principatu existensis, attenditur per respectum ad finem*) »[1]. Ce que J.-Y. Jolif commente ainsi: « La multitude et le prince représentent bien deux pôles de la sphère politique; mais au sein même de cette dualité, une unité plus profonde demeure sauve, car il n'y a rien dans la *gubernatio principis* qui ne soit déjà dans la *multitudo ordinata*: l'une et l'autre ne sont que des modes d'apparaître du même bien commun, qui commande tout à titre de fin »[2].

Bien que ce ne soit pas le lieu de se prêter à des exposés comparatifs, il est cependant utile, une fois encore, de rapprocher ces vues de certaines conceptions modernes, tant ces dernières conditionnent la compréhension contemporaine du politique. Le prisme de la modernité politique risque toujours d'affecter la saisie du classicisme médiéval. On a dit que les conceptions modernes, à partir de Hobbes, reposent toutes, d'une façon ou d'une autre, sur le postulat d'un état de nature à partir duquel l'homme singulier et titulaire de droits délègue au souverain le droit de gouverner et d'organiser l'exercice de ces droits pour la sauvegarde de la paix sociale. Dans une telle vision, la vie politique n'est pas naturelle à l'homme, elle est le fruit de la nécessité. Le souverain est en quelque sorte un mal nécessaire, afin que la vie publique ne vienne empêcher le citoyen dans la réalisation de soi qui relève de sa vie privée. Il n'est pas excessif de dire qu'une telle approche est en tout point contradictoire avec celle de Thomas d'Aquin.

Pour Thomas, en effet, la vie politique est naturelle à l'homme, et lui est donc essentielle, et la réalisation d'une communauté politique naturelle signifie intrinsèquement se doter d'un régime qui l'exprime et qui l'ordonne au bien commun. Même si, dans la pratique, le régime, ou l'État, exerce une contrainte sur la vie de la cité, il n'est que l'expression de ce qu'elle est en profondeur, l'expression de la rationalité des citoyens. Pour les modernes, l'État est une contrainte nécessaire qui permet aux individus d'être eux-mêmes; pour les

1. I, q. 108, a. 4, c. Dans le même sens, ibid., a. 2, c.: une principauté (*principatus*) est « une multitude ordonnée sous le gouvernement du prince (*multitudo ordinata uno modo sub principis gubernatione*) ».

2. J.-Y. Jolif, *Les idées politiques de saint Thomas*, *op. cit.*, p. 57.

classiques, le régime, comme le prince qui re-présente la cité, est le lieu central de la rationalité politique, le lieu du dépassement où l'individu devient citoyen, membre d'une communauté finalisée par un bien qui est celui de tous et de chacun. Dans le premier cas, celui des modernes, il y a extériorité entre l'État et la cité qu'il régit; dans le second, il y a inhérence, et reconnaissance par le citoyen de sa propre nature dans la figure de la cité qu'apporte le régime ou le prince. Pour les modernes, l'affranchissement du pouvoir politique de tout ordre ecclésial, tel que l'augustinisme le concevait, ouvre la voie à la possibilité de la souveraineté absolue: il n'y a *a priori* aucune limite à la souveraineté étatique; pour saint Thomas, le régime rencontre en lui-même sa limite dans le bien commun auquel il ordonne tout, et sans lequel il perd toute légitimité.

Le régime, dans la conception thomasienne, représente – au sens de rend présent – la multitude en tant qu'elle est ordonnée au bien commun. Il est à la fois naturel et nécessaire, mais il n'est légitime qu'en tant qu'il ordonne effectivement la communauté à son bien. Cette ordination lui fournit ce qui le norme, elle est la garantie et le critère de sa rationalité. L'ordre au bien commun, on l'a vu, est le signe de la moralité politique, du caractère moral de la vie politique. C'est donc le critère tiré de la finalité qui qualifie la justesse ou le caractère dévié de l'agir politique:

> Il arrive qu'en certaines choses qui sont ordonnées à une fin, on procède avec rectitude ou sans rectitude. C'est pourquoi on trouve aussi dans le gouvernement de la multitude ce qui est droit et ce qui ne l'est pas. Un être, quel qu'il soit, est dirigé avec rectitude quand il est conduit vers la fin qui lui convient; il est dirigé sans rectitude quand il est conduit vers une fin qui ne lui convient pas[1].

Dans la perspective de saint Thomas, il revient au même d'affirmer la rationalité du politique et de dire son ordre au bien commun. Accéder à la vie politique, c'est précisément choisir cet ordre et reconnaître en la communauté le principe de souveraineté qui va le mettre en œuvre. A la suite d'Aristote, Thomas d'Aquin retient ainsi comme premier critère de distinction entre les régimes celui tiré de l'ordination au bien commun, contre-distingué de l'ordination à un bien particulier ou à celui d'un groupe. Selon ce critère, le régime est droit ou dévié:

> Si une multitude d'hommes libres est ordonnée, par celui qui la gouverne, au bien commun de la multitude, nous aurons un gouvernement (*regimen*) droit et juste, tel qu'il convient à des hommes libres. Mais si un gouvernement est ordonné, non au bien commun de la multitude, mais au bien privé de celui qui gouverne, ce gouvernement sera injuste et pervers. C'est pourquoi le Seigneur menace de tels chefs par la bouche d'Ezechiel: "Malheur aux pasteurs qui se paissent eux-mêmes" – c'est-à-dire qui cherchent leur propre avantage – "Est-ce

1. « *Contingit autem in quibusdam, que ordinantur ad finem, et recte, et non recte procedere; quare et in regimine multitudinis et rectum et non rectum inuenitur. Recte autem dirigitur unumquodque quando ad finem conuenientem deducitur, non recte autem quando ad finem non conuenientem* », *De Regno*, I, 1, 100-105.

> que ce ne sont pas les troupeaux que les pasteurs doivent paître? " (Ez 34, 2). Car les pasteurs doivent rechercher le bien du troupeau, et les chefs (*rectores*) le bien des multitudes qui leur sont soumises[1].

Le propre du politique, on l'a vu, est de faire prévaloir le commun sur le singulier, le bien commun sur le bien individuel. Le rôle du régime, ou de la constitution, est d'affirmer et d'opérer cette primauté. Même si l'existence politique est naturelle à l'homme, celui-ci tend toujours, par une part de lui-même, à privilégier son bien singulier immédiat. En ce que le philosophe se borne à constater, le théologien voit la marque du péché dans la nature humaine. L'appartenance communautaire, exprimée par le régime, invite l'homme à surmonter sa préférence immédiate pour lui-même pour se hausser à l'ordre rationnel de la préférence communautaire.

C'est tout un faisceau de facteurs qui tend, au sein d'un régime donné, à faire prévaloir le bien commun. Il comporte d'abord l'organisation même du régime, étudiée dans la suite de ce chapitre, mais aussi, on l'a vu dans les chapitres précédents, la vertu du gouvernant: la prudence politique, et la loi qui est le fruit de l'activité de gouvernement. Ces préalables étant posés, il reste à présenter les analyses de saint Thomas sur la forme prise par le régime de la cité.

SECTION II – ROYAUTÉ ET GOUVERNEMENT ROYAL

C'est à la Grèce, on le sait, que l'on doit les premières élaborations sur le meilleur régime politique. La question connut des réponses pratiques avant qu'elles ne soient théorisées. Aristote rapporte les conceptions d'Hippodamos de Milet au Ve siècle, on trouve chez Hérodote la première classification des régimes, et chez Thucydide et Isocrate les premières ébauches d'un mélange institutionnel; toutes annoncent les réflexions plus élaborées de Platon. Mais c'est chez Aristote que la question devient décisive, au moins dans sa propre philosophie politique: il s'agit de découvrir quelle peut être la constitution la meilleure, non pas pour telle cité à la différence de telle autre, mais en général. D'où une étude des différentes formes de régime qui occupe une moitié au moins de la *Politique*.

Ces conceptions aristotéliciennes du politique ne vont pas être transmises dans le monde romain hellénisé sans de grandes altérations. Aussi bien Polybe (au IIe siècle av. J.-C.) que Cicéron (au siècle suivant) dépendent plus de Platon

1. « *Si igitur liberorum multitudo a regente ad bonum commune multitudinis ordinetur, erit regimen rectum et iustum, quale conuenit liberis. Si uero non ad bonum commune multitudinis sed ad bonum priuatum regentis regimen ordinetur, erit regimen iniustum atque peruersum; unde et Dominus talibus rectoribus comminatur per Ezechielem dicens "Ve pastoribus qui pascebant se ipsos", quasi sua propria commoda quaerentes, "nonne greges pascuntur a pastoribus?" (Ez 34, 2). Bonum siquidem gregis pastores querere debent, et rectores quiquebonum multitudinis sibi subiecte* », *ibid.*, 109-120.

que d'Aristote. L'un et l'autre, cependant, affichent une préférence pour une constitution mixte où les différentes composantes se modèrent les unes les autres. La source aristotélicienne s'estompe dès l'époque romaine, et le haut Moyen Âge véhicule, chez Isidore de Séville par exemple, la notion de constitution mixte héritée de Cicéron (bien que le *De Republica* soit lui-même perdu à cette époque). C'est essentiellement par les jurisconsultes que cette pensée politique, résiduelle au regard de ses origines, parvient jusqu'à Thomas d'Aquin. Dans ce contexte appauvri, mais animé par tout l'essor du XIIIe siècle, la redécouverte de la *Politique* d'Aristote – non par le biais des Arabes, mais dans le texte grec, à l'issue de la IVe Croisade – apporte un élan considérable à la réflexion politique.

A – *La royauté*

Aristote étant, encore une fois, la source déterminante de la pensée de saint Thomas, il convient de recueillir brièvement ses enseignements, essentiels pour la compréhension de son disciple, avant d'exposer les principaux aspects de la réponse apportée par celui-ci.

1 – *Aristote*

Sans reprendre l'ensemble des analyses d'Aristote, on n'en retient ici que les principales conclusions et certaines clés de raisonnement qui vont s'avérer déterminantes pour la théorie médiévale. Au risque de simplifier à l'excès en cette matière complexe, on peut résumer cet enseignement autour de deux points : ses critères d'analyse et sa préférence.

D'abord, Aristote recourt à un certain nombre de critères de discrimination, qui permettent de classifier les régimes. Le premier est celui du nombre des dirigeants, c'est-à-dire de ceux en qui réside l'autorité : il peut s'agir d'un seul homme, d'un petit nombre ou d'un grand nombre. Ce critère est combiné avec celui de la fin poursuivie : le bien commun (forme droite) ou le bien propre des dirigeants (forme déviée), pour aboutir au fameux schéma sextuple des formes simples : trois formes droites (monarchie, aristocratie et politie, cette dernière étant encore dénommée « démocratie droite », « régime politique » ou « gouvernement constitutionnel »), et trois formes déviées (tyrannie, oligarchie et démocratie)[1]. Aristote use aussi du critère tiré de la richesse des gouvernants, ce qui le conduit à distinguer le gouvernement par les riches (peu nombreux : oligarchie) de celui par les pauvres (nombreux : démocratie)[2].

1. Cf. *Pol.*, III, 7, 1279 a 22-39 et b 5-10. Le terme de *politeia*, qui désigne la forme droite de régime avec un grand nombre de gouvernants, est ici traduit par sa translittération en « politie ». Le schéma sextuple est en quelque sorte la réponse d'Aristote à la classification en cinq genres de régime que l'on trouve dans *La République* de Platon (VIII, 544 c-545 c : royauté ou aristocratie, timocratie, oligarchie, démocratie et tyrannie).

2. Cf. *Pol.*, IV, 4-5, 1291 b 30 -1292 b 22.

À ces critères attachés au gouvernant, il faut associer celui lié à la façon dont le gouvernement s'exerce. Jusqu'à présent, c'était la forme du gouvernement que l'on évoquait, désormais il s'agit de sa nature ou de son mode. Dès le début de la *Politique*, Aristote distingue trois modes principaux de gouvernement, que l'on peut caractériser, autant que faire se peut, dans les termes suivants. Le gouvernement despotique (ou magistral) est celui, absolu, du maître sur l'esclave, c'est-à-dire sur une personne qui par nature n'est pas libre. Le gouvernement est royal lorsque s'exerce totalement et définitivement le pouvoir d'un seul sur des hommes libres (par nature), donc des citoyens. Quant au gouvernement politique, c'est celui d'un ou de plusieurs sur des hommes libres et égaux, ceux qui l'exercent pouvant être, à tour de rôle, gouvernants ou gouvernés[1]. En principe, chacun de ces modes de gouvernement s'exerce au profit des gouvernés.

À l'aide de cette critériologie, il faudra donc considérer, en pratique, à la fois la forme et la nature du gouvernement. Bien sûr, toutes les combinaisons ne sont pas viables. On imagine avec peine une politie associée à un gouvernement de type royal, et encore moins une tyrannie associée à un gouvernement politique. En revanche, on conçoit qu'une monarchie puisse s'accommoder d'un gouvernement royal ou bien d'un gouvernement politique.

Ces principes étant établis, quelle est la préférence d'Aristote? À s'en tenir à une réflexion purement spéculative, il est clair qu'il s'agit de la royauté, en raison de son ancienneté historique – c'est souvent autour d'elle que se sont formées les cités, et en ce sens c'est une forme presque naturelle[2] –, mais aussi parce qu'elle semble s'accorder à l'unité de l'univers – elle est en cela « la première et la plus divine »[3]. Mais la réflexion d'Aristote sur le régime n'est pas une pure théorie: elle se fonde sur l'expérience grecque et la recherche de ce qui est essentiel à l'ordre politique, à savoir la justice distributive (ou égalité proportionnelle) en vue du bien de la cité[4]. À ce titre, chacune des composantes – le monarque, le petit nombre et le grand nombre que forme le peuple – s'estime fondée à gouverner[5], au moins pour une part, et il apparaît que la concentration du gouvernement en une seule composante a toute chance d'être injuste pour les autres. De plus, il convient que les qualités les meilleures soient réunies pour l'exercice du gouvernement, et celles-ci se

1. Cf. *Pol.*, I, 3, 1253b15-23; I, 5, 1254b3-6; I, 7, 1255b15-21; III, 4, 1277b7-13; III, 5, 1278b3-5. Aristote, dans ces passages, constate que la famille réunit les trois types de gouvernement: celui de l'époux sur l'épouse est politique, celui du maître sur les esclaves est despotique et celui du père sur les enfants est royal. S'il est question d'un « gouvernement économique », c'est dans le cadre différent de l'analyse du gouvernement domestique: il ne s'agit pas d'un des modes particuliers de gouvernement de la cité.

2. Cf. *ibid.*, III, 15, 1286b8-26.

3. *Ibid.*, IV, 2, 1289a40.

4. Cf. *ibid.*, II, 2, 1261a29-32 (p. 140-141): « [Une cité] doit être une unité composée d'éléments différant spécifiquement. Voilà pourquoi l'égalité réciproque assure le salut des cités [...] puisqu'il en est nécessairement ainsi même entre gens libres et égaux ».

5. Cf. *ibid.*, III, 13, 1283a30. C'est l'une des grandes préoccupations d'Aristote que de déterminer le juste équilibre dans le partage du gouvernement: *ibid.*, III, 12.

rencontrent en chaque composante[1], chacune ayant son excellence propre. Si bien qu'Aristote semble enclin à préférer en pratique un mélange des formes simples et droites. C'est l'émergence de la « constitution mixte », qui combine monarchie, aristocratie et politie, et qui apparaît la plus à même de garantir la stabilité : « Une constitution composée de plusieurs [formes] est meilleure »[2].

Cette conclusion est corroborée par ses analyses sur les différentes classes au sein de la cité. En règle générale, hormis le petit nombre des gens très riches et celui des gens très pauvres, la majorité réside en la classe moyenne, à juste distance de ces deux excès. Le grand adepte de la médiété et de la mesure qu'est Aristote préconise « un régime politique de la classe moyenne »[3] qui est en concordance avec le mélange des formes pures de constitution[4]. La constitution mixte réalise ainsi autant un mélange des formes qu'un mélange des classes au sein de la cité. Elle est bien celle qui apporte au peuple de la cité la forme la plus équilibrée.

2 – *Thomas d'Aquin : La préférence idéale pour un régime de forme royale*

Pour animées qu'aient été les polémiques au long du XXe siècle, il n'en demeure pas moins que le mouvement général de la doctrine, si l'on excepte

1. S'opposant en cela à Platon, Aristote reconnaît, notamment, la qualité attachée au grand nombre, malgré la médiocrité de ses composantes individuelles : « Pour autant que la masse considérée ne soit pas trop servile, certes chacun y sera plus mauvais juge que les spécialistes, mais tous réunis, soit seront meilleurs, soit ne seront pas plus mauvais » (*Pol.*, II, 11, 1282 a 15-17). Dans le même sens, voir *ibid.*, III, 11, 1281 a 44-b 8 : « Il est possible que de nombreux hommes, dont aucun n'est vertueux, quand ils s'assemblent soient meilleurs que ceux dont il a été question [ceux qui sont meilleurs mais peu nombreux], non pas individuellement, mais collectivement, comme les repas collectifs sont meilleurs que ceux qui sont organisés aux frais d'une seule personne. Au sein d'un grand nombre, en effet, chacun possède une part d'excellence et de prudence, et quand [les gens] se sont mis ensemble, de même que cela donne une sorte d'homme unique aux multiples pieds, aux multiples mains et avec beaucoup d'organes des sens, de même en est-il aussi pour les qualités éthiques et intellectuelles ». Aristote, dans le même passage, reprend l'argument de Solon pour justifier l'association du grand nombre au gouvernement des meilleurs : « Quand ils sont tous réunis, ils possèdent une juste perception des choses, et mélangés aux meilleurs ils sont utiles aux cités, comme un aliment impur mélangé à un aliment pur rend le tout plus profitable qu'une [trop] petite quantité [d'aliment pur] », *ibid.*, 1281 b 35-37.

2. *Pol.*, II, 6, 1266 a 5; cf. *ibid.*, IV, 12, 1297 a 7 : « Plus ce mélange est bien fait, plus la constitution est stable ». C'est pourquoi Aristote loue les constitutions de l'Athènes de Solon et de Sparte.

3. Tout *Pol.*, IV, 11 est consacré au sujet. Voir aussi *ibid.*, V, 1, 1302 a 13-15 : « La constitution qui s'appuie sur les classes moyennes est plus proche du régime populaire que du gouvernement du petit nombre, et c'est elle la plus stable des constitutions ».

4. La nature de ce régime de la classe moyenne fait l'objet de débats chez les commentateurs d'Aristote : sur ce point, voir J. M. Blythe, *Le Gouvernement idéal...*, *op. cit.*, p. 48-51. En fait, il ne semble pas qu'il s'agisse d'une forme particulière de gouvernement idéal, mais plutôt d'un critère à remplir pour la stabilité du régime, qui se trouve satisfait, au moins partiellement, par le régime mixte. En somme, les deux critères tirés du régime (éviter les excès d'une forme simple), et des composantes sociales de la cité (rôle de la classe moyenne) convergent vers la constitution mixte.

certains esprits partisans[1], converge vers une interprétation qui reçoit l'assentiment de la plupart des commentateurs, non sans que demeurent quelques objets secondaires de débat. Dans ces conditions, plutôt que de retrouver les termes de polémiques révolues, il est préférable de présenter synthétiquement l'enseignement qui ressort des textes de saint Thomas.

Sans le discuter, saint Thomas reprend à son compte le schéma sextuple que propose Aristote. Comme celui-ci, il exprime sa préférence pour la forme monarchique du gouvernement, au sens où c'est un seul homme qui exerce l'autorité politique[2]. Les affirmations les plus nettes se trouvent dans le *De Regno*. Le bon gouvernant recherche pour sa cité l'unité et la paix, conditions premières de son bien :

> Un gouvernement sera d'autant plus utile qu'il sera plus efficace pour conserver l'unité de la paix. Car nous appelons plus utile ce qui amène mieux à la fin. Or il est manifeste que ce qui est un par soi peut mieux réaliser l'unité que ce qui est multiple. De même, la cause la plus efficace de la chaleur est ce qui est chaud par soi. Le gouvernement d'un seul est donc plus utile que celui de plusieurs[3].

Unité du gouvernement pour garantir l'unité de la cité, tel est l'argument premier de Thomas d'Aquin pour justifier le bien-fondé du gouvernement d'un seul. Cela ne signifie pas que l'unité soit pour lui la fin ultime poursuivie par le gouvernant : il connaît bien les critiques qu'Aristote adresse à Platon sur ce terrain au Livre II de la *Politique*. Mais il sait que l'unité est une condition première de la vie paisible de la cité, sans laquelle rien n'est possible.

À ce premier argument s'ajoutent deux justifications de nature différente. La première est d'ordre métaphysique puisque l'unité de gouvernement dans la cité est à l'image de l'unité de gouvernement dans la nature :

> Les choses qui sont conformes à la nature se comportent le mieux. Car en chaque chose la nature opère ce qui est le meilleur. Or le gouvernement commun de la nature est exercé par un seul. En effet, parmi le grand nombre des membres, il en est un qui les meut tous : le cœur. Et entre les parties de

1. Le plus distingué de ces esprits partisans est sans doute le P. Garrigou-Lagrange, dans sa préface à une traduction du *De Regno* par Claude Roguet, *Du gouvernement royal*, « Les maîtres de la politique chrétienne », Paris, 1926, p. viii-xxxi.

2. On dénomme ici indifféremment monarchie ou royauté le gouvernement par un seul : « La notion de roi (*ratio regis*) implique qu'il n'y ait qu'un seul homme qui gouverne et qu'il soit un pasteur recherchant le bien commun de la multitude, et non son avantage propre », *De Regno*, I, 1, 150-153.

3. « *Quanto igitur regimen efficacius fuerit ad unitatem pacis seruandam, tanto erit utilius; hoc enim utilius dicimus, quod magis perducit ad finem. Manifestum est autem quod unitatem magis efficere potest quod est per se unum, quam plures, sicut efficacissima causa calefactionis est quod est per se calidum. Utilius igitur est regimen unius, quam plurium* », *De Regno*, I, 2, 22-29. Thomas ajoute immédiatement l'*a contrario* tiré de la division que risque d'engendrer un gouvernement collectif : « Il est manifeste que plusieurs hommes ne maintiennent d'aucune façon une multitude s'ils sont en désaccord sur tout. Une certaine union est requise d'un groupe de gouvernants pour qu'ils puissent gouverner en quelque mesure [...]. Or, plusieurs choses sont dites être unies en ce qu'elles se rapprochent de ce qui est un. Un seul donc gouverne mieux que plusieurs, ceux-ci ne faisant que s'approcher de ce qui est un », *ibid.*, 30-38.

> l'âme, une seule force commande principalement : la raison. De même, les abeilles n'ont qu'un seul roi. Et dans tout l'univers, il n'y a qu'un seul Dieu, créateur et gouverneur de toutes choses. [...] Si les choses qui sont du ressort de l'art imitent celles qui sont selon la nature [...], il est nécessaire que pour la multitude humaine le meilleur soit d'être gouvernée par un seul[1].

En somme, la préférence pour la forme royale du régime découlerait de sa similitude avec la forme de gouvernement de la nature et celui que Dieu exerce sur l'univers : la préférence dans l'ordre pratique découlerait de la reconnaissance d'un principe métaphysique. Ainsi, puisque « d'une certaine façon, la raison se comporte dans l'homme comme Dieu dans le monde (*sic quodammodo se habet ratio in homine sicut Deus in mundo*) »[2], le gouvernement de la cité serait d'autant plus parfait qu'il imiterait davantage le gouvernement divin sur le monde, application de sa providence :

> Puisque, comme on l'a montré, l'homme est animal naturellement social vivant en multitude, la similitude avec le gouvernement divin dans l'homme ne se trouve pas seulement en ce qu'un homme individuellement est gouverné par la raison, mais encore en ce que la multitude est régie par la raison d'un seul homme ; c'est là surtout le propre de l'office du roi[3].

Cet argument métaphysique semble, par son autorité, emporter la réponse. En fait, il faut rappeler qu'il s'agit seulement ici d'une analogie, et Thomas fait valoir en d'autres passages en quoi le gouvernement de la cité diffère de celui de Dieu sur l'univers[4]. Il reste que Thomas d'Aquin demeure attaché à ce principe d'unité dans le gouvernement, comme la seconde justification en témoigne à son tour.

1. « *Ea que secundum naturam sunt optime se habent, in singulis enim operatur natura quod optimum est. Omne autem naturale regimen ab uno est : in membrorum enim multitudine est unum quod principaliter mouet, scilicet cor; et in partibus anime una uis principaliter presidet, scilicet ratio; et in apibus unus rex, et in toto uniuerso unus Deus omnium factor et rector. [...] Quare, si ea que sunt secundum artem imitantur ea que sunt secundum naturam [...], necesse est quod in humana multitudine optimum sit quod per unum regatur* », *De Regno*, I, 2, 39-53. C'est un thème récurrent chez Thomas d'Aquin que ce rapprochement du gouvernement royal avec ceux de Dieu et de l'âme dans la nature; cf. *ibid.*, 9, 59-61 : « La grandeur de la vertu royale apparaît aussi en ce qu'elle porte la ressemblance de Dieu éminemment, en faisant dans le royaume ce que Dieu fait dans le monde »; *ibid.*, II, 1, 3-7 : « Puisque les choses de l'art imitent celles de la nature – c'est à celles-ci que nous nous conformons pour opérer selon la raison – le mieux semble de tirer le modèle de l'office de roi de la forme du gouvernent naturel »; *ibid.*, 33-35 : « Que le roi connaisse donc qu'il a reçu cet office afin d'être dans son royaume comme l'âme dans le corps et comme Dieu dans le monde ».
2. *Ibid.*, II, 1, 18-19.
3. « *Quia, sicut supra ostendimus, homo est animal naturaliter sociale in multitudine uiuens, similitudo diuini regiminis inuenitur in homine non solum quantum ad hoc quod ratio regit ceteras hominis partes, sed ulterius quantum ad hoc quod per rationem unius hominis regitur multitudo; quod maxime pertinet ad officium regis* », *ibid.*, 20-27.
4. Ainsi, pour saint Thomas, on ne saurait déduire les principes de l'agir pratique des principes métaphysiques. De fait, on le sait, ces deux sciences relèvent de vertus distinctes : la sagesse pratique ou prudence pour l'ordre politique, et la sagesse spéculative ou théorétique pour l'ordre métaphysique.

Cette seconde justification est tout simplement tirée de l'expérience, et n'est guère développée : « Les provinces et les cités qui ne sont pas gouvernées par un seul souffrent de dissensions, et leur agitation les éloigne de la paix [...]. Au contraire, les provinces et les cités qui sont gouvernées par un seul roi jouissent de la paix, fleurissent dans la justice et sont heureuses dans l'abondance » [1].

À ces justifications apologétiques, il faut ajouter les assez longs développements de Thomas sur la tyrannie, regardée comme le pire des régimes : « Que la royauté soit le meilleur gouvernement, nous l'avons montré précédemment; si donc au meilleur s'oppose le pire, il suit nécessairement que la tyrannie est le pire gouvernement[2] ». Thomas reprend ici les analyses d'Aristote sur la forme déviée du gouvernement d'un seul, non sans les nourrir de remarques sur Rome tirées de Cicéron.

Ces propos nettement favorables à un gouvernement par un seul ne vont pas sans quelques tempéraments. D'abord, Thomas remarque qu'« il arrive la plupart du temps que les hommes qui vivent sous un roi s'attachent avec plus d'indolence à atteindre le bien commun, parce qu'ils estiment que la peine qu'ils dépensent pour le bien commun ne leur rapporte rien à eux-mêmes, mais à un autre[3] ». La royauté n'a donc pas que des vertus. Mais surtout le risque est grand de verser dans la tyrannie, et le souci de le prévenir est l'occasion pour Thomas d'Aquin de préciser sa conception de la royauté. D'abord, bien sûr, « il est nécessaire que ceux à qui revient cet office élèvent à la condition de roi un homme tel qu'il ne soit pas probable qu'il tombe dans la tyrannie[4] ». Ensuite, le pouvoir du roi « doit être tempéré (*temperetur potestas*), de manière à ne pouvoir dégénérer facilement en tyrannie[5] ». Si enfin une tyrannie s'instaure et s'avère insupportable, le tyran doit être renversé par l'autorité publique (*auctoritas publica*) plutôt que par une initiative privée[6].

Quelle appréciation porter sur ces premières affirmations, tirées du *De Regno?* Deux remarques s'imposent. En premier lieu, l'argumentation de saint Thomas demeure très générale, assez spéculative et finalement peu développée si on la compare à celle d'Aristote. Les limites intrinsèques attachées au gouvernement d'un seul sont tout juste évoquées, alors qu'Aristote leur accorde beaucoup plus d'attention. Le sentiment qui se dégage de ces passages est celui

1. *Ibid.*, I, 2, 54-61; affirmation très générale que Thomas réfère, d'ailleurs, à l'Écriture. Dans le même sens, mais appliquée à l'Église, cf. *CG* IV, 76, 4°.

2. *De Regno*, I, 3, 7-10. Les chapitres 3 à 7 du premier Livre sont consacrés à ce thème.

3. *Ibid.*, I, 4, 16-20.

4. *Ibid.*, I, 6, 7-10. Dans le *De Regno*, saint Thomas ne traite pas explicitement du mode de désignation du roi. Contrairement à J. M. Blythe (*Le Gouvernement idéal...*, *op. cit.*, p. 82), on ne voit pas dans ce texte une « intention manifeste » de montrer que cette tâche revient au peuple. En revanche, d'autres écrits, comme on le verra, peuvent être compris en ce sens.

5. *De Regno*, I, 6, 16-18. Bien que saint Thomas ajoute : « Comment cela doit se faire, nous le considérerons par la suite », il ne précise pas, dans le *De Regno*, quels moyens institutionnels il envisage. Sans doute cette lacune est-elle imputable à l'inachèvement de l'ouvrage.

6. Cf. *ibid.*, 88-90; il justifie ainsi ce renversement : « S'il est du droit d'une multitude de se donner un roi, cette multitude peut sans injustice destituer le roi qu'elle a institué ou réfréner son pouvoir, s'il abuse tyranniquement du pouvoir royal », *ibid.*, 91-94.

d'une préférence idéale pour la forme royale, sans que la réflexion soit poussée plus avant sur cette question du régime. On dira donc qu'il s'agit, selon une distinction chère à Thomas d'Aquin, d'une préférence dans l'absolu (*simpliciter*, au sens d'une préférence idéale), en dehors de toute autre considération (ce qui aboutirait à une préférence *secundum quid*, éventuellement différente)[1]. On aura garde d'oublier, en second lieu, que le *De Regno* est un opuscule commandé par le roi de Chypre à saint Thomas. Celui-ci s'inscrit donc dans le cadre fixé d'une royauté. Il ne s'agit pas tant de s'interroger sur le meilleur régime en général que de mettre en lumière l'excellence d'un régime donné. On aurait donc tort de s'appuyer sans discernement sur ce texte pour conclure à la préférence définitive de Thomas pour la royauté – danger auquel beaucoup ont succombé au XXe siècle. Pour autant, cette préférence idéale pour la forme royale se retrouve dans d'autres écrits. Ainsi, par exemple, dans ce passage de la *Somme de théologie*: « La royauté est la forme la meilleure de gouvernement, si elle reste saine »[2].

Sur ce terrain de la préférence de principe pour la forme royale du gouvernement, saint Thomas ne diffère pas d'Aristote; il demeure fidèle au modèle dominant à son époque et semble constant à travers ses écrits. Mais, selon la distinction évoquée plus haut, il ne s'agit ici que de la forme du gouvernement: encore faut-il traiter du mode de ce gouvernement. Ce n'est qu'alors que l'on pourra apprécier si sa position dans le *De Regno* diffère véritablement de celle des autres écrits[3].

B – *La distinction entre « gouvernement royal » et « gouvernement politique »*

Il s'agit maintenant d'étudier comment Thomas d'Aquin distingue les modes de gouvernement. À la suite d'Aristote, il recourt à deux expressions:

1. La concision de saint Thomas, comparée aux longs et multiples développements d'Aristote, semble faire du premier un tenant plus déterminé de la royauté que le second. Il est clair cependant qu'Aristote et Thomas se retrouvent pour considérer l'excellence de la royauté dès lors que se présente un homme d'exception pour en assumer la charge. Cf. *Pol.*, III, 13, 1284 b 27-34: « Quand se présente quelqu'un qui l'emporte par l'excellence: alors, que faut-il faire? Car rien n'indique qu'il faille exiler et bannir un tel homme, pas plus qu'il faille commander à un tel homme, car ce serait comme si les hommes voulaient commander à Zeus en partageant avec lui les magistratures. Reste donc ce qui semble naturel: que tous obéissent de bonne grâce à un tel homme, de sorte que les gens de son espèce soient toujours rois dans [leurs] cités ».

2. I II, q. 105, a. 1, ad 2, avec ce corollaire: « Mais elle dégénère facilement en tyrannie, à cause du pouvoir considérable attribué au roi ».

3. C'est ce que suggère, avec prudence toutefois, le P. Dondaine dans sa préface à l'édition Léonine (*Opera omnia*, t. XLII, 1979, p. 424), se référant à M. GRANCLAUDE, « Les particularités du *De regimine principum* de S. Thomas », *Bulletin thomiste* 7 (1930), p. 153-154. Il ajoute, en citant M. Grandclaude: « Mais il se pourrait que la situation politique en Chypre donne la clé de cette différence. "Si en 1266 les liges apparaissaient en Chypre comme les champions de l'anarchie et le roi comme le seul défenseur de l'ordre public, on pourrait s'expliquer que dans le *De regimine principum* saint Thomas n'ait pas exprimé sa préférence pour le gouvernement mixte et ait recommandé la monarchie pure" ».

« gouvernement royal » et « gouvernement politique », qui doivent être précisées.

1 – *Les deux modes de gouvernement*

Lorsque Aristote distingue, au tout début de son traité, les différents types de gouvernement, il s'en prend à ceux pour qui le gouvernement d'une maison et celui d'une cité ne diffèrent que par la taille, et qui ne voient la différence entre gouvernement politique et gouvernement royal que dans la façon dont on accède au pouvoir : « Quant à [la différence] entre un homme politique et un roi, quand on a été placé soi-même au pouvoir [on serait] roi, mais quand [on exerce le pouvoir] selon les règles de la science qui fait que l'on est tour à tour (*kata méros*) gouvernant et gouverné [on serait] homme politique. Eh bien tout cela n'est pas vrai »[1]. Si cela n'est pas vrai, c'est que, pour Aristote, ce n'est pas le mode d'accession au pouvoir qui détermine le type de gouvernement, mais la façon dont il va s'exercer, comme on va le voir. Pour Thomas, la chose est un peu compliquée par une inexactitude dans la traduction du même passage par Guillaume de Moerbeke[2] : « [Le régime est] royal, quand l'un a la préséance; [il est] politique, lorsqu'on est pour une part gouvernant et pour une autre part gouverné, selon les règles de la discipline »[3]. Ce qui, chez Aristote, était succession des états (de gouvernant et de gouverné) devient chez Guillaume de Moerbeke coexistence de ceux-ci chez un même individu[4]. Si bien que saint Thomas reprend ainsi :

> Quand un seul homme a la préséance de manière absolue et en toutes choses (*simpliciter et secundum omnia*), le régime est dit royal; quand il a la préséance selon les règles de la science, c'est-à-dire selon les lois établies par la science politique, le régime est politique : en ce sens que pour une part il dirige, pour ce qui est soumis à son pouvoir, et pour une autre part il est sujet, dans les domaines où il est soumis à la loi[5].

Si saint Thomas est sans doute gêné par l'écart qu'il perçoit entre le propos général de ce passage d'Aristote (qui affirme que le gouvernement domestique et celui de la cité diffèrent essentiellement) et le terrain sur lequel l'entraîne

1. *Pol.*, I, 1, 1252 a 14-17.

2. J. M. Blythe a, à juste titre, attiré l'attention sur ce point : cf. *Le Gouvernement idéal…*, *op. cit.*, p. 74-75.

3. « *Quando quidem ipse preest regale, quando autem secundum sermones discipline talis secundum partem principans et subiectus, politicum* ».

4. La difficulté vient de ce que cette affirmation de Guillaume de Moerbeke est juste, alors qu'elle prétend traduire une conception qu'Aristote dénonce comme fausse. D'où l'embarras de saint Thomas.

5. « *Quando enim ipse homo preest simpliciter et secundum omnia, dicitur regimen regale. Quando autem preest secundum sermones disciplinales, idest secundum leges positas per disciplinam politicam, est regimen politicum : quasi secundum partem principetur, quantum ad ea scilicet que eius potestati subsunt; et secundum partem sit subiectus, quantum ad ea in quibus subicitur legi* », *Super Pol.*, I, l/a, 106-113.

Guillaume de Moerbeke, il aboutit cependant à une compréhension conforme à celle d'Aristote, qu'il avait déjà exprimée au début de son commentaire :

> La cité est gouvernée selon deux régimes, à savoir politique et royal. Le régime est royal lorsque celui qui a la préséance a un pouvoir plénier (*plenariam potestatem*). Le régime est politique quand celui qui a la préséance a un pouvoir contraint par certaines lois de la cité (*potestatem coarctatam secundum aliquas leges civitatis*) [1].

C'est cette distinction qu'il faut retenir, et qui correspond à la pensée d'Aristote. D'autres passages permettent d'en obtenir la certitude. Dans sa référence à la famille domestique, Aristote déclare à plusieurs reprises que le gouvernement de l'époux sur l'épouse est politique, alors que celui sur les enfants est royal, ceux-ci et celle-là étant tous des êtres libres (à la différence des esclaves sur lesquels le maître exerce un pouvoir despotique) : « L'autorité qu'on exerce sur sa femme et [celle qu'on exerce sur] ses enfants [concerne] dans les deux cas des êtres libres, mais ce n'est pourtant pas la même forme d'autorité : sur la femme [s'exerce une autorité] politique, sur les enfants [une autorité] royale » [2]. Pour Aristote, l'homme gouverne sa femme en raison d'une supériorité naturelle, mais ce gouvernement est politique parce qu'il s'exerce sur un être libre et, semble-t-il, parce qu'il est encadré par les lois matrimoniales. En revanche, son gouvernement sur les enfants est royal en ce sens qu'il n'est contraint par aucune règle. C'est le sens du commentaire de Thomas : « Le père a un pouvoir plénier (*plenariam potestatem*) sur ses enfants comme le roi sur son royaume; mais l'homme n'a pas un pouvoir plénier sur sa femme quant à toutes choses, mais selon ce que requièrent les lois du mariage, tout comme le gouvernant d'une cité a autorité sur les citoyens selon les institutions (*secundum statuta*) » [3]. Avec toute certitude on peut affirmer que pour saint Thomas, fidèle en cela à Aristote, le « gouvernement royal » se caractérise par une plénitude de pouvoir sur les citoyens, alors que dans le « gouvernement politique » le pouvoir est encadré et régulé par les institutions de la cité [4].

2 – *Le gouvernement « politique et royal »*

Cela étant établi, il faut aussi rendre raison de l'emploi par saint Thomas de l'expression « gouvernement politique et royal » qui semble porter une *contradictio in terminis* si l'on s'en tient à la conclusion précédente. L'expression vient d'Aristote lorsque, se fondant encore une fois sur la nature de l'homme, il lit en elle les différents types de pouvoir : « D'après nous, c'est

1. « *Ciuitas autem duplici regimine regitur, scilicet politico et regali. Regale quidem est regimen quando ille qui ciuitati preest habet plenariam potestatem, politicum autem regimen est quando ille qui preest habet potestatem coartatam secundum aliquas leges ciuitatis* », *ibid.*, 67-72.

2. *Pol.*, I, 12, 1259 a 39-b 2.

3. *Super Pol.*, I, 10, 39-44.

4. La distinction est donc d'importance, ce qui a échappé, par exemple, à M. DEMONGEOT, *Le Meilleur régime...*, *op. cit.*, p. 41-44. Le gouvernement royal correspond à ce que l'on nommera, après saint Thomas, le pouvoir absolu.

d'abord chez [l'homme comme] vivant qu'on [peut] voir un pouvoir aussi bien despotique que politique; l'âme, en effet, exerce un pouvoir despotique sur le corps, et l'intellect [un pouvoir] politique et royal sur le désir »[1]. Passage que saint Thomas commente en ces termes :

> Le gouvernement (*principatus*) que l'on rencontre dans les parties de l'âme a une certaine similitude avec les gouvernements extérieurs. En cet animal qu'est l'homme, nous pouvons considérer deux gouvernements de ses parties : l'un despotique, par lequel le maître gouverne les esclaves, et l'autre politique, par lequel le chef de la cité gouverne les hommes libres. On constate en effet dans les parties de l'homme que l'âme domine le corps, mais selon un gouvernement despotique par lequel l'esclave ne peut nullement résister au maître [...]. On constate encore que l'intellect ou la raison domine l'appétit [sensible], mais selon un gouvernement politique et royal qui est celui qui vaut pour des hommes libres, et que ceux-ci peuvent en quelque mesure contredire : ainsi en va-t-il lorsque l'appétit ne suit pas la raison. La raison de cette diversité est que le corps ne peut être mû si ce n'est par l'âme, et il lui est donc totalement soumis. Mais l'appétit peut être mû non seulement par la raison, mais encore par le sens, et il n'est pas totalement soumis à la raison[2].

On comprend que le gouvernement de l'âme sur le corps soit despotique : il est plénier et il ne peut y être dérogé. On comprend aussi que le gouvernement de la raison sur l'appétit soit politique : il n'est pas absolu et l'appétit peut s'en détourner. Mais pourquoi dire qu'il est aussi royal? On ne peut que se livrer à des conjectures, mais on peut suggérer qu'Aristote use de cette expression parce que la supériorité de l'intellect sur l'appétit est définitive, et qu'ils ne seront jamais sur un pied d'égalité[3]. En tout cas, dès lors qu'il l'a découvert chez Aristote, dans la *Politique*, saint Thomas retrouve ce thème à chaque fois qu'il traite du pouvoir de la raison sur l'appétit sensible (concupiscible et

1. *Pol.*, I, 5, 1254 b 3-7. Aristote en conclut : « Dans ces conditions, il est manifeste qu'il est à la fois conforme à la nature et avantageux que le corps soit commandé par l'âme et que la partie passionnée le soit par l'intellect, c'est-à-dire par la partie qui possède la raison, alors que leur égalité ou l'interversion [de leurs rôles] est nuisible à tous ».

2. « *Ostendit autem consequenter quod principatus qui est in partibus animalis, habet quandam similitudinem exterioris principatus. Possumus enim in animali quod est homo considerare duplicem principatum ad partes eius, scilicet despoticum quo dominus principatur seruis, et politicum quo rector ciuitatis principatur liberis. Invenitur enim inter partes hominis quod anima dominatur corpori, sed hoc est despotico principatu in quo seruus in nullo potest resistere domino, eo quod seruus id quod est simpliciter est domini, ut supra dictum est [...]. Inuenimus etiam quod intellectus seu ratio dominatur appetitui, set principatu politico et regali qui est ad liberos, unde possunt in aliquibus contradicere : et similiter appetitus aliquando non sequitur rationem. Et huius diuersitatis ratio est, quia corpus non potest moueri nisi ab anima, et ideo totaliter subicitur ei; sed appetitus potest moueri non solum a ratione, sed etiam a sensu; et ideo non totaliter subicitur rationi* », *Super Pol.*, I, 3, 143-166.

3. *Cf.* W. L. Newman, *The Politics of Aristotle*, cité par P. Pellegrin dans sa traduction, p. 101, n. 6. Il se peut aussi qu'il faille ici comprendre « politique » au sens le plus large du terme, le pouvoir royal étant l'une des formes du gouvernement politique : c'est ce que suggère P. Pellegrin au même endroit, mais la remarque de Newman semble plus pertinente. Car ce n'est pas le qualificatif « politique » qui surprend, mais le qualificatif « royal ».

irascible). Et ces lieux permettent de connaître plus précisément comment il comprend ce gouvernement « politique et royal » dans les affaires de la cité. Ainsi dans la *Somme de théologie* où il se réfère au passage d'Aristote cité :

> Le pouvoir despotique est celui par lequel quelqu'un commande à des esclaves, qui n'ont pas la faculté de résister à l'ordre du chef, car ils n'ont rien à eux. Le pouvoir politique et royal est celui par lequel on commande à des hommes libres qui, bien que soumis à l'autorité du chef, ont cependant quelque pouvoir propre qui leur permet de résister à ses ordres [1].

Il dit encore que ce gouvernement « politique et royal » renvoie à « la manière dont les hommes libres sont conduits par leur gouvernant, tout en gardant la faculté d'agir en sens contraire [2] », ou encore à « la faculté de se soustraire à certains préceptes du roi ou du prince [3] ». Au total, le sens que Thomas donne à l'expression est clair : il s'agit d'un mode royal de gouvernement, c'est-à-dire reconnaissant la préséance et le pouvoir du souverain, mais politique en ce sens que ce pouvoir n'est pas absolu ou plénier, dans la mesure où les citoyens peuvent s'y soustraire. On peut encore ajouter que ces quelques développements montrent que, pour saint Thomas, la distinction entre gouvernement royal et gouvernement politique ne tient pas d'abord aux conditions d'accès au pouvoir, à la durée des fonctions ou à l'alternance entre gouvernants et gouvernés. Ces aspects pourront avoir leur importance, mais ils ne sont pas essentiels à la distinction des modes.

La formule « gouvernement politique et royal » connaîtra une grande fortune en Angleterre au XVe siècle chez John Fortescue qui, en se référant explicitement à Thomas d'Aquin, exprimera par elle une royauté qui s'exerce dans le cadre de lois acceptées par le peuple. Peut-on dire que telle est la compréhension de Thomas deux siècles auparavant ? À la vérité, on n'en est pas loin, comme on le verra bientôt. En tout état de cause, il ne fait guère de doute que la formule « politique et royal », lorsqu'il en use, tend à signifier « de forme royale et de mode politique » : au Moyen Âge et au début de l'époque moderne, la royauté demeure la forme principale d'organisation des communautés politiques, et cette forme tend de plus en plus à être régulée par des institutions. C'est ce que Thomas a en vue, et c'est ce que l'on nommera plus tard une monarchie constitutionnelle.

1. « *Dicitur enim despoticus principatus, quo aliquis principatur servis, qui non habent facultatem in aliquo resistendi imperio praecipientis, quia nihil sui habent. Principatus autem politicus et regalis dicitur, quo aliquis principatur liberis, qui, etsi subdantur regimini praesidentis, tamen habent aliquid proprium, ex quo possunt reniti praecipientis imperio* », I, q. 81, a. 3, ad 2. Même mention dans le *De Malo*, q. 3, a. 9, ad 14, avec l'expression *regale aut politico*.

2. I II, q. 9, a. 2, ad 3. En I II, q. 17, a. 7, à propos du même sujet, saint Thomas use de l'expression « pouvoir politique » (sans préciser royal), et glose ainsi : « Celui qui s'adresse aux hommes libres non totalement soumis au commandement ».

3. *De Virt. com.*, a. 4, c.

SECTION III – CONSTITUTION MIXTE ET SOUMISSION À LA LOI

Les considérations précédentes sur la forme et le mode du gouvernement éclairent la voie de la réponse de saint Thomas à la question du meilleur régime. En deux lieux du traité de la loi dans la *Somme de théologie*, il développe sa conception du meilleur régime. L'un porte sur la forme des institutions, l'autre traite du rôle de la loi.

A – *La préférence pratique pour une constitution mixte*

C'est dans le sous-traité de la loi ancienne, lorsqu'il examine les préceptes judiciaires concernant les gouvernants, que Thomas d'Aquin se fait l'exégète du gouvernement donné par Dieu à Israël. À cette occasion, il expose clairement sa préférence pour ce que l'on nomme une constitution mixte :

> Deux points sont à observer dans la bonne organisation du gouvernement d'une cité ou d'un peuple. D'abord que tout le monde participe pour une part au gouvernement, car, selon le Livre II de la *Politique*, c'est une garantie de paix civile, et tous aiment et soutiennent une telle organisation. L'autre point concerne la forme du régime ou de l'organisation des pouvoirs. Il en est de diverses sortes, comme le dit le Philosophe au Livre III de la *Politique*, mais les principales sont la royauté, ou gouvernement d'un seul à raison de sa vertu, et l'aristocratie, c'est-à-dire le pouvoir des meilleurs où un petit nombre gouverne à raison de leur vertu. De là découle que la meilleure organisation des pouvoirs dans une cité ou un royaume est celle dans laquelle un seul homme, établi à raison de sa vertu, s'impose à tous; sous lui quelques autres gouvernants, qualifiés par leur vertu; et cependant un tel gouvernement engage tout le monde, tous pouvant être élus et tous étant électeurs. Tel est le meilleur régime politique, heureux mélange de royauté, par la prééminence d'un seul, d'aristocratie, en tant que plusieurs gouvernent à raison de leur vertu, et de démocratie, c'est-à-dire de pouvoir populaire, en tant que de simples citoyens peuvent être choisis (*possunt eligi*) comme gouvernants et que le choix (*electio*) des gouvernants appartient au peuple[1].

1. « *Circa bonam ordinationem principum in aliqua civitate vel gente, duo sunt attendenda. Quorum unum est ut omnes aliquam partem habeant in principatu, per hoc enim conservatur pax populi, et omnes talem ordinationem amant et custodiunt, ut dicitur in II Polit. Aliud est quod attenditur secundum speciem regiminis, vel ordinationis principatuum. Cuius cum sint diversae species, ut philosophus tradit, in III Polit., praecipuae tamen sunt regnum, in quo unus principatur secundum virtutem; et aristocratia, idest potestas optimorum, in qua aliqui pauci principantur secundum virtutem. Unde optima ordinatio principum est in aliqua civitate vel regno, in qua unus praeficitur secundum virtutem qui omnibus praesit; et sub ipso sunt aliqui principantes secundum virtutem; et tamen talis principatus ad omnes pertinet, tum quia ex omnibus eligi possunt, tum quia etiam ab omnibus eliguntur. Talis enim est optima politia, bene commixta ex regno, inquantum unus praeest; et aristocratia, inquantum multi principantur secundum virtutem; et ex democratia, idest potestate populi, inquantum ex popularibus possunt eligi principes, et ad populum pertinet electio principum* », I II, q. 105, a. 1. Thomas continue : « Et tel fut le régime institué par la loi divine. En effet, Moïse et ses successeurs gouvernaient le peuple en qualité de chefs uniques et universels, ce qui est caractéristique de la royauté. Mais les soixante-douze anciens étaient élus en raison de

Le propos de saint Thomas porte ici sur les détenteurs de l'autorité au sein de la cité : c'est de la forme du gouvernement qu'il s'agit. Deux affirmations convergentes fondent sa position : que tous les citoyens participent, dans une certaine mesure, au gouvernement, et que le mélange des trois formes pures aboutit au meilleur régime. Le premier argument est justifié par l'exigence de paix civile. C'est une raison empruntée à Aristote lorsqu'il étudie la constitution de Sparte : « Cette magistrature [l'éphorat] œuvre au maintien de la constitution, car le peuple se tient tranquille du fait qu'il participe au pouvoir suprême [...]. Car pour qu'une constitution soit appelée à survivre, il faut que toutes les parties de la cité elle-même veuillent que [cette constitution] existe et perdure »[1]. Le second est puisé à la même source : « Certains prétendent que la meilleure constitution doit être un mélange de toutes les constitutions, et c'est pourquoi ils approuvent celle des Lacédémoniens qui est, disent-ils, un mélange d'oligarchie, de monarchie et de démocratie [...]. L'avis de ceux qui militent pour une constitution mélangeant un plus grand nombre [de formes] est meilleur, car une constitution composée de plus [de formes] est meilleure »[2]. Passage que Thomas d'Aquin commente ainsi :

> Certains disent que le meilleur régime pour la cité consiste en un certain mélange des régimes vus précédemment. La raison en est qu'un régime est tempéré (*temperatur*) par le mélange d'un autre et connaît moins de matière à sédition si tous ont part au gouvernement de la cité. Par exemple si le peuple domine en un domaine, les puissants en un autre et le roi en un autre encore : et c'est en ce sens que sont adressées les plus hautes louanges à la cité de Sparte. [...] Ils ont agi au mieux ceux qui ont établi l'ordonnancement de la cité par le mélange de plusieurs régimes : en effet, cet ordonnancement est d'autant meilleur qu'il résulte du mélange de plusieurs régimes, parce que nombreux sont ceux qui, alors, participent au gouvernement de la cité[3].

leur mérite (*Dt* 1, 15) [...], voilà l'élément d'aristocratie. Quant à la démocratie, elle s'affirmait en ce que les chefs étaient pris dans l'ensemble du peuple (*Ex* 18, 21) [...], et que le peuple aussi les désignait (*Dt* 1, 13) [...]. L'excellence des dispositions légales est donc incontestable en ce qui touche à l'organisation des pouvoirs ».

1. *Pol.*, II, 9, 1270 b 17-23. Dans son commentaire, saint Thomas glose ainsi : « Il faut, pour qu'un régime soit conservé, que toutes les parties de la cité veuillent qu'il existe, et que toute partie de la cité se satisfasse de demeurer dans son état », *Super Pol.*, II, 14, 51-53. On retrouve la même idée en II II, q. 183, a. 2, ad 3, lorsque saint Thomas étudie la diversité des offices en général : « La distinction des offices et des états est plutôt favorable au maintien de la paix, tant de l'esprit que de la cité, en tant qu'elle rend possible la participation d'un plus grand nombre de personnes aux actes publics ».

2. *Ibid.*, II, 6, 1265 b 34-1266 a 5. Dans sa traduction, P. Pellegrin trouve, après d'autres, cette formule peu aristotélicienne (p. 163, n. 18), mais elle paraît consonner avec l'étude de l'« heureux mélange » qu'Aristote fait à propos de la constitution spartiate au chapitre 9 du Livre IV.

3. « *Dicit ergo primo, quod quidam dicunt quod optimum regimen ciuitatis est quod est quasi commixtum ex omnibus predictis regiminibus. Et huius ratio est, quia unum regimen temperatur ex ammixtione alterius; et minus datur seditionis materia, si omnes habeant partem in principatu ciuitatis, puta si in aliquo dominetur populus, in aliquo potentes, in aliquo rex. Et secundum hoc maxime laudabitur ordinatio ciuitatis Lacedemoniorum. [...] Multo igitur melius faciunt illi, qui ex pluribus politiis commiscent ordinationem ciuitatis : quanto enim est ex pluribus commixta, tanto*

On voit ici que, des deux arguments repris d'Aristote, le premier est, pour Thomas d'Aquin, le plus déterminant : la première raison pour établir une constitution mixte est que la stabilité du régime est mieux assurée du fait que toutes les composantes de la cité participent au pouvoir. Dans le même mouvement, le mélange des formes permet de limiter les risques attachés à une forme donnée en la « tempérant » par les autres formes[1]. C'est déjà affirmer qu'un système de poids et de contrepoids est le plus à même de prévenir les dérives qu'une forme pure (ou simple) de constitution peut engendrer.

Ce passage important appelle quelques autres commentaires. D'abord, il est clair que saint Thomas s'inscrit dans un mouvement déjà fort à son époque en faveur du choix des gouvernants par voie élective. Pas un instant il n'envisage une désignation divine, quelle qu'en serait les modalités[2]. On relèvera ensuite que, après avoir, au début de son raisonnement, cité la royauté et l'aristocratie, Thomas aboutit, au terme, à un mélange des trois formes fondamentales. Mais il ne mentionne pas de qualité intrinsèque attachée à la multitude, alors qu'Aristote reconnaît une sagesse collective qui lui appartient en propre[3].

melior est, quia plures habent partem in dominio ciuitatis », *Super Pol.*, II, 7, 71-123. On se souvient que c'est le même verbe *temperare* que Thomas utilise dans le *De Regno*, sans toutefois le développer, ce qu'il fait ici. Son sens est lié à celui de la vertu de tempérance, et signifie plus qu'un simple mélange, comme le sens contemporain le laisse entendre.

1. En référant ainsi à Aristote les affirmations de Thomas, il apparaît bien que celui-ci suit de très près celui-là. On ne sera pas enclin à voir ici une « synthèse nouvelle » que Thomas d'Aquin réaliserait à partir d'Aristote et de l'Écriture, comme le suggère B. TIERNEY, « Aristotle, Aquinas, and the Ideal Constitution », *Proceedings of the Patristic, Mediaeval and Renaissance Conference* 4 (1979), p. 1-11 [p. 4]. On marque une semblable réserve vis-à-vis de la remarque d'Étienne Gilson sur le même article : « Il tire sa politique de l'Écriture et aussi d'Aristote, en un texte que nous devons citer tout entier comme un exemple typique de ces doctrines dont, à l'en croire, saint Thomas emprunte tout, et qui n'appartiennent cependant qu'à lui » (*Le Thomisme*, *op. cit.*, p. 457). La part de démocratie reconnue dans le régime peut naturellement prendre des figures différentes selon les temps et les lieux; l'affirmation de I II, q. 105, a. 1 à ce sujet s'inspire du cas particulier d'Israël. Il convient, au surplus, de comprendre *eligere* au sens le plus général et médiéval de « choisir », qui n'implique pas nécessairement celui d'« élire ». Après Thomas d'Aquin, c'est en premier lieu chez Jean (Quidort) de Paris que se manifestera la capacité reconnue au peuple de changer de dirigeant, annonçant le thème futur de la souveraineté populaire.

2. On rencontre une position identique, quoique dans un contexte de pensée différent, chez saint Bonaventure : « C'est aujourd'hui une grande abomination que ceux qui gouvernent. Sur un navire, on ne met pour pilote que celui qui possède la technique. Comment, dans la République, voit-on pour chef quelqu'un qui ne sait pas gouverner ? Quand les chefs sont désignés par la voie héréditaire, la république est mal dirigée [...]. Aussi longtemps que les Romains ont élu leurs chefs, ils ont choisi les plus sages, et alors la république fut bien gouvernée; quand ils passèrent au système héréditaire, tout fut détruit », *Hexameron*, V, 19, Quaracchi t. V, 357 a. Après saint Thomas, ce thème du choix des gouvernants sera associé à celui, connexe, de leur renouvellement. On sait l'attention que portent à ce renouvellement les cités italiennes du XIIIe siècle qui vivent sous une forme républicaine : *convenium est mutare rectores.*

3. La remarque est de J. M. Blythe (*Le Gouvernement idéal...*, *op. cit.*, p. 86). On n'oubliera pas, cependant, que Thomas a interrompu son commentaire de la *Politique* avant les propos très nets d'Aristote à ce sujet, qui reviennent par trois fois au chapitre 11 du Livre III. On notera aussi que Thomas d'Aquin, dans son laconisme, ne précise pas s'il vise la totalité du peuple ou sa partie « raisonnable » ou « la plus importante », comme certains le souhaiteront après lui, notamment Nicolas Oresme et Marsile de Padoue.

L'enjeu est bien, selon le premier argument, d'associer toutes les composantes de la cité pour la sauvegarde de la paix civile. Ainsi, si saint Thomas prône un mélange des formes simples de régime, ce n'est pas tant pour bénéficier des qualités propres à chacune – ce que l'on pourrait tenir en se référant à Aristote – que pour se prémunir contre les risques de déviation attachés à chacune[1]. Mais, compte tenu du faible nombre de sources dont on dispose chez Thomas, il ne faut certainement pas accuser les différences entre ses positions et celles d'Aristote: ce n'est pas parce que Thomas ne reprend pas explicitement un argument aristotélicien qu'il n'y souscrit pas[2].

Il faut encore tenir compte du contexte dans lequel Thomas d'Aquin expose cette préférence pour un régime mixte. C'est un contexte de révélation judéo-chrétienne: il s'agit, dans une démarche d'apologétique théologique, de rendre raison du régime des Juges donné par Dieu aux Juifs, tel que le Pentateuque le fait connaître. Pour autant, il n'y a aucune équivoque sur la portée des propos de Thomas. Ce qu'il dit du meilleur régime a la portée la plus générale: cela vaut en particulier pour ce régime donné par Dieu à son peuple, mais pas seulement pour lui. Ce n'est pas le gouvernement d'Israël qui fait comprendre quel est le meilleur régime; mais il s'agit, connaissant par Aristote les caractères de celui-ci, de les découvrir dans celui d'Israël[3].

Mais cet article permet également de répondre à une objection qui ne peut manquer d'être avancée: si, comme on l'a vu, le régime de la royauté est en principe le plus parfait, pourquoi Thomas se fait-il ici le tenant déterminé d'un régime mixte? C'est précisément le sens de l'objection qu'il se fait à lui-même, dans le même article: «Le régime parfait pour une cité ou un peuple quelconque est le gouvernement royal parce qu'il reproduit le mieux le gouvernement divin, par lequel un seul Dieu dirige l'univers. C'est donc dès le principe que la loi aurait dû mettre un roi à la tête du peuple, au lieu de laisser celui-ci en décider à son gré[4]». Voici sa réponse, dont on a déjà vu la majeure:

> La royauté est la forme la meilleure de gouvernement, si elle reste saine; mais elle dégénère facilement en tyrannie, à cause du pouvoir considérable qui est attribué au roi, si celui qui détient un tel pouvoir n'a pas une vertu parfaite, comme dit Aristote: "Il n'appartient qu'au vertueux de soutenir comme il faut les faveurs de la fortune". Or la vertu parfaite est rare; les Juifs étaient particulièrement cruels et enclins à la rapacité, et c'est par ces vices surtout que les hommes versent dans la tyrannie. C'est pourquoi le Seigneur ne leur assigna pas dès le début un roi revêtu d'un pouvoir plénier (*cum plena potestate*), mais

1. De même, saint Thomas ne reprend pas l'argument, cher à Aristote, du «régime de la classe moyenne» (*Pol.*, IV, 11-12) que, de fait, le régime mixte permet d'assurer, et qui garantit la stabilité de la cité.

2. Au surplus, il faut tenir compte des différences entre la cité grecque et le royaume médiéval, qui peuvent justifier certaines nuances d'accent.

3. C'est bien ainsi que le P. Congar le comprend dans «Orientations de Bonaventure et surtout de Thomas d'Aquin dans leur vision de l'Église et celle de l'État», art. cit., p. 692.

4. I II, q. 105, a. 1, obj. 2.

un juge et un gouverneur qui veillât sur eux. C'est plus tard, à la demande du peuple et comme sous le coup de la colère qu'il leur accorda un roi[1].

Cette réponse dévoile bien la position d'ensemble de Thomas déjà suggérée précédemment. Si, dans l'absolu, la royauté – et même la royauté « royale », dotée d'un pouvoir plénier – est le meilleur régime, dans la pratique, et compte tenu de l'état des hommes, c'est un régime mixte qui sera le meilleur. Le dévoiement de la royauté en tyrannie semble être une loi incontournable de l'évolution des régimes dont seul un régime mixte permet de se prémunir. Saint Thomas, dans la *Somme de théologie*, vient de citer le cas des Juifs, qui est la source de sa réflexion et de l'expression de sa préférence pour un régime mixte. Il l'avait déjà en vue dans le *De Regno* où il constate une évolution semblable à Rome, cas le plus éminent de régime mixte. Dans chacun de ces cas, le régime mixte originel – celui des Juges d'un côté, la République de l'autre – est présenté comme source de prospérité. Le passage à un régime royal – les rois d'un côté, les empereurs de l'autre – ne va pas manquer d'évoluer à terme vers la corruption – iniquité et abandon du culte chez les Juifs, tyrannie et impéritie à Rome[2]. Cette préférence pratique manifeste pour une constitution mixte va également dans le sens de la distinction entre « gouvernement royal », caractérisé par une plénitude de pouvoir, et « gouvernement politique » où, en quelque façon, le pouvoir est « tempéré ». On comprend mieux que le premier s'accorde au caractère idéal de la royauté, et que le second répond aux exigences de la pratique[3]. C'est ce que le point suivant va confirmer.

B – *L'exigence d'un gouvernement soumis à la loi*

Un second texte tiré du traité de la loi – cette fois-ci du sous-traité de la loi en général – vient compléter la connaissance des conceptions de Thomas d'Aquin. Comme on l'a vu au chapitre précédent, ce sous-traité ouvre l'ensemble du traité de la loi, manifestant par là combien Thomas cherche à saisir la loi dans toute son universalité. Il y précise ce qu'est la loi en son essence – la raison de loi (*ratio legis*) –, avant d'en étudier les déterminations dans les différents types que l'on peut rencontrer.

1. « *Regnum est optimum regimen populi, si non corrumpatur. Sed propter magnam potestatem quae regi conceditur, de facili regnum degenerat in tyrannidem, nisi sit perfecta virtus eius cui talis potestas conceditur, quia "non est nisi virtuosi bene ferre bonas fortunas", ut philosophus dicit, in IV Ethic. Perfecta autem virtus in paucis invenitur, et praecipue Iudaei crudeles erant et ad avaritiam proni, per quae vitia maxime homines in tyrannidem decidunt. Et ideo dominus a principio eis regem non instituit cum plena potestate, sed iudicem et gubernatorem in eorum custodiam. Sed postea regem ad petitionem populi, quasi indignatus, concessit* », *ibid.*, ad 2.

2. Cf. *De Regno*, I, 4, 30-62.

3. Sur ces points, on partage les appréciations de J. M. Blythe : *Le Gouvernement idéal...*, *op. cit.*, p. 90-93.

1 – *La thèse thomasienne*

C'est lorsqu'il étudie la loi humaine et qu'il rend raison des divisions proposées par Isidore de Séville[1] que Thomas précise ses vues sur le lien de la loi avec les différentes constitutions :

> Il est essentiel à la loi humaine (*est de ratione legis humanae*) d'être instituée par celui qui gouverne l'ensemble de la cité. De ce point de vue, on distingue les lois humaines d'après les différents régimes politiques. Selon la description d'Aristote, l'un de ces régimes est la monarchie, quand la cité est gouvernée par un chef unique : en ce cas, on parle de constitutions des princes. Un autre régime est l'aristocratie, qui est le gouvernement des meilleurs ou de l'élite : on parle alors des sentences des sages et des sénatus-consultes. Un autre régime est l'oligarchie, c'est-à-dire le gouvernement de quelques hommes riches et puissants : on parle en ce cas de droit prétorien, dit aussi honorariat. Il y a encore le régime populaire, appelé démocratie : on parle alors de plébiscites. Un autre régime est la tyrannie, régime totalement corrompu et qui pour cette raison ne connaît pas de loi. Il y a enfin un régime mixte, composé des précédents, et qui est le meilleur : on appelle alors loi, comme le dit saint Isidore, « ce que les anciens, d'accord avec le peuple, ont décidé (*quam maiores natu simul cum plebibus sanxerunt*) »[2].

Thomas d'Aquin établit ici un lien explicite entre la mixité du régime – alors regardé comme le meilleur – et le fait que la loi soit l'œuvre conjointe des anciens (il ne précise pas ici ce point) et de l'assentiment du peuple. C'est clairement unir la forme mixte du régime et le « gouvernement politique » de celui-ci, compris ici comme s'exerçant selon la loi. Cet engagement du peuple dans l'œuvre législative, d'une façon ou d'une autre, est pour Thomas une donnée intangible. Ainsi, lorsqu'il étudie l'auteur de la loi – la *ratio legis* dans la lumière de la causalité efficiente : qui fait la loi ? –, il affirme sans équivoque :

> Ordonner quelque chose au bien commun revient à toute la multitude ou à un délégué de l'autorité de celle-ci (*alicuius gerentis vicem totius multitudinis*). C'est pourquoi l'établissement de la loi appartient à toute la multitude ou à une personne publique qui a la charge de toute la multitude. Et ceci parce que, dans

1. ISIDORE DE SEVILLE, *Etymologies. Livre V, 6, Sur les lois et les temps*, ed. et interpret. A. SANTOS et V. Y. URQUIOLA, Paris, Les Belles Lettres, 2013.

2. « *Est de ratione legis humanae ut instituatur a gubernante communitatem civitatis, sicut supra dictum est. Et secundum hoc distinguuntur leges humanae secundum diversa regimina civitatum. Quorum unum, secundum philosophum, in III Polit., est regnum, quando scilicet civitas gubernatur ab uno, et secundum hoc accipiuntur constitutiones principum. Aliud vero regimen est aristocratia, idest principatus optimorum, vel optimatum, et secundum hoc sumuntur responsa prudentum, et etiam senatusconsulta. Aliud regimen est oligarchia, idest principatus paucorum divitum et potentum, et secundum hoc sumitur ius praetorium, quod etiam honorarium dicitur. Aliud autem regimen est populi, quod nominatur democratia, et secundum hoc sumuntur plebiscita. Aliud autem est tyrannicum, quod est omnino corruptum, unde ex hoc non sumitur aliqua lex. Est etiam aliquod regimen ex istis commixtum, quod est optimum, et secundum hoc sumitur lex, quam maiores natu simul cum plebibus sanxerunt, ut Isidorus dicit* », I II, q. 95, a. 4, c.

> ce domaine comme dans les autres, ordonner à la fin revient à celui dont la fin relève directement[1].

Ce passage permet d'aller au cœur des conceptions de Thomas. C'est parce que la loi a en vue le bien commun, qui intéresse tout le peuple, que celui-ci doit en être, directement ou indirectement, l'auteur. Et cela exige que le peuple prenne part au gouvernement de la cité, ce qui justifie alors une constitution mixte dès lors que l'on exclut, pour les raisons déjà vues, les formes pures de constitution[2]. On a bien ici une convergence des deux lignes thomasiennes de raisonnement mises en lumière, celle sur la forme du gouvernement et celle sur son mode.

Cette conception est corroborée par quelques remarques incidentes de saint Thomas, tenant que le pouvoir coercitif ne peut appartenir qu'à la loi ou à celui qu'elle désigne à cette fin :

> Une personne privée ne peut induire efficacement à la vertu; elle peut seulement conseiller, mais si son conseil n'est pas reçu, elle ne dispose d'aucun moyen de coercition (*vim coactivam*), ce que la loi doit comporter, pour induire efficacement à la vertu, comme le dit Aristote. Cette force de coercition (*virtutem coactivam*) appartient à la multitude ou à la personne publique à qui il revient d'infliger des sanctions[3].

A cela s'ajoute que le statut reconnu à la loi dans la cité est si élevé chez Thomas qu'il n'hésite pas à affirmer que le chef lui-même doit s'y soumettre. On l'a déjà vu, c'est une question ancienne et classique du droit romain dont il se saisit dans les termes qu'il reçoit de Justinien : « Le prince, dit-il, est dégagé

1. « *Ordinare autem aliquid in bonum commune est vel totius multitudinis, vel alicuius gerentis vicem totius multitudinis. Et ideo condere legem vel pertinet ad totam multitudinem, vel pertinet ad personam publicam quae totius multitudinis curam habet. Quia et in omnibus aliis ordinare in finem est eius cuius est proprius ille finis* », *ibid.*, q. 90, a. 3, c. qui se réfère en *sed contra* à la même citation d'Isidore de Séville que celle de I II, q. 95, a. 4, c. On retrouve cette compétence du peuple au regard de la loi, et même sa primauté sur son représentant, lorsque saint Thomas évoque le passage d'une règle coutumière à une loi de la cité : « S'il s'agit d'une société libre (*libera multitudo*) capable de faire elle-même sa loi, il faut compter davantage sur le consentement de tout le peuple (*consensus totius multitudinis*), pour faire observer une disposition rendue manifeste par la coutume, que sur l'autorité du chef, qui n'a pas le pouvoir d'instaurer la loi, si ce n'est au titre de représentant de la multitude », I II, q. 97, a. 3, ad 3. Historiquement la loi fut souvent une forme canonisée de la coutume, exprimant la vie que la communauté voulait pour elle-même.

2. C'est un des points sur lesquels la pensée politique évoluera rapidement après Thomas d'Aquin, annonçant la pensée moderne. Alors que pour Thomas, fidèle en cela à Aristote, toute la recherche constitutionnelle est finalisée par le bien commun, celui-ci va se trouver relativisé, et le principe du consentement reconnu au peuple va être compris comme un droit de celui-ci à se gouverner ou à contrôler le gouvernement. On s'oriente alors vers la notion moderne de pacte social. Sur ce sujet, on se reportera aux fines remarques de J. M. Blythe, *Le Gouvernement idéal…*, *op. cit.*, p. 207 (pour Engelbert d'Admont) et p. 242 (pour Jean de Paris).

3. « *Persona privata non potest inducere efficaciter ad virtutem. Potest enim solum monere, sed si sua monitio non recipiatur, non habet vim coactivam; quam debet habere lex, ad hoc quod efficaciter inducat ad virtutem, ut philosophus dicit, in X Ethic. Hanc autem virtutem coactivam habet multitudo vel persona publica, ad quam pertinet poenas infligere, ut infra dicetur* », I II, q. 90, a. 3, ad 2.

des lois »[1]. À quoi il répond qu'il en est ainsi parce que le chef, étant auteur de la loi, échappe à son pouvoir coercitif (*vim coactivam*) et ne saurait être jugé pour ses manquements, et parce qu'il peut la modifier s'il le juge expédient. Mais pour ce qui est du sens de ses prescriptions, de leur pourvoir directif (*vis directiva*), le chef doit s'y soumettre. On rappelle ici la réponse de saint Thomas, qui est décisive pour apprécier la portée qu'il reconnaît à la loi dans un régime mixte :

> S'il s'agit du pouvoir directif exercé par la loi (*quantum ad vim directivam legis*), le prince doit s'y soumettre de son propre gré selon ce qui est écrit dans les *Décrétales* de Grégoire IX : "Quiconque fixe un point de droit pour autrui doit s'appliquer ce droit à soi-même"[2]. Et l'autorité du Sage déclare : "Supporte toi-même la loi que tu as établie (*Patere legem quam ipse tuleris*)"[3]. Un reproche, du reste, est adressé par le Seigneur « à ceux qui parlent et ne font pas; qui imposent aux autres de lourds fardeaux qu'ils ne veulent pas même remuer du doigt » (*Mt* 23, 3). C'est pourquoi, devant le jugement de Dieu, le prince n'est pas dégagé de la loi quant à son pouvoir directif; il doit appliquer la loi de plein gré et non par contrainte (*voluntarius, non coactus*)[4].

La loi, à laquelle est donc soumis le gouvernant lui-même, a vocation à régir l'ensemble des rapports au sein de la cité. Saint Thomas fait sienne cette définition du peuple par Cicéron qu'il lit chez saint Augustin[5] : « C'est la multitude rassemblée par les liens de l'unité de droit et de la communauté d'intérêts »[6]. Et il commente : « Cela suppose essentiellement entre les citoyens des rapports réglés par de justes lois »[7]. La soumission à la loi apparaît, en fin de compte, comme le critère déterminant quant au mode de gouvernement. Rien n'est plus éloigné du pouvoir absolu que placerait entre les mains du prince le mode royal de gouvernement. L'ampleur du traité de la loi de la *Somme* témoigne sans équivoque du choix préférentiel de Thomas d'Aquin pour un régime mixte régulé par la loi, donc par le droit. C'est, avant la lettre, l'expression de ce que l'on nommera plus tard l'État de droit libéral.

Le point où l'on est arrivé permet de résoudre définitivement, semble-t-il, la difficulté mentionnée, et qu'aucun commentateur de saint Thomas ne

1. *Digeste, op. cit.*, I, III, 31 : « *Princeps legibus solutus est* ».

2. Cf. *Digeste*, II, II.

3. *Cf.* AUSONE, *Septem sapientum sententiae* (*PL* 19, col. 876) : « *Pareto legi, quisque legem sanxeris* », transmise plus fréquemment par « *Patere legem quam ipse fecisti* ».

4. « *Quantum ad vim directivam legis, princeps subditur legi propria voluntate; secundum quod dicitur extra, de constitutionibus, quod "quisque iuris in alterum statuit, ipse eodem iure uti debet". Et sapientis dicit auctoritas, "patere legem quam ipse tuleris". Improperatur etiam his a domino "qui dicunt et non faciunt; et qui aliis onera gravia imponunt, et ipsi nec digito volunt ea movere", ut habetur Matth. XXIII. Unde quantum ad Dei iudicium, princeps non est solutus a lege, quantum ad vim directivam eius; sed debet voluntarius, non coactus, legem implore* », I II, q. 96, a. 5, ad 3.

5. *De Civ. Dei*, II, 21, PL 41, col. 67; BA 33, p. 373.

6. CICERON, *De Republica*, I, 25, 39 : « *Populus [... est] coetus multitudinis iuris consensu et utilitatis communione sociatus* ». La définition revient cinq fois au moins dans le corpus thomasien pour définir ce qu'est un peuple.

7. I II, q. 105, a. 2.

manque de rencontrer: en affirmant, selon les lieux, que le meilleur régime réside en la royauté ou bien en un régime mixte, saint Thomas ne se met-il pas en contradiction avec lui-même? On a déjà indiqué la première réponse que lui-même suggère: si, en théorie, la royauté est le meilleur des régimes, en pratique il faut lui préférer une constitution mixte. Ensuite on a rappelé que le contexte du *De Regno*, dont l'inachèvement doit inviter à une grande prudence d'interprétation, est fortement marqué: il s'agit de manifester l'excellence d'une forme de régime donnée, la royauté, en proie, au surplus, dans le contexte chypriote de l'époque, à de récurrentes menaces de sédition. Enfin, l'exigence de la soumission à la loi, que l'on vient de voir, manifeste que si Thomas d'Aquin envisage volontiers, selon les données de son temps, une forme royale du régime, celle-ci doit s'accompagner d'un mode de gouvernement de type politique, c'est-à-dire soumis à la régulation de la loi et faisant participer les différentes composantes de la cité ou du royaume. C'est en ce sens, semble-t-il, qu'il faut comprendre son affirmation du *De Regno* selon laquelle le pouvoir du roi doit être «tempéré» pour ne pas dégénérer en tyrannie; et c'est ainsi que s'exerce, le plus souvent, la royauté au XIIIe siècle[1].

On perçoit bien, d'ailleurs, à travers tous ses écrits, que saint Thomas attache moins d'importance à la forme extérieure du gouvernement – il est suffisamment historien pour en savoir la contingence – qu'à son mode. Ceux qui, saisis par des passions partisanes, et en un tout autre temps que le sien, ont voulu invoquer son autorité à l'appui de thèses royalistes n'ont pas seulement commis un grave anachronisme: ils se sont montrés de piètres disciples d'un maître bien trop fin pour s'arrêter à une forme donnée, fût-elle préférable dans l'idéal. Ce primat du mode de gouvernement sur sa forme extérieure donne d'ailleurs une grande souplesse à la pensée politique de Thomas d'Aquin, et explique largement, dans les siècles qui vont suivre, l'étonnante fécondité que l'on évoquera bientôt. Chez lui, on l'a vu, l'agir politique est toujours et inséparablement art du contingent.

2 – *Mise en perspective historique*

Les passages cités ont conduit à rencontrer quelques-uns des auteurs auxquels Thomas se réfère. C'est l'occasion de scruter davantage la ou les traditions dans lesquelles il s'inscrit. La plus manifeste est celle des jurisconsultes, par lesquels Thomas, comme ses contemporains, reçoit le droit romain. On sait que celui-ci, le droit justinien en particulier, fut l'un des instruments juridiques de la réforme grégorienne, apportant notamment à la restauration de l'autorité pontificale l'appui d'une longue tradition canonique. Le pape Innocent III, qui ouvre le XIIIe siècle (1198-1216), et qui a étudié à l'université de Bologne, pape qui a accompagné et soutenu l'éclosion de cet Ordre des Prêcheurs choisi

1. Ce qui fait dire à Brian Tierney, («*Aristotle, Aquinas*...», art. cit., p. 1-11, ici p. 3): «Dans le contexte de pensée du XIIIe siècle, il ne semble pas incohérent de défendre la monarchie comme étant la meilleure forme de régime tout en insistant sur le fait que d'autres que le monarque doivent participer au gouvernement».

par Thomas, en est pénétré. Cette tradition juridique, dans un univers de chrétienté où pouvoirs temporel et ecclésiastique ne sauraient être en profond antagonisme (au moins jusqu'au XIVe siècle), n'irrigue pas seulement l'organisation ecclésiale, mais nourrit aussi la progressive structuration institutionnelle des royaumes autant que l'organisation municipale qui accompagne le mouvement communal déjà très vivant au long du XIIe siècle.

Parmi les grandes règles portées par ce droit romain se trouve le principe de consentement et de conseil, bien exprimé à travers la célèbre maxime : « *Quod omnes tangit ab omnibus tractari et approbari debet* », à laquelle le P. Congar a consacré une importante étude[1]. Si cette maxime s'inscrit d'abord dans le cadre des procédures administratives, en matière notamment de taxation, elle s'étend vite à l'ensemble de l'organisation de la vie publique. Son principe, écrit le P. Congar, « tendait, porté par toute une idéologie de conseils et de consentement, à devenir un principe de droit public et, s'il est permis d'anticiper sur le vocabulaire, de droit constitutionnel »[2]. C'est par Isidore de Séville, on l'a vu, que Thomas reçoit ce principe, qu'il adopte pour affirmer l'association du peuple à l'élaboration de la loi, ne serait-ce que par son consentement. Par là, et plus largement, c'est la tradition cicéronienne du *populus*, assemblée de citoyens unis par leur consentement à la loi, qu'il fait sienne, au moins dans sa dimension juridico-institutionnelle, c'est-à-dire formelle. Le P. Congar fait encore remarquer qu'une telle conception de la participation de tous ne se comprend que dans une vision organique de la communauté politique, celle-ci étant regardée, de fait, comme un corps personnalisé dont tous les membres coopèrent et sont solidaires, y compris l'autorité, jamais conçue de façon extrinsèque à l'assemblée organique, mais inhérente à elle[3]. C'est profondément la conception de saint Thomas, et l'on n'est pas surpris, dans ces conditions, de retrouver chez lui, à une place éminente, ce principe du consentement, qui apparaît bien comme l'un des aspects du mode de gouvernement attaché au régime mixte[4]. Le principe de représentation, connexe au précédent, qui s'étend dans l'Europe latine dès le début du XIIe siècle, est très développé dans la première moitié du XIIIe. Le fait que Thomas appartînt à un Ordre qui, dès ses débuts, donna une large place pratique à ces principes de représentation et de consentement, ne pouvait que l'inciter à aller en ce sens.

1. Yves M.-J. CONGAR, « *Quod omnes tangit, ab omnibus tractari et approbari debet* », *Revue historique de droit français et étranger* 36 (1958), p. 210-259. Voir aussi A. GOURON, « Aux origines médiévales de la maxime *Quod omnes tangit* », *in* Jean-Louis Harouel (dir.), *Histoire du droit social. Mélanges en hommage à Jean Imbert*, Paris, P.U.F., 1989, p. 278-286.

2. *Ibid.*, p. 215.

3. Le P. Congar ajoute (*ibid.*, p. 223) : « Quand le XIIe et le XIIIe siècle apporteront des formules précises, ils parleront, au sujet de l'autorité, de *gerere personam (vices) multitudinis* ».

4. On se gardera de comprendre ce consentement dans le sens que les théoriciens modernes lui donneront, par exemple à travers la notion de pacte social, celui-ci étant marqué par une conception nominaliste de la personne et de la communauté, et visant à faire pièce à une conception absolutiste du gouvernement du prince.

Sans doute, œuvrant en plein XIIIe siècle, au cœur d'une période qui, du XIIe au XIVe siècle, est marquée par un extraordinaire élan politique et institutionnel, Thomas d'Aquin est-il situé en un temps privilégié pour la pensée politique; cela ne doit pas faire oublier, toutefois, son apport spécifique. Si, comme tous les docteurs de son temps, il reçoit le droit romain par la tradition des jurisconsultes, il lui est cependant tout à fait propre de l'intégrer à la tradition aristotélicienne dont il est à bien des égards, en matière politique, le découvreur. Chez lui, ces deux traditions convergent et s'harmonisent pour aboutir au résultat que l'on a vu. La singularité de la rencontre ne doit pas échapper, car on se souvient que la ligne aristotélicienne s'était elle-même effacée dès l'époque romaine, non sans que la pensée cicéronienne en ait reçu de nombreux legs, comme le régime mixte et l'importance de la loi dans l'ordonnancement de la cité. En remettant au jour, après Albert le Grand, la pensée perdue d'Aristote, Thomas d'Aquin retrouve les fondements oubliés des principes qu'il reçoit des jurisconsultes, ancrés dans la tradition du droit romain, tout en leur donnant une nouvelle vigueur par leur insertion dans un *corpus* philosophique puissant[1]. Peut-être est-ce là la source de l'harmonie et de la cohérence de ses conceptions. Un régime mixte qui fait droit autant au principe d'autorité qu'à celui du consentement, où peuple, grands et roi s'associent chacun pour leur part à un gouvernement régulé par la loi, voilà un équilibre pratique dont l'exceptionnelle postérité est le meilleur gage d'excellence.

De fait, sans déborder du cadre de cette étude, on peut évoquer rapidement la postérité si étonnante de la thèse thomasienne relative au meilleur régime. L'étude déjà citée de J. M. Blythe le fait bien apparaître: les propos, pourtant brefs, de Thomas d'Aquin sur le régime politique sont le point de départ d'une floraison inouïe de travaux sur la question. Dès son époque et dans la génération qui le suit immédiatement, les ouvrages qui en traitent se multiplient, se démarquant plus ou moins de leur source. Les traités *De regimine principum* deviennent pour ainsi dire un genre littéraire auquel se soumettent, d'une façon ou d'une autre, les auteurs: outre Ptolémée de Lucques, qui achève le *De Regno* de Thomas d'Aquin, on peut citer Engelbert d'Admont et Gilles de Rome, chacun se référant à Thomas tout en se distinguant de lui[2]. Au XIVe siècle, la pensée d'Aristote va nourrir les œuvres de Nicolas Oresme, de Marsile de Padoue et de Dante, dans des perspectives bien différentes de celles de Thomas (plus ambitieuses, aussi, que les siennes), alors que se déploie un tout autre mouvement, le nominalisme, dont l'incidence va être considérable pour la suite de la pensée politique. Au siècle suivant, l'aristotélisme demeure très vigoureux, et le principe d'un régime mixte anime autant les débats du

1. La redécouverte de Polybe au XVIe siècle renforcera encore la convergence des deux lignes.

2. Ptolémée de Lucques est réservé à l'égard de la royauté et penche vers une forme républicaine; Engelbert d'Admont souligne l'influence des singularités locales sur le régime mixte à instaurer; Gilles de Rome insiste sur les aspects paternels de la monarchie et sera invoqué plus tard par les tenants des thèses absolutistes.

conciliarisme dans l'Église que ceux du constitutionalisme anglais (autour de John Fortescue), avant de nourrir, au XVIe siècle, les débats du républicanisme italien (les écrits de Thomas influençant notamment Jérôme Savonarole).

Tout cela permet de suggérer l'impact considérable de saint Thomas d'Aquin en cette matière, d'autant plus surprenant pour une discipline qui est loin d'être centrale dans ses œuvres. Sans doute cet impact tient-il à la double nouveauté qu'il introduit au cœur du XIIIe siècle : la découverte de la pensée politique d'Aristote, avec la rationalité qu'elle apporte, et, liée à celle-ci, la théorie du régime mixte qui, si elle n'offre pas une « nouvelle synthèse », formule en termes nouveaux un ancien principe hérité du droit romain[1]. Par ces apports, reçus dans un siècle si marqué par l'effervescence de la pensée, il donne, de fait, le signal d'un renouveau de la pensée politique.

*

Thomas d'Aquin a donc une conception précise, à la fois de ce qu'est un régime pour une communauté politique, et de la physionomie générale la plus satisfaisante qu'il puisse connaître. Il montre ainsi qu'il est capable de tenir en même temps une approche spéculative sur la forme politique et une approche plus pratique qui entre dans les détails des composants de la cité. Pour autant, ses analyses restent générales : il est bien trop pragmatique et réaliste pour oublier que les applications en seront bien différentes selon les circonstances de lieu, de temps et d'histoire.

Ce thème du meilleur régime conduit à retrouver la question plusieurs fois évoquée de la rationalité politique. On a dit que, selon l'approche de Thomas, le régime introduit une altérité, dans la mesure où il donne forme à une matière, où il fait advenir les hommes à une citoyenneté qui, pour être naturelle, n'est pas pour autant immédiate. Mais on a ajouté que cette altérité s'inscrit dans une identité, dans la mesure où le régime personnifie la communauté en la représentant. Dans cette dialectique de l'altérité et de l'identité s'inscrit tout le devenir politique du citoyen et de la communauté, tout leur devenir rationnel. En d'autres termes, l'identité du peuple à son régime – le moderne dira : de la nation à l'État – n'est jamais parfaite ni donnée, elle est toujours en construction. Le régime qui a sa préférence, et dont on a résumé les contours, doit permettre la meilleure adéquation entre l'un et l'autre ; elle n'est cependant ni parfaite ni définitive.

Le principe de l'élection apparaît à Thomas comme le mieux à même d'assurer cette adéquation. Mais il suppose en quelque sorte la question résolue : c'est en supposant les citoyens rationnels que l'on peut concevoir le

1. *Cf.* la juste remarque de J. M. Blythe (*Le Gouvernement idéal…*, *op. cit.*, p. 97) : « L'idée d'un gouvernement mixte était réapparue en Occident après une absence de près d'un millénaire, et, sous une forme ou l'autre, elle allait survivre et se développer durant tout le reste du Moyen Âge et les débuts de l'époque moderne ».

régime qui va garantir la rationalité de la vie politique, autrement dit son ordre au bien commun. Thomas est trop observateur pour oublier que le système électif peut aussi être victime des passions et honorer l'intérêt particulier avant le bien commun. Ajoutée aux données de son temps, c'est la raison pour laquelle il reconnaît une place importante à l'hérédité dans la détermination des gouvernants. Est-ce quitter le champ de la raison pour celui de l'irrationnel? Pas nécessairement car, de même que le système le plus rationnel peut se détourner de la raison, celle-ci peut aussi éclairer un système héréditaire[1]. Ces considérations montrent que la question du bon gouvernement ne peut jamais être parfaitement résolue, que la forme politique ne sera jamais idéale, c'est-à-dire totalement rationnelle.

Pour autant, le meilleur régime n'est pas une fiction, il est une finalité vers laquelle tend l'édification politique. La forme politique n'est jamais pleinement identique à la communauté qu'elle détermine et qualifie. Selon les époques, la distance de l'une à l'autre semblera courte – ce qu'exprime le concept même d'État-nation – ou au contraire longue – ainsi lorsqu'on évoque la séparation entre l'État et la « société civile ». L'édification politique d'une cité à travers ses institutions est un processus toujours engagé, jamais achevé. On en conclurait à tort que la vie politique n'est qu'aléatoire et indéterminée : pour Thomas d'Aquin, elle est une quête permanente, un chemin vers la plus grande rationalité possible. On l'a déjà dit : la cité tend vers le bien commun, elle ne le possède pas.

1. J.-Y. Jolif remarque que « la raison peut investir l'irrationnel, de même qu'elle peut déserter le rationnel », *Les idées politiques de saint Thomas*, *op. cit.*, p. 76.

CHAPITRE VIII

L'ÉGLISE COMME SOCIÉTÉ POLITIQUE ET LES DEUX CITÉS

Le propre du christianisme, dans l'ordre politique, est de laisser perdurer, depuis plus de deux millénaires, deux cités, que l'on appelle, pour simplifier et rendre hommage à saint Augustin, la cité de Dieu et celle des hommes. Il faut d'emblée préciser: coexistent depuis 2000 ans les cités terrestres, dans leurs formes toujours mouvantes, et les communautés ecclésiales, elles-aussi en constante transformation, mais au sein d'une unique cité pérenne qui se déploie à travers le temps et l'espace: l'Église du Christ.

Cette coexistence des deux cités, cette juxtaposition n'allait pas de soi. Il faut d'abord rappeler que, selon la tradition chrétienne, largement développée et structurée par Thomas d'Aquin, l'économie originelle de la création, avant la survenance du péché et de ses conséquences, portait sur une unique assemblée humaine vivant dans la conjonction de la nature et de la grâce. Même si l'on peut parfaitement envisager de multiples visages à l'intérieur de cette unique communauté humaine, les différents groupes humains auraient vécu dans l'unité et surtout dans l'union de la nature humaine et de la participation à la nature divine qu'est la grâce[1]. On l'a déjà dit, l'effet du péché dans l'ordre communautaire, outre le mal qu'il introduit dans un monde qui en était exempt, est double. D'une part, la grâce est perdue, ce qui signifie que les communautés humaines ne sont fondées qu'en nature, et dans un état déchu de cette nature. D'autre part, le monde humain est désormais divisé: c'est le «temps des nations», au sens biblique du terme, qui perdurera jusqu'à la fin des temps. Ce fractionnement du monde humain, cette privation de la grâce n'est donc pas ce que Dieu avait en vue en créant, même s'il savait, de prescience divine, ce qui allait advenir. Il reprend son dessein, dans une économie nouvelle, celle de la rédemption, qui n'est pas identique à celle abimée par le péché. L'économie de la rédemption, inaugurée et instaurée par le Christ, se caractérise par le don renouvelé de la grâce, mais par la persistance de la divi-

1. Sur cette économie originelle, voir notre étude *Théologie du dessein divin chez Thomas d'Aquin*, *op. cit.*, en particulier la première partie.

sion des nations dans l'ordre naturel. C'est ce don de la grâce dans un monde encore divisé qui fonde la présence d'une communauté nouvelle, fondée dans la grâce : l'Église, au milieu et au sein des nations, fondées en nature.

Cette dualité elle-même est en soi étonnante. Car la première étape de cette reprise du monde humain par Dieu, la première alliance avec Israël[1], ne reposait pas sur une telle dichotomie. En effet, on l'a déjà noté, l'Israël biblique se caractérise par une unité du politique et du religieux. Israël est une nation au milieu des autres, qui souhaite avoir une royauté comme les autres, mais c'est une nation sainte, c'est le peuple de Dieu, celui non seulement qu'il s'est choisi, mais qu'il s'est créé. Pour Israël, le Décalogue, la Loi et les commandements qui lui sont liés, sont loi religieuse et loi civile. Jérusalem, la capitale, est à la fois le centre politique de la nation et la ville sainte, la capitale religieuse. On l'a déjà dit, l'Israël biblique est *stricto sensu* une théocratie, et sans doute la plus parfaite qui se puisse rencontrer puisque sa loi vient de Dieu. On aurait pu penser qu'il en irait de même pour la nouvelle alliance accomplie dans le Christ, que le civil et le religieux seraient réunis, comme il en allait à l'origine, avant la survenance du péché. L'économie de la rédemption, inaugurée avec Israël, accomplie par le Christ dans l'Église, réaliserait ainsi une restauration de l'économie originelle où l'ordre de la nature et celui de la grâce étaient spontanément conjoints.

Or, il n'en est rien. Dans la nouvelle alliance, le politique et le religieux sont disjoints, c'est-à-dire qu'ils ne sont pas spontanément unis. La grâce est redonnée, mais la communauté humaine formée par les hommes graciés n'assume pas directement l'ordre communautaire naturel. L'Église, communauté une et composée d'innombrables communautés ecclésiales, est dispersée parmi les nations qui conservent leur consistance propre dans l'ordre naturel. La dispersion communautaire naturelle demeure, malgré l'unité redonnée par la grâce et rendue visible au sein d'une communauté d'un nouveau type : l'Église. Ces rapides propos tendent à établir clairement que la coexistence des deux types de communautés, des deux cités, est inhérente l'ordre chrétien des choses. On ne saurait donc être surpris que la rencontre des deux cités soit une réalité récurrente depuis 2000 ans, aussi bien dans l'histoire concrète que dans les élaborations conceptuelles et pratiques qu'elle a suscitées. A toute époque, en tout lieu, la rencontre des deux cités appelle des réponses pratiques.

Traiter du politique, pour Thomas d'Aquin et avec lui, conduit donc à se pencher sur deux types de sociétés humaines, l'une d'ordre naturel, la cité terrestre, et l'autre d'ordre surnaturel, l'Église. Et le lecteur attentif de saint Thomas doit ici faire un constat qui n'est rien moins que surprenant. On s'attendrait à ce que le théologien dominicain, proclamé *Doctor communis* par

1. En toute rigueur de termes, l'alliance avec Israël n'est pas la première puisqu'elle est précédée, selon la Bible, par l'alliance avec Noé, ou noachique (Gn 9, 8-17), qui est justement une alliance avec les nations. Cette alliance fondamentale n'est pas remise en cause par l'alliance particulière avec Israël et la nouvelle alliance avec l'Église, mais elle demeurera tout le temps que dureront les nations.

l'Église, accorde une large place, lorsqu'il traite du monde commun, à la société surnaturelle qu'est l'Église. Or, à la vérité, tel n'est pas le cas. Le plus souvent, on l'a vu dans les chapitres précédents, lorsqu'il est question de la vie en commun, des communautés humaines et des vertus qu'elles appellent, des lois qu'elles génèrent ou du régime qui les organisent, c'est de la cité humaine qu'il s'agit. Non que Thomas ne traite pas de l'Église, comme certains lui en ont fait le reproche. Mais il en traite en termes théologiques et théologaux, comme on l'a montré dans une étude précédente[1]; il n'en traite pas d'abord en termes de société par analogie avec les sociétés terrestres que sont les cités.

Dans ses analyses de la vie humaine, lorsque saint Thomas traite de la vie en commun, c'est principalement la cité qu'il étudie, l'Église apparaissant comme une communauté d'un autre ordre. Cela explique qu'il soit question, dans les chapitres précédents du présent ouvrage, presqu'exclusivement des cités terrestres, et que l'étude sur l'Église comme société n'arrive qu'à la fin. Il faut rendre compte de ce fait, qui éclaire sur la science thomasienne du monde commun. Il reste qu'il ne faut pas accentuer le trait plus que de raison. L'Église comme société n'est pas absente des écrits thomasiens, et sa rencontre avec les cités terrestres doit être étudiée, au-delà de la seule question du rapport des deux pouvoirs, qui fait l'objet du chapitre IV, et qui a déjà fait apparaître l'originalité de sa position pour son temps.

Il s'agit donc, dans un premier temps, d'apprécier comment saint Thomas éclaire l'analogie tirée de la cité terrestre et appliquée à l'Église, ce qui conduit à mettre en valeur les éléments spécifiques à l'Église comme société humaine. Ces éléments comparatifs établis, il est alors possible d'étudier la façon dont saint Thomas traite, ou ne traite pas, de la rencontre des deux cités, celle de Dieu qui est ici-bas l'Église, et celle des hommes. Cette ultime étude donne de précieuses indications sur la conception d'ensemble du politique dans la pensée et les écrits de Thomas d'Aquin.

SECTION I – L'ÉGLISE, SOCIÉTÉ D'ORDRE SURNATUREL

Que l'Église soit une *societas*, c'est-à-dire une assemblée humaine dotée d'une certaine forme, en l'espèce surnaturelle, relève de l'évidence. Il faut, pour commencer, voir en quels termes Thomas d'Aquin justifie que l'Église soit une cité d'un genre particulier, autrement dit apprécier la portée de l'analogie tirée de la société terrestre. Le procédé de l'analogie dite de proportionnalité établit des similitudes entre deux réalités, au milieu de nombreuses dissemblances. Pour apprécier la portée de l'analogie de la cité appliquée à l'Église, chez Thomas d'Aquin, on présente successivement les unes et les autres.

1. Voir notre étude *Théologie du dessein divin chez Thomas d'Aquin*, *op. cit.*

A – *L'analogie de la cité appliquée à l'Église : les éléments de similitude*

En différents lieux de l'Écriture, spécialement dans les écrits pauliniens, l'Église est présentée comme cité de Dieu, et ses membres comme citoyens d'une cité céleste (Ga 4, 25-26; Ep 2, 19; Ph 3, 20; He 11, 16; 12, 22; 13, 14). L'Apocalypse de saint Jean décrit à plusieurs reprises des visions de la Jérusalem céleste, l'Église de la gloire, mais il faut ici préciser que le présent propos se limite à l'Église de la terre, autrement dite pérégrinante vers son accomplissement céleste[1].

1 – *Les éléments constitutifs de l'analogie*

Un peu curieusement, ce n'est pas lorsque saint Paul emploie directement le vocabulaire de la cité que Thomas, en le commentant, développe explicitement l'analogie. C'est principalement en un autre lieu que ce développement intervient, lorsqu'il commente Ep. 4, 5-6 : « Il y a un seul Seigneur, une seule foi, un seul baptême, un seul Dieu et Père de tous, qui est au-dessus de tous, par tous et en tous ». Ce commentaire est une *reportatio*, que les spécialistes contemporains datent du premier enseignement de saint Thomas sur les épîtres de saint Paul, à Orvieto, entre 1263 et 1265[2].

Thomas entend parler de l'unité de l'Église. Il introduit son propos en convoquant lui-même l'analogie tirée de la cité terrestre, qui permet de tenir ensemble l'unité et la pluralité, le tout et les parties : « Il faut remarquer que l'Église de Dieu est semblable à une cité, elle revêt une certaine unité et une certaine diversité, étant donné qu'elle n'est pas unie comme ce qui est simple, mais qu'elle forme un tout composé de diverses parties »[3]. Il continue en développant ainsi l'analogie :

> Or, dans toute cité quatre choses communes doivent concourir à l'unité : un chef, une loi, les mêmes signes distinctifs (*insignia*), une même fin. Et l'Apôtre dit que ces quatre choses communes se trouvent dans l'Église. Il s'exprime donc en ces termes : Vous devez avoir un seul corps et un seul esprit, parce que vous êtes dans l'unité de l'Église, qui est une.
> Premièrement, parce qu'elle a un seul chef, le Christ [...].
> Deuxièmement, parce que sa loi est une. Car la loi de l'Église, c'est la loi de la foi [...].
> Troisièmement, l'Église a des signes distinctifs semblables, à savoir les sacrements du Christ, dont le premier est le baptême, qui est la porte de tous les autres sacrements [...].
> Quatrièmement, il y a dans l'Église une même fin, qui est Dieu [...][4].

1. Cela signifie également qu'il n'est pas ici traité de l'Église angélique, qui est une partie de l'Église glorieuse.
2. Voir J.-P. Torrell, *Initiation à saint Thomas d'Aquin*, *op. cit.*, p. 261.
3. *Super Eph.*, 4, 2, Ma 197.
4. « *In qualibet autem civitate, ad hoc ut sit una, quatuor debent esse communia, scilicet unus gubernator, una lex, eadem insignia, et idem finis : haec autem quatuor dicit apostolus esse in Ecclesia. Dicit ergo : dico quod debetis habere unum corpus et unum spiritum, quia estis in unitate*

Les quatre critères retenus ici par Thomas d'Aquin fondent à l'évidence l'analogie avec une cité terrestre, qu'il établit lui-même (au sens de l'analogie de proportionnalité), au-delà donc du texte paulinien qu'il commente[1]. Cependant, si l'on y est attentif, certains des termes choisis ne manquent pas de surprendre, et ne sont pas dépourvus d'enseignement. En effet, lorsqu'il s'agit de la tête, c'est-à-dire du gouvernant, il cite le Christ, et non la structure hiérarchique de la société ecclésiale, composée du pape et des évêques, à titre principal. On justifiera bientôt cette affirmation. De même, lorsqu'il évoque la loi de l'Église, mentionne-t-il la loi de la foi, et non la loi canonique qui l'organise intérieurement, à l'image du droit dans la cité terrestre. On notera d'ailleurs, d'une façon générale, qu'il est extrêmement rare que Thomas d'Aquin, dans ses écrits, traite du droit ecclésiastique comme norme d'organisation de la société ecclésiale. De même, enfin, il évoque les signes distinctifs (*insignia*) de la cité, critère que l'on n'a pas vu employé à propos des cités terrestres. Il est clair que Thomas a voulu, par ce moyen, exprimer le critère d'appartenance à la *congregatio fidelium* qu'est l'Église : le baptême est le signe et le moyen de la citoyenneté ecclésiale. A s'en tenir à ces quelques éléments, l'analogie tirée de la cité terrestre ne paraît pas très étroite[2]. Le commentaire d'un autre passage antérieur de la même épître, Ep 2, 19 : « Vous n'êtes donc plus des hôtes et des étrangers, mais vous êtes concitoyens des saints et familiers de Dieu », n'apporte aucun autre élément significatif[3].

Ecclesiae, quae est una. Primo, quia habet ducem unum, scilicet Christum [...]. Secundo quia lex eius est una. Lex enim Ecclesiae est lex fidei [...]. Tertio eadem sunt insignia Ecclesiae, scilicet sacramenta Christi, inter quae primum Baptisma, quod est ianua omnium aliorum [...]. Quarto in Ecclesia est idem finis, qui est Deus [...] », *Super Eph.*, 4, 2, Ma 197-201.

1. Un passage de la constitution *Lumen gentium* (n° 9) du concile Vatican II s'inspire de cette description thomasienne pour présenter l'Église comme peuple de Dieu : « Ce peuple messianique a pour chef le Christ, "livré pour nos péchés, ressuscité pour notre justification" (*Rm* 4, 25) [...]. Le statut de ce peuple, c'est la dignité et la liberté des fils de Dieu, dans le cœur de qui, comme dans un temple, habite l'Esprit Saint. Sa loi, c'est le commandement nouveau d'aimer comme le Christ lui-même nous a aimés (cf. *Jn* 13, 34). Sa destinée enfin, c'est le Royaume de Dieu, inauguré sur la terre par Dieu même, qui doit se dilater encore plus loin jusqu'à ce que, à la fin des siècles, il reçoive enfin de Dieu son achèvement, lorsque le Christ notre vie sera apparu (cf. *Col* 3, 4) et que "la création elle-même sera affranchie de l'esclavage de la corruption pour connaître la glorieuse liberté des enfants de Dieu" (*Rm* 8, 21) », *Concile œcuménique Vatican II*, *op. cit.*

2. Si le commentaire de l'*Epître aux Ephésiens* date effectivement de sa présence à Orvieto, en 1263-1265, il est ainsi antérieur aux principaux écrits de référence utilisés dans cette étude, la *Somme de théologie*, le *De Regno*, et les commentaires de l'*Ethique* et de la *Politique* d'Aristote. De fait, ce développement de Thomas semble moins élaboré, quelque peu « archaïque » au regard des développements postérieurs rapportés dans les chapitres précédents. Il apparaît assez clairement que la connaissance des textes d'Aristote a provoqué un approfondissement sensible des analyses de Thomas d'Aquin.

3. Saint Thomas se livre alors à une exégèse comparée de l'analogie de la cité et de celle de la famille : « Il faut savoir que la communauté des fidèles (*collegium fidelium*) est tantôt désignée *dans* l'Écriture sous le nom de maison [...], tantôt sous le vocable de cité [...]. Or, entre une cité, qui est constituée en communauté politique (*collegium politicum*), et une maison, qui est constituée en gestion (*oeconomicum*) familiale, il y a une double différence. Car ceux qui relèvent de la communauté domestique sont en communication les uns avec les autres dans les activités privées,

Le commentaire du Psaume 45 est aussi l'occasion de détailler l'analogie, en commentant le verset 5 : « L'impétuosité d'un fleuve réjouit la cité de Dieu ». Thomas retient ici trois critères pour qu'une assemblée forme une cité : une assemblée d'hommes libres, une certaine auto-suffisance (l'autarcie aristotélicienne), et enfin l'unité entre les citoyens. Il voit ces critères remplis dans l'Église :

> Cette cité est l'Église : "Des choses glorieuses ont été dites de toi, cité de Dieu" (Ps 86, 3). Il y a trois choses dans cette cité qui relèvent de son organisation. Il y a d'abord le fait qu'il y a là une multitude de citoyens de condition libre, car s'il n'y en a qu'un seul ou peu, il n'y a pas de cité; et semblablement s'ils sont esclaves. Et cela se rencontre surtout dans l'Église : "Nous ne sommes pas les fils de la servante, mais de la femme libre" (Ga 4, 31). Puis il y a le fait qu'elle se suffit à elle-même. Car dans un village on ne trouve pas toutes les choses nécessaires à la vie humaine, pour les bien-portants et pour les malades; tandis que dans une ville il convient de trouver tout ce qui est nécessaire à la vie. Et cette capacité se rencontre dans l'Église; car on trouve en elle tout ce qui est nécessaire à la vie spirituelle : "Nous serons remplis des biens de ta maison" (Ps 64, 5). La troisième chose est l'unité des citoyens; car c'est d'elle, c'est-à-dire de l'unité des citoyens, que la cité reçoit sa dénomination; car le mot *cité* équivaut à unité de citoyens. Et cette unité est dans l'Église : "Afin qu'ils soient un

alors que ceux qui relèvent de la communauté de la cité le sont dans les activités publiques. Et d'autre part, ceux qui appartiennent à une communauté domestique sont gouvernés par une seule personne qu'on appelle père de famille, tandis que ceux qui appartiennent à une communauté de cité sont gouvernés par un roi. Ainsi y a-t-il le père de famille dans la maison, comme le roi dans le royaume. Ainsi donc, la communauté des fidèles a certains traits communs avec la cité et d'autres avec la maison. Si l'on considère celui qui régit la communauté, c'est le père [...] et sous ce rapport, la communauté est une maison. Par contre, si l'on considère les subordonnés eux-mêmes, c'est une cité, parce qu'ils sont associés entre eux dans des activités spécifiques, à savoir celles de la foi, de l'espérance et de la charité. Si donc de cette manière on considère les fidèles eux-mêmes, c'est une communauté du type de la cité; mais si c'est le chef de la communauté qui est pris en considération, c'est une communauté de type domestique (*sciendum est, quod collegium fidelium quandoque in Scripturis vocatur domus [...]. Quandoque autem vocatur civitas [...]. Civitas enim habet collegium politicum : domus autem oeconomicum, inter quae quidem duplex differentia invenitur. Nam qui sunt de collegio domus communicant sibi in actibus privatis; qui vero sunt de collegio civitatis, communicant sibi in actibus publicis. Item, qui sunt in collegio domus, reguntur ab uno qui vocatur paterfamilias; sed qui sunt in collegio civitatis reguntur a rege. Ita enim est paterfamilias in domo, sicut rex in regno. Sic igitur collegium fidelium aliquid habet de civitate, et aliquid de domo. Sed si consideretur rector collegii, pater est [...] et sic collegium est domus. Si vero ipsos subditos consideres, sic civitas est, quia communicabant sibi in actibus praecipuis, scilicet fidei, spei et charitatis. Et hoc modo si fideles considerentur in se, est collegium civitatis; si vero rector collegii attendatur, est collegium domus*) », *Super Eph.*, 2, 6, Ma 124. On retrouve ces deux analogies associées en *IV St*, d. 20, q. 1, a. 4, sol. 1 : « Il y a deux sortes de sociétés humaines (*congregatio hominum*), celle qui est domestique (*oeconomica*), qui réunit les membres d'une famille, et celle qui est politique, qui réunit ceux qui appartiennent à un seul peuple. Ainsi l'Église, qui est l'assemblée des fidèles (*congregatio fidelium*), est semblable à une association politique (*congregatio politica*), parce que son peuple est appelé Église (*ipse populus Ecclesia dicatur*), alors que divers couvents ou les paroisses d'un diocèse sont semblables à des assemblées rassemblant diverses familles ou différents offices ».

> [en nous], comme nous sommes un" (Jn 17, 22). Donc cette cité se réjouit par la grâce de l'Esprit-Saint descendant sur elle[1].

Ici encore, les critères descriptifs d'une cité sont classiques et visent à rendre compte de l'usage du vocable par l'Écriture. En lien avec ces explicitations directes de l'analogie, on peut relever qu'en divers lieux saint Thomas traite de l'Église en termes de peuple (*populus*). Elle est l'assemblée des fidèles, le *populus fidelis* ou le *populus christianus*[2] : « le peuple chrétien (*populus christianus*) est sanctifié par la foi et les sacrements du Christ »[3]. Les termes d'Église et de peuple (chrétien) désigne la même réalité, mais l'usage du *populus* connote, comme le dit le P. Congar, « l'idée de soumission à un gouvernement et à des lois »[4].

Au-delà d'une stricte analyse lexicologique, il est encore d'autres lieux qui permettent de nourrir l'analogie tirée de la cité terrestre. C'est notamment le cas lorsque Thomas d'Aquin évoque le régime spécifiquement chrétien des vertus morales infuses, distinguées du régime ordinaire et naturel des vertus morales acquises. En effet, les premières se rapportent directement à la cité de Dieu, les secondes à l'univers des cités terrestres :

> Les vertus morales infuses diffèrent spécifiquement des autres [acquises]. Par elles, les hommes sont bien ordonnés à être « concitoyens des saints et membres

1. « *Haec civitas est Ecclesia. Psal. 86 : "gloriosa dicta sunt de te, civitas Dei" et cetera. Tria sunt in ista civitate, quae sunt de ejus ratione. Primum est, quod sit ibi multitudo liberorum : quia si est ibi unus vel pauci, non est civitas : et similiter si sunt servi. Et hoc maxime invenitur in Ecclesia. Gal. 4 : "non sumus ancillae filii, sed liberae". Secundum est quod habeat sufficientiam per se. In vico enim non inveniuntur omnia necessaria vitae humanae sanis et infirmis; sed in civitate oportet invenire omnia necessaria ad vitam. Et haec sufficientia est in Ecclesia : quia quicquid necessarium est ad vitam spiritualem, invenitur in ea. Psal. 64 : "replebimur in bonis domus tuae". Tertium est unitas civium : quia ab hoc, scilicet ab unitate civium, civitas nominatur; quia civitas quasi civium unitas. Et haec est in Ecclesia. Joan. 17 : "ut sint unum in nobis, sicut et nos unum sumus". Haec ergo civitas laetificatur per gratiam spiritus sancti in eam descendentem* », *Super Ps.* XLV, n° 3.

2. Sur ce thème, voir Y. CONGAR, « "*Ecclesia*" et "*Populus* [*fidelis*]" dans l'ecclésiologie de Saint Thomas », *Saint Thomas Aquinas*, 1274-1974, Commemorative Studies, t. I, p. 159-174.

3. II II, q. 99, a. 1, ad 2. *Cf.* I II, q. 102, a. 2, c. qui évoque « les mœurs du peuple chrétien (*mores populi christiani*) », ou II II, q. 147, a. 3, obj. 3 qui évoque « la liberté du peuple chrétien (*libertas populi christiani*) ». *Cf.* aussi *CG* IV, 76, 2°, cité *infra*.

4. Y. CONGAR, « "*Ecclesia*" et "*Populus* [*fidelis*]" dans l'ecclésiologie de Saint Thomas », art. cit., p. 168. On retrouve ici l'influence de la définition cicéronienne, transmise par saint Augustin, déjà rencontrée : « le peuple est un groupement d'hommes associés par un lien juridique consenti et une communauté d'intérêts (*populus est coetus multitudinis juris consensu et utilitatis communione sociatus*) », *De Civ. Dei*, II, 21, BA p. 373, cité en I II, q. 105, a. 2, c. Ce que saint Thomas décline, on l'a vu, de multiples façons : « un peuple est une multitude d'hommes soumis à un certain ordre (*populus est multitudo hominum sub aliquo ordine comprehensorum*) », I, q. 31, a. 1, ad 2, et « il est essentiel à un peuple que les rapports entre les hommes soient réglés par de justes lois (*ad rationem populi pertinet ut communicatio hominum ad invicem justis praeceptis legis ordinetur*) », I II, q. 105, a. 2, c.

de la famille de Dieu » (Ep. 2, 19); par les autres vertus acquises, l'homme est bien ordonné aux affaires humaines [1].

Saint Thomas souligne ici la spécificité de l'ordre des vertus infuses, fruits de la grâce, qui est d'abord d'ordonner les hommes à leur fin surnaturelle et de faire d'eux des citoyens de la cité de Dieu. Plus largement, c'est tout ce qui relève de la grâce et de ses fruits – vertus théologales, vertus morales infuses et dons du Saint-Esprit – qui anime la vie de la cité de Dieu. Il ne faut pas, toutefois, séparer radicalement les deux régimes, relatifs aux deux cités. Car, si la grâce et les vertus infuses sont formellement constitutives de l'Église, en même temps elles aident aussi les hommes à vivre plus parfaitement des vertus acquises, et par là perfectionnent l'ordre de la cité terrestre, ainsi qu'on l'a vu au chapitre V.

2 – *L'organisation hiérarchique de la cité ecclésiale*

S'agissant de l'organisation hiérarchique de la société ecclésiale, il faut constater le nombre restreint des références rencontrées dans l'ensemble du corpus thomasien. Les contextes dans lesquels Thomas est appelé à en traiter sont divers et relatifs à son époque. C'est ainsi qu'il est dépendant de la distinction médiévale entre pouvoir d'ordre et pouvoir de juridiction, et également de la division de la chrétienté survenue peu auparavant entre le monde latin et le monde byzantin, ce dernier refusant de reconnaître la suprématie de juridiction de l'évêque de Rome [2]. C'est l'occasion de la rédaction de son opuscule *Contre les erreurs des Grecs*, à la demande du pape Urbain IV, vers 1263-1264. On n'entre pas ici dans le détail de ces questions qui n'ont qu'un rapport second avec la question du politique dans son ensemble, et on se borne à retenir ce qui nourrit positivement l'analogie de la cité appliquée à l'Église, en le rapportant aux autres textes qui traitent de la hiérarchie.

Au-delà de multiples mentions éparses, et souvent incidentes, c'est surtout dans un chapitre du *Contra gentiles* IV (n° 76), que saint Thomas mentionne le plus amplement et rend raison de la structure de la société ecclésiale. Pour lui, sans surprise, son organisation hiérarchique découle directement de l'institution par le Christ de Pierre et des Douze. Il affirme d'abord la primauté épiscopale dans l'ordre du gouvernement du peuple des fidèles, ne serait-ce que parce qu'il leur revient de conférer le pouvoir d'ordre : « Le plus haut gouvernement du peuple des fidèles concerne manifestement la dignité épiscopale » [3]. Il justifie ensuite la présence, d'une autorité suprême unique sur l'ensemble de l'assemblée ecclésiale :

1. I II, q. 63, a. 4, c. Position constante dans toute l'œuvre de saint Thomas : cf. *III St*, d. 33, a. 1, q^a 2, ad 4; *Ibid.*, a. 4, ad 5; *De Virt. card.*, a. 4, c.

2. Sur le pape et les pouvoirs que saint Thomas lui reconnaît, voir S.-T. Bonino, « La place du pape dans l'Église selon saint Thomas d'Aquin », *RT* 86, n° 3, p. 392-422.

3. *CG* IV, 76, 1°.

> Même si on distingue les populations en différents diocèses et différentes cités, l'Église est manifestement une, et il faut donc que le peuple chrétien soit un. De même que le peuple particulier d'une Église donnée requiert un évêque qui soit à la tête de ce peuple tout entier, de même le peuple chrétien tout entier requiert donc qu'un seul soit à la tête de toute l'Église[1].

En traitant de l'unicité du gouvernant suprême de l'Église, Thomas manifeste sa préférence, déjà rencontrée au chapitre précédent, pour le caractère monarchique du gouvernement :

> On ne doit pas douter que le gouvernement de l'Église soit établi de la meilleure façon possible, dans la mesure où il l'a été par celui "par qui règnent les rois, par qui les législateurs décident des choses justes" (Prov 8, 15). Or le meilleur gouvernement, pour un peuple, c'est celui où un seul gouverne : on le voit clairement si l'on considère la fin du gouvernement, qui est la paix. La fin de celui qui gouverne, c'est en effet la paix et l'unité de ceux qui lui sont soumis. Or un seul homme est plus apte à produire l'unité qu'un grand nombre. Le gouvernement de l'Église est donc manifestement établi de telle sorte qu'un seul dirige l'Église tout entière[2].

Enfin, après avoir rappelé le sens de la structure hiérarchique de l'Église, qui est de perpétuer l'œuvre de salut accomplie par le Christ lui-même : « parce qu'il n'allait pas être corporellement présent à tous les fidèles, il a choisi des ministres par l'intermédiaire desquels il dispense aux fidèles tous ces sacrements »[3], il justifie la transmission de cette charge à des coopérateurs, de génération en génération. C'est la succession apostolique à travers le collège épiscopal :

> Le Christ a certes donné cette dignité à Pierre [le pouvoir des clés], mais on ne peut pas dire pour autant qu'elle n'a pas été transmise à d'autres. En effet, le Christ a manifestement institué l'Église de telle manière qu'elle dure jusqu'à la fin des temps, comme le dit Isaïe (9, 7) : "Il siégera sur le trône de David et sur son royaume, qu'il établira et affirmera dans le droit et la justice, dès maintenant et pour toujours". Ceux que le Christ a institués alors comme ministres l'ont donc manifestement été de telle sorte qu'ils transmettent leur pouvoir à leurs successeurs, pour l'utilité de l'Église et jusqu'à la fin des temps[4].

1. « *Quamvis populi distinguantur per diversas dioeceses et civitates, tamen, sicut est una Ecclesia, ita oportet esse unum populum Christianum. Sicut igitur in uno speciali populo unius Ecclesiae requiritur unus episcopus, qui sit totius populi caput; ita in toto populo Christiano requiritur quod unus sit totius Ecclesiae caput* », *ibid.*, 2°.

2. « *Nulli dubium esse debet quin Ecclesiae regimen sit optime ordinatum : utpote per eum dispositum per quem reges regnant et legum conditores iusta decernunt. Optimum autem regimen multitudinis est ut regatur per unum : quod patet ex fine regiminis, qui est pax; pax enim et unitas subditorum est finis regentis; unitatis autem congruentior causa est unus quam multi. Manifestum est igitur regimen Ecclesiae sic esse dispositum ut unus toti Ecclesiae praesit* », *ibid.*, 4°.

3. *Ibid.*, 7°.

4. « *Etsi Petro hanc dignitatem dederit, tamen ad alios non derivatur. Manifestum est enim quod Christus Ecclesiam sic instituit ut esset usque ad finem saeculi duratura : secundum illud Isaiae 9-7 : "super solium David, et super regnum eius sedebit, ut confirmet illud et corroboret in iudicio et*

La doctrine de saint Thomas sur ce point n'a rien d'original, et il se borne à reprendre les données pérennes de la foi catholique telle qu'elle est exprimée à son époque (sans reconnaître, en particulier, la sacramentalité de l'épiscopat). Tout au plus faut-il souligner la spécificité de cette organisation hiérarchique, qui découle de son mode unique d'institution, par le Christ lui-même : à cité différente, organisation hiérarchique différente, mais on ne saurait en faire l'économie[1]. L'analogie, sans surprise, porte sur l'existence d'une organisation hiérarchique en chacune des cités. On va voir bientôt que la modalité de celle-ci est un lieu de dissemblance.

En définitive et dans ce premier regard, l'Église de la terre apparaît comme l'assemblée des fidèles (*congregatio* ou *collegium fidelium*) conduite par le Christ et la hiérarchie qu'il a instituée vers la fin qui est la sienne : Dieu lui-même et la commune béatitude des bienheureux. Ces éléments fondent à l'évidence une analogie de proportionnalité entre les deux cités, terrestre et divine. Mais toute analogie repose sur des similitudes discernées au milieu de multiples dissemblances. A cet égard, s'agissant du rapprochement analogique entre cité terrestre et cité ecclésiale, les analyses de Thomas d'Aquin montrent que ce qui les distingue n'est pas moindre que ce qui les rapproche.

B – *Les limites de l'analogie : les éléments de dissemblance*

Ce qui sépare l'Église des cités terrestres tient principalement au fait que les vies qui les animent sont d'ordre différent : la vie de la grâce pour la première, la vie naturelle pour les secondes. La vie de la cité terrestre, celle des citoyens dans la cité, assume un nombre considérable d'éléments extérieurs : tout ce qui relève, pour simplifier, des institutions et des lois. Alors que la vie de la cité de Dieu, si elle s'inscrit à l'intérieur de la vie humaine des membres de l'Église, relève radicalement de l'ordre de la grâce : les aspects intérieurs priment sur les autres. On se gardera de tomber, à propos de l'Église, dans la dialectique d'opposition entre réalité intérieure et institutions extérieures, qui sera au cœur des contestations de la Réforme. Mais il est clair que, dans la cité de Dieu qu'est l'Église, les aspects intérieurs ont la part principale : c'est la vie théologale de foi, d'espérance et de charité qui caractérise la vie de l'Église, sans exclure les

iustitia, amodo et usque in sempiternum". Manifestum est igitur quod ita illos qui tunc erant in ministerio constituit, ut eorum potestas derivaretur ad posteros, pro utilitate Ecclesiae, usque ad finem saeculi», *ibid.*, 8°. Thomas d'Aquin justifie classiquement la primauté de pouvoir du pape sur les évêques par la garantie de l'unité de l'Église : « Puisque l'ensemble de l'Église forme un seul corps, il faut donc, si l'on doit conserver cette unité, qu'il y ait, au-dessus du pouvoir épiscopal qui gouverne chaque Église particulière, un pouvoir gouvernemental par rapport à l'ensemble de l'Église », *IV Sent.*, d. 24, q. 3, a. 2, q^a 3. Thomas, tient fermement la primauté pontificale et l'autorité du pape sur un concile : « Les saints pères rassemblés en concile ne peuvent rien décider sans l'intervention de l'autorité du pontife romain; sans elle le concile ne peut pas même être rassemblé », *Contra impugn.*, IV, 15, 1365-1369.

1. L'organisation hiérarchique de l'Église est de droit divin et ne peut être modifiée par quiconque : « Ni le pape ni aucun mortel ne peut modifier ou bouleverser l'organisation divine de la hiérarchie ecclésiastique », *Contra impugn.*, IV, 4, 311-313.

éléments institutionnels dont elle a besoin et les œuvres auxquelles elle donne naissance. Dans cette lumière, les lieux de dissemblance entre les deux cités ne sont pas moindres que les lieux de rapprochement. On en présente ici deux, à titre principal.

1 – *Le régime législatif*

Dans la nouvelle alliance, le primat de l'intériorité explique que le régime de la loi nouvelle soit peu développé en termes d'expressions extérieures. En effet, la loi nouvelle est essentiellement une loi intérieure, à la différence de la loi ancienne. C'est par ce fort constat que Thomas ouvre, dans la *Somme*, le sous-traité de la loi nouvelle :

> Ce qui prime dans la loi de la nouvelle alliance, ce en quoi réside toute son efficacité, c'est la grâce du Saint-Esprit, donnée par la foi au Christ. C'est donc précisément la grâce du Saint-Esprit, donnée à ceux qui croient au Christ, qui constitue au premier chef la loi nouvelle. [...] Il y a toutefois dans la loi nouvelle certaines dispositions qui préparent à la grâce du Saint-Esprit, ou qui tendent à la mise en œuvre de cette grâce. Ce sont dans la loi nouvelle des éléments en quelque sorte seconds, dont il a fallu que ceux qui croient au Christ fussent instruits, oralement et par écrit, tant pour ce qui est à croire que pour ce qui est à faire. Il faut donc conclure que la loi nouvelle est dans son principe essentiel une loi intérieure, mais que dans ses éléments secondaires elle est une loi écrite[1].

Cette simple considération explique largement que, dans la *Somme*, le sous-traité de la loi ancienne, qui doit étudier l'ensemble des préceptes, moraux, cérémoniels et judiciaires, soit beaucoup plus ample que celui de la loi nouvelle. On a déjà relevé, au chapitre VI, la disparité des régimes de loi divine successifs. Sous le régime de la loi nouvelle, qui caractérise la vie de l'Église, les préceptes moraux de la loi ancienne demeurent – à titre principal le Décalogue : « Les préceptes moraux devaient subsister intégralement sous la loi nouvelle, parce qu'ils sont absolument liés à la raison de vertu »[2]. Les préceptes cérémoniels, pour leur part, sont devenus caducs : « les préceptes cérémoniels n'avaient plus du tout à être observés, une fois accomplis dans leur réalité »[3]. Quant aux préceptes judiciaires, ils n'ont plus vocation à réguler le monde commun en général, mais seulement à régler les relations entre les membres de la société ecclésiale : « ils ne devaient pas nécessairement subsister selon leurs

1. « *Id autem quod est potissimum in lege novi testamenti, et in quo tota virtus eius consistit, est gratia spiritus sancti, quae datur per fidem Christi. Et ideo principaliter lex nova est ipsa gratia spiritus sancti, quae datur Christi fidelibus. [...] Habet tamen lex nova quaedam sicut dispositiva ad gratiam spiritus sancti, et ad usum huius gratiae pertinentia, quae sunt quasi secundaria in lege nova, de quibus oportuit instrui fideles Christi et verbis et scriptis, tam circa credenda quam circa agenda. Et ideo dicendum est quod principaliter nova lex est lex indita, secundario autem est lex scripta* », I II, q. 106, a. 1, c.

2. I II, q. 108, a. 3, ad 3.

3. *Ibid.* Sur le changement des préceptes cérémoniels, voir I II, q. 103, a. 3, c.

modalités déterminées par la loi, mais sous telles ou telles modalités dont la détermination était laissée au libre choix des hommes »[1].

Il faut noter que la dissemblance entre la cité de Dieu qu'est l'Église et la cité terrestre tient spécialement à ce que la loi nouvelle n'a pas à régir les rapports sociaux civils entre les membres de la société ecclésiale, car cela incombe à la loi civile. La situation était autre sous le régime de l'ancienne alliance puisque Israël, ainsi qu'on l'a vu, était à la fois société civile et religieuse. Il fallait donc que les préceptes judiciaires de la loi ancienne organisent les rapports sociaux aussi bien au spirituel qu'au temporel. Mais, dans l'économie de la nouvelle alliance, la société ecclésiale n'est pas celle de la cité : il revient à la loi civile, dans les conditions précisées au chapitre VI, de préciser les rapports entre les citoyens[2]. La dissemblance avec la cité terrestre est ainsi bien plus forte pour la cité de Dieu dans la nouvelle alliance que pour celle de la première alliance, car Israël était une nation parmi les autres, même si elle rassemblait le peuple de Dieu.

Ce régime de la loi nouvelle, qui est principalement loi de grâce, justifie le statut très spécial de la cité de Dieu qu'est l'Église, et son caractère fondamental intérieur : le régime de la loi nouvelle règle fort peu les actes extérieurs[3]. Cela explique que les aspects institutionnels soient beaucoup moins déployés dans l'Église que dans la cité terrestre[4]. Car la loi civile, qui a vocation à reposer sur la loi naturelle, a un caractère principalement extérieur et a vocation à réguler l'ensemble des rapports sociaux entre les hommes, pour ce qui regarde leur état de citoyens. Tout en prenant garde de ne pas réduire l'économie de la loi nouvelle à une pure intériorité, et donc en faisant droit aux éléments institutionnels qu'elle comporte, il faut tenir qu'elle répond d'abord, et principalement, à un régime d'intériorité. La loi de la cité de Dieu étant, à titre prinicipal, la grâce du Saint-Esprit, on ne peut qu'analogiquement la mettre sur le même plan qu'une cité terrestre, régie par les lois positives.

2 – *Le régime politique*

Il est un autre lieu qui manifeste la différence de traitement que Thomas d'Aquin réserve aux deux cités : celui du régime, autrement dit, selon l'exposé du chapitre précédent, la forme qui vient ordonner la matière constituée des membres de la cité. Pour ce qui est de la cité terrestre, on a vu combien la position de Thomas, pour simple qu'elle soit dans son principe de référence,

1. *Ibid. Cf.* aussi, à propos des préceptes cérémoniels et judiciaires, I II, q. 108, a. 2, c. : « puisque ces déterminations ne sont pas par elles-mêmes nécessairement requises à la grâce intérieure, en quoi consiste la loi, il s'ensuit qu'elles ne font l'objet d'aucun précepte de la loi nouvelle, mais sont laissées au jugement de chacun; tantôt du simple sujet, lorsqu'elles concernent chacun en particulier, tantôt des supérieurs temporels ou spirituels lorsque cela touche aux intérêts d'une communauté ».

2. *Cf.* I II, q. 108, a. 2, ad 4.

3. *Cf.* I II, q. 108, a. 2.

4. Il n'est pour s'en convaincre que de comparer les volumes respectifs des règles de droit ecclésiastique et des prescriptions légales des cités politiques.

s'affine et se complexifie à l'assimilation des écrits aristotéliciens. A la préférence de principe pour un régime de type monarchique se substitue pratiquement la préférence pour un régime de type mixte, selon le schéma d'Aristote. On a indiqué, en passant, comment Thomas voit dans le régime de l'Israël de la première alliance le type du régime mixte, témoignant ainsi de la perfection dont il peut être empreint. Cette remarque mérite d'être reprise ici :

> Tel fut le régime institué par la loi divine. En effet, Moïse et ses successeurs gouvernaient le peuple en qualité de chefs uniques et universels, ce qui est une caractéristique de la royauté. Mais les soixante-douze anciens étaient élus en raison de leur mérite (Dt 1, 15) : "Je pris dans vos tribus des hommes sages et considérés, et je les établis comme chefs" ; voilà l'élément d'aristocratie. Quant à la démocratie, elle s'affirmait en ce que les chefs étaient pris dans l'ensemble du peuple, (Ex 18, 21) : "Choisis parmi tout le peuple des hommes capables etc." ; et que le peuple aussi les désignait (Dt 1, 13) : "Présentez, pris parmi vous, des hommes sages." L'excellence des dispositions légales est donc incontestable en ce qui touche à l'organisation des pouvoirs [1].

En ce sens, s'agissant du régime, le rapprochement est fort entre Israël et la cité terrestre, et l'on ne s'en étonnera guère si l'on se rappelle, encore une fois, que Israël était à la fois cité civile et religieuse.

Il en va tout autrement pour la cité de la nouvelle alliance qu'est l'Église. Saint Thomas justifie l'organisation hiérarchique propre à l'Église qui découle des actes du Christ lui-même, et qui repose à titre principal sur le pape et les évêques. Tenant pour ce motif de la primauté pontificale, saint Thomas voit ainsi réalisé dans l'Église, on l'a dit, le modèle qui a sa préférence de principe, le modèle monarchique. Et il n'hésite pas, dans des textes antérieurs à l'apport aristotélicien, à justifier le modèle par le principe métaphysique repris du schéma dionysien : l'ordre ecclésial reproduit l'ordre métaphysique du cosmos. Ainsi dans ce passage du *Commentaire des Sentences* :

> Il y a deux types de relations possibles entre un pouvoir supérieur et un pouvoir inférieur. Soit le pouvoir inférieur découle totalement du supérieur de telle sorte que toute la vertu du pouvoir inférieur se fonde sur la vertu du pouvoir supérieur et qu'en toutes choses il faut absolument obéir davantage au pouvoir supérieur qu'à l'inférieur. C'est ainsi que, dans les réalités naturelles, la cause première influe davantage sur l'effet de la cause seconde que la cause seconde elle-même [...]. Telle est la relation qui existe entre le pouvoir de Dieu et tout pouvoir créé, entre le pouvoir de l'empereur et celui du proconsul, et de même aussi entre le pouvoir du pape et tout pouvoir spirituel dans l'Église, car c'est le pape lui-même qui dispose et ordonne les divers degrés de dignité dans l'Église. Aussi son pouvoir est comme le fondement de l'Église, ainsi qu'il apparaît en Mt 16. C'est pourquoi, en toutes choses, nous sommes plus tenus à obéir au pape

1. I II, q. 105, a. 1, c.

> qu'aux évêques ou archevêques, ou le moine à son abbé, sans aucune distinction [1].

La doctrine de saint Thomas est ici celle de son temps, et appellerait aujourd'hui bien des corrections. Mais c'est l'argument métaphysique fondant le régime monarchique que l'on veut ici souligner : tout comme le cosmos est soumis à Dieu cause première, tout dans la société ecclésiale est soumis au pape. Au demeurant, même en n'accordant pas à l'argument métaphysique une valeur déterminante, c'est la référence à l'Écriture qui justifie plus radicalement la position de Thomas, et à aucun moment il n'envisage d'appliquer à la cité de Dieu le régime mixte dont on a précisé les contours au chapitre précédent.

Certains auteurs contemporains, cependant, tiennent que rien n'interdit d'envisager une application à l'Église du régime mixte, même si Thomas n'en dit mot. Deux arguments principaux, pour ne retenir qu'eux, peuvent être invoqués en ce sens. D'abord, il est exact que, pour fonder les réponses où il aborde cette question du meilleur régime, Thomas d'Aquin se réfère autant aux auteurs sacrés et ecclésiastiques qu'aux auteurs profanes. La chose n'est pas ici passée inaperçue, mais elle surprend plus d'un lecteur peu familier de saint Thomas : c'est en invoquant l'autorité de l'Écriture (Ancien et Nouveau Testament), et celle des Pères de l'Église (Isidore de Séville notamment), autant que celle des auteurs classiques (Aristote, Cicéron) qu'il justifie sa préférence pour un régime mixte régulé par la loi. Certains en concluront qu'il commet là une faute grave de raisonnement, en confondant deux ordres irréductiblement différents, d'autres que cela montre au contraire que son propos vaut pour tout type de communauté politique, civile ou ecclésiale. Ensuite, on vient de le rappeler, Thomas lui-même justifie sa préférence en montrant, dans une démarche apologétique, que le régime mixte était celui d'Israël : de fait, il n'avance aucune réserve dans ses conclusions et ne semble pas distinguer les deux ordres de communauté, de l'ancienne et de la nouvelle alliance. En un mot, tant dans ses références que dans ses applications, Thomas d'Aquin ne ferait pas, sur cette question, de distinction entre Israël, ou l'Église, et la cité. C'est ce qui fait dire à Brian Tierney, par exemple, « qu'il ne semble y avoir *a priori* aucune raison pour que saint Thomas n'ait pas regardé sa doctrine de la constitution mixte comme applicable aussi au gouvernement de l'Église » [2].

1. « *Potestas superior et inferior dupliciter possunt se habere. Aut ita quod inferior potestas ex toto oriatur a superiori; et tunc tota virtus inferioris fundatur supra virtutem superioris; et tunc simpliciter et in omnibus est magis obediendum potestati superiori quam inferiori; sicut etiam in naturalibus causa prima plus influit supra causatum causae secundae quam etiam ipsa causa secunda […]. Et sic se habet potestas Dei ad omnem potestatem creatam; sic etiam se habet potestas imperatoris ad potestatem proconsulis; sic etiam se habet potestas Papae ad omnem spiritualem potestatem in Ecclesia : quia ab ipso Papa gradus dignitatum diversi in Ecclesia et disponuntur et ordinantur; unde ejus potestas est quoddam Ecclesiae fundamentum, ut patet Matth. 16. Et ideo in omnibus magis tenemur obedire Papae quam episcopis vel archiepiscopis, vel monachus abbati, absque ulla distinctione* », *II Sent.*, d. 44, *exp. textus*. Même position en *CG* IV, 76, 4°, cité plus haut.

2. B. Tierney, « Aristotle, Aquinas… », art. cit., p. 5.

Les faits sur lesquels se fondent ces arguments sont exacts, mais les conclusions qui en sont tirées n'emportent pas l'assentiment. En aucun lieu Thomas d'Aquin ne laisse entendre qu'un régime mixte vaudrait pour l'organisation ecclésiale au même titre que pour celle d'une cité. S'il se sert d'arguments tirés de l'Écriture, il les mêle toujours à des arguments philosophiques, et ses conclusions en faveur de la mixité du régime visent à l'évidence les cités politiques. Qu'aucune mention excluant l'Église ne soit présente ne permet pas d'en déduire que ces conclusions valent pour celle-ci. D'ailleurs, les quelques lieux où il évoque le gouvernement de l'Église, qui ont été ici rappelés, vont clairement dans le sens d'une monarchie (au sens premier du terme) pontificale, sans mention d'aucun élément « tempérant » la primauté papale. Si donc saint Thomas n'hésite pas à recourir à des arguments tirés de la Révélation chrétienne (Écriture et Tradition), c'est parce qu'il en dégage des principes qui sont valides dans l'ordre naturel; ce n'est pas parce qu'ils ont vocation à s'appliquer indistinctement à une communauté d'ordre naturel ou surnaturel.

Thomas d'Aquin n'ignorait certes pas les débats de son temps sur les droits épiscopaux et l'organisation ecclésiale[1], même s'ils n'avaient pas pris la forme qu'ils connaîtront lors de la crise conciliariste, mais il semble très excessif de prétendre appliquer la doctrine thomasienne du meilleur régime au gouvernement ecclésial, qui deviendrait alors semblable à celui de la cité terrestre. Mieux vaut reconnaître que saint Thomas ne prend pas position sur cette question et, surtout, que rien ne justifie une telle extension dans l'application du régime mixte. C'est Jean de Paris qui, une génération à peine après Thomas, et sans avoir été directement son disciple, appliquera à l'Église les conceptions politiques issues d'Aristote, suivi au plus fort de la crise conciliariste par Jean Gerson et Pierre d'Ailly. Le silence gardé ici par Thomas ne signifie aucunement qu'il penchait en ce sens. Au contraire la spécificité de l'organisation ecclésiale, son régime istitutionnel, manifestent à nouveau combien la société ecclésiale est différente de la cité terrestre.

En définitive, si des éléments indiscutables fondent l'analogie entre la cité terrestre et celle de Dieu, d'autres, non moins importants, en limitent singulièrement la portée et, au total, on est conduit à conclure qu'elle n'est guère développée[2]. Pour caractériser la société politique d'un genre particulier qu'est l'Église, Thomas semble attirer l'attention vers une réalité d'un autre ordre, mystérique. Ce sont ces caractères propres, exorbitants au droit commun des cités terrestres, qu'il s'agit maintenant d'exposer.

1. La querelle entre maîtres séculiers et frères mendiants fut un aiguillon de ces débats: Thomas lui consacra l'opuscule *Contra impugnantes Dei cultum et religionem*.

2. Voulant marquer les différences, C. Journet souligne que l'Église « n'a qu'une similitude analogique avec les sociétés politiques », *L'Église du Verbe incarné*, *op. cit.*, t. I, p. 396. Voir aussi A. de Muralt, *L'unité de la philosophie politique*, *op. cit.*, p. 175-179.

SECTION II – L'UNITÉ DE L'ÉGLISE

Fondée dans l'Écriture, détaillée, dans les termes qu'on vient de rappeler, par Thomas d'Aquin, l'analogie de la cité appliquée à l'Église semble donc relativement limitée dans sa portée. Il y a à cela une raison inscrite dans la Révélation chrétienne, à laquelle saint Thomas, en théologien, se soumet: l'analogie principale à laquelle l'Écriture recourt pour exprimer l'Église en son mystère n'est pas celle de la cité mais celle du corps, telle que saint Paul la déploie amplement dans ses épîtres, spécialement en 1 Co 12, 12-27. En des termes qui ne peuvent manquer d'évoquer ceux de Socrate dans la *République* de Platon[1], Paul compare l'Église à un corps humain dont les membres, dans leur diversité, forment cependant un tout indivisible: « De même, en effet, que le corps est un, tout en ayant plusieurs membres, et que tous les membres du corps, en dépit de leur pluralité, ne forment qu'un seul corps, ainsi en est-il du Christ » (1 Co 12, 12). La plupart des analogies dont use l'Écriture pour révéler le mystère de l'Église visent à exprimer comment la multitude des baptisés forment cependant une seule entité. L'analogie de la cité est l'une d'entre elles, mais elle n'occupe pas la première place, qui est tenue par celle du corps.

Les deux analogies, de la cité et du corps, sont cependant connexes: depuis Socrate, on dit de la cité qu'elle est une dans la diversité, à l'instar du corps humain. La pensée moderne développera particulièrement cette notion de corps politique, qui n'est pas présente, comme telle, chez Thomas d'Aquin. C'est en détaillant, beaucoup plus amplement, l'analogie du corps, appliquée à l'Église, que Thomas apporte des précisions sur l'unité de la société ecclésiale. Celles-ci montrent, plus encore que précédemment, les limites de l'analogie de la cité. Mais, en même temps, elles aident à saisir ce qu'est une société humaine rassemblée dans l'unité d'une cité[2].

A – *L'unité de la société ecclésiale*

On a vu, au chapitre III de cette étude, que l'unité de la cité politique est, pour saint Thomas, une unité d'ordre, le bien commun saisi à son double niveau finalisant à la fois chacune des parties et l'ordre intérieur de la société politique. Pour Thomas d'Aquin, l'Église bénéficie d'un principe d'unité autrement plus fort que celui-ci, sans qu'il perde pour autant sa validité.

La position de Thomas est constante tout au long de ses écrits: c'est la présence de l'Esprit, un et le même (*unus et idem numero*), dans tous les membres du corps, qui assure à celui-ci son unité. « Une certaine continuité est assurée dans l'Église par le Saint-Esprit qui, numériquement un et le même, remplit toute l'Église et l'unit »[3]. Selon un prolongement de l'analogie qui

1. *Rep.*, V, 462 c-d.

2. La société ecclésiale présentée comme corps est étudiée de façon approfondie dans notre étude *Théologie du dessein divin chez Thomas d'Aquin*, *op. cit.*, spécialement p. 156-182.

3. *De Ver.*, q. 29, a. 4, c., 182-185.

remonte à saint Augustin et qui appartient depuis lors à la Tradition, le Saint-Esprit tient dans le corps ecclésial le rôle de l'âme dans un corps physique : il est principe d'unité et de vie. « De même que l'unité du corps est constituée par l'unité de l'âme, ainsi l'unité de l'Église vient de l'unité de l'Esprit, selon Ep. (4, 4) : "un seul corps, un seul Esprit" »[1]. Il faut ici relever que le principe de l'unité de l'Église-corps est bien, pour saint Thomas, un principe incréé, l'Esprit Saint, présent par inhabitation en chacun des membres. Cette présence se traduit, en termes d'effets créés, par la grâce et les vertus théologales de foi, d'espérance et de charité qui en sont l'expression dans l'âme des fidèles. L'Église, aux yeux de la foi, est un composé divino-humain, qui allie l'incréé et le créé. Pour Thomas, ultimement, le principe d'unité est un principe divin, même s'il fructifie en les dons créés de la grâce dans l'âme des fidèles.

De ce corps que forme ainsi l'Église, le Christ, selon les paroles de saint Paul, est la tête : « il est aussi la tête du Corps, c'est-à-dire l'Église » (Col 1, 17). L'assemblée des fidèles, la *congregatio fidelium*, unis entre eux et au Christ par la présence de l'Esprit Saint, forme ainsi ce que la Tradition chrétienne appelle le corps mystique du Christ, non au sens d'une réalité extra naturelle, mais au sens d'une réalité mystérique opérée par Dieu dans des réalités créées. On comprend ici pourquoi, dans son commentaire cité plus haut de l'*Epître aux Ephésiens*, saint Thomas affirme que le chef de la cité-Église est le Christ, et non d'abord le pape ou les évêques. Le fait que le principe d'unité – le Saint-Esprit – et la tête – le Christ, Verbe incarné – soient tous deux des personnes divines exprime bien ce caractère mystérique du corps ecclésial, qu'un regard purement humain ne peut saisir.

Une telle constitution divine du corps ecclésial ne supprime pas les éléments dégagés qui valent pour une cité, mais leur confère une nouvelle modalité. Cela vaut d'abord pour le bien de la cité, le bien commun dans la terminologie thomasienne, qui a été précisé, pour la cité terrestre, au chapitre II. Dans l'Église, comme dans une cité terrestre, le bien commun est double, à la fois immanent et transcendant à elle. Le bien commun transcendant, c'est ici Dieu lui-même, qui finalise à la fois chaque partie et le tout ecclésial. Et le bien commun immanent, c'est au premier chef la charité qui anime le corps ecclésial. Dans la cité de Dieu qu'est l'Église, l'unité de ces deux aspects du bien commun est la plus étroite qui soit : l'amour de Dieu et celui du prochain forment un unique commandement, le second est le rayonnement et l'expression immédiate du premier. Il faut ici relever, surtout, que dans l'Église le bien commun, parce qu'il est d'ordre surnaturel, se donne à voir, en quelque sorte, plus explicitement que dans la cité terrestre. Le bien commun immanent est clairement identifié comme la vie selon la charité, alors que dans la cité politique, tous ne le perçoivent pas comme la vie selon la vertu pratiquée par

1. *Super Col.*, 1, 5, Ma 46. Ce principe d'unité et d'animation est pour l'Église un principe réel, alors que ce n'est que par métaphore que l'on évoquera l'âme d'une cité, bien après Thomas d'Aquin.

l'ensemble des citoyens. De plus, le bien commun transcendant est immédiatement désigné, alors qu'il n'est pas présent dans la cité d'Aristote. A cet égard, la cité ecclésiale, regardée pour elle-même, apparaît plus unifiée que la cité terrestre, et c'est le fruit des dons divins que de le permettre. La cité terrestre, bâtie sur la seule raison humaine, peine à atteindre son terme explicite, et en tout cas à le désigner. Encore faut-il ne pas isoler la cité ecclésiale sur elle-même, en la séparant de la cité terrestre, comme on le précisera dans la section suivante.

Ce qui vaut pour le bien commun ecclésial vaut aussi pour l'unité d'ordre de la société ecclésiale. L'unité d'ordre à la fin, au bien commun, conserve sa valeur, et le *duplex ordo* qui vaut pour toute cité se retrouve aussi dans l'Église. En celle-ci, qu'elle soit regardée comme corps ou comme cité, les parties sont ordonnées à Dieu, bien commun ultime, et les unes aux autres dans la charité, comme on vient de le dire: « l'unité de l'Église est envisagée de deux façons: dans la connexion ou la communication réciproque des membres de l'Église entre eux; et, en outre, dans l'ordre de tous les membres de l'Église à une tête unique [...]. Or, cette tête, c'est le Christ lui-même, dont le souverain pontife tient la place dans l'Église »[1]. On a fait remarquer ailleurs que, chez saint Thomas, la structure double de la grâce accompagne le *duplex ordo* ecclésial: la grâce est en effet à la fois sanctifiante (*gratia gratum faciens*, ou grâce sanctifiante) et destinée à l'édification du corps ecclésial (*gratia gratis data*, dite grâce charismatique). Il est très significatif qu'il allie, dans un article sur la grâce, le *duplex ordo* d'une multitude et celui de la grâce communiquée par Dieu à ses créatures:

> Selon le Philosophe, le bien de la multitude, d'une armée par exemple, est double. Il y a un bien qui se trouve dans la multitude elle-même: ainsi l'ordre de l'armée. Et il y a un autre bien, distinct de la multitude, qui est le bien du chef. Ce dernier bien est supérieur à l'autre, car c'est à lui que l'autre est ordonné. Or la grâce gratuitement donnée est ordonnée au bien commun de l'Église, qui est l'ordre ecclésial; la grâce qui rend agréable à Dieu se réfère au bien commun distinct de l'ensemble, qui est Dieu lui-même[2].

En définitive, on retrouve la ferme cohérence de la structure d'un ordre communautaire chez saint Thomas, qui vaut aussi bien pour une cité terrestre que pour l'Église pérégrinante. Mais, pour cette dernière, la présence par inhabitation de l'Esprit Saint et la capitalité du Christ sur son corps apportent une unité sans équivalent dans la cité terrestre.

1. II II, q. 39, a. 1, c.

2. « *Sicut philosophus dicit, in XII Metaphys., bonum multitudinis, sicut exercitus, est duplex. Unum quidem quod est in ipsa multitudine, puta ordo exercitus. Aliud autem quod est separatum a multitudine, sicut bonum ducis, et hoc melius est, quia ad hoc etiam illud aliud ordinatur. Gratia autem gratis data ordinatur ad bonum commune Ecclesiae quod est ordo ecclesiasticus, sed gratia gratum faciens ordinatur ad bonum commune separatum, quod est ipse Deus. Et ideo gratia gratum faciens est nobilior* », I II, q. 111, a. 5, ad 1. Sur ce point, voir notre étude *Théologie du dessein divin chez Thomas d'Aquin*, *op. cit.*, p. 491-493.

Cette remarque tirée de la *Somme de théologie* permet aussi de situer la composante humaine de la hiérarchie, le pape et les évêques, comme totalement relative à la tête véritable qui est le Christ. Si, apparemment, la société ecclésiale ressemble à une cité, son principe hiérarchique est tout autre, parce qu'à la fois divin et humain. En se référant à l'hylémorphisme politique développé au chapitre précédent, il faut poser, s'agissant de la communauté ecclésiale, un double principe formel qui vient donner détermination à l'assemblée des hommes en puissance à former l'Église, société à la fois humaine et divine. D'une part, un principe formel d'ordre naturel, à savoir la structure hiérarchico-sacramentelle de l'Église, qui découle des actes fondateurs du Christ lui-même. Et, d'autre part, un principe formel d'ordre surnaturel, qui est à la fois l'Esprit-Saint présent en chacun des membres du tout ecclésial, et le Christ tête de celui-ci. L'analogie tirée de la cité terrestre ne porte que sur l'ordre naturel, et le principe formel surnaturel est, comme tel, étranger à la société naturelle[1]. Il apparaît clairement que le principe formel naturel de l'Église, sa structure hiérarchico-sacramentelle, est lui-même ordonné au principe formel surnaturel, la présence agissante de l'Esprit-Saint dans les membres du corps ecclésial et le Christ-tête. Si bien que, s'agissant de la société ecclésiale, c'est le principe surnaturel qui prime, et doit être avant tout considéré. Cela ne dirime pas l'ordre naturel, mais le subordonne à l'ordre surnaturel. L'œuvre divine dans le monde humain, c'est d'apporter un principe formel divin à une réalité humaine en puissance à être divinisée, et ce qu'il y a d'humain dans l'œuvre divine est tout ordonné au divin, tout comme dans le Christ la nature humaine est instrument et signe de sa divinité[2].

Ces quelques remarques manifestent en quoi cité terrestre et cité de Dieu sont à la fois semblables et différentes, et comment la seconde éclaire la première. Dans la théologie de saint Thomas, la terminologie du corps est exclusivement réservée, sur le fondement même de l'Écriture, à l'assemblée ecclésiale. Ce n'est que bien après lui, avec Francisco Suarez au XVIe siècle, que le peuple d'une cité est appelé *corpus politicum*, et même *corpus mysticum* au sens naturel et moral[3]. L'emprunt et l'application des catégories d'analyse propres à l'Église aux sociétés terrestres sont ici manifestes, et témoignent de

1. Si l'on s'en tient au niveau naturel, l'analogie tirée de la structure hiérarchique et sacramentelle de l'Église est assez faible. On peut, certes la rapprocher de la structure hiérarchique apportée par le régime politique d'une cité terrestre. Quant à l'ordre sacramentel, son rapprochement avec l'économie des signes au sein d'une société naturelle est bien limité, sauf à rapprocher la célébration eucharistique des banquets républicains. Mais on reconnaîtra sans peine que l'analogie est alors si lointaine qu'elle tend à l'équivocité.

2. La constitution *Lumen gentium* sur l'Église du Concile Vatican II exprime cela à sa façon : « Tout comme en effet la nature prise par le Verbe divin est à son service comme un organe vivant de salut qui lui est indissolublement uni, de même le tout social (*socialis compago*) que constitue l'Église est au service de l'Esprit du Christ qui lui donne la vie, en vue de la croissance du corps » (n° 8), *Concile œcuménique Vatican II*, *op. cit.*

3. Sur cette conception suarézienne, et ses racines scotistes et ockhamiennes, voir A. de MURALT, *L'unité de la philosophie politique*, *op. cit.*, p. 115-119.

l'émergence d'une certaine mystique du corps social dont les déploiements seront multiples tout au long des siècles de la modernité politique. On ne perçoit rien de tel chez Thomas d'Aquin, qui situe l'ordre naturel et l'ordre mystérique à leur place, selon une coopération que l'on va préciser, mais sans contamination de l'un par l'autre.

Selon les conceptions thomasiennes la cité terrestre, fondée en nature et selon la raison humaine, tend vers une unité quasi corporelle, mais sans jamais l'atteindre, et son principe d'unité est moins étroit que l'animation apportée par la présence du Saint-Esprit dans la tête et en chaque membre. L'unité vers laquelle tend la cité terrestre, unité des membres entre eux, unité de l'*ordo ad invicem* et de *l'ordo ad finem ultimum*, unité des deux composantes du bien commun, est effectivement réalisée dans la société ecclésiale par les dons divins, autrement dit par un principe surnaturel, sans pour autant que l'ordre naturel en soit disqualifié. La fragilité des cités terrestres, dont témoignent leur histoire, et la pérennité de la cité ecclésiale dans le temps, malgré tous les aléas et vicissitudes rencontrés, n'en sont-elles pas la meilleure illustration?

B – *La réalité « quasi personnelle » de l'Église*

Le vocabulaire du corps (et de l'âme) marque déjà un dépassement de l'unité atteinte dans l'Église par rapport à celle des cités terrestres. Le vocabulaire tiré de la personne l'exprime encore davantage. Une étude antérieure lui a été spécialement consacrée, dont on ne retient ici que les éléments intéressant le présent propos[1].

Dans la tradition latine, c'est encore une fois à saint Augustin qu'il revient de parler de l'Église en termes de personne. Il s'agit là d'un développement presque naturel de l'analogie paulinienne du corps appliquée à l'Église: dans l'ordre physique, qui dit corps (humain) dit personne. Thomas d'Aquin reçoit d'Augustin et de toute la tradition ecclésiale postérieure cette terminologie. Ainsi, dans ce passage:

> On attribue quelque chose au Christ [...] par appropriation personnelle et relative en ce qu'on lui attribue en notre nom (*in persona nostra*) certaines choses qui ne lui conviennent d'aucune façon lorsqu'on le considère en lui-même. Aussi, parmi les sept règles de Ticonius présentées par S. Augustin, la première a trait "au Seigneur et à son corps, le Christ et l'Église étant regardés comme une seule personne (*una persona aestimatur*)". Sous ce rapport, le Christ parle, au nom de ses membres (*ex persona membrorum suorum*), du cri de ses fautes, alors qu'en lui, qui est la tête, il n'y avait aucune faute[2].

1. Voir notre étude *Théologie du dessein divin…*, *op. cit.*, chap. 8.

2. « *Dicitur aliquid de Christo, uno modo, secundum proprietatem naturalem et hypostaticam, sicut dicitur quod factus est homo, et quod pro nobis passus est; alio modo, secundum proprietatem personalem et habitudinalem, prout scilicet aliqua dicuntur de ipso in persona nostra quae sibi secundum se nullo modo conveniunt. Unde et inter septem regulas Tichonii, quas ponit Augustinus in III de Doct. Christ., prima ponitur "de domino et eius corpore", cum scilicet Christi et Ecclesiae*

A dix reprises, dans ses écrits, Thomas d'Aquin recourt à la terminologie personnelle pour traiter de l'Église unie au Christ, non sans exprimer par une réserve verbale ou adverbiale le caractère analogique de ce recours : « De même que le corps naturel est un, alors qu'il consiste en membres divers, l'Église tout entière, corps mystique du Christ, est comptée pour une seule personne (*computatur quasi una persona*) avec sa tête, qui est le Christ » [1].

Tout en usant du vocable de personne pour parler de l'Église, Thomas n'en développe jamais le sens particulier dégagé à partir de celui qu'il a chez un humain (« substance individuelle d'une nature rationnelle », selon la définition qu'il reprend à Boèce). Alors qu'il élabore une théologie exceptionnelle de la personne comme relation subsistante pour l'appliquer aux trois personnes divines dans la Trinité, il ne se livre à aucune élaboration semblable pour préciser la personne de l'Église. Il use de la notion et de la formule, qu'il reçoit de la Tradition, sans éprouver le besoin d'en détailler l'emploi. On peut suggérer que c'est la présence de l'Esprit, un et le même en chaque membre et dans la tête : le Christ, qui dote le corps entier, uni à sa tête, d'une subsistance mystique, au sens de mystérique. Cette structure divine et incréée de l'assemblée ecclésiale – présence d'inhabitation de l'Esprit et capitalité du Verbe incarné – actualisée par les opérations de sa structure créée hiérarchico-sacramentelle [2], dote cette assemblée des fidèles d'une personnalité mystérique qui en assure et en garantit la subsistance pendant toute la durée des derniers temps. Si l'on se souvient que l'œuvre de l'Esprit dans l'âme des fidèles consiste à les configurer au Fils dans sa relation au Père, on peut conclure que l'Église est la personne mystique (ou mystérique) du Christ total, selon la terminologie augustinienne.

Ces rappels théologiques suffisent au présent développement qui cherche à préciser quelque peu l'unité quasi personnelle de l'assemblée ecclésiale. Cette personnalisation du corps ecclésial, cette personnalité de l'Église, peut encore être approchée dans les lumières comparées d'une personne physique et d'une personne morale. La personne physique est dotée d'une subsistance unique de par l'unité organique de toutes ses parties apportée par l'âme humaine, forme substantielle. Dans une personne humaine, aucune partie ne subsiste par elle-même, chacune n'existe que dans l'unité du sujet substantiel. La personne de l'Église se rapproche ainsi de la personne humaine par la « subsistance mystérique » que lui apporte la présence de l'Esprit Saint, *unus et idem numero*, qui en est analogiquement l'âme. En revanche, elle s'en éloigne dans la mesure où cette entité quasi personnelle est composée d'une multitude de sujets distincts, ayant chacun leur propre subsistance, naturelle et surnaturelle.

una persona aestimatur. Et secundum hoc, Christus ex persona membrorum suorum loquens dicit, verba delictorum meorum, non quod in ipso capite delicta fuerint », III, q. 15, a. 1, ad 1.

1. III, q. 49, a. 1, c.

2. La tête de l'Église, c'est « le Christ lui-même, dont le souverain pontife tient la place dans l'Église » (I II, q. 39, a. 1, c.), et la présence de l'Esprit est renouvelée, notamment, par les célébrations sacramentelles.

On peut rapprocher encore l'unité quasi personnelle de l'Église de l'unité d'un corps social, comme celui d'une cité politique. Thomas d'Aquin n'emploie pas le vocabulaire de la personnalité juridique ou morale, qui se développe au Moyen Âge pour exprimer l'unité d'un corps multitudinaire et sa capacité à posséder, contracter et ester en justice. Une cité, en ce sens, est une personne morale, dont on a vu que l'unité est une unité d'ordre, qui se prend, chez saint Thomas, dans la lumière de la fin poursuivie. Que cette fin soit poursuivie montre qu'elle est en un sens extrinsèque au corps qu'elle finalise, à la différence de l'âme, forme intrinsèque d'un corps humain. Au regard d'une telle personnalité morale, la personnalité mystérique de l'Église a en commun d'exprimer l'unité d'une assemblée formée d'une multitude de sujets. En revanche, l'unité qui provient de la présence de l'Esprit Saint est, on l'a dit, beaucoup plus forte et étroite que celle qui résulte de la seule unité d'ordre.

L'unité quasi personnelle de l'Église est ainsi, en quelque sorte, intermédiaire entre l'unité purement substantielle d'une personne humaine et l'unité morale d'une cité terrestre. Mais elle est, surtout, d'un autre ordre : c'est un principe incréé qui est la source et la raison de cette personnalité mystérique.

*

Les considérations développées dans cette deuxième section ne font que souligner les limites de l'analogie entre les deux cités, déjà avancées dans la section précédente à l'aide d'arguments plus immédiats. L'assemblée ecclésiale est une société d'ordre surnaturel, et cette propriété la distingue radicalement d'une société purement naturelle comme la cité terrestre, en la dotant d'une unité d'un genre unique, découlant de son principe surnaturel. On a dit que Thomas d'Aquin ne semble pas donner une ample portée à cette analogie de la cité : c'est que ce caractère surnaturel l'entraîne à privilégier ce qui est propre à l'assemblée ecclésiale, à savoir la réalité mystérique de ce corps quasi personnel.

Si, dans cette lumière, l'unité naturelle d'une cité, unité d'ordre à la fin, apparaît moins étroite et plus fragile, on peut se demander si les cités terrestres ne tendent pas, inconsciemment le plus souvent, vers une unité quasi personnelle semblable à celle qu'apporte à l'Église la présence de l'Esprit Saint. Thomas n'en dit rien, bien sûr, mais les réflexions plus tardives sur la cité terrestre, spécialement à partir de l'époque moderne, suggèrent une telle inclination. On parlera, bien plus tard et analogiquement, de « l'âme d'une nation » et de la personnalité d'un pays, au sens d'une mystique naturelle. Autant de formules empruntées, à l'évidence, au vocabulaire de la théologie de l'Église, mais qui, au-delà de ces emprunts, témoignent de la quête inlassable des assemblées humaines que sont les cités d'une unité aussi étroite et durable que possible, celle que l'Esprit Saint apporte à la personne de l'Église. Quête sans cesse renouvelée, toujours insatisfaite, signe peut-être de la nostalgie d'un ordre perdu, quand cité terrestre et cité de Dieu n'étaient pas disjointes, mais intrinsèquement unies.

SECTION III – LES DEUX CITÉS ET LEUR RELATION

Evoquer cette disjonction indique qu'il est temps de traiter de la rencontre des deux cités. C'est là une question à laquelle toutes les époques, et tous les lieux, depuis la fondation de l'Église, se doivent d'apporter une réponse. On l'a déjà rencontrée dans cet ouvrage, spécialement lorsqu'il s'est agi, au chapitre IV, d'étudier comment Thomas d'Aquin envisage la relation entre les deux autorités, temporelle et spirituelle, ce que l'on nomme, pour simplifier, la question des deux pouvoirs. Mais ce n'est là, on l'a noté, qu'un aspect de la question, beaucoup plus vaste, de la coexistence des deux types de sociétés, les cités terrestres et la cité de Dieu qui est ici-bas, pour simplifier, l'Église.

Bien souvent, c'est l'Histoire qui dicte d'abord sa réponse, et la pensée n'intervient qu'après, pour en justifier le bien-fondé ou en dénoncer l'iniquité. Thomas d'Aquin ne l'ignore pas, mais il ne fait pas œuvre d'historien, et c'est exclusivement l'approche théologique qui l'intéresse : il s'agit de rendre raison de la présence simultanée de deux formes politiques de genres différents, composées cependant des mêmes personnes. Mais, à ce propos, le point de départ de l'étude est un constat surprenant, qu'il ne s'agit pas de masquer : saint Thomas ne pose jamais directement la question. En aucun lieu, fût-il incident, de ses vastes écrits, il n'envisage directement la relation des deux cités l'une avec l'autre. Lui, le théologien latin et médiéval qui se réfère sans cesse à saint Augustin comme à l'une des plus hautes autorités dans la tradition chrétienne, qui cite à tant de reprises et dans maints contextes le traité si célèbre de l'évêque d'Hippone : la *Cité de Dieu*, qui connaît fort bien, ne serait-ce que par sa famille, les incidences pratiques de la question, ne traite jamais directement de la question de la rencontre des deux cités.

Ce constat ne laisse de surprendre et, comme toujours en pareil cas, conduit à une lumière subtile qu'on ne saisit pas d'emblée. C'est que Thomas ne pose pas la question dans les termes auxquels on a d'ordinaire recours, et sa réponse découle de considérations plus vastes que celles dans lesquelles la question est ordinairement enclose. Pour le dire d'un mot, ce n'est pas seulement la relation des deux cités qui est engagée, mais plus largement celle de la nature et de la grâce dans le monde commun de l'humanité.

Afin de parvenir à ces lumières, il apparaît utile de préparer le terrain à une juste compréhension de saint Thomas en le dégageant des deux modèles qui viennent spontanément à l'esprit du lecteur contemporain, mais qui chez lui ne conduisent à aucune réponse. Ces prismes sont si prégnants pour le regard contemporain qu'il faut s'en corriger pour accommoder sa pensée à la conception thomasienne.

A – *Deux modèles à révoquer*

Deux types de conceptions, deux précompréhensions semblent en effet habiter l'esprit humain lorsqu'il se saisit de la question des deux cités. Ils sont le fruit de la pensée des hommes, philosophique et théologique, autant que de leur histoire, qui les a établis avant qu'ils ne fussent théorisés. Pour simplifier, on les désigne ici comme le « modèle augustinien » et le « modèle moderne ». Thomas connaît le premier, qui vient de la tradition la plus vénérable de l'Église latine. Le second, s'il lui est postérieur, a cependant des racines profondes qui lui sont presque contemporaines, et il mérite d'être évoqué tant il imprègne tout esprit issu de la modernité. Aucun de ces deux modèles ne correspond à la ligne tenue par Thomas.

1 – *Le modèle augustinien : une approche « théologique »*

Le premier traité de théologie chrétienne à se saisir explicitement de la question est la *Cité de Dieu*, de saint Augustin[1]. Au risque de réduire une pensée ample et parfois complexe, il faut résumer ici les principaux enseignements utiles au présent développement, qui vise à mettre en valeur la position originale de saint Thomas[2].

L'occasion du traité est le sac de Rome en 410, et la mise en cause des chrétiens, accusés d'avoir par leur croyance affaibli la vigueur des vertus civiques. C'est en voulant se défendre de cette accusation qu'Augustin est conduit à préciser ce qui fait, à ses yeux, la force d'une cité. Cicéron l'a magnifiquement illustré, c'est sur la justice que repose la paix et la concorde dans la cité. Mais qu'est-ce que la vraie justice? En un sens, pour Augustin, il n'y a de vraie justice que celle du Christ, et donc, en toute rigueur, de vraie cité que celle de Dieu. Parmi toutes les cités qui se puissent rencontrer sur la terre, deux seulement intéressent Augustin, la cité de Dieu et celle qui s'oppose à elle, dont les figures paradigmatiques sont Jérusalem et Babylone, avec pour fondateurs Abel et Caïn. L'histoire universelle de l'humanité n'est autre que celle des deux peuples qu'ils ont fondés :

> [...] le genre humain lui-même, que nous divisons en deux groupes : ceux qui vivent selon l'homme, ceux qui vivent selon Dieu. Mystiquement (*mystice*), nous les appelons aussi deux cités, c'est-à-dire deux sociétés d'hommes dont l'une est prédestinée à régner éternellement avec Dieu, l'autre à subir un éternel supplice avec le démon[3].

1. *De Civ. Dei*, *op. cit.*

2. Voir Ét. Gilson, *Les métamorphoses de la cité de Dieu*, Paris, Vrin, [2]2005, en particulier le chapitre II. Voir aussi C. Journet, *L'Église du Verbe incarné*, *op. cit.*, notamment II, p. 104-114 et p. 151-152.

3. *De Civ. Dei*, XV, 1, p. 34-35. Il est préférable de conserver ici le terme "*mystice*", quitte à le translittérer en "mystiquement", plutôt que de le traduire, comme le fait l'édition de la Bibliothèque augustinienne par "en langage allégorique".

Ces deux peuples, ces deux cités, reposent chacun sur un amour, qu'il présente en opposition dialectique dans l'une des formules célèbres de l'ouvrage :

> Deux amours ont donc fait deux cités : l'amour de soi jusqu'au mépris de Dieu, la cité terrestre (*civitas terrena*) ; l'amour de Dieu jusqu'au mépris de soi, la cité céleste (*civitas cælestis*). L'une se glorifie en elle-même, l'autre dans le Seigneur. L'une demande sa gloire aux hommes ; pour l'autre, Dieu témoin de sa conscience est sa plus grande gloire [1].

Selon une telle approche, le peuple ordonné qui forme une cité se définit ultimement par l'amour qui le porte. Toute la construction d'Augustin, toute l'histoire du monde repose sur cette opposition dialectique entre les deux cités, qu'il décrit par des couples antithétiques : « cité terrestre et cité céleste », « cité temporelle et cité éternelle », « cité du diable et cité de Dieu », « cité mortelle et cité immortelle ».

Bien souvent ces formules, dont la multiplicité confine à l'équivocité, n'ont pas manqué de conduire à un grave contresens, par l'identification qu'elles suggèrent de la cité terrestre (*civitas terrena*) à la cité politique. Si l'on n'y prend garde, la cité politique est alors regardée comme mauvaise, et ses citoyens promis à la réprobation. Et il faut reconnaître qu'Augustin lui-même n'est pas loin d'induire à cette lecture trompeuse, en particulier lorsqu'il se réfère à la décrépitude morale de la société romaine :

> Les serviteurs du Christ, qu'ils soient rois, princes ou juges, soldats ou provinciaux, riches ou pauvres, hommes libres ou esclaves et de n'importe quel sexe, ont l'ordre de supporter, s'il le faut, même la pire, la plus avilie des Républiques, et par cette patience de se ménager une place glorieuse dans la très sainte et très auguste curie des anges, dans cette céleste république ou la loi est la volonté de Dieu [2].

Or, tel n'est pas, en réalité, le propos d'Augustin. Il s'agit d'exprimer un combat d'abord spirituel, par l'opposition de deux cités, ainsi appelées *mystice* [3]. Dans le monde d'ici-bas, ces deux cités sont mêlées (*perplexae*) et poursuivent leur lutte au cœur des sociétés temporelles. L'usage que fait Augustin de l'analogie tirée de la cité politique est ici métaphorique, et le danger est d'en faire une lecture littérale.

Si, dans son traité, la cité terrestre n'est pas la cité politique, il faut encore ajouter que la cité de Dieu ne s'identifie pas totalement à l'Église. En effet, la cité de Dieu, pour s'en tenir à sa composante pérégrinante, réunit tous les prédestinés à la gloire, et il y a à toute époque, pour Augustin, des hommes qui font partie de l'Église et qui ne sont pas prédestinés, aussi bien qu'il y a des

1. *Ibid.*, XIV, 28, p. 465.
2. *Ibid.*, II, 19, p. 365.
3. *Ibid.*, XV, 1, p. 34.

hommes en-dehors de l'Église à un moment donné et qui sont néanmoins prédestinés à la gloire.

Quelle leçon tirer d'une telle approche? Il importe de souligner, pour la présente étude, qu'à s'en tenir rigoureusement à l'approche de saint Augustin, une telle présentation de l'histoire humaine universelle en termes de cités mystiques n'engage pas les cités politiques au sein desquelles le combat se déroule. Avec Étienne Gilson, il faut affirmer qu'« on ne saurait être plus éloigné de toute considération politique au sens temporel du terme »[1]. Et ce même auteur souligne les conséquences funestes du contresens que l'on vient d'évoquer, qui éclairent pour une part le contexte dans lequel Thomas d'Aquin élabore sa pensée politique :

> On a tendu de plus en plus à confondre la cité terrestre d'Augustin – cité mystique de la perdition – avec la cité temporelle et politique. A partir de ce moment, le problème des deux cités est devenu celui des deux pouvoirs, celui, spirituel, des papes et celui, temporel, des États ou des princes. Mais puisque, par l'Église, même le spirituel est présent au temporel, le conflit des deux cités est descendu dans le temps. Du même coup, la société universelle des hommes descendait du ciel sur la terre, et puisque une même société ne saurait avoir deux chefs, le problème se posait de savoir lequel des deux pouvoirs exercerait sur elle la juridiction suprême. L'histoire de ce problème serait celle du conflit, permanent au Moyen Âge, entre le sacerdoce et l'empire[2].

Cette juste remarque conduit à reconnaître le second modèle auquel on va se référer. Avant d'en traiter, il faut retenir de ces brefs éléments tirés d'un traité de grande ampleur une conclusion d'importance pour la présente étude. Tout en se gardant du contresens précédent, il faut souligner que la perspective augustinienne, dans la *Cité de Dieu*, est exclusivement théologique. Elle se réfère à l'ordre de la grâce et à lui seul, par la soumission ou le refus qu'il engage, et elle ne donne aucun statut à la cité terrestre en son fondement naturel. Entre la cité de Dieu, qui n'est pas exactement l'Église, et la cité terrestre, qui n'est pas la cité politique, il manque un *tertium quid* qui permettrait de reconnaître la consistance propre de cette cité politique. Sans doute, la structure néo-platonicienne de la pensée augustinienne ne permet-elle pas d'introduire cette dimension, qui par son manque va susciter et encourager les lectures à contresens que l'on a mentionnées.

Le modèle « théologique » augustinien ne permet pas de penser la cité politique dans sa réalité naturelle et profane, il résorbe en quelque sorte l'ordre naturel dans l'ordre surnaturel[3]. C'est l'un des traits majeurs de ce grand

1. Ét. GILSON, *Les métamorphoses de la cité de Dieu*, *op. cit.*, p. 80.

2. *Ibid.*, p. 80.

3. Bien conscient de cette difficulté, C. JOURNET écrit : « La distinction entre fin ultime et fin intermédiaire ou infravalente n'est pas faite expressément, *in actu signato*, dans saint Augustin, mais elle s'y trouve cependant implicitement, *in actu exercito*. Dès qu'on l'a fait expressément, on est conduit à reconnaître, à mi-hauteur entre les deux cités d'ordre "mystique" une autre cité d'ordre politique; en tout, trois sortes de cités : la *cité de Dieu*, la *cité du diable*, la *cité de l'homme* »,

courant dit de l'augustinisme politique, souvent rencontré dans cette étude, tel que Mgr. Arquillière l'a mis en lumière[1].

2 – *Le modèle moderne : une approche « philosophique »*

La remarque d'Étienne Gilson a mis sur la voie du principal modèle alternatif au précédent, que l'on nomme par commodité le modèle moderne. C'est celui qui renvoie la cité de Dieu qu'est l'Église au niveau de la cité terrestre et politique. Il faut noter – et cela n'est pas sans importance – qu'une telle conception prend forme dans la chrétienté, avant de nourrir les pensées politiques qui appelleront et provoqueront la sortie de chrétienté.

L'histoire de l'Église dans sa relation aux cités terrestres a ici toute sa valeur explicative. En effet, la période ouverte par la réforme grégorienne vise à la consolidation de l'Église par l'affirmation de sa structure hiérarchique, spécialement celle du primat du pontife romain, qui entend disposer de la *plenitudo potestatis* anciennement détenue par l'empereur. Le siècle de Thomas d'Aquin, celui qui va d'Innocent III à Boniface VIII, culmine en un sens avec la querelle qui oppose ce dernier aux souverains temporels. La Bulle *Unam sanctam*, publiée par le pape Boniface VIII en 1302, tout en prétendant préserver la juridiction royale dans son propre domaine, affirme de fait le pouvoir illimité du pape sur les souverains, même en matière temporelle[2]. La suprématie de l'Église sur la cité est alors clairement affirmée :

> En elle et en son pouvoir il y a deux glaives, le spirituel et le temporel [...]. Les deux sont au pouvoir de l'Église, le glaive spirituel et le glaive matériel. Cependant, l'un doit être manié *pour* l'Église, l'autre *par* l'Église. [...] Il convient que le glaive soit sous le glaive, et que l'autorité temporelle soit soumise au pouvoir spirituel[3].

Un tel texte témoigne de la confrontation des deux cités. Si la constitution divine de l'Église n'est jamais oubliée – « elle représente l'unique corps mystique, corps dont le Christ est la tête »[4] – on la situe cependant au même niveau que la cité terrestre : le fait que l'Église soit devenue, à cette époque, une puissance temporelle n'est évidemment pas étranger à une telle conception de la relation des deux cités, qui s'exprime par celle des pouvoirs, des deux glaives. Le P. Congar a amplement mis en lumière, dans ses études historiques

L'Église du Verbe incarné, *op. cit.*, II, p. 107. C'est là une exégèse généreuse et magnanime d'un relecteur thomiste de la thèse augustinienne. La reconnaissance d'une troisième cité, celle *de l'homme*, n'est pas si évidente, et la postérité doctrinale de la *Cité de Dieu* en atteste.

1. H.-X. Arquillière, *L'augustinisme politique, essai sur la formation des théories politiques au Moyen Âge*, *op. cit.*

2. Boniface VIII, Bulle *Unam sanctam*, 18 novembre 1302, D. S. 870-875.

3. « *In hac eiusque potestate duos esse gladios, spiritualem videlicet et temporalem [...]. Uterque ergo est in potestate Ecclesiae, spiritualis scilicet gladius et materialis. Sed is quidem pro Ecclesia, ille vero ab Ecclesia exercendus. [...] Oportet autem gladium esse sub gladio, et temporalem auctoritatem spirituali subiici potestati* », *ibid.*, D. S. 873.

4. *Ibid.*, D. S. 870.

d'ecclésiologie, combien les conflits en termes de *potestas*, entre l'Église, l'Empire et les royaumes, ont marqué les siècles de chrétienté depuis la réforme grégorienne. C'est dire que les deux cités se retrouvent comme au même niveau, et c'est en ce sens que l'on suggère de voir une approche « philosophique » dans une telle ligne, car elle tend à considérer l'Église comme une cité à l'image des autres, et confrontée à elles, sur le même terrain.

C'est ainsi que va se déployer dans la tradition ecclésiale l'idée, présente souvent sans le mot, que l'Église est une « société parfaite (*societas perfecta*) », dans la mesure où elle possède en elle-même la plénitude des moyens pour atteindre la fin qui est la sienne[1]. La notion ne cesse d'être présente au moins jusqu'au XVIIIe siècle, spécialement dans le contexte théologique de la Contre-Réforme[2]. Mais l'insistance mise, par exemple dans la théologie bellarminienne, sur la visibilité de la société ecclésiale[3], ne peut manquer de provoquer une mise sur le même plan des deux cités, tout en sachant qu'elles répondent à des principes différents :

> Pour qu'on puisse faire partie à quelque degré de la véritable Église... aucune vertu intérieure n'est requise, à notre avis, mais seulement la profession extérieure de la foi et la communauté des sacrements, chose accessible à nos sens. En effet, l'Église est une assemblée aussi visible et palpable que le sont l'assemblée du peuple romain, ou le Royaume de France, ou la République de Venise[4].

De telles formules sont exprimées dans des contextes très différents, et peuvent être convenablement reçues. Il reste que l'insistance mise sur l'Église comme « société parfaite » et sur l'analogie de visibilité avec les cités terrestres tend à situer les deux types de cités au même niveau. Les immixtions répétées des autorités ecclésiales dans les affaires civiles ne peuvent qu'alimenter une telle perception des choses.

C'est ce qui va justifier, à partir du XVIIe siècle, les théories diverses qui aboutiront, tout au long des XIXe et XXe siècles à la séparation de fait, et le plus souvent de droit, des deux cités. Si l'on entend organiser leur séparation, c'est bien parce qu'elles interviennent au même niveau, sur le même terrain, celui des affaires temporelles. C'est en ce sens que l'on peut appeler « modèle moderne » celui qui, considérant les deux cités sur un même plan, entend les séparer afin d'éviter toute immixtion de chacune dans l'autre. Il s'agit cette fois,

1. Comme le suggère le P. CONGAR, on peut rattacher « l'idée (sans le mot) à la réforme grégorienne », *L'Église de saint Augustin à l'époque moderne*, *op. cit.*, note 42 p. 383-384, ici p. 383.

2. La notion se retrouve dans le magistère pontifical du XIXe et du XXe siècles, mais les pontifes ont en général soin de préciser que l'Église et la cité sont, chacune dans son genre, des sociétés parfaites. *Cf.* LÉON XIII, Encyclique *Immorale Dei*, 1885, D. S. 3168, et PIE XI, Encyclique *Divini illius magistri*, 1929; D. S. 3685.

3. Cette insistance se justifie par la mise en cause, du côté de la Réforme, de tout l'édifice hiérarchico-institutionnel de l'Église. Il reste que cette nécessaire réponse de la théologie catholique a conduit à un certain déséquilibre de la présentation d'ensemble de la société ecclésiale.

4. Robert BELLARMIN, *Controversiae*, c. 10.

au rebours du modèle augustinien, d'une résorption du niveau surnaturel et théologal au niveau naturel, du niveau théologique au niveau philosophique.

Pour simplificateurs qu'ils soient, ces deux modèles permettent de mieux situer la conception de saint Thomas. Contraires entre eux, ces deux modèles sont en fait dans le même genre : celui qui ne distingue pas comme il convient les deux niveaux naturel et surnaturel. Le modèle augustinien est marqué par une exclusivité du niveau surnaturel, au risque d'être incapable d'articuler la réalité profane de la cité temporelle. Le modèle moderne, y compris en chrétienté, tend à considérer la cité de Dieu qu'est l'Église comme intervenant au même plan que la cité politique. Ces deux modèles ont fortement marqué l'Église, non seulement dans sa pensée, mais encore dans son histoire. Pour autant, aucun d'eux ne permet de saisir la conception de Thomas d'Aquin.

B – *Le modèle thomasien*

Si le « modèle augustinien » connaît une remise en cause radicale par la pensée de Thomas d'Aquin, le « modèle moderne » trouve ses racines dans les querelles qui lui sont contemporaines, même s'il va se déployer dans les siècles qui suivront, dans la chrétienté puis en-dehors d'elle. C'est dire que le « moment thomasien » est assez unique, entre « ère augustinienne » et « ère moderne ». Dans l'ordre de la pensée, le modèle thomasien, qu'il s'agit maintenant d'exposer, sonne le glas du modèle augustinien, mais il est tout autre que le modèle moderne, qui s'oppose à lui à bien des égards.

1 – *Une union sans confusion ni séparation*

La conception thomasienne des deux cités et de leur relation est aussi éloignée du modèle augustinien que du modèle moderne. Il faut se défaire de ces deux prismes pour atteindre le fond des conceptions thomasiennes.

Par rapport au premier, Thomas affirme la consistance propre et naturelle de la cité politique : on l'a amplement vu tout au long des chapitres précédents. Il situe clairement chacune des deux cités à son niveau, naturel pour « la cité ou le royaume », et surnaturel pour l'Église. Dans ces conditions, aucune dialectique d'opposition entre les deux n'est en principe concevable, elles ne relèvent pas du même ordre. Cela ne signifie pas que Thomas récuse les enseignements de la *Cité de Dieu*, convenablement compris. Si l'on s'en tient rigoureusement au propos de l'évêque d'Hippone, il y a bien un combat spirituel entre ce qui relève de la grâce et ce qui s'y oppose, et l'on peut l'exprimer par la métaphore de l'opposition des deux cités[1]. Mais si l'on commet le

1. Il est assez significatif que Thomas d'Aquin, si familier qu'il soit de la *Cité de Dieu*, n'en reprend pas la terminologie selon le sens que saint Augustin lui donne. Ainsi, lorsqu'il emploie l'expression *civitas Dei*, ce n'est pas pour désigner l'Église en sa composante terrestre (même si Augustin ne les identifie pas purement et simplement), mais presque toujours pour désigner l'Église de la gloire, donc l'Église en son état achevé. Evoquant l'étude qu'il souhaiterait entreprendre de l'usage fait par Thomas d'Aquin de la *Cité de Dieu* d'Augustin, le P. Congar écrit : « Je pense qu'on verrait qu'il a utilisé cette grande œuvre pour parler de l'Église en sa référence céleste

contresens indiqué précédemment, on introduit une opposition entre l'Église et la cité terrestre qui n'est rien moins que contraire à la pensée thomasienne.

Le même argument permet de révoquer le modèle moderne. Point n'est besoin, en principe au moins, de séparer les deux cités si chacune demeure dans son propre domaine. De même, pas un instant les propos de Thomas d'Aquin ne vont dans le sens d'une primauté de l'Église, *societas perfecta*, sur les cités terrestres, qu'il regarde parfaites à leur niveau, comme Aristote avant lui. Telle n'est pas sa perspective, parce qu'il ne place jamais les deux cités au même niveau. La soigneuse distinction de l'ordre de la nature et de l'ordre de la grâce doit en théorie interdire aux deux cités de combattre sur le même terrain. Et si, comme l'histoire de l'Église en atteste, de tels conflits se produisent, c'est que les cités s'immiscent dans le domaine l'une de l'autre. L'origine de ces conflits est en pratique trop complexe pour que soit clairement démêlé l'écheveau des responsabilités respectives, mais il n'en est pas moins clair que celles des autorités ecclésiastiques ont été lourdes, siècles après siècles. Dans la logique thomasienne, il ne s'agit pas là d'une nécessité ontologiquement inévitable, mais d'une pathologie de la vie de l'Église. Même si Thomas d'Aquin n'est pas naïf, même s'il est assez puissant dans ses analyses pour concevoir une théorie novatrice de la relation entre les deux pouvoirs[1], parce qu'on ne peut laisser cette question sans réponse, rien n'est plus étranger à sa pensée que ces querelles entre les deux cités, parce que leur objet n'est pas le même.

Pour Thomas d'Aquin, donc, il n'y a ni résorption au niveau surnaturel, ni résorption au niveau naturel. Il doit y avoir coopération entre les deux niveaux, celui de la nature et celui de la grâce, sans conduire à une confusion (modèle augustinien) ni à une séparation (modèle moderne). Autrement dit, c'est une coopération qui n'implique ni fusion ni séparation qui doit s'établir entre la cité terrestre et l'Église. C'est la raison pour laquelle on a déjà proposé de qualifier de chalcédonien le modèle thomasien, car il repose sur la coopération de la nature et de la grâce, ici de la cité terrestre et de la cité de Dieu qu'est l'Église. En ce sens, on comprend que la logique moderne de la séparation des sphères politique et religieuse soit un sérieux obstacle à la compréhension de l'approche thomasienne. Les besoins de l'analyse ont conduit, au début de ce chapitre, à étudier séparément cette cité particulière qu'est l'Église. Mais, dans la pratique, il est clair qu'elle est toujours en interaction avec la cité terrestre. L'enjeu est alors de préciser le mode de cette interaction.

On l'a déjà dit, pour Thomas, *gratia non tollit naturam sed perficit*, la grâce ne supprime pas la nature mais la perfectionne[2] : cela vaut pour tout individu, et cela vaut pour les sociétés. L'ordre social naturel a toute sa place, on l'a vu, et la grâce, loin de le dirimer, le perfectionne. Autrement dit, la vie de la grâce,

et d'eschatologie commencée, non pour ce qu'elle dit de la *civitas terrena* et qui est d'ailleurs ambigu », *in* « Orientations de Bonaventure et surtout de Thomas d'Aquin dans leur vision de l'Église et celle de l'État », art. cit., p. 697. On ne peut que souscrire à une telle remarque.

1. *Cf.* chap. III.

2. I, q. 1, a. 8, ad 3.

qui est la vie de l'Église – nonobstant le péché qui marque ses membres –, ne disqualifie en rien la cité terrestre, mais s'efforce au contraire de réhabiliter l'ordre naturel en le perfectionnant. Telle est, assurément, l'innovation apportée par Thomas d'Aquin dans la seconde moitié du XIIIe siècle, mais cela exige que soit précisé le mode de coopération qui doit s'établir entre les deux cités, dès lors qu'il ne saurait prendre la forme, réelle ou analogique, d'une querelle de territoire.

2 – *L'Église immanente aux cités terrestres*

Pour Thomas d'Aquin, l'Église coopère à la vie de la cité, non pas tant extérieurement qu'intérieurement, en communicant la vie de la grâce aux citoyens. Par là, la cité de Dieu est enfouie dans la cité terrestre comme le levain dans la pâte, elle contribue à son fonctionnement harmonieux et à son élévation à l'ordre surnaturel. Pour Thomas d'Aquin, théologien de chrétienté, l'ordre ecclésial imprègne tout l'ordre des cités terrestres, il ne peut en être le rival. Relevant de principes différents, les deux ordres de société ne sont pas sur le même plan. Si bien que, les dons surnaturels étant apportés par Dieu et la société ecclésiale en quelque sorte établie, l'enjeu est de saisir comment les cités terrestres peuvent se constituer et tendre vers leur fin. S'il y a une dialectique thomasienne des deux cités, c'est une dialectique de rencontre et de perfectionnement, l'ordre théologal de la société ecclésiale venant sans cesse élever, guérir, élargir l'ordre purement naturel des cités terrestres.

L'étude de l'*ordo civitatis*, au chapitre V, a montré que la vie de la cité sera d'autant meilleure que la charité imprégnera davantage les autres vertus, à commencer par la justice, et jusqu'aux moindres des vertus de civilité. L'étude de la loi, au chapitre VI, a montré pour sa part que l'organisation rationnelle de la cité en conformité avec la loi naturelle sera d'autant plus satisfaisante qu'elle sera rectifiée et perfectionnée par la loi divine nouvelle, la loi de la grâce. On perçoit maintenant que c'est la cité terrestre entière qui a vocation à être vivifiée par la présence immanente de la cité de Dieu, qui est avant tout la vie de la charité dans le cœur des hommes. En somme, pour Thomas d'Aquin, la cité terrestre a toute sa consistance dans l'ordre naturel, et elle sera d'autant plus parfaite que la charité la perfectionnera et l'ordonnera à la fin ultime de la société surnaturelle : la cité terrestre sera d'autant meilleure, comme cité terrestre, qu'elle sera plus chrétienne. L'immanence de l'Église dans les cités politiques, la présence des chrétiens dans les cités dont ils sont les citoyens, contribuent de l'intérieur au perfectionnement de ces cités[1]. La cité de Dieu imprègne, rayonne dans la cité terrestre, et lui permet d'être, non pas moins elle-même, mais d'autant plus elle-même[2].

1. On retrouve ici un thème de la *Cité de Dieu*, mais appuyé sur un appareil philosophique et théologique tout différent de celui de saint Augustin.

2. On n'oubliera pas que Thomas d'Aquin, enseignant à Paris, a sous les yeux le roi Louis IX, dont l'histoire, aussi bien profane qu'ecclésiastique, reconnaîtra qu'il était aussi saint que roi, et aussi roi que saint.

A ce stade, on peut revenir sur le constat un peu étonnant que ce chapitre a été conduit à dresser, celui de la place finalement peu étendue dévolue par Thomas à l'étude de la société ecclésiale, comparée à celle réservée aux cités terrestres. Pour le dire d'un mot, et en poussant quelque peu le trait, il semble que Thomas d'Aquin accorde plus d'importance à la cité terrestre qu'à la cité ecclésiale, ce qui ne laisse pas de surprendre, de la part d'un tel théologien. Il est maintenant possible, au vu des enseignements précédents, de rendre raison d'un tel constat, sur lequel certains se fonderont pour affirmer la caducité de la pensée de Thomas au siècle où, selon le mot de Romano Guardini, « l'Église se réveille dans les âmes ». En fait, ce paradoxe révèle au contraire le sens profond de l'approche thomasienne du monde commun, et par là aussi celui de son ecclésiologie.

Pour Thomas d'Aquin, l'enjeu est de comprendre le monde humain, celui du singulier et du commun, réconcilié avec Dieu, par cette alliance fondamentale entre la nature et la grâce. Et la nature, pour ce qui est du politique, ce sont les communautés naturelles, à savoir la famille, dont il traite peu, et la cité, dont il traite largement parce qu'elle est pour lui, comme pour Aristote avant lui, la communauté parfaite. Lorsqu'il analyse le politique, ce sont les cités christianisés ou christianisables qui intéressent saint Thomas, et non d'abord l'Église, au sens de cette société particulière qu'est l'Église catholique romaine telle qu'il la connaît. Non qu'il considère l'Église comme secondaire : le suggérer serait faire insulte au religieux, au théologien, à celui que l'Église catholique proclamera Docteur de l'Église. Mais, comme on l'a dit, l'Église est pour lui comme immergée, immanente aux sociétés naturelles, elle en est, par la charité, la forme surnaturelle intérieure, qui leur permet d'être elles-mêmes au plus haut point.

Voilà pourquoi il faut reconnaître, et surtout comment il faut comprendre, que Thomas d'Aquin ne semble pas accorder une place significative à l'Église comme forme politique particulière. Lorsqu'il traite du politique, il se penche vers l'ordre humain communautaire, organisé en cités ou en royaumes, et pas tant vers cette société humaine d'un genre particulier qu'est l'Église. Pour Thomas d'Aquin, la société parfaite, dans l'ordre naturel, c'est la cité, mais il faut ajouter qu'elle ne sera jamais plus parfaite qu'en se laissant informée par la charité. Il ne méconnaît pas la perfection intrinsèque de l'Église dans son ordre, mais la perfection du monde commun, pour lui, c'est la cité politique, formée par la charité, dont l'Église est la servante bien plus qu'elle n'en est la maîtresse.

On retrouve ici sa conception d'ensemble du monde créé évoquée en introduction à ce chapitre. On a souligné ce fait, somme toute étonnant au regard du dessein d'unité du genre humain, de la fondation par le Christ de l'unique Église au sein d'une multiplicité persistante de cités terrestres. Pour Thomas d'Aquin, il s'agit de comprendre comment le monde humain peut assumer sa destinée à la fois naturelle et surnaturelle. Ce monde humain réconcilié est l'*Ecclesia*, la *Catholica*, au sens où il répond au dessein originel de

Dieu. Il se comprend à la perfection dans le monde des bienheureux, où il n'existe plus aucune dissociation entre le naturel et le surnaturel : le premier est pleinement assumé et formé par la vie glorieuse, accomplissement de la vie de la grâce. Alors qu'ici-bas, du fait des conséquences du péché dans la nature, la conjonction reste imparfaite et, surtout, la fragmentation du monde humain en communautés parcellaires – cités ou royaumes – demeure. L'Église, avant d'être une société organisée selon un genre particulier, est d'abord le lieu où l'on vit de la charité, et cette vie théologale a vocation à imprégner tout le monde humain, jusque dans sa dimension politique, dans les cités terrestres qui sont le cadre naturel et pérenne de la vie en commun. Et on comprend mieux, dans ces conditions, pourquoi la conception thomasienne du politique, qui est conjointe à sa conception de la catholicité, comme réalisation du dessein divin sur le monde humain, n'accorde pas une si grande attention à la forme politique institutionnelle de l'Église. Thomas ne la méconnaît ni ne l'ignore, mais elle est pour lui seconde au regard de sa finalité qui est la vie de la charité.

En débordant brièvement du cadre imparti à cette étude, on peut noter qu'on retrouve une approche semblable au XXe siècle, au terme de détours et d'évolutions historiques considérables. Par un chemin bien différent mais pétri de la pensée des Pères de l'Église, le P. Henri de Lubac, dans son ouvrage *Catholicisme*[1], présente une conception de la catholicité qui va tout à fait dans le sens d'une réunification du monde humain par l'œuvre divine, même s'il n'accorde pas une place significative aux cités terrestres[2]. C'est aussi la conception ecclésiologique qui prévaut au Concile Vatican II, même si, lui non plus, n'articule guère la relation de l'Église aux cités politiques. Pour le Concile, tout homme est ordonné à l'unique Église du Christ, qui exprime le dessein de Dieu sur le monde humain, et l'Église catholique est le sujet dans lequel « subsiste » cette unique Église du Christ[3]. En somme, ce qui prime, dans ces diverses approches, c'est la rénovation que permet l'œuvre de la grâce, et les aspects institutionnels dans l'Église sont entièrement relatifs à celle-ci. Saint Thomas, qui redonne toute sa place à l'ordre naturel, met en valeur l'œuvre de la grâce, vie de l'Église, au sein des communautés politiques humaines, comme on l'a vu dans les chapitres précédents, et la question des formes institutionnelles de l'Église est, dans cette lumière, radicalement seconde.

Par ce primat accordé à la sphère politique naturelle sur la sphère strictement ecclésiastique, on mesure la portée de l'influence d'Aristote, la profondeur donnée à la raison naturelle ordonnatrice de l'ordre pratique et,

1. Henri de LUBAC, *Catholicisme, les aspects sociaux du dogme*, Paris, Cerf, « Unam Sanctam 3 », [1]1938.

2. Ceci, à l'évidence en raison de son fond augustinien. Pour autant, on ne sera pas surpris de cette convergence avec l'approche thomasienne de l'ecclésialité si l'on se souvient que l'ecclésiologie de Thomas est dans ces principes celle des Pères de l'Église. Sur ce point, voir notre étude, *Théologie du dessein divin, op. cit.*

3. *Cf.* Constitution dogmatique sur l'Église *Lumen gentium*, n° 8 et 16 notamment.

encore une fois, l'éloignement que tout cela induit par rapport aux conceptions augustiniennes qui prévalaient encore à l'époque de Thomas d'Aquin. Par ce principe d'immanence des deux cités (qui n'est rien d'autre que l'expression de celle de la grâce au sein de la nature), on mesure combien les conceptions modernes orchestrant la séparation des deux cités condamnent les cités terrestres à l'imperfection, par la privation qu'elles instituent du principe de perfectionnement apporté par la loi nouvelle, loi de grâce. Il reste que cette conception thomasienne relève d'un monde de chrétienté, c'est-à-dire d'un régime de coopération des deux ordres, et par là des deux cités. Il est évident que la sortie de chrétienté, impensable à l'époque de Thomas et sans doute pour lui-même, invite et même oblige à repenser la relation entre les deux cités, non seulement en ce sens que les autorités de la cité politique ne se conçoivent plus comme coopérant à l'édification de la cité de Dieu sur la terre, mais encore et surtout en ce sens que les citoyens des cités terrestres sont de moins en moins formés par la vie théologale.

Il n'est pas sans intérêt de relever que la conception thomasienne du politique et celle, corélative, de la sphère ecclésiastique, éclairent la lecture que Thomas fait de l'histoire et des événements qui la ponctuent. La question est d'importance à son époque puisque, depuis un demi-siècle, ceux qui se revendiquent des idées propagées par les écrits de Joachim de Flore (~1130-1202) tendent à reconnaître aux événements historiques une consistance eschatologique qui s'inscrit dans la présence d'un « âge de l'Esprit » censé succédé à l'« âge du Fils ». Dans son étude sur l'abbé de Flore et la postérité de ses vues, le P. de Lubac a montré comment ces conceptions tendent à accorder à l'histoire dans l'économie de la rédemption la même valeur que celle de la première alliance : une valeur d'histoire sainte[1]. Ce dernier âge du monde est celui où s'opèreraient, tout à la fois, une sacralisation du monde et de son histoire, et une sécularisation de l'institution ecclésiastique qui se résorberait dans le monde, ouvrant la voie à l'ère des spirituels, spontanément mus par l'Esprit, sans besoin de la hiérarchie[2]. On aboutit ainsi à une conception sacralisée de l'histoire humaine, dans laquelle il n'est plus aucune distinction entre l'ordre profane et l'ordre théologal. On comprend que certaines expressions extrêmes de l'augustinisme politique, en ne saisissant que l'affrontement spirituel des deux cités et en ne situant pas l'ordre politique naturel à sa place, puissent conduire, dans un monde de chrétienté, à ce type dérive spiritualiste[3].

1. Henri de LUBAC, *La postérité spirituelle de Joachim de Flore*, (2 vol.), Lethielleux, Paris, 1979 et 1981. Le chapitre III du volume 1 traite spécialement de la position de Thomas d'Aquin, sous le titre : « Thomas d'Aquin contre Joachim de Flore » (p. 140-160), et aborde tous les lieux où, explicitement ou non, Thomas s'en prend aux thèses joachimites.

2. L'« Église de Jean » succéderait ainsi à L'« Église de Pierre », *cf.* Henri de LUBAC, *La postérité spirituelle..., op. cit.*, p. 52.

3. Ces dérives qui annoncent, au sein d'un monde christianisé, l'avènement de temps ultimes, préfigurent celles des temps modernes, qui résorberont totalement l'eschatologie dans l'immanence du monde profane. Les grands totalitarismes du XXe siècle en sont les figures les plus abouties.

Dans la *Somme*, saint Thomas conteste vigoureusement mais sans les citer les thèses du moine calabrais et celles de ses épigones, en affirmant dans le traité des lois qu'il n'est pas d'état plus parfait que celui de la loi évangélique, et qu'il est illusoire « d'attendre une autre loi qui serait la loi du Saint-Esprit »[1]. Surtout, sa conception du politique, qui relève fondamentalement de l'ordre naturel, interdit toute surnaturalisation immédiate de celui-ci. La conception thomasienne du politique, qui donne toute sa place à l'ordre naturel tout en rappelant qu'il a vocation à être fécondé, de l'intérieur, par l'œuvre de la grâce, interdit simultanément toute dérive spiritualiste du politique et la dissolution mondaine de l'ordre ecclésiastique dans l'immanence d'un monde sacralisé. Ce faisant, la politique thomasienne maintient le caractère profane de l'histoire des hommes, ce qui n'interdit pas de considérer ses événements comme des éléments d'une économie du salut. Chez Thomas d'Aquin, il n'y a pas, à proprement parler, une théologie *de* l'histoire, mais une théologie de l'économie divine qui se réalise *dans* l'histoire, de même qu'il n'y a pas une théologie politique, au sens où le politique serait résorbé dans le théologique ou en découlerait, mais une théologie *du* politique, au sens où rien d'humain n'est étranger au dessein de Dieu[2].

*

Les développements du présent chapitre se sont fondés sur deux observations découlant des écrits de saint Thomas. D'une part, la valeur manifestement limitée qu'il donne à l'Église comme cité de Dieu et, d'autre part, l'absence de traitement direct de la question des deux cités. On vient de voir que ces deux constats, qui sont convergents, conduisent à mettre en valeur les cités humaines vivifiées par la vie de la charité, et aucunement un face à face entre deux cités de nature différente. L'historien objectera sans doute que les faits ont rarement correspondu à une telle conception, mais Thomas répondrait certainement que ce n'est pas la maladie qui aide à comprendre ce qu'est la santé, mais le contraire. La conception thomasienne, loin d'être disqualifiée par les pathologies parfois manifestes de la chrétienté médiévale, en dévoile au contraire la nature profonde et met en lumière les distances prises par l'Église

1. I II, q. 106, a. 4, ad 3. Comme le relève le P. de Lubac (*La postérité spirituelle...*, *op. cit.*, p. 144 *sq.*), ce domaine de controverse est l'un des rares lieux où le vocabulaire dont use Thomas témoigne de l'agacement que suscite chez lui les thèses joachimites.

2. Cette absence d'une théologie de l'histoire a conduit certains, comme Ét. Gilson et Y. Congar, à reprocher à saint Thomas d'avoir une théologie anhistorique (sur ce point, voir H. de Lubac, *La postérité spirituelle...*, *op. cit.*, p. 151-156). De tels reproches résultent d'une insuffisante prise en considération de l'économie divine, si présente chez lui (comme on l'a montré dans notre ouvrage *Théologie du dessien divin*, *op. cit.*), mais aussi d'un manque de perception de sa conception de la relation des deux cités, tout autre que celle de *La Cité de Dieu* de saint Augustin. Chez Thomas d'Aquin, la renaissance du politique naturel interdit toute spiritualisation immédiate du devenir historique.

au regard de sa vocation toujours théologale avant que d'être temporelle. Il est d'ailleurs significatif que le renouveau ecclésiologique commencé au XIXe siècle et poursuivi au suivant, avec l'étape décisive du Concile Vatican II, aille dans le même sens que la ligne thomasienne, s'agissant de la compréhension de la société ecclésiale, d'abord mystère et non cité confrontée aux sociétés terrestres.

Il ressort de ces analyses un fait d'importance que la tradition thomiste a le plus souvent passé sous silence : le monde commun, pour saint Thomas, est fondamentalement celui des cités terrestres, dont les citoyens ont vocation à être animés, individuellement et collectivement, par la grâce. L'ecclésiologie de Thomas, si souvent mal comprise, aboutit, par le double principe chalcédonien et d'immanence que l'on a établi, à cet effet paradoxal de mettre en valeur la place et le rôle des cités terrestres, non au détriment de la société surnaturelle qu'est l'Église, mais en relation à elle. Au terme de cette étude, il apparaît assez clairement que l'incompréhension de l'ecclésiologie thomasienne va de pair avec la méconnaissance de sa pensée du politique. La découverte de celle-ci conduit à éclairer celle-là. Tout cela témoigne de la consistance que Thomas d'Aquin reconnaît aux sociétés naturelles, et de la confiance en la raison humaine capable de les ordonner à leur bien véritable. Cette étude des cités montre combien d'ordinaire on est loin de mesurer comme il convient la réhabilitation de l'ordre naturel à laquelle procède Thomas d'Aquin, au sommet du Moyen Âge. Par là, c'est aussi la puissance du ferment aristotélicien qui est manifestée, sans qu'il verse jamais dans l'averroïsme qui lui a été reproché par certains.

Pour Thomas d'Aquin, on l'a dit en commençant, le monde de la rédemption est celui où la grâce est redonnée aux hommes, dispersés en de multiples communautés politiques, d'innombrables cités toutes emprruntes de précarité. L'unité du monde humain, inscrite dans le projet divin sur la création, se réalise donc par ce tissu ecclésial universel, qui s'étend à toutes les cités terrestres, mais sans les supprimer. Au-delà de la communauté de nature, c'est ce don de la grâce réalisé par l'Église qui permet aux cités, si elles en ont le désir, de s'unir dans la poursuite du bien commun ultime, la composante surnaturelle du bien commun mise en lumière au chapitre II. Il revient à la raison humaine, si elle accepte de coopérer à l'œuvre de la grâce, de contribuer à cette restauration de l'unité du genre humain, en assumant la multiplicité des cités qui demeurera jusqu'à la fin des temps.

Ce n'est que dans la gloire que l'unité plénière est réalisée. Là, en effet, disparaît la disjonction entre l'ordre de la nature et celui de la grâce, conséquence du péché : l'unité voulue par Dieu dans son dessein est recouvrée en plénitude. De même que dans chaque individu la nature est totalement saisie par la vision bienheureuse, épanouissement ultime de la grâce, il n'y a plus dans la gloire qu'une seule communauté, une seule cité, la « Jérusalem d'en haut », qui réunit en une seule société les créatures spirituelles, anges et hommes. Cité céleste – la *civitas Dei* au plein sens de l'expression – et Église de la gloire ne forment qu'une unique *societas*, une seule *Catholica*, société enfin parfaite qui réalise le projet divin sur le monde créé, dans l'attente de la fin des temps, la résurrection des corps et l'advenue des cieux nouveaux et de la terre nouvelle. Cette cité de la gloire, qui unifie l'ordre naturel et l'ordre divin, vit de la parfaite conjonction du double ordre à la fin : c'est dans un même mouvement que les créatures se portent les unes vers les autres – *ordo ad invicem* – et vers Dieu, fin ultime atteinte – *ordo ad Deum*. La Jérusalem céleste, Église et cité désormais réunies, est le lieu de l'unité enfin réalisée, sans aucune restriction, entre communauté de nature et communauté de vie divine[1]. Dans sa composante pérégrinante, le monde humain vit encore dans la division des communautés de nature, qui peut cependant être dépassée par l'unification permise par la communauté de grâce, autrement dit l'Église.

Telle est la conception dont la pensée thomasienne est porteuse, même s'il ne l'exprime pas ainsi directement. C'est une pensée du politique dans toutes ses dimensions, naturelle et surnaturelle, tant l'ordre de la création appelle la coopération de l'une avec l'autre.

1. Dans l'un de ses écrits déjà rencontrés, le commentaire du *Credo*, saint Thomas précise en quatre points en quoi consiste la vie éternelle : « elle consiste, en premier lieu, dans l'union de l'homme avec Dieu [...] dans une parfaite vision. [...] En second lieu, dans le parfait rassasiement des désirs de l'homme. [...] En troisième lieu dans une sécurité parfaite. [...] En quatrième lieu dans la société pleine de charmes de tous les bienheureux. Les délices de cette société seront extrêmes. Chaque élu, en effet, posséder a, avec les autres bienheureux, tous les biens ; car il aimera chacun des bienheureux comme lui-même ; c'est pourquoi il se réjouira des biens des autres comme de son bien propre. Aussi l'allégresse et la joie de tous les élus s'augmenteront-elles, de l'allégresse et de la joie de chacun d'entre eux. "O Sion, c'est une grande joie pour tous d'habiter en toi" (Ps 86, 7) », *In Symb. Apost.*, Ma 168-172.

CONCLUSION

Chacun des chapitres qui précèdent a permis d'étudier l'un des thèmes centraux de la pensée politique de saint Thomas. Chemin faisant, nombre de remarques sont venues au jour qu'il peut être utile de colliger, une fois arrivé au terme du parcours. Ces quelques réflexions terminales se fondent sur une brève synthèse des enseignements tirés de Thomas d'Aquin, les mettent en perspective historique avant de s'interroger sur leur validité et l'utilité qu'ils peuvent présenter pour la pensée contemporaine du politique, aussi bien dans la doctrine de l'Église que dans la pensée philosophique.

Une renaissance de la science politique

Le rassemblement des enseignements exposés dans chacun des chapitres de cet ouvrage permet de justifier l'affirmation avancée en son commencement, et qui en est le fondement: il y a bien chez Thomas d'Aquin une science du politique dans son ensemble, qui constitue un corpus cohérent. On peut en reprendre ici les grands axes, dans une très brève synthèse:

– L'ordre politique, pour chacun et pour tous ensemble, est inscrit dans la nature de l'homme: celle-ci est porteuse d'une dimension communautaire, qui ne lui est pas accidentelle. La vie en commun culmine dans la vie de la cité qui est, à cet égard, la communauté parfaite.

– Le monde commun, qui réunit une multitude en un tout, est finalisé par un bien qui est d'ordre moral. Loin d'être juxtaposées ou séparables, la morale et la politique constituent à elles deux la vie pratique, et la politique en est l'aboutissement plénier;

– L'édification de l'ordre politique relève avant tout de la raison naturelle. L'organisation de la cité à travers son régime, ses lois, son gouvernement prudentiel... tout cela exprime la rationalité de l'ordre politique;

– Cet ordre politique rationnel appelle la coopération de la grâce, non seulement parce que l'exercice de la raison pratique peut être dévié, mais encore parce que la fin de l'homme et des communautés est, ultimement, d'ordre surnaturel. La contribution de l'Église à l'ordre politique se comprend d'abord dans ce concours de la grâce. Thomas est le penseur d'une « politique intégrale », qui mobilise les deux niveaux de l'existence humaine.

On a perçu, petit à petit, la cohérence d'ensemble de la pensée thomasienne, par la récurrence des principes qui la structurent, que l'on retrouve dans d'innombrables lieux au sein des œuvres. Pour autant, si la conception thomasienne du politique donne les principes d'intelligibilité du monde commun, ceux-ci ne deviennent concrets que dans la confrontation à une réalité sociale donnée. Ce n'est pas un modèle théorique à exécuter, à la façon d'un projet fixé d'avance qu'il s'agirait de réaliser, c'est un bien à poursuivre sous la conduite d'un gouvernement prudentiel.

Le politique thomasien n'a rien d'un système qui tendrait à la perfection et à la clôture sur lui-même. D'abord parce que Thomas l'élabore progressivement : il est comme conduit à développer sa pensée du politique en se mettant à l'école d'Aristote, en donnant toute leur place aux élaborations de la raison. Ensuite, tout n'apparaît pas d'emblée avec évidence. On a relevé des lieux où, par exemple, Thomas ne tire pas toutes les conclusions de ses principes, tout dépendant qu'il est du monde dans lequel il accomplit son œuvre. Et enfin, on l'a rencontré à plusieurs reprises, la disjonction de la nature et de la grâce dans le monde postlapsaire introduit par essence une imperfection, une dualité dans l'ordre pratique, qui interdit de le conceptualiser à travers un système parfait. La conjonction rendue à nouveau possible dans le monde de la rédemption est laborieuse, et toujours précaire, comme en atteste l'histoire du monde chrétien. En même temps, cette unité difficile témoigne que le bien commun ne peut jamais se résorber dans l'immanence de la cité, mais aussi que le bien commun transcendant assume le monde commun.

Il reste que l'œuvre de saint Thomas en matière politique aboutit à une véritable renaissance du politique. Si l'on tient ensemble la doctrine de saint Thomas sur la justice légale, la prudence politique et la loi, si l'on y adjoint la préférence pour un régime mixte et soumis à la loi, on est conduit à reconnaître que, plus encore qu'à une renaissance du droit, c'est à une véritable renaissance du politique que l'on assiste, au plein sens du terme. Il s'agit bien d'instaurer un ordre politique au sein de la communauté humaine, ordre dont la loi est l'instrument, la prudence royale (ou législative) la cause efficiente, et la justice la forme intérieure. Instauration d'un ordre politique au double sens du terme : ordre de tous les citoyens les uns par rapport aux autres, gouvernants compris, dans la commune soumission à la loi, et ordre qui n'a pas sa fin en lui-même, mais dans la quête d'un bien – le bien commun – qui est celui de tous en commun et de chacun en particulier. Et cet ordre au bien commun est le gage de l'unité de la communauté – unité d'ordre –, unité qui est un bien fondamental pour celle-ci mais qui est lui-même ordonné au bien commun.

De cette renaissance du politique, le maître d'œuvre est la raison humaine, qui s'abreuve aux deux sources redécouvertes de la pensée grecque – ici aristotélicienne – et du droit romain. De la philosophie d'Aristote, saint Thomas reçoit l'extraordinaire confiance en la capacité de la raison à découvrir les principes de l'agir inscrits dans la nature humaine – chez Thomas les préceptes de la loi naturelle – et à les appliquer aux situations particulières. Le droit romain, de son côté, apporte avec l'art de légiférer l'instrument indispensable à l'organisation d'ensembles humains de plus en plus étendus : le royaume médiéval est à cet égard plus proche de l'Empire romain que de la cité grecque. D'aucune de ces deux sources on ne saurait faire l'économie. La raison sans le droit est incapable d'ordonner une société politique; le droit sans la raison a toute chance de devenir une technique au service d'une force, par l'oubli d'une nature qui précède l'ordre politique tout en le fondant.

On aurait pu estimer que le contexte de chrétienté, concrètement la primauté de la pensée chrétienne, interdirait de telles élaborations fondées sur la raison humaine. Il n'en est rien, pour une double raison. D'une part, la doctrine chrétienne, telle que saint Thomas la déploie, donne toute sa place à l'œuvre de la raison humaine comme coopération libre à l'exercice du gouvernement divin, expression de la providence de Dieu : « la providence divine use d'intermédiaires … non qu'elle soit en défaut, mais par surabondance de bonté, afin de communiquer aux créatures elles-mêmes la dignité de cause »[1]. D'autre part, la juste compréhension de l'articulation des fins, c'est-à-dire l'ordination à la fin surnaturelle de l'ordre naturel, ne disqualifie aucunement celui-ci. Chez saint Thomas, les exigences de la foi, loin de minorer les œuvre de la raison, les sollicitent et les confortent.

Enfin, la cohérence de l'ordre politique pourrait laisser à penser qu'aucun désordre, aucune limitation humaine, n'intervient, et que l'irénisme d'une telle conception signe son irréalisme. A cela, Thomas répondrait d'une part par la primauté du bien sur le mal – sa conception d'une loi directive avant d'être corrective en témoigne –, et d'autre part que tout cet édifice a vocation à être mis en œuvre collectivement et non sans le concours de la grâce. Et, sous ce rapport et à nouveau, l'œuvre de la grâce, loin de contrecarrer celle de la raison, est destinée à la conforter.

Une science politique qui appelle une ecclésiologie

Le chapitre VIII de cette étude, centré sur la société ecclésiale, a été l'occasion de mettre en lumière le lien, original et largement inaperçu, qu'établit saint Thomas entre le politique naturel et le politique surnaturel, entre les cités politiques et l'Église. Une juste compréhension de sa science politique conduit à une meilleure compréhension de son ecclésiologie.

Au reproche adressé à Thomas d'Aquin de ne pas avoir élaboré une théologie de l'Église, on a avancé dans une précédente étude une première réponse qui est déterminante : l'ecclésiologie de saint Thomas est dans la ligne de celle des Pères de l'Église pour qui l'Église, rassemblement des hommes dans la communion de la vie divine, est ce que Dieu a en vue lorsqu'il crée[2]. L'ecclésiologie de saint Thomas est une théologie de l'économie divine, qui vise ultimement à la communion de la vie glorieuse.

1. I, 22, a. 3, c.
2. Cf. *Théologie du dessein divin chez Thomas d'Aquin*, *op. cit.*

La présente étude permet d'avancer maintenant un second argument, dont l'importance n'est pas moindre. Lorsque Thomas envisage le monde commun, la vie en commun, c'est d'abord à travers les catégories de la vie politique naturelle. D'où l'importance de ses propos sur « la cité ou le royaume », dont la présente étude a fait l'exposé. On vient de redire que la conception de saint Thomas est celle d'une « politique intégrale », qui engage l'ordre naturel, mais animé de l'intérieur par la vie de la grâce. Dans cette perspective, l'Église, comme communauté des fidèles, est elle-même tout intérieure à la vie des cités terrestres, elle y vit comme le levain surnaturel dans la pâte des cités naturelles[1]. La cité de Dieu est le ferment de la vie et de la croissance des cités terrestres.

Dans ces conditions, on comprend que, finalement, Thomas d'Aquin n'envisage que très peu de l'Église comme société politique d'un genre particulier. Jamais, on l'a dit, il ne la met sur le même plan, ou en face des sociétés séculières, comme on le fera plus tard en opposant *de facto* la *societas perfecta* qu'est l'Église aux cités terrestres. Il faut, pour cela, séparer celles-ci de celle-là, et rien n'est plus étranger aux conceptions de Thomas. Son ecclésiologie ne permet pas, en effet, de traiter de l'Église comme société politique séparée des sociétés séculières, comme certaines conceptions, dites par ellipse bellarminiennes, ont été conduites à le faire, en des temps très différents.

Pour Thomas, on ne peut penser l'Église indépendamment des cités terrestres, par ce que c'est le monde commun dans son ensemble qui est en cause. Il faut penser l'Église à l'intérieur des cités terrestres. Penser le politique, penser le monde commun, c'est pour saint Thomas penser indissociablement l'Église et les cités. Si bien qu'au XIXe et au XXe siècles, alors que l'Église catholique est dépourvue à la fois d'une théologie de l'Église et d'une théologie du politique satisfaisantes, Thomas invite à penser théologiquement à la fois l'Église et le politique. Le concile Vatican II a répondu largement à la première exigence, et le magistère le plus récent de l'Église commence tout juste à répondre à la seconde.

On a évoqué à plusieurs reprises le « statut chalcédonien » de la relation entre le naturel et le surnaturel, entre la cité terrestre et la cité de Dieu, entre les deux pouvoirs qui régissent ces deux cités. La formule est d'abord dogmatique : il s'agit de saisir combien l'union sans confusion ni séparation caractérise le monde humain gracié, à l'image et à la suite de la personne du Christ lui-même. Mais la formule est aussi pratique, et éclaire les relations qui doivent prévaloir entre ce qui relève ici-bas de la vie théologale et ce qui relève de la vie naturelle des sociétés humaines. La théologie du politique de saint Thomas invite à retrouver fermement cette « union sans confusion ni séparation » qui caractérise chez lui tout le monde humain, y compris communautaire.

1. Il n'est pas indifférent de relever que c'est exactement la perspective du concile Vatican II.

Le statut de la science politique thomasienne

Les enseignements puisés chez saint Thomas invitent à s'arrêter quelques instants sur le statut de la science politique qui, chez lui, tend donc, non au systématisme, mais à la cohérence. Le champ de cette science est le plus large qui soit puisqu'il engage tout l'ordre pratique, par le caractère architectonique reconnu à la politique. Il s'agit, pour Thomas d'Aquin, de penser tout l'homme et tous les hommes. Tout l'homme, au sens où son étude concerne aussi bien l'ordre de la nature que celui de la grâce. Les deux sont faits pour coopérer en l'homme, et jamais il ne limite son propos à l'ordre de la nature. Pour Thomas, on le redit encore une fois, la plénitude de la vie humaine, c'est la vie naturelle formée et vivifiée de l'intérieur par cette participation à la vie divine qu'est la grâce. Le politique concerne aussi tous les hommes, dans la mesure où Thomas veut éclairer, autant que faire se peut, l'intelligibilité du monde humain à la double lumière de la raison naturelle et de la Révélation judéo-chrétienne.

Pour l'exprimer en termes modernes, et même si ce n'est pas l'intention directe de son propos, Thomas avance une conception totale du sens de la vie et de l'histoire humaine. Cela permet de répondre à une question souvent posée, et évoquée au début de cette étude : la science thomasienne relève-t-elle de la philosophie ou de la théologie? La réponse, au terme du chemin, est évidente. La science politique largement comprise engage aussi bien la philosophie, qui intellige à partir des choses, que la théologie, dont le point de départ est la Révélation. Parce que la plénitude de l'homme, c'est l'homme gracié, l'étude de l'humain se nourrit des deux modes d'intellection, celui qui se fonde sur la raison et celui qui se fonde sur la foi, qui fait adhérer à la Révélation. On retrouve ici le sens originel de la *Doctrina sacra*, qui assume tous les degrés de la connaissance humaine en s'en saisissant dans la lumière de la Révélation. Thomas d'Aquin a élaboré à son époque une véritable *théologie du politique*, en ce sens qu'il a voulu traiter du politique jusque dans la lumière de la Révélation, mais il n'a pas proposé une *théologie politique*, au sens où l'on entendrait tirer de l'Écriture les principes d'un ordre politique, à la façon de Bossuet en son temps.

On comprend, dès lors, pourquoi l'on a rencontré, tout au long de cette étude et comme un fil rouge, la question aujourd'hui dite du "surnaturel". L'analyse rationnelle ne peut se clore sur elle-même, aussi haute soit-elle, et demande le perfectionnement apporté par la connaissance de foi. Parce que, dans l'économie de la rédemption, la conjonction recouvrée entre nature et grâce, entre raison et foi, n'est pas immédiate, la question de l'articulation des deux se pose sans cesse. On l'a vue, dès le début, à propos de la conception thomasienne du bien commun, elle est centrale dans la compréhension de la loi, elle débouche sur la question des deux pouvoirs et, plus largement, sur celle des deux cités... C'est elle qui justifie ces dépassements – pour certains, les altérations – que Thomas d'Aquin fait subir aux conceptions aristotéliciennes. Elle est nécessitée par cette approche totalisante du monde humain qui caractérise la pensée thomasienne.

Le statut du politique chez Thomas d'Aquin doit encore être évoqué sur le simple terrain matériel, car il peut susciter une objection sérieuse adressée aux analyses de cet ouvrage. Si la science du politique chez Thomas est si centrale et fédérative, pourquoi est-elle si dispersée, comme on l'a relevé en commençant, la conséquence la moins funeste de cette dispersion n'étant pas le manque de visibilité de cette science, source de son oubli? Deux réponses peuvent être avancées. La première tient à la redécouverte de la science politique par saint Thomas, spécialement à la suite de celle de la *Politique* d'Aristote. On le redira bientôt, quand saint Thomas commence son enseignement, la science politique comme telle a largement disparu du terrain de la science pratique. C'est progressivement, quoique rapidement, que Thomas lui redonne droit de cité dans la *Doctrina sacra* qu'il développe, en faisant siens les enseignements d'Aristote. Surtout, il apparaît que la science politique, de par son caractère architectonique dans l'ordre pratique, se retrouve dans quantité de domaines. De fait, c'est ainsi que l'on a procédé : il a fallu mette en lumière les arguments politiques de Thomas, aussi ténus fussent-ils parfois, en les saisissant dans des développements portant parfois directement sur d'autres matières.

La politique de saint Thomas semble, aux yeux de beaucoup, être nulle part, parce qu'elle est en réalité partout. On a été amené à faire un semblable constat à propose de son ecclésiologie, comme une précédente étude l'a montré. Il n'y consacre pas de traité propre, parce qu'elle est omniprésente, en réalité, dans tous ses développements théologiques (en tout cas ceux portant sur le monde créé). Et le rapprochement entre science politique et ecclésiologie n'est pas fortuit. Car qu'est-ce que l'Église, sinon l'expression du politique dans l'ordre strictement surnaturel? Et le politique, au niveau naturel, est engagé partout où l'humain est présent.

Le moment thomasien dans l'histoire de la pensée politique

Sans qu'ils aient été aussi développés qu'on aurait pu le souhaiter, les quelques rapprochements historiques des précédents chapitres ont montré combien le politique thomasien manifeste un équilibre assez exceptionnel. A titre principal, il convient de l'apprécier entre deux mouvements multiséculaires, celui qui le précède et celui qui le suit. Vis-à-vis du premier, que l'on a nommé l'augustinisme politique, fondé sur un primat de la Révélation comme source des principes du politique, le politique thomasien s'affirme par le primat de la raison humaine comme instance organisatrice du monde commun. On le redit : la politique thomasienne signe la fin de l'augustinisme politique, même si celui-ci aura encore bien des tenants après saint Thomas. Pour déployer la terminologie forgée par Mgr. Arquillière, on peut dire que la présente étude expose la réponse du "thomisme politique" à l'"augustinisme politique". Quant au grand mouvement postérieur, ce sera celui de la modernité politique, dont les prémisses sont discernables dès le XIVe siècle, et qui se caractérise, au rebours du précédent, par un abandon de la source révélée et l'exclusivité de la raison humaine. On vient de le rappeler, la position de

Thomas d'Aquin témoigne d'un subtil équilibre entre nature et grâce, entre raison et foi. S'il accorde le primat à l'ordre rationnel, il ne cesse d'en manifester les limites, son incapacité à s'ordonner par lui-même au bien surnaturel et les risques d'errements inhérents à un état de nature déchue.

Il reste que le caractère dominant de la politique thomasienne est cette rationalité dont elle est empreinte. C'est une des notes, on le sait, de toute la théologie de saint Thomas, et c'est le fruit, en matière politique, de l'assimilation remarquable des structures de la politique aristotélicienne. Cette rationalité du politique, Thomas la lègue à tous ceux qui le suivront, et il n'est pas excessif de dire qu'il refonde, par là, la science politique comme science souveraine. Innombrables seront les lignes de pensée politique dans les siècles qui suivront, fidèles ou non à la sienne, mais peu importe : la recherche de l'édification d'un édifice politique par la raison naturelle ne sera jamais remise en cause. Il est à l'origine du renouveau de la pensée politique, pour tous les siècles qui suivront. Entre la politique antique et celle de l'âge moderne, le moment médiéval est désormais bien identifié.

On a souligné, à plusieurs reprises, que la brièveté des propos de Thomas n'en diminuait pas l'importance. De fait, quantité de thèmes abordés au détour de ces chapitres sont promis à une immense postérité, et vont même parfois susciter une abondante littérature, dès la première génération qui le suit. Sans vouloir faire de saint Thomas le prophète de la pensée moderne – ne serait-ce que parce que celle-ci va s'élaborer largement sur des fondements nominalistes qui sont étrangers à ses conceptions –, on discerne par exemple dans ses écrits sur le meilleur régime, sous forme embryonnaire, les thèmes qui vont marquer la pensée politique des siècles à venir : le consentement, la souveraineté, le choix et la représentation, l'équilibre des autorités… Tel n'est pas le moindre paradoxe : que des écrits aussi succincts aient connu pareille postérité.

Les enseignements adressés aux contemporains

Combien de fois l'auteur de ces lignes n'a-t-il pas entendu l'objection tirée de l'ancienneté d'une telle pensée pour en proclamer l'inutilité ? Les principes de la modernité politique, à commencer par la séparation des sphères politique et religieuse, et l'absolutisation du contrat comme unique source de légitimité politique, ne disqualifient-ils pas la politique thomasienne ? Au mieux reconnaîtra-t-on la beauté d'une telle construction, pour l'assimiler à ces vestiges de la pensée antique à jamais frappés de caducité. A quoi l'on répond que la connaissance de l'origine d'une pensée est déjà, en soi, un enseignement utile. On l'a dit en commençant : la philosophie politique moderne ne se construit pas seulement en opposition à la scolastique décadente des XVe et XVIe siècles. Elle prend racine dans les mouvements qui animent le XIVe – spécialement le scotisme et le nominalisme ockhamien – qui se situent, eux, en opposition à la pensée thomasienne. Le seul souci de la connaissance des origines justifie que soit connu ce moment de renouveau de la rationalité politique qui est, précisément, celui de saint Thomas.

Mais il y a plus. Si l'on veut bien admettre que la politique thomasienne n'est pas dépourvue de pertinence, même en des temps bien différents de ceux qui l'on vu naître, alors elle peut adresser des requêtes aux édifices conceptuels contemporains qui traitent du politique, que ce soit dans un ordre ecclésial ou dans un ordre profane. Il se pourrait bien que la pensée thomasienne du politique adresse d'instantes requêtes aux unes comme aux autres.

Requêtes à l'adresse de la théologie catholique

Pour qui aura bien voulu prendre au sérieux les analyses de Thomas d'Aquin rapportées dans les chapitres qui précèdent, leur oubli par la théologie catholique contemporaine, et au premier chef par les théologiens de « l'Ecole », n'est rien moins que stupéfiant. Chacun des lieux essentiels de la théologie politique de Thomas est victime de déformation, d'atrophie, voire d'un oubli complet.

Le bien commun, si primordial dans la pensée thomasienne, puisque la fin est principe, est réduit dans l'ordre naturel au simple conditionnement collectif des comportements individuels. La justice générale, matrice de la vie en commun, dont il est l'objet, perd alors toute signification. La dimension collective du bonheur humain, comme d'ailleurs celle de la béatitude éternelle, est le plus souvent passée sous silence. L'ordination du bien singulier au bien commun, inlassablement répétée par Thomas à longueur de pages, s'évanouit. Les deux ordres communautaires, naturel et surnaturel, unis sans confusion ni séparation, ainsi qu'on l'a suggéré, perdent leur ordination dynamique. La théologie catholique se réfugie dans le surnaturel et réduit les communautés d'ordre naturel à n'être que les cadres inévitables, le conditionnement incontournable de la seule vie véritable, la vie chrétienne[1]. La vertu de prudence, si centrale dans toute la morale thomasienne des comportements humains, est cantonnée à sa dimension individuelle et sa dimension politique, qui est au cœur de l'art de gouverner, est regardée comme accessoire, alors qu'on en a vu l'importance dans les développements thomasiens. La loi elle-même, dont on a souligné le caractère intérieur chez Thomas, est alors regardée comme régulatrice des seuls comportements individuels : le fait qu'elle soit l'instance première de la régulation collective, que la loi naturelle soit le fondement de l'ordre politique, retiennent à peine l'attention. Quant à l'offuscation de la préférence thomasienne pour le régime mixte, et la transformation corrélative de Thomas d'Aquin en promoteur de la forme monarchique, elle n'honore guère ceux qui se disent ses disciples.

S'il faut exprimer en une formule la cause principale de pareille méprise, on dira que l'individualisme contamine très tôt de la doctrine catholique, dès le XIVe siècle, et provoque l'oubli de l'ordre communautaire, ou en tout cas l'incapacité à le penser en théologie. Le rôle du nominalisme à cet égard est assurément déterminant. L'ordre pratique se réduit à la morale singulière, et

1. Ne s'agit-il pas d'un retour, par le biais de la pratique, à un certain augustinisme politique ?

son horizon communautaire s'évanouit. L'articulation si puissante de l'éthique et de la politique, qui est au cœur de la philosophie pratique d'Aristote, et que Thomas reprend pleinement à son compte en théologien chrétien, disparaît. On a déjà dit que si tournant anthropologique il y a dans la théologie du bas Moyen Âge, celui-ci est assurément un tournant individualiste. Mais il y a sans doute plus. L'incapacité de la théologie de l'Ecole à penser l'ordre communautaire au niveau naturel, et à l'articuler à l'ordre surnaturel dans les conditions ici étudiées avec Thomas, manifeste en fin de compte un manque de confiance en la capacité de l'intellect humain à se saisir de cette réalité humaine première. Pour le dire d'un mot, elle manifeste un manque de confiance en la raison. Or, s'il est un mot qui revient sans cesse dans les écrits politiques de Thomas, on n'a cessé de le proférer en ces pages, c'est bien celui de raison. Le commun, au même titre que le singulier, est le lieu primordial et ultime où la capacité de la raison à ordonner la vie doit se manifester, où le devenir rationnel tend à s'exprimer, par-delà toutes les entraves dues aux passions, au péché et aux conditionnements de toutes sortes. Résorber le commun dans l'ordre surnaturel, c'est abdiquer la capacité de la raison naturelle à ordonner la vie humaine jusque dans sa dimension collective.

La chose ne serait finalement pas si grave si elle se cantonnait à l'ordre des opinions théologiques. Mais l'importance de la théologie de Thomas d'Aquin, « l'Ange de l'Ecole », pour l'ensemble de l'Église et pendant de nombreux siècles, est telle que pareille déformation de sa pensée ne manque pas d'avoir de lourdes conséquences pour la théologie catholique, et par là pour la vie de l'Église. On s'en tient ici, et en termes brefs, au tournant crucial qui s'opère dans le passage du Moyen Âge à l'époque moderne. L'ébranlement profond du monde chrétien au XVIe siècle illustre combien cet appauvrissement, à l'œuvre depuis deux siècles, devient dramatique. D'un côté, la théologie catholique s'avère incapable de répondre en profondeur aux contestations des Réformés sur la nature de l'Église comme communauté, autrement que par une théologie de la *societas perfecta* qui est loin de relever les défis adressés aux catholiques. Qu'on en juge : alors que l'Église est le lieu premier de la controverse avec Luther et ses épigones, aucun Décret du concile de Trente ne lui est spécifiquement consacré. Celui-ci répond, fort bien, aux chefs plus ponctuels de contestation, mais non au grief central qui tient à la nature de l'Église. La théologie catholique a perdu l'instrument conceptuel qui lui aurait permis d'articuler une réponse adaptée, instrument que propose Thomas dans ses écrits. Il faut attendre la fin du vingtième siècle et le second concile du Vatican pour avancer une réponse enfin satisfaisante aux contestations des Réformés sur l'Église[1]. Pour en arriver, cependant, à ce renouveau conciliaire, il aura fallu la redécouverte de la théologie patristique, qui suscite en particulier l'ouvrage

1. C'est le fait, à titre principal, de la constitution *Lumen gentium*, pourtant dépourvue de l'appareil conceptuel que la théologie thomasienne, oubliée et parfois révoquée – et révoquée parce que déformée –, aurait pu lui apporter.

essentiel du P. de Lubac publié pour la première fois en 1938 : *Catholicisme, les aspects sociaux du dogme*. Il était en effet grand temps de les redécouvrir. Une fidélité humble mais intègre à saint Thomas aurait permis à la théologie catholique d'éviter de s'enfermer trop longtemps dans une posture de contre-Révolution après avoir pratiqué pendant deux siècles une théologie de contre-Réforme; elle lui aurait permis de sortir de son malaise chronique à l'égard de la modernité politique[1].

D'un autre côté, et dans la foulée des événements précédents, l'émergence à partir des XVIe et XVIIe siècles d'une pensée politique profane, progressivement fondée sur une absolutisation de la raison humaine, laisse sans voix la pensée catholique, incapable de répondre par une juste articulation des exigences respectives et conjointes de la foi et de la raison. Le discours social de l'Église, pour nécessaire qu'il soit, masque mal l'absence d'un discours politique dont il devient le substitut pratique. Quant à elle, la pensée politique moderne s'émancipe délibérément de la théologie chrétienne parce que celle-ci, quand elle ne prétend pas la contraindre, manifeste son inaptitude à donner tout son champ à la raison naturelle. S'engage alors une dialectique désastreuse où la pensée politique n'est jamais plus elle-même que séparée radicalement de la révélation chrétienne, et où la pensée chrétienne se réfugie dans le « surnaturel pur », face à une politique qui entend demeurer dans le « rationnel pur ». La controverse est durable, et loin d'être close si l'on se souvient des accusations portées par certains hommes d'Église, voyant dans la raison humaine et les systèmes politiques qu'elle a engendrés la cause des horreurs du XXe siècle. S'il est vrai, comme le dit G. K. Chesterton, que « le monde moderne est plein d'anciennes vertus chrétiennes devenues folles », l'honnêteté conduit à ajouter qu'elles sont devenues folles non seulement parce qu'elles ont perdu leur lien à la foi, mais encore parce que ces vertus chrétiennes ont été privées du soutien de la raison.

En définitive, la connaissance de la politique thomasienne est une invitation urgente adressée à la théologie catholique d'élaborer, pour les temps présents, une véritable doctrine du politique, dont l'absence se fait cruellement sentir depuis des siècles et dont le besoin n'est pas moins urgent aujourd'hui[2].

Requêtes à l'adresse de la politique moderne et contemporaine

Quant aux cités terrestres, l'apport de saint Thomas semble plus problématique encore, dans la mesure où les présupposés de la politique moderne sont une récusation de l'approche classique dont Thomas d'Aquin est

1. On n'entend pas ici affirmer que la modernité politique est exempte de toute critique, loin de là. On entend seulement affirmer que la théologie catholique s'est souvent montrée incapable de critique pertinente, parce que privée des instruments conceptuels dont elle avait besoin.

2. Le concile Vatican II a apporté quelques éléments de fondation pour une telle doctrine, et le magistère pontifical, spécialement celui du pape Benoît XVI, a entrepris d'en commencer l'édification, *cf.* F. DAGUET, « La doctrine catholique du politique », Chronique de théologie politique et de doctrine sociale II, *Revue thomiste* 2/2012, p. 317-345.

une figure et un jalon. Depuis longtemps, et non sans de solides raisons historiques, la politique moderne se fonde sur une séparation du politique et du religieux. A l'époque contemporaine, la question de la finalité de la vie en commun, lorsqu'elle n'est pas interdite, ne reçoit pas de réponse qui aille au-delà de la coexistence pacifique de citoyens aux choix individuels et moraux toujours plus singuliers : ce n'est plus seulement le politique et le religieux qu'il s'agit de séparer, mais plus encore le politique et la morale. La politique moderne se sépare du religieux, la politique contemporaine de toute référence morale. Dans ces conditions, que peut donc enseigner un penseur qui tient que la fin de la cité est un bien éthique, celui de chacun et de tous ensemble, et qu'il ne sera jamais mieux atteint qu'avec le secours divin ? La politique thomasienne, comme d'ailleurs celle d'Aristote, est bel et bien disqualifiée par les deux ruptures, moderne et contemporaine.

Il se pourrait, cependant, que les limites, voire les impasses et les échecs qui se font plus manifestes dans la politique contemporaine incitent à terme à questionner sérieusement les présupposés de celle-ci et le bien-fondé de ses séparations fondatrices. Peut-on édifier durablement un monde commun en ignorant l'ouverture possible à une transcendance dans la vie humaine ? Peut-on prétendre édifier une cité sans aucune conception commune du bien vers lequel tendre, chacun et tous ensemble ? Saint Thomas ne permet peut-être pas de penser un ordre politique pour aujourd'hui, mais il aide sans doute à comprendre les pathologies de l'ordre politique d'aujourd'hui.

La logique de séparation entre les deux cités, que l'on voit à l'œuvre depuis plusieurs siècles désormais, aboutit aujourd'hui, de fait, à une posture doctrinale qui appauvrit chacune des parties sans leur permettre de se rencontrer : se retrouvent face à face une morale catholique sans politique et une politique profane sans morale. A l'une et à l'autre, Thomas d'Aquin recommande de retrouver l'unité de l'ordre pratique, qui allie l'éthique et la politique, et de se souvenir que la politique n'est pas seulement une science, au sens contemporain des sciences humaines, mais qu'elle a vocation à être une sagesse, car « la sagesse est la plus haute perfection de la raison, dont le propre est de connaître l'ordre »[1].

1. Exorde du commentaire sur l'*Ethique* : « *sapientia est potissima perfectio rationis, cuius proprium est cognoscere ordinem* », *Super Eth. Nic.*, I, 1, 2-4.

ANNEXE

CHARLES DE KONINCK ET LA QUERELLE DU PERSONNALISME (1925-1965)

Quoique le propos de cet ouvrage soit de se consacrer à l'étude propre des écrits politiques de Thomas d'Aquin en laissant au second plan ses commentateurs et les innombrables interprétations que ces écrits ont suscitées au long des siècles, il est éclairant de se pencher, à titre de dérogation à ce principe général, sur une querelle qui a animé l'univers thomiste pendant près d'une moitié du XXe siècle. L'intérêt de cette querelle, outre la qualité des protagonistes, tient à ce qu'elle porte sur une question centrale pour la compréhension du politique chez saint Thomas. Dans l'ordre humain compris dans toute son extension, c'est-à-dire en assumant la dimension communautaire, à quoi accorder la primauté? A l'ordre au bien commun, ou à l'ordre à Dieu? En d'autres termes, qu'est ce qui prime dans la vie d'un homme qui est aussi un citoyen : sa vie de communauté ou sa vie spirituelle? Il est très significatif qu'un débat profond se soit instauré sur une question aussi fondamentale pour l'intelligence du politique, en recourant de part et d'autre à l'autorité de saint Thomas, et que les débats aient été aussi vifs, sept siècles après lui.

C'est dire que cette question, dont traite le chapitre II de cette étude, demeure pour certains encore débattue, et cela avec d'autant plus d'acribie que la réponse qu'on lui apporte est déterminante pour la physionomie d'une vie humaine. Tout en présentant et résumant, aussi justement que possible, les termes principaux de positions complexes, il a fallu prendre parti, et c'est à la lumière de la lecture proposée au chapitre II que cette *reportatio* est opérée. Cela conduit à corriger, mais aussi à retenir ce qui doit l'être chez chacun des protagonistes. « *Oportet haereses esse* », écrivait saint Paul aux Corinthiens. Toute passion apaisée, la présente querelle en témoigne et elle contribue, *sine ira sed studio*, à une plus juste compréhension des thèses thomasiennes tout en témoignant de l'importance vitale de la question qui en est le cœur.

Ce que l'on peut nommer la « querelle du personnalisme » a agité une partie des philosophes et des théologiens thomistes pendant de nombreuses années au cœur du XXe siècle. Soixante ans plus tard, il ne semble pas assuré qu'elle ait cessé d'animer les esprits concernés. Ce n'est pas le moindre des paradoxes qu'elle a opposé principalement deux auteurs qui n'ont jamais échangé directement : Charles De Koninck, professeur de philosophie à l'Université Laval de Québec, et Jacques Maritain. L'ouvrage qui ouvre à proprement parler la querelle est celui de Charles De Koninck : *De la primauté du bien commun contre les* personnalistes (1943)[1], dans lequel tout laisse à penser qu'il vise les thèses de Jacques Maritain sans jamais le citer. Malgré les dénégations de l'auteur, la chose n'a cependant fait mystère pour personne. Jacques Maritain lui-même ne semble découvrir la querelle que tardivement[2]. En 1945, c'est le P. Eschmann o.p., de l'Institut d'études médiévales de Toronto, qui est le principal contradicteur de C. De Koninck, et qui s'institue défenseur de la pensée maritainienne. L'échange théologique et philosophique s'établit en fait principalement entre ces deux auteurs résidant au Canada, Maritain se gardant de participer directement dans la querelle, et n'intervenant qu'en 1947, avec la publication de *La personne et le bien commun.*

Loin d'être une doctrine homogène, le personnalisme est un courant de pensée qui se développe au XXe siècle, spécialement mais non exclusivement dans la sphère chrétienne, et qui tend à s'opposer à deux mouvements apparemment contraires qui animent l'époque contemporaine : l'individualisme et le totalitarisme. Dans leurs formes extrêmes, ceux-ci aboutissent à l'affirmation de la souveraineté totale de l'individu, pour le premier, et à celle de l'État totalitaire, pour le second. Face à ces deux mouvements, de nombreuses réactions se sont fondées sur l'affirmation de la personne, distinguée du seul individu et s'opposant à l'emprise d'une société totalitaire. La première moitié du XXe siècle est particulièrement marquée par ces mouvements, en particulier le second, le totalitarisme, regardé comme l'une des causes de la Seconde Guerre mondiale. Ce contexte historique a toute son importance dans la querelle, car il explique que l'accent ait été mis sur tel aspect de la doctrine thomasienne du politique, pour réagir au risque qui paraissait dominant à un moment donné.

1. Charles De Koninck, *De la primauté du bien commun contre les personnalistes*, Montréal, Fides, 1943, désigné ci-après : *De la primauté du bien commun*. L'ouvrage fait l'objet d'une réédition in *Œuvres de Charles De Koninck*, Tome II, 2, *La primauté du bien commun*, Presses de l'Université Laval, 2010, p. 107-225. Il est assorti d'une introduction de S. Luquet (p. 1-104) qui reprend les principales étapes de la querelle, de la réponse de C. De Koninck au P. Eschmann (*Pour la défense de saint Thomas*, p. 229-403), et de la critique adressée par celui-ci à celui-là (*Pour la défense de Jacques Maritain*, p. 407-437). Par commodité, on se réfère ici à cette édition pour ces différents textes.

2. Maritain quitte les États-Unis pour retourner en Europe en novembre 1944. Il est informé de la querelle et de ses développements, dès 1943, par son disciple et ami Yves Simon, ainsi qu'en témoigne leur correspondance, précieuse pour en saisir les enjeux autres que philosophiques et théologiques : Jacques Maritain-Yves Simon, *Correspondance*, t. II (1941-1961), Tours, CLD éditions, 2012. La correspondance de Jacques Maritain avec Charles Journet n'en fait état qu'à partir de 1946.

En 1927, un an après la condamnation de l'Action française, Jacques Maritain publie *Primauté du spirituel*[1]. Il y traite notamment de l'appartenance de tout homme à deux cités, celle de Dieu et celle de la terre, et expose la position qu'il ne cessera de tenir dans ses œuvres ultérieures: que si l'homme, pris comme partie de la cité, est ordonné au bien commun, il est cependant, au plus intime de lui-même, ordonné immédiatement à Dieu et en ce sens extrinsèque à cette ordination politique. C'est ce qui est au cœur des positions dites personnalistes de Jacques Maritain, que l'on retrouve dans plusieurs de ses ouvrages ultérieurs: *Du régime temporel et de la liberté* (1933), *Humanisme intégral* (1936), Les *Droits de l'homme et la loi naturelle* (1942).

Charles De Koninck, lié au philosophe français Jacques de Monléon, entend dénoncer les erreurs du personnalisme, dans lequel il voit une expression cachée de l'individualisme, qui risque de faire oublier la dimension communautaire inhérente à la personne humaine et le bien de la communauté politique, couramment dénommé bien commun[2]. En se fondant sur Thomas d'Aquin et en invoquant son autorité, il entend montrer que les tenants du personnalisme trahissent l'anthropologie thomasienne et font en réalité le lit du totalitarisme. Les réponses de I. Th. Eschmann se réfèrent au même auteur pour justifier au contraire le bien-fondé des conceptions personnalistes de certains philosophes, notamment celles de Jacques Maritain. Celui-ci donne en fin de compte sa propre interprétation en se référant lui aussi à saint Thomas.

Thomas d'Aquin se trouve ainsi au cœur de cette polémique contemporaine, invoqué par les différents protagonistes à l'appui de leurs thèses apparemment contraires. Ici réside sans doute l'intérêt de la querelle et aussi son actualité: elle force à approfondir l'anthropologie communautaire de saint Thomas, sa conception de la cité et de son bien. Le fait que des auteurs sérieux et tous soucieux de fidélité à saint Thomas s'opposent avec une telle véhémence montre que la position de celui-ci n'est pas immédiatement évidente. Mais il faut dire aussi que les passions personnelles, manifestement vives chez les deux penseurs du Canada, autant que les enjeux politiques immédiats, qui n'en sont pas absents, contribuent à rendre plus complexe une question qui n'est déjà pas simple en elle-même[3]. En fait, comme on le verra, il semble bien que les considérations philosophico-politiques l'emportent sur les enjeux proprement théologiques.

Pour éclairer une question passablement compliquée, on suivra ici les différentes étapes de la querelle, à travers les principales publications qui en

1. Jacques MARITAIN, *Primauté du spirituel*, O.C. III, p. 783-988.

2. Avec le temps et le développement des polémiques, il apparaîtra à Yves Simon que Jacques de Monléon tient une grande place à l'origine de la querelle. Il écrit ainsi à Maritain, le 11 décembre 1945: « Il n'y a plus pour moi de mystère De Koninck, et il n'y a aucune raison de lui en vouloir car il a reçu de J. [Jacques de Monléon] la mission de faire passer le leadership thomiste de vos mains dans les siennes (du moins telle est mon interprétation) », *Lettre 529*, *Correspondance* Simon-Maritain II, *op. cit.*, p. 219.

3. Sur les aspects historiques de la querelle au sein de l'école thomiste, on se reportera à F. MICHEL, *La pensée catholique en Amérique du Nord*, DDB, 2010, spécialement p. 191-247.

sont le cadre et l'instrument. On en tirera les enseignements principaux, en termes théologiques, à l'issue de ce parcours.

Le premier ouvrage de Charles De Koninck

Le titre de l'ouvrage, repris de conférences, en témoigne : il s'agit, pour l'auteur, de mettre en garde contre le personnalisme. C. De Koninck s'en prend, sans en citer nommément aucun, aux « personnalistes » ou à ceux qui prônent un « développement intégral de l'individu »[1]. Sa conviction est que le personnalisme repose sur une exaltation de la dignité personnelle et du bien propre à la nature; à ce titre, c'est un avatar du péché de l'ange. Le personnalisme chrétien, même s'il est multiforme, est ainsi une contamination du christianisme par le personnalisme sécularisé de la philosophie issue des Lumières. Il n'est qu'un avatar chrétien de l'individualisme moderne. Au surplus, selon C. De Koninck, du fait de la dévalorisation à laquelle il procède du bien commun, le personnalisme risque d'aboutir paradoxalement à favoriser l'émergence d'un État totalitaire, expression de la personnification de la communauté et de sa finalité. En effet, le personnalisme conduit à une dialectique entre la personne singulière, finalisée par son bien propre, et l'État personnifié, qui s'approprie le bien commun compris comme extérieur au bien singulier. Selon les circonstances, soit les individus dominent l'État, et la société est alors individualiste ou personnaliste, soit c'est l'État qui s'impose aux individus, et on est dans le totalitarisme, qui est un personnalisme étatique, dont le marxisme est une belle illustration[2]. L'affirmation personnaliste est donc une mauvaise réponse aux deux erreurs contraires que sont l'individualisme et le totalitarisme, puisqu'elle favorise, en fait, l'une ou l'autre, voire l'une et l'autre.

L'enjeu est donc centré sur le bien commun. En quoi consiste-t-il, en quoi consiste sa primauté, c'est ce à quoi C. De Koninck entend répondre, en se référant à saint Thomas et à ses commentateurs : Cajetan, Jean de Saint-Thomas et les *Salmanticences*. Il relève plusieurs caractères essentiels du bien commun tels qu'ils apparaissent dans la doctrine thomiste.

Pour Charles De Koninck, le bien commun se distingue du bien singulier et le dépasse par son universalité. Il est davantage diffusif de soi, et par là plus divin, comme le dit Aristote, que le bien d'un seul. « Plus une cause est élevée, plus sa causalité s'étend à des êtres nombreux »[3], et sur ce principe métaphysique se fonde la supériorité du bien commun : « Il suit de là que le bien, qui a raison de cause finale, est d'autant plus efficace qu'il se communique à des

1. *De la primauté du bien commun*, *op. cit.*, p. 149. Nombreux sont ceux qui peuvent ainsi être visés, mais Jacques Maritain tient assurément une place de choix dans cet ensemble, comme en atteste l'expression citée, et plus encore le titre de l'ouvrage, qui font écho à *Humanisme intégral* et à *La primauté du spirituel* de Jacques Maritain.

2. Le développement « Personnalisme et totalitarisme » (p. 149-152) exprime bien les conceptions de l'auteur.

3. *Super Met.*, VI, 3, Ma 1205 et *Super Eth.*, I, 2, 170-172.

êtres plus nombreux. Et c'est pourquoi, si la même chose est un bien pour chaque individu et pour la cité, il est clair qu'il est beaucoup plus grand et plus parfait d'avoir à cœur, c'est-à-dire de procurer et de défendre, ce qui est le bien de toute la cité que ce qui est le bien d'un seul homme »[1]. La perfection du bien commun tient d'abord à ce qu'il est communicable aux autres. Le bien de la cité est le plus élevé, non pas tant parce que chacun y trouve son bien le plus grand, mais qu'il est communicable et donc partageable par tous.

Cela ne signifie pas que le bien commun ne soit pas le bien de chacun. Au contraire, le bien commun n'est pas un bien étranger, comme s'il n'était que le bien du tout, distingué de ses parties. Il est le bien de chacun, et en même temps celui de tous. C'est le propre des créatures les plus parfaites – les créatures rationnelles, capables de connaissance et d'amour – que de rechercher le bien le plus haut, c'est-à-dire le plus universel. « Les êtres seront plus parfaits à proportion que leur appétit s'étendra à un bien plus éloigné de leur seul bien singulier »[2]. Mais l'amour du bien commun par chacun, et sa poursuite, visent non pas à l'appropriation singulière de celui-ci, mais à le rechercher pour lui-même, en tant qu'il est *per se* plus parfait. C'est ce qui justifie la subordination du bien singulier au bien commun : « Aimer le bien d'une cité pour se l'approprier et le posséder pour soi-même, cela n'est pas le fait du bon politique; car c'est ainsi que le tyran, lui aussi, aime le bien de la cité, afin de le dominer, ce qui est s'aimer soi-même plus que la cité : c'est en effet pour lui-même qu'il convoite ce bien, et non pour la cité. Mais aimer le bien de la cité pour qu'il soit conservé et défendu, c'est là vraiment aimer la cité, et c'est ce que fait le bon politique, tellement que, en vue de conserver ou d'augmenter le bien de la cité, il s'expose au danger de mort et néglige son bien privé »[3]. C. De Koninck conclut : « une société constituée de personnes qui aiment leur bien privé au-dessus du bien commun, ou qui identifient le bien commun au bien privé, c'est une société, non pas d'hommes libres, mais de tyrans – "et ainsi le peuple tout entier devient comme un tyran"[4] – qui se mèneront les uns les autres par la force »[5].

De Koninck dénonce l'erreur personnaliste en ce qu'elle tient que la personne, comme telle, serait un bien supérieur au bien de la communauté. Telle n'est pas, selon lui, la position de saint Thomas pour qui ce n'est qu'en tant que membre d'un tout que la personne est ordonnée au bien le plus haut

1. *Super. Ethic.*, I, 2, 172-178.

2. *De la primauté du bien commun*, *op. cit.*, p. 121. Cela vaut au premier chef pour les anges : « Puisque le désir suit la connaissance, plus une connaissance est universelle, plus le désir qui en découle se porte vers le bien commun; et plus une connaissance est particulière, plus le désir qui en découle se porte vers le bien privé [...]. Donc, parce que les anges ont une science d'autant plus universelle qu'ils sont eux-mêmes plus parfaits, ... leur amour tend davantage vers le bien commun », *De Spirit. Creat.* a. 8, ad 5.

3. *De Car.*, a. 2, c. Cela vaut au premier chef pour le bien commun le plus élevé qui est celui de la béatitude.

4. *De Regno*, I, 1, 136-137.

5. *De la primauté du bien commun*, *op. cit.*, p. 124.

qu'est le bien commun: la personne ne se comprend qu'en tant que membre d'un tout. « Le bien le plus élevé de l'homme lui convient, non pas en tant qu'il est lui-même un certain tout où le soi est l'objet principal de son amour, mais "en tant qu'il est partie d'un tout", tout qui lui est accessible à cause de l'universalité même de sa connaissance »[1]. Il cite saint Thomas qui affirme maintes fois que le bien du soldat est subordonné au bien du chef de l'armée, et qui conclut : « c'est de cette manière que la charité a pour objet principal le bien divin, qui est le bien de chacun, selon que chacun peut participer à la béatitude »[2]. De Koninck conclut : « C'est donc bien en tant que partie d'un tout que nous sommes ordonnés au plus grand de tous les biens qui ne peut être le plus nôtre que dans sa communicabilité aux autres. Si le bien divin était formellement "un bien propre de l'homme en tant qu'il est une personne singulière", nous serions nous-mêmes la mesure de ce bien, ce qui est très proprement une abomination »[3].

Pour De Koninck, la primauté du bien commun sur le bien propre implique au contraire que seule la poursuite du bien commun procure à une partie son bien propre. Il ne manque pas de citer saint Thomas à l'appui de son affirmation : « La bonté d'une partie s'apprécie d'après son rapport avec le tout, c'est pourquoi S. Augustin écrit que "toute partie est difforme quand elle n'est pas accordée à son tout". Donc, puisque tout homme est une partie de la cité, il est impossible qu'un homme soit bon s'il n'est pas proportionné au bien commun »[4]. Il y a donc, pour l'auteur, une ordination intégrale de la partie au tout de sorte que « ceux qui poursuivent le bien commun poursuivent leur bien propre *ex consequenti* »[5].

Charles De Koninck puise encore chez Saint Thomas un argument tiré des multiples lieux où il invoque l'ordre de l'univers. En effet, nul ne contestera que toute personne singulière est ordonnée au bien ultime séparé. Mais les personnalistes, selon De Koninck, répugneront à reconnaître que ces mêmes personnes sont voulues « pour le bien de l'ordre de l'univers, bien commun intrinsèque meilleur que les personnes singulières qui le constituent matériel-

1. *De la primauté du bien commun*, *op. cit.*, p. 124.

2. *De Car.*, a. 4, ad 2. Cela consonne avec ce qui dit saint Thomas en introduisant le traité de la charité dans la *Somme* et la présentant comme une amitié : « puisqu'il y a une certaine communication de l'homme avec Dieu du fait que celui-ci nous rend participants de sa béatitude, il faut qu'une certaine amitié se fonde sur cette communication », II II, q. 23, a. 1, c.

3. *De la primauté du bien commun*, *op. cit.*, p. 126.

4. I II, q. 92, a. 1, ad 3.

5. *De la primauté du bien commun*, *op. cit.*, p. 127. Il cite encore à son appui II II, q. 47, a. 10, ad 2 : « Lorsque l'on cherche le bien commun de la multitude, par voie de conséquence on cherche en outre son bien propre, pour deux raisons. La première est que le bien propre ne peut exister sans le bien commun de la famille, de la cité ou du royaume. Aussi Valère Maxime dit-il des anciens Romains qu'"ils aimaient mieux être pauvres dans un état riche que riches dans un état pauvre". La seconde raison est que, l'homme étant partie de la maison et de la cité, il doit considérer le bien qui lui convient d'après ce qui est prudent relativement au bien de la multitude; en effet la bonne disposition des parties se prend de leur rapport au tout. Comme dit S. Augustin : "Toute partie est laide qui ne s'accorde pas avec son tout" ».

lement »[1]. Cet ordre manifeste la relativité de la partie au tout qu'est le cosmos. Ainsi cite-t-il Thomas d'Aquin qui affirme, en traitant de la création, que « chaque partie se trouve exister pour son tout. Par conséquent, ce dont Dieu a le plus grand soin dans les choses créées, c'est l'ordre de l'univers »[2]. Les nombreuses mentions, chez saint Thomas, de la bonté de l'ordre de l'univers créé sont autant d'attestations, pour l'auteur, de la primauté du tout sur la partie, autrement dit de la radicale subordination de la partie au tout et de la relativité de son bien singulier au bien commun. Pour De Koninck, une telle relation est jugée insupportable dès lors que l'on perçoit le bien commun comme un bien étranger à la partie, séparé, ou que l'on a perdu le sens de l'idée d'ordre alors que la perfection du tout ordonné est la « raison intrinsèque » de la perfection des parties du tout.

En somme, pour De Koninck, l'erreur fondamentale des personnalistes consiste à oublier, ou à faire passer au second plan, ce fait si établi chez saint Thomas que la créature est toujours la partie d'un tout qui la dépasse et lui apporte une perfection qu'elle ne saurait atteindre par elle-même. Les affirmations de saint Thomas sont trop nettes et récurrentes pour être minimisées ou passées sous silence. La question qui est en cause, et qui va nourrir le débat désormais ouvert, est la suivante : la personne n'est-elle qu'une partie d'un tout, n'atteint-elle sa fin qu'en tant que partie d'un tout, ou bien possède-t-elle quelque chose d'unique en soi tout en étant partie d'un tout[3] ?

La réaction d'Yves Simon

La polémique naissante n'échappe pas au disciple américain de Jacques Maritain, Yves Simon, qui recense l'ouvrage de Charles De Koninck peu de temps après sa publication[4]. Son jugement porte sur deux aspects distincts de l'essai du jeune philosophe canadien. D'un côté, il loue sa contribution à une théorie du bien commun. Il en reprend les principales affirmations, résumées

1. *Ibid.*, p. 127.

2. *CG* III, 64, 9°.

3. C. De Koninck ne manque de s'adresser à lui-même des objections, et y répond dans le chapitre « Objections et réponses ». Ce sont celles que l'on retrouve dans le débat qui s'ensuit.

4. Yves R. Simon, « *On the common good* », *The Review of Politics*, vol. 6, n° 4 (oct. 1944), p. 530-533. Sa correspondance avec Maritain, en date du 8 septembre 1944, *Lettre 499*, *op. cit.*, p. 158-159, donne la genèse de cette réponse. Charles Journet cite, dans une lettre à Jacques Maritain du 13 février1946 un extrait d'une "longue lettre" reçue d'Yves Simon : « Je porte sur les bras et les épaules et le cœur et le cerveau, le poids des campagnes menées contre Jacques par l'illustre De Koninck de l'Université Laval, Québec, et par mon vieil ami J. de Monléon », *Correspondance* Journet-Maritain III, *Lettre 838*, p. 373-374. Les éditeurs indiquent en note : « Dans cette étrange controverse, Maritain constatera [dans *La personne et le bien commun*] qu'" il s'était curieusement trouvé qu'en critiquant des idées qui ne sont pas les miennes on avait cependant, même quand on prenait soin de ne pas prononcer mon nom, donné à penser que j'étais obliquement visé". Yves Simon, ami intime de Monléon, œuvra longtemps pour dissiper les malentendus avant de se rendre à l'évidence : le motif de la controverse n'était pas un dissentiment philosophique à l'intérieur du thomisme, mais une opposition d'ordre théologico-politique », *ibid.*, note 3, p. 374.

ci-dessus, et professe son adhésion, semble-t-il sans réserve[1]. En revanche, il dénonce la partie polémique de l'ouvrage, en tant qu'il s'en prend au personnalisme sans en résumer les thèses essentielles, et aux personnalistes sans les citer nommément, à quelques exceptions près. Yves Simon a beau jeu de souligner que le personnalisme est un mouvement aux contours et au contenu largement indéterminés. Il s'accorde avec De Koninck pour condamner certaines propositions que celui-ci attribue aux personnalistes, mais il déplore que les auteurs et leurs textes ne soient pas précisément cités.

Il n'y a aucune équivoque, pour Simon, sur le fait que l'auteur principalement visé, mais jamais cité, soit bien Jacques Maritain: «A ma connaissance, tout le monde a cru, et continue de croire que Maritain est la cible véritable de la défense par De Koninck de la primauté du bien commun contre les personnalistes»[2]. Yves Simon reproche alors à celui qu'il recense d'avoir seulement choisi quelques idées courantes, sans en citer les sources, tout en manifestant sa méconnaissance des écrits de Maritain en morale et en politique.

En fin de compte, Yves Simon invite à laisser de côté l'aspect polémique – l'essai *contre les personnalistes* – tout en retenant la contribution à une juste compréhension de la primauté du bien commun. Mais la question n'est pas vraiment éclairée au fond.

La première étude par I. Th. Eschmann de la doctrine thomasienne du bien commun

Peu de temps après la publication de l'ouvrage de Charles De Koninck, et alors que les interrogations sur le bien commun se développent en Amérique du Nord, sur fond de contestation plus ou moins ouverte des conceptions exprimées par Maritain dans *Primauté du spirituel* et dans *Humanisme intégral*, le P. Eschmann, dominicain de l'Institut d'études médiévales de Toronto, publie une importante étude sur le bien commun dans la doctrine de saint Thomas[3]. C'est assurément une analyse approfondie des conceptions de Thomas d'Aquin sur le bien commun et l'érudition de l'auteur n'a d'égal que son acribie, qui ne va pas parfois sans une certaine virulence. Sans pouvoir la résumer, il faut en retenir ici les principales conclusions.

1. Tout en dénonçant avec vigueur le parti-pris de C. De Koninck et les sous-entendus dont ses écrits sont empreints, Yves Simon tient que, pour l'essentiel, les propos de ce dernier ne sont pas contraires à ceux de Maritain. Il écrit à celui-ci, le 2 février 1945: «Il y a un très profond accord entre les meilleures thèses de De Koninck et les vôtres», *Lettre 516*, *Correspondance* Simon-Maritain II, *op. cit.*, p. 181.

2. *Ibid.*, p. 533.

3. I. Th. ESCHMANN o.p., «*Bonum commune melius est quam bonum unius, eine Studie ueber den Wertvorrang des Personalen bei Thomas von Aquin*», *Mediaeval Studies*, vol. VI, 1944, p. 62-120. Cette étude fait suite et se réfère au recueil de textes de saint Thomas sur la question publié par le même auteur l'année précédente: «*A Thomistic Glossary on the Principle of the Preeminence of a common Good*», *Mediaeval Studies*, vol. V, 1943, p. 123-165.

Le P. Eschmann étudie d'abord l'usage fait par Thomas du *dictum authenticum: bonum commune melius est quam bonum unius*, dans trois domaines théologiques où il est invoqué[1]. En examinant dans chaque cas le mouvement de la pensée de Thomas dans ses différentes œuvres, il discerne une évolution qui converge dans le sens d'un affinement de la notion de bien commun. Alors que le caractère communautaire de la notion est accentué, selon lui, dans les premiers écrits, Thomas la comprend de manière plus « personnaliste » dans sa maturité. La compréhension du bien commun irait dans le sens d'un service du bien singulier, la perfection d'une multitude donnée serait l'effet et le reflet de celle des parties.

A partir de ces cas et d'autres mobilisés pour la même cause, le P. Eschmann affirme que, lorsqu'une multitude est en cause, « Thomas est parvenu à la reconnaissance de l'absolu primat de la personne »[2]. Pour lui, la réalité sociale ne se comprend chez Thomas qu'à partir et dans la lumière de la réalité personnelle[3]. Il relève également que celui-ci a donné à l'axiome un sens radicalement nouveau, en regardant Dieu comme étant ultimement le *bonum commune universale*, ce qui ne contredit aucunement la thèse personnaliste qui soutient le primat du lien personnel de chaque partie à Dieu.

Plus généralement, le P. Eschmann, s'appuyant sur de multiples lieux chez saint Thomas, souligne que la vie chrétienne est fondamentalement relation personnelle avec Dieu, et que la vocation chrétienne est d'abord personnelle : « la civilisation humaine, réalisée dans la *civitas*, la communauté politique englobante, est au service de la vocation chrétienne et générale de contemplation, la réalité sociale est un passage vers la réalité personnelle, la vie en communauté un chemin vers le silence et la solitude avec Dieu »[4]. Et si le dominicain n'oublie pas que la vocation la plus haute est l'office de *contemplata aliis tradere*, c'est parce que « c'est plus d'être un chandelier que seulement lumière »[5].

En définitive, I. Th. Eschmann soutient que l'axiome est tenu par saint Thomas moyennant « une lecture prioritairement personnelle »[6]. Mais il souligne en quoi le personnalisme thomasien se distingue du personnalisme au sens moderne : « Le personnalisme thomiste n'est pas un personnalisme neutre et sécularisé, qui se contente de l'existence d'une personne au sens ontologique sans demander à quoi cela sert. C'est un personnalisme... qui élève la loi personnelle du Saint Esprit au niveau de la partie formelle, constitutive, de la

1. Ces trois domaines sont successivement : la question du droit de dispense par le pape du vœu solennel de célibat (II II, q. 88, a. 11), celle de l'ordre des sacrements (III, q. 65, a. 2), et la controverse avec les disciples de Gérard d'Abbeville sur les états de perfection dans l'Église (II II, q. 27, a. 8).

2. « *Bonum commune...* », art. cit., p. 98.

3. « La notion de personne [est] la partie formelle, spécifique et pour cela primordiale de la réalité sociale », *ibid.*, p. 107.

4. *Ibid.*, p. 118.

5. *Ibid.*

6. *Ibid.*, p. 119-120.

communauté et du bien commun chrétiens, et la met ainsi au-dessus de la valeur sociale »[1].

L'interprétation de saint Thomas par le P. Eschmann va nettement dans le sens d'une subordination de l'ordre communautaire à la poursuite par chaque partie de son bien singulier, celui-ci conçu comme vie selon la loi personnelle de l'Esprit Saint. La contradiction avec la thèse de Charles De Koninck est flagrante.

La seconde étude d'I. Th. Eschmann

Ne se contentant pas d'exposer sa compréhension de la conception thomiste du bien commun, le dominicain de Toronto entreprend alors, avec la même passion, une défense des positions de Maritain, telles qu'elles ressortent de ses précédents écrits[2]. Si cette nouvelle étude s'intitule « Défense de Jacques Maritain », elle est en réalité une nouvelle attaque des positions de C. De Koninck, en s'appuyant sur de nombreux textes de Thomas d'Aquin (ainsi que sur la récente encyclique *Mystici Corporis Christi* de Pie XII, qui date de 1943), et la référence directe aux thèses de Maritain n'y occupe qu'une place mineure.

La principale critique que P. Eschmann adresse avec vigueur à C. De Koninck est de tenir que les personnes humaines, non seulement sont ordonnées à Dieu comme bien extrinsèque et séparé, mais en encore sont subordonnées à l'ordre interne de l'univers, qui est le bien commun intrinsèque de toutes ses parties. Sous ce dernier rapport, le bien commun serait meilleur et plus divin que le bien singulier de chacun. De fait, les références ne manquent pas chez saint Thomas qui affirment que le plus grand bien parmi les choses créées est l'ordre de l'univers[3]. A cette thèse, le P. Eschmann répond en se référant notamment à un propos de saint Thomas sur l'*imago Dei*, dont il dit qu'elle est davantage dans la créature intellectuelle que dans l'univers :

> L'univers est plus parfait en bonté que la créature douée d'intelligence, mais c'est en extension et en déploiement (*extensive et diffusive*). En intensité et en concentration (*intensive et collective*), la ressemblance de la perfection divine se

1. *Ibid.*, p. 120.

2. I. Th. ESCHMANN, « *In defense of Jacques Maritain* », *The Modern Schoolman*, vol. XXII, may 1945, n° 4, p. 183-208, publié en français par S. Luquet dans *Œuvres de Charles De Koninck* II, 2, *op. cit.*, p. 407-437. Pour des raisons de commodité, on se réfère à cette version traduite. Cet article fait suite, également, à celui publié par le P. Jules A. Baisnée, « *Two catholic critiques of personalism* », *The Modern Schoolman*, jan. 1945, n° 1, p. 59-75, qui prend parti pour la thèse de Charles De Koninck. Dans une lettre du 4 juillet 1945 à Raïssa Maritain, demeurée aux États-Unis alors que son mari était parti prendre ses fonctions d'Ambassadeur de France près le Saint-Siège, Yves Simon fait part de son appréciation sur l'article du P. Eschmann, positive non sans quelques réserves : « J'avais demandé au directeur du *Modern Schoolman* de changer le titre, qui me paraissait présenter le danger d'amener le lecteur à identifier les positions du P. Eschmann avec celles de Jacques. Mes craintes n'étaient pas tout à fait vaines. Je crois que Jacques n'approuverait pas toutes les formules du R. P. Mais dans l'ensemble, c'est un bon article, qui remet De Koninck à sa place », *Lettre 527, Correspondance* Simon-Maritain II, *op. cit.*, p. 193.

3. Cf. *CG* III, 64, 9° et 10°; l'affirmation vient d'Aristote.

trouve davantage dans la créature intellectuelle, qui est apte à recevoir le souverain bien (*capax summi boni*)[1].

Sur ce fondement, le P. Eschmann affirme que ce qui est premier, dans la créature intellectuelle, est son ordination à Dieu à travers une relation personnelle. Son rapport aux autres parties, dans l'univers, est résolument second, chaque partie apportant sa contribution à l'ordre de l'univers. On ne peut aucunement, ainsi que le reproche le professeur de Toronto à celui de Québec, interposer l'univers et son ordre dans la relation de chaque créature intellectuelle à Dieu. En affirmant de mille façons l'unicité de la relation personnelle de chacune avec Dieu, la théologie de saint Thomas est ainsi profondément personnaliste: «Le dessein le plus essentiel et le plus précieux du thomisme est de s'assurer que rien ne puisse troubler le contact personnel ni la subordination directe des créatures intellectuelles à Dieu. Tout le reste – l'univers entier et chaque institution sociale – doit ultimement œuvrer à cette fin… Il est typiquement grec et païen d'interposer l'univers entre Dieu et les créatures intellectuelles»[2].

En lien avec cette première critique, le P. Eschmann fait également grief à Charles De Koninck de regarder Dieu comme objet de la béatitude en tant qu'il a raison de bien commun. Il entend lui opposer quelques textes qui manifestent, selon lui, que Dieu est cause de la béatitude comme *bonum universale in essendo*. Si l'on peut parler de Dieu comme bien commun des créatures spirituelles, c'est seulement en tant que nombre d'entre elles communient au même bien et par là se trouvent unies entre elles.

Pour I. Th. Eschmann, la formule aristotélicienne et thomasienne relative au bien commun «plus divin» exprime que «ce bien étant la cause des biens particuliers qui se rangent dans son ordre ou sa sphère, [il] est *sous ce rapport* plus semblable à Dieu selon l'essence (*in linea essendi*)»[3]. Mais c'est seulement selon une analogie de proportion que l'on peut le rapprocher de Dieu: «l'intellect spéculatif étant, dans la vision béatifique, informé par Dieu et uni à Lui on ne peut plus intimement, est de loin supérieur à tout ce qui est semblable à Dieu sous l'aspect de la causalité (*in ordine causandi*)»[4]. L'acte de l'intellect spéculatif qui s'unit à Dieu est le plus personnel qui soit, et cela conforte la thèse du personnalisme thomasien.

L'objection ainsi faite à C. De Koninck peut encore être formulée sous le rapport de la béatitude. Celui-ci souligne en effet le caractère commun de la béatitude elle-même: «la béatitude souveraine qui consiste dans la vision de Dieu est essentiellement un bien commun … l'indépendance des personnes les unes des autres dans la vision même n'exclut pas de l'objet cette universalité qui veut dire, pour toute intelligence créée, essentielle communicabilité à

1. I, q. 93, a. 2, ad 3.
2. I. Th. Eschmann, «*In defense of Jacques Maritain*», art. cit., p. 416, trad. Luquet.
3. *Ibid.*, p. 421.
4. *Ibid. Cf.* I II, q. 3, a. 5, ad 1.

plusieurs »[1]. Et, pour lui, « le bonheur pratique de la communauté n'est pas, par soi, ordonné au bonheur spéculatif de la personne singulière, mais au bonheur spéculatif de la personne en tant que membre de la communauté »[2].

Le P. Eschmann dénonce vigoureusement ces assertions en réaffirmant le caractère absolument singulier de la félicité spéculative : « La notion même de "félicité spéculative de la personne *en tant que* membre de la communauté" est contradictoire. En fait, être membre de la communauté signifie être imparfait, perfectible, et *in via*; tandis qu'avoir atteint la félicité spéculative c'est être parfait et *in termino* »[3]. Pour lui, il faut distinguer l'ordre pratique, finalisé par le bien commun, qui est pour lui un bien utile, et l'ordre spéculatif finalisé par le bien personnel de la contemplation, auquel le bien commun est subordonné : « Le bien commun est d'une prééminence relative et limitée *in via utilitatis*, parce qu'il est essentiellement un *bonum utile*, le *bonum utile* le plus élevé, mais rien de plus. Il n'a pas de prééminence absolue, c'est-à-dire aucune primauté *in ratione dignitatis* »[4]. Quant à son objet (Dieu lui-même) et à sa forme (l'acte de vision), la nature intrinsèque de la béatitude est personnelle et singulière. Ce n'est que de façon extrinsèque, dans la mesure où il y a une multitude de bienheureux, que la vision béatifique peut être dite commune[5].

Au total, le P. Eschmann reproche à C. De Koninck d'avoir commis une « erreur radicale » en établissant « inconsidérément une identification absolue entre Dieu et "le" bien commun »[6]. Il lui reproche d'avoir accordé à la doctrine thomiste de la primauté du bien commun un caractère absolu, en perdant de vue que cette primauté ne vaut que pour l'ordre pratique, politique. A suivre rigoureusement les enseignements de saint Thomas, on justifie les positions personnalistes de la doctrine de Jacques Maritain. Le P. Eschmann reconnaît certes qu'à vouloir placer le bien personnel au-dessus du bien commun, on a toute chance de donner l'impression de minimiser le bien commun, ce dont témoigne largement la doctrine thomiste moderne. Mais réagir contre cette déformation – à quoi prétend Charles De Koninck – ne doit pas conduire à conférer une primauté absolue au bien commun[7]. Ce qui se présentait d'emblée comme une défense de la pensée de Jacques Maritain apparaît bien comme une critique résolue des positions du professeur de l'Université Laval, critique à laquelle celui-ci répond sans tarder[8].

1. Charles De Koninck, *De la primauté du bien commun*, *op. cit.*, p. 144.

2. *Ibid.* Il se réfère ici à *Super Pol.*, VII, 2 en mentionnant que ce texte est de Pierre d'Auvergne, et non de saint Thomas lui-même. Le P. Eschmann ne manque pas de le lui reprocher, en arguant des différences de position entre Pierre d'Auvergne et saint Thomas.

3. I. T. Eschmann, « *In defense of Jacques Maritain* », art. cit., p. 425.

4. *Ibid.*, p. 426.

5. Il se réfère ici à I II, q. 4, a. 8, ad 3.

6. *Ibid.*, p. 427.

7. *Ibid.*, p. 428.

8. Dans une lettre du 16 septembre 1945 à Jacques Maritain, Yves Simon précise son désaccord avec la thèse du P. Eschmann : « C'est érudit, compétent, utile, mais je crois qu'en fin de compte il se trompe et fournit des armes à ce nigaud de De Koninck. En bref : Eschmann n'a pas compris que

La réponse de Charles De Koninck aux attaques du P. Eschmann

Rapidement, donc, C. De Koninck réagit aux critiques virulentes du P. Eschmann dans une volumineuse étude intitulée « Défense de Saint Thomas »[1]. On ne s'arrêtera pas ici aux considérations personnelles, pour réserver l'attention aux questions proprement doctrinales[2]. De cette étude documentée et toute émaillée de citations puisées dans les écrits de Thomas d'Aquin, on retient ici les principales lignes d'argumentation.

La partie, le tout et l'ordre de l'univers

Charles De Koninck revient en les justifiant sur ses précédentes affirmations. Avec saint Thomas, il souligne qu'il faut tenir à la fois que les créatures rationnelles, partie principale de l'univers, sont ordonnées à Dieu par

la forme la plus profonde de vie sociale, la couche la plus sociale du bien commun, consiste en des communions dans la connaissance et dans l'amour, communions dans l'activité immanente. Il se présente la vie contemplative comme une affaire individuelle, et veut limiter le primat du bien commun pour sauvegarder celui de la contemplation », *Lettre 528, Correspondance* Simon-Maritain II, *op. cit.*, p. 215-216. Trois mois plus tard, Yves Simon résume les points qui lui semblent partagés à la fois par C. De Koninck et par J. Maritain : « 1. Tout bien d'un ordre supérieur est plus grand que n'importe quel bien d'un ordre inférieur. 2. A l'intérieur d'un même ordre, primauté absolue du bien commun sur le bien privé. 3. Quand une personne est une personne absolue (en Dieu), coïncidence absolue du bien commun et du bien personnel. 4. *Dans la mesure où* une personne (créée) est une personne, il y a *tendance vers* la coïncidence du bien personnel et du bien commun. 5. La primauté du bien commun, *in eodem ordine*, n'est soumise à aucune restriction, car, quand cette primauté disparaît (3 et 4), ce n'est pas que la primauté appartienne au bien privé, c'est que le *problème de primauté* a disparu », *Lettre 529, Correspondance* Simon-Maritain II, *op. cit.*, p. 220.

1. Charles DE KONINCK, « In defence of Saint Thomas », *A reply to Father Eschmann's Attack on the Primacy of the Common Good, Laval théologique et philosophique*, 1945, vol. I, n° 2, p. 1-103, publié en français par S. Luquet dans *Œuvres de Charles De Koninck* II, 2, *op. cit.*, p. 229-403, auquel on se réfère ici.

2. C. De Koninck commence par se défendre d'avoir visé Jacques Maritain sans le nommer. Sur ce point, même s'il ne manque pas de souligner que deux proches de Maritain, comme le sont Yves Simon et I. Th. Eschmann, portent sur son étude deux avis contraires, sa réponse n'emporte guère la conviction du lecteur. Maritain mentionne cette étude dans une lettre à Journet du 19 mai 1946 : « Reçu l'immense article De Koninck en réponse à Eschmann. Cette fois il me nomme en m'attaquant obliquement. C'est un terrible galimatias que je n'ai pu encore que parcourir, où des choses vraies et une masse de textes et de références sont brassées par une pensée confuse. Le résultat est que personne ne comprendra rien à cette polémique... je préférerais ne pas entrer dans ce conflit canadien. Koninck déplace la question en comparant la personne non au bien commun social mais au bien commun de l'univers tout entier (y compris les créatures intellectuelles). Que pensez-vous de cette question ? Il me semble qu'il faut dire que chaque personne est créée pour Dieu, pour elle-même et pour l'ordre de l'univers (avant tout de l'univers des esprits). En tant qu'individu, elle est d'abord voulue et aimée pour l'ordre de l'univers. En tant que personne elle est d'abord voulue et aimée pour elle-même (Dieu est bien mort pour chacune d'elles). Mais comme toute créature elle diffère de Dieu plus qu'elle ne lui ressemble et est donc, absolument parlant, *partie* (ou individu) avant d'être *personne* (ce que Kant n'avait pas vu). Elle est donc pour l'ordre de l'univers *avant* d'être pour elle-même, ce qui n'empêche pas qu'à la différence des êtres irrationnels, elle est réellement pour elle-même, et est référée directement à Dieu tout en étant référée aussi et *secondairement* à l'ordre de l'univers », *Correspondance* Journet-Maritain III, *Lettre 848*, p. 390-391.

leurs propres opérations de connaissance et d'amour[1], et aussi qu'elles sont ordonnées à l'ordre de l'univers tout entier, lui-même ordonné à Dieu comme à sa fin[2]. C'est cette seconde affirmation, qui subordonne en quelque manière les créatures spirituelles à l'ordre de l'univers, que n'accepte pas le P. Eschmann et qu'il reproche sévèrement à Charles De Koninck.

Pour se défendre face à I. Th. Eschmann qui l'accuse de travestir la pensée de saint Thomas, De Koninck reprend les textes déjà cités dans *La primauté du bien commun* et en ajoutent d'autres pour former un corpus qui justifie sans équivoque le rôle que Thomas d'Aquin reconnaît à l'ordre de l'univers. On n'en cite ici qu'un seul, qui résume sa conception si fréquemment avancée, et qui repose sur le célèbre passage de *Métaphysique* Λ qui revient comme un leitmotiv lorsqu'il traite du bien d'une multitude:

> Il est manifeste que le bien de l'univers s'entend de deux manières; comme un bien séparé, c'est-à-dire Dieu, qui est tel le général par rapport à l'armée; et comme un bien dans les choses elles-mêmes, et il consiste dans l'ordre des parties de l'univers, de même que l'ordre des parties de l'armée est le bien de l'armée[3].

Pour Thomas, le plus grand bien parmi les choses créées est l'ordre de l'univers parce qu'il reflète plus parfaitement la bonté divine. C'est pourquoi il est l'objet principal de sa volonté, et ce dont il s'occupe avant tout (*maxime curat*)[4].

Le bien commun, pour saint Thomas, doit donc être saisi à un double niveau, celui du bien extrinsèque ou séparé qui est Dieu – bien de l'univers dans son ensemble et bien de chacune de ses parties – et celui du bien intrinsèque ou immanent qui est l'ordre de l'univers unissant des parties toutes différentes les unes des autres. Du côté des créatures spirituelles, cela conduit à affirmer que leur bien réside à la fois en Dieu, atteint par les opérations de connaissance et d'amour, et aussi dans le bien de l'univers auquel elles sont ordonnées comme chaque partie au tout. En cela réside la complexité de la position thomasienne à laquelle Charles De Koninck se veut fidèle: d'une part, le bien de chaque créature est Dieu directement atteint – et c'est ce qui fonde les affirmations personnalistes – et, d'autre part, chaque créature atteint sa

1. Parmi de nombreuses références, I II, q. 65, a. 2, c.: « les créatures rationnelles ont Dieu pour fin de façon spéciale, en tant que par leur propre opération elles peuvent l'atteindre par la connaissance et par l'amour ».

2. « Le tout a raison de forme tandis que les parties ont raison de matière », *Super Phys.*, II, 5, n° 9, p. 71; « La forme de l'univers consiste dans la distinction et l'ordre et de ses parties… [le bien de cet ordre] est formellement par rapport aux choses singulières comme la perfection du tout par rapport aux parties », *CG* II, 39 et 45. L'ordination de toute créature à l'ordre de l'univers est fréquente chez saint Thomas: « quand on parle de la production d'une créature particulière, on peut tirer la raison pour laquelle elle est ce qu'elle est d'une autre créature, ou du moins de l'ordre de l'univers auquel toute créature est ordonnée comme la partie à la forme du tout », *De Pot.*, q. 3, a. 17, c.

3. *De Spir. creat.*, a. 8, 236-239.

4. *CG* III, 64, 9° et 10°.

perfection par son insertion dans l'ordre de l'univers dont elle est, à cet égard, une partie – c'est ce que conteste ceux que l'on nomme pour simplifier les personnalistes.

On comprend que cette position entre en conflit avec la conception maritainienne de la personne, en tout cas telle que le P. Eschmann la reprend en y voyant exprimée celle de saint Thomas :

> La raison de personne exige qu'elle soit un tout complet; ou encore : La raison de partie est contraire à celle de personne. Dès lors, conclut Jacques Maritain, la personne, en tant que personne, n'est pas une partie de la société : et si une personne est une telle partie, cet « être-partie » ne saurait être fondé sur l'« être-personne » au sens strict, comme causalité métaphysique[1].

En somme, soutient Charles De Koninck, les personnalistes laissent de côté l'ordination des créatures spirituelles à l'univers, pour ne conserver que l'ordination directe à Dieu. On peut, certes, ne pas partager les vues du philosophe de l'Université Laval, mais on ne peut pour autant passer sous silence les affirmations de Thomas d'Aquin portant sur l'univers et son ordre.

La multiplicité des créatures et l'ordre de l'univers

Le débat se cristallise autour d'une affirmation de saint Thomas, tenue dans le contexte de son étude de l'*imago Dei* dans la *Prima Pars* de la *Somme*. Faut-il tenir que l'univers, par sa multiplicité, est plus à l'image de Dieu qu'une seule créature intellectuelle, qui est cependant par elle-même *capax Dei?* La réponse de saint Thomas, déjà citée, n'est en rien univoque :

> L'univers est plus parfait en bonté que la créature intellectuelle, mais c'est en extension et en déploiement (*extensive et diffusive*). Mais en intensité et en concentration (*intensive et collective*), la ressemblance de la perfection divine se trouve davantage dans la créature intellectuelle qui est capable du souverain bien (*capax summi bonni*)[2].

Il s'agit d'interpréter convenablement l'*intensive* et l'*extensive* employés par saint Thomas. Il y a une perfection propre attachée à la créature intellectuelle en elle-même, et il y en a une autre attachée à l'ensemble des créatures, en tant qu'elles forment une multiplicité rassemblée dans l'unité.

Charles de Koninck apporte, encore une fois, un dossier conséquent de textes de saint Thomas justifiant la convenance de la création par Dieu d'une multitude de créatures afin que sa perfection fût mieux représentée que par une seule créature intellectuelle. On n'en retient ici que deux, parmi quantité d'autres :

1. I. T. ESCHMANN, « In defense of Jacques Maritain », art. cit., p. 429. Le P. Eschmann se réfère à *III St*, d. 5, III, 2, c., mais C. De Koninck montre l'usage partisan qu'il fait de cette citation : « In defence of Saint Thomas », p. 245-246.

2. I, q. 93, a. 2, ad 3.

> Comme la substance créée manque selon toute nécessité de la perfection du bien divin, il fallait, pour que la similitude de la bonté divine leur fût le plus parfaitement communiquée, qu'il y eût dans les choses de la diversité, de sorte que ce qui ne peut être parfaitement représenté par une seule le fût plus complètement par plusieurs et de diverses manières[1].
> Dieu étant un, il a produit l'un, non seulement en ce que toute chose est une en soi, mais encore parce que toutes ensemble forment d'une certaine façon une unité parfaite, laquelle, il est vrai, exige la diversité des parties, comme on l'a montré[2].

De Koninck reproche à I. Th. Eschmann de tomber dans l'erreur qui consiste à regarder comme second l'ordre de l'univers, reproche que saint Thomas adressait déjà aux manichéens et à Origène: « chacune de ces deux erreurs omet de prendre en considération l'ordre de l'univers, ne considérant que ses parties singulières… Il faut dire que d'un principe unique procède la multitude non par une nécessité matérielle ni par une puissance limitée, ni par bonté ou par devoir de bonté, mais par l'ordre de la sagesse, afin que la diversité des créatures fût la perfection de l'univers »[3]. Le philosophe de l'Université Laval admet « qu'au point de vue de l'intensité, n'importe quel terme singulier d'une quelconque multitude constitue une imitation plus parfaite de la perfection divine que la multitude elle-même », tout en tenant que « la multiplicité variée de la création, l'unité de son ordre, est voulue *per se* comme la seule manière dont puisse être représenté pleinement dans l'œuvre divin ce qui est en Dieu sous le mode de la simplicité et de l'unité »[4].

Saint Thomas fait valoir à maintes reprises que la diversité rencontrée dans une multitude exprime mieux l'image de sa cause qu'une seule créature, fût-elle la plus parfaite:

> Dieu a constitué le tout de l'univers le plus parfaitement selon ce qui convient à la créature; mais non pas chaque créature en particulier: parmi celles-ci, l'une est meilleure que l'autre. Aussi, des créatures prises à part est-il dit dans la Genèse (1, 4): "Dieu vit que la lumière était bonne", et ainsi de chacune; mais de toutes ensemble, il est dit (1, 31): "Dieu vit toutes les choses qu'il avait faites, et elles étaient très bonnes"[5].

Le fait qu'une perfection propre soit attachée à l'ordre de l'univers ne signifie pas que celui-ci soit la fin ultime des parties qui le composent, thèse

1. *CG* III, 97, n° 2.
2. *De Pot.*, q. 3, a. 16, ad 1.
3. *Ibid.*, c.
4. « In defence of Saint Thomas », art. cit., p. 264 et 265. Il va de soi que si l'univers peut être dit à l'image de Dieu, c'est au premier chef en raison des natures rationnelles qui en font partie: *II Sent.*, d. 16, q. 1, a. 2, ad. 3.
5. I, q. 47, a. 2, ad 1. On retrouve cette exégèse en *CG* II, 45, 10°, et saint Thomas ajoute: « En effet, les choses individuelles sont assurément bonnes dans leurs natures, mais toutes ensemble elles sont *très bonnes*, en raison de l'ordre de l'univers, qui est l'ultime et la plus noble perfection des choses ».

qu'I. T. Eschmann impute à Charles De Koninck. Celui-ci en convient et cite saint Thomas :

> Si un tout n'est pas une fin ultime, mais est ordonné à une fin ultérieure, la fin ultime de ces parties ne peut être ce tout, mais quelque chose d'autre. Or l'ensemble des créatures, à laquelle l'homme se rapporte comme la partie au tout, n'est pas une fin ultime, mais elle est ordonnée à Dieu comme à sa fin ultime. Donc le bien que représente l'univers n'est pas la fin ultime de l'homme, celle-ci est Dieu lui-même[1].

Les affirmations récurrentes de saint Thomas conduisent ainsi à affirmer que le bien de l'univers est un bien commun à chacune des créatures spirituelles qui le composent, sans être pour autant leur fin ultime. Elles ne permettent pas de tenir que le bien de l'univers est pour les créatures au sens où elles seraient la fin pour laquelle il est, thèse présente chez certains personnalistes.

Dieu comme bien commun et objet de la béatitude

Dieu doit-il être dit bien commun pour les créatures ? C'est encore un lieu d'opposition entre le P. Eschmann et C. De Koninck, le premier soutenant que ce n'est qu'en un certain sens qu'une telle affirmation peut être entendue[2], le second qu'il est de la nature même du bien divin d'être un bien commun. Précisons d'abord que si Dieu est bien commun des créatures, cela doit être entendu non selon la prédication, mais comme signifiant que Dieu est un bien numériquement un, et qu'il est la fin de plusieurs créatures. Saint Thomas établit lui-même cette distinction :

> Quelque chose est dit commun de deux manières. Soit par prédication, mais alors ce qui est commun à plusieurs choses n'est pas un selon le nombre ; c'est en ce sens qu'un bien corporel est commun. D'une autre façon, quelque chose est dit commun par participation à une chose une et identique selon le nombre, et c'est surtout dans les choses qui ont rapport à l'âme que cette communauté se retrouve ; parce que c'est par cette communauté même que l'on atteint ce qui est le bien commun de toutes choses, c'est-à-dire Dieu[3].

En s'appuyant sur de multiples textes de saint Thomas, C. De Koninck explicite l'application à Dieu de la notion analogique de bien commun. Tout en apportant la béatitude à chaque âme qui jouit de lui, Dieu dans sa bonté excède incommensurablement le bien propre de toute créature : « Le bien divin est en

1. I II, q. 2, a. 8, ad 2.

2. I. T. Eschmann se fonde sur une formule de saint Thomas extraite de la *Question disputée* sur la vertu de charité pour contester la thèse du professeur de l'Université Laval : « ce n'est pas le bien commun qui est objet de la charité, mais le bien suprême », *De Car.*, a. 5, ad 4. C. De Koninck montre que la formule, replacée dans son contexte, a un sens différent que celui que veut lui donner le P. Eschmann, et qu'elle ne contredit pas sa thèse.

3. *IV Sent.*, d. 49, q. 1, a. 1, q^{a} 1, ad 3.

soi plus grand que celui qui peut résulter pour nous de sa jouissance »[1]. Il est le bien universel qui se communique à tous, il est par nature un bien commun.

L'étude de la vertu de charité est l'occasion de nombreuses précisions sur ce point. Saint Thomas y distingue les différentes formes d'amour selon les biens qui en sont l'objet. Cela permet de distinguer soigneusement le bien propre et le bien commun :

> Il y a un bien propre de l'homme en tant que celui-ci est une personne singulière; et pour ce qui regarde l'amour qui a ce bien pour objet, chacun est à soi-même l'objet principal de son amour. Mais il y a un bien commun qui appartient à celui-ci ou à celui-là en tant qu'il est partie d'un tout, par exemple au soldat en tant qu'il est partie de l'armée, et au citoyen en tant qu'il est partie de la cité; et eu égard à l'amour qui a ce bien pour objet, son objet principal est ce en quoi ce bien existe principalement, comme le bien de l'armée dans le chef, et le bien de la cité dans le roi [...]. De cette manière, la charité a pour objet le bien divin, qui appartient à chaque être selon qu'il peut partager la béatitude[2].

C'est en effet une donnée constante chez saint Thomas que la charité est une amitié qui se fonde sur la communication par Dieu aux hommes de sa propre béatitude[3]. Cette amitié, qui unit en premier lieu l'homme à Dieu, s'étend aux autres hommes, en tant qu'eux-mêmes sont en Dieu[4] : « nous aimons tous nos proches d'un même amour de charité, en tant qu'ils se réfèrent à ce bien commun à tous qui est Dieu »[5].

Saint Thomas aide à se garder d'une vision égoïste de la participation au bien commun, en soulignant qu'il ne s'agit pas de le détenir et de le posséder, mais de veiller à sa conservation et à sa diffusion. Un passage de la *Question disputée* sur la vertu de charité, qui se fonde sur l'analogie entre le bien commun de la cité terrestre et celui de la cité céleste, invite à purifier la conception que l'on peut avoir du bien propre de la personne :

> Le bien propre de l'homme doit être entendu de diverses manières selon qu'on peut envisager l'homme de diverses manières. En effet le bien propre de l'homme en tant qu'homme est le bien de la raison, du fait que pour l'homme, être, c'est être rationnel. Le bien de l'homme, selon qu'il est artisan, est le bien artisanal; et de même aussi, en tant qu'il est citoyen, son bien est le bien commun de la cité. Pour être bon citoyen, il faut aimer le bien de la cité. Or si l'homme, en tant qu'il est admis à participer au bien de quelque cité, et qu'il est fait citoyen, a besoin de certaines vertus pour accomplir les choses qui relèvent des citoyens et pour aimer le bien de la cité, il en est de même de l'homme qui, étant admis par la grâce à la participation de la béatitude céleste, laquelle consiste dans la vision et la jouissance de Dieu, devient en quelque sorte citoyen et membre de cette société des bienheureux qui est appelée la Jérusalem céleste

1. II II, q. 26, a. 3, ad 3.
2. *De Car.*, a. 4, ad 2.
3. II II, q. 23, a. 1, c.
4. II II, q. 25, a. 1, c.
5. *Ibid.*, ad 2.

> selon la parole de saint Paul aux Ephésiens: “vous êtes citoyens de la cité des saints, et membre de la famille de Dieu”. Donc à l’homme ainsi admis à la vie céleste certaines vertus gratuites sont nécessaires; ce sont les vertus infuses dont l’exercice propre pré-exige l’amour du bien commun à toute la société, qui est le bien divin en tant qu’il est l’objet de la béatitude. Aimer le bien d’une cité peut se faire de deux manières, soit en vue de le détenir, soit en vue de le conserver. Mais aimer le bien d’une cité en vue de le détenir et de le posséder ne fait pas le bon citoyen; car alors même le tyran aime le bien d’une cité lorsqu’il en est le maître; ce qui est s’aimer soi-même davantage que la cité; c’est en effet pour soi et non pour la cité qu’il désire ce bien. Mais aimer le bien de la cité en vue de le conserver et de le défendre, c’est là aimer vraiment la cité; c’est cela qui fait le bon citoyen au point qu’il en est qui, pour conserver ou augmenter le bien de la cité, s’exposent au péril de la mort et négligent le bien privé. Ainsi donc, aimer le bien participé par les bienheureux pour le détenir et le posséder, cela ne fait pas que l’homme soit bien disposé par rapport à la béatitude, car même les méchants convoitent ce bien; mais aimer ce bien en lui-même, pour qu’il se conserve et se diffuse, et pour que rien ne soit fait contre lui, c’est cela qui fait que l’homme est bien disposé par rapport à cette société des bienheureux. Et c’est en cela que consiste la charité, qui aime Dieu en lui-même et le prochain qui est capable de la béatitude comme soi-même[1].

Ces propos de saint Thomas sur le bien commun conduisent De Koninck à affirmer que « le bien divin, “en tant qu’il est l’objet de la béatitude”, doit être aimé de la manière même dont le bon citoyen aime le bien de la cité terrestre, “pour qu’il se conserve et se diffuse”, et non pas, comme l’aime le tyran, “pour le détenir et le posséder” »[2].

Pour le P. Eschmann, ce n’est que de façon extrinsèque, accidentelle, que le bien divin est bien commun, parce qu’il est bien de plus d’une seule personne créée. Il s’appuie sur un texte de saint Thomas tiré du traité de la béatitude:

> La perfection de la charité est essentielle à la béatitude quant à l’amour de Dieu mais non quant à l’amour du prochain. Si donc il n’y avait qu’une seule âme jouissant de Dieu, elle serait bienheureuse, n’ayant pas de prochain à aimer. Mais le prochain étant donné, l’amour de lui découle du parfait amour de Dieu. Il y a donc pour ainsi dire concomitance entre amitié parfaite et béatitude[3].

Pour C. De Koninck, les textes précédemment cités sur la charité invitent à corriger la lecture que fait le P. Eschmann de cette réponse. S’il est parfaitement établi que la vision de l’essence divine suffit à combler une âme bienheureuse, cela n’interdit pas d’affirmer que le bien divin est par soi bien commun, dans la mesure où la charité se fonde sur la communication de la béatitude: « le prochain étant donné, nous l’aimons par charité parce que nous aimons déjà Dieu comme un bien commun »[4]. Ce n’est pas en raison de la présence du

1. *De Car.*, a. 2, c.
2. « In defence of Saint Thomas », art. cit., p. 285.
3. I II, q. 4, a. 8, ad 3.
4. « In defence of Saint Thomas », art. cit., p. 299.

prochain que l'on aime Dieu comme bien commun, mais on aime le prochain en tant qu'il participe de ce bien divin. Parce qu'il est divin, et parce qu'il est commun, on doit préférer le bien commun à tout bien propre. C'est ainsi que saint Thomas interprète, avec saint Augustin, la parole de Paul selon laquelle « la charité ne cherche pas son intérêt » (I Co 13, 5) :

> Comme le dit saint Augustin, dans la *Règle*, "la charité ne cherche pas son intérêt signifie qu'elle préfère ce qui est commun à ce qui est propre". Or pour tout être le bien commun est toujours plus aimable que le bien propre; ainsi pour la partie le bien commun est plus aimable que son bien particulier lui-même, comme on l'a dit [1].

Pour Charles De Koninck, donc, il faut tenir que « Dieu est un bien commun au sens strict », et que « la personne créée ne peut être rapportée à ce bien que comme partie » [2].

Béatitude personnelle, universalité de Dieu-bien commun et félicité commune

Pour Saint Thomas, la béatitude de chacun vient de l'union à Dieu réalisée par l'intellect spéculatif : « L'assimilation réalisée par l'intellect spéculatif se fait par union ou information, ce qui est une assimilation beaucoup plus parfaite [que l'assimilation par l'activité de l'intellect pratique] » [3]. Le P. Eschmann voit dans cette affirmation « le principal texte personnaliste » [4] de saint Thomas, mais il ne contredit pas expressément les propos de Charles De Koninck. S'il est vrai que la similitude à Dieu *in linea essendi* est un bien personnel, cela n'empêche pas que le bien objet de la béatitude soit un bien commun. L'union à Dieu par les actes de l'intellect spéculatif est le bien le plus personnel qui soit, mais l'objet de l'acte, Dieu lui-même, est un bien commun.

Il faut tenir à la fois la singularité absolue de la vision de chaque personne et l'universalité du bien divin qui appelle sa communication à toute créature intellectuelle. Le fait que la vie spéculative et contemplative soit solitaire en ses actes spécifiques, et donc que les personnes soient indépendantes les unes des autres dans leur activité contemplative, n'exclut aucunement l'essentielle communicabilité du bien divin. Charles De Koninck reproche au P. Eschmann de ne pas distinguer soigneusement l'acte du sujet qui lui procure la béatitude, et l'objet de celle-ci. Le premier est absolument personnel, mais le second est commun car communicable aux créatures spirituelles [5].

1. II II, q. 26, a. 4, ad 3.
2. *Ibid.*, p. 301. C. De Koninck reprend, dans sa réponse à I. T. Eschmann, le texte de Feuerbach pour qui atteindre le bien du tout signifie être sous la dépendance du tout et de ses parties pour atteindre le bien du tout, position à laquelle aboutit, paradoxalement, son contradicteur (p. 300-301). La question rejoint celle soulevée au XVIe siècle par Vasquez et à laquelle Jean de saint Thomas avait répondu (p. 301-304).
3. I II, q. 5, a. 3, ad 1.
4. « In defense of Jacques Maritain », art. cit., p. 430.
5. « In defence of Saint Thomas », art. cit., p. 312-315 notamment.

La question se précise encore lorsqu'on cherche à préciser en quoi consiste la félicité commune d'une assemblée[1]. En se référant à un texte de la *Politique* d'Aristote[2] et à son commentaire par Pierre d'Auvergne[3], dont on sait qu'il a terminé celui laissé inachevé par saint Thomas, Charles De Koninck suggère d'envisager une félicité spéculative pour la cité, résidant dans la vie contemplative, préférable à toute vie pratique. Compte tenu de la proximité entre Thomas et Pierre d'Auvergne – son *fidelissimus discipulus* selon C. De Koninck – une telle conception aurait pu être celle de saint Thomas lui-même. Il y aurait donc, pour le philosophe de l'Université Laval, une félicité spéculative de la cité tout entière (*speculatio totius civitatis*) comprise, non comme un acte collectif, mais comme l'activité propre de chaque membre de la cité, ordonnée au bien commun de toute la cité, en l'espèce la cité céleste.

Cette conception, déjà exprimée dans *De la primauté du bien commun*, a suscité de vives critiques de la part du P. Eschmann, qui reproche à Charles De Koninck de trahir la pensée de saint Thomas qui, selon lui, interdit de parler ainsi d'une félicité commune, la béatitude demeurant le fruit d'un acte purement personnel. Quoique les arguments du P. Eschmann ne soient pas nécessairement les plus appropriés, il reste que la position de Charles De Koninck encourt de sérieuses critiques. Pour les résumer d'un mot, il apparaît bien qu'il force les écrits d'Aristote et de Thomas d'Aquin pour atteindre un point où ceux-ci n'ont sans doute pas osé se rendre.

D'abord, C. De Koninck reprend à son compte l'interprétation de Pierre d'Auvergne sur la félicité commune de la cité, en considérant qu'elle aurait pu être celle de Thomas. Or il faut reconnaître que Pierre d'Auvergne n'a pas la prudence qui semble affecter le propos d'Aristote. Certes, Aristote affirme qu'il y a identité entre le bonheur d'une cité et celui de chaque homme pris individuellement, et qu'entre la vie active et la vie contemplative, c'est cette dernière qui est la meilleure. Et pourtant, il apparaît bien que le Philosophe s'interdit de conclure explicitement qu'il y a une vie contemplative pour la cité entière. Contrairement à ce que veut lire C. De Koninck, il est assez clair qu'Aristote marque au contraire une réserve certaine au moment d'affirmer, comme une approche logique le voudrait, que la finalité de la cité est une béatitude communément pratiquée. On constate d'ailleurs qu'il n'évoque jamais une telle hypothèse, et les lieux où il traite de la vie théorétique expriment tous le caractère solitaire de son exercice. On perçoit la même réserve chez saint Thomas, qui n'évoque qu'une seule fois, à notre connaissance, une vie de contemplation commune à une multitude : « De même que le bien d'un seul consiste dans l'action et la contemplation, de même le bien de la multitude, pour autant qu'il arrive à la multitude de s'adonner à la contem-

1. *Ibid.*, p. 317-327.
2. *Pol.* VII, 2, 1324a 5-35 ; cité dans « In defence of Saint Thomas », art. cit., p. 319.
3. *Super Pol.*, VII, 2, cité dans « In defence of Saint Thomas », art. cit., p. 320-321.

plation »[1]. Le *De Regno*, où l'on pourrait s'attendre à trouver une telle position, est nettement en retrait : si la fin de la vie de chacun est la béatitude céleste, « l'office du roi est de procurer à la multitude une vie bonne, selon qu'il convient à l'obtention de la béatitude céleste »[2]. En somme, il apparaît qu'aussi bien Aristote que saint Thomas se refusent à parler d'une félicité spéculative pour la cité entière. Dans une démarche toute logique, Pierre d'Auvergne, suivi par C. De Koninck, sautent un pas que leurs devanciers n'ont pas franchi. La cité serait alors une cité de philosophes et saint Thomas autant qu'Aristote, qui connaissent la dialectique platonicienne du philosophe et du citoyen, sont trop réalistes pour accorder crédit à une telle éventualité.

Ensuite, en affirmant qu'il y a une *speculatio totius civitatis*, Charles De Koninck néglige deux distinctions capitales[3]. D'une part, la distinction entre l'ordre naturel et l'ordre surnaturel, entre la cité terrestre et l'Église, qui est cité de Dieu. Si une *speculatio totius civitatis* est envisageable pour la cité qu'est l'Église (en précisant qu'il ne s'agit pas d'un acte commun mais d'une multitude d'actes personnels), elle n'est pas immédiatement concevable, à l'évidence, pour la cité terrestre. Et c'est la raison de la réserve que l'on discerne chez Aristote, suivi par saint Thomas. D'autre part, même en s'en tenant au terrain surnaturel de la cité de Dieu qu'est l'Église, une contemplation de toute la cité ne peut valoir que pour la cité céleste, l'Église glorieuse, et non pour l'Église pérégrinante, où elle ne vaut que pour les âmes contemplatives, au premier rang desquelles sont celles des saints. Ce n'est que dans la gloire que la vie de l'Église est une *contemplatio totius civitatis Dei*. Emporté par son enthousiasme à mettre en lumière les dimensions communautaires de l'étude des textes d'Aristote et de Thomas d'Aquin, Charles De Koninck semble outrepasser la prudence à laquelle s'est tenu saint Thomas.

La question soulevée appelle encore une observation qui n'apparaît sous la plume d'aucun des protagonistes, et qui est probablement essentielle à la problématique traitée par chacun d'eux. Il convient en effet de relever le changement qui survient dans le passage du terrain naturel – celui de la cité aristotélicienne – au terrain surnaturel – celui de l'Église et de la vie théologale. Aristote, à plusieurs reprises, affirme que le bonheur de tous est le même que celui d'un seul, et donc que la plénitude du bonheur passe par la communauté : c'est l'*autarkeia* qui n'est connue qu'au niveau de la cité. Il n'y a, dans l'ordre naturel qui est le sien, rien qui vienne tempérer cette affirmation. Le bien commun de la cité, pour Aristote, est d'abord un bien intrinsèque, ce sont les

1. *III St*, d. 35, a. 4, sol. 1, ad 2.

2. *De Regno*, II, 4, 22-24.

3. La justification qu'il apporte p. 323 ne peut rendre admissible le passage direct à l'ordre surnaturel.

belles actions accomplies en commun, et ce bien immanent à la cité n'est pas référé à un bien commun séparé qui la transcende[1].

Mais l'ordre chrétien introduit une nouveauté qui ne vaut pas dans l'ordre naturel strict: c'est que la créature intellectuelle, peut rejoindre directement, par ses opérations spirituelles de connaissance et d'amour, le bien séparé qui finalise la multitude, Dieu lui-même. La fin d'une multitude, Dieu, peut être atteint par chacune des parties tout en étant la fin de toutes les créatures ensemble. Le christianisme, du fait du lien personnel de chacun avec Dieu par la grâce, introduit une singularité que l'analyse aristotélicienne naturelle ne peut honorer, sauf à transposer à tous la possibilité de la vie théorétique que le Philosophe ne reconnaît que pour quelques-uns.

Dans ces conditions, la question de la finalité, c'est-à-dire celle de la félicité, se complique: il faut l'envisager à la fois de façon singulière et de façon collective, en reconnaissant le primat du lien singulier de chacun à Dieu. C'est ce qui explique que le P. Eschmann ne puisse admettre la primauté du bien commun, que C. De Koninck a cependant bien justifiée avec saint Thomas, mais qui lui semble remettre en cause l'immédiateté du lien de chacun à Dieu. Certes, Dieu est bien commun, dans les conditions précisées précédemment, mais la béatitude réside d'abord dans l'union singulière de la personne à Dieu[2]. Cela n'exclut aucunement les aspects collectifs de la béatitude, que saint Thomas, qui s'en tient dans la *Somme de théologie* à une analyse singulière, développe admirablement ailleurs. Ainsi, dans ce commentaire du *Credo* où il s'interroge sur le contenu de la vie éternelle, et où il tient à la fois l'aspect singulier et l'aspect communautaire:

> [La vie éternelle] consiste, en premier lieu, dans l'union de l'homme avec Dieu… Cette union de l'homme à Dieu consiste dans une parfaite vision.
> En quatrième lieu, la vie éternelle consiste dans la société pleine de charmes de tous les bienheureux. Les délices de cette société seront extrêmes. Chaque élu, en effet, possédera avec les autres bienheureux, tous les biens; car il aimera chacun des bienheureux comme lui-même; c'est pourquoi il se réjouira du bien des autres comme de son bien propre. Aussi l'allégresse et la joie de tous les élus s'augmenteront-elles de la joie et de l'allégresse de chacun d'entre eux[3].

On ne peut transposer purement et simplement l'analyse aristotélicienne de la cité à la vie chrétienne dans la cité de Dieu. Pour le christianisme, l'homme chrétien ne trouve pas seulement sa perfection dans la cité, mais il l'atteint

1. On a déjà fait remarquer qu'Aristote n'applique pas explicitement à la cité l'argument de *Met.* Λ du double ordre des fins d'une multitude: le bien immanent (comme l'ordre de l'armée) est ordonné au bien transcendant (comme le bien du chef).

2. C'est déjà vrai pour la contemplation du philosophe: «du fait qu'on se livre à la contemplation, c'est seul que l'on est soi-même conduit à la fin de l'activité spéculative», *IV St*, d. 49, q. 1, a. 1, sol; texte essentiel, pour le P. Eschmann, qui le cite et le commente pour tenir la *singularis assecutio* du bien spéculatif et critiquer les thèses de C. De Koninck: «In defense of Jacques Maritain», art. cit., p. 424.

3. *In Symb. Apost.*, Ma 168 et 172.

directement et d'abord dans l'union à Dieu, ce qui ne disqualifie pas pour autant les aspects communautaires de la vie. Par rapport à la conception aristotélicienne de la multitude et de sa fin, qui demeure inscrite dans le cadre de la cité terrestre, le christianisme apporte une double et radicale nouveauté : d'une part, il nomme le bien commun séparé auquel le bien commun intrinsèque est ordonné : c'est Dieu et, d'autre part, il ouvre une voie d'accès direct à ce bien séparé pour chacune des parties membres du tout, cet accès apportant la félicité ultime. Et pourtant, cela n'enlève rien à la primauté du bien commun sur le bien personnel (compris comme individuel), comme le montre C. De Koninck en s'appuyant sur un grand nombre de textes de Thomas d'Aquin[1]. Voilà pourquoi les écrits de saint Thomas sur ces questions, qui tiennent les principes aristotéliciens tout autant que ceux de la vérité révélée, peuvent sembler complexes et se prêter à des interprétations si contradictoires. Dans le débat dont on traite ici, chacun des protagonistes puise dans les écrits de Thomas d'Aquin les arguments qui lui permettent d'étayer sa cause.

Personnalisme et bien commun

L'invocation par I. Th. Eschmann de l'encyclique *Divini Redemptoris*, à l'encontre de la thèse de C. De Koninck, est l'occasion de préciser comment il faut comprendre le rapport de l'homme à la cité. Le théologien dominicain se fonde sur la formule nette de Pie XII : « la cité est pour l'homme, et non l'homme pour la cité (*civitas homini, non homo civitati existit*) », pour justifier sa contestation de la primauté du bien commun. L'argument est d'importance, sera repris par quantité d'auteurs, et n'est pas éloigné de certaines formulations de la constitution *Gaudium et spes* du Concile Vatican II[2]. Elle est une expression, pour beaucoup, de ce que l'on nomme volontiers le personnalisme chrétien, qui imprègne la doctrine politique et sociale de l'Église. Comme on l'a déjà dit, le P. Eschmann en conclut qu'il faut regarder le bien commun comme

1. On ne peut reprendre ici les nombreux arguments avancés par C. De Koninck. On indique seulement qu'il écarte l'objection d'I. T. Eschmann pour qui la loi intérieure de l'Esprit Saint affranchirait de la soumission aux lois civiles, ce qui irait encore à l'encontre de la primauté du bien commun. Les textes de saint Thomas répètent que toute loi est ordonnée à un bien commun (*cf.* en particulier I II, q. 90, a 2, c.) et que la loi de l'Esprit Saint ne dispense de la soumission aux lois civiles que « dans ce qui s'oppose à la conduite de l'Esprit Saint » (I II, q. 96, a. 5, ad 2). De Koninck souligne également, en s'appuyant sur de nombreuses autorités de la Tradition, que le péché de l'ange a été un refus d'avoir pour bien un bien commun, et de lui avoir préféré un bien singulier, quoique inférieur à celui-ci : « In defence of Saint Thomas », art. cit., p. 346-350.

2. Ainsi en GS 25 § 1 : « la personne humaine… est et doit être le principe, le sujet et la fin de toutes les institutions », GS 26 § 1 : « le bien commun, c'est-à-dire cet ensemble de conditions sociales qui permettent, tant aux groupes qu'à chacun de leurs membres d'atteindre leur perfection d'une façon plus totale et plus aisée… » ; GS 74§ 1 : « quant au bien commun, il comprend l'ensemble des conditions de vie sociale qui permettent aux hommes, aux familles et aux groupements de s'accomplir plus pleinement et plus facilement ».

étant « essentiellement un *bonum utile*, le *bonum utile* le plus élevé, mais rien de plus » [1].

Charles De Koninck fait remarquer avec justesse que ni Aristote ni saint Thomas ne traite expressément de la valeur respective de la personne et de la communauté, mais plutôt du bien en lequel réside leur perfection. La question n'est pas tant de savoir qui l'emporte, de l'homme ou de sa cité, mais de préciser la relation entre bien singulier et bien commun, bien d'un seul et bien du tout. A cet égard, on est sans cesse confronté aux deux conceptions extrêmes et contraires l'une à l'autre : le totalitarisme, et le personnalisme compris comme un individualisme. D'un côté, « la solution totalitaire consiste en ceci que la personne individuelle est ordonnée et assujettie à la société » [2]. On ne doit jamais oublier que la montée de cette « solution », sous diverses figures, caractérise la période d'entre-deux-guerres et est à l'origine de la réaction personnaliste qui affirme le primat absolu de la personne. En face, donc, la réponse personnaliste affirme volontiers que c'est la cité qui est subordonnée à la personne, ce qui conduit assez naturellement à une conception purement utilitaire du bien commun, comme celle tenue par I. Th. Eschmann, et à une conception multitudiniste des communautés humaines, celles-ci n'étant regardées que comme l'agrégat des parties qui les composent. C'est contre cette approche réductrice du monde commun que réagit C. De Koninck.

Pour De Koninck, la question, présentée en ces termes, est mal posée, et saint Thomas invite à plus de finesse. Il ne s'agit pas d'affirmer que primauté du bien commun signifie subordination de la personne à la société *simpliciter*, mais que, « à l'intérieur d'un ordre donné, le bien de la personne individuelle est subordonné au bien de la communauté » [3]. Les tenants de la thèse personnaliste s'appuient volontiers sur une formule de Saint Thomas qui semble aller dans leur sens et minimiser la primauté du bien commun : « l'homme n'est pas ordonné à la communauté politique selon tout lui-même et tout ce qui est sien » [4]. En fait, cela signifie que l'homme n'est pas, comme tel et en tout ce qu'il est, ordonné à la seule communauté politique, il ne lui est ordonné qu'en tant que citoyen. Le fait d'être citoyen n'épuise pas l'humanité : c'est le totalitarisme qui identifie l'homme à sa formalité de citoyen.

Ainsi, la formule de Pie XII ne doit pas être comprise comme signifiant que le bien commun n'existe qu'en vue du bien privé de l'homme, mais comme signifiant que le bien que cherche à réaliser la cité est pour les citoyens, en tant que bien commun, même s'il n'est pas subordonné au bien singulier, à moins que celui-ci n'ait raison de bien commun supérieur (Dieu lui-même). Le bien de la cité est un bien humain, il participe au bien de l'homme tout en étant commun à tous les citoyens. Le bien commun n'est pas le bien de la cité en tant

1. « In defense of Jacques Maritain », art. cit., p. 425.
2. « In defence of Saint Thomas », art. cit., p. 335.
3. *Ibid.*, p. 337.
4. I II, q. 21, a. 4, ad 3.

que séparé de ses parties, ce qui ferait de la cité un en-soi, à quoi tend le totalitarisme. Pour De Koninck, la parole de *Divini Redemptoris* signifie que la cité n'est pas une entité par soi autonome qui s'imposerait aux citoyens, mais qu'elle fait partie de ce qu'ils sont.

Par-delà la fréquente complexité des propos, et sans s'arrêter aux passions personnelles, la vive controverse entre C. De Koninck et I. Th. Eschmann a permis de mettre en lumière les principales questions théologiques engagées dans la querelle, tout en mobilisant un appareil textuel à la fois conséquent et utile. Parmi ces questions, celle du rapport de la société à la personne qui en est membre est centrale.

La personne et le bien commun, de Jacques Maritain (1947)[1]

En se gardant d'entrer dans une polémique qui se déroule en dehors de lui, mais sans ignorer qu'il en est malgré lui l'un des protagonistes, Jacques Maritain précise son point de vue dans un bref ouvrage qui reprend deux conférences données en 1939 et 1945 et se réfère à quelques écrits antérieurs[2]. *La personne et le bien commun* exprime en quatre chapitres ce que Maritain pense être la réponse thomiste à la question du rapport de la personne à la société, et l'assortit de quelques considérations contemporaines. L'ensemble de son approche s'appuie sur la distinction entre individu et personne. On en présente ici un bref résumé.

1. Jacques MARITAIN, *La personne et le bien commun*, O.C. IX, p. 167-237. L'étude est publiée en français dans la *Revue thomiste* (mai-août 1946, t. XLVI, p. 237-278), avant d'être éditée dans la collection « Questions disputées », (DDB, 1947). A l'initiative d'Yves Simon, elle est publiée en anglais, sous le titre « *The Person and the Common Good* », *The Review of Politics* (1946, vol. 8, octobre 1946, p. 419-455), puis éditée sous forme de livre, à New York en 1947 par Scribner's Sons, et à Londres en 1948 par Geoffrey Bles.

2. Maritain mentionne, dans une lettre à Charles Journet, qu'il a tenu compte de la polémique engagée : *Lettre 852* du 2 juin 1946, *Correspondance* III, p. 408. Dans une note figurant en tête des préliminaires de l'ouvrage, datée du 5 février 1946, il indique que son projet est de « présenter une brève et, nous l'espérons, suffisamment claire synthèse de nos positions sur un problème à propos duquel les malentendus, involontaires, on aime à le croire, n'ont pas manqué », note 1, p. 169. Peu après, il rend hommage à I. Th. Eschmann pour sa dernière étude : il le remercie « d'avoir pris ma défense dans un débat qui a été assez vif au Canada et aux États-Unis, et où il s'était curieusement trouvé qu'en critiquant des idées qui ne sont pas les miennes on avait cependant, même quand on prenait soin de ne pas prononcer mon nom, donné à penser que j'étais obliquement visé. Je voudrais espérer que le présent essai, tout en rectifiant certaines formules excessives dont moi-même je n'ai pas fait usage, mettra fin aux malentendus et aux confusions dus au vice originel d'une telle controverse », note 2, p. 174. Dans sa correspondance avec Jacques Maritain, Yves Simon l'invite à ne pas donner son assentiment aux positions du P. Eschmann : « quel que soit votre désir de ne pas lâcher le P. Eschmann, ne donnez pas à De K. l'impression que vous partagez sa "doctrine" : il crèverait de joie et raconterait partout que vous approuvez la doctrine du P. Eschm. telle qu'elle est comprise par Jacques [de Monléon] et par lui-même, c'est-à-dire comme un défi absolument clair à la primauté du bien commun », *Lettre 538* du 28 avril 1946, *Correspondance* II, p. 241. Dans le même sens, *Lettre 541* du 26 mai 1946, *ibid.*, p. 247-248.

La personne et sa fin ultime

Maritain rappelle trois principes fondamentaux, exprimés par saint Thomas, qui caractérisent la foi chrétienne. D'abord, l'ordination immédiate et personnelle à Dieu fin ultime absolue: «Cette ordination directe à Dieu transcende tout bien commun créé, bien commun de la société politique et bien commun intrinsèque de l'univers; voilà la vérité fondamentale qui commande tout le débat»[1]. Tout, dans l'univers est ordonné à cette fin, toute référence à un bien commun créé est subordonnée à cette ordination directe à Dieu, qui est Bien commun séparé. Pour ce motif, la similitude à Dieu de toute créature intellectuelle (*intensive et collective*) est plus haute que celle de l'ensemble de l'univers créé (*extensive et diffusive*).

Ensuite, la vision béatifique consiste dans la connaissance de Dieu tel qu'il est, et est «l'acte souverainement personnel par lequel, transcendant absolument toute espèce de bien commun créé, l'âme entre dans la joie même de Dieu et vit du Bien incréé qui est l'essence divine elle-même, le Bien commun incréé des trois personnes divines»[2]. Comme le dit saint Thomas, n'y aurait-il qu'une seule âme à jouir de Dieu, elle serait bienheureuse. La vision béatifique est «la plus divine solitude avec Dieu», mais aussi «la solitude la plus ouverte et la plus généreuse et la plus peuplée»[3]. La société des bienheureux n'est pas essentielle à la béatitude, mais elle l'accompagne. «Dieu étant le bien commun des créatures béatifiées qui toutes communient à lui, elles communient dans son amour les unes avec les autres, *extra visionem*»[4].

Enfin, Maritain rappelle que, pour saint Thomas, l'intellect spéculatif est supérieur à l'intellect pratique. Le bien et la fin du premier sont supérieurs à ceux du second et donc à tout bien commun créé, l'objet le plus élevé de l'intellect pratique étant un bien commun à réaliser[5]. Sur ce fondement, Thomas d'Aquin tient fermement la supériorité de la vie contemplative sur la vie politique.

Cette doctrine de la primauté de la vie contemplative s'accompagne, cependant, d'une affirmation sans cesse renouvelée de la primauté du bien commun appliquée analogiquement à des domaines variés qui relèvent toujours, pour Maritain, de l'ordre pratique: «Nul plus que saint Thomas n'a mis en relief la primauté du bien commun dans l'ordre pratique ou politique de la vie de la cité, comme en tout ordre où se retrouve, par rapport à une même catégorie de biens, la distinction entre bien privé et bien commun»[6].

1. Jacques MARITAIN, *La personne et le bien commun*, *op. cit.*, p. 173.
2. *Ibid.*, p. 178.
3. *Ibid.*
4. *Ibid.*, p. 179.
5. *Ibid.*, p. 180-181, qui cite *IV St*, d. 49, q. 1, a. 1, sol 3, ad 1.
6. *Ibid.*, p. 182-183.

Individualité et personnalité

Pour dénouer la question, ou au moins l'éclairer, Maritain met en valeur la distinction qu'il développe entre individualité et personnalité, distinction qu'il estime « fondamentale dans la doctrine de saint Thomas »[1]. Il définit ainsi les deux notions :

> L'être humain est pris entre deux pôles : un pôle matériel, qui ne concerne pas, en réalité, la personne véritable, mais plutôt l'ombre de la personnalité ou ce que nous appelons, au sens strict du mot, l'*individualité*; et un pôle spirituel, qui concerne la *personnalité véritable*[2].

L'individualité repose fondamentalement sur la matière, et rappelle que chacun n'est qu'une partie d'un ensemble plus vaste, son espèce et plus largement l'univers. Pour Maritain, le mouvement naturel lié à l'individualité est celui de l'accaparement : « en chacun de nous l'individualité, étant en moi ce qui exclut de moi tout ce que les autres hommes sont, est l'étroitesse de l'ego, toujours menacée et toujours avide de *prendre pour soi*, qui dérive de la matière dans une chair animée par un esprit »[3].

La personnalité, en revanche, est ce qui distingue radicalement cet homme des autres, et exprime son intériorité : « chacun de nous est aussi une personne, et en tant que personne il n'est pas soumis aux astres, il subsiste tout entier de la substance même de l'âme spirituelle, et celle-ci est en lui un principe d'unité créatrice, d'indépendance et de liberté »[4]. Pour le christianisme, cette personnalité se fonde sur le fait que la créature intellectuelle est à l'image de Dieu, et cette ressemblance personnelle avec Dieu vient dépasser la ressemblance avec lui qu'ont toutes les créatures.

Maritain précise, bien sûr, que c'est le même être qui est tout entier individu et tout entier personne, et que son développement peut aller soit dans le sens de celui de l'individualité, « dont la loi est de prendre », soit dans celui de la personnalité, qui va au contraire vers l'offrande généreuse de soi.

Personne et société

Pour Maritain, « l'unité sociale, c'est la personne »[5], et la personne est tout entière engagée dans la société civile (à la différence de l'appartenance à une association catégorielle). Lui est associé le bien commun, comme fin du tout social, qui est donc un bien proprement humain. A la différence d'une communauté animale, le bien du corps social est un bien commun de personnes humaines. Il le décrit ainsi, dans des passages dont la longueur et la redondance témoignent de la difficulté à appréhender cette notion :

1. Sur ce sujet, Maritain évoque notamment les travaux antérieurs du P. Schwalm et du P. Garrigou-Lagrange, ainsi que certains de ses propres écrits : *ibid.*, p. 171.
2. *Ibid.*, p. 186-187.
3. *Ibid.*, p. 189.
4. *Ibid.*, p. 190.
5. *Ibid.*, p. 197.

> Le bien commun de la cité n'est ni la simple collection des biens privés, ni le bien propre d'un tout qui (comme l'espèce, par exemple, à l'égard des individus, ou comme la ruche à l'égard des abeilles) rapporte à soi seul et se sacrifie les parties. C'est la bonne vie *humaine* de la multitude, d'une multitude de personnes; c'est leur communion dans le bien vivre; il est donc commun *au tout et aux parties*, sur lequel il se reverse et qui doivent bénéficier de lui[1].
> Le bien commun comprend toutes ces choses [tous les éléments patrimoniaux de la société politique], mais bien plus encore, et de plus profond, de plus concret et de plus humain: car il enveloppe aussi et avant tout la somme elle-même (très différente d'une simple collection d'unités juxtaposées, car même dans l'ordre mathématique Aristote nous avertit que 6 est autre chose que 3+3), il enveloppe la somme ou l'intégration sociologique de tout ce qu'il y a de conscience civique, de vertus politiques et de sens du droit et de la liberté, et de tout ce qu'il y a d'activité, de prospérité matérielle et de richesses de l'esprit, de sagesse héréditaire inconsciemment mise en œuvre, de rectitude morale, de justice, d'amitié, de bonheur et de vertu, et d'héroïsme, dans les vies individuelles des membres de la communauté, selon que tout cela est, dans une certaine mesure, *communicable*, et se reverse dans une certaine mesure sur chacun, et aide ainsi chacun à parfaire sa vie et sa liberté de personne. C'est tout cela qui fait la bonne vie humaine de la multitude[2].

Les notions de communication et de réversion sont essentielles dans la conception maritainienne du bien commun: « Il suppose les personnes et il se reverse sur elles, et en ce sens s'accomplit en elles »[3]. « Communion dans le bien vivre », « bonne vie humaine de la multitude »: Maritain s'inscrit sans conteste dans la ligne d'Aristote et de saint Thomas pour qui le bien d'une cité est le bien vivre, l'εὖ ζην: « Le bien commun est chose éthiquement bonne »[4].

Pour Jacques Maritain, il y a un « paradoxe typique de la vie sociale », qui tient à ce que chacun est « tout entier individu et tout entier personne »[5]. En tant qu'individu, il est partie d'un tout social, et en tant que personne, il est lui-même un tout. Or, comme le dit saint Thomas: « la notion de partie est opposée à celle de personne (*ratio partis contrariatur personae*) »[6]. Dans ces conditions, la personne n'attend pas de la société qu'elle soit traitée comme une partie, mais qu'elle le soit comme un tout[7]. Maritain exprime le paradoxe

1. *Ibid.*, p. 200.
2. *Ibid.*, p. 201.
3. *Ibid.*, p. 200.
4. *Ibid.*, p. 202.
5. *Ibid.*, p. 203.
6. *III St*, d. 5, q. 3, a. 2, cité *ibid.*, p. 204.
7. Maritain propose une lecture intéressante de l'analogie de la société appliquée à ses différents niveaux. Dans la société des personnes divines, dans la communion trinitaire, les membres sont absolument individus (sans composition de matière) et absolument personnes; le bien commun est alors le bien propre de chacune des parties. Dans une société d'individus matériels, il n'y a que des parties, et aucune personne; le bien propre du tout apporte à chaque partie son bien. La société humaine est entre les deux, composée de membres qui sont à la fois individus appelés à se retrouver dans la communion du tout, et personnes appelées à la communion avec Dieu, chacune et toutes ensemble. Pour cette société, « le bien commun terrestre

encore ainsi: d'un côté, « c'est la *personne* humaine qui entre en société; et selon qu'elle est *individu*, elle y entre comme une partie, dont le bien propre est inférieur au bien du tout (du tout de personnes): lequel cependant n'est ce qu'il est, – et donc supérieur au bien privé, – que s'il profite aux personnes individuelles, et se redistribue à elles, et respecte leur dignité ». D'un autre côté, la personne humaine, « à raison de son ordination à l'absolu... *dépasse* toutes les sociétés temporelles et leur est supérieure »[1]. Pour cette dernière raison, « une seule âme humaine vaut plus que l'univers tout entier des biens temporels... A l'égard de la destinée éternelle de l'âme, la société est pour chaque personne et subordonnée à elle »[2].

Cela conduit à une juste appréciation de la valeur du bien commun temporel: « il est subordonné, non comme un pur moyen mais comme une fin infravalente, à l'ordre des biens éternels et aux valeurs supra-temporelles auxquelles la vie humaine est suspendue »[3]. De sorte que « le bien commun de la *vita civilis* est une fin ultime, mais une fin ultime *secundum quid* et dans un ordre donné »[4]. Le rapport du bien commun aux personnes qui forment une société est double: « en premier lieu, selon que les personnes sont engagées dans l'ordre social, il est essentiel au bien commun de se reverser ou redistribuer à elles; en second lieu, selon que les personnes dépassent l'ordre social et sont directement ordonnées au Tout transcendant, il est essentiel au bien commun de favoriser leur progrès vers les biens absolus qui transcendent la société politique »[5].

Reprenant alors l'opposition terminologique que la querelle a voulue polémique, il écrit: « On voit ainsi que la vraie conception de la vie politique n'est ni exclusivement personnaliste ni exclusivement communautaire, mais est, comme nous l'écrivions il y a bien des années, à la fois personnaliste et communautaire, je dis en telle sorte que ces deux mots s'exigent l'un l'autre et s'enveloppent l'un l'autre »[6].

Il n'a pas échappé à Maritain que les textes de saint Thomas privilégient tantôt un aspect, tantôt un autre du paradoxe de la vie sociale. Ainsi les deux suivants, déjà rencontrés:

est d'une part supérieur au bien propre de chacune mais se reverse sur chacune, et d'autre part soutient en chacune l'élan par lequel elle va vers son bien propre éternel et le Tout transcendant et dépasse l'ordre dans lequel le bien commun de la cité terrestre est constitué », *ibid.*, p. 206.

1. *Ibid.*, p. 207.

2. *Ibid.*, p. 207-208. Maritain souligne ainsi que le bien commun « ne préserve sa vraie nature que s'il respecte ce qui le dépasse ».

3. *Ibid.*, p. 208.

4. *Ibid.*, p. 209. En tant que fin ultime de la *vita civilis*, le bien commun peut exiger, en certains cas, qu'une partie lui sacrifie sa vie et renonce à de plus nobles activités que celles de la vie civile. Alors même qu'il écrit ces lignes, Maritain lui-même a sacrifié une partie de sa vie de philosophe pour diriger l'ambassade de France près le Saint-Siège, au service de la communauté nationale qui est la sienne.

5. *Ibid.*, p. 218.

6. *Ibid.*, p. 210.

> Tout homme a rapport à la communauté entière comme la partie au tout[1].
> L'homme n'est pas ordonné à la communauté politique selon lui-même tout entier et selon tout ce qui est en lui[2].

Maritain résume cette double approche à travers cette simple formule: « la vérité est que l'homme s'engage tout entier, – mais non pas selon lui-même tout entier, – comme partie de la société politique, ordonnée au bien de celle-ci »[3]. De cette situation paradoxale de la société humaine et de chacun de ses membres, découle une tension que chacun de ceux-ci peut expérimenter. D'un côté, la personne en tant qu'individu est subordonnée à la société et au bien commun, de l'autre, en tant que personne, elle tend à sa propre plénitude en dépassant la communauté, ce que Maritain nomme « loi de dépassement et de transgression »[4].

Ce paradoxe de la vie sociale peut-il être résolu? Jamais pleinement dans la vie ici-bas, si ce n'est dans la dynamique qui anime la vie interne des sociétés humaines:

> Il y a une œuvre commune à accomplir par le tout social comme tel, par ce tout dont les personnes humaines sont les parties, et qui n'est pas « neutre », qui est lui-même engagé, tenu par une vocation temporelle; et ainsi *les personnes sont subordonnées à cette œuvre commune.* Et cependant, non seulement dans l'ordre politique lui-même, il est essentiel au bien commun de se reverser sur les personnes, mais encore, à l'égard d'un autre ordre, ce qu'il y a de plus profond dans la personne, sa vocation supra-temporelle, avec les biens rattachés à cette vocation, est une fin transcendante à laquelle *la société elle-même et son œuvre commune sont indirectement subordonnées*[5].

Bilan d'une querelle

Bien qu'une telle querelle n'ait cessé de faire sentir ses effets[6], le recul dont on dispose permet d'en apprécier les enseignements et de retrouver l'ambition

1. II II, q. 64, a. 2. Il cite encore en note I II, q. 96, a. 4; II II, q. 61, a. 1; II II, q. 65, a. 1; II II, q. 64, a. 5.

2. I II, q. 21, a. 4, ad 3. Il faut noter que cette citation, toujours invoquée par ceux qui invitent à minimiser la primauté du bien commun, est presque unique en son genre, alors que la précédente est assortie d'innombrables équivalents. Pour autant, les deux lignes qu'elles expriment sont à l'évidence aussi présentes l'une que l'autre chez saint Thomas.

3. *Ibid.*, p. 215.

4. *Ibid.*, p. 223.

5. *Ibid.*, p. 234. Jacques Maritain clôt son essai en évoquant les trois figures prises à l'époque contemporaine par les sociétés de l'individu: le libéralisme bourgeois, le communisme marxiste et le totalitarisme dictatorial. « Dans ces trois cas nous voyons le conflit du tout avec la partie, – la vie sociale tantôt désagrégée par l'individu dont l'égoïsme attend tout de la machine étatique, tantôt absorbant en elle tous les espoirs de l'individu, tantôt brisant l'individu et anéantissant tout ce qu'il a de liberté et de dignité. Ce qui est propre à la personne humaine comme personne et à la société comme cité de personnes a été éliminé par des voies contrastantes », ibid., p. 230-231.

6. Une partie de la tradition thomiste ne cesse de reprocher à Jacques Maritain d'avoir en réalité nourri, avec ses conceptions personnalistes, une philosophie individualiste, elle-même

de la politique thomasienne qui, en associant sans cesse le singulier et le communautaire, interdit les solutions simplificatrices dans lesquelles l'esprit humain, fuyant l'inconfort de la dualité, tend souvent à se réfugier.

Comme l'avait pressenti Yves Simon, une lecture sereine des écrits montre que les positions des uns et des autres, plutôt que divergentes, sont en fait assez proches dans leur interprétation des textes de Thomas d'Aquin, même si chacun tend à l'instrumentaliser en mettant en valeur les aspects qui lui semblent essentiels et minorés par son adversaire. Mais, dans la querelle canadienne, la véhémence des passions a poussé chacun des protagonistes à accentuer le trait pour mieux manifester l'erreur de l'autre partie. Charles De Koninck pousse jusqu'à la caricature un personnalisme non défini, et surtout valorise à l'extrême les aspects communautaires en tenant que la personne n'est jamais que la partie d'un tout, et en allant jusqu'à concevoir une félicité commune pour toute la cité dans la vie contemplative. De l'autre bord, le P. Eschmann accentue de façon excessive la primauté de l'ordre singulier en lui subordonnant purement et simplement l'ordre communautaire, et en refusant de reconnaître que Dieu, atteint dans la contemplation, puisse être un bien commun pour les membres d'une même société. Chacun, voulant justifier sa position en invoquant l'autorité de saint Thomas, risque de déformer une conception qui demeure complexe. C'est cette conception thomasienne que l'on tente maintenant de résumer, dans la lumière de cette « querelle de famille »[1].

Ce qui caractérise l'anthropologie de Thomas d'Aquin, si l'on veut la saisir dans toute son ampleur, est qu'elle tient à la fois l'ordination personnelle à Dieu de la créature intellectuelle – elle est *capax Dei* et sa béatitude consiste dans l'union à Dieu par la contemplation de l'essence divine – et son appartenance à une *societas* dont elle n'est qu'une partie. Ces deux aspects, pour simultanés qu'ils soient, ne sont pas sur le même plan, car c'est l'union personnelle à Dieu qui finalise d'abord la vie humaine et la comble dans la vie éternelle : « Si donc il n'y avait qu'une seule âme jouissant de Dieu, elle serait bienheureuse, n'ayant pas de prochain à aimer »[2]. Cependant, l'appartenance communautaire n'est pas accessoire. Elle est seconde, mais non secondaire : en pratique, la vie commune est un rejaillissement de la vie avec Dieu, elle lui est

pourvoyeuse du marxisme, sur le terrain politique, et de la théologie de la libération, sur le terrain théologique. C'est, en tout cas, le sens du procès instruit contre lui dans l'après-guerre, en Amérique Latine et jusqu'à Rome, par l'abbé argentin Julio Meinvielle (cf. *Sur une forme de fanatisme césaro-religieux*, O.C. IX, p. 1102-1117, et les notes), et dont on trouve encore les traces dans des publications récentes. En fait, il faut sans doute faire remonter l'hostilité de cette fraction de la tradition thomiste à la rupture de Maritain avec l'Action française, à la suite de la condamnation romaine, et à sa dénonciation des exactions commises par les forces franquistes pendant la Guerre d'Espagne, avec la complicité au moins passive d'une partie de l'épiscopat espagnol.

1. La question du bien commun chez saint Thomas est traitée dans son ampleur au chapitre II de cette étude.

2. I II, q. 4, a. 8, ad 3.

concomitante – c'est le terme dont use saint Thomas – jusque dans la béatitude: «le prochain étant donné, l'amour de lui découle du parfait amour de Dieu. Il y a donc pour ainsi dire concomitance entre amitié parfaite et béatitude»[1]. En cela réside le statut ambivalent de la créature humaine chez saint Thomas et dans le christianisme: elle est à la fois ordonnée singulièrement et immédiatement à Dieu, et elle est partie d'un tout social qui, comme tel, la dépasse. En soi et dans sa relation à Dieu, elle est un tout, mais en tant qu'animal politique elle n'est que partie.

On comprend, dans ces conditions, que l'on puisse incliner l'anthropologie thomasienne dans chacun des sens, en privilégiant, soit son aspect communautaire – c'est le cas de Charles De Koninck –, soit son aspect singulier – c'est le cas du P. Eschmann. La formulation de Jacques Maritain, avec le doublet individu-personne, tend à rendre raison de cette double dimension de tout homme et approche sans doute au plus près la position ambivalente de Thomas d'Aquin. Mais en rapportant l'appartenance communautaire à l'individualité, fondée sur la matière, et le lien à Dieu à la personnalité, qui privilégie l'esprit, elle risque aussi de donner à la dimension communautaire de l'homme un caractère secondaire. Maritain lui-même est conscient de ce risque, et rappelle à plusieurs reprises que c'est le même être qui est tout entier individu et tout entier personne. Malgré cela, il semble que cette clé d'explicitation, pour utile qu'elle soit, outrepasse quelque peu les propos de saint Thomas qui, tout en affirmant en toute sa théologie morale le primat du lien à Dieu, tient en même temps que c'est le même homme, *unus homo*, qui est partie de la société dans laquelle il vit, ce qui interdit de minorer le statut du bien commun.

Quel sont alors le statut de l'appartenance communautaire, et celui du bien commun, chez saint Thomas? Sans jamais oublier, comme le rappelle Maritain, que la plus haute activité humaine est celle de l'intellect spéculatif qui culmine dans la contemplation du bien séparé, Dieu, Thomas d'Aquin affirme avec récurrence que, dans l'ordre pratique, l'agir humain est finalisé par le bien commun, qui est le bien de la communauté et en même temps un bien pour chacune de ses parties. A s'en tenir, pour l'instant, à l'ordre pratique, la thèse de la primauté du bien commun ne souffre pas de discussion. En cela, Thomas assume pleinement la conception d'Aristote: la partie est ordonnée au tout et le bien de la partie est pour le bien du tout. C'est ce que Charles De Koninck a eu à cœur de rappeler en ses différents ouvrages.

Pour autant, aussi fréquente que soit la notion chez saint Thomas, le bien commun n'est pas clairement défini. La notion apparaît chez lui, à de nombreuses reprises, dans deux domaines qui, tout en étant connexes, ne sont pas immédiatement corrélés: l'univers en sa globalité, et la cité politique. Ce sont les deux cas où saint Thomas étudie la situation d'un tout composé d'une multitude de parties. S'agissant de l'univers, on a vu avec C. De Koninck que Thomas reprend la conception aristotélicienne d'un *duplex ordo* pour chaque

1. *Ibid.*

partie, d'une ordination au bien immanent qu'est l'ordre de l'univers et au bien séparé qu'est Dieu. Mais cela ne signifie pas que l'ordre à Dieu, fin ultime, soit médiatisé par l'ordre de l'univers : cela signifie seulement que la fin est double, *duplex finis*, comme Thomas d'Aquin le répète inlassablement à la suite d'Aristote, et donc que l'ordre de l'univers créé est un bien pour chacune des parties qui le compose. Tel est le fondement métaphysique de la conception thomasienne de la relation du tout à ses parties.

Liée à celle-ci, mais n'en découlant pas de façon explicite, la conception thomasienne du bien commun dans la cité s'exprime de façon différente. Si saint Thomas ne le décrit pas précisément, il est clair qu'il se compose de multiples éléments. Non seulement, à un premier degré, les aspects matériels et physiques, mais aussi, à un second degré moral, la justice et l'amitié entre les citoyens (même si ce dernier aspect n'est jamais développé). Comme l'a repris Maritain, le bien commun de la cité, c'est ultimement une vie bonne pour tous et pour chacun. Ici encore, Thomas d'Aquin s'inscrit dans la ligne d'Aristote pour qui le bien de ce tout qu'est la cité est le bien vivre, bien au-delà des strictes nécessités du vivre. Dans la cité – qui peut être, pour saint Thomas, un royaume – le bien de chacun des citoyens est ordonné au bien de tous, et l'on retrouve le principe de la primauté du bien commun, rappelé avec insistance par Charles De Koninck, ce qui interdit de s'en tenir à une éthique individualiste. L'ordre pratique, chez Thomas d'Aquin comme il l'était chez Aristote, s'accomplit dans la vie en commun.

A s'en tenir à ces considérations, il semblerait que Thomas d'Aquin reproduise *ne varietur* les analyses d'Aristote sur la cité. De fait, ses commentaires laissent surtout apparaître une assimilation des écrits du Stagyrite. Mais il faut ajouter que sa conception du politique est insérée dans l'ordre chrétien éclairé par la Révélation, sans qu'il explicite directement les transformations que subit, de ce fait, l'approche du Philosophe[1]. Chez Thomas, l'insertion de la philosophie aristotélicienne de la cité dans un ordre chrétien se manifeste sous deux aspects essentiels. En premier lieu, l'ordre communautaire est ordonné à un bien commun séparé qui est connu et nommé : c'est Dieu. Ce qu'Aristote laissait entendre pour l'univers entier, ce qu'il ne disait pas pour la cité, Thomas le dit sans hésiter : dans un cas comme dans l'autre, le bien commun immanent (respectivement l'ordre de l'univers et le bien vivre) est ordonné au bien commun séparé qu'est Dieu. Et ce bien divin, au surplus, chacun peut y avoir accès directement par la voie contemplative, qui n'est plus réservée, comme dans la cité aristotélicienne, à quelques-uns. D'autre part, du fait des dons divins, la vie de chacun et de tous ne se réduit pas à sa vie naturelle : celle-ci a vocation à être formée par la charité. Dans la cité chrétienne qu'envisage de fait saint Thomas, le bien vivre, bien commun immanent, est un bien vivre chrétien : c'est la vie de la charité pratiquée par les citoyens.

1. *Cf.* chap. II, dont les conclusions sont ici brièvement résumées.

De cette christianisation de la cité aristotélicienne découlent deux conséquences pratiques importantes pour la compréhension de la politique thomasienne. D'une part, la perfection de la créature résidant d'abord dans l'union singulière à Dieu, la perfection apportée par l'appartenance à la cité, principale chez Aristote, est relativisée. L'accès immédiat à Dieu, bien commun et séparé, permis par la grâce, relativise l'apport de la cité à la perfection de l'homme. D'autre part, face au bien commun immanent qu'est la vie de la charité vécue dans la cité, et face au bien commun séparé, Dieu, auquel il est ordonné, le bien commun naturel, tel qu'Aristote l'envisageait, est atténué. Le passage déjà cité du *De Regno* en atteste : « l'office du roi est de procurer à la multitude une vie bonne, selon qu'il convient à l'obtention de la béatitude céleste »[1]. L'ordre chrétien des choses, en informant l'ordre naturel par la charité, ne laisse plus apparaître ce qui est spécifiquement naturel car tout, chez saint Thomas, a vocation à être saisi par la charité.

Le statut du politique, chez saint Thomas est ainsi marqué par une certaine ambivalence. D'un côté, il accorde toute sa place à l'ordre communautaire, et en cela suit sans réserve Aristote. Mais, d'un autre côté, le fait qu'il envisage un ordre communautaire chrétien, c'est-à-dire un ordre naturel formé par la charité, tend à diminuer la visibilité du bien commun temporel, et cela peut donner le sentiment que l'ordre temporel n'est que dispositif à l'ordre surnaturel. Dans ces conditions, le risque est grand de réduire le bien commun temporel de la cité aux conditions physiques et matérielles requises par l'exercice de la vie chrétienne. Le bien vivre naturel de la cité – la vie bonne, les belles actions accomplies en commun – s'estompe derrière la vie de charité qu'ont vocation à vivre les membres de la cité chrétienne. Cela peut paraître surprenant chez le théologien qui, le premier au Moyen Âge, reconnaît l'autonomie de l'ordre naturel par rapport à l'ordre théologal, et qui contribue de façon décisive, par là-même, à la sortie de l'augustinisme politique. Mais cela rappelle aussi que Thomas est un auteur de chrétienté, plus encore qu'il n'envisage jamais un ordre naturel purement autonome, fonctionnant par lui-même et selon ses seuls principes. Pour le théologien, l'ordre de la nature a vocation à être formé par la grâce, et sans elle ne peut œuvrer que de façon très imparfaite.

Il faut ajouter, pour terminer, que la cité céleste, le monde de la gloire, apporte la résolution de tous les « paradoxes de la vie sociale ». En effet, chacune des créatures spirituelles est dans la vision bienheureuse, et toutes ensemble communient dans cette béatitude. Dieu, bien commun, n'est plus séparé mais immédiatement atteint, et le bien commun immanent est la communion de toutes les créatures dans la plénitude de la charité. La conjonction entre l'ordre naturel et l'ordre surnaturel est plénière, et il n'est plus qu'une seule communauté de créatures, la cité céleste de Dieu, qui réunit en elle l'univers entier, et son ordre, et toutes les cités terrestres qui ne perdurent qu'ici-bas. Enfin, l'unité entre le singulier et le commun est elle aussi totale : la

1. *De Regno*, II, 4, 22-24.

concomitance est immédiate entre la béatitude singulière et celle de tous. Désormais, la primauté du bien commun et celle du spirituel ne font qu'un.

La considération de la cité céleste est plus que l'aboutissement d'un raisonnement théologique. Chez saint Thomas, le parfait éclaire l'imparfait, et la cité céleste permet de voir dans l'unité ce qui ne s'expérimente ici-bas qu'imparfaitement. Le monde commun d'ici-bas est marqué par la disjonction. La cité de Dieu et les cités terrestres coexistent, l'une dans les autres, et la coopération de la nature et de la grâce en chaque créature n'est pas immédiate. Il appartient aux hommes, librement, d'ordonner les communautés naturelles à leur fin surnaturelle. Dans la gloire, la querelle du personnalisme est résolue, la primauté du bien commun et celle du spirituel sont simultanément honorées.

BIBLIOGRAPHIE

ŒUVRES DE THOMAS D'AQUIN

Pour le texte latin, on a recouru en priorité à l'édition critique engagée par la Commission Léonine, lorsque les volumes sont disponibles (en indiquant les lignes correspondant à la citation, ou à défaut la page de celle-ci), en particulier :

Commentaria in octo libros Physicorum Aristotelis, t. II, Romae, Typographia poliglotta S. C. de Propaganda Fide, 1884;

Summa Theologiae, t. IV-XII, Romae, Typographia poliglotta S. C. de Propaganda Fide, 1888-1906;

Summa contra Gentiles, t. XIII-XV, Romae, Garroni, 1918-1930;

Quaestiones disputatae De veritate, [ed. A. DONDAINE], t. XXII. 1-3, Roma, Editori di san Tommaso, 1972-1976;

Quaestio disputata De spiritualibus creaturis, [ed. J. COS], t. XXIV. 2, Roma-Paris, Commissio Leonina - Cerf, 2000;

Quaestiones de quolibet, [ed. R.-A. GAUTHIER], t. XXV. 1-2, Roma-Paris, Commissio Leonina - Cerf, 1996;

Liber Contra errores Graecorum ad preces papae Urbani editus, [ed. H.F. DONDAINE], t. XL, Opuscula, vol. I, Romae <Ad Sanctae Sabinae>, 1969, p. A. 69-A. 105;

Liber Contra impugnantes Dei cultum et religionem, [ed. H.F. DONDAINE], t. XLI, *Opuscula*, vol. II, Romae <Ad Sanctae Sabinae>, 1970, p. A. 51-A. 166;

De regno ad regem Cypri, [ed. H.F. DONDAINE], t. XLII, Opuscula, vol. III, Roma, Editori di san Tommaso, 1979, p. 417-471;

Sententia libri Ethicorum, [ed. R.-A. GAUTHIER], t. XLVII. 1-2, Romae <Ad Sanctae Sabinae>, 1969;

Sententia libri Politicorum, [ed. H.F. DONDAINE et L.J. BATAILLON], t. XLVIII, Romae <Ad Sanctae Sabinae>, 1971, p. A. 69-A. 205].

A défaut, on a recouru à l'Edition Marietti (en indiquant, le cas échéant, par "Ma" la numérotation dans cette édition du paragraphe dont est extraite la citation), en particulier :

Super Evangelium S. Matthaei lectura, ed. R. CAI, Taurini, Marietti, ^{5}1951;

Super Evangelium S. Ioannis lectura, ed. R. CAI, Taurini-Romae, Marietti, 1952;

Expositio et Lectura super Epistolas Pauli Apostoli, t. I-II, ed. R. CAI, Taurini-Romae, Marietti, ^{8}1953;

Collatio in Symbolum Apostolorum, Opuscula theologica, t. II, ed. R.M. SPIAZZI, Taurini-Romae, Marietti, 1954, p. 191-217;

In duodecim libros Metaphysicorum Aristotelis expositio, ed. M.-R. CATHALA-R.M. SPIAZZI, Taurini-Romae, Marietti, 1964;

Quaestiones disputatae De potentia Dei, Quaestiones disputatae, t. II, ed. P. BAZZI e. al., Taurini-Romae, Marietti, ^{10}1965, p. 7-276;

Quaestiones disputatae De Virtutibus, Quaestiones disputatae, t. II, ed. P. BAZZI e. al., Taurini-Romae, Marietti, ^{10}1965, p. 707-828.

A défaut des deux précédentes, on a eu recours aux éditions suivantes :

Scriptum super Libros Sententiarum Magistri Petri Lombardi Episcopi Parisiensis, editio nova, ed. R.P. MANDONNET, t. I-II, Parisiis, P. Lethielleux, 1929;

Scriptum super Libros Sententiarum Magistri Petri Lombardi, ed. M.F. MOOS, t. III-IV, P. Lethielleux, 1933-1947;

Scriptum super Libros Sententiarum, ed. Vivès, t. VII-XI;

Postilla super Psalmos, ed. Vivès, t. XVIII, p. 228-556.

Pour les traductions en français, on s'est référé aux traductions les plus aisément disponibles, en particulier :

Somme de théologie, dite aussi *Somme théologique*, ou *Somme*, Paris, Cerf, 4 vol., 1984-1986, ^{2}1999;

Somme contre les gentils, dite aussi *Contra gentiles*, Ed. Aubin, Michon, Moreau, Paris, GF-Flammarion, 4 vol., 1999 (en indiquant la numérotation des paragraphes dans cette édition);

Contre les ennemis du culte de Dieu et de l'état religieux, in *La perfection, c'est la charité*, vie chrétienne et vie religieuse dans l'Église du Christ, Introduction, traduction française et annotations par Jean-Pierrre Torrell, Paris, Cerf, 2010;

Contre les erreurs des Grecs, in *Opuscules de saint Thomas d'Aquin*, Vrin-Reprise, t. II, Paris, 1984, p. 1-76;

Commentaire sur les Epîtres de Saint Paul, Paris, Cerf, 6 vol., 1999ss.;

Commentaire sur les Psaumes, Paris, Cerf, 1996;

Du royaume (De Regno), ed. M.-M. Cottier, Paris, Egloff, 1946;

Commentaire du Symbole des Apôtres, NEL 1969;

Commentaire de l'Ethique à Nicomaque, traduction en ligne d'Yvan Pelletier, *www.thomas-d-aquin.com/Pages/Traductions/pelletier/TradPelCadre.html*

Dans tous les cas où cela est apparu nécessaire, la traduction utilisée a été modifiée en se référant à l'édition latine la plus sûre, spécialement l'édition Léonine lorsqu'elle est disponible. Lorsqu'aucune traduction n'a été publiée, la traduction française est celle de l'auteur. Lorsque l'importance d'un passage le justifie, on a donné le texte latin d'une citation, en plus de sa traduction en français.

ŒUVRES D'ARISTOTE

On s'est référé aux traductions d'Aristote les plus aisément disponibles, en particulier :

Métaphysique, éd. Tricot, t. I-II, Paris, Vrin, 1981 ;
Ethique à Nicomaque, dite aussi *Ethique*, éd. Tricot, Paris, Vrin, 1990 ;
Politique, dite aussi, *Politiques*, éd. Pellegrin, Paris, GF-Flammarion, 1993 ;

Pour les citations, on a indiqué les références de l'édition Bekker qui figurent en marge de ces traductions. Dans tous les cas où cela est apparu nécessaire, la traduction disponible a été modifiée en se référant à l'édition grecque d'Oxford, en particulier :

Aristotle Ethica Nicomachea, ed. I. Bywater, Clarendon Press, Classical Texts, 1963 ;
Aristotle Politica, ed. Sir David Ross, Clarendon Press, Classical Texts, 1963 ;
Aristotle Metaphysica, ed. Werner Jaeger, Clarendon Press, Classical Texts, 1963 ;

DOCUMENTS DU MAGISTÈRE DE L'ÉGLISE

Boniface VIII, Bulle *Unam sanctam*, *Denz.* 870-875.
Catéchisme de l'Église catholique, Paris, Centurion-Cerf, 1998.
Concile œcuménique Vatican II, Centurion, 1967.
Gélase Ier, *Lettre Duo sunt quippe*, ou *Famuli vestrae pietatis*, *Denz.* 347.
Innocent III, *Décrétale Per venerabilem*, PL 214, 1130-1134.
Jean-paul II, *Lettre encyclique Fides et ratio*, Paris, Cerf, 1998.
Pie XII, *Lettre encyclique Mystici corporis Christi*, *Denz.* 3800-3822.
Symboles et définitions de la foi catholique, Ed. Denzinger–Hünermann, Paris, Cerf, 1977.

SOURCES ET AUTEURS ANCIENS AUTRES QUE THOMAS D'AQUIN ET ARISTOTE

ALBERT LE GRAND, *Opera omnia*, éd. Borgnet, Paris, Vivès, 1890-1899, 38 t.
AUGUSTIN, *La Cité de Dieu*, Bibliothèque augustinienne 33-37, Paris, Desclée de Brouwer, 1959-1960.
– *La Trinité*, Bibliothèque augustinienne 15-16, Paris, Desclée de Brouwer, [2]1997.
– *Le libre arbitre*, Bibliothèque augustinienne 6, Paris, Desclée de Brouwer, [3]1976, p. 155-529.
AUSONE, *Septem sapientum sententiae*, PL 19, col. 876.
BELLARMIN Robert, *Disputationes de controversiis christianae fidei adversus hujus temporis haereticos*, Naples, 1857.
– *De summo pontifice*, *Tertia controversia generalis*, in *Opera Omnia*, t. I et II, Paris, Vivès, 1870.
– *De romano pontifice*, in *De potestate pontificis temporali*, lib. V, *Opera Omnia*, Naples, t. IV, 1859.
BONAVENTURE, *Collationes in Hexaëmeron*, Quaracchi, t. V, 1891, p. 327-449.

CICÉRON, *De l'invention*, éd. et interpret. G. ACHARD, « Collection des Universités de France » lat. 320, Paris, Les Belles Lettres, 1994.
- *La République*, éd. et interpret. E. BRÉGUET, « Collection des Universités de France », tome I : Livre I, Paris, Les Belles Lettres, [4]2012, et tome II : Livres II-VI, 1980.
DANTE, *La monarchie*, Paris, Belin, 1993.
GRATIEN, *Décret*, éd. E. Friedberg, *Corpus Iuris Canonici*, Leipzig, Tauchnitz, 1879, t. I.
GROTIUS, Hugo, *Le droit de la paix et de la guerre*, « Quadrige », Paris, P.U.F. 2012.
ISIDORE DE SÉVILLE, *Etymologies. Livre II, Rhétorique*, éd. et interpret. P. K. MARSHALL, « Auteurs latins du Moyen Âge », Paris, Les Belles Lettres, 1983.
- *Etymologies. Livre V, Sur les lois et les temps*, éd. et interpret. A. SANTOS et V. Y. URQUIOLA, « Auteurs latins du Moyen Âge », Paris, Les Belles Lettres, 2013.
JEAN DE PARIS, *De potestate regia et papali*, *in* Jean LECLERCQ, *Jean de Paris et l'ecclésiologie du XIIIe siècle*, « L'Église et l'État au Moyen Âge, 5 », Paris, Vrin, 1942.
JEAN DE SAINT THOMAS, *Cusrsus theologicus*, Paris, Vivès, 1883-1886, 10 t.
JUSTINIEN, *Digeste*, éd. Hulot et Berthelot, Metz, Behmer et Lamort, 1803.
PLATON, *La République*, éd. Pachet, Paris, Gallimard, 1993.
ROUSSEAU, Jean-Jacques, *Du contrat social, Œuvres complètes*, t. III, « Bibliothèque de la Pléiade », Paris, Gallimard, 1964.
SALMANTICENCES, *Cursus theologicus*, éd. Palmé, Paris, 1870-1873, 20 t.
SOTO Domingo de, *De justitia et jure*, Lyon, 1559.
SUAREZ Francisco, *De legibus*, dans *Opera Omnia*, Paris, 1856-1878, t. V-VI.
VITORIA Francisco de, *De la loi*, Cerf, Paris, 2013.

AUTEURS CONTEMPORAINS

ANDRE-VINCENT Ph., *Jalons pour une théologie du droit*, « Croire et savoir 47 », Paris, Téqui, 2007.
ARQUILLIÈRE H.-X., *L'augustinisme politique, essai sur la formation des théories politiques du Moyen Âge*, Paris, Vrin, 1972.
ARBUS M.-R., « Le droit romain dans l'œuvre de saint Thomas », *RT* 57 (1957), p. 325-349.
AUBERT J.-M., *Le droit romain dans l'œuvre de Saint Thomas*, « Bibliothèque thomiste 30 », Paris, Vrin, 1955.
- *Loi de Dieu, lois des hommes*, Tournai, Desclée, 1964.
- *Notes sur le traité de la loi de la Somme théologique de saint Thomas d'Aquin*, « Editions de la Revue des jeunes », t. 2, I[a]-II[ae], q. 90-97, Paris, Cerf, 1997.
AUBIN V., « Pour lire le traité des lois », dans *Saint Thomas d'Aquin*, T.-D. Humbrecht (dir.), Paris, Cerf, 2010, p. 317-356.
BAISNÉE Jules A., « Two catholic critiques of personalism », *The Modern Schoolman*, jan. 1945, n° 1, p. 59-75.
BASTIT M., *Naissance de la loi moderne*, « Léviathan », Paris, P.U.F., 1990.
- « Thomas d'Aquin », *Dictionnaire de philosophie politique*, Paris, P.U.F., 2006.
BONINO S.-Th., *Les anges et les démons*, Paris, Parole et Silence, 2007.
- « La place du pape dans l'Église selon saint Thomas d'Aquin », *RT* 86, n° 3, p. 392-422.
BLYTHE James M., *Le Gouvernement idéal et la constitution mixte au Moyen Âge*, trad. J. Ménard, « Vestigia. Pensée antique et médiévale, 32 », Academic Press Fribourg-Paris, Cerf, 2005.

BOURDIN B., « La théologie de l'autorité politique chez saint Thomas », dans *Aspects de la pensée médiévale dans la philosophie politique moderne,* Y. C. Zarka (dir.), « Fondements de la politique », Paris, P.U.F., 1999, p. 25-43.

BOUREAU A., « Droit et théologie au 13e siècle », *Annales ESC,* novembre-décembre 1992, n° 6, p. 1113-1125.

BOYLE Leonard E., « The De Regno and the two powers », dans *Facing History: a different Thomas Aquinas,* Louvain-la-Neuve, 2000.

BURNS J. H., *Histoire de la pensée politique médiévale,* Paris, P.U.F., 1993.

CANING J., *Histoire de la pensée politique médiévale (300-1450),* Fribourg-Paris 2003.

CATTIN Y., *L'anthropologie politique de Thomas d'Aquin,* Paris, l'Harmattan, 2001.

CHENU M.-D., *La théologie comme science au XIIIe siècle,* Paris, Vrin, 21963.

– « "*Authentica*" et "*Magistralia*". Deux lieux théologiques aux XII-XIII siècles », *Divus Thomas* XXVIII (1925), p. 257-285.

CONGAR Y. M.-J., *Esquisses du mystère de l'Église,* « Unam Sanctam » 8, Paris, Cerf, 1953.

– *L'Église de saint Augustin à l'époque moderne,* Paris, Cerf, 1970

– « "*Ecclesia*" et "*Populus [fidelis]*" dans l'ecclésiologie de Saint Thomas », *Saint Thomas Aquinas,* 1274-1974, *Commemorative Studies,* t. I, p. 159-174.

– « Orientations de Bonaventure et surtout de Thomas d'Aquin dans leur vision de l'Église et celle de l'État », *1274, Année charnière, mutations et continuités,* Colloques internationaux CNRS n° 558, p. 691-708.

– « Quod omnes tangit, ab omnibus tractari et approbari debet », *Revue historique de droit français,* 1958/2, p. 210-259.

– « Vision de l'Église chez Thomas d'Aquin », *RSPT* 62 (1978), p. 523-542.

DAGUET F., *Théologie du dessein divin chez saint Thomas d'Aquin, Finis omnium Ecclesia,* « Bibliothèque thomiste, 54 », Paris, Vrin, 2003.

– « Le politique chez saint Thomas d'Aquin », dans *Saint Thomas d'Aquin,* T.-D. Humbrecht (dir.), Paris, Cerf, 2010, p. 379-409.

– « La doctrine catholique du politique », Chronique de théologie politique et de doctrine sociale II, *RT* 2/2012, p. 317-345.

DAHAN G., « Théologie et politique aux XIIe et XIIIe siècles », *RHPR* 2011, Tome 91 n° 4, p. 507-523.

DE KONINCK C., « De la primauté du bien commun contre les personnalistes », dans *Œuvres de Charles De Koninck,* t. II, 2, *La primauté du bien commun,* Presses de l'Université Laval, 2010, p. 107-225.

– « In defence of Saint Thomas », *A reply to Father Eschmann's Attack on the Primacy of the Common Good,* Laval théologique et philosophique, 1945, vol. I, n° 2, p. 1-103, dans *Œuvres de Charles De Koninck,* t. II, 2, Presses de l'Université Laval, 2010, p. 229-403.

DELOS Th., « la fin propre de la politique : le bien commun temporel », *Semaines sociales de France,* 1933, p. 215-235.

DEMAN Th., *Notes et appendices sur le traité de la prudence de la Somme théologique de Saint Thomas d'Aquin,* « Editions de la Revue des jeunes », Paris, Cerf, 32006.

DEMONGEOT M., *Le meilleur régime politique selon saint Thomas,* Paris, Blot, 1928.

– *La théorie du Régime Mixte chez Saint-Thomas d'Aquin,* Thèse soutenue à la faculté de droit d'Aix-en-Provence.

DEWAN L., « St. Thomas, John Finnis, and the political good », *The Thomist* 64 (2000), 337-374.

DI BLASI F., « *Law as "Act of reason" and "Command"* », *Nova et Vetera* (english), 2006, vol. 4, n° 3, p. 515-528.

DUMONT L., *Homo hierarchicus*, Paris, Gallimard, 1966.

– *Essais sur l'individualisme*, Paris, Seuil, 1985.

ESCHMANN I. Th., « A thomistic glossary on the principle of the pre-eminence of the common good », *Mediaeval Studies* 5 (1943), p. 123-165.

– « Bonum commune melius est quam bonum unius », *Mediaeval Studies*, 6 (1944), p. 62-120.

– « In defense of Jacques Maritain », *The Modern Schoolman*, vol. XXII (nov. 1944 – may 1945), p. 183-208.

– « Studies on the notion of society in Saint Thomas Aquinas », *Mediaeval Studies*, 8 (1946), p. 1-42; 9 (1947) p. 19-55.

– « Saint Thomas Aquinas on the two powers », *Mediaeval Studies*, 20 (1958), p. 177-205.

ESLIN J.-Cl., *Dieu et le pouvoir*, Paris, Seuil, 1999.

FINNIS J., *Aquinas, Moral, Political and Legal Theory*, « Founders of Modern Political and Social Thought », Oxford, University Press, 1998.

FIORAVANTI G., « La réception de la *Politique* d'Aristote au Moyen Âge tardif », dans *Aspects de la pensée médiévale dans la philosophie politique moderne*, Y. C. Zarka (dir.), « Fondements de la politique », Paris, P.U.F., 1999, p. 9-24.

FITZGERALD L.P., « St. Thomas Aquinas and the Two Powers », *Angelicum* 56 (1979), p. 515-556.

FORTIN Ernest L., « Saint Thomas d'Aquin », dans L. Strauss, et J. Cropsey, *Histoire de la philosophie politique*, « Quadrige », Paris, P.U.F., 1999, p. 269-297.

FUCHS J., *Le* Droit naturel. *Essai théologique*, Tournai, Desclée & Co, 1960.

GARRIGUES J.-M., *La politique du meilleur possible*, Paris, Mame, 1994.

GAUTHIER R. A., et JOLIF J.-Y., *L'Ethique à Nicomaque*, t. 1, première partie, vol. 1 (introduction) et vol. 2 (traduction), Louvin, Nauwelaerts, 1970.

GILSON Étienne, *Le Thomisme, introduction à la philosophie de saint Thomas d'Aquin*, Paris, Vrin, [6]1972.

– *La philosophie au Moyen Âge*, Paris, Payot, 1962.

– *Les métamorphoses de la cité de Dieu*, Paris, Vrin, [2]2005.

GOURON André, « Aux origines médiévales de la formule *Quod omnes tangit* », dans J.-L. Harouel (dir.), *Histoire du droit social. Mélanges en hommage à Jean Imbert*, Paris, P.U.F., 1989, p. 278-286.

GOYETTE John *et alii* (eds), *St. Thomas Aquinas and the Natural Law Tradition, Contemporary Perspectives*, Washington, D. C., The Catholic University of America Press, 2004.

GRABMAN M., *Die mittelalterlichen Kommentare zur Politik des Aristoteles*, Munich, Beck, 1941.

– *Guglielmo di Moerbeke o.p., il traduttore delle opera di Aristotele*, Rome, Pontificia Universita Gregoriana, « Miscellanea Historiae Pontificae 11 », [2]1970.

GRELOT P., *Notes sur le traité de la loi ancienne de la Somme théologique de saint Thomas d'Aquin*, « Editions de la Revue des jeunes », t. 2, I^{a}-II^{ae}, q. 98-105, Paris, Cerf, 1997.

HAMONIC Th.-M., « Obligation et devoir dans la morale de saint Thomas », dans *Saint Thomas d'Aquin*, T.-D. Humbrecht (dir.), Paris, Cerf, 2010, p. 273-316.

- « Le thomisme et le débat sur les fondements de la morale », in *Thomistes, ou de l'actualité de saint Thomas d'Aquin*, Paris, Cerf, 2003, p. 165-182.

HANKEY Wayne J., « Dionysus dixit, lex divinitatis est ultima per media reducere », *Medioevo* 18 (1992), p. 119-150.

HITTINGER R., *Thomas Aquinas and the rule of law*, « Classici della filosofia contemporanea; Lezioni tomiste », Soveria Mannelli, Rubbettino, 2007.

- « The legal renaissance of the 12th and 13th centuries : some thomistic notes », *Doctor Communis*, 1-2, 2008, p. 61-87.

IMBACH R., « L'averroïsme latin du XIIIe siècle », in *Gli studi di filosofia medievale fra otto e novecento, contributo a un bilancio storiografico*, R. Imbach-A. Maierù (eds), Roma, Edizioni di Storia e Letteratura (Storia e Letteratura, 179), p. 191-208.

- « Démocratie ou monarchie?, la discussion sur le meilleur régime politique chez quelques interprètes français de Thomas d'Aquin (1893-1928) », dans *Saint Thomas au XXe siècle*, S.-Th. Bonino (dir.), Paris, Saint-Paul, 1994, p. 335-350.

- « *Naturaliter homo homini amicus est.* Quelques observations sur la réception de la Politique au XIIIe siècle », à paraître dans la *RT* en 2014.

JOLIF J.-Y., *Les idées politiques de saint Thomas*, cours polycopié, faculté de théologie de Lyon, 1970.

— et GAUTHIER R. A., *L'Ethique à Nicomaque*, t. 1, première partie, vol. 1 (introduction) et vol. 2 (traduction), Louvain, Nauwelaerts, 1970.

JORDAN Mark D., « De Regno and the place of political thinking in Thomas Aquinas », *Medioevo* 18 (1992), p. 151-168.

JOURNET C., *O.C.*, Saint-Augustin, 1998-en cours,

- *L'Église du Verbe incarné*, O.C. I-V.

- *La juridiction de l'Église sur la cité*, O.C. VII, à paraître; Paris, DDB, [1]1931.

- *Exigences chrétiennes en politique*, O.C. IX, p. 437-958.

- *Correspondance* avec Jacques Maritain, Saint Paul - Parole et Silence, t. III, 1998.

KEMPSHALL M.S., *The common good in late medieval political thought*, Clarendon Press, Oxford, 1999.

LABOURDETTE M., *La justice*, cours polycopié, Toulouse, 1961.

- *La justice*, cours polycopié, Toulouse, 1990.

- *La loi*, cours polycopié, Toulouse.

- *La prudence*, cours polycopié, Toulouse, 1960.

LACHANCE L., *Le concept de droit selon Aristote et S. Thomas*, Montréal-Paris, Rec. Sirey, 1933.

- *L'humanisme politique de S. Thomas d'Aquin*, Paris, Sirey, [2]1965.

- « Le bien commun et les préceptes de la loi naturelle », *Etudes et recherches, Cahiers de théologie et de philosophie*, Paris, Vrin 1952.

LAGARDE G. de, *La naissance de l'esprit laïque au déclin du Moyen Âge*, t. I, Paris, Nauwelaerts, [3]1956, et t. II, Paris, Nauwelaerts, [2]1958.

LAGOR J.-L., *La philosophie politique de saint Thomas*, Paris, Les Editions Nouvelles, 1948.

LAPORTA J., *La destinée de la nature humaine selon Thomas d'Aquin*, Paris, Vrin, 1965.

LECLERC J., *Jean de Paris et l'ecclésiologie du XIIIe siècle*, « L'Église et l'État au Moyen Âge, 5 », Paris, Vrin, 1942.

LOTTIN Dom Odon, *Le Droit Naturel chez Thomas d'Aquin et ses prédécesseurs*, Bruges, Charles Beyaert, 1931.

- *Morale fondamentale*, Paris-Tournai, Desclée, 1954.

LUBAC H. de, *Catholicisme, les aspects sociaux du dogme*, « Unam Sanctam 3 », Paris, Cerf, [1]1938.
- « Augustinisme politique ? », dans *Théologies d'occasion*, Paris, DDB, 1984, p. 255-308.
- *La postérité spirituelle de Joachim de Flore*, (2 vol.), Paris, Lethielleux, 1979 et 1981.
MANENT P., *Cours familier de philosophie politique*, Fayard, Paris, 2001.
MARITAIN J., *O.C.*, 17 vol., Fribourg–Paris, Éditions universitaires-Editions Saint-Paul, 1986-2008.
- *Primauté du spirituel*, O.C. III, p. 783-988.
- *Humanisme intégral*, O.C. VI, p. 291-634.
- *La personne et le bien commun*, O.C. IX, p. 167-238.
- *L'homme et l'État*, O. C. IX, p. 471-736.
- *La loi naturelle ou loi non écrite*, O.C. XVI, p. 687-918.
- *Correspondance* avec Charles Journet, Saint Paul-Parole et Silence, t. III, 1998.
- *Correspondance* avec Yves Simon, t. II (1941-1961), Tours, CLD éditions, 2012.
MARMURSZTEJN E., *L'Autorité des maîtres. Scolastique, normes et société au XIIIe siècle*, « Histoire », Paris, Les Belles Lettres, 2007.
MESNARD P., *L'essor de la philosophie politique au XVIe siècle*, Paris, Vrin, [3]1969.
MICHEL F., *La pensée catholique en Amérique du Nord*, Réseaux intellectuels et échanges culturels entre l'Europe, le Canada et les États-Unis (années 1920-1960), DDB, 2010.
MICHEL S., *La notion thomiste du bien commun*, Paris, Vrin, 1932.
MOLNAR P., « Saint Thomas d'Aquin et les traditions de la pensée politique », *AHDLMA* 69 (2002), p. 67-113.
MURALT A. de, *L'unité de la philosophie politique, De Scot, Occam et Suarez au libéralisme contemporain*, Paris, Vrin, 2002.
NODÉ-LANGLOIS M., *Thomas d'Aquin, penseur du politique*, textes, Dalloz, à paraître.
OLIVA A., « La contemplation des philosophes selon Thomas d'Aquin », *RSPT* 96 (2012), p. 585-662.
PINCKAERS S., *Notes sur le traité de la loi nouvelle* de la *Somme théologique* de saint Thomas d'Aquin, « Editions de la Revue des jeunes », t. 2, I[a]-II[ae], q. 106-108, Paris, Cerf, 1997.
- *Ce qu'on ne peut jamais faire. La question des actes intrinsèquement mauvais, Histoire et discussion*, Fribourg (Suisse)-Paris, Éditions Universitaires-Editions du Cerf, 1995.
PINTO DE OLIVEIRA C.-J., *Notes sur le traité de la justice de la Somme théologique de saint Thomas d'Aquin*, tome 3, II[a]-II[ae], q. 57-80, Paris, Cerf, 1996.
PORTER J., *Nature as Reason, A Thomistic Theory of the Natural Law*, Grand Rapids (Michigan), William B. Eerdmans, 2005.
QUILLET J., « L'art de la politique selon saint Thomas », *in Thomas von Aquin, Werk und Wirkung im licht neuerer Forschungen*, « Miscellanea Medievalia 19 », A. Zimmermann, C. Kopp (eds), Berlin, New York, De Gruyter, 1988.
ROLAND-GOSSELIN B., *La doctrine politique de Saint Thomas d'Aquin*, Paris, Marcel Rivière, 1928.
SCHMITT C., *La notion de politique – Théorie du partisan*, Paris, Flammarion, 2009.
SCHWALM M.-B., *La société et l'État*, Paris, Flammarion, 1937.
SILVA-TAROUCA A. de, « L'idée d'ordre dans la philosophie de saint Thomas », *Revue néoscolastique de philosophie*, n° 40, 1937, p. 341-384.

SIMON Y., « On the common good », *The Review of Politics*, vol. 6, n° 4 (oct. 1944), p. 530-533.
- *Correspondance* avec Jacques Maritain, t. II (1941-1961), Tours, CLD éditions, 2012.
SPANNEUT M., *Permanence du stoïcisme, De Zénon à Malraux*, Gembloux, Duculot, 1973.
SUREAU D., *Thomas d'Aquin, petite somme politique*, Paris, Téqui, 1997.
TIERNEY B., « Aristotle, Aquinas, and the ideal constitution », dans *Proceedings of the Patristic*, Mediaeval and Renaissance Conference, 4 (1979), p. 1-11.
TONNEAU J., *Notes et appendices au traité de la loi ancienne* de *la Somme théologique de saint Thomas d'Aquin*, « Editions de la Revue des jeunes », t. 1, I^{a}-II^{ae}, q. 98-100, Paris, Desclée, 1971.
- *Notes et appendices au traité de la loi ancienne de la Somme théologique de saint Thomas d'Aquin*, « Editions de la Revue des jeunes », t. 2, I^{a}-II^{ae}, q. 101-105, Paris, Cerf, 1971.
- *Notes et appendices au traité de la loi nouvelle de la Somme théologique de saint Thomas d'Aquin*, « Editions de la Revue des jeunes », I^{a}-II^{ae}, q. 106-108, Paris, Cerf, 1981.
- « Teaching of the thomist tract on law », *The Thomist* 34 (1970), p. 13-83.
- *Bulletin thomiste* 4 (1934-1936) et 5 (1937-1 939).
TORRELL J.-P., *Initiation à saint Thomas d'Aquin, sa personne et son œuvre*, Fribourg-Paris, Editions universitaires-Cerf, ^{2}2002.
- *Saint Thomas d'Aquin, maître spirituel*, Initiation, 2, Fribourg-Paris, Editions universitaires, 1996.
- « Nature et grâce chez Thomas d'Aquin », *RT* 102 (2001), p. 167-202.
UTZ A., *Ethique sociale*, t. I, Les principes de la doctrine sociale, Fribourg, Editions universitaires, 1960.
VILLEY M., *Le droit et les droits de l'homme*, Paris, P.U.F., 1983.
- *La formation de la pensée juridique moderne*, Paris, P.U.F., 2003.
- *Questions de Saint Thomas d'Aquin sur le droit et la politique*, Paris, P.U.F., 1987.
- *Critique de la pensée juridique moderne*, Paris, Dalloz, 2009.

INDEX DES NOMS

Cette liste ne reprend pas l'indication des noms apparaissant seulement en bibliographie, ni les noms des personnages bibliques, ni celui de Thomas d'Aquin et d'Aristote, partout présents dans cet ouvrage. L'italique renvoie aux notes.

TABLE DES MATIÈRES

Achevé d'imprimer en juin 2017 par

ISI Print
15 rue Francis de Pressensé
93210 La Plaine Saint-Denis

Imprimé en France